MEYERS
TASCHEN
LEXIKON

Band 1

MEYERS

TASCHEN

LEXIKON

in 12 Bänden

Herausgegeben und bearbeitet
von Meyers Lexikonredaktion

Band 1: A–Behö

B.I.-Taschenbuchverlag
Mannheim · Leipzig · Wien · Zürich

Redaktionelle Leitung:
Dr. Joachim Weiß

Redaktion:
Sabine-Walburga Anders,
Dipl.-Geogr. Ellen Astor,
Ariane Braunbehrens, M. A.,
Ursula Butzek,
Dipl.-Humanbiol. Silke Garotti,
Dr. Dieter Geiß,
Jürgen Hotz, M. A.,
Dr. Erika Retzlaff,
Barbara Schuller,
Marianne Strzysch

Bildredaktion:
Gabriela Horlacher-Zeeb,
Ulla Schaub

Die Deutsche Bibliothek – CIP-Einheitsaufnahme
Meyers Taschenlexikon: in 12 Bänden / hrsg. und bearb. von
Meyers Lexikonredaktion. [Red. Leitung: Joachim Weiß.
Red.: Sabine-Walburga Anders ...]. – [Ausg. in 12 Bd.]. –
Mannheim; Leipzig; Wien; Zürich: BI-Taschenbuchverl.
ISBN 3-411-12201-3
NE: Weiß, Joachim [Red.]
[Ausg. in 12 Bd.]
Bd. 1. A–Behö. – 1996
ISBN 3-411-12211-0

Satz: Grafoline T·B·I·S GmbH, L.-Echterdingen
Druck: Klambt-Druck GmbH, Speyer
Bindearbeit: Röck Großbuchbinderei GmbH, Weinsberg
Papier: 80 g/m², Eural Super Recyclingpapier matt gestrichen
der Papeterie Bourray, Frankreich
Printed in Germany
Gesamtwerk: ISBN 3-411-12201-3
Band 1: ISBN 3-411-12211-0

Vorwort

Meyers Taschenlexikon in 12 Bänden dient als kompaktes und zuverlässiges Nachschlagewerk der schnellen und gründlichen Information. Diese wird in sprachlich prägnanten, klaren und gut gegliederten Artikeln dargeboten. Dabei hat die Redaktion besonderen Wert darauf gelegt, neben die Kurzinformationen zahlreiche Übersichtsartikel zu stellen, die zu einem tiefergehenden Verständnis beitragen sollen. Die Auswahl der Stichwörter nach den Erfahrungsgrundsätzen der Redaktion soll das Nachschlagebedürfnis der Leser befriedigen, die für Schule, Beruf und persönliche Lebensgestaltung Klarheit über Fakten benötigen. Meyers Taschenlexikon beantwortet in Sachartikeln und biographischen Einträgen auf aktuellem Stand Fragen aus allen Wissensgebieten: Es gibt Einblicke in die Vergangenheit und zeigt Entwicklungslinien in Geschichte, naturwissenschaftlicher Forschung, Technik und den Künsten auf; gleichzeitig dokumentiert es die Gegenwart in ihren wichtigsten Aspekten.

In unserer von audiovisuellen Medien geprägten Zeit ist uns die anschauliche Unterrichtung durch Bilder, Graphiken, Zeichnungen und Karten in hoher Qualität ein wichtiges Anliegen. Bei der Auswahl der Abbildungen und deren Einbindung in den Text wurde auf ästhetische Anmutung und auf Informationsgehalt gleichermaßen Wert gelegt.

Mit der Vermittlung enzyklopädischen Wissens gibt Meyers Taschenlexikon dem Benutzer die Möglichkeit, aus historischen Erfahrungen heraus Orientierungshilfen für die Zukunft zu gewinnen. Über viele Jahrzehnte tradierte Redaktionserfahrungen und der Einsatz modernster Techniken der datenbankgestützten elektronischen Text- und Satzverarbeitung haben zur Entstehung eines Nachschlagewerks beigetragen, welches sich durch Zuverlässigkeit und Objektivität, Aktualität und Ausgewogenheit der Darstellung auszeichnet. Es steht gerade in seiner Modernität ganz in der Tradition Joseph Meyers, dessen 200. Geburtstag dieses Jahr gefeiert wird.

Mannheim, im Frühjahr 1996   Verlag und Herausgeber

Hinweise für den Benutzer

1. Alphabetisierung

Der Text ist nach Stichwörtern alphabetisch geordnet, die fett gedruckt am Anfang des betreffenden Artikels stehen.

Bei der Alphabetisierung wurden diakritische Zeichen grundsätzlich nicht berücksichtigt, d. h., daß ä wie a, ï wie i, č wie c, ţ wie t usw. alphabetisiert wurden. Folgen jedoch zwei Stichwörter aufeinander, von denen das eine sich vom anderen nur durch ein diakritisches Zeichen unterscheidet, dann steht das Wort mit einem Buchstaben ohne diakritisches Zeichen an erster Stelle, z. B. Air vor Aïr. Geographische Namen, die einen festen Zusatz führen, wurden unter Berücksichtigung dieses Zusatzes alphabetisiert, z. B. steht Brandenburg/Havel hinter Brandenburger Tor.

Bei gleichlautenden Namen von geistlichen und weltlichen Fürsten sowie Familiennamen von bürgerlichen Personen (z. B. Ludwig XIV. und Ludwig, Otto) stehen die Namen der Fürsten an erster Stelle. Sie sind, wenn dies erforderlich schien, unter den entsprechenden alphabetisch angeführten Territorien chronologisch geordnet. Bei der alphabetischen Einordnung der Personennamen wurden kleingeschriebene Partikel im allgemeinen hinter den Namen gestellt.

Treten gleichlautende Personennamen, geographische Namen und Sachstichwörter auf, so stehen sie in der eben genannten Reihenfolge.

Mehrere gleichlautende Sachstichwörter mit unterschiedlicher Bedeutung oder Verwendung werden in der Weise hintereinander angeordnet, daß das fett gedruckte Stichwort nicht wiederholt, sondern seine Wiederaufnahme durch eine Ziffer ersetzt wird.

Mehrere gleichlautende biographische Stichwörter oder gleichlautende Stichwörter, die aus geographischen Eigennamen bestehen, erscheinen jeweils nur beim ersten Stichwort in voller Länge. Unterscheiden sich Betonungen oder Aussprache dieser Stichwörter, werden hinter dem ersten Stichwort sämtliche vorkommende Betonungen und Aussprachen mit Angabe der jeweiligen Sprache (Ausnahme: deutsch) aufgeführt.

2. Hervorhebung von Stichwörtern

Die Hauptstichwörter in alphabetischer Folge sind zum schnelleren Auffinden in **fetter** Schrift hervorgehoben (z. B. **Cembalo**). Unterstichwörter im fortlaufenden Text der Hauptstichwortartikel sind in der Regel *kursiv*, Begriffe, die zum Wortfeld des Hauptstichworts gehören jedoch halbfett (z. B. **delikat**, **Delikatesse**) hervorgehoben. In ähnlicher Weise sind zur besseren Gliederung der Informationen Wörter oder Wortfolgen *kursiv* (z. B. im Stichwortartikel **Fassung** die Gliederungshinweise *Elektrotechnik, Kunst* usw.) oder halbfett gedruckt; letzteres gilt besonders zur Strukturierung größerer Abschnitte in einem Übersichtsartikel (z. B. der Abschnitt über **Bevölkerung** im Artikel **Deutschland**).

3. Schreibung

Die Schreibung richtet sich grundsätzlich nach den Regeln der Duden-Rechtschreibung. Für den Bereich Medizin gelten darüber hinaus die Richtlinien des Medizin-Dudens (Duden, Wörterbuch medizinischer Fachausdrücke, Mannheim und Stuttgart ⁵1990). Die Begriffe der Tier- und Pflanzensystematik sowie chemischer Fachausdrücke werden so geschrieben, wie es von den jeweiligen Nomenklaturen gefordert wird. Gelegentliche Abweichungen nehmen Rücksicht auf die Gemeinsprache.

Von wichtigen Schreibvarianten wurde in zahlreichen Fällen auf die Hauptform verwiesen. Darüber hinaus wird vom Benutzer erwartet, daß er die Möglichkeit einer Schreibvariante von sich aus in Betracht zieht (c ↑k und z, ä ↑ae, f ↑ph usw.).

Zusätzlich werden beim Stichwort bzw. im Text die folgenden diakritischen Zeichen verwendet:

⁻ (Strich über Vokal): Längung des Vokals.

´ (Akzent auf Vokal): Betonung der Silbe. U. a. im Altnordischen und Ungarischen Längung des Vokals. Im Französischen Accent aigu.

` (Akzent auf Vokal): im Griechischen Betonung der Silbe (wenn ein weiteres griechisches Wort folgt); im Französischen Accent grave.

˜ (Zirkumflex auf Vokal): im Griechischen Kennzeichnung einer langen, betonten Silbe, auf die meist eine kurze Silbe folgt.

˜ (Tilde): Kennzeichnung der Nasalierung des Lautes.

^ im Französischen Accent circonflexe.

' (Spiritus asper): in semitischen Sprachen Wiedergabe des Ajin-Lautes (bezeichnet pharyngalen stimmhaften Reibelaut).

' (Spiritus lenis): in semitischen Sprachen Wiedergabe des Aleph-Lautes (leicht hörbarer Kehlkopfverschlußlaut, Knacklaut), im Chinesischen Kennzeichnung, daß der vorangegangene Laut »hart« (aspiriert) ausgesprochen wird.

Bei Namen und Begriffen aus Sprachen mit Lateinschrift tauchen gelegentlich Sonderzeichen auf, z. B. þ, Þ [θ] und Ð, ð [ð] im Isländischen, Ð, d [d] im Vietnamesischen, Ç, ç [s] im Französischen, Ł, ł [u̯] im Polnischen, Å, å [ɔ] in skandinavischen Sprachen usw.

4. Betonung
Der beim Stichwort untergesetzte Punkt unter Vokalen bedeutet, daß der Vokal kurz und betont ist; untergesetzter Strich unter Vokalen bedeutet, daß der Vokal lang und betont ist. Bei mehreren möglichen Betonungen erfolgt die Betonungsangabe in eckigen Klammern.

5. Ausspracheangaben in Lautschrift
In den Fällen, in denen die Aussprache nicht oder nur unvollkommen aus dem Stichwort erschlossen werden kann, wird in eckigen Klammern die Aussprache mit den Zeichen der Internationalen Lautschrift wiedergegeben. In diesen Fällen wird auf den untergesetzten Punkt/Strich verzichtet. Steht in der eckigen Klammer vor der Lautschrift keine Sprachangabe, so ist die Aussprache deutsch oder eingedeutscht. Steht vor der Lautschrift eine Sprachangabe,

so erfolgt die Aussprache in der betreffenden Sprache. Die Sprachangabe vor der Lautschrift kann unter Umständen zusätzlich auch die Herkunft (Etymologie, siehe auch unter 8) des Stichwortes bezeichnen. Die Sprachangabe nach der Lautschrift bezieht sich nicht auf die Aussprache, sondern ausschließlich auf die Herkunft. Wird nur ein Teil des Stichwortes in Lautschrift angegeben, so wird der nicht umschriebene Teil durch Pünktchen angedeutet.

Zeichen der Internationalen Lautschrift
In der ersten Spalte stehen die verwendeten Zeichen des Internationalen Phonetischen Alphabets (IPA), in der zweiten steht eine Erklärung oder Bezeichnung des Zeichens, in der dritten stehen dazugehörige Beispiele.

a	helles bis mittelhelles a	hạt [hat], Rạd [ra:t]
ɑ	dunkles a	Fạther *engl.* ['fɑ:ðə]
ɐ	abgeschwächtes helles a	Cạsa *portugies.* ['kazɐ]
æ	sehr offenes ä	Catch *engl.* [kætʃ]
ʌ	abgeschwächtes dunkles a	Butler *engl.* ['bʌtlə]
b	b-Laut	Bau [bau]
β	nicht voll geschlossenes b	Habana *span.* [a'βana]
ç	Ich-Laut	ich [iç]
ɕ	ßj-Laut (»scharf«)	Sienkiẹwicz *poln.* [ɕɛŋ'kjɛvitʃ]
d	d-Laut	Dạmpf [dampf]
ð	stimmhafter englischer th-Laut	Fạther *engl.* ['fɑ:ðə]
ð̞	stimmhaftes spanisches [θ]	Guzmán *span.* [guð̞'man]
e	geschlossenes e	lẹbt [le:pt]
ɛ	offenes e	hạtte ['hɛtə]
ə	Murmellaut	hạlte ['haltə]
f	f-Laut	fạst [fast]
g	g-Laut	Gạns [gans]
ɣ	geriebenes g	Tarragọna *span.* [tarra'ɣona]
h	h-Laut	Hạns [hans]
i	geschlossenes i	Elịsa [e'li:za]
ɪ	offenes i	bịst [bɪst]
i̵	zwischen i und u ohne Lippenrundung	Gromyko *russ.* [gra'mi̵kɐ]
j	j-Laut	jụst [jʊst]
k	k-Laut	kạlt [kalt]

l	l-Laut	Last [last]
ł	dunkles l	Shllak *alban.* [ʃlak]
ʎ	lj-Laut	Sevilla *span.* [se'βiʎə]
m	m-Laut	man [man]
n	n-Laut	Nest [nest]
ŋ	ng-Laut	lang [laŋ]
ɲ	nj-Laut	Champagne *frz.* [ʃã'paɲ]
o	geschlossenes o	Lot [lo:t]
ɔ	offenes o	Post [pɔst]
ø	geschlossenes ö	mögen ['mø:gən]
œ	offenes ö	könnt [kœnt]
ɔʏ	eu-Laut	heute ['hɔʏtə]
p	p-Laut	Pakt [pakt]
r	r-Laut	Rast [rast]
s	s-Laut (»scharf«)	Rast [rast]
ʃ	sch-Laut	schalt [ʃalt]
t	t-Laut	Tau [taʊ]
θ	stimmloser englischer th-Laut	Commonwealth *engl.* ['kɔmənwɛlθ]
u	geschlossenes u	Kur [ku:r]
ʉ	zwischen ü und u	Luleå *schwed.* [ˌlʉ:lɔo:]
ʊ	offenes u	Pult [pʊlt]
v	w-Laut	Wart [vart]
w	konsonantisches u	Winston *engl.* ['wɪnstən]
x	Ach-Laut	Bach [bax]
y	ü-Laut	Tüte ['ty:tə]
ʏ	offenes ü	rüste ['rʏstə]
ɥ	konsonantisches ü	Suisse *frz.* [sɥis]
z	s-Laut (»weich«)	Hase ['ha:zə]
ź	sj-Laut (»weich«)	Zielona Góra *poln.* [ʑɛ'lɔna 'gura]
ʒ	sch-Laut (»weich«) Kehlkopfverschlußlaut (Knacklaut); wird weggelassen am Wortanfang vor Vokal in deutscher Aussprache, wo er immer gesprochen werden muß.	Genie [ʒe'ni:] abebben ['ap'ɛbən] Verein [fɛr''aın] Acker ['akər] eigentlich [i'akər]
:	Längezeichen, bezeichnet Länge des unmittelbar davor stehenden Vokals.	bade ['ba:də]
'	Hauptbetonung, steht unmittelbar vor der betonten Silbe; wird nicht gesetzt bei einsilbigen Wörtern und nicht, wenn in einem mehrsilbigen Wort nur ein silbischer Vokal steht.	Acker ['akər] Apotheke [apo'te:kə] Haus [haʊs] Johnson *engl.* [dʒɔnsn]
ˌ	Nebenbetonung, steht unmittelbar vor der nebenbetonten Silbe.	Straßenbahnschaffner ['ʃtra:sənba:n-ˌʃafnər]
.	Zeichen für silbische Konsonanten, steht unmittelbar unter dem Konsonanten.	Krk *serbokroat.* [krk]
~	Tilde, kennzeichnet die Nasalierung eines Vokals.	Gourmand [gʊr'mã]
^	Halbkreis, untergesetzt oder übergesetzt, bezeichnet unsilbische Vokale.	Mario *italien.* ['ma:rio], Austurland *isländ.* ['œÿstyr-land]
-	Bindestrich, bezeichnet Silbengrenze oder die getrennte Aussprache zweier aufeinanderfolgender Vokale.	Wirtschaft ['virt-ʃaft] Koedukation [ko-eduka'tsio:n]

6. Datierung

Bei einzeln stehenden Daten nach Christus steht der Zusatz »n. Chr.« nur dann, wenn aus dem Sinnzusammenhang nicht eindeutig ersichtlich ist, daß es sich um eine Jahresangabe nach Christus handelt. Datierung literarischer Werke: Angegeben wird das Erscheinungsjahr des Originals, in Ausnahmefällen das Jahr der Erstübersetzung. Datierung von Bauwerken: Angegeben werden die Erbauungsjahre, evtl. das Jahr der Vollendung des Bauwerks; in Ausnahmefällen zusätzlich Datierung des Entwurfs.

Bei Personen ohne eigenen Lexikoneintrag wurden häufig die Lebensdaten beigegeben.

7. Bedeutungsgleiche Wörter (Synonyme)

Gibt es für einen Sachverhalt mehrere Begriffe oder Bezeichnungen, so stehen diese in runden Klammern hinter dem Stichwort.

8. Übersetzung fremdsprachiger Titel

Ist ein Buch nicht in Übersetzung erschienen, wird eine wörtliche Übersetzung in runden Klammern ohne Anführungszeichen angegeben.

9. Herkunftsangabe (Etymologie)

Die Herkunftsangabe steht in eckigen Klammern, und zwar dort, wo sich ggf. auch die Ausspracheangabe in Lautschrift befindet (vgl. 4). Häufig ist nur eine Herkunftsangabe gesetzt. Gelegentlich wurden auch verschiedene Entlehnungswege eines Wortes von seinem Ursprung bis zur Übernahme als Fremdwort zur Erhellung bestimmter sprach- und kulturgeschichtlicher Zusammenhänge angedeutet. In diesen Fällen steht zwischen den Herkunftsangaben ein Bindestrich, z. B. Absolutismus [lat.-frz.]. Gelegentlich werden die etymologischen Zusammenhänge ausführlicher dargestellt; hierzu gehören auch Hinweise auf die ursprüngliche, die wörtliche oder eine frühere Wortbedeutung, die dann zwischen Anführungszeichen steht, z. B. Abba [aramäisch »Vater«].

Die Mischbildungen aus Wortelementen verschiedener Sprachen wurden, soweit sie übersichtlich und eindeutig zerlegbar sind, durch einen Schrägstrich zwischen den Sprachangaben gekennzeichnet; zum Beispiel: Adenoviren [griech./lat.]. Wenn jedoch die einzelnen Wortelemente verstümmelt oder mit Eigennamen oder Firmennamen zu einem künstlichen Wortgebilde verschmolzen sind, werden sie als Kunstwörter bezeichnet. Beispiel Aldosteron [Kw.].

10. Abkürzungen

Außer den nachstehend aufgeführten Abkürzungen werden allgemein übliche Abkürzungen verwendet, z. B. auch für Monatsnamen, für bekannte Organisationen und Parteien. Benennung und Abkürzung der biblischen Bücher können der Übersicht »Bücher der Bibel« entnommen werden. Die Abkürzungen gelten auch für die gebeugten Formen des betreffenden Wortes.

A

| Abb. | Abbildung |
| Abg. | Abgeordneter |

Abk.	Abkürzung
ahd.	althochdeutsch
Ala.	Alabama
allg.	allgemein
aram.	aramäisch
Ariz.	Arizona
Ark.	Arkansas
AT	Altes Testament

B

BadWürtt.	Baden-Württemberg
Bd., Bde.	Band, Bände
bed.	bedeutend
Bed.	Bedeutung
ben.	benannt
bes.	besonders, besondere
Bez.	Bezeichnung
BR	Bundesrepublik

C

C	Celsius
Calif.	Kalifornien
chin.	chinesisch
Colo.	Colorado
Conn.	Connecticut

D

d. Ä.	der Ältere
D. C.	District of Columbia
Del.	Delaware
Dép.	Departement
d. Gr.	der Große
d. J.	der Jüngere
Dr.	Drama
dt.	deutsch

E

E	Einwohner
E., En.	Erzählung[en]
ebd.	ebenda
ehem.	ehemals
eigtl.	eigentlich
Einz.	Einzahl
EKD	Evangelische Kirche in Deutschland
entst.	entstanden
europ.	europäisch
ev.	evangelisch

F

Fam.	Familie
Fla.	Florida
Frhr.	Freiherr
frz.	französisch
Fsp.	Fernsehspiel
Ft.	Fürstentum

G

...G	...gesetz
Ga.	Georgia
Gatt.	Gattung
Ged.	Gedicht
gedr.	gedruckt
gegr.	gegründet
Gem.	Gemeinde
gen.	genannt
Gft.	Grafschaft
GG	Grundgesetz
Ggs.	Gegensatz
GmbH	Gesellschaft mit beschränkter Haftung
Großbrit.	Großbritannien und Nordirland

H

...ʰ, h	Stunde (Hour)
hebr.	hebräisch
hg.	herausgegeben
Hg.	Herausgeber
hl.	heilig
Hsp.	Hörspiel
Hzg[n].	Herzog[in]
Hzgt.	Herzogtum

I

Ia.	Iowa
Id.	Idaho
i. d. F.	in der Folge
i. d. R.	in der Regel
i. e. S.	im engeren Sinne
Ill.	Illinois
Ind.	Indiana, Industrie
insbes.	insbesondere
internat.	international
i. w. S.	im weiteren Sinne

J

J	Joule
jap.	japanisch
Jh.	Jahrhundert
Jt.	Jahrtausend

K

K	Kelvin
kath.	katholisch
Kfz	Kraftfahrzeug
Kgr.	Königreich
Kom.	Komödie
Kt.	Kanton
Kw.	Kunstwort
Ky.	Kentucky
KZ	Konzentrationslager

L

La.	Louisiana
lat.	lateinisch
latin.	latinisiert
luth.	lutherisch

M

m	Minute
M-	Mittel...
MA	Mittelalter
Mass.	Massachusetts
Md.	Maryland
MdB	Mitglied des Bundestages
MdL	Mitglied des Landtages
MdR	Mitglied des Reichstages
Meckl.-Vorp.	Mecklenburg-Vorpommern
mex.	mexikanisch
Mgl.	Mitglied
mhd.	mittelhochdeutsch
Mich.	Michigan
min., Min.	Minute[n]
Min.	Minister
Minn.	Minnesota
Mio.	Million[en]
Miss.	Mississippi
Mo.	Missouri
Mrd.	Milliarde[n]
Mrz.	Mehrzahl

N

N	Norden
N-	Nord...
nat.	national
nat.-soz.	nationalsozialistisch
Nat.-Soz.	Nationalsozialismus
n. Br.	nördlicher Breite
N. C.	North Carolina
n. Chr.	nach Christus
N. D.	North Dakota
Ndsachs.	Niedersachsen
Nebr.	Nebraska
N. H.	New Hampshire
niederl.	niederländisch
N. J.	New Jersey
nlat.	neulateinisch
N. Mex.	New Mexico
NNO	Nordnordost
nnö.	nordnordöstlich
NNW	Nordnordwest
nnw.	nordnordwestlich
NO	Nordosten
NO-	Nordost...
nö.	nordöstlich

Nov.	Novelle
NRW	Nordrhein-Westfalen
NT	Neues Testament
NW	Nordwesten
nw.	nordwestlich
NW-	Nordwest...
N.Y.	New York (Bundesstaat)

O

O	Osten
O-	Ost...
Okla.	Oklahoma
ö. L.	östlicher Länge
ONO	Ostnordost
onö.	ostnordöstlich
op.	Opus
orth.	orthodox
OSO	Ostsüdost
osö.	ostsüdöstlich
österr.	österreichisch

P

Pa.	Pennsylvania
päd.	pädagogisch
PH	Pädagogische Hochschule
philos.	philosophisch
Präs.	Präsident
Prof.	Professor
prot.	protestantisch
Prov.	Provinz
Pseud.	Pseudonym

R

R.	Roman
ref.	reformiert
Reg.-Bez.	Regierungsbezirk
R. I.	Rhode Island
Rheinld.-Pf.	Rheinland-Pfalz

S

s	Sekunde
S	Süden
S.	Seite
S-	Süd...
Sa.	Sachsen
Sa.-Anh.	Sachsen-Anhalt
s. Br.	südlicher Breite
S. C.	South Carolina
Schlesw.-Holst.	Schleswig-Holstein
Schsp.	Schauspiel
S. D.	South Dakota
Sek.	Sekunde
sel.	selig
SI	Système International d'Unités (Internationales Einheitensystem)

SO	Südosten
SO-	Südost...
sö.	südöstlich
sog.	sogenannt
SSO	Südsüdost
ssö.	südsüdöstlich
SSR	Sozialistische Sowjetrepublik
SSW	Südsüdwest
ssw.	südsüdwestlich
Std.	Stunde
stellv.	stellvertretend
StGB	Strafgesetzbuch
StPO	Strafprozeßordnung
svw.	soviel wie
SW	Südwesten
sw.	südwestlich
SW-	Südwest...

T

Tenn.	Tennessee
Tex.	Texas
TH	technische Hochschule
Thür.	Thüringen
Trag.	Tragödie
Tsd.	Tausend
TU	technische Universität

U

UA	Uraufführung
Übers.	Übersetzung, Übersicht
u. M.	unter dem Meeresspiegel
ü. M.	über dem Meeresspiegel
u. d. T.	unter dem Titel
Univ.	Universität
urspr.	ursprünglich

V

Va.	Virginia
v. Chr.	vor Christus
Verw.-Geb.	Verwaltungsgebiet
Vors.	Vorsitz[end]er
VR	Volksrepublik
Vt.	Vermont

W

W	Westen
W-	West...
Wash.	Washington
...wirtsch.	...wirtschaftlich
Wis.	Wisconsin
wiss.	wissenschaftlich
Wiss.	Wissenschaft
...wiss.	...wissenschaftlich
w. L.	westlicher Länge
WNW	Westnordwest
wnw.	westnordwestlich

WSW	Westsüdwest		
wsw.	westsüdwestlich		
Württ.	Württemberg		
W. Va.	West Virginia		
Wyo.	Wyoming		

Z

Z–	Zentral...
zahlr.	zahlreich
ZK	Zentralkomitee
ZPO	Zivilprozeßordnung
zus.	zusammen
z. T.	zum Teil
zw.	zwischen

Zeichen

Zeichen	Bedeutung
*	geboren
≈	getauft
⚭	verheiratet
⚮	geschieden
†	gestorben
□	begraben
✕	gefallen
♂	männlich; Männchen
♀	weiblich; Weibchen
↑	siehe
Ⓦ, ®	eingetragenes Warenzeichen
⚐	Flugplatz
⚊	Regierungsjahre weltlicher Fürsten

Aa

A, 1) der erste Buchstabe des Alphabets, im Griech. α (Alpha).
2) Abk. für **A**ustria (Österreich), internat. Länderkennzeichen.
3) (a) Abk. für **a**kzeptiert auf Wechseln.
4) *Elektrizitätslehre:* Einheitenzeichen für ↑Ampere.
5) *Musik:* Bez. für die 6. Stufe der Grundtonleiter C-Dur. Das eingestrichene a (a'; ↑Tonsystem) dient als Stimmton.
a, 1) Einheitenzeichen für ↑Ar.
2) Einheitenzeichen für ↑Jahr (lat. anno).
3) ↑Vorsatzzeichen.
à [frz.], zu, für, je, je zu; z. B. vor dem Preis einer Ware à 2.– DM.
Å (A, ÅE, AE), Einheitenzeichen für ↑Ångström.
AA, Abk. für ↑**A**uswärtiges **A**mt.
Aachen, Hans von, *Köln 1552, † Prag 4. 3. 1615, dt. Maler. Ab 1592 in Prag; u. a. allegor. Bilder, Bildnisse in einem eleganten, italienisch beeinflußten manierist. Stil.

Aale. Flußaal

Aachen, 1) Stadt am Rand des Hohen Venn, NRW, 243 200 E. Verwaltungssitz des Kreises Aachen; TH, Museen und Theater; Kurbetrieb (Kochsalzthermen), Spielbank. Textil-, metallverarbeitende, Genußmittel- u. a. Industrie. – Zahlr. Kirchen, bed. v. a. das ↑Aachener Münster; got. Rathaus (14. Jh.), Altes Kurhaus (18. Jh.). – Kelt. Siedlung, röm. Militärbad (lat. Name *Aquisgranum* erst seit dem MA); entwickelte sich um die Pfalz Karls d. Gr.; 936–1531 Krönungsstätte der dt. Könige; bis 1801 Reichsstadt.
2) Bistum, 1802–21 und seit 1930.
Aachener Frieden, 1) ↑Devolutionskrieg.
2) ↑Österreichischer Erbfolgekrieg.

Aachener Münster (Aachener Dom), Bischofskirche in Aachen. Den Kern bildet die Pfalzkapelle Karls d. Gr. (nach 789 bis um 800), ein Zentralbau nach byzantin. Vorbild mit zweigeschossigem Umgang und Westbau mit Thron. 936–1531 dt. Krönungskirche; erweitert und umgebaut 14.–19. Jh.; bed. Domschatz (Karlsschrein, 1215).
Aalartige Fische (Apodes), Ordnung schlangenförmiger, mit etwa 350 Arten fast ausschließlich im Meer (Ausnahme: Aale) lebender Knochenfische; Haut meist schuppenlos (u. a. Aale, Muränen).
Aale (Anguillidae), Fam. der Aalartigen Fische mit etwa 16 Arten in fließenden und stehenden Süßgewässern in Europa, N-Afrika, O-Asien, Australien und N- und M-Amerika. Die A. besitzen sehr kleine, ovale Schuppen, tief eingebettet in einer dicken, schleimigen Haut. Alle Arten wandern mit beginnender Geschlechtsreife ins Meer ab. Der in Europa und N-Afrika vorkommende *Flußaal* ist während der Wachstumsphase oberseits dunkelgrau, -braun bis olivgrün (*Gelb-, Grün-* oder *Braunaal*). Die ♂♂ werden 0,5 m, die ♀♀ bis 1 m lang. Nach 4 bis 10 Jahren wird der Flußaal geschlechtsreif. Zum Herbstanfang beginnt die Abwanderung ins Meer. Erst hier entwickeln sich die Geschlechtsorgane. Dann zieht der Flußaal in die 3 000–5 000 km entfernte, bis über 5 000 m tiefe Sargassosee, wo er in größerer Tiefe (jedoch nicht am Grund) ablaicht. Die Elterntiere gehen danach zugrunde. Aus den Eiern entwickeln sich die weidenblattförmigen *Leptocephaluslarven,* die innerhalb von 3 Jahren vom Golfstrom an die europ. und nordafrikan. Küsten getragen werden. Kurz vor der Küste wandeln sie sich zu den 7–8 cm langen, streichholzdicken, durchsichtigen *Glasaalen* um, die stromaufwärts in die Flüsse wandern. Der Flußaal ist ein geschätzter Speisefisch. Sein Blut enthält ein starkes Nervengift (Ichthyotoxin), das durch Räuchern und Kochen zerstört wird.
Aalen, Kreisstadt am oberen Kocher, Bad.-Württ., 65 100 E. Limesmuseum. Eisenverarbeitende, opt., chem.

Aachen 1)
Stadtwappen

△	Semitisch
A	Griechisch
A	Römische Kapitalschrift
Aa	Unziale und Karol. Minuskel
Aa	Textur
Aa	Renaissance-Antiqua
Aa	Fraktur
Aa	Klassizistische Antiqua

Entwicklung des Buchstabens **A**

Alvar Aalto.
Konzert- und Kongreß-
haus Finlandia,
Helsinki (1962–71)

Aarau
Stadtwappen

Aasblumen.
Bunte Aasblume
(Stapelia variegata)

Ind. – Fachwerkrathaus (1636), barocke Pfarrkirche (1765). – Röm.
Siedlung; 1360–1803 Reichsstadt.
Aalst, belg. Stadt an der Dender,
78 100 E: Zentrum der belg. Schnitt-
blumenzucht.
Aalstrich, schmaler, dunkler Haar-
streifen in der Mitte des Rückens bei
vielen Säugetieren.
Aalto, Alvar, *Kuortane 3. 2. 1898,
† Helsinki 11. 5. 1976, finn. Architekt. Verarbeitete Einflüsse des internat. Stils, der organ. Architektur, regi-
onsbezogene Architekturformen und
eigene plast. Vorstellungen; v. a. Kul-
turbauten, Wohnanlagen, Stadtpla-
nungen auf internat. Ebene, auch
Möbel.
a. a. O., Abk. für **am a**ngeführten **O**rt,
in Büchern als Hinweis auf eine bereits
zitierte Quellenangabe.
Aarau, Hauptstadt des schweizer. Kt.
Aargau, an der Aare, 16 500 E. Metall-
Ind.; mittelalterl. Stadtbild. – Vor
1240 gegr.; 1283 Stadtrecht.
Aare, linker Nebenfluß des Hoch-
rheins, 295 km lang, entspringt in den
Berner Alpen, mündet bei Koblenz
(Schweiz).
Aargau, schweizer. Kt. im Mittelland
und Jura, 1 395 km^2, 521 000 E,
Hauptstadt Aarau. Neben Landwirt-
schaft starke Industrialisierung; Heil-
bäder.
Geschichte: Nach röm. und alemann.
Herrschaft wurde das Gebiet des heu-

tigen A. im 6. Jh. ins Frankenreich eingegliedert. Bis ins 18. Jh. unter verschiedenen Herrschaften aufgeteilt,
wurde das Gebiet erst 1803 zum heutigen Kanton A. vereinigt.
Aaron, älterer Bruder des ↑Moses,
dessen Begleiter beim Zug zum Sinai,
zeitweise auch dessen Gegenspieler.
Nach 2. Mos. 32 stellte A. das Goldene Kalb und einen Altar auf. A. war
der erste Hohepriester.
Aasblumen, Pflanzen, deren Blüten
durch Aasgeruch Aasfliegen anlocken.
Aasfliegen, Fliegen, deren ♀♀ ihre
Eier mit Vorliebe an Kadavern ablegen
und deren Larven von Aas bzw. von
Verwesung übergehendem Fleisch leben.
Aaskäfer (Silphidae), Käferfam. mit
etwa 2 000 (in M-Europa 140) v. a. von
Aas oder verfaulenden Pflanzenstoffen
lebenden Arten, z. B. *Totengräber* (1,5
bis 3 cm lang, schwarz, vergraben
kleine Kadaver) und *Rübenaaskäfer*
(0,9–1,5 cm lang, braun oder schwarz,
schädl. an Rübenpflanzen).

Aaskäfer. Links: Rothalsiger Aaskäfer •
Rechts: Totengräber

AB (A.B.), Abk. für schwed. **A**ktie-
bolag (Aktiengesellschaft).
Abadan, iran. Stadt am Schatt el-
Arab, 310 000 E. Zentrum der iran.
Erdöl-Ind. mit einer der größten Raffinerien der Erde; 🌫.
Abaelardus, Petrus ↑Abälard, Peter.
Abakan, Hauptstadt des Autonomen
Gebiets der Chakassen, Rußland, an
der Mündung des Abakan in den Jenissei, 146 000 E. Eisenerzbergbau.
Abakus [griech.], **1)** seit der Antike
verwendetes Rechenbrett mit frei bewegl. Steinen für die vier Grundrech-
nungsarten; in Rußland: *Stschoty.*
2) Deckplatte eines Kapitells.

Abälard, Peter [abɛ'lart, 'a...] (Pierre Abailard, Petrus Abaelardus), *Le Pallet bei Nantes 1079, † Kloster Saint-Marcel bei Chalon-sur-Saône 21. 4. 1142, scholast. Philosoph. Bedeutsam waren v. a. seine Methodenlehre (dargestellt in »Sic et non«) und Ethik. Legendenumwoben ist sein (vielfach in die Literatur eingegangenes) Liebesverhältnis zu †Heloise, deren Onkel, der Kanoniker Fulbert, ihn entmannen ließ; A. wurde daraufhin Mönch. Von diesen Ereignissen zeugen die Autobiographie »Historia calamitatum mearum« und der Briefwechsel (»Epistulae«) mit Heloise.

Abandon [frz. abã'dõ:], Verzicht auf ein Recht zugunsten einer Gegenleistung.

Abano Terme, schon in röm. Zeit bekanntes bed. italien. Heilbad am Rand der Euganeen, Venetien, 16 500 E.

abarischer Punkt (schwereloser Punkt), Punkt zw. zwei Himmelskörpern, in dem sich die Anziehungskräfte beider Massen gegenseitig aufheben.

Abaton [griech.], geweihter Ort, der von Unbefugten nicht betreten werden durfte.

ABB, Abk. für †**A**sea **B**rown **B**overi AG.

Abba [aramäisch »Vater«], im Semit. geistiger und geistl. Vater; im kirchl. Sprachgebrauch als Abt noch vorhanden.

Abba, 1972 gegr. schwed. Popgruppe, deren Name aus den Anfangsbuchstaben der Vornamen der 4 Mgl. zusammengesetzt war: **A**nni-Frid Lyngstad (*1945), **B**jörn Ulvaeus (*1945), **B**enny Andersson (*1946), **A**gnetha Fältskog (*1950). A. war die zu ihrer Zeit weltweit erfolgreichste Popformation; 1982 aufgelöst.

Abbado, Claudio, *Mailand 26. 7. 1933, italien. Dirigent. 1968–86 als Chefdirigent, künstler. Leiter und Musikdirektor an der Mailänder Scala; 1986–91 Musikdirektor an der Wiener Staatsoper; seit 1990 als Nachfolger H. von Karajans künstler. Leiter der Berliner Philharmoniker.

Abbas, al-A. ibn Abd al-Muttalib, *Mekka um 565, † Medina um 653, Onkel des Propheten Mohammed, Ahnherr der Abbasiden.

Abbas I., der Große, *27. 1. 1571, † in Masenderan 19. 1. 1629, pers. Schah (seit 1587). Aus der Dynastie der Safawiden; brach die Macht der Vasallenfürsten und schuf eine starke Zentralverwaltung; verlegte 1598 die Residenz nach Isfahan.

Abbasiden, Kalifendynastie in Bagdad 749/50 bis 1258 (bis 1517 als Scheinkalifen in Kairo); Nachkommen von Mohammeds Oheim Abbas; kamen durch einen Aufstand gegen die †Omaijaden zur Macht.

Abbau, 1) *Bergbau:* die Gewinnung von Bodenschätzen im Rahmen eines bergbaul. Betriebes über oder unter Tage. †Bergbau.
2) *Biologie:* die Spaltung größerer, oft kompliziert gebauter organ. Substanzen (innerhalb oder außerhalb des Körpers) in einfachere, niedermolekulare chem. Verbindungen (z. B. Eiweiße in Aminosäuren, Stärke in Glucose) oder weiter bis zu einfachsten anorgan. Molekülen (z. B. Kohlendioxid, Wasser) unter der Einwirkung von Enzymen *(enzymat. Abbau).*
3) *Chemie:* Bez. für die Zerlegung kompliziert gebauter Verbindungen in einfachere Stoffe durch chem. A.reaktionen.

Aargau
Kantonswappen

Claudio Abbado

Abaelard(us)
und Heloise (Miniatur aus dem »Roman de la Rose«)

Abbe, Ernst, *Eisenach 23. 1. 1840, † Jena 14. 1. 1905, dt. Physiker. Gründete 1882 mit F. O. Schott und C. Zeiss das »JENAer Glaswerk Schott & Gen.«; entwickelte 1873 eine Theorie der opt. Abbildung unter Zugrunde-

Abbé

legung der Beugung des Lichts und konstruierte zahlr. opt. Geräte; er übergab 1891 die Firma Zeiss der von ihm gegründeten Carl-Zeiss-Stiftung und führte vorbildl. soziale Reformen durch.

Abbé [a'be:; frz.], **1)** Titel der Weltgeistlichen in Frankreich. **2)** svw. ↑Abt.

Abbeville [frz. ab'vil], frz. Stadt 140 km nnw. von Paris, Dép. Somme, 26 000 E. Spätgot., unvollendete Kirche (15./16. Jh.). – Im 7. Jh. gegr.; Stadtrechte 1184.

Abbevillien [abvɪli'ɛ̃:; frz.], nach Abbeville ben. älteste Phase der Faustkeilkultur.

Abbildung, 1) *allg.:* bildl. Wiedergabe in einem Buch.

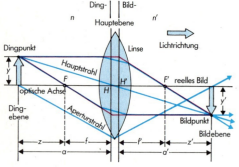

Abbildung 2).
Reelle optische Abbildung durch eine bikonvexe Linse. Bildkonstruktion mit Hilfe der Hauptebenen (H, H') und der Brennpunkte (F und F'). Es sind: f die ding-, f' die bildseitige Brennweite, a die Ding-, a' die Bildweite, z die dingseitige und z' die bildseitige Brennpunktweite

2) *Optik:* die Erzeugung eines Bildes von einem Gegenstand mit Hilfe der von ihm ausgehenden oder an ihm reflektierten Strahlen, speziell mit Hilfe von Lichtstrahlen *(opt. A.).* Die von einem Punkt des Gegenstandes *(Dingpunkt)* ausgehenden Strahlen verlaufen dabei nach Durchgang durch ein opt. System (Linsen, Spiegel, Prismen) im Idealfall *(scharfe A.)* entweder so, daß sie sich in einem Punkt direkt schneiden *(reeller Bildpunkt)* oder so, daß sich ihre gedachten rückwärtigen Verlängerungen in einem Punkt schneiden *(virtueller Bildpunkt).* Die Bildpunkte in ihrer Gesamtheit ergeben das »Bild« des Gegenstandes. Aus reellen Bildpunkten bestehende Bilder (reelle Bilder) können auf einer Mattscheibe aufgefangen werden, virtuelle Bilder dagegen nicht.

Bei der *elektronenopt. A.* treten Elektronenstrahlen (im Vakuum) an die Stelle von Licht bzw. elektr. oder magnet. Linsen an die von Glaslinsen; Anwendung z. B. beim Elektronenmikroskop.

3) *Mathematik:* die eindeutige Überführung der Punkte einer Objektmenge *(Urbildpunkte)* in Punkte einer Bildmenge *(Bildpunkte),* d. h. jedem Urbildpunkt P entspricht genau ein Bildpunkt P' = A (P).

Abbildungsmaßstab (Seitenverhältnis, Seitenmaßstab), Formelzeichen β, bei einer opt. Abbildung der Quotient aus Bildgröße und Gegenstandsgröße.

Abbinden, in der *Bautechnik* die Verfestigung von Kalk- oder Zementmörtel und Beton sowie Gips. Kalkmörtel z. B. verfestigt sich durch Wasserabgabe (»Schwitzen« der Wände in Neubauten) und Kohlen-dioxidaufnahme. Durch bes. Zusätze wird das A. beschleunigt oder verlangsamt.

Abblendlicht, abgeblendetes Scheinwerferlicht bei Kraftfahrzeugen.

Abbrand, 1) *allg.:* Abnahme des Brennstoffgewichts während der Verbrennung.
2) *Energiewirtschaft:* Maß für den verbrauchten Kernbrennstoff eines Kernreaktors; auch Bez. für die dem Kernbrennstoff während des Reaktorbetriebs entnommene Energie.

Abbreviaturen (Abbreviationen) [lat.], Abkürzungen in Handschriften, alten Drucken und in der Notenschrift.

Abbruch, in der *Datenverarbeitung* die Beendigung eines laufenden Programms durch einen äußeren Eingriff z. B. des Benutzers oder bei Fehlern im Programmablauf durch das Betriebssystem.

ABC [engl. ɛɪbi:'si:], Abk. für ↑American Broadcasting Company.

Abchasien, autonome Republik in Georgien, erstreckt sich vom Schwarzen Meer in den westl. Großen Kaukasus, 8 600 km², 534 000 E, Hauptstadt Suchumi.

Geschichte: Nach Auflösung der Sowjetunion kam es in A. zu einer Autonomiebewegung, die seit 1992 zum Krieg abchas. Separatisten gegen Georgien führte. 1992 erklärte A. seine Unabhängigkeit, 1994 wurde W. Ard-

18

sinba vom Parlament zum Präs. gewählt und eine Verfassung verabschiedet.

ABC-Staaten, zusammenfassende Bez. für **A**rgentinien, **B**rasilien und **C**hile, die wirtschaftlich und politisch eng zusammenarbeiten.

ABC-Waffen, Sammel-Bez. für atomare, biolog. (bakteriolog.) und chem. Waffen und Kampfmittel. Die Pariser Verträge von 1954 verbieten der BR Deutschland deren Herstellung. ↑Abrüstung.

Atomwaffen *(Kern-, A-, Nuklearwaffen):* Als *Atomwaffen* werden Geschosse, Raketen, Bomben, Minen und Torpedos mit Sprengladungen aus Kernsprengstoff bezeichnet. A-Waffen unterteilt man in solche, die auf der Kernspaltung von Uran 235 oder Plutonium 239 beruhen, und solche, bei denen eine Verschmelzung leichter Atomkerne (z. B. Deuterium, Tritium) zu Helium eintritt *(Wasserstoff-* oder *H-Bombe).* Schwerste Waffen sind die sog. *Dreiphasenbomben* mit einem Zünder aus Uran 235, Lithiumdeuterid als Fusionsmaterial und Uran 238, das die größten Anteile der Explosions- und Strahlungsenergie liefert. Die Sprengenergie der A-Waffen wird im Vergleich mit herkömml. Sprengstoff angegeben: 1 Kilotonne (kt) entspricht dem Energieinhalt von 1 000 t Trinitrotoluol (TNT); 1 Megatonne (Mt) = 1 000 000 t TNT.

Bei der Detonation einer Kernwaffe unterscheidet man fünf *lokale Primäreffekte:* die radioaktive Strahlung der Detonationsphase, den nuklearen elektromagnet. Puls (↑NEMP), die Hitzewelle, die Druckwelle und den lokalen radioaktiven Niederschlag (innerhalb von 24 Stunden nach der Explosion). Nach neueren Berechnungen kann die bei Detonation in der Luft freigesetzte Strahlung einer 1-Mt-Bombe auf einer Fläche von etwa 15 km² töten. Die durch den sich bildenden Feuerball verursachte Hitzewelle dauert etwa 10 Sekunden; sie kann bei ungeschützten Menschen, die sich bis zu 15 km vom Explosionszentrum aufhalten, noch Verbrennungen mindestens zweiten Grades bewirken. Bei einer 20-Mt-Bombe beträgt die Dauer der Hitzewelle sogar 20 Sekunden und die entsprechende Entfernung für die Verbrennung zweiten Grades 45 km. Die durch den sich ausdehnenden Feuerball einer 1-Mt-Bombe verursachte Druckwelle zerstört oder beschädigt alle Gebäude in einem Umkreis von mindestens 7 km, eine 20-Mt-Bombe bewirkt ähnl. Zerstörungen in einem Umkreis von 20 km. Die sich aus dem Feuerball bildende pilzförmige Wolke aus kondensiertem Wasser der umgebenden Atmosphäre enthält große Mengen hochradioaktiver Spaltprodukte, die zum großen Teil innerhalb der ersten 24 Stunden nach der Detonation als Fallout in der Nähe des Explosionspunktes auf die Erde niedergehen. Berührt der Feuerball bei niedrigem Detonationspunkt den Boden, so werden große Mengen von radioaktivem Staub und radioaktiver Asche in die Atmosphäre geschleudert, und es bildet sich ein Krater. Die radioaktiven Stoffe der Pilzwolke werden dann zusätzlich mit dem Staub und der Asche vermischt. Dadurch wird der lokale radioaktive Niederschlag noch verstärkt. Außerdem haben die Primäreffekte eine Reihe von Sekundäreffekten (z. B. Großbrände, Entstehung giftiger Gase beim Abbrennen großer Mengen von Kunststoff) zur Folge, deren verheerende Wirkungen selbst durch Modellrechnungen kaum abschätzbar sind.

Von diesen Erscheinungen sind die *globalen Primäreffekte* zu unterscheiden, die die Detonation von mehreren hundert oder tausend Atomsprengköpfen nach sich ziehen: der langfristige, weltweite radioaktive Niederschlag und die Zerstörung eines großen Teils der Ozonschicht. Bei der Explosion von mehreren hundert Sprengköpfen steigen große Mengen von radioaktivem Fallout in die Stratosphäre und Troposphäre auf und verteilen und durchmischen sich dort. Das Absinken dieses Fallout während der darauffolgenden Monate und Jahre auf die Erde hat eine kontinuierlich zunehmende radioaktive Verseuchung von Pflanzen, Tieren und Menschen zur Folge. Das v. a. bei vielfachen Detonationen in Bodennähe bewirkte Aufsteigen von Millionen Tonnen Staub und

ABC-Waffen.
Atombombenexplosion

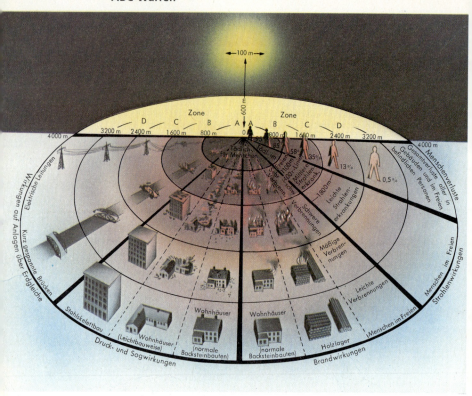

Labels in figure:
←100 m→
600 m
Zone D C B A | A B C D
4000 m 3200 m 2400 m 1600 m 800 m 800 m 1600 m 2400 m 3200 m 4000 m
Tödlich für Menschen
85 %
58 %
35 %
13 %
0,5 %
Menschenverluste aller im Freien befindlichen Personen
Willt e.Strahlen. erkrankt
Leichte Strahlen. erkrankung
Verbrenn Verbrennungen
Schwere Verbrennungen
Mäßige Verbrennungen
Leichte Verbrennungen
1800 m
Strahlenwirkungen
Menschen im Freien
Strahlenwirkungen
Brandwirkungen
Menschen im Freien
Holzlager
Wohnhäuser (normale Backsteinbauten)
Wohnhäuser (normale Backsteinbauten)
Wohnhäuser (Leichtbauweise)
Druck- und Sogwirkungen
Stahlskelettbau
Kurz gespannte Brücken über Erdgleiche
Wirkungen auf Anlagen über Erdgleiche
Elektrische Leitungen
Gebäude und im Freien befindlichen Personen
Menschenverluste

ABC-Waffen.
Wirkung einer
Atombombe (20 kt)
vom Hiroshima-Typ

Asche vermindert die Durchlässigkeit der Atmosphäre für Sonnenstrahlen erheblich. Neben dem Aussterben vieler Pflanzen und den daraus resultierenden Folgen (z. B. für die Nahrungsketten) rechnet man bei der Explosion von über 1 000 Mt in Bodennähe mit einem globalen Temperatursturz auf Werte unter dem Gefrierpunkt (»nuklearer Winter«). – Die in nuklearen Feuerbällen stattfindenden chem. Reaktionen, insbes. die dabei entstehenden Stickstoffoxide, bewirken eine teilweise Zerstörung der Ozonschicht, mit der Folge, daß für Lebewesen schädliche energiereiche Strahlung (z. B. Ultraviolettstrahlung) die Erdoberfläche (fast) ungehindert erreicht. Die Folge ist ein erhöhtes Hautkrebsrisiko.

Geschichte der A-Waffen: Die ersten A-Bomben wurden von den USA erprobt und gelangten 1945 über Hiroshima und Nagasaki zum bisher einzigen militär. Einsatz (12,5 und 22 kt Sprengkraft). 1952 erprobten die USA die erste Wasserstoffbombe. Die UdSSR erlangte 1949 (1953) A- und H-Bomben; Großbritannien 1952 (1957); Frankreich 1960 (1968); die VR China 1964 (1967); Indien zündete seine erste A-Bombe 1974. Es wird vermutet, daß einige Staaten (z. B. Israel, Pakistan) als sog. Schwellenmächte ebenfalls über A-Waffen verfügen. Der Atomwaffensperrvertrag von 1968 soll die Weiterverbreitung verhindern. Die Entwicklung in den 1960er Jahren führte zunächst zur Vergrößerung der Sprengkraft einzelner Bomben, um den Abschreckungswert zu steigern, dann zum Bau bes. kleiner A-Waffen (takt. A-Waffen), die einzeln auf dem Gefechtsfeld eingesetzt oder mit einer Rakete mit Mehrfachsprengkopf über gegner. Gebiet geschossen werden können, von wo aus sie sich auf mehrere Ziele zubewegen (strateg. A-Waffen).

Seit den 50er Jahren wird an A-Waffen gearbeitet, die eine relativ geringe Druck- und Hitzewelle bei der Detonation freigeben, jedoch 80 % ihrer Energie als radioaktive Strahlung freisetzen. Die Serienfertigung und Bereitstellung dieser sog. *Neutronenwaffe,* die Menschenleben in weitem Umkreis vernichtet, Gebäude aber nur in einem Umkreis von rd. 200 m zerstört, sind umstritten.

Biologische Waffen: Biolog. oder bakteriolog. Waffen und Kampfmittel (z. B. Erreger von Enzephalitis, Milzbrand, Pest, Typhus) verseuchen Menschen, Tiere und Pflanzen. Da sie von Flugzeugen oder Raketen aus versprüht werden, unterliegt ihr Wirkungsbereich den Zufälligkeiten von Windrichtung und -geschwindigkeit. B-Waffen wurden bisher nicht eingesetzt, ihre Anwendung gegen die Zivilbevölkerung ist völkerrechtswidrig.

Chemische Waffen: Chem. Kampfstoffe werden aus tragbaren oder fahrbaren Behältern abgeblasen oder versprüht, aus Geschützen oder Minenwerfern verschossen oder von Raketen und Flugzeugen über dem Zielgebiet abgeworfen. Zuerst wurden C-Waffen im 1. Weltkrieg *(Gaskrieg)* eingesetzt; im 2. Weltkrieg kamen sie nicht zur Anwendung. Im Vietnamkrieg wurde Napalm von den USA eingesetzt. Man unterscheidet Augen-, Nasen- und Rachenreizstoffe, Lungen-, Haut- und Nervengifte. Einige Nervengase wirken sofort tödlich; andere Stoffe machen nur hilflos, können aber in größeren Dosen erhebl. Langzeitwirkungen haben (die sog. *chem. Keule* bei Polizeieinsätzen ist deshalb sehr umstritten). Im Jan. 1993 unterzeichneten 173 Staaten eine Konvention, die die Entwicklung, Herstellung und Lagerung von chem. Waffen verbietet; vorhandene Bestände und Produktionsanlagen sollen innerhalb von zehn Jahren zerstört werden.

Abd [arab.], oft erster Bestandteil arab. Personennamen, z. B. Abd Allah (»Knecht Gottes«).

Abd Allāh (Abdullah), Name von Herrschern:

1) Abd Allah II., *um 1533, ⚔ Samarkand 1598, usbek. Khan. Aus dem Geschlecht der Schaibaniden; legte die Grundlage für ein usbek. Großreich, das nach seinem Tod wieder zerfiel.

2) Abd Allah ibn al-Husain, *Mekka 1882, † Jerusalem 20. 7. 1951, Emir (ab 1921) und König von Transjordanien (1946–50) bzw. von Jordanien (ab 1950). Aus der Dynastie der Haschimiden. Wegen seiner auch um einen Ausgleich mit Israel bemühten Politik von nationalist. Palästinensern ermordet.

Abdankung (Abdiktion), 1) freiwillige oder erzwungene Amtsniederlegung vor Ablauf der gesetzlich festgelegten Amtszeit.

2) förml. Verzicht eines Staatsoberhaupts auf seine staatl. Stellung, insbes. Verzicht auf die Krone *(Thronentsagung).*

Abd ar-Rahman I. [- rax'ma:n], *Damaskus 731, † Córdoba 30. 9. 788, Begründer der Omaijadenherrschaft in Spanien; 756 Emir von Córdoba.

Abdecker, frühere Berufs-Bez. für einen Gewerbetreibenden, der Kadaver vernichtet bzw. verwertet.

Abdera, altgriech. Stadt an der thrak. Küste, Heimat u. a. des Demokrit und des Protagoras; die Bewohner von A. galten als verschroben; daher *Abderiten,* svw. Schildbürger.

Abdias ↑Obadja.

Abdomen [lat.], 1) *Anatomie:* Bauch, Unterleib.

2) *Medizin:* (akutes A.) Zustandsbild bei Erkrankungen von Bauchorganen; Hauptmerkmal ist der starke Schmerz im Bauchraum, meist mit Erbrechen, Blutdruckabfall bei hoher Pulsfrequenz und kaltem Schweiß.

3) *Zoologie:* der hintere, auf den Thorax folgende und von diesem oft deutlich abgesetzte Körperteil bei Gliederfüßern (auch als Hinterleib bezeichnet).

abdominal [lat.], zum Bauch gehörend; im Bauch, Unterleib gelegen.

Abdomen 3).
Oben: Hornisse ♦
Unten: Garnele

Abdrift

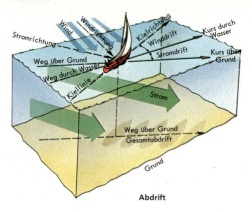

Abdrift

Aberdeen
Stadtwappen

Abe Kōbō

Wolfgang Abendroth

Abdrift, durch Seitenwind oder Strömung hervorgerufene Abweichung eines Schiffes oder Flugkörpers vom Sollkurs.

Abd ül-Hamịd II., *Konstantinopel 21. 9. 1842, † ebd. 10. 2. 1918, osman. Sultan (1876–1909). Erließ 1876 eine Verfassung und förderte zunächst liberale Reformen; von den Jungtürken 1909 abgesetzt.

Abdullạh †Abd Allah.

Abéché [frz. abe'ʃe], Stadt im O von Tschad, 54 000 E. Verwaltungssitz einer Präfektur, Marktort; ✠. – 1850 gegr.; 60 km nördl. die Ruinen von *Ouara,* der alten Hauptstadt von Wadai.

Abe Kōbō, *Tokio 7. 3. 1924, † ebd. 22. 1. 1993, jap. Schriftsteller. Schrieb Romane (u. a. »Die Frau in den Dünen«, 1962), Dramen (u. a. »Der Mann, der zum Stock wurde«, 1969) und Essays.

Abel [hebr. »Hauch, Vergänglichkeit«], im AT zweiter Sohn Adams und Evas; wurde von seinem Bruder Kain aus Neid erschlagen.

Abel, Niels Henrik, *Findø bei Christiansand 5. 8. 1802, † Eisenwerk Froland bei Arendal 6. 4. 1829, norweg. Mathematiker. Bewies u. a. die Nichtauflösbarkeit algebraischer Gleichungen 5. und höheren Grades durch elementare Operationen einschließlich Wurzelausdrücke *(Abelscher Satz).*

Abele Spelen [niederl. 'spe:lə], älteste niederl. weltl. Schauspiele (14./15. Jh.).

Abendland (Okzident), geistesgeschichtl. Bez. (des 19. Jh.) für jenen Teil Europas, der sich im MA, stets in Abhebung gegenüber dem †Orient, zu einem durch Antike und Christentum geprägten einheitl. Kulturkreis formierte und bis in die Neuzeit Einheitlichkeit und Bed. wahrte.

Abendländisches Schịsma, die Kirchenspaltung des Abendlandes (1378 bis 1417), als zwei bzw. drei Päpste gleichzeitig Anspruch auf die oberste Gewalt in der Kirche erhoben; durch das †Konstanzer Konzil beendet.

Abendmahl, das letzte Gemeinschaftsmahl Jesu mit seinen Jüngern am Abend vor seinem Tode (Matth. 26, 26–29; Mark. 14, 22–25; Luk. 22, 15–20). Zunächst als Mahlzeit begangen, entwickelte sich das A. im 2. Jh. zu einer sakramentalen Feier (Vergegenwärtigung Jesu Christi in den Elementen Brot und Wein, †Sakrament, †Eucharistie). In den Bekenntnissen der Reformation entstanden Unterschiede in der Auffassung von den Elementen der A.feier. Während Luther die *Realpräsenz* Christi im Sakrament behauptete (Christus *ist* in den Elementen Brot und Wein anwesend), vertrat Zwingli eine *symbol.* Deutung (Brot und Wein *bedeuten* Blut und Leib Christi). Nach Calvin bewirkt der Hl. Geist die Realpräsenz Christi nur in den Gläubigen beim Empfang des A., die Ungläubigen empfangen nur Brot und Wein.

Abendmahlsgemeinschaft, die gemeinschaftl. Teilnahme von Christen verschiedener Kirchen an einer Abendmahlsfeier. Durch die ökumen. Bewegung wurde die Bereitschaft zur A. stark gefördert.

Abendrot, Dämmerungserscheinung. Bei tiefem Sonnenstand und damit langem Weg des Sonnenlichts durch die Atmosphäre wird der kurzwellige, blaue Anteil des Sonnenlichts an Luftmolekülen, Staubteilchen und Wassertröpfchen in der Luft stärker gestreut und absorbiert und gelangt in weit geringerem Maße bis zum Beobachter als das längerwellige, rote Licht; entsprechend das *Morgenrot.*

Abendroth, Wolfgang, *Elberfeld (heute zu Wuppertal) 2. 5. 1906, † Frankfurt am Main 15. 9. 1985, dt. Staatsrechtler und Sozialwissenschaftler. Seit 1951 Prof. in Marburg; schrieb u. a. »Aufstieg und Krise der dt. Sozialdemokratie« (1964).

Abendschulen, Einrichtungen des zweiten Bildungsweges (z. B. *Berufsaufbauschule*).

Abendstern, der Planet Venus, wenn er bei Sonnenuntergang als einer der ersten Himmelskörper sichtbar wird; entsprechend bei Sonnenaufgang der *Morgenstern.*

Abenteuerroman, Sammelbegriff für spannend geschriebene Handlungsromane unterschiedl. literar. Niveaus. Vorläufer des neuzeitl. europ. A. sind u. a. die Epen der ↑Spielmannsdichtung und die ↑Volksbücher. Seit dem 16. Jh. viele Varianten, u. a. die ↑Schelmenromane (»Simplicissimus« [1669] von J. J. C. von Grimmelshausen), im 18. Jh. v. a. die Robinsonaden, auch Reise- und Räuberromane, im 19. Jh. u. a. die Romane von A. Dumas d. Ä. (»Der Graf von Monte Christo«, 1844/45), J. F. Cooper, J. London, R. L. Stevenson und Karl May, dann auch die ↑Western.

Aberdeen [engl. æbə'di:n], schott. Hafenstadt zw. den Mündungen von Don und Dee, Grampian Region, 190 000 E. Univ. (gegr. 1494), Verwaltungs- und Versorgungszentrum für die brit. Erdölbohrungen in der Nordsee; ✈. – Got. Kathedrale Saint Machar (begonnen 1424).

Aberglaube [eigtl. »verkehrter Glaube«] (Superstition), im 15. Jh. aufge-

Abenteuerroman. Titelkupfer der Erstausgabe von Grimmelshausens »Simplicissimus« (1669)

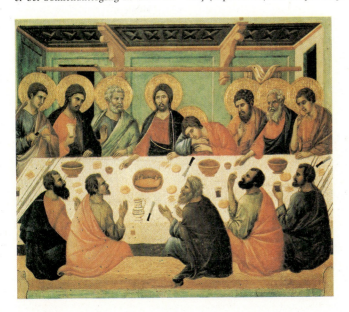

Abendmahl. Duccio. Das letzte Abendmahl, Tafel der Maestà (1308–11; Siena, Dommuseum)

Aberration

kommener Begriff, mit dem »verkehrte«, vom offiziellen christlichen Glauben abweichende Ansichten abwertend als Bestandteil vorchristlicher Religionen gekennzeichnet werden sollen. Der A. gründet in einer mag. Weltanschauung, in der der Mensch meint, durch außergewöhnl. Handlungen Einfluß auf übersinnl. Mächte gewinnen zu können. Abergläub. Handeln zielt meistens auf Abwehr von schädl., fremdem Zauber zugeschriebenen Einflüssen und darauf, Erkenntnisse über die Zukunft zu erlangen.

Aberration [lat.], **1)** *Optik:* in opt. Systemen aufgrund von Abbildungsfehlern entstehende Abweichungen von der idealen Abbildung.
2) *Astronomie:* die auf Grund der endl. Geschwindigkeit des Lichtes und der Bewegung der Erde hervorgerufene scheinbare Veränderung eines Sternortes am Himmel.

Aberrationszeit (Lichtzeit), die Zeit, die das Licht benötigt, um von einem Stern zur Erde zu gelangen. Die A. beträgt z. B. für die Sonne 8 min 19 s.

Abessinien, frühere Bez. für ↑Äthiopien.

Abessinischer Graben, nördl. Teil des Ostafrikan. Grabensystems im äthiop. Hochland.

Abessinisches Hochland, Hochscholle in Z- und N-Äthiopien mit Trappdecken.

Abfahrtslauf ↑Skisport.

Abfall (Abfallstoffe), in Haushalt, Ind. oder allg. bei der Produktion anfallende Nebenprodukte (Reste), die infolge ihrer Größe, Zusammensetzung, Konzentration, Gefährlichkeit (↑radioaktiver Abfall) usw. nicht mehr oder erst nach erneuter Aufbereitung *(Recycling)* verwertbar sind.

Abfindung (Ablösung), einmalige Entschädigung in Geld zur Abgeltung von Rechtsansprüchen; z. B. bei Kündigung.

Abführmittel, anorgan., pflanzl. oder synthet. Wirkstoffe, die die Darmentleerung anregen oder beschleunigen. Bei den meisten A. besteht die Gefahr einer Gewöhnung, wenn sie längere Zeit unkontrolliert eingenommen werden.

Abgaben (Zwangsabgaben), Geldleistungen, die kraft öffentl. Rechts zwangsweise zur Deckung des Finanzbedarfs der öffentl. Körperschaften erhoben werden. Zu unterscheiden sind ↑Steuern, ↑Gebühren und ↑Beiträge; zu den A. zählen außerdem die Sonder-A., die bes. Vor- und Nachteile zw. den Bürgern ausgleichen sollen (z. B. Lastenausgleichsabgabe).

Aberration 2).
Durch die Bewegung der Erde und die endliche Ausbreitungsgeschwindigkeit des Lichts (c = 300 000 km/s) erscheint der Stern S um den Aberrationswinkel α nach S' verschoben

(Labels in Abbildung: S', S, α, Objektiv, M, Fernrohrtubus, N, N', Okular, Bewegungsrichtung)

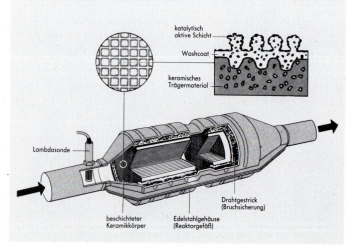

Abgaskatalysator.
Schematischer Aufbau eines geregelten Abgaskatalysators

(Labels in Abbildung: katalytisch aktive Schicht, Washcoat, keramisches Trägermaterial, Lambdasonde, beschichteter Keramikkörper, Edelstahlgehäuse (Reaktorgefäß), Drahtgestrick (Bruchsicherung))

Abgabenordnung (AO), Bundesgesetz, das nahezu alle Vorschriften des Steuerrechts zu einem Mantelgesetz für das Abgabenrecht zusammenfaßt.

Abgas, aus Feuerungs- und Heizungsanlagen oder Verbrennungskraftmaschinen abziehendes Verbrennungsgas; besteht bei vollständiger Verbrennung hauptsächlich aus dem Stickstoff der Luft und den Verbrennungsprodukten Kohlendioxid, Wasser[dampf] und eventuell Schwefeldioxid sowie bei höheren Temperaturen auch aus Stickoxiden, bei unvollständiger Verbrennung aus Kohlenmonoxid, Kohlenwasserstoffen und Ruß.

Abgaskatalysator, Gerät zur Reduzierung der Schadstoffemission von Kfz-Abgasen. In A. werden Kohlenwasserstoffe zu Kohlendioxid und Wasserdampf, das Kohlenmonoxid zu Kohlendioxid oxidiert und Stickoxide zu Stickstoff reduziert. Der im motornahen Teil der Auspuffanlage befindl. Katalysator besteht aus einem wabenförmigen, d. h. mit feinen Kanälen versehenen Keramikkörper, in dessen stark zerklüftete Oberfläche Edelmetalle wie Platin, Palladium und Rhodium als eigentl. Katalysatorsubstanzen eingelagert sind. Am effektivsten arbeitet der mit einer ↑Lambdasonde ausgestattete *geregelte Katalysator (Dreiwegekatalysator);* er reduziert die schädl. Abgaskomponenten um 90 %. Da bleihaltige Abgase den A. wirkungslos machen (»vergiften«), ist bleifreies Benzin erforderlich.

Abgasschalldämpfer (Schalldämpfer), Teil der Auspuffanlage bei Verbrennungskraftmaschinen (Explosionsmotoren). Druckschwankungen im Abgasstrom werden im A. gedämpft, so daß die Abgase gleichmäßiger und damit leiser ins Freie abströmen.

Abgassonderuntersuchung ↑Abgasuntersuchung.

Abgasturbolader, Aggregat zur Aufladung von Verbrennungsmotoren, bestehend aus Abgasturbine und Turbokompressor in einer Baueinheit. Die Luft zur Kraftstoffverbrennung wird vom A. angesaugt, verdichtet und in den Verbrennungsraum des Motors gefördert. Die Motorleistung erhöht sich dadurch erheblich.

Abgleich

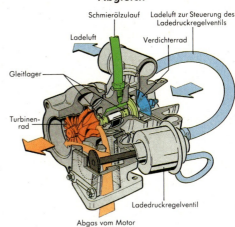

Schmierölzulauf — Ladeluft zur Steuerung des Ladedruckregelventils — Ladeluft — Verdichterrad — Gleitlager — Turbinenrad — Ladedruckregelventil — Abgas vom Motor

Abgasturbolader (schematisch)

Abgasuntersuchung, Abk. **AU,** eine gesetzlich vorgeschriebene, alle zwei Jahre vorzunehmende Prüfung des Kohlenmonoxidgehalts im Abgas von Kraftfahrzeugen. Die entsprechende Prüfplakette (ein Sechseck) ist am vorderen Nummernschild angebracht. Die AU trat zum 1. 1. 1993 an die Stelle der 1985 eingeführten Abgassonderuntersuchung (ASU), im Ggs. zu dieser erstreckt sie sich auch auf Dieselfahrzeuge und Kraftfahrzeuge mit geregeltem Katalysator.

ABGB, Abk. für **A**llgemeines **b**ürgerliches **G**esetzbuch (für Österreich).

Abgeordnetenhaus, parlamentar. Körperschaft, z. B. 2. Kammer des preuß. Landtags 1855–1918, Parlament von Berlin (West) 1950–90.

Abgeordneter, gewähltes Mgl. eines Parlaments oder eines öffentl.-rechtl. Verbandes. Der A. ist mit bes. Rechten ausgestattet, die ihm eine ungehinderte Ausübung seines Amts ermöglichen sollen (↑Immunität, ↑Indemnität). Für seine Tätigkeit erhält er eine meist monatl. steuerpflichtige Entschädigung (↑Diäten), steuerfreie Aufwandsentschädigungen, Übergangsgeld und Altersversorgung.

Abgesang (Gebände) ↑Kanzonenstrophe.

Abgleich, in der *Elektronik* Einstellen auf einen vorgeschriebenen Wert (Fre-

Abgasuntersuchung. Fahrzeugplakette

quenz, Ausschlag usw.) mit Hilfe von veränderl. Spulen, Widerständen und Dreh- oder A.kondensatoren bzw. Trimmern.

Abgrenzung, in der *Bilanz* die Berücksichtigung zeitl. und sachl. Unterschiede zw. den Kategorien Ausgaben/Aufwendungen/Kosten sowie Einnahmen/Erträge/Leistungen.

Abguß, Abformung nach der Natur (z. B. Totenmaske) oder Abformung eines plast. Bildwerkes (Rundplastik oder Relief) in einem gießbaren, später erhärtenden Material. Die Negativform geht meist verloren (Gips, Wachs), Leim- oder Gelatineformen sind mehrfach verwendbar.

abhängige Gebiete (engl. non-self-governing territories), Gebiete ohne volle Selbstregierung, die zwar der Gebietshoheit eines Mgl. der UN unterstehen, nicht aber zu dessen Mutterland gehören.

abhängiges Unternehmen, rechtlich selbständiges Unternehmen, auf das ein anderes Unternehmen unmittelbar oder mittelbar einen beherrschenden Einfluß ausüben kann (§ 17 Aktiengesetz). ↑Konzern.

Abhebegeschwindigkeit, die von Flugzeugtyp, Startgewicht, Luftdruck, Windverhältnissen usw. abhängige Geschwindigkeit, bei der ein startendes Flugzeug vom Boden (Startbahn) abhebt.

Abhörgeräte, elektroakustische und elektronische Geräte, meist in Miniaturausführung, zum heimlichen Mithören und/oder Aufzeichnen von Gesprächen. Häufig verwendete Geräte und Verfahren sind: Richtmikrophone (Reichweite um 100 m), umgebaute Telefonapparate (Sprechmuschel wird beim Auflegen des Hörers nicht abgeschaltet), Anzapfen von Telefonleitungen, Miniatursender (*Wanzen, Minispione;* Reichweite mehrere km), Laserabhörgeräte. – Das Benutzen von Abhörgeräten mit dem Ziel, das nicht öffentlich gesprochene Wort ohne Wissen des Sprechenden zu erfahren, ist grundsätzlich und bei Strafe verboten (§ 201 StGB); das GG (Art. 10) erlaubt die Durchbrechung dieses Prinzips nur in schweren, gesetzlich fixierten Einzelfällen (↑Abhörgesetz).

Abguß.
Totenmaske von
Blaise Pascal

Abhörgesetz, Bundesgesetz zur Beschränkung des Brief-, Post- und Fernmeldegeheimnisses vom 13. 8. 1968, erlassen im Rahmen der Notstandsgesetzgebung zu Art. 10 GG *(G-10-Gesetz).* Das A. erlaubt den Verfassungsschutzbehörden, den inländ. Nachrichtendiensten und bei Schwerstkriminalität den Strafvollzugsbehörden die Einsichtnahme in Postsendungen und das Abhören des Fernmeldeverkehrs auf Anordnung der obersten Bundes- oder Landesbehörden bzw. der Gerichte.

Abidjan [frz. abid'ʒã], Stadt in der Rep. Elfenbeinküste, an der Lagune Ébrié, 2,5 Mio. E. Univ., Theater, Nationalmuseum. Wichtigstes Ind.-Zentrum und wichtigster Hafen des Landes; internat. ✈ Moderne Verwaltungsgebäude und Wohnviertel. – Gegr. 1903, 1934–84 Landeshauptstadt.

Abiogenese ↑Urzeugung.

Abitur [lat.], in der BR Deutschland Abschlußprüfung der gymnasialen Oberstufe sowie der Abendgymnasien und Kollegs (erstmals 1788 in Preußen eingeführt).

Abkömmlinge, sämtliche Verwandte absteigender Linie (Töchter, Söhne, Enkel); rechtlich von Bedeutung für die Erbfolge und die Unterhaltspflicht.

Abkühlung, allg. die Temperaturabnahme eines Körpers durch Wärmeaustausch mit seiner kälteren Umgebung; in der *Meteorologie* die u. a. durch Ausstrahlung (v. a. nachts bei klarem Himmel), durch Zustrom kalter Luftmassen oder infolge dynam. Vorgänge in der freien Atmosphäre (Temperaturabnahme von Luftmassen beim Aufsteigen) bedingte Abnahme der Lufttemperatur.

Abkürzung, abgekürzter Ausdruck (Abk. = Abkürzung, d. h. = das heißt). ↑Sigel.

Ablagerung ↑Sedimentation.

Ablaß (lat. Indulgentia), in der kath. Kirche der Nachlaß »zeitl. Sündenstrafen«. Die Mißstände, die im späten MA v. a. die von finanziellen Interessen geleitete Praxis der A.prediger hervorrief, führten zum Protest Luthers und zur Reform des A.wesens auf dem Konzil von Trient.

Abidjan
Stadtwappen

Ablation [lat.], **1)** *Geologie:* das Abschmelzen und Verdunsten von Eis und Schnee.

2) *Technik:* Materialabtragung durch starke Wärmezufuhr. Der beim Eintauchen in die Atmosphäre einer hohen Wärmebeanspruchung ausgesetzte Hitzeschild eines Raumflugkörpers besteht aus *A.werkstoffen,* die beim Verdampfen viel Wärmeenergie verbrauchen und dadurch abkühlen *(A.kühlung).*

3) (Ablatio, Ablösung) *Medizin,* z. B. Ablatio mammae, das operative Absetzen (Entfernen) der Brust; Ablatio retinae, die Netzhautablösung.

Ablativ [lat.], Kasus in bestimmten Sprachen, der einen Ausgangspunkt, eine Entfernung oder Trennung angibt.

Ablativus absolutus [lat.], in der lat. Sprache eine selbständig im Satz stehende grammat. Konstruktion (Subjekt und darauffolgendes Partizip im Ablativ); im Deutschen als Nebensatz wiedergegeben.

Ablaufdiagramm (Flußdiagramm), graph. Darstellung von Arbeitsabläufen an einzelnen Arbeitsplätzen oder in Abteilungen sowie von Computerprogrammen.

Ablaut, regelmäßiger Vokalwechsel in der Stammsilbe etymologisch verwandter Wörter, z. B. werfen, warf, geworfen, Wurf.

Ableger, kräftiger, einjähriger Trieb von Nutz- und Ziersträuchern, der zum Zweck einer ungeschlechtl. (vegetativen) Vermehrung von der Mutterpflanze aus in ganzer Länge horizontal in eine flache Erdrille gedrückt wird. Wird der Trieb bogenförmig in die Erde eingesenkt, nennt man ihn *Absenker.*

Ablehnungsrecht, das Recht, eine Gerichtsperson (außer dem Vertreter der Staatsanwaltschaft) hinsichtlich ihrer Mitwirkung am Verfahren zurückzuweisen, wenn ein gesetzl. Ausschlußgrund oder die Besorgnis der Befangenheit gegeben ist.

Ableitung, 1) *Sprachwissenschaft:* die Bildung eines Wortstammes aus einem Wortes durch Lautänderung (↑Ablaut).

2) *Mathematik:* ↑Differentialrechnung.

Ablenkung, in der *Physik* und *Technik* die Richtungsänderung der (geradli-

Ableger. 1 Triebspitze (Efeu); **2** Ausläufer (Judenbart); **3** Blattsteckling mit Tochterpflanzen (Begonie); **4** Brutzwiebelbildung (Amaryllis); **5** Knollensteckling mit Tochterpflanzen (Kartoffel)

nigen) Bewegung eines Körpers bzw. eines Teilchenstrahls in einem Kraftfeld mit einer Kraftkomponente senkrecht zur Bewegungs- bzw. Strahlrichtung. Die A. geladener Teilchen wird z. B. in Kathodenstrahlröhren (z. B. Bildröhren) oder in Elektronenmikroskopen durch Ablenkplatten und -spulen bzw. durch Elektronenlinsen bewirkt. In den Teilchenbeschleunigern (z. B. Zyklotron, Synchrotron) werden Atomkerne, Elementarteilchen u. a. durch Magnetfelder auf eine Kreisbahn gezwungen.

Ablösung, Bez. für die gesetzl. Beseitigung der bäuerl. ↑Reallasten im Zuge der Bauernbefreiung im 18./19. Jahrhundert.

ABM

ABM, 1) *Militär:* [engl. 'ɛɪbiː'ɛm], Abk. für engl. **A**nti **B**allistic **M**issile (Antirakete), bodengestütztes Abwehrsystem gegen Angriffe land- und seegestützter ballist. Interkontinentalraketen. **2)** *allg.:* Abk. für ↑Arbeitsbeschaffungsmaßnahmen.

Abolitionịsmus [lat.], Bewegung zur Abschaffung der Sklaverei.
A-Bombe, Kurz-Bez. für Atombombe (↑ABC-Waffen).
Abomey [frz. abɔ'mε], Dép.-Hauptstadt im südl. Benin, 41 000 E. Kunsthandwerk. − 1658 gegründet.

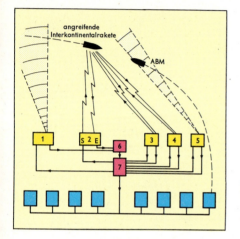

ABM 1).
1 Langstrecken-Überwachungsradar, **2** Zielerfassungsradar, **3** Gefechtskopf-Köder-Unterscheidungsradar, **4** Zielverfolgungsradar, **5** ABM-Kontroll- und Lenkradar, **6** Auswertung mit Datenverarbeitungsanlage, **7** Kommandozentrale, ABM-Abschußsilos (blau)

Abmahnung, Aufforderung zu einem bestimmten, rechtl. gebotenen Verhalten.
Abmusterung, Beendigung des Heuerverhältnisses vor einem Seemannsamt.
Abnahme, 1) *Schuldrecht:* die Entgegennahme der geschuldeten Leistung durch den Käufer oder Besteller. Mit der Abnahme anerkennt der Besteller das Werk als vertragsgemäß hergestellt.
2) *Verwaltungsrecht:* die offizielle Überprüfung, z. B. eines Gebäudes, bezüglich der Einhaltung gesetzl. Vorschriften.
abnọrm [lat.], vom Normalen abweichend.
Abnutzung, der durch Nutzung verursachte wirtschaftl. Werteverzehr von Gütern; eine der Abschreibungsursachen, die die Nutzungsdauer eines Anlagegutes bestimmen.
Ạbo [schwed. 'oːbuː], finn. Stadt, ↑Turku.
Abodrịten ↑Obotriten.
Abolitiọn [lat.] ↑Amnestie.

Abonnement [abɔnə'mãː; frz.], für längere Zeit vereinbarter und deshalb verbilligter Bezug von Zeitschriften u. a. oder Eintrittskarten (Theater, Konzerte).
Aborigines [engl. æbə'rɪdʒɪniːz], die urspr. und ältesten Bewohner eines Landes, insbes. Australiens.
Abọrt ↑Toilette.
Abọrt (Abortus) [lat.], svw. ↑Fehlgeburt.
Abotrịten ↑Obotriten.
ab ọvo [lat. »vom Ei an«], von Anfang an.
Ạbraham, bibl. Gestalt, Stammvater der Israeliten; einer der ↑Erzväter.
Ạbraham, Paul, *Apatin 2. 11. 1892, † Hamburg 6. 5. 1960, ungar. Komponist. Komponierte Operetten (»Victoria und ihr Husar«, 1930) und Filmmusiken.
Ạbraham a Sạncta Clạra (Abraham a Santa Clara), eigtl. Johann Ulrich Megerle, *Kreenheinstetten (heute zu Leibertingen) 2. 7. 1644, † Wien 1. 12. 1709, Prediger und Schriftsteller. Als Augustiner sprachgewaltigster

Abraham a Sancta
Clara

deutschsprachiger Prediger seiner Zeit. Sein Hauptwerk, »Judas der Ertz-Schelm« (1689–95), ist eine Sammlung satir. Abhandlungen.

Abrahams Schoß, in der *Kunst* die Darstellung der himmlischen Seligkeit (u. a. Bamberger Dom, Kathedrale von Reims) nach dem Gleichnis vom armen ↑Lazarus; auch in Handschriften.

Abrakadabra, Zauberwort unbestimmter Herkunft; im 3. Jh. zuerst belegt.

Abrasion [lat.], 1) *Geologie:* abtragende Tätigkeit der Brandung an der Küste.

2) *Medizin:* ↑Ausschabung.

Abrauchen, chemisches Aufschlußverfahren, bei dem unlösliche Verbindungen durch Zugabe von konzentrierten Mineralsäuren (Salzsäure, Salpetersäure) und starkes Erhitzen in lösliche Verbindungen überführt werden.

Abraum, nicht verwertbare Boden- und Gesteinsschichten über oberflächennahen Lagerstätten.

Abrahams Schoß. Konsole aus Alspach bei Kaysersberg (1149)

Abraumsalze, Gemisch aus Kalium- und Magnesiumchlorid, Düngemittel; früher bei der Steinsalzförderung als angeblich wertlos auf Halde gekippt.

Abrechnung (Clearing, Skontration), Ausgleich von Zahlungsforderungen und -verbindlichkeiten, meist innerhalb eines bestimmten Teilnehmerkreises.

Abreibungen, Reiben der Haut; Reizung der Haut erzeugt vermehrte Durchblutung und gesteigerten Stoffumsatz; zur Vorbeugung gegen Wundliegen, bei Infektionskrankheiten und Kreislaufschwäche.

Abreißbremse, Anhängerbremse, die beim unbeabsichtigten Lösen (Abreißen) der Anhängerkupplung wirkt.

Abri [frz.] (schweizer. Balm), Nische unter einem Felsüberhang, die natürl. Schutz für Rast- oder Wohnstätten bietet; v. a. in der Steinzeit benutzt.

Abrieb, durch Verschleißvorgänge entstandener feinkörniger bis staubförmiger Materialabtrag.

Abriß, knappe Darstellung, Zusammenfassung. ↑Kompendium.

Abrogans, etwa 765–770 entstandene dt. Bearbeitung einer lat. Synonymensammlung, ältestes dt. Literaturdenkmal. Benannt nach seinem ersten Stichwort abrogans »demütig«.

Abrüstung, teilweise oder vollständige Beseitigung der Rüstungen und Streitkräfte mit dem Ziel, sowohl die jeweilige nat. Sicherheit als auch die Chancen einer internat. vereinbarten Friedensordnung zu vergrößern; auch

Maßnahmen einer *Rüstungskontrolle* (z. B. Beschränkungen von Rüstungsvorhaben).
Geschichte: Von der organisierten Friedensbewegung seit Ende des 19. Jh. gefordert und auch von einigen Politikern vorgeschlagen, wurde A. zum Gegenstand zahlr. Verhandlungen (↑Haager Friedenskonferenzen, Genfer Abrüstungskonferenz des Völkerbunds [1932–34/35]) und Abkommen (↑Washingtoner Flottenabkommen [1922], ↑Londoner Flottenkonferenz [1930], ↑Deutsch-Britisches Flottenabkommen [1935]). Bed. A.schritte oder eine allg. A. wurden jedoch bis zum 2. Weltkrieg nicht erreicht. Durch die Entwicklung der Atomwaffen, deren Einsatz die Selbstvernichtung der Menschheit bedeuten würde, wurden nach 1945 A.gespräche und -verhandlungen wesentl. Bestandteil der internat. Politik. Zugleich verstärkte sich das Drängen der Friedensbewegung auf Fortschritte bei der A.; aber erst im Zeichen des »atomaren Patts« und des »Gleichgewichts des Schreckens« sowie unter dem Druck der gigant. Kosten für neue Waffensysteme einigten sich die USA und die Sowjetunion 1961 über Prinzipien einer allg. Abrüstung. Die 1962 eingerichtete Genfer Abrüstungskonferenz konnte zwar nur in Einzelfragen Erfolge erzielen (u. a. ↑Atomteststoppabkommen [1963], ↑Atomwaffensperrvertrag [1968]), erreichte aber im Vertrag über das Verbot bakteriolog. und tox. Waffen (1972) erstmals die Verpflichtung zur Abschaffung bereits vorhandener Waffen. 1969–79 führten die beiden Supermächte bilaterale Gespräche über Begrenzung der strateg. Waffen (↑SALT). In Wien fanden 1973–88 »Verhandlungen über beiderseitige ausgewogene Reduzierungen von Streitkräften und Rüstungen und damit zusammenhängende Maßnahmen in Mitteleuropa« (↑MBFR) statt. Sie wurden im März 1989 als Verhandlungen über konventionelle Streitkräfte in Europa (↑VKSE) weitergeführt. Vor dem Hintergrund der Abkühlung des Ost-West-Verhältnisses und der Belastung der Entspannungspolitik seit 1979 (↑NATO-Doppelbeschluß) wurden

trotz neuer A.verhandlungen in Genf über nukleare Mittelstreckenwaffen (Intermediate-range Nuclear Forces [INF]; Nov. 1981 bis Nov. 1983) und über strateg. Rüstungen (↑START; Juni 1982 bis Nov. 1983) keine Erfolge erzielt. 1985 begannen mit den amerikan.-sowjet. Verhandlungen in Genf über Nuklear- und Weltraumwaffen neue A.gespräche. Einen ersten Abrüstungserfolg erzielten die USA und die Sowjetunion mit ihrem Abkommen vom Dez. 1987, das weltweit die Vernichtung aller landgestützten amerikan. und sowjet. Mittelstreckenwaffen (Reichweite 150–5500 km) vorsah; entsprechend diesem INF-Vertrag wurden die letzten dieser Waffensysteme 1990 vernichtet. Die VKSE-Verhandlungen führten im Nov. 1990 zu einem in Paris unterzeichneten Vertrag, der die A. von rd. 150000 Großwaffensystemen der Land- und Luftstreitkräfte zum Ziel hat und zu dessen Einhaltung sich nach Auflösung der Sowjetunion Ende 1991 auch die GUS-Staaten verpflichteten. Nach neunjährigen Verhandlungen wurde im Juli 1991 der START-Vertrag unterzeichnet, dem im Jan. 1993 der START-II-Vertrag folgte. Verhandlungen über die A. der chem. Waffen führten im Jan. 1993 zur Unterzeichnung einer Konvention, die chem. Waffen verbietet und ihre Vernichtung innerhalb von zehn Jahren vorsieht.

Abruzzen, Region in M-Italien, 10794 km², 1,2 Mio. E, Hauptstadt L'Aquila.
Abs, Hermann Josef, *Bonn 15. 10. 1901, † Bad Soden 6. 2. 1994, dt. Finanzfachmann. Seit 1938 Mgl. des Vorstandes der Deutsche Bank AG, 1957–67 deren Vorstandssprecher, 1967–76 Aufsichtsratsvorsitzender.
ABS, Abk. für **A**ntiblockier**s**ystem (↑Bremsschlupfregler).
Absalom, bibl. Gestalt. Dritter Sohn Davids; bei einer Verschwörung gegen seinen Vater getötet.
Absättigung, Bez. in der Theorie der chem. Bindung. Eine A. liegt vor, wenn sämtl. Atome einer Verbindung alle entsprechend ihren Wertigkeiten möglichen Bindungen auch wirklich eingegangen sind.

Hermann Josef Abs

Abruzzen.
Massiv des Gran Sasso d'Italia mit der höchsten Erhebung der Apenninhalbinsel, dem Corno Grande (im Hintergrund)

Absatz, in der *Wirtschaft* die Endphase des gesamten betriebl. Leistungsprozesses, der sich aus Beschaffung, Produktion und A. zusammensetzt. A. ist als Gesamtheit aller betriebl. Planungen und Maßnahmen zu verstehen, die der Verwertung der durch Beschaffung und Produktion erstellten Leistung dienen. Man unterteilt die Absatzplanung in drei Teilprozesse: 1. *Absatzvorbereitung:* Marktanalyse, Planung der Vertriebskosten und Absatzwege, Entscheidung über das einzusetzende absatzpolit. Instrumentarium, Marktbeobachtung; 2. *Absatzorganisation:* Brückenschlag zw. Produzent und Endverbraucher mit räuml. (Transport), zeitl. (Lagerung, Kreditierung), quantitativer (Abstimmung von Produktions- und Konsummengen), qualitativer (Sortimentsbildung verschiedener Produzenten) und informativer (Beratung) Funktion; 3. *Absatzpolitik:* alle Maßnahmen zur Erreichung des gesetzten Absatzzieles (betriebl. Preispolitik, Präferenzpolitik durch qualitative Produktgestaltung, Werbung). Theorie und prakt. Anwendung des gesamten Absatzwesens werden auch als *Marketing* bezeichnet. Alle Absatzinstrumente sollen bestmöglich in einem sog. *Marketing-Mix* aufeinander abgestimmt werden.

Als A.formen wurden in vielfältigen Varianten zwei Typen entwickelt, die sich außerdem kombinieren lassen: der betriebseigene A. (z. B. durch Verkaufs- und Versandabteilungen, fabrikeigene Einzelhandelsfilialen) und der betriebsfremde A. (v. a. durch Groß- und Einzelhandelsbetriebe).

Abscheider, Vorrichtung zum Trennen oder Abscheiden z. B. von Feststoff- bzw. Flüssigkeitsteilchen aus strömenden Gasen, Dämpfen oder Flüssigkeiten unter Ausnutzung elektr. Kräfte, magnet. Kräfte, der Fliehkraft oder der Schwerkraft.

Abscherung, tekton. Vorgang, bei dem sich ein Gesteinsverband von seiner Unterlage gelöst hat und auf ein anderes Gestein aufgeschoben wurde. – Abb. S. 32.

Abschiebung, erzwungene Entfernung mißliebiger Ausländer aus dem Bundesgebiet; sie ist Vollzug der Ausweisung. Der Betroffene kann in *Abschiebehaft* genommen werden. Die A. darf nicht in einen Staat erfolgen, der den Ausländer mit dem Tod bedroht oder der Freiheit beraubt.

Abschied, 1) *allg.:* bei Beamten und Offizieren die Entlassung aus dem Dienst.

2) *Geschichte:* Zusammenfassung der Beschlüsse einer Versammlung; im Hl. Röm. Reich *Reichsabschied:* Ge-

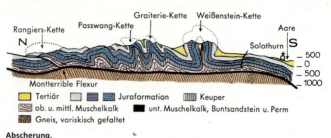

Rangiers-Kette — Passwang-Kette — Graiterie-Kette — Weißenstein-Kette — Aare — Solothurn — N — S — 500 — 0 — 500 — 1000 — Montterrible Flexur

☐ Tertiär ▦ ▥ Juraformation ▥ Keuper
▧ ob. u. mittl. Muschelkalk ■ unt. Muschelkalk, Buntsandstein u. Perm
▨ Gneis, variskisch gefaltet

Abscherung.
Schematische Darstellung einer gefalteten Abscherungsdecke am Beispiel des Schweizer Jura

samtheit der Beschlüsse eines Reichstags.

Abschilferung ↑Abschuppung.

Abschirmung, 1) *Elektrotechnik:* der Schutz elektr. Bauteile, Geräte oder Anlagen gegenüber elektr. oder magnet. [Stör]feldern. Elektr. Felder werden durch geerdete Abschirmbecher oder -geflechte aus elektrisch gut leitenden Materialien abgeschirmt, magnet. Felder durch Umhüllungen aus ferromagnet. Materialien hoher Permeabilität.

2) *Reaktorbau:* Schutzvorrichtung, die eine Strahlenquelle, z. B. einen *Kernreaktor,* umgibt, um die Umgebung insbes. vor ionisierender Strahlung und Neutronen zu schützen. Zum Abbremsen schneller Neutronen dienen stark wasserstoffhaltige Substanzen, z. B. Wasser, Paraffine, zur Absorption therm. Neutronen z. B. Cadmium oder Bor. Als A. gegen α-, β-, insbes. aber gegen γ- und Röntgenstrahlung werden Materialien aus Elementen hoher Ordnungszahl oder großer Dichte verwendet (Blei oder sog. Schwerbeton). Die *biolog. Abschirmung* (biolog. Schild) hat die Aufgabe, die Energie einer Strahlenquelle auf zulässige Werte zu verringern, die *therm. Abschirmung* (therm. Schild) soll den Wärmefluß (nach außen) verringern.

Abschlag, 1) (engl. Tee) *Golfspiel:* kleine rechtwinklige Fläche, von der aus bei jedem zu spielenden Loch mit dem Schlagen des Balles begonnen wird.

2) *Fußballspiel:* Abspielen des Balles aus der Hand des Torwarts.

Abschlagszahlung (Abschlagzahlung, Akontozahlung), Begleichung

nur eines Teiles einer Geldschuld. Zur A. ist der Schuldner grundsätzlich nicht berechtigt.

Abschluß, 1) *Recht:* (Vertragsabschluß): das Zustandekommen eines Vertrages.

2) *Wirtschaft:* Jahresabschluß nach § 39 HGB.

Abschlußprüfer, umgangssprachlich für ↑Wirtschaftsprüfer.

Abschlußprüfung, 1) *allg.:* (Abschlußexamen) letzte Prüfung vor dem Verlassen einer Schule.

2) *Wirtschaft:* Pflichtprüfung des Jahresabschlusses (z. B. bei einer Aktiengesellschaft) durch Wirtschaftsprüfer (Abschlußprüfer).

Abschlußzwang (Kontrahierungszwang), rechtl. Verpflichtung, die von einem anderen gewünschte vertragl. Bindung einzugehen; Ausnahme vom Grundsatz der Vertragsfreiheit. Dem A. unterliegen v. a. Verkehrs- und Versorgungsunternehmen wegen ihrer Monopolstellung (↑Anschluß- und Benutzungszwang).

Abschöpfung, Beseitigung der zw. dem Inlandspreis und dem darunterliegenden Preis des importierten Gutes (landwirtsch. Erzeugnisse) bestehenden Differenz durch eine Abgabe, die der Importeur an die Einfuhrstelle abführen muß.

Abschrecken ↑Wärmebehandlung.

Abschreckung, 1) *Militärpolitik:* Konzept, wonach die eigenen Streitkräfte so ausgebaut und gestärkt werden, daß sie den potentiellen Gegner von einem militär. Angriff abhalten.

2) *Strafrecht:* ein Strafzweck; die angedrohte Strafe soll einen mögl. Täter vor Straftaten zurückschrecken lassen.

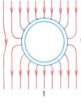
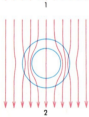

Abschirmung 1).
1 elektrische;
2 magnetische
Abschirmung

Abschreibung, betriebswirtschaftlich und steuerrechtlich die rechner. Erfassung von Wertminderungen betriebl. Vermögensgegenstände. Die A. dienen dem Vermögensausweis in der Bilanz durch Herabsetzung des Wertes des abzuschreibenden Gegenstandes auf der Aktivseite *(direkte A.)* oder durch Ansatz eines Wertberichtigungsbetrages auf der Passivseite *(indirekte A.)* sowie der richtigen Verteilung von Ausgaben auf die Perioden, in denen die Wertminderung stattfand. Die A. sind damit Aufwand im Rahmen der Erfolgsrechnung und Kosten im Rahmen der Kosten- und Betriebsergebnisrechnung.

Ursachen, die A. erforderlich machen können, sind: 1. *zeitlich bedingte A.* durch Fristablauf von Miet- und Pachtverhältnissen sowie Schutzrechten und Konzessionen; 2. *verbrauchsbedingte A.* aufgrund techn. Abnutzung durch Gebrauch; 3. *wirtschaftlich bedingte A.* durch techn. Fortschritt, Nachfrageverschiebungen, Sinken der Absatzpreise oder sich erweisende Fehlinvestition der Anlage. Methodisch unterscheidet man die *lineare* (mit periodisch gleichbleibenden A.beträgen), die *degressive* (mit periodisch abnehmenden A.beträgen) und die *progressive A.* (mit periodisch zunehmenden A.beträgen). Die beiden ersten Methoden finden in der Steuerbilanz als *Absetzungen für Abnutzung (AfA)* im Interesse einer periodengerechten Gewinnermittlung Anwendung (Bewertungsgrundlage sind dabei die Anschaffungs- oder Herstellkosten).

Abschuppung, normalerweise unmerkl. ständiges Abstoßen der obersten verhornten Zellschichten der Haut in Form von Schuppen; tritt bei verschiedenen Erkrankungen verstärkt auf, u. U. auch kleieförmig als *Abschilferung.*

Abschußplan, behördlich genehmigter Jahresplan, der festlegt, wieviel Wild in jedem Revier abgeschossen werden darf.

Abschwung, im *Konjunkturverlauf* die Phase, in der sich Produktions- und Produktivitätsanstieg stark verlangsamen, die »Schere« zw. offenen Stellen und Arbeitslosenzahl sich allmählich

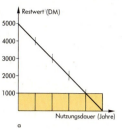

a

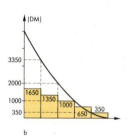

b

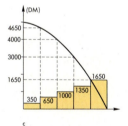

c

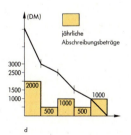

jährliche Abschreibungsbeträge

d

Abschreibung. Je nach Abschreibungsmethode (a linear; b degressiv; c progressiv; d nach Leistung) ergeben sich unterschiedliche jährliche Abschreibungsbeträge und Restwerte für eine Maschine mit einer geplanten Nutzungsdauer von fünf Jahren bei 5 000 DM Anschaffungskosten.

wieder schließt, der Preisniveauanstieg i. d. R. jedoch ungebrochen anhält.

abseits, regelwidriges Verhalten bei verschiedenen Ballspielen. Ein Spieler der angreifenden Mannschaft ist abseits, wenn er bei der Ballabgabe in der gegnerischen Hälfte sich näher an der Torlinie befindet als zwei (Fußballspiel, Hockeyspiel) gegnerische Spieler; beim Eishockey, wenn er in das gegnerische Drittel gelaufen ist, bevor der von einem Mannschaftskameraden gespielte Puck dort angelangt ist.

Absence [ap'sã:s; lat.-frz.] (Absenz), anfallartige Bewußtseinstrübung von nur wenigen Sekunden Dauer.

Absetzungen für Abnutzung ↑Abschreibung.

Absiedelung, svw. ↑Metastase.

Absinth [griech.], alkohol. Getränke aus der Wermutpflanze (mit Anis-, auch Fenchelzusatz); gesundheitsschädlich.

Absolute, das [lat. = das Losgelöste], philosoph. Begriff, der dasjenige bezeichnet, was von keiner Bedingung abhängig ist (definiert als das »Unbedingte« schlechthin); oft auf Gott bezogen.

absolute Flüssigkeit, Bez. für eine reine, wasserfreie Flüssigkeit.

absolute Musik, Begriff des 19. Jh. zur Kennzeichnung der von außermusikal. Inhalten freien Instrumentalmusik, im Ggs. zur ↑Programmusik.

absoluter Alkohol, reiner, wasserfreier Alkohol (Äthanol, C_2H_5OH); Siedetemperatur 78,3 °C.

absolute Rechte ↑Recht, ↑unerlaubte Handlungen.

absoluter Nullpunkt, Anfangspunkt der thermodynam. Temperaturskala (Kelvin-Skala). Er hat die Bez. Null Kelvin (0K) und liegt auf der Celsius-Skala bei −273,15 °C.

absolutes Gehör, die Fähigkeit, Töne und Tonarten ohne vorgegebenen Vergleichston zu bestimmen.

Absolution [lat.], die Lossprechung von Sünden und Kirchenstrafen im Bußsakrament (↑Buße).

Absolutismus [lat.-frz.], die monarch. Regierungsform, in der der Monarch allein die Herrschaftsgewalt besitzt, ohne an Mitwirkung und Zustimmung autonomer polit. Körperschaften (v. a. Stände) gebunden zu sein. Im Unterschied zum Despoten erkennt der absolute Fürst das göttl. und histor. Recht an, obwohl er (unter Ausschluß eines Widerstandsrechts) über den gegebenen Gesetzen steht und diese auch brechen kann (»princeps legibus solutus«). Anknüpfend an den Früh-A. im 15./16. Jh. entwickelte sich der A. zur vorherrschenden Regierungsform des 17./18. Jh. in Europa (»Zeitalter des A.«) und fand modellhafte Ausprägung in Frankreich seit Heinrich IV. Durch den A. mit seiner Ausbildung des modernen Staats, auf dessen Machterhaltung und -erweiterung die gesamte Regierungspolitik zielte, wurden die feudal- und ständestaatl. Ordnungsgefüge des MA überwunden. Der Adel konnte aber seine gesellschaftl. Spitzenstellung erhalten. Das Großbürgertum, durch die Politik des A. in seinen wirtschaftl. Interessen gefördert, blieb politisch einflußlos. Die mangelnde Bewältigung der hieraus resultierenden Spannungen erwies die Grenzen des A., die auch der »*aufgeklärte A.*« (z. B. Preußen unter Friedrich II., Österreich unter Joseph II.) durch Reformen im Geist der Aufklärung (Bauernbefreiung, staatl.

Absolutismus.
Heinrich IV. bei der Belagerung einer Stadt (anonymes Gemälde)

Erziehungswesen, Ansätze zur Rechtsstaatlichkeit) nicht wesentlich erweitern konnte.

Absolvent [lat.], jemand, der eine Schule, ein Studium mit einer Prüfung abgeschlossen *(absolviert)* hat.

Absorbens (Mrz. Absorbentia, Absorbenzien) [lat.], absorbierender Stoff.

Absorber [lat.-engl.] (Absorptionskältemaschine) ↑Kältetechnik.

Absorption [lat.], 1) *Physik:* das teilweise oder völlige Verschlucken einer elektromagnet. Wellen- oder Teilchenstrahlung beim Durchgang durch Materie. Die Energie der absorbierten Strahlung wird dabei in Wärme *(Absorptionswärme)* umgewandelt.

2) *Chemie:* die Aufnahme von Gasen und Dämpfen durch Flüssigkeiten oder feste Körper und gleichmäßige Verteilung im Innern des absorbierenden Stoffes.

3) *Biologie:* das Aufsaugen von Flüssigkeiten, Dämpfen u. a. über die Zellen.

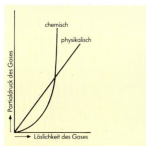

Absorption.
Gleichgewichtskurven für physikalische und chemische Absorption bei konstanter Temperatur

Abstammungsgutachten, von gerichtl. Seite anzuforderndes Gutachten, wenn die Vaterschaft streitig ist; erfolgt auf Grund einer durchgeführten *Abstammungsprüfung* (kann aus Blutgruppengutachten und Ähnlichkeitsanalyse bestehen).

Abstammungslehre ↑Deszendenztheorie.

Abstand, 1) *Mathematik:* grundlegender Begriff der Geometrie: 1. A. zweier Punkte: die Länge der Verbindungsstrecke; 2. A. eines Punktes von einer Geraden oder Ebene: die Länge des vom Punkt auf die Gerade oder Ebene gefällten Lotes; 3. A. zweier paralleler Geraden oder Ebenen: die Länge des Lotes von einem Punkt der Geraden oder Ebene auf die andere; 4. A. zweier windschiefer Geraden: die Länge der Strecke, die auf beiden Geraden senkrecht steht.

2) *Recht:* Zahlung für die Überlassung einer Sache oder eines Rechts.

Abstich, in der *Metallurgie* Bez. für Ausflußöffnung oder Auslaufenlassen von flüssigem Metall aus Schmelzöfen.

Abstillen (Ablaktation), Entwöhnen, Absetzen des Säuglings von der Mutterbrust.

Abstimmanzeige, Meßinstrument oder Elektronenstrahlröhre *(mag. Auge)* zur Anzeige der bestmögl. Sendereinstellung.

Abstimmung, Verfahren zur Feststellung der mehrheitl. Willens einer Personenzahl zur Entscheidung einer bestimmten Frage. Im *Staatsrecht* ist eine A. nach Artikel 29 GG nur im Rahmen der Neugliederung des Bundesgebietes vorgesehen. Einige Landesverfassungen eröffnen die Möglichkeit zur A. in größerem Umfang (Plebiszit, Volksabstimmung, Volksbegehren, Volksentscheid). In *Österreich* besteht die Möglichkeit der Volksabstimmung. In der *Schweiz* kann jeder Schweizer Bürger an den eidgenöss., kantonalen und kommunalen Wahlen und A. (durch Referendum und Volksinitiative) an seinem Wohnsitz teilnehmen.

Abstimmungsgebiete, Bez. für die dt. und österr. Grenzgebiete, in denen nach dem 1. Weltkrieg die Bevölkerung über ihre künftige staatliche Zugehörigkeit entscheiden sollte. Dt. Abstimmungsgebiete waren Nordschleswig, Westpreußen östlich der Weichsel (Bezirk Allenstein), Eupen-Malmedy (sämtlich 1920), Oberschlesien (1921), Saargebiet (1935).

Abstinenz [lat.], Enthaltsamkeit, insbes. Verzicht auf Alkohol.

Abstoß, im Fußballspiel Stoß von der Grenze des Fünfmeterraums, wodurch der Ball wieder ins Spiel gebracht wird.

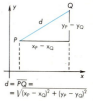

$$d = \overline{PQ} =$$
$$= \sqrt{(x_P - x_Q)^2 + (y_P - y_Q)^2}$$

Abstand 1).
Abstand d zweier Punkte P und Q in einem ebenen kartesischen Koordinatensystem

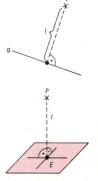

Abstand 1).
Abstand l eines Punktes von einer Geraden g (oben) oder von einer Ebene E (unten)

abstrahieren

abstrakte Kunst.
Rudolf Belling.
»Dreiklang« (1919)

abstrakte Kunst. Wassily Kandinsky. »Das erste abstrakte Aquarell« (1910)

abstrahieren [lat.], Methoden der Abstraktion anwenden.

abstrakt [lat.], rein begrifflich, nur gedacht; Ggs.: konkret.

abstrakte Kunst, Bez. für die von der gegenständl. Darstellung losgelöste Malerei und Plastik, die durch reine Form- und Farbkompositionen Wirklichkeiten und Strukturen schafft, die in der Welt der benennbaren Dinge so nicht sichtbar sind (»konkrete Kunst«). Die vielfältigen Stilvarianten der um etwa 1910 aufgekommenen a. K. lassen sich auf die beiden Linien ihrer Entstehung zurückführen: die aus dem Expressionismus kommende freie maler. Richtung (begründet durch W. Kandinsky, vorbereitet im Jugendstil), die im abstrakten Expressionismus und in der informellen Kunst endete, sowie die vom Kubismus ausgehende geometrisierende Richtung (u. a. F. Kupka, K. Malewitsch, P. Mondrian), die zum Konstruktivismus und zur Stijlgruppe führte. Abstrakte Plastik entstand, gleichfalls nach Vorformen im Jugendstil, seit etwa 1912/13 (A. Archipenko, R. Belling); im Konstruktivismus wurde die wechselseitige Durchdringung von Flächen und Linien mit dem Raum ausgebildet.

abstrakter Expressionismus, Stilphase, die die europ. und amerikan. Kunst der fünziger und frühen sechziger Jahre bestimmte. Betont wird beim Farbauftrag der spontane Schaffensakt, die Gestik, wobei auch automat. Techniken benutzt wurden. In Frankreich und Deutschland wird der a. E. meist als *Tachismus* bezeichnet, in den USA als *Action-painting;* gebräuchlich ist auch *Informel* oder *informelle Kunst.*

abstrakte Kunst.
František Kupka.
»Ordonnances sur verticales« (1911–12)

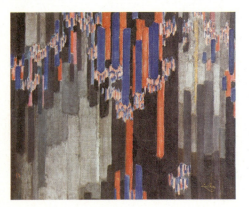

Abstraktion [lat.], die Bildung von Begriffen, d. h. die von den vielfältigen Erscheinungsweisen eines Dinges absehende (abstrahierende) Benennung der allg. Gesetzmäßigkeit bzw. des Wesentlichen, das als solches nicht sichtbar ist, sondern nur als Phänomen, das den Erscheinungen gemeinsam ist, gedacht werden kann.

Abstrich, Entnahme von Haut- oder Schleimhautbelag zur bakteriolog. und zytolog. Untersuchung.

abstrus [lat.], unverständlich, verworren.

absurd [lat.], dem gesunden Menschenverstand völlig fern; sinnlos. – Über die religiös-theolog. Bedeutung (»mit der menschl. Vernunft nicht erfaßbar«) wurde das **Absurde** zu einem Schlüsselbegriff der ↑Existenzphilosophie: Die Welt und der Mensch in ihr haben keinen vorgegebenen Sinn; der Mensch muß sich in eigener Verantwortung erst selbst entwerfen (Sartre). Camus fordert, diesem Absurden, d. h. der Erfahrung des Zwiespalts zw. Anspruch auf Sinn und fehlender Erfüllung, Widerstand zu leisten. Diese »Revolte«, die selbst a. bleibe, mache die Würde des Menschen aus.

absurdes Theater, Anfang der 50er Jahre in Frankreich entstandenes Theater mit deutl. Bezug zum Grotesken und zum Surrealismus: Die Irrealität des Wirklichen, das Absurde, wird durch völlige Auflösung sinnvoll erscheinender Handlungsstrukturen unter Einsatz einer mechanisch-erstarrten Sprache unmittelbar dargestellt. Hauptvertreter: S. Beckett, E. Ionesco.

AB0-System (AB-Null-System), klass. System zur Einteilung der ↑Blutgruppen.

Abszeß, Eiteransammlung in einer anatomisch nicht vorgebildeten Gewebshöhle. Der oberflächl., unter der Haut gelegene, *akute* oder *heiße Abszeß* geht mit den örtl. Zeichen einer Entzündung einher: Schwellung, Rötung, Schmerzhaftigkeit und Wärme. Der *kalte Abszeß* entsteht meist durch Einschmelzung tuberkulöser Herde ohne die übl. Anzeichen einer Entzündung.

Abszisse [lat.] ↑Koordinaten.

Abt [zu ↑Abba] (in der griech.-lat. Kirchensprache Abbas; frz. Abbé), Bez. und Titel des Vorstehers einer Mönchs-

abstrakter Expressionismus. Franz Kline. »Gelb, Rot, Grün, Blau« (1956)

abstrakte Kunst. Piet Mondrian. »Komposition« (1925)

gemeinschaft, Leiter einer Abtei mit Jurisdiktionsgewalt; er ist keinem Bischof unterstellt *(exempt)*.

Abtauautomatik, Vorrichtung in Kühlschränken, um den vereisten Verdampfer durch Erwärmung mit Hilfe von Heizdrähten zu enteisen.

Abtei [zu ↑Abba], ein von einem Abt oder einer Äbtissin geleitetes verwaltungs- und vermögensrechtlich selbständiges Kloster.

Abteufen, im *Bergbau* Herstellung von Schächten und Niederbringen von Bohrungen.

Äbtissin [zu ↑Abba], Klostervorsteherin bei Benediktinerinnen und verwandten Frauenorden und bei den Klarissen.

Abtragung, Sammelbegriff für die auf Erniedrigung und Einebnung der Oberflächenformen des Festlandes hinwirkenden Vorgänge.

Abtreibung ↑Schwangerschaftsabbruch.

Abtretung (Zession), im *Zivilrecht* (§§ 398 ff. BGB) die Übertragung von Forderungen und anderen Rechten von dem bisherigen Gläubiger *(Zedent)* auf einen neuen Gläubiger *(Zessionar);* sie erfolgt ohne Mitwirkung des Schuldners durch einen abstrakten, formlos gültigen Vertrag.

Abtrieb, 1) *Technik:* Energieabgabepunkt am Ausgang einer Maschine oder eines Getriebes.
2) *Landwirtschaft:* das Zurückführen der Rinder von den Almen in die Ställe der Gebirgstäler.

Abu Bakr (Abu Bekr), *Mekka um 573, † Medina 23. 8. 634, erster Kalif (seit 632). Schwiegervater Mohammeds. Schuf die Grundlage für die Eroberungen des Kalifenreiches.

Abu Dhabi, Hauptstadt des Emirats Abu Dhabi und der ↑Vereinigten Arabischen Emirate, auf einer Insel im Pers. Golf, 243 000 E. Erdölraffinerie, Hafen, internat. ✈.

Abu Hanifa, *Kufa (Mesopotamien) um 669, † Bagdad 767, islam. Theologe. Begründer der hanefit. Schule (↑Hanefiten).

Abuja [a'bu:dʒa], Hauptstadt Nigerias, nördlich der Mündung des Benuë in den Niger; 380 000 E; internat. ✈. – Seit 1991 Hauptstadt Nigerias.

Abukir (arab. Abu Kir), ägypt. Ort nö. von Alexandria. Vor A. besiegte die brit.

Flotte unter Nelson die Franzosen (1798).

Abundanz [lat.], **1)** *Stilistik:* die Anhäufung von sprachl. Ausdrucksformen für ein und denselben Sachverhalt.
2) *Demographie:* Bevölkerungsdichte.
3) *Ökologie:* meist die auf eine Flächenoder Raumeinheit bezogene Individuenzahl einer Art *(Individuendichte)* oder die Artendichte einer Pflanzen- bzw. Tiergesellschaft *(absolute Abundanz)*.

ab urbe condita [lat. »seit der Stadtgründung« (Roms)], Abk. a. u. c., ↑Zeitrechnung.

Abu Simbel, zwei Felsentempel Ramses' II. (1290–1224) am westl. Nilufer, Oberägypten. Der *Große Tempel* ist der Dreiergottheit Re, Amun und Ptah und dem vergöttlichten König geweiht. Der *Kleine Tempel* gilt dem Kult der Göttin Hathor. Beide Tempel wurden 1964–68 auf Kosten der UNESCO in Blöcke zerlegt und 65 m höher wieder aufgebaut, da sie sonst im Stausee von Assuan versunken wären.

Abusus [lat.], Mißbrauch, übermäßiger Gebrauch (z. B. von Arzneimitteln).

Abwärme, die insbes. bei der Stromversorgung in therm. Kraftwerken anfallende *Restwärme.* Der überwiegende Teil der erzeugten Wärme (60–70 %) wird auf niedrigem Temperaturniveau über Kühlsysteme an die Umgebung (Luft, Flußwasser) abgegeben und kann durch sog. *Wärme-Kraft-Kopplung* über Fernwärmeleitungen z. B. für Raumheizung genutzt werden.

Abwasser, mit Schmutz- und Abfallstoffen, Fäkalien, Chemikalien usw. verunreinigtes Wasser aus Haushaltungen, Gewerbe- und Industriebetrieben sowie Niederschlagswasser. Zur *A.reinigung* ↑Kläranlage. – Radioaktive Abwässer fallen in kerntechn. Anlagen, bei der Brennelementherstellung, in Krankenhäusern mit nuklearmedizin. Abteilungen, in geringem Maße auch in der Industrie an.

Abwehr, 1) *Militärwesen:* 1. Kampfart, die einen bestimmten Raum gegen den Angriff des Feindes behauptet; 2. Widerstand leistende Truppe; 3. geheimdienstl. Organe, die Gegenspionage betreiben, und deren Tätigkeit.
2) *Biologie:* bes. Verhaltensweisen, durch die Tiere und Menschen gefährl. und bedrohenden Situationen zu entkom-

Abu Dhabi

Wappen

Flagge

Abu Simbel.
Links: Lage der beiden
Felsentempel nach
deren Wiederaufbau
auf dem höher ge-
legenen Standort ◆
Rechts: die vier Kolos-
salstatuen vor der
Fassade des größten
Tempels Ramses' II.

men bzw. sie abzuwenden versuchen.
Charakteristisch für das *Abwehrverhalten*
sind Reflexe, Fluchtreaktionen sowie
Droh- und Angriffsverhalten.

Abwehrmechanismen, Bez. der psy-
choanalyt. Theorie S. Freuds für nicht-
willentlich oder unbewußt erfolgende
Verhaltensweisen, die der Mensch an-
wendet, um sich gegen Konflikte zw.
Befriedigung und Verzicht zu schützen.
Wichtige A. sind z. B. Frustration, Iden-
tifizierung, Rationalisierung und Verdrängung.

Abweiser ↑Buhne.

Abweitung, abnehmender Abstand benachbarter Längenkreise (Meridiane);
am Äquator 111,3 km, an den Polen
0 km.

Abwerbung, Versuch von Unternehmen, Arbeitnehmer zu einem Arbeits-
platzwechsel von einem fremden in das
eigene Unternehmen zu veranlassen,
z. B. durch Zusagen von höheren Löh-
nen; grundsätzlich zulässig.

Abwertung (Devaluation, Devalva-
tion), autonome (bei einem System fester oder stufenflexibler Wechselkurse)
bzw. sich durch Angebotsüberhang einer Währung am Devisenmarkt erge-
bende (bei einem System flexibler
Wechselkurse) Senkung des Außenwertes einer Währung.

Abwesenheit, das Fernsein bzw. Fern-
bleiben von Personen (z. B. von der
Truppe, von zivilrechtl. [↑Versäumnis-

urteil] oder strafrechtl. Verfahren), an
das die Rechtsordnung bestimmte
Rechtsfolgen knüpft.

abwickelbare Fläche, räuml. Fläche,
die sich auf eine Ebene abwickeln läßt;
z. B. Zylinder, Kegel.

Abwind, abwärts gerichtete Luftströmung z. B. im Lee von Gebirgen.

Abydos, 1) (altägypt. Abodu) Ruinenstätte in Oberägypten, 100 km nw. von
Luxor. Osiriskult, u. a. Tempel Sethos' I. und Ramses' II.; Nekropole mit
z. T. frühdynast. Gräbern. – Abb. S. 40.
2) (lat. Abydus) antike Stadt in Kleinasien. Bei A. überquerten Xerxes und
Alexander d. Gr. den Hellespont; ange-
nommener Schauplatz der Hero-und-
Leander-Sage.

Abydos 1).
Relief an der Außenmauer des Tempels König Sethos' I.

Ac, chem. Symbol für ↑Actinium.

AC, Abk. für engl. **A**lternating **C**urrent, ↑Wechselstrom.

Académie française [frz. akade'mi rã'sɛːz], Akademie für frz. Sprache und Literatur; 1635 von Kardinal Richelieu in Paris gegr., 1793 aufgehoben; 1803 als Teil des ↑Institut de France neugegr.; 40 gewählte Mgl. (40 »Unsterbliche«).

Academy Award [engl. ə'kædəmɪ ə'wɔːd], seit 1927 jährlich von der Academy of Motion Picture Arts and Sciences in Hollywood verliehener Filmpreis (↑Oscar).

Abyssal [griech.] (abyssale Region), Tiefenbereich der Ozeane; bei etwa 1000 m Tiefe beginnend und bis etwa 6000–7000 m Tiefe reichend; völlig lichtlose Zone ohne Pflanzen.

Abzahlungsgeschäft, schriftl. Kaufvertrag *(Ratenkauf)* über eine bewegl. Sache, bei dem der Kaufpreis in Teilzahlungen *(Ratenzahlungen)* entrichtet wird und die Sache bis zur vollen Bezahlung des Kaufpreises unter ↑Eigentumsvorbehalt steht. Das A. ist zum Schutz des Käufers einer gesonderten Regelung im Abzahlungsgesetz unterworfen. Barzahlungs-, Teilzahlungspreis, effektiver Jahreszins sowie Zahl, Betrag und Fälligkeit der Raten sind schriftlich anzugeben; ebenso die Belehrung, daß der Käufer das A. innerhalb einer Woche widerrufen kann.

Abzeichen, 1) *allg.:* 1. Erkennungsmerkmal für Angehörige einer bestimmten Organisation (Partei, Verein u. ä.); 2. bei Militär und Polizei svw. Dienstgrad- bzw. Laufbahnabzeichen. **2)** *Zoologie:* in der Färbung von der Grundfarbe des Körpers abweichende Haut- bzw. Haarstellen (Flecke) bei Haustieren.

Abzinsung, Verfahren der Zinseszinsrechnung zur Ermittlung des Anfangskapitals K_0 (Barwert) aus einem gegebenen Endkapital K_n mit Hilfe eines gegebenen A.faktors $v = 1/(1 + p/100)$ (p Zinsfuß) bei gegebener Laufzeit (n Jahre): $K_0 = K_n v^n$.

abzugsfähige Ausgaben, im *Steuerrecht* Ausgaben, die das steuerpflichtige Einkommen mindern (z. B. Betriebsausgaben und Werbungskosten).

Academy Award.
Die vergoldete Statuette des »Oscar«, Höhe 25,6 cm

Acajounuß [aka'ʒuː...; frz./dt.] ↑Nierenbaum.

a cappella [italien.], mehrstimmige Vokalmusik.

Acapulco de Juárez [span. aka'pulko ðe 'xuares], mex. Hafenstadt, Seebad am Pazifik, 638000 E; ⚓. – 1550 gegr., Stadtrecht seit 1598, bedeutendster Pazifikhafen Neuspaniens.

accelerando [atʃe...; italien.], musikal. Vortrags-Bez.: allmählich schneller werdend.

Accelerator [engl. ək'seləreɪtə; lat.], engl. Bez. für Beschleuniger (z. B. Vulkanisationsbeschleuniger); in der Kernphysik: Teilchenbeschleuniger.

Accent aigu [frz. aksāte'gy], im Frz. auf dem Vokalbuchstaben e vorkommendes Zeichen (Akut, ´), z. B. été (»Sommer«).

Accent circonflexe [frz. aksāsirkõ'flɛks], im Frz. auf den Vokalbuchstaben a, e, i, o, u vorkommendes Zeichen (Zirkumflex, ^), z. B. pâte (»Paste«).

Accent grave [frz. aksã'graːv], im Frz. auf den Vokalbuchstaben a, e vorkom-

Abzeichen 1).
Deutscher Turnerbund

Abzeichen 2).
a Stichelhaar;
b Blümchen; **c** Stern;
d Blesse; **e** Laterne;
f Schnippe

mendes Zeichen (Gravis, `), z. B. à (»zu«).

Accessoires [aksɛso'aːr; frz.; zu lat. accedere »hinzukommen«], mod. Zubehör zur Kleidung wie Handtasche, Schmuck, Gürtel, Hüte, Handschuhe, Schirme, Stöcke, Tücher.

Accompagnato [akɔmpaˈɲaːto; italien.], Kurzform von *Recitativo accompagnato* (↑Rezitativ).

Accra, Hauptstadt von Ghana, am Golf von Guinea, 1,1 Mio. E. Univ., Nationalbibliothek, -archiv, -museum. Diamantenhandel; Ind.-Betriebe, Fischereihafen; internat. ✈. Schloß Christiansborg (17. Jh., heute Regierungssitz). – Im 16. Jh. portugies. Handelsfort; im 17. Jh. engl., niederl. und dän. Forts.

Accusativus cum infinitivo [lat.], Abk. A. c. i., Satzkonstruktion (bes. im Lat.), in der das Akkusativobjekt des ersten Verbs zugleich Subjekt des zweiten, im Infinitiv stehenden Verbs ist (z. B. Ich höre den Hund bellen. = Ich höre den Hund. Er bellt.).

Aceh [indones. 'atʃɛː], Landschaft und indones. Prov. in NW-Sumatra, Hauptstadt Banda Aceh.

Acetaldehyd (Äthanal, Ethanal), einfacher Aldehyd, CH_3CHO; farblose, brennbare Flüssigkeit; in der chem. Ind. wichtiges Ausgangs- und Zwischenprodukt für Essigsäure, Äthanol, Essigsäureäthylester, Kunststoffe u. a.

Acetale [lat./arab.], organ. Verbindungen, die aus einem Aldehyd und zwei Molekülen Alkohol unter Wasserabspaltung gebildet werden: farblose, angenehm riechende Flüssigkeiten; Verwendung als Lösungsmittel und Geruchsstoffe. Die gebildete Zwischenstufe wird als *Halbacetal* bezeichnet.

Acetamid [Kw.] (Essigsäureamid), als Lösungsmittelzusatz, Stabilisator, Weichmacher u. a. verwendetes Säureamid.

Acetate [lat.], Salze oder Ester der Essigsäure; Verwendung v. a. als Lösungsmittel.

Acetatfasern, aus Zelluloseacetatfasern hergestellte Textilfasern mit guter Dehnbarkeit, Reiß- und Knitterfestigkeit.

Acetessigsäure (3-Ketobutansäure), stark saure, unbeständige Flüssigkeit; tritt pathologisch bei Zuckerkrankheit als *Acetonkörper* in Blut und Harn auf.

Acetessigsäureäthylester (Acetessigester), Ester der Acetessigsäure, sehr reaktionsfähig (daher Verwendung bei vielen chem. Synthesen), tritt in zwei miteinander im Gleichgewicht stehenden, isomeren Formen auf (↑Keto-Enol-Tautomerie).

Acapulco de Juárez. Blick über den Marinehafen zur Playa Icacós, auf der rechten Seite das Kultur- und Kongreßzentrum

$$CH_3$$
$$|$$
$$CO$$
$$|$$
$$CH_3$$

Aceton

Aceton [lat.] (Dimethylketon, Propanon), farblose, aromatisch duftende, feuergefährl. Flüssigkeit; wichtiges Lösungs- und Extraktionsmittel, tritt bei Hunger und pathologisch bei Zuckerkrankheit und Fieber als *Acetonkörper* im Harn *(Acetonurie)* auf.

Acetophenon [lat./griech.] (Phenylmethylketon, Acetylbenzol), farblose, schwach hypnotisch wirkende Flüssigkeit. Verwendung bei der Herstellung zahlr. Arzneimittel, Farbstoffe, Kunststoffe, Weichmacher und Riechstoffe.

Acetum [lat.] ↑Essig.

Acetyl- [lat./griech.], Bez. der chem. Nomenklatur für die Atomgruppe $-CO-CH_3$.

Acetylase [lat./griech.], Stoffwechselenzym, das die Bildung und den Umsatz der Essigsäure steuert.

Acetylbenzol ↑Acetophenon.

Acetylen [lat./griech.] (Äthin), einfachster ungesättigter Kohlenwasserstoff mit einer Dreifachbindung zw. zwei C-Atomen; sehr reaktionsfähiges, farbloses, giftiges Gas; wichtiger Grundstoff für die Herstellung zahlreicher Verbindungen (↑Reppe-Chemie, ↑Carbide). A.-Sauerstoff-Gemische dienen als Schweißgas (bis 3 000 °C heiß). A. wird gewonnen durch Hydrolyse von Calciumcarbid und durch therm. Zersetzung von Kohlenwasserstoffen.

Acetylene ↑Alkine.

Acetylierung, Einführung einer Acetylgruppe in eine organ. Verbindung, z. B. durch Ersatz eines Wasserstoffatoms bei einer Hydroxy- oder Aminogruppe.

Acetylsalicylsäure (2-Acetoxybenzoesäure), Derivat der ↑Salicylsäure; farblose, kristalline Substanz; Verwendung als fiebersenkendes, schmerzstillendes und antirheumat. sowie blutgerinnungshemmendes Mittel.

Achäer (Achaier), **1)** Name eines griech. Stammes frühgeschichtl. Zeit; siedelte in S-Thessalien sowie auf der Peloponnes (myken. Kultur); durch die dor. Wanderung um 1200 v. Chr. verdrängt.
2) bei Homer Bez. für alle Griechen.

Achaia, Landschaft und griech. Bezirk auf der nördl. Peloponnes, Hauptstadt Patras. Seit 27 v. Chr. war A. der Name der röm. Senats-Prov. in Griechenland; 395 endgültig beim oström.

Achat (angeschliffen)

Achat (geschliffen)

(byzantin.) Reichsteil; nach dem 4. Kreuzzug (1204) frz.-angiovin. Ft. bis zur osman. Eroberung 1460.

Achäischer Bund, 280 v. Chr. gegr. Städtebund auf der nördl. Peloponnes; nach Krieg gegen Rom 146 v. Chr. aufgelöst.

Achalm, Zeugenberg vor der Schwäb. Alb, bei Reutlingen, 707 m ü. M.

Achämeniden (Achaimeniden), altpers. Königsgeschlecht (um 700–330 v. Chr.); ben. nach seinem Stammvater Achämenes (↑persische Geschichte).

Achat [griech.], feinfaseriges Quarzmineral; Vorkommen in älteren Ergußgesteinen in Knollenform. Nach Art der Bänderung unterscheidet man u. a. *Augen-, Band-, Festungs-, Kreis-* und *Wolkenachat.* Schmuckstein, in der Technik als Lagerstein.

Achatius (Acacius, Akakios), hl., einer der 14 ↑Nothelfer; nach der Legende als Soldat unter Kaiser Hadrian auf dem Ararat mit 10 000 anderen Soldaten gekreuzigt.

Achatschnecken (Achatina), Gatt. sehr großer, landbewohnender, in den Tropen vorkommender Lungenschnecken.

Achatschnecke

Achensee, mit 6,8 km² größter See Tirols, nö. von Innsbruck; Kraftwerk.

Achern, Stadt 10 km ssw. von Bühl, Bad.-Württ., 21 500 E. Obstgroßmarkt. – 1808 Stadtrecht.

Acheron, in der griech. Mythologie Fluß der Unterwelt, oft mit dieser gleichgesetzt.

Acheuléen [aʃøle'ɛ̃; frz.], nach dem Fundort Saint-Acheul, einem Vorort von Amiens, ben. Stufe des Altpaläolithikums; kennzeichnend die Faustkeile; Dauer des A. 300 000 Jahre.

Achilles ↑Achilleus.

Achillesferse, *übertragen:* verwundbare Stelle.

Achillessehne, bei Tier und Mensch Sehne des dreiköpfigen Wadenmuskels, die am Fersenbein ansetzt.

Achilleus (Achilles, Achill), Held der griech. Mythologie. Um seine Gestalt ranken sich zahlr. Sagen. A. ist Urenkel des Zeus, Enkel des Äakus, Sohn des Myrmidonenkönigs Peleus (daher der Beiname der »Pelide«) und der Nereide Thetis. Diese macht A. durch Baden im Wasser des Styx am ganzen Körper unverwundbar, mit Ausnahme der Ferse, an der sie ihn festgehalten hat (daher ↑Achillesferse). Mit Patroklos zieht A., von den Myrmidonen mit 50 Schiffen begleitet, in den Trojan. Krieg; er wird von Paris an der Ferse tödlich verwundet. Als Heros hatte A. zahlr., über ganz Griechenland verbreitete Kultorte. A. ist Gegenstand literar. (Homer, Aischylos, Euripides) und künstler. Darstellungen (bes. in der griech. Vasenmalerei).

Achmatowa, Anna Andrejewna, eigtl. A. A. Gorenko, *Bolschoi Fontan (bei Odessa) 23. 6. 1889, †Domodedowo bei Moskau 5. 3. 1966, russ. Lyrikerin. Gilt als bedeutendste russ. Lyrikerin; 1922–40 sowie 1946–50 war der Druck ihrer Werke verboten.

a. Chr. [n.], Abk. für lat. ante **Chr**istum [**n**atum] »vor Christi [Geburt]«.

Achromasie [...kro...; griech.], Freiheit von Farbfehlern bei optischen Systemen, z. B. beim *Achromat,* einem Kameraobjektiv, das für zwei Farben korrigiert ist.

Achsdruck, unkorrekte Bez. für ↑Achslast.

Achse, 1) *Physik:* gedachte Gerade im Raum, um die eine Drehbewegung stattfindet *(Dreh-* oder *Rotations-A.),* z. B. die Erdachse.
2) *Maschinenbau:* 1. stabförmiges Maschinenteil zum Tragen und Lagern von Rollen, Rädern usw.; 2. bei *Fahrzeugen* die Anordnung zweier in Fahrtrichtung nebeneinander liegender Räder (↑Fahrwerk).
3) *Mathematik:* 1. svw. Koordinaten-A. (↑Koordinaten); 2. svw. Symmetrie-A. (↑Symmetrie); 3. svw. Dreh- und Rotations-A. (↑Rotationskörper).

Achse Berlin–Rom, Bez. für das Verhältnis enger außenpolit. Zusammenarbeit zw. dem faschist. Italien und dem nat.-soz. Dt. Reich seit 1936; wurde zum förml. Bündnis im ↑Stahlpakt 1939; durch den ↑Dreimächtepakt 1940 zur »A. B.–R.–Tokio« erweitert.

Achilleus (links) und Ajax der Große beim Brettspiel. Vasenmalerei des Exekias auf einer Bauchamphora (zwischen 550 und 525 v. Chr.)

Achselhöhle (Achselgrube), grubenartige Vertiefung unterhalb des Schultergelenks beim Menschen. Nach Eintritt der Pubertät ist die A. behaart *(Achselhaare)* und mit zahlr. Talg-, Schweiß- und Duftdrüsen besetzt.

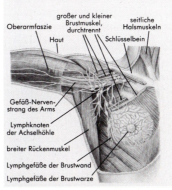

großer und kleiner Brustmuskel, durchtrennt
Oberarmfaszie
Haut
Schlüsselbein
seitliche Halsmuskeln
Gefäß-Nervenstrang des Arms
Lymphknoten der Achselhöhle
breiter Rückenmuskel
Lymphgefäße der Brustwand
Lymphgefäße der Brustwarze

Achselhöhle. Schematische Darstellung der geöffneten Achselhöhle nach Entfernen der Brustmuskeln

Achsenkreuz ↑Koordinaten.
Achsenmächte [ben. nach der Bez. »Achse Berlin–Rom«], seit 1936 Bez. für das Dt. Reich und Italien, dann auch für Japan und alle mit dem nat.-soz. Deutschland verbündeten Staaten.

Achslast, der bei mehrachsigen Fahrzeugen auf die einzelne Achse entfallende Teil des Fahrzeuggesamtgewichts; nach §34 StVZO höchstens 10 t für Einzel- und 16 t für Doppelachsen.
Achsschenkel ↑Fahrwerk.
Achsstand ↑Radstand.

Acht, in alten Rechtssystemen (bes. im mittelalterl. Recht) eine weltl. Strafe (Reichs-, Landes-, Stadt-A.), die den Betroffenen (Geächteten) in den Zustand der absoluten Rechtlosigkeit setzte: er wurde für *vogelfrei* (»ex lege«) erklärt, d. h. niemand durfte ihn unterstützen, jeder konnte ihn töten. Die A. stand oft neben dem kirchl. ↑Bann.

Achter, mit 17,50 m Länge und einer Breite zw. 60 und 85 cm größtes Sportruderboot für acht Ruderer und einen Steuermann.

achter..., Achter..., niederdt. und in der Seemannssprache für: hinter; z. B. Achterschiff für: hinterer Schiffsteil.

Achterhoek [niederl. ˈaxtərhuːk], sö. Teil der niederl. Prov. Geldern.

Achternbusch, Herbert, *München 23. 11. 1938, dt. Schriftsteller und Filmemacher. Schrieb u. a. »Die Alexanderschlacht« (Prosa, 1971), »Die Stunde des Todes« (R., 1975), »Ella« (Dr., 1978), »Auf verlorenem Posten« (Dr., 1990); drehte u. a. die zum Grotesken neigenden Filme »Das Andechser Gefühl« (1975), »Atlantikschwimmer« (1976), »Der Neger Erwin« (1981), »Das Gespenst« (1982), »Blaue Blumen« (1985), »Ich bin da, ich bin da« (1992).

Herbert Achternbusch

Achtersteven, hinterer Abschluß eines Schiffes.

Achtflach ↑Polyeder.

Achtfuß, in der geschriebenen Tonhöhenlage klingende Orgelregister (geschrieben 8'), ben. nach der 8 Fuß (etwa 2,40 m) hohen Pfeife des Tones C.

Achtfüßer ↑Kraken.

Achtkampf, turner. Mehrkampf der Frauen; je vier Pflicht- und Kürübungen (Stufenbarren, Schwebebalken, Pferdsprung und Bodenturnen).

A. c. i., Abk. für ↑Accusativus cum infinitivo.

Acid [ˈeɪsɪt; lat.-engl.], im Jargon der Drogensüchtigen Bez. für LSD.

Acidimetrie [lat./griech.], maßanalyt. Verfahren zur Bestimmung der Konzentration von Säuren durch tropfenweisen Zusatz von Basen bekannter Konzentration bis zum Farbumschlag eines zugegebenen Farbindikators.

Acidität [lat.], Säuregrad. Die A. bestimmt sich nach der Fähigkeit einer in Wasser gelösten chem. Verbindung (Säure) Wasserstoffionen (H^+) abzugeben.

Acidum [lat.], Säure.

Ackerbau (Agrikultur), Nutzung des Ackerlandes durch Anbau von leistungsfähigen Kulturpflanzen unter Nutzung der Sonnenenergie. – *Geschichte:* Der Schritt von der »aneignenden« zur »produzierenden« Form der Nahrungsgewinnung ist seit der Jungsteinzeit bekannt. Künstl. Bewässerung ist in Vorderasien spätestens im 5. Jt. v. Chr. belegt. Als älteste Geräte zur Bodenbearbeitung kommen Grabstöcke und Pflanzstöcke aus Holz in Betracht. Erst die Erfindung des Pflugs (früheste Belege um 3000 v. Chr. als Schriftzeichen in Uruk) brachte die Nutzung tier. Kraft zur Feldbestellung. Die Technik des A. scheint über mehrere Jt. unverändert geblieben zu sein. Erst um die Mitte des 18. Jh. wurden, begünstigt durch den Aufschwung der biolog. und chem. Forschung sowie durch neue Erkenntnisse über die chem.-physikal. Grundlagen des Pflanzenwachstums, die landwirtschaftl. Methoden entscheidend verbessert.

Ackerbürgerstadt, histor. Bez. für kleinstädt. Siedlungen mit Stadtrecht, deren Bewohner zum wesentl. Teil *Ackerbürger* waren, d. h. ganz oder teilweise von ihrem landwirtschaftl. Besitz lebten.

Ackerfräse ↑Bodenfräse.

Ackerkrume (Krume), zum Ackerbau benutzte, oberste Bodenschicht (20–30 cm stark) mit reicher Mikroflora und -fauna und hohem Humusgehalt.

Ackermann, **1)** Dorothea, *Danzig 12. 2. 1752, †Altona (heute zu Hamburg) 21. 10. 1821, dt. Schauspielerin. Tochter von Konrad Ernst Ackermann und Sophie Charlotte A.; spielte erstmals die Orsina in Lessings »Emilia Galotti«.

2) Konrad Ernst, *Schwerin 1. 2. 1712 (1710?), †Hamburg 13. 11. 1771, dt. Schauspieler. Mitbegr. der dt. Schauspielkunst. Leiter der *Ackermannschen Truppe,* Zusammenarbeit mit Lessing. Eröffnete u. a. 1765 ein Theater in Hamburg.

3) Sophie Charlotte, *Berlin 12. 5. 1714, †Hamburg 13. 10. 1792, dt. Schauspielerin. Seit 1749 ∞ mit Konrad Ernst A.; leitete nach dem Tod ihres Mannes die Truppe.

Ackerschiene, hydraulisch verstellbare Lochschiene zum Einhängen oder Anbauen von Arbeitsgeräten am Schlepper.
Ackerschnecken (Deroceras), Gatt. der Nacktschnecken (Fam. Egelschnecken), deren Arten bei Reizung einen milchigweißen Schleim ausscheiden; können durch Fraß an Acker- und Gartenpflanzen schädlich werden; in M-Europa v. a. die *Gemeine Ackerschnecke,* bis 6 cm lang, mit dunkleren, braunen Flecken und Strichen auf weißl. bis hellbraunem Grund.

Ackerschnecken.
Gemeine Acker-
schnecke

Ackja [finn.-schwed.], lapp. Fahrschlitten in Bootsform; auch Rettungsschlitten der Bergwacht.
Aconcagua [span. akɔŋ'kaɣua], mit 6 959 m höchster Berg Amerikas, in den argentin. Anden; fünf Hanggletscher.
à condition [frz. akõdi'sjõ], Kauf unter der aufschiebenden Bedingung des Weiterverkaufs, v. a. beim Kommissionshandel.
Aconitase [griech.], schwefel- und eisenhaltiges Enzym für die Umsetzung von Zitronensäure in allen biolog. Geweben (↑Zitronensäurezyklus).
Aconitin [griech.], Alkaloid des Blauen Eisenhuts; eines der stärksten Pflanzengifte (tödl. Dosis 5 bis 10 mg).
a conto [italien.], Abk. a. c., auf Rechnung von ..., v. a. bei Abschlagszahlung.
Acqui Terme, italien. Heilbad in Ligurien, 22 000 E. Schwefel- und jodhaltige Quellen. – Dom (11. Jh.) mit Renaissanceportal.
acre [engl. 'eɪkə] (Acre of land), Einheitenzeichen a; in Großbrit. und den USA verwendete Flächeneinheit: 1 a ≈ 4 047 m².
Acre [brasilian. 'akri], brasilian. Gliedstaat an der peruan. und bolivian.

Grenze, 152 589 km², 417 000 E, Hauptstadt Rio Branco. – 1867 (nochmals 1895) an Bolivien; 1899 vorübergehend unabhängig; 1903 trat Bolivien im Vertrag von Petrópolis den größten Teil an Brasilien ab.
Acrolein [griech./lat.] (Akrolein, Propenal, Acrylaldehyd), scharf riechender, ungesättigter, sehr reaktionsfähiger und schleimhautreizender Aldehyd; verursacht den beißenden Geruch von angebranntem Fett.
Acrylfaser [lat./griech./dt.], Chemiefaser aus Polyacrylnitril.
Acrylglas [lat./griech./dt.], organ. Glas aus Polymethacrylsäureester.
Acrylharze [lat./griech./dt.] (Acrylatharze), Kunstharze aus polymerisierten Acrylsäurederivaten: farblose, thermoplast. Massen.
Acrylnitril [lat./griech.] (Acrylsäurenitril), farblose, stechend riechende, giftige Flüssigkeit. Ausgangsmaterial für Polyacrylnitril.
Acrylsäure [lat./griech./dt.] (Propensäure), stechend riechende Carbonsäure; Ausgangsmaterial für Polyacrylsäure und Mischpolymerisate (bes. Lacke).
Act [ækt; lat.-engl.], im angloamerikan. Recht Bez. für 1. eine Willenserklärung; 2. ein vom Parlament verabschiedetes Gesetz (auch »statute« und »law«). In England heißen die Gesetze *Act of Parliament,* in den USA *Act of Congress* bzw. (in den Einzelstaaten) *Act of the Legislature;* 3. höhere Gewalt (*Act of God*).
Acta Apostolicae Sedis [lat. »Akten des Apostol. Stuhles«], Abk. AAS, seit dem 1. Jan. 1909 erscheinendes amtl. Publikationsorgan des Hl. Stuhles für alle bed. Verlautbarungen des Papstes.
ACTH, Abk. für engl. adrenocorticotropic hormone, ↑adrenokortikotropes Hormon.

$$CH_2{=}CH{-}C{\big<}^H_O$$

Acrolein

$$CH_2{=}CH{-}CN$$

Acrylnitril

$$CH_2{=}CH{-}COOH$$

Acrylsäure

Ackja
(Bergungsschlitten)

Actinium (Aktinium) [griech.], chem. Symbol Ac; radioaktives chem. Element im Periodensystem der chem. Elemente; Ordnungszahl 89; kommt in geringer Menge in Uranerzen vor; ähnl. Eigenschaften wie Lanthan.

Actiniumreihe, eine der vier natürl. radioaktiven Zerfallsreihen.

Actinoide (Aktiniden) [griech.], nach dem Actinium (↑Periodensystem der chemischen Elemente) benannte Gruppe sich stark ähnelnder radioaktiver Elemente der Ordnungszahlen 89 bis 103.

Actinomycine [griech.] (Aktinomyzine), aus Strahlenpilzen gewonnene Antibiotika; hemmen das Wachstum von Bakterien, Pilzen, Geweben höherer Organismen und von Tumoren.

Action française [frz. aksjõ frã'sɛːz »frz. Aktion«], rechtsradikale frz. Bewegung, die 1898 unter Führung von L. Daudet und C. Maurras um die gleichnamige Tageszeitung (1908–1944) entstand; 1936 verboten; unterstützte ab 1940 das Regime Pétain.

Action-painting.
Jackson Pollock.
»Nummer 12« (1952)

Action-painting [engl. 'ækʃən'peɪntɪŋ »Aktionsmalerei«], Bez. für den abstrakten Expressionismus in den USA. Vertreter: R. Motherwell, J. Pollock, M. Tobey.

Act of Settlement [engl. 'ækt əv 'setlmənt], engl. Gesetz von 1701 zur Sicherung der Ergebnisse der Glorious revolution; regelte insbes. die prot.-anglikan. Thronfolge.

Act of Supremacy [engl. 'ækt əv sjʊ'preməsɪ], ↑Suprematsakte.

Acylierung [lat./griech.], Ersatz eines Wasserstoffatoms v. a. an einer Hydroxyl- oder Aminogruppe einer organischen Verbindung durch einen Acylrest (R–CO–).

a. D., Abk. für außer Dienst.

A. D., Abk. für Anno Domini (↑anno).

ADA [nach Augusta **Ada** Byron, 1815–1852], aus verschiedenen Programmeinheiten modular aufgebaute Programmiersprache; besonders geeignet zur Programmierung komplexer Probleme mit hohen Zuverlässigkeitsanforderungen sowie für Echtzeitanwendungen.

ad absurdum führen [lat./dt.], den Widersinn einer Behauptung beweisen.

ADAC ↑Automobilclubs.

ad acta [lat.], Abk. a. a., zu den Akten; **a. a. legen,** als erledigt betrachten.

adagio [a'da:dʒo; italien.], musikal. Tempovorschrift: langsam, ruhig; **Adagio,** langsamer Satz.

Adalbert, Name von Herrschern und Kirchenfürsten:

Hamburg-Bremen: **1) Adalbert,** *um 1000, † Goslar 16. 3. 1072, Erzbischof (ab 1043). Als Vikar des Nordens miss. Missionstätigkeit; nahm als Vormund Heinrichs IV. ab 1063 maßgebl. Einfluß auf die Reichspolitik; 1066–69 vom Hofe verbannt.

Mainz: **2) Adalbert I.,** † 23. 6. 1137, Erzbischof (ab 1109/11). Seit 1106 maßgebl. Berater Heinrichs V.; 1112–15 gefangengesetzt, blieb bis 1122 Haupt der Fürstenopposition gegen Heinrich V.; setzte 1125 die Wahl Lothars von Supplinburg durch.

Österreich: **3) Adalbert der Siegreiche,** † Melk 26. 5. 1055, Markgraf (ab 1018). Sohn des Babenberger Markgrafen Leopold I.; gilt als eigtl. Gründer Österreichs.

Adalbert von Prag, hl., eigtl. Vojtěch, *Libice nad Doubravou (?) um 956, † im Samland am Frischen Haff (bei Tenkitten ?) 23. 4. 997 (erschlagen), Bischof (ab 983). Fand als »Apostel der Preußen« den Märtyrertod.

Adam [hebr. »Mensch«], nach dem AT der erste Mensch, A. und *Eva* das erste Menschenpaar. Die Erschaffung A. (und Evas), der ↑Sündenfall und die Vertreibung aus dem Paradies wurden in der bildenden Kunst u. a. von Jan van Eyck, Michelangelo und Dürer, in der Literatur u. a. in J. Miltons Epos »Das verlorene Paradies« (1667) dargestellt.

Adam, 1) Adolphe Charles [a'dã], *Paris 24. 7. 1803, † ebd. 3. 5. 1856, frz. Opernkomponist. Schrieb zahlr. Bühnenwerke, u. a. »Der Postillon von Lonjumeau« (1836).

2) Lambert Sigisbert, gen. Adam l'Aîné [a'dã], *Nancy 10. 10. 1700, † Paris 13. 5. 1759, frz. Bildhauer (Brunnenfiguren Neptun und Amphitrite für den Park von Versailles).

3) Theo, *Dresden 1. 8. 1926, dt. Sänger (Baßbariton). Bed. Wagner-Interpret, auch Lied- und Oratoriensänger.

Adam von Bremen, † 12. 10. nach 1081, dt. Geschichtsschreiber. Seine Kirchengeschichte Hamburg-Bremens enthält eine Biographie des Erzbischofs Adalbert und eine Beschreibung der nord. Länder.

Adamaua, Bergland im nördl. Z-Kamerun und im NW der Zentralafrikan. Republik, bis 2400 m hoch.

Adamclisi (Adamklissi), rumän. Dorf bei Constanţa mit dem Tropaeum Traiani, Rundbau des röm. Kaisers Trajan (anläßlich seines Sieges über die Daker 109 n. Chr.).

Adamellogruppe, vergletschertes Gebirgsmassiv in den italien. Alpen, bis 3554 m hoch.

Adamklissi ↑Adamclisi.

Adamov, Arthur, *Kislowodsk (Region Stawropol) 23. 8. 1908, † Paris 15. 3. 1970 (Selbstmord), frz. Dramatiker russ. Herkunft. Ab 1924 in Paris; Anschluß an die Surrealisten; Vertreter des absurden Theaters. – *Werke:* Die Invasion« (1950), Alle gegen alle (1953), Ping-Pong (1955), Paolo Paoli (1957), Off limits (1969).

Adams [engl. 'ædəmz], **1)** Gerry, *Belfast 1948, nordir. Politiker. Seit 1983 Präs. der Sinn Féin, des polit. Flügels der ir. Terrororganisation IRA.

2) John, *Braintree (heute Quincy, Mass.) 30. 10. 1735, † ebd. 4. 7. 1826, 2. Präs. der USA (1797–1801).

3) John Quincy, *Braintree (heute Quincy, Mass.) 11. 7. 1767, † Washington 23. 2. 1848, 6. Präs. der USA (1825–29). Sohn von John A.; nach diplomat. Dienst als Außen-Min. (1817–25) wesentlich am Erwerb Floridas (1819) und an der Formulierung der Monroedoktrin (1823) beteiligt.

4) Samuel, *Boston 27. 9. 1722, † ebd. 2. 10. 1803, amerikanischer Politiker und Journalist. Führer der radikalen Patrioten in der »amerikan. Revolution«.

Adam und Eva. Hans Baldung. »Der Sündenfall«, Holzschnitt (1511; Berlin, Staatliche Museen, Kupferstichkabinett)

Adamsapfel, *Anatomie:* volkstümliche Bez. für den am Hals des Mannes vorspringenden Schildknorpel des Kehlkopfes.

Adam's Peak [engl. 'ædəmz 'pi:k], Berg auf Ceylon, 2243 m hoch, mit »Fußabdruck« (von Buddha bzw. Shiva bzw. Adam).

Adamsspiel, das älteste frz. (westnormann.) Drama, aus dem 12. Jh., behandelt Sündenfall, Kains Brudermord, Weissagungen der Propheten, z. T. mit großer dichter. Schönheit.

Adana, türk. Stadt am Seyhan, 916 000 E. Univ.; Baumwollbörse, Tabakverarbeitung; ⚓. Moscheen. – Gegr. vermutlich im 14. Jh. v. Chr. von den Hethitern.

Adaptation (Adaption) [lat.], 1) *Biologie:* svw. Anpassung.
2) *Literatur:* Umarbeitung eines Werkes in eine andere Gattung oder für Funk und Film.

Adapter [lat.-engl.], Zwischen- oder Übergangsstück zum Herstellen von elektr. oder mechan. Verbindungen bei verschieden genormten Steck- oder Schraubverbindungen oder zum Anschluß von Zusatzgeräten.

adäquat [lat.], [einer Sache] angemessen, entsprechend.

ADAV, Abk. für **A**llgemeiner **D**eutscher **A**rbeiterverein (↑Sozialdemokratie).

ad calendas graecas [lat. »an den griech. Kalenden«], röm. Sprichwort, »niemals« (die Griechen kannten keine »calendae«, die bei den Römern Zahlungstermine waren).

Addams, Jane [engl. 'ædəmz], *Cedarville (Ill.) 6. 9. 1860, † Chicago 21. 5. 1935, amerikanische Sozialreformerin. Kämpfte für soziale und politische Reformen; erhielt für ihre Tätigkeit in der internat. Friedensbewegung 1931 mit N. M. Butler den Friedensnobelpreis.

Addis Abeba ['adis 'abeba, -a'be:ba], Hauptstadt von Äthiopien, im Abessin. Hochland, 2 420 m ü. M., 1,74 Mio. E. Univ., TH, archäolog. und ethnolog.-histor. Museum, Nationalbibliothek, Theater; Thermen. Hd.-Zentrum des Landes; Eisenbahnlinie von Djibouti; internat. ⚓. Bauten des 20. Jh. beherrschen das Stadtbild. – Im *Frieden von Addis Abeba* (1896) erkannte Italien die Unabhängigkeit Äthiopiens an.

Addison-Krankheit [engl. 'ædisn; nach dem brit. Mediziner Thomas Addison, *1793, † 1860], Erkrankung der Nebennierenrinde mit verminderter oder fehlender Produktion von Nebennierenrindenhormon; abnorme Braunfärbung (Pigmentierung) der Haut und der Schleimhäute *(Bronzekrankheit).*

Addition [lat.], 1) *Mathematik:* eine der vier ↑Grundrechenarten. Die A. genügt den Regeln
(I) $(a+b)+c = a+(b+c)$ (Assoziativgesetz),
(II) $a+b = b+a$ (Kommutativgesetz),
(III) $a+x = b$ hat für beliebige Zahlen a und b eine eindeutige Lösung.
2) *Chemie:* Anlagerung von Atomen oder Atomgruppen an eine Doppel- oder Dreifachbindung eines Moleküls unter Bildung einer neuen Verbindung.

Additives ['æditivz; lat.-engl.], Zusätze zu Mineralölprodukten zur Abschwächung unerwünschter bzw. zur Verstärkung erwünschter Eigenschaften.

Adel [zu ahd. adal »Geschlecht, Abstammung«], auf Grund von Geburt, Besitz oder Leistung ehemals sozial und politisch privilegierter Stand (Klasse, Kaste). Der A. war in der abendländ. Geschichte von der Antike bis in die Neuzeit ein bestimmender Faktor. Die antike griech. Stadtkultur wurde von der Aristokratie geprägt. Der Amts-A. (Nobilität, Optimaten) der röm. Republik sicherte zusammen mit dem A. unterworfener Provinzen den Zusammenhalt des Reiches. Im MA entwickelte sich der A. aus german. und röm. Wurzeln. Die Reichsaristokratie der Karolingerzeit konnte im 9. und 10. Jh. ihre Macht entfalten und stellte den Hauptbestand des späteren Hoch-A., aus dem in Deutschland der Fürstenstand hervorging. Im Hoch-MA stiegen die unfreien Dienstmannen (↑Ministerialen) der Könige und Fürsten in den A. auf. Sie bildeten die Ritterschaft, den niederen A., zu dem sich abhängig gewordene Edelfreie des älteren A. gesellten, später auch Familien des städt. Patriziats. Im Spät-MA begannen Erhebungen in den A. stand durch Adelsbrief. Der A. des frühen MA kannte keine Rangunterschiede; sie ergaben sich dann aus den Funktionen bzw. Ämtern. Im Hoch-MA wurden aus den alten Amts-Bez. A.titel und Rangstufen. Die beherrschende Rolle des A. in den dt. Territorien des Spät-MA erfuhr seit der beginnenden Neuzeit zunehmend Einschränkungen. Bis 1806 setzten sich die reichsständ. Fürsten und Grafen als regierender Hoch-A. vom niederen A. ab. Die Reichsritterschaft vermochte ihre Sonderstellung und Aufstiegschancen in

Jane Addams

Johann Christoph Adelung

den geistl. Fürstenstand zu wahren. Der übrige niedere A. wurde landsässig. Trotz weitgehender Beseitigung seiner polit. Macht und seiner Privilegien seit Ende des 18. Jh. konnte sich der A. gerade im kaiserl. Deutschland bis zum Ende des 1. Weltkrieges als Führungsschicht behaupten. 1918 wurden noch bestehende Vorrechte des A. abgeschafft. Die Weimarer Verfassung beließ aber im Ggs. zu Österreich namensrechtlich die Beibehaltung des A.titels.

Frankreich: Die Entwicklung des A. war dadurch bestimmt, daß sich die Könige seit dem 15. Jh. gegenüber dem Hoch-A. durchsetzten und seinen Widerstand (↑Fronde) Mitte des 17. Jh. endgültig brachen. Entscheidend war auch, daß die frz. Krone seit dem 13. Jh. darauf verzichtete, eine Verdienst-A. zu schaffen. Trotz der Frz. Revolution blieb der A. bis Ende des 19. Jh. bestimmender Gesellschaftsfaktor.

England/Großbritannien: Im ausgehenden 15. Jh. erfolgte der Niedergang des anglonormann. A., der nach 1066 die unterworfenen kelt., angelsächs. und dän. A.elemente überlagert hatte. Bei der Wiederherstellung der königl. Macht stützten sich die Tudors auf den im 13. Jh. entstandenen niederen Adel (Gentry). Die polit. Entmachtung des Hoch-A. (Peers) erfolgte in mehreren Schritten bis 1911. Dennoch behauptet der brit. A. auch heute Führungspositionen.

Adelaide [engl. 'ædəlɪd], Hauptstadt von South Australia, am Saint-Vincent-Golf, 1,05 Mio. E (mit Vorstädten). 2 Univ., Handels- und Ind.-Stadt, Hafen, ☒. Planmäßige Anlage mit Grüngürteln. – Gegr. 1836.

Adelbert-von-Chamisso-Preis, seit 1985 u. a. von der Bayer. Akademie der Schönen Künste verliehener Literaturpreis für bed. Beiträge ausländ. Autoren zur dt. Literatur. Preisträger waren u. a. der Türke A. Ören (1985), der Tscheche O. Filip (1986), der Israeli Elazar Benyoëtz (* 1937; 1988), der Iraner Cyrus Atabay (* 1929; 1990), die Tschechin Libuše Moníková (* 1945; 1991), der Schweizer Dante Andrea Franzetti (* 1959; 1994).

Adelboden, Fremdenverkehrsort im schweizer. Kt. Bern, sw. von Interlaken, 3 300 E. Mineralquelle.

Adelheid, hl., * wohl Orbe (Kt. Waadt) um 931, † Kloster Selz (Unterelsaß) 16. 12. 999, Kaiserin (Hl. Röm. Reich). Burgund. Prinzessin, 950 in 2. Ehe ⚭ mit Otto I.; 991–994 Regentschaft für Otto III.

Adelsberger Grotte ↑Höhlen (Übersicht).

Adelung, Johann Christoph, * Spantekow bei Anklam 8. 8. 1732, † Dresden 10. 9. 1806, deutscher Sprachforscher. Verfaßte maßgebliche Werke zur Grammatik.

Adelaide. Innenstadt mit Parkgürtel, im Hintergrund die Mount Lofty Ranges

Aden (arab. Adan), Hauptwirtschafts- und Handelszentrum von Jemen, Hafenstadt am S-Rand der Arab. Halbinsel am Golf von Aden, 365 000 E. Universität, Erdölraffinerie, Fischerei, Salzgärten, internat. ☒. – Im Mittelalter bedeutender Umschlagplatz für den Seehandel; verlor seine Bed. Anfang des 16. Jh.; seit Eröffnung des Suezkanals (1869) wieder im Brennpunkt wirtschaftl. und polit.-strateg. Interessen (seit 1839 britisch, Flottenstützpunkt, Freihafen). Die Kronkolonie A. trat 1963 als State of Aden der Südarab. Föderation bei, die 1967 in der VR Jemen aufging.

Aden, Golf von, Teil des Ind. Ozeans, zw. der Arab. Halbinsel und der Somalihalbinsel, durch die 27 km breite Meerenge Bab el-Mandeb mit dem Roten Meer verbunden.

Konrad Adenauer

Adenauer, Konrad, *Köln 5. 1. 1876, † Bad Honnef-Rhöndorf 19. 4. 1967, dt. Politiker. Jurist; trat 1906 dem Zentrum bei. Als Oberbürgermeister von Köln (1917–33) und Präs. des preuß. Staatsrats (1920–33) erhoffte A. von der Bildung einer »Westdt. Republik« innerhalb des Dt. Reiches eine Entschärfung des dt.-frz. Konfliktes. Als Gegner des Nationalsozialismus 1933 aus allen Ämtern entlassen, befand sich A. 1944 vorübergehend in Haft. Nach 1945 wurde er rasch zu einem der maßgebl. Politiker beim Aufbau der späteren BR Deutschland. 1945 kurze Zeit erneut Kölner Oberbürgermeister. 1946 Vors. der CDU der brit. Zone, 1948/49 Präs. des Parlamentar. Rates. 1949 zum Bundeskanzler einer Koalition aus CDU/CSU, FDP und DP gewählt, suchte A. (1951–55 auch Außen-Min.) bei eindeutiger Bindung an den Westen für die BR Deutschland größtmögl. Selbständigkeit und Gleichberechtigung zu erreichen. 1950–66 Bundes-Vors. der CDU, unterstützte A. innenpolitisch die Wirtschaftspolitik L. Erhards unter Abkehr von Sozialisierungsvorstellungen des linken Flügels der CDU. Durch die (schon 1950 den westl. Alliierten angebotene) Aufrüstung und den Beitritt zur NATO (1955) suchte A. die Sowjetunion zum Einlenken in der dt. Frage zu bewegen. Beim Besuch in Moskau 1955 erreichte er die Aufnahme diplomat. Beziehungen und die Rückkehr dt. Kriegsgefangener. Der Dt.-Frz. Vertrag von 1963 sollte die von A. engagiert betriebene dt.-frz. Aussöhnung besiegeln und Grundlage der westeurop. Einigung werden. Nach dem Verlust der absoluten CDU/CSU-Mehrheit (1961) trat A. am 15. Okt. 1963 als Bundeskanzler zurück. Seine »Erinnerungen« (4 Bde.) erschienen 1965–68.

Adenin [griech.] (Vitamin B_4, 6-Aminopurin), Baustein der Nukleinsäuren und Adenosinphosphate.

Adenitis [griech.], allg. Bez. für Drüsenentzündung, bes. für ↑Lymphknotenentzündung.

adenoid [griech.], drüsenähnlich.

adenoide Wucherungen (adenoide Vegetationen, Adenoide), im Kindesalter auftretende Wucherungen des lymphat. Gewebes im Nasen-Rachen-Raum, insbes. der Rachenmandel.

Adenom [griech.] (Drüsengeschwulst), vom Drüsenepithel ausgehende, meist gutartige Geschwulst.

Adenosin [griech.], glykosidartige Verbindung aus Adenin und Ribose, als Spaltprodukt der Nukleinsäuren biolog. wichtige Verbindung.

Adenosin

$\overline{N}H_2$

Adenin

HOH₂C

O

H   H

H   H

OH   OH   Ribose

Adenosinphosphate (Adenosinphosphorsäuren, Adenosinphosphorsäureester), Gruppe von Phosphorsäureestern des Adenosins, die im Kohlenhydratstoffwechsel eine zentrale Rolle spielen. Nach der Anzahl der Phosphorsäurereste unterscheidet man *Adenosin(mono-,* di- und *tri-)phosphat.* Adenosintriphosphat (ATP) und Adenosindiphosphat (ADP) wirken bei Stoffwechselreaktionen als Überträger von Energie und Phosphat (z. B. bei der Glykolyse).

$\overline{N}H_2$

|O|
‖
HO—P—O—CH₂
|
OH

O

H   H

H   H

OH   OH

Adenosinphosphate. Adenosin-5-phosphat

Adenoviren [griech./lat.], Viren, die bei Säugetieren und Mensch Erkrankungen der Atemwege und -organe sowie Augenbindehautentzündungen verursachen.

Adephaga [griech.], mit etwa 25 000 Arten weltweit verbreitete Unterordnung meist räuber., teils auf dem Lande, teils im Wasser lebender Käfer (z. B. Laufkäfer).

Adept [lat.], Eingeweihter (in eine Kunst oder Wissenschaft).

Ader ↑Adern.

Aderhaut ↑Auge.

Aderlaß, Entnahme von größeren Blutmengen aus den Venen durch Punktion oder Einschnitt in die Vene; zur Entlastung des Kreislaufs, v. a. bei akuter Herzbelastung; heute meist ersetzt durch kochsalz- und wasseraustreibende Behandlung.

Adern, 1) *medizin.-biolog.* Sammelbez. für röhrenartige Versorgungsbahnen, die den pflanzl., tier. oder menschl. Organismus oder bestimmte Teile davon durchziehen. Es lassen sich unterscheiden: Blattadern, Blutgefäße, Flügeladern (bei Insekten). – ↑Blutkreislauf.
2) *Geologie:* mit Mineralien ausgefüllte kleinste Gänge im Gestein.
3) *Technik:* einzelne isolierte Leiter aus Kupfer in Kabeln, z. B. für Fernsprechleitungen.

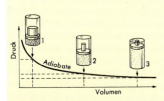

Adiabate. Das in einem Gefäß eingeschlossene Gasvolumen (1) wächst mit abnehmendem Druck (2, 3)

ADGB, Abk. für **A**llgemeiner **D**eutscher **G**ewerkschafts**b**und, ↑Gewerkschaften.

Adhan [arab.], Aufforderung des ↑Muezzins zum islam. Gebetsgottesdienst.

adhärent [lat.], anhängend, anhaftend.

Adhäsion [lat.], das Aneinanderhaften von Körpern aus unterschiedl. Stoffen. Ursache der A. sind molekulare Anziehungskräfte *(Adhäsionskräfte).* Beispiele: Wassertropfen an einer Glasscheibe, Kreide an der Wandtafel, Klebstoffe an glatten Flächen.

ad hoc [lat.], eigens zu diesem Zweck, aus dem Augenblick heraus (entstanden).

Adiabate [griech.] (Isentrope), hyperbelförmige Kurve, die die Abhängigkeit des Druckes vom Volumen eines idealen Gases bei einer Zustandsänderung ohne Wärmeaustausch mit der Umgebung *(adiabatische Zustandsänderung)* darstellt.

adiabatische Entmagnetisierung, Standardverfahren zur Erzeugung tiefster Temperaturen (unter 1 K); beruht auf der Erscheinung, daß sich paramagnet. Stoffe beim Magnetisieren erwärmen und beim Entmagnetisieren abkühlen.

adiatherman [griech.] (atherman), für Wärmestrahlung undurchlässig.

Adigrantha [Sanskrit], das hl. Buch der ↑Sikhs.

Ädilen [lat.], röm. Beamte, urspr. Gehilfen der Volkstribunen; später verantwortlich für Polizeiaufgaben, Getreideversorgung Roms und Organisation der öffentl. Spiele.

ad infinitum [lat.], ohne Ende.

Adirondack Mountains [engl. ædɪˈrɔndæk ˈmaʊntɪnz], bis 1 629 m hohes Gebirge (z. T. Nationalpark) im Staat New York, USA.

ADI-Wert (von engl. acceptable daily intake = akzeptierbare tägl. Aufnahme), tägl. Höchstmenge eines Pflanzenschutzmittelrückstandes, die bei lebenslanger Aufnahme nach dem heutigen wiss. Kenntnisstand keine gesundheitl. Gefahren hervorruft.

Adjani, Isabelle [frz. adʒaˈni], * Gennevilliers (bei Paris) 18. 6. 1955, frz. Schauspielerin. Trat bereits als 18jährige an der Comédie Française auf. Spielte u. a. in den Filmen »Die Ohrfeige« (1974), »Die Geschichte der Adèle H.« (1975), »Ein mörderischer Sommer« (1983), »Subway« (1985), »Camille Claudel« (1989), »Die Bartholomäusnacht« (1994).

Adjektiv [lat. »hinzugefügtes (Wort)«] (Eigenschaftswort, Artwort, Beiwort), mit dem A. (z. B. schön, müde, blau) werden Eigenschaften oder Merkmale bezeichnet. Das A. wird als Attribut (das *schöne* Mädchen) oder in Verbindung mit bestimmten Verben als Artangabe gebraucht (das Mädchen ist *schön*).

Adjman [adʒ...], Scheichtum der ↑Vereinigten Arabischen Emirate.

Adjutant [lat.-frz.], dem Kommandeur eines militär. Verbandes zur Unterstützung beigegebener Offizier.

Adler, 1) Alfred, * Penzing (heute zu Wien) 7. 2. 1870, † Aberdeen (Schottland) 28. 5. 1937, österr. Psychiater und Psychologe. Ursprünglich Schüler

Adler

Adonisröschen.
Frühlingsadonisröschen

Adler. Steinadler

S. Freuds; begründete die Individualpsychologie, die den Hauptantrieb des menschl. Handelns im Macht- und Geltungsstreben sieht.
2) **Friedrich,** *Wien 9. 7. 1879, † Zürich 2. 1. 1960, österr. Sozialist. Sohn von Victor A.; ermordete 1916 den österr. Min.-Präs. Graf Stürgkh; 1918 amnestiert; 1923–40 Generalsekretär der Sozialist. Arbeiter-Internationale.
3) **H[ans] G[ünther],** *Prag 2. 7. 1910, † London 21. 8. 1988, dt.-österr. Schriftsteller. Lebte ab 1947 in London. Schrieb neben dokumentar. Studien (»Theresienstadt, 1941–45. Das Antlitz einer Zwangsgemeinschaft«, 1955) und soziolog. Werken Erzählungen, den Roman »Panorama« (1968) sowie Lyrik (»Stimme und Zuruf«, 1980).
4) **Max,** *Wien 15. 1. 1873, † ebd. 28. 6. 1937, österr. Soziologe. Theoretiker des Austromarxismus.
5) **Victor,** *Prag 24. 6. 1852, † Wien 11. 11. 1918, österr. Sozialist. Maßgeblich beteiligt am Aufbau der österr. Sozialdemokratie (ab 1889 Parteiführer) und an der Herausbildung des Austromarxismus; Mitbegründer der 2. Internationale 1889.
Adler ↑Sternbilder (Übersicht).
Adler (Echte Adler, Aquila), mit Ausnahme von S-Amerika weltweit verbreitete Gatt. gut segelnder, v. a. kleine Säugetiere und Vögel jagender Greifvögel der Unter-Fam. Habichtartige; mit kräftigem Hakenschnabel, befiederten Läufen und mächtigen Krallen; Körperlänge bis etwa 1 m, Flügel groß, am Ende weit gefingert. Die A. bauen meist große Nester aus Zweigen, häufig an Felswänden; Gelege mit 2–3 Eiern. Bekannte Arten: *Kaiseradler* (bis 84 cm groß, schwarzbraun mit weißl. Schultern, in Spanien und O-Europa); *Schelladler* (bis 75 cm groß, dunkelbraun, in O-Europa); *Schreiadler* (bis 65 cm groß, braun, in O-Europa und Indien); *Steinadler* (bis 90 cm groß, vorwiegend dunkelbraun, in Hochgebirgslagen Europas und N-Amerikas); *Steppenadler* (bis 75 cm groß, dunkelbraun, in Zentralasien und Afrika).
In der *Mythologie* begegnet der A. in zahlreichen Kulturen als Symbol oder Attribut göttl. Macht und der Macht des Herrschers; im Tiermärchen gilt er als König der Vögel und oberster Richter. – In der *christl. Kunst* kann der A. die Himmelfahrt Christi symbolisieren. V. a. ist er jedoch Symbol des Evangelisten Johannes. – In der *Wappenkunde* ist der A. Symbol imperialen Herrschaftsanspruchs; seit Marius Feldzeichen der röm. Legionen; Hoheitszeichen des mittelalterl. Kaisertums, offiziell 1433 bis 1806 als Doppel-A. *(Reichsadler);* heute Wappentier z. B. Deutschlands, Polens und der USA.
Adlerfarn (Pteridium), fast weltweit verbreitete Gatt. der Tüpfelfarngewächse; in lichten Wäldern, auf Heiden und in Gebirgen; Blattwedel bis zu 2 m hoch.
Adlerfibel ↑Fibel.
Adlergebirge, bis 1 115 m hoher Teil der M-Sudeten, in Polen und der Tschech. Republik.
Adlerorden, Bez. für zwei preuß. Orden: **Schwarzer Adlerorden:** höchster preuß. Orden, gestiftet 1701; **Roter Adlerorden:** zweithöchster preuß. Orden, gestiftet 1705.
Adlerrochen (Myliobatidae), Fam. bis 4,5 m langer, lebendgebärender Rochen, v. a. in den Meeren der Tropen; peitschenförmiger Schwanz, kleine Rückenflosse, Giftstachel.
ad libitum [lat.], Abk. ad lib., nach Belieben.
Adlon, Percy, eigtl. Parsifal A., *München 1. 6. 1935, dt. Filmregisseur. Drehte u. a. »Fünf letzte Tage« (1982), »Zuckerbaby« (1985), »Out of Rosenheim« (1987), »Salmonberries« (1991), »Younger & Younger« (1993).
ad maiorem Dei gloriam [lat. »zur größeren Ehre Gottes«], Abk. A. M. D. G., Wahlspruch der Jesuiten.

Adlerfarn

Administration [lat.], Wahrnehmung eines Amtes oder einer Funktion, Verwaltung; **administrativ,** zur Verwaltung gehörend, behördlich.

Administrator [lat.], Verwalter übertragener Aufgaben und Kompetenzen.

Admiral, 1) [frz.] *Zoologie:* bis 7 cm spannender Schmetterling, in Eurasien und N-Afrika; schwarzbrauner Tagfalter mit weißen Flecken und orangeroter Querbinde auf den Vorderflügeln und orangefarbener Endbinde auf den Hinterflügeln.

Admiral 1)

2) [arab.-frz.] *Militärwesen:* urspr. Funktions-, später Dienstgradbezeichnung für Führer von Kriegsschiffverbänden oder Chefs von Marinebehörden. Der A. führt eine bes. Flagge *(Flaggoffizier),* sein Schiff ist das *Flaggschiff.*

Admiralität [frz.], oberste Kommandostelle und Verwaltungsbehörde einer Kriegsmarine. Im Dt. Reich Bez. ab 1920 *Marineleitung,* 1935–45 *Oberkommando der Kriegsmarine.*

Admiralitätsanker (Stockanker) ↑Ankereinrichtung.

Admiralitätsinseln, Inselgruppe im ↑Bismarckarchipel. – 1616 entdeckt.

Admont, österr. Markt-Gem. in der Steiermark, 3 300 E. Barocke Bibliothek der Benediktinerabtei Admont (gegr. 1074). – Abb. S. 54.

ADN, Abk. für **A**llgemeiner **D**eutscher **N**achrichtendienst, ehem. amtl. Nachrichtenagentur der DDR; gegr. 1946; Sitz Berlin; seit 1992 zu ddp.

Adobe [arab.-span.], luftgetrockneter Lehmziegel; oft mit Stroh vermischt.

Adoleszenz [lat.], die Zeit zw. dem Eintritt der Geschlechtsreife (Pubertät) und dem Erwachsensein.

Adolf, Name von Herrschern:

Hl. Röm. Reich: **1) Adolf von Nassau,** *um 1255, ⚔ bei Göllheim 2. 7. 1298,

König (ab 1292). Geriet bei dem Versuch, seine Hausmacht zu stärken, in Ggs. zu den Kurfürsten, die sich mit Albrecht von Österreich gegen ihn verbanden; 1298 abgesetzt und in der Entscheidungsschlacht gegen Albrecht gefallen.

Köln: **2) Adolf I.,** *um 1160, † Neuß 15. 4. 1220, Erzbischof (1193–1205). Gegner der Erbreichspläne des Staufers Heinrich VI.; setzte 1198 die Wahl des Welfen Otto IV. durch, trat jedoch 1204 zum Staufer Philipp von Schwaben über; 1205 gebannt und abgesetzt.

Schweden: **3) Adolf Friedrich,** Herzog von Holstein-Gottorf, *Schloß Gottorf 14. 5. 1710, † Stockholm 12. 2. 1771, König (ab 1751). 1743 unter russ. Druck vom schwed. Reichstag zum Thronfolger gewählt; unter seiner Herrschaft Machtzuwachs des Adels.

Adonai [hebr. »mein Herr«], alttestamentl. Name Gottes.

Adonis, oriental. Naturgott; im griech. Mythos Geliebter der Aphrodite; übertragen: schöner Jüngling.

Adonisröschen (Teufelsauge, Adonis), Gatt. der Hahnenfußgewächse mit 20 Arten in Europa und Asien; heimisch sind u. a.: *Frühlingsadonisröschen* (hellgelbe Blüten, auf kalkreichen Trockenrasen) und *Sommeradonisröschen* (rote oder gelbe Blüten, auf Äckern).

Adoption [lat.], svw. ↑Annahme als Kind.

Adoptivkaiser [lat.], Bez. für die von 96 bis 180 regierenden röm. Kaiser. Die Bez. erklärt sich aus der Art der Nachfolgeregelung: Durch Adoption und Vorbereitung des jeweiligen Nachfolgers sollte der bestgeeigneten Persönlichkeit die Herrschaft gesichert werden.

Adorf, Mario, *Zürich 8. 9. 1930, dt. Schauspieler. 1955–62 Mgl. der Münchner Kammerspiele; Charakterdarsteller des dt. und internat. Films, u. a. »Nachts, wenn der Teufel kam« (1957), »Die verlorene Ehre der Katharina Blum« (1975), »Die Blechtrommel« (1979), »Momo« (1986); auch Fernsehrollen (»Via mala«, 1985; »Der große Bellheim«, 1992); schreibt auch Erzählungen (»Der Mäusetöter«, 1992).

Adorno, Theodor W., früher T. Wiesengrund, *Frankfurt am Main 11. 9. 1903, † Visp (Kt. Wallis) 6. 8. 1969,

Adler.
Oben: byzantinischer Doppeladler ◆ Unten: Tiroler Adler

Theodor W. Adorno

Admont. Barocksaal der Klosterbibliothek nach einem Entwurf von Gotthard Hayberger mit Holzbildwerken von Joseph Thaddäus Stammel und Deckenfresken von Bartholomäus Altomonte

dt. Soziologe und Musiktheoretiker. 1934–49 als Emigrant in England und den USA; lehrte ab 1949 in Frankfurt Soziologie und Philosophie. Die von A. und M. Horkheimer vertretene ↑kritische Theorie (Frankfurter Schule) war von bed. Einfluß auf die Studentenbewegung. – *Werke:* Dialektik der Aufklärung (mit M. Horkheimer, 1947), Philosophie der Neuen Musik (1949), Minima Moralia (1951), Dissonanzen (1956), Noten zur Literatur I–IV (1958–74), Jargon der Eigentlichkeit (1964), Negative Dialektik (1966).

ADP, Abk. für **A**denosin**d**i**p**hosphat (↑Adenosinphosphate).

Adrastos [a'drastos, 'adrastos], griech. Heros, der den Zug der ↑Sieben gegen Theben veranstaltete.

Adrenalin [lat.] (Epinephrin; Suprarenin [⬡]), Hormon des Nebennierenmarks und Gegenspieler des ↑Insulins. A. mobilisiert den Stoffwechsel in Gefahren- und Streßsituationen; es steigert den Grundumsatz, den Blutzuckerspiegel, die Durchblutung der Bewegungsmuskulatur und der Herzkranzgefäße sowie die Leistung des Herzens.

adrenokortikotropes Hormon [lat./griech.], Abk. ACTH, Hormon des Hypophysenvorderlappens; steuert die Sekretion der Nebennierenrinde.

Adressat [lat.-frz.], Empfänger [einer Postsendung].

Adresse [lat.-frz.], **1)** *allg.:* Anschrift (bes. auf Postsendungen), Aufschrift. **2)** *Diplomatie:* Botschaft; in der Politik schriftlich formulierte Meinungsäußerung an das Staatsoberhaupt oder die Regierung. **3)** *EDV:* (Speicheradresse) Nummer einer Speicherzelle in einem Datenspeicher.

Adressiermaschine, Büromaschine u. a. zum Drucken von Adressen.

adrett [lat.-frz.], in der äußeren Erscheinung ordentlich und sauber.

Adria, 1) italien. Stadt im Podelta, Venetien, 21 500 E. Archäolog. Museum, Dom (11. Jh.). – Das antike *Atria* (auch *Hadria*) lag urspr. am Meer, dem es den Namen gab. **2)** ↑Adriatisches Meer.

Adrian, Edgar Douglas [engl. 'eɪdrɪən], Baron of Cambridge, *London 30. 11. 1889, †Cambridge 4. 8. 1977, brit. Physiologe. Erhielt 1932 zus. mit C. Sherrington den Nobelpreis für Medizin für Entdeckungen über die Funktionen von Neuronen; später wegwei-

sende Arbeiten für die Epilepsiefor-
schung und die Auffindung von Hirn-
verletzungen.
Adrianopel ↑Edirne.
Adriatisches Meer (Adria), zw. Bal-
kan- und Apenninenhalbinsel liegen-
des Nebenmeer des Mittelmeers,
132 000 km², bis 1 260 m tief (im SO),
mit diesem durch die *Straße von Otranto*
verbunden.
Adscharien, autonome Republik innerhalb Georgiens (seit 1921), 3 000 km²,
382 000 E, Hauptstadt Batumi.
Adsorption [lat.], Aufnahme und physikal. Bindung von Gasen, Dämpfen
oder in Flüssigkeiten gelösten oder sus-
pendierten Stoffen an der Oberfläche
eines festen, v. a. porösen Stoffes. Der
adsorbierte Stoff wird *Adsorbat* genannt;
den adsorbierenden Stoff (z. B. Aktivkohle oder Kieselsäuregel) bezeichnet man als *Adsorbens* oder *Adsorptionsmittel.*
Adsorptionschromatographie ↑Chro-
matographie.
Adsorptionskohle, svw. ↑Aktivkohle.
Adstringenzien (Adstringentia) [...tsɪən;
lat.], zusammenziehende Arzneimittel
(zur Blutstillung und zur Behandlung
von Schleimhautkatarrhen).
Äduer (Häduer; lat. Aedui, Haedui),
kelt. Stamm in Gallien zw. Saône und
Loire; Hauptort Bibracte.
Adula, bis 3 402 m hohes Gebirgsmassiv
in den schweizer. Alpen.
Adular [nach der Adula] (Mondstein),
Mineral der Feldspatgruppe.
adult [lat.], erwachsen, geschlechtsreif.
Adveniat [lat. »es komme (dein
Reich)«], kath. Hilfswerk zur Unterstützung der Kirche in Lateinamerika.
Advent [lat.], die vorweihnachtl. Zeit;
umfaßt seit Gregor d. Gr. vier Sonn-
tage; gilt in der kath. Kirche als Fastenzeit (liturg. Farbe: violett).
Adventisten [lat.-engl.], eine 1832 von
dem Farmer William Miller (* 1782,
† 1849) gegr. christl. Religionsgemeinschaft, deren Anhänger die Wiederkunft Christi urspr. in den Jahren
1843/44 erwarteten. Als dieses Ereignis
ausblieb, spalteten sich die A. in mehrere Gruppen, von denen nur die der
von Ellen G. White (* 1827, † 1915)
begründeten *Siebenten-Tags-Adventisten*
(engl. *Seventh-Day-Adventists*) über N-
Amerika hinaus Bedeutung erlangten.

Adventivpflanzen [lat.], Pflanzen eines Gebiets, die dort nicht schon immer
vorkamen, sondern durch den Menschen absichtlich als Zier- oder Nutz-
pflanzen (Kulturpflanzen) eingeführt
oder unabsichtlich eingeschleppt wurden.
Adverb [lat.], Umstandswort; mit dem
A. werden Umstände des Ortes (Lo-
kal-A.: *hier*), der Zeit (Temporal-A.: *ge-
stern*), der Modalität (Modal-A.: *gern,
sehr, vielleicht*) und des Grundes (Kau-
sal-A.: *deshalb, damit*) bezeichnet.
adverbial (adverbiell) [lat.], als ↑Adverb
gebraucht.
Adverbialsatz, Nebensatz, der einen
Umstand angibt und nach seinem Sach-
gehalt ein Temporal-, Modal-, Lokal-
oder Kausalsatz sein kann.
Advocatus Diaboli [lat. »Anwalt des
Teufels«], scherzhaft gemeinte Bez. für
den Glaubensanwalt beim Heiligspre-
chungsprozeß, der gegen die Heilig-
sprechung (bzw. Seligsprechung) argu-
mentiert; übertragen für: jemand, der
gegen seine eigene Meinung Argumente
vorträgt.
Advokat [lat.], veraltete Bez. für
↑Rechtsanwalt.
A-D-Wandler, Abk. für **A**nalog-**D**igi-
tal-Wandler, svw. ↑Analog-Digital-
Umsetzer.
Adygien, autonome Republik in Rußland, im nördl. Kaukasus und Vorland,
7 600 km², 437 000 E, Hauptstadt Mai-
kop.
AE, Abk. für ↑astronomische Einheit.
Aedesmücken [lat./dt.], weltweit verbreitete Gatt. der Stechmücken mit
etwa 800 Arten (davon 25 Arten in
M-Europa); ♀♀ sind Blutsauger und
können Krankheiten übertragen. Bekannte Arten sind: die massenhaft auftretenden *Rheinschnaken* in den Auwäl-
dern des Rheins, legen ihre Eier an den
Rändern von Tümpeln u. a. ab, Larven
schlüpfen bei Hochwasser; *Gelbfieber-
mücke* in Afrika, den Tropen und Subtropen.
AEG Aktiengesellschaft, Abk. für **A**llgemeine **E**lektricitäts-**G**esellschaft, Berlin–Frankfurt am Main, dt. Elektrokon-
zern. 1883 von Emil Rathenau (* 1838,
† 1915) gegr. als Dt. Edison-Gesell-
schaft für angewandte Elektricität; seit
1887 AEG; 1967 (durch Eingliederung
der *Telefunken* AG) Umfirmierung in

Adular.
Mondstein
(geschliffen)

**Edgar Douglas
Adrian**

Aemilius Paullus Macedonicus

Löwenäffchen

Blaumaul-
Meerkatze

Pavian

Affen

AEG Telefunken AG; seit 1985 (jetziger Name) liegt die Aktienmehrheit bei der Daimler-Benz AG.

Aemilius Paullus Macedonicus, Lucius [ε...], *um 228, † 160 v. Chr., röm. Konsul 182 und 168 v. Chr.; besiegte Makedonien endgültig bei Pydna 168 v. Chr.

Aerarium [ε...; lat.], im alten Rom der Staatsschatz im Tempel des Saturn, in der Kaiserzeit die Senatskasse im Ggs. zum ↑Fiskus, dem kaiserl. Vermögen.

aero..., Aero... [a-e...; griech.], Bestimmungswort von Zusammensetzungen mit der Bed. »Luft, Gas«.

aerob [a-e...; griech.], Sauerstoff zum Leben benötigend.

Aerobic [εə'rəʊbɪk, engl.], ein Fitneß-training, das aus einer Mischung von Gruppengymnastik, Konditionstraining und Disco-Tanz besteht.

Aerobios [a-e...], Gesamtheit der Lebewesen des freien Luftraums (Aerials), bes. die fliegenden Tiere, die ihre Nahrung im Flug aufnehmen; Ggs. ↑Benthos.

Aerodynamik [a-e...], Teilgebiet der Strömungslehre; i. e. S. die Wiss. von den Kräften, denen ein in einem Gas, speziell in der Luft bewegter (Flug-)Körper ausgesetzt ist.

Aeroflot [russ. aɛra'flɔt], Abk. AER, russ. Luftfahrtgesellschaft; gegr. 1923, Sitz Moskau.

Aerogramm [a-e...; griech.], Luftpostleichtbrief.

Aeroklubs, Luftsportvereine, in denen sich Flieger der einzelnen Länder zusammengeschlossen haben. In Deutschland der 1907 gegr. *Aeroclub von Deutschland,* dessen Nachfolgeorganisation der 1950 gegründete *Dt. Aero Club* wurde; in Österreich der 1901 gegründete *Österreichische Aero-Club;* in der Schweiz der 1901 gegründete *Aero-Club der Schweiz.*

Aerologie [a-e...], Physik der freien Atmosphäre, Teilgebiet der Meteorologie; erforscht höhere Schichten der Atmosphäre durch Ballone, Wetterflugzeuge, Radiosonden, Raketen und Wettersatelliten.

Aeronautik [a-e...], Luftfahrtkunde; befaßt sich mit allen Problemen der Führung von Luftfahrzeugen.

Aerophone [a-e...; griech.], Musikinstrumente, bei denen die Luft als Mittel

der Tonerzeugung dient (z. B. Blasinstrumente).

Aerosol [a-e...; griech./lat.], Bez. für ein Gas (insbes. Luft), das feste oder flüssige Schwebestoffe enthält. Bei flüssigen Schwebeteilchen (Tröpfchen) spricht man von *Nebel,* bei festen Teilchen von *Rauch.* In der Medizin werden A. in der sog. *Aerosoltherapie* verwendet, bei der nebelförmig verteilte Medikamente in die Atemwege eingebracht werden.

Äetes (Aietes), Gestalt der griech. Mythologie. ↑Argonauten.

Aetius, Flavius, *Durostorum (heute Silistra, Bulgarien) um 390, † Rom 454 (ermordet), weström. Feldherr und Staatsmann. Verteidigte ab 434 Gallien gegen german. Völker; schlug 451 die Hunnen unter Attila auf den Katalaun. Feldern, konnte aber den Niedergang des Weström. Reiches nicht aufhalten.

Afar ↑Danakil.

Afar-und-Issa-Territorium ↑Djibouti.

AFC, Abk. für engl. **A**utomatic **F**requency **C**ontrol, automat. Scharfabstimmung bei Radiogeräten, v. a. im UKW-Bereich.

Affäre (österr. auch Affaire) [lat.-frz.], **1)** [peinl., skandalöser] Zwischenfall. **2)** Liebesverhältnis. **3)** umgangssprachlich für Angelegenheit.

Affe ↑Affen.

Affekt [lat.], in der *Psychologie* ein intensiver, als Reaktion auf eine Reizsituation oder Vorstellung entstandener, relativ kurz dauernder Erregungszustand des Gefühls, in den die Gesamtheit der psych. Funktionen, die Motorik und Teile des vegetativen Nervensystems mit einbezogen sind. Charakteristisch für den A.zustand ist die Minderung der Urteilskraft bis zur Ausschaltung jeder Kritik und Einsicht über die Folgen des Tuns. – Im Strafrecht führt ein hochgradiger A.zustand zur Schuldunfähigkeit bzw. verminderten Schuldfähigkeit.

affektiert [lat.], geziert, gekünstelt.

Affektion [lat.], **1)** *veraltet* für Wohlwollen.

2) *Medizin:* Befall eines Organs mit Krankheitserregern, Erkrankung.

affektiv [lat.], durch heftige Gefühlsäußerungen gekennzeichnet.

Affen (Anthropoidea, Pithecoidea, Simiae), Unterordnung der ↑Herrentiere

Gorilla

Schimpanse

Grauer Springaffe

Affen

mit etwa 150 eichhörnchen- (Maus-
maki) bis gorillagroßen Arten in den
Tropen und Subtropen (außer in Australien); in Europa nur der Magot auf
Gibraltar. Die geistigen Fähigkeiten
sind gut entwickelt, dagegen ist der
Körperbau meist wenig spezialisiert.
Typisch ist die Fortbewegung auf allen
Vieren, jedoch können sehr viele Arten
über kürzere Strecken aufrecht gehen.
Hände und Füße werden fast immer
zum Greifen benutzt; der erste Finger
und die erste Zehe sind im allg. den übrigen Fingern bzw. Zehen entgegen-
stellbar (opponierbar). Alle A. (Ausnahme Krallen-A.) haben Finger und
Zehen mit abgeplatteten Nägeln. Der
Schwanz wird häufig als fünftes Greif-
instrument eingesetzt. Der Kopf ist rundlich, die Augenhöhlen sind geschlossen.
Der Kiefer ist meist schnauzenartig
verlängert (bei Pavianen) oder springt
nur wenig vor (Meerkatzen). Das Fell
kann lang oder kurz, einfarbig oder
kontrastreich bunt sein. Das Gesicht ist
mehr oder weniger unbehaart, oft mit
Bart; ganz unbehaart sind die Innenflä-
chen der Füße und Hände und meist
auch die Ohren. Die Weibchen haben
zwei brustständige Milchdrüsen. Das
Gebiß hat 32 bis 36 Zähne; die Eck-
zähne sind bes. beim Männchen verlängert.
A. sind Tagtiere, die sich teils durch
Laute, teils durch lebhaftes Mienenspiel
untereinander verständigen. Abgesehen
von ausgeprägten Pflanzenfressern (Go-

rilla, Brüll-A.) ernähren sich die meisten A. von Mischkost. Die A. sind
überwiegend Baumbewohner, die in
großen Herden (Paviane), kleineren Fa-
miliengruppen (Schimpansen), selten
paarweise leben (im Verband strenge
Rangordnung). Die A. werden heute in
Neuwelt- (Breitnasen) und Altwelt-A.
(Schmalnasen) unterteilt.
Affenbrotbaum, Gatt. der Wollbaumgewächse mit 15 Arten auf Madagaskar,
in Afrika (südl. der Sahara) und N-Au-
stralien. Die bis 20 m hohen Bäume haben bis 10 m dicke, säulen- bis flaschen-
förmige, wasserspeichernde Stämme;
u. a. *Afrikanischer A.* (Baobab), Charak-
terbaum der afrikan. Savanne, mit etwa
50 cm langen, gurkenförmigen Früchten mit eßbarem, trockenem Frucht-
mark und ölhaltigen Samen.
afferent [lat.], hin-, zuführend (hauptsächlich von Nervenbahnen gesagt, die
vom Sinnesorgan zum Zentralnervensystem führen); Ggs. efferent.
affettuoso [italien.], musikalische Vor-
trags-Bezeichnung: bewegt, leidenschaftlich.
Affidavit [mittellat.-engl.], im internat.
Wertpapierverkehr ein angloameri-
kan. Recht eine schriftl. eidesstattl. Erklärung zur Untermauerung einer Tat-
sachenbehauptung; die Einwande-
rungsbehörden der USA verlangen die
Beibringung von A., durch die sich Verwandte oder Bekannte verpflichten,
notfalls für den Unterhalt des Immi-
granten aufzukommen.

affine Abbildung

Afghanistan

Staatsflagge

Staatswappen

affine Abbildung (Affinität), in der *Mathematik* eine geometr. Abbildung, die Punkte auf Punkte, Geraden auf Geraden und Ebenen auf Ebenen abbildet, wobei Parallelität und Streckenverhältnisse erhalten bleiben.

Affinität [lat.], 1) *Mathematik:* ↑affine Abbildung.
2) *Chemie:* Bestreben zweier Stoffe, sich miteinander zu verbinden.

Affinitätschromatographie ↑Chromatographie.

affirmativ [lat.], bejahend, bestätigend.

Affix [lat.], sprachl. Bildungselement, das an eine Wort- oder Stammwurzel tritt.

Affront [a'frõ:; frz.], herausfordernde Beleidigung.

Afghanischer Windhund ↑Windhunde.

Afghanistan

Fläche:	652 090 km²
Einwohner:	19,062 Mio.
Hauptstadt:	Kabul
Amtssprache:	Dari, Paschtu
Währung:	1 Afghani (af) = 100 Puls (Pl)
Zeitzone:	MEZ + 3,5 Std.

Afghanistan, Staat in Asien, grenzt im W an Iran, im N an Turkmenistan, Usbekistan und Kirgistan, im O und S an Pakistan, am O-Ende des Wakhanzipfels an China.
Staat und Recht: Republik; Verfassung von 1980 (seit 1992 außer Kraft). Eine Übergangsregierung amtiert seit Mai 1992. Das staatl. Leben ist deutlich vom Islam bestimmt. Es besteht keine einheitl. Zentralgewalt.
Landesnatur: Hochflächen (um 2 000–3 000 m) mit aufgesetzten Gebirgen bilden das zentrale Hochland, das nach NO in den hier fast 7 500 m hohen Hindukusch übergeht. Im Wakhan hat

A. Anteil am Pamir. Becken und Talweitungen sind die wichtigsten Siedlungsräume. Gegen den Amudarja hin erstrecken sich die Ebenen und lößbedeckten Hügelländer Afghan.-Turkestans. Nach S geht das Hochland in ein Bergland, anschließend in Halbwüsten und Wüsten über. Den SW des Landes bildet das flache Sistanbecken mit großen Endseen. Es herrscht überwiegend trockenes Kontinentalklima. Im zentralen Hochland und in den Hochgebirgen ist Steppenvegetation verbreitet; Wald gibt es nur im O im Monsunbereich.
Bevölkerung: Rd. 60% sind Paschtunen, 30% Tadschiken; außerdem leben in A. u. a. Hazara, Usbeken, Turkmenen, Nuristani, Belutschen. Nomad. und halbnomad. Lebensformen sind weit verbreitet. Etwa 90% der Bevölkerung sind Muslime (Sunniten). Die Analphabetenquote beträgt 80%. In Kabul bestehen eine Univ. und eine TH.
Wirtschaft, Verkehr: Wichtigster Erwerbszweig ist die Landwirtschaft mit bed. Viehhaltung (Rinder, Ziegen, Kamele), bes. wichtig ist die Karakulschafzucht. Neben Bergbau auf Steinkohle, Steinsalz und Lapislazuli wird Erdgas gefördert. Die Textil-Ind. basiert auf einheim. Wolle und Baumwolle. Handwerk ist v. a. in den Basaren konzentriert. A. führt Persianerfelle, Erdgas, Teppiche, Nüsse und Baumwolle aus. Von den rd. 18 800 km Straßen sind 2 800 km asphaltiert. Internat. ✈ bei Kabul.
Geschichte: Seit dem MA gehörte das Gebiet von A. zu verschiedenen Reichen iran., türk. oder mongol. Dynastien. Mit der Machtübernahme durch Ahmed Schah, den Begründer der Durranidynastie, 1747, beginnt die nat. Geschichte von Afghanistan. Im 19. Jh. konnte es nur mit Mühe seine Grenzen und seine Unabhängigkeit gegen Perser, Russen und Briten behaupten. 1863 wurde die heutige iran.-afghan. Grenze, 1886 die russ.-afghan. Grenze festgelegt; nach Gebietsabtretungen 1890/91 und 1893 stand ungefähr die heutige, jedoch bis heute umstrittene afghan.-pakistan. Grenze fest; seit 1947 fordert A. alle von afghan. Stämmen bewohnten Gebiete Pakistans (Paschtunistan) zurück. 1919 wurde die polit. Unabhängigkeit von Großbrit. sichergestellt. Die

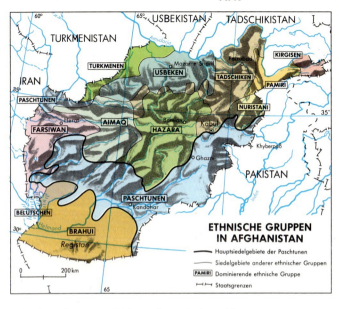

**ETHNISCHE GRUPPEN
IN AFGHANISTAN**

Hauptsiedelgebiete der Paschtunen

Siedelgebiete anderer ethnischer Gruppen

PAMIRI Dominierende ethnische Gruppe

Staatsgrenzen

0 — 200 km

Könige versuchten A. politisch und sozial zu modernisieren. Außenpolitisch blieb A. im 2. Weltkrieg neutral und verfolgte seitdem einen Kurs der Blockfreiheit. Nach dem Sturz von König Mohammed Sahir 1973 durch einen Militärputsch wurde die Republik A. ausgerufen. In der Folge eines weiteren Militärputsches 1978 wurde ein weitgehender Beistandspakt mit der Sowjetunion abgeschlossen, auf Grund dessen, nach inneren Unruhen in A. angeblich zu Hilfe gerufen, Ende Dez. 1979 sowjet. Truppen in A. einmarschierten. Bei äußerst schmaler Basis in der Bevölkerung konnte die neue kommunist. Reg. auch mit massivem militär. Unterstützung durch sowjet. Truppen die muslim. Rebellen nicht völlig in die Defensive zwingen. Weltpolitisch führte die sowjet. Intervention zu einer Krise zw. Ost und West. 1988 unterzeichneten A., Pakistan sowie die USA und die Sowjetunion ein Abkommen über den Abzug der sowjet. Truppen aus A. und die Rückkehr von etwa 5 Mio. afghan. Flüchtlingen in ihre Heimat. Der Abzug der sowjet. Soldaten war im Febr. 1989 abgeschlossen. Die antikom-

munist. Widerstandsorganisationen bildeten in Peshawar eine Exilregierung. Fortgesetzte militär. Offensiven der Mujaheddin führten im April 1992 zum Sturz von Staats- und Parteichef M. Najibollah. Unter Übergangs-Präs. B. Rabbani kam es daraufhin zu Machtkämpfen zw. rivalisierenden Mujaheddin-Führern (G. Hekmatyar, A. Massud), in deren Verlauf 1995 die fundamentalist. Taleban-Miliz (»Religiöse Studenten«) eine gewichtige Position gewinnen konnte.

Aflatoxine [Kw. aus **A**spergillus **fla**vus und **Toxine**], Giftstoffe (von hoher Schadwirkung, u. a. Leberzirrhose und -krebs) einiger Schimmelpilze, die hauptsächl. trop. Produkte wie Erdnüsse, Paranüsse usw., aber auch einheim. Nahrungsmittel wie Speck, Haselnüsse usw. verderben können. A. werden durch Hitze (Rösten, Backen, Kochen) nicht zerstört. Bes. wichtig ist der Ausschluß verschimmelter Rohprodukte, da der Verbraucher i. d. R. den Schimmelbefall im verarbeiteten Nahrungsmittel nicht sieht oder schmeckt.

AFN [engl. ɛɪɛfˈɛn], Abk. für ↑**A**merican **F**orces **N**etwork.

15,9   19,1   183   160

1970 1992 1970 1992
Bevölkerung   Bruttosozial-
(in Mio.)   produkt je E
(in US-$)

☐ Stadt   Land ☐

19%

81%

Bevölkerungsverteilung
1989

☐ Industrie
☐ Landwirtschaft
☐ Dienstleistung

21% 14%

65%

Bruttoinlandsprodukt
1987

à fonds perdu

à fonds perdu [frz. afõpɛr'dy], Zahlung auf Verlustkonto.

AFP, Abk. für **A**gence **F**rance-**P**resse, frz. Nachrichtenagentur; gegr. 1944; Sitz Paris.

African National Congress [engl. 'æfrɪkən 'næʃənəl 'kɔŋgrɛs] ↑Afrikanischer Nationalkongreß.

Afrika, der mit 30,3 Mio. km² zweitgrößte Erdteil, begrenzt im O vom Ind., im W vom Atlant. Ozean, im N vom Mittelmeer, im NO vom Roten Meer. Die N–S-Erstreckung beträgt fast 8 000 km, die von O nach W 7 600 km. Der Wasserspiegel des Lac Assal liegt 170 m u. M., der Kilimandscharo ist 5 895 m hoch. Die Küsten sind schwach gegliedert. Von den Inseln ist Madagaskar die größte.

Gliederung: In Nord-A. liegt der Großraum der Sahara. Im NW ist ihr der Atlas vorgelagert, im NO liegt die Stromoase des Nil. Die Wüste wird im S vom Sahel begrenzt, einer Halbwüste, die sich vom Atlantik bis zum Roten Meer erstreckt. West-A., zu dem im N der westl. Teil der Großlandschaft Sudan zählt, ist im W und S vom Atlantik begrenzt. Im O bildet die Kette der Kamerunberge eine Scheidelinie. Nordost-A. umfaßt den östl. Sudan, das Abessin. Hochland und die Somalihalbinsel. Ost-A. ist v. a. durch das Ostafrikan. Grabensystem mit seinen Seen und Vulkanen geprägt. Den Kern von Zentral-A. bildet das von Randschwellen umgebene Kongobecken. Im Innern von Süd-A. liegt das Hochbecken der Kalahari, das nach außen zu breiten Randschwellen ansteigt, die an der Großen Randstufe steil zur Küste abfallen. Am Atlantik erstreckt sich hier die Nebelwüste der Namib. Die Flüsse überwinden Gebirge und Randschwellen in Schluchten, Stromschnellen und Wasserfällen, z. T. fächern sie sich in den Becken auf (Binnendelta des Niger, Sumpflandschaft des Sudd [Nil]), erreichen Endseen (Tschadsee [Schari]) oder versickern.

Klima: Die Klimagürtel sind überwiegend zonal angeordnet: Beiderseits des Äquators liegt der innertrop. Regengürtel mit zweimaligem Maximum des jährl. Niederschlags in Äquatornähe, während näher zu den Wendekreisen ein einfaches Maximum im Sommer vorhanden ist. Es folgen die trockenen Zonen mit geringer relativer Feuchte und großer Tagesschwankung der Temperatur. Polwärts schließen sich wieder regenreichere Klimate an.

Vegetation: Nördlich des Äquators entsprechen die Vegetationsgürtel überwiegend den Klimazonen. Auf trop. Regenwald folgen Feucht-, Trocken- und Dornsavannen, die in Halbwüste übergehen. In den Oasen der Wüste finden sich Schilf, Dornsträucher und Bäume. Der Atlas hat Mittelmeerflora. In Ost-A. hebt sich aus der zonalen Anordnung die Vegetation der größeren Höhen ab. Im S des Erdteils gibt es am Ostabfall des Hochlandes halbimmergrüne Feuchtwälder, in den Hochbecken ist Graswuchs verbreitet, der nach W in Dornstrauchbestände oder Zwergstrauchhalbwüsten übergeht. Die Namib ist fast pflanzenlos. Das sw. Kapland weist subtrop. Hartlaubvegetation auf.

Tierwelt: Die größten Tierkonzentrationen finden sich in der Dornsavanne: Giraffen, Antilopen, Gazellen, Löwen, Leoparden, Geparden, Hyänen, Schakale, Laufvögel, an den Salzseen Flamingos. In den Feuchtsavannen leben v. a. Elefanten, Affen, Kaffernbüffel, auch Löwen und Leoparden, Flußpferde, Krokodile und zahlr. Wasservögel; im Regenwald überwiegen die Baumbewohner, in der Wüste u. a. Fennek, Eidechsen, Skinke. Krankheitsüberträger sind Anophelesmücken (Malaria) und Tsetsefliegen (Schlafkrankheit).

Bevölkerung: In Nord-A. leben überwiegend Angehörige der europiden Rasse (Weiß-A.) mit mediterraner, später orientalider Prägung. Der Lebensraum der negriden Rasse liegt südlich der Sahara (Schwarz-A.); sie gliedert sich in Sudanide in den Savannen des Sudan, Nilotide im Gebiet des Weißen Nil, Bantuide oder Kafride in den Trockenwäldern des südl. A. und im südl. Ost-A., Paläonegride in den Regenwäldern Zentral-A., Äthiopide im nördl. Ost-A.; zu den Reliktrassen zählen die Bambutiden (Pygmäen) und die Khoisaniden (Buschmänner, Hottentotten). V. a. im S leben die Nachkommen europ. (Afrikaander), im S und O ind. (Indide) Einwanderer.

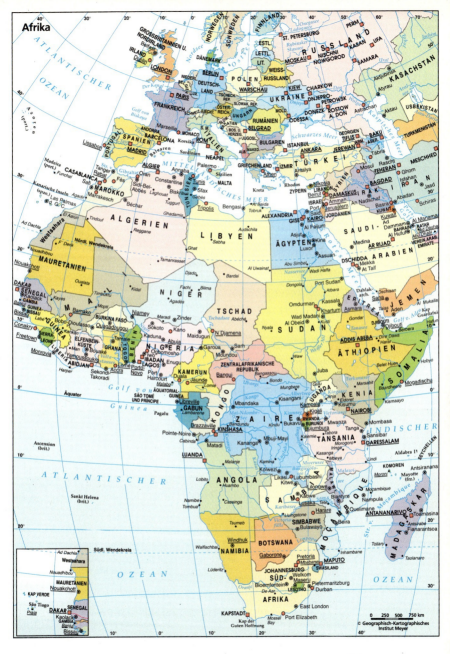

Afrika

Afrika

Afrika. Staatliche Gliederung (Stand 1992)				
Land (Jahr der Unabhängigkeit)	km²	E (in 1 000)	E/km²	Hauptstadt
Ägypten (1922)	1 001 449	54 842	55	Kairo
Algerien (1962)	2 381 741	26 346	11	Algier
Angola (1975)	1 246 700	9 880	8	Luanda
Äquatorialguinea (1968)	28 051	369	13	Malabo
Äthiopien	1 104 500	49 881	45	Addis Abeba
Benin (1960)	112 622	4 918	44	Porto Novo
Botswana (1966)	581 730	1 313	2	Gaborone
Burkina Faso (1960)	274 200	9 513	35	Ouagadougou
Burundi (1962)	27 834	5 823	209	Bujumbura
Djibouti (1977)	23 200	467	20	Djibouti
Elfenbeinküste (1960)	322 463	12 910	40	Yamoussoukro
Eritrea (1993)	117 400	3 100	26	Asmara
Gabun (1960)	267 667	1 237	5	Libreville
Gambia (1965)	11 295	908	80	Banjul
Ghana (1957)	238 533	15 959	67	Accra
Guinea (1958)	245 857	6 116	25	Conakry
Guinea-Bissau (1974)	36 125	1 006	28	Bissau
Kamerun (1960)	475 442	12 198	26	Jaunde
Kap Verde (1975)	4 033	384	95	Praia
Kenia (1963)	580 367	25 230	43	Nairobi
Komoren (1975)	2 235	585	262	Moroni
Kongo (1960)	342 000	2 368	7	Brazzaville
Lesotho (1966)	30 355	1 836	60	Maseru
Liberia (1847)	111 369	2 751	25	Monrovia
Libyen (1951)	1 759 540	4 875	3	Tripolis
Madagaskar (1960)	587 041	12 827	22	Antananarivo
Malawi (1964)	118 484	10 356	87	Lilongwe
Mali (1960)	1 240 192	9 818	8	Bamako
Marokko (1956)	458 730	26 318	59	Rabat
Mauretanien (1960)	1 030 700	2 143	2	Nouakchott
Mauritius (1968)	2 040	1 098	538	Port Louis
Moçambique (1975)	799 380	14 872	19	Maputo
Namibia (1990)	824 292	1 534	2	Windhuk
Niger (1960)	1 267 000	8 252	7	Niamey

Geschichte: *Frühzeit:* Weite Teile von A. blieben bis in die Neuzeit auf vorgeschichtl. Stufe (keine schriftl. Überlieferung). Afrikan. Fundstätten gehören zu den ältesten sicheren Überresten menschl. Lebens (Funde teilweise 2–2,5 Mio. Jahre alt). Auch im Altpaläolithikum finden sich in A. zahlreiche Kulturzentren. Während sich im S und O seit dem 7./5. Jt. v. Chr. Jäger- und Fischerstämme z. T. bis in die Gegenwart halten konnten (»Buschmänner«, »Strandlooper«), bildeten sich im N vom 6. bis ins 3. Jt. auf Grund der günstigeren Lebensbedingungen verschiedene neolith. Kulturgruppen.

Alte und Mittlere Geschichte: A. nördlich der Sahara gehörte im Altertum zum Bereich der mittelmeer. Kultur, zu deren Entwicklung Ägypten, die Phöniker, Rom und Byzanz beitrugen. Durch die Vandalen wurde N-Afrika schwer erschüttert (429 n. Chr.). Zw. 639 und dem Beginn des 8. Jh. eroberten die Araber ganz N-Afrika und machten es zum Bestandteil des islam. Herrschaftsbereichs. In Nubien kam es seit etwa 2000 v. Chr. zu Reichsbildungen. Die nub. Reiche hatten Verbindungen zu Ägypten, später zum Röm. Reich und zur islamischen Welt. Das äthiop. Reich von Aksum erlebte im 4. Jh. n. Chr.

Afrika. Staatliche Gliederung (Stand 1992; Fortsetzung)				
Land (Jahr der Unabhängigkeit)	km²	E (in 1 000)	E/km²	Hauptstadt
Nigeria (1960)	923 768	88 515	125	Abuja
Ruanda (1962)	26 338	7 526	286	Kigali
Sambia (1964)	752 614	8 638	11	Lusaka
São Tomé und Príncipe (1975)	964	124	129	São Tomé
Senegal (1960)	196 192	7 736	39	Dakar
Seychellen (1976)	280	72	257	Victoria
Sierra Leone (1961)	71 740	4 376	61	Freetown
Simbabwe (1980)	390 580	10 583	27	Harare
Somalia (1960)	637 657	9 204	14	Mogadischu
Südafrika (1910)	1 221 037	39 818	33	Pretoria
Sudan (1956)	2 505 813	26 656	11	Khartum
Swasiland (1968)	17 363	792	46	Mbabane
Tansania (1964)	945 087	27 829	29	Dodoma
Togo (1960)	56 785	3 763	66	Lomé
Tschad (1960)	1 284 000	5 846	5	N'Djamena
Tunesien (1956)	163 610	8 401	51	Tunis
Uganda (1962)	236 036	18 674	79	Kampala
Zaire (1960)	235 880	39 882	17	Kinshasa
Zentralafrikanische Republik (1960)	622 984	3 173	5	Bangui
Weitere, nicht selbständige Gebiete				
Westsahara	266 769	250	1	El-Aaiún
Großbritannien: St. Helena	122	7	57	Jamestown
Frankreich: Réunion	2 510	624	248	Saint-Denis
Mayotte	375	73	195	Dzaoudzi
Portugal: Madeira	794	272	343	–
Spanien: Kanarische Inseln	7 273	1 637	225	Las Palmas
Nordafrikanische Besitzungen	32	124	3 875	–

seine Blütezeit. Im Z-Sudan ist die Geschichte des Reiches von Kanem-Bornu am bekanntesten (Höhepunkt im 13. Jh.). Am Niger entstand wohl seit dem 4. Jh. n. Chr. das Reich Gana (Blüte im 9. Jh.); ihm folgten im 11. Jh. das Reich Mali und im 15. Jh. das Reich Songhai. Im Hinterland der Küsten entstanden neue Staaten wie Ashanti, Dahome, Yoruba und Benin, die die europ. Handelsniederlassungen mit Sklaven belieferten. In Bantu-A. bestanden im 15./16. Jh. drei Machtzentren: das Kongoreich, das Reich des Monomotapa im heutigen Simbabwe und die Himastaaten im Zwischenseengebiet. Das 19. Jh.

brachte nochmals afrikan. Staatengründungen, im Sudan, in Guinea, Nigeria und Kamerun und im Senegal im Zeichen des Islams, in S-Afrika im Zeichen einer Wanderungswelle der Bantu. *Die Kolonisierung:* In W-Afrika bestimmte von Anfang 16. Jh. bis Mitte 19. Jh. der Handel an der Atlantikküste (bis 1800 v. a. der Sklavenhandel) die europ.-afrikan. Beziehungen. In S-Afrika entstand eine weiße Siedlungskolonie, die sich zur heutigen Republik Südafrika ausweitete. In O-Afrika waren bis Ende des 19. Jh. die Araber maßgebend. Ab dem 13. Jh. entwickelten sich ihre Niederlassungen zu Siedlungskolonien

afrikanische Kunst.
Tanzmaske der Duala;
Holz

mit arab.-afrikan. Mischbevölkerung, islam. Kultur und bed. Handel. Die Länder N-Afrikas waren bis gegen Mitte des 19. Jh. einem europ. Eindringen verschlossen. Nach Erwerb ganzer Territorien durch Portugal, Großbrit., Belgien und Frankreich meldete auch das Dt. Reich nach 1879 Ansprüche auf afrikan. Gebiete an. Seit 1885 erwarb auch Italien Kolonien in N- und O-Afrika. Grundsätze für die Aufteilung Afrikas wurden auf der Berliner Konferenz (1884/85) festgelegt. Große Teile W- und Z-Afrikas standen nach der Aufteilung des Kontinents unter frz. Herrschaft. In O- und S-Afrika hatte Großbrit. die Vorherrschaft.

Afrika seit 1914: Nach dem 1. Weltkrieg erhielten die Siegermächte die dt. Kolonien als Völkerbundmandate. In N-Afrika wurde die Kolonialherrschaft durch Befreiungsbestrebungen erschüttert. Die italien. Eroberung Äthiopiens (1935/36–41) blieb Episode. Aufstände in Marokko und Tunesien und v. a. der alger. Befreiungskrieg lösten den Zerfall des frz. Kolonialreichs in A. aus (bis 1960). 1963 wurde die OAU gegründet. In einem langen, keineswegs konfliktfreien Entkolonisierungsprozeß wurden bis 1980 auch alle brit. Kolonien selbständig. Belgien mußte sich 1960 überstürzt aus dem Kongo zurückziehen. Der Versuch Portugals, seine Kolonien als »Überseeprovinzen« gewaltsam zu halten, scheiterte mit der Revolution im Mutterland (1974). 1990 wurde das bisher von Südafrika verwaltete Namibia unabhängig. 1994 fand das Apartheidsregime in der Rep. Südafrika sein definitives Ende. – Hauptproblem des afrikan. Kontinents ist heute das hohe Bevölkerungswachstum, das alle Ansätze wirtschaftl. Weiterentwicklung im Keim erstickt; die Situation ist, bedingt durch die schlechte Wirtschafts- und Versorgungslage sowie durch zahlr. Kriege und Bürgerkriege, gekennzeichnet durch eine hohe Analphabetenrate sowie starke Kindersterblichkeit und niedrige Lebenserwartung. Die polit. Lage ist geprägt durch die weitgehende Vorenthaltung von Demokratie und Rechtsstaatlichkeit durch die meist mittels Putschen oder durch den Sieg ihrer Freiheitsbewegungen an die Macht gelangten Staatspräsidenten sowie durch

afrikanische Kunst.
Stülpmaske der Ekoi;
Grenzgebiet Nigeria/
Kamerun

die auf Zugehörigkeit zu einem bestimmten Stamm oder Volk definierten Strukturen.

Afrikaander ↑Buren.

Afrikaans, indogerman. Sprache, entstanden auf der Basis niederländ. Dialekte (westl. Brabant, Zeeland, Südholland) des 17. Jh.; in der Republik Südafrika seit 1925 neben Englisch Amtssprache.

afrikanische Kunst, die Kunst Schwarzafrikas, die aus dem kulturellen Zusammenhang von Religion (Ahnenkult), Gesellschaft und Mythologie erwuchs; reichste Entfaltung im W-Sudan. Infolge Klima und Insektenfraß sind erhaltene Holzbildwerke nicht älter als 250 Jahre, anders Töpferware, Eisen-, Terrakotta-, Elfenbein-, Bronze- (Gelbguß) und Goldarbeiten. Weniger gut erhalten auch Web-, Flecht-, Perl- und Lederarbeiten, die Kalebassenkunst (Ritzmuster) und Wandbemalung. Die ältesten, nur fragmentarisch erhaltenen Figuren (Köpfe) sind die auf geometr. Grundelementen aufbauenden *Nok-Terrakotten* (5. Jh. v. Chr.–2. Jh. n. Chr.) aus N-Nigeria. Etwa ein Jahrtausend später folgen die klass. Terrakotta- und Bronzeköpfe der *Ife* in Nigeria. Mit ihnen stehen die frühen, archaisch einfachen Bronzen von *Benin* (S-Nigeria; etwa seit 1260) in Zusammenhang. Die spätere höf.-profane Benin-Kunst (Blütezeit um 1450; im 16. Jh. europäische Einflüsse) erstrebt Porträtähnlichkeit. Bei den kleinen bäuerlichen Häuptlingstümern ist die Plastik ausschließl. sakral. Den Ahnen als Mittlern zw. den Lebenden und den Göttern werden in Statue und Maske neue Leiber geschaffen. Dabei zeigt sich eine starke Konstanz der Stile (die Bildwerke werden immer in demselben Form erneuert). Im W-Sudan (*Dogon, Kurumba, Bobo, Bambara*) überwiegt Abstraktion von symbol. Charakter, an der Küste von Guinea, in Liberia (*Dan*), Nigeria (*Yoruba*), Kamerun (*Bamum*), Ghana (*Ashanti*), im Kongobecken (Ahnen[sitz]figuren der *Pangwe*) Naturalismus der Darstellung. Neben die Ahnenfigur tritt bei den *Kongo* und *Teke* die Darstellung schützender Geister (Fetische). Seit Mitte des 20. Jh. zeigen sich neben verbreiteter Souvenirproduktion künstler. Aufbrüche (Tansania *[Makonde]*, Simbabwe *[Schona]*).

afrikanische Literatur ↑schwarzafrikanische Literatur.

afrikanische Musik, die Musik Schwarzafrikas, die nicht unter dem Einfluß arabisch-islam. Musik steht. Sie hat sich bes. bei den Bantu, den Pygmäen, Buschmännern und Hottentotten erhalten. Nicht voneinander zu trennen sind Gesang, Instrumentenspiel und Tanz. Für die Musizierweise ist der wechselweise Vortrag von zwei Sängern oder Chorgruppen bzw. von Vorsänger und Chor charakteristisch. Die Melodik zeichnet sich durch Kurzgliedrigkeit und geringen Tonumfang aus; die Tonordnung beruht vorwiegend auf Heptatonik und Pentatonik. Hoch entwickelt ist die Rhythmik, die häufig bis zur Polyrhythmik gesteigert ist. – Für die Mehrzahl der Instrumente ist kennzeichnend, daß klare Töne bewußt vermieden werden. Im Vordergrund stehen zahlr., aus unterschiedlichsten Materialien hergestellte Trommeln und andere Rhythmus- und Geräuschinstrumente. Weitverbreitet sind die xylophonartige Marimba und die Zanza. Die Saiteninstrumente umfassen Formen des einsaitigen Musikbogens bis zu hochentwikkelten Bogenharfen sowie Zithern und lauten- und zitherartige Harfen. Die Blasinstrumente reichen von ausgehöhlten Fruchtkörpern über Flöten, Pfeifen, Hörner und Rohrblattinstrumente bis zu Holz- und Metalltrompeten.

Afrikanischer Nationalkongreß (engl. African National Congress, Abk. ANC), 1912 gegr., 1960–90 verbotene (im Exil wirkende) polit. Organisation der Schwarzafrikaner Südafrikas (↑Südafrika, Geschichte).

afrikanische Sprachen. Die a. S. teilt man heute in vier große Sprachstämme oder Bereiche ein: die kongo-kordofan. oder nigrit. Sprachen, die nilosaharan. Sprachen, die hamitosemit. Sprachen und die Khoisan-Sprachen.

Afrikanistik, Wissenschaft, die sich mit der Kultur und den Sprachen der afrikan. Völker beschäftigt.

afroasiatisch, sowohl Afrika als auch Asien betreffend.

After (Anus), *Biologie:* hintere, häufig durch Ringmuskeln (Sphinkter) verschließbare, der Ausscheidung unverdaul., fester oder (bei Ausbildung einer ↑Kloake) auch flüssiger Nahrungsreste dienende Darmausmündung bei der Mehrzahl der Tiere und beim Menschen. Im oberen Teil der Darmwandung des Menschen liegen zahlr. weite Venengeflechte (hier kann es zu einer verstärkten und damit krankhafter Hämorrhoidenbildung kommen), die ein Polster bilden. Dieses wird durch den 2 bis 4 mm starken *inneren A.schließmuskel* (mit glatten, dem Willen nicht unterworfenen Muskelfasern) zusammengedrückt und hält den Darm bei fehlendem Kotdrang verschlossen. Ein zweiter Muskelring umschließt als *äußerer A.schließmuskel* (mit quergestreiften Fasern) den inneren Muskelring. Seine Kontraktion kann willkürlich erfolgen. – Zum künstl. A. (Kunst-A.) oder Anus praeternaturalis ↑Darmkrankheiten.

afrikanische Musik. Zanza aus Kamerun; Länge 38 cm

After..., Bestimmungswort in heute kaum noch gebräuchl. Zusammensetzungen mit der Bedeutung: »Hinter..., Nach...«, z. B. *A.kind* (nachgeborenes oder unehel. Kind), *A.rede* (üble Nachrede).

Afterdrüsen (Analdrüsen), im oder am After mündende Drüsen bei vielen Insekten und manchen Wirbeltieren (z. B. bei Lurchen, Nagetieren, Raubtieren). Die Sekrete dienen der Anlockung, der Kommunikation zwischen Artgenossen oder der Verteidigung.

Afterklauen (Afterzehen), bei den rezenten Paarhufern die 2. und 5. Zehe, die den Boden meist nicht mehr berühren.

Afterkrallen, beim Haushund die rudimentären, den Boden nicht mehr berührenden ersten Zehen an der Innenseite des Mittelfußes der Vorder- und oft auch der Hinterbeine.

Afterskorpione (Chelonethi), weltweit verbreitete Ordnung bis 7 mm langer, flachgebauter Spinnentiere mit rund 1 300 Arten; kleiner als Skorpione, ohne Giftstachel; in M-Europa verbreitet ist der *Bücherskorpion* (2,5–4,5 mm groß, bräunl., in Bücherregalen, Betten).

Afterskorpione.
Bücherskorpion

Ag, chem. Symbol für ↑Silber (lat. **ar**gentum).

AG, Abk. für **A**ktien**g**esellschaft.

Aga (Agha), früher Titel für türk. Offiziere und Beamte.

Agadir, marokkan. Prov.-Hauptstadt, Seebad am Atlantik, 70 000 E. Fischverarbeitung; Hafen; ⚓ – 1505 gegr. Die Entsendung des dt. Kanonenboots »Panther« nach A. (»Panthersprung nach A.«) gab den Anstoß zur 2. Marokkokrise von 1911.

Ägäis, svw. ↑Ägäisches Meer.

Ägäische Inseln, zusammenfassende Bez. für die Inselgruppen im ↑Ägäischen Meer.

ägäische Kultur, bronzezeitl. Kultur, die etwa 2600–1150 v. Chr. den Ägäisraum zu einem im ganzen einheitl. Kulturraum verband; Teilbereiche: Troja, Kykladenkultur, minoische, hellad., myken. Kultur.

Ägäisches Meer (Ägäis), Nebenmeer des Mittelmeers zw. Griechenland und Kleinasien, im S durch einen Inselbogen begrenzt; im NO über Dardanellen, Marmarameer und Bosporus mit dem Schwarzen Meer verbunden, etwa 180 000 km², bis 2 962 m tief.

ägäische Sprachen, zusammenfassende Bez. für die Sprachen, die vor der Einwanderung indogermanischer Völker im östl. Mittelmeerraum gesprochen wurden.

ägäische Wanderung, Bez. für angebl., um 1250 v. Chr. beginnende Völkerbewegungen im östl. Mittelmeerraum, die zu gewaltsamer Umwandlung der ganzen ägäischen Welt geführt habe. Der Theorie der ä. W. steht heute die Ansicht von Kulturkontakten zw. den Völkern des Ostmittelmeerraums und denen Zentral- und Südosteuropas gegenüber.

Aga Khan, seit Anfang des 19. Jh. Titel des erbl. Oberhauptes der islam. Sekte der Hodjas (↑Ismailiten) in Indien und Ostafrika. Der Träger des Titels gilt als Inkarnation göttl. Kräfte und als unfehlbar.

Agamemnon, Gestalt der griech. Mythologie, Sohn des Atreus (daher »der Atride«), König von Mykene. Nach dem Raub der Helena, der Gattin seines Bruders, durch Paris zwingt ihn ein Eid, an der Spitze eines griech. Heeres gegen Troja zu ziehen. Als Sieger heimgekehrt, wird A. von seinem Vetter Ägisthus ermordet. Den Mord rächt später sein Sohn Orestes.

Agamen (Agamidae) [indian.], Fam. bis 1 m langer, am Boden oder auf Bäumen lebender Echsen mit etwa 300 Arten in den wärmeren Zonen der Alten Welt (v. a. den Tropen).

Agaña [engl. ɑːˈɡɑːnjə], Hauptstadt von Guam, an der W-Küste der Insel, 4 200 E. Hafen; Militärstützpunkt der USA.

Agape [griech. »Liebe«], 1) christl., bes. vom NT geprägter Begriff der Liebe. 2) abendl. Mahl der frühchristl. Gemeinde.

Agar-Agar [indones.], aus Zellwandbestandteilen verschiedener Rotalgenarten gewonnenes Trockenprodukt, das nach Aufkochen und Abkühlen eine steife Gallerte ergibt. Verwendet zur Herstellung von Nährböden in der Bakteriologie, als Appretur in der Textil-Ind. und als Geliermittel für Zuckerwaren.

Agatha, hl., † Catania (Sizilien) zw. 249 und 251, Märtyrerin. Auf sie wird die Rettung Catanias bei einem Ausbruch des Ätna zurückgeführt; deshalb

Agave.
Sisalagaven

Patronin gegen Feuergefahr, der Berg- und Hochofenarbeiter. – Fest: 5. Februar.

Agave [griech.-frz.], Gatt. der Agavengewächse mit etwa 300 Arten, im südl. N- bis zum nördl. S-Amerika. Aus der meist am Boden aufliegenden großen Blattrosette entwickeln sich oft erst nach vielen Jahren trichterförmige Blüten in einer bis 8 m hohen Rispe. Nach der Fruchtreife sterben die Pflanzen ab; liefern Fasern und sind z. T. Zierpflanzen. Werden auch zur Herstellung von ↑Pulque verwendet. Bekannte Arten: *Amerikan. Agave* (Hundertjährige Aloe), im Mittelmeergebiet; *Sisalagave,* auch in Afrika und Indonesien angebaut, wichtiger Faserlieferant.

Agavengewächse (Agavaceae), Pflanzen-Fam. der Einkeimblättrigen mit über 550 Arten in 18 Gatt. (u. a. Agave, Palmlilie, Bogenhanf) in den Tropen und Subtropen.

AGB, Abk. für Allgemeine Geschäftsbedingungen.

Agde [frz. agd], frz. Stadt nahe der Héraultmündung ins Mittelmeer, Dép. Hérault, 13 000 E. Seebad; Kathedrale (12. Jh.).

Agen [frz. a'ʒɛ̃], frz. Stadt an der Garonne, 33 000 E. Verwaltungssitz des Dép. Lot-et-Garonne. Kathedrale (11.–16. Jh.), Bürgerhäuser mit Arkaden (15.–18. Jh.).

Agende [lat.], in den ev. Kirchen das die Ordnung des Gottesdienstes regelnde Buch.

Agens [lat.], treibende Kraft.

Agent [lat.-italien.], 1) *allg.:* jeder im Auftrag oder Interesse eines anderen Tätige. 2) *Nachrichtendienste:* Spion. 3) *Kunstbetrieb:* jemand, der berufsmäßig Künstlern Engagements vermittelt.

Agent provocateur [frz. a'ʒãprɔvɔka-'tœ:r], Lockspitzel; jemand, der einen anderen zur Begehung einer Straftat provozieren soll, um ihn dann zum Zweck der Strafverfolgung überführen zu können.

Agentur [lat.-italien.], 1) *Zeitungswesen:* Nachrichtenbüro, Nachrichtenagentur. 2) *Wirtschaft:* Firmenvertretung durch Agenten, ungenau auch für Geschäftsnebenstelle. 3) *Kunstbetrieb:* Büro, das Künstlern Engagements vermittelt.

Ageratum [griech.], svw. ↑Leberbalsam.

Agesilaos II., *444/443, † Kyrene 360, König von Sparta (seit 399). Bekämpfte die Perser in Kleinasien (seit 396); die von ihm angestrebte spartan. Hegemonie in Griechenland zerbrach 371 v. Chr.

Ägeus (Aigeus), in der griechischen Mythologie König von Athen, der sich in das (angeblich nach ihm benannte) Ägäische Meer stürzt, in der Meinung, daß sein Sohn Theseus umgekommen sei.

Agfa-Gevaert-Gruppe [niederl. 'xe:-va:rt], dt.-belg. Unternehmensgruppe der photograph. und photochem. Ind., Sitz: Leverkusen und Mortsel; 1981 von der Bayer AG übernommen.

Aggäus ↑Haggai.

Aggiornamento [italien. addʒorna-'mento], Versuch zur Anpassung der kath. Kirche an das moderne Leben (von Papst Johannes XXIII. so verwendet).

Agglomerat [lat.], unverfestigte vulkan. Ablagerung aus eckigen Gesteinsstücken.

Agglomeration [lat.] (Conurbation), Gebiet mit Verdichtung von Menschen (1 000 E/km² und mehr), Wohngebäuden, Arbeitsstätten und Wirtschaftsleistungen auf engem Raum.

agglomerieren [lat.], kompakte Stoffe aus staub- und kornförmigen Bestandteilen herstellen (z. B. Briketts).

Agglutination [lat.], 1) Zusammenballung von Bakterien durch spezif. Antikörper *(Agglutinine)*, die nach Infektionen oder Impfungen im Blutserum gebildet werden; wird für die Bestimmung unbekannter Krankheitserreger mit bekannten agglutinierenden Seren oder noch nicht erkannter Krankheiten mit bekannten Erregern ausgewertet. 2) Zusammenballung von roten Blutkörperchen durch fremde Blutseren. Beruht auf der Reaktion zw. den ↑Antigenen der Blutkörperchen *(Agglutinogene)* mit den ↑Antikörpern des fremden Serums *(Agglutinine)*. Diese Eigenschaft liegt der Blutgruppenbestimmung zugrunde.

agglutinierende Sprachen [lat./dt.], Sprachen, in denen die grammat. Funktionen (z. B. die Flexion) durch das Anfügen von Bildungselementen an den Wortstamm ausgeübt werden.

Agamen.
Oben: Flugdrachen ◆
Unten: Moloch

Aggregat [lat.], **1)** *Maschinenbau:* aus mehreren Einzelmaschinen und/oder Einzelapparaten zusammengesetzter Maschinensatz.
2) *Chemie:* (Aggregation) eine lockere, energiearme Zusammenlagerung von Molekülen oder Ionen.
Aggregation [lat.], Anhäufung.
Aggregatzustand, die Erscheinungs- und Zustandsform, in der die Materie unter den durch Druck und Temperatur bestimmten Bedingungen existiert. Man unterscheidet vier A.: 1. *feste Körper* bzw. *Kristalle;* 2. *flüssige Körper* bzw. *amorphe Stoffe;* 3. *gasförmige Stoffe.* Als 4. A. bezeichnet man den bei sehr hohen Temperaturen auftretenden *Plasmazustand* der Materie.
Aggression [lat.], **1)** *Psychologie:* das affektbedingte Angriffsverhalten *(Aggressivität)* des Menschen. Die Psychoanalyse nimmt einen angeborenen *Aggressionstrieb* als Ursache von A. an.
2) *Verhaltensforschung:* alle gegen einen Rivalen gerichteten Angriffshandlungen (von Tieren).
3) *Völkerrecht:* völkerrechtswidrige Angriffshandlung eines Staates gegen einen anderen.

Ägina 1). Aphaiatempel (Ende des 6. Jh. v.Chr.)

aggressiv [lat.], angreifend, herausfordernd.
Aggressor [lat.], Angreifer.
Aggteleker Tropfsteinhöhle [ungar. ˈɔktɛlɛk] ↑Höhlen (Übersicht).
Agha, türk. Titel, ↑Aga.

Agha Djari, eines der bedeutendsten iran. Erdölfelder, nö. von Bender e Maschur.
Ägide [griech.], Schutz, Obhut; **unter der Ä.,** unter der Schirmherrschaft.
agieren [lat.], handeln, tätig sein.
agil [lat.], von großer Beweglichkeit.
Agilolfinger (Agilulfinger), ältestes bayr. Herzogsgeschlecht (Mitte 6. Jh. bis 788).
Ägina, 1) Hauptort der griech. Insel Ägina, 6000 E. − Besiedlung seit etwa 2500 v. Chr.; in der Antike bed. Handelsstadt.
2) griech. Insel im Saron. Golf, 85 km², bis 532 m ü. M.; auf einem Bergrücken steht der berühmte Aphaiatempel (um 500 v. Chr.).
Agio [ˈaːdʒio; italien.] (Aufgeld), Betrag, um den der Preis eines Wertpapiers über dem Nennwert oder der Kurs einer Geldsorte über der Parität liegt. Ggs. Disagio.
Ägir, riesenhafte Meeresgottheit der nord. Mythologie.
Ägisthus (Aigisthos), Gestalt der griech. Mythologie. Verführt Agamemnons Gattin Klytämnestra; erschlägt Agamemnon und heiratet Klytämnestra; wird zus. mit ihr von deren Sohn Orestes erschlagen.
Agitation [lat.], polit. Propagandatätigkeit; **Agitator,** jemand, der Agitation betreibt; **agitieren,** Agitation betreiben.
agitato [adʒi...; italien.], musikalische Tempo-Bez.: aufgeregt, getrieben.
Agitproptheater, lehrhaftes Laientheater mit ideolog. Zielsetzung; entstanden nach der Oktoberrevolution.
Aglaia, eine der ↑Chariten.
Aglykon [griech.] ↑Glykoside.
Agnaten [lat.], **1)** *röm. Recht:* unter derselben Hausgewalt stehende Personen.
2) *german. Recht:* alle Personen, deren Abstammung von einem gemeinsamen Stammvater allein durch Männer vermittelt wurde.
Agnes, hl., † Rom als Märtyrerin unter Valerian (258/59) oder Diokletian (304). − Fest: 21. oder 28. Januar.
Agnes von Poitou [frz. pwaˈtu], *um 1025, † Rom 14. 12. 1077, Kaiserin (Hl. Röm. Reich). 1043 2. Gemahlin Heinrichs III.; Regentin für Heinrich IV. (1056−62).
Agnomen [lat.], Beiname.

Agnon, Samuel Josef, eigtl. S. J. Czaczkes, *Buczacz (Galizien) 17. 7. 1888, † Rehovot bei Tel Aviv-Jaffa 17. 2. 1970, israel. Schriftsteller. Lebte ab 1924 in Jerusalem; gilt als einer der bedeutendsten hebr. Erzähler. 1966 Nobelpreis (zus. mit Nelly Sachs). – *Werke:* Und das Krumme wird gerade (R., 1909), Nur wie ein Gast zur Nacht (R., 1939), Schira (R., hg. 1970).

Agnosie, Unfähigkeit, Sinneseindrücke trotz ungestörter Funktion der jeweiligen Sinnesorgane zu erkennen.

Agnostizismus [griech.], Begriff für philosoph. Anschauungen, die behaupten, daß alle über die sinnl. Wahrnehmung hinausgehenden Phänomene nicht erkannt werden können.

Agnus Dei ['de-i; lat. »Lamm Gottes«], im christl. Gottesdienst ein seit dem 7. Jh. bekannter liturg. Gesang.

Agogik [griech.], Bez. für die in der Notenschrift nicht faßbaren, vom Interpreten bestimmten Nuancierungen des Tempos.

Agon [griech.], im antiken Griechenland zunächst Bez. für jede Versammlung und den Versammlungsplatz, dann für (sportl., mus.) Wettkämpfe, v. a. bei den großen wiederkehrenden Festen zu Ehren der Götter.

Agonie [griech.], Todeskampf.

Agou, Mont [frz. mõta'gu], mit 1 020 m höchster Berg Togos, sö. von Kpalimé.

Agoult, Marie Gräfin d' [frz. a'gu], geb. de Flavigny, Pseud. Daniel Stern, *Frankfurt am Main 31. 12. 1805, † Paris 5. 3. 1876, frz. Schriftstellerin. Mittelpunkt eines Salons. Gefährtin F. Liszts; Mutter C. Wagners.

Agra, ind. Stadt an der Jumna, Uttar Pradesh, 899 000 E. Univ., archäolog. Museum; bed. Ind.-Standort, ⚒. – Perlmoschee (17. Jh.); nahebei das Grabmal *Taj Mahal* (17. Jh.). Nördlich von A. in Sikandra steht das Mausoleum Akbars. – A. wurde 1505 Residenz der Sultane von Delhi, 1526/58 Hauptstadt des Mogulreiches.

Agraffe [frz.], Schmuckspange mit Öse und Haken.

Agram, kroat. Stadt, †Zagreb.

agrar..., Agrar... [lat.], Bestimmungswort mit der Bed. »Landwirtschaft[s]..., Boden...«.

Agrarier [...iər; lat.], allg. Bez. für landwirtschaftl. Interessenvertreter; i. e. S. die preuß. Großgrundbesitzer nach 1871.

Agrarpolitik, Gesamtheit der Maßnahmen des Staates oder der von ihm autorisierten öffentl.-rechtl. Körperschaften, die auf die Gestaltung der wirtschaftl., sozialen und rechtl. Verhältnisse in der Land- und Forstwirtschaft ausgerichtet sind. Die Zielsetzungen der A. waren in der histor. Entwicklung teils von finanzwirtschaftl. Überlegungen (Agrarwirtschaft als Quelle staatl. Einnahmen), teils von außenwirtschaftl. Überlegungen (Agrarwirtschaft als Ausgangspunkt niedriger Lebenshaltungskosten, die einen entsprechend niedrigen Lohn und damit niedrige Kosten für die Exportindustrie ermöglicht) geprägt. In der Gegenwart ist das primäre Ziel der A. die Erhaltung und Förderung der Leistungsfähigkeit der Landwirtschaft *(ökonom. Zielsetzung)* unter gleichzeitiger Beachtung einer gerechten Einkommensverteilung *(soziale Ziel-*

Samuel Josef Agnon

Agra.
Taj Mahal

setzung) sowie einer ausreichenden Versorgung einer Volkswirtschaft mit Nahrungsmitteln *(polit. Zielsetzung).* In den Entwicklungsländern hat die polit. Zielsetzung angesichts der bestehenden Überbevölkerung und der nur geringfügig technisierten Produktionsmethoden den Vorrang. Die A. konzentriert sich

Agrarrevolution

Agrigent
Stadtwappen

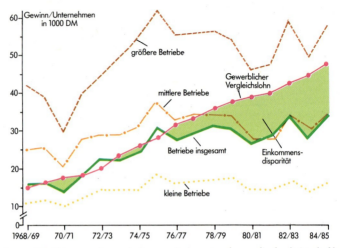

Gewinn/Unternehmen
in 1000 DM

größere Betriebe

mittlere Betriebe

Gewerblicher
Vergleichslohn

Betriebe insgesamt

Einkommens-
disparität

kleine Betriebe

60 — 50 — 40 — 30 — 20 — 10 — 0

1968/69   70/71   72/73   74/75   76/77   78/79   80/81   82/83   84/85

Georgius Agricola

Agrarpolitik. Einkommensstreuung in der Landwirtschaft und Einkommensdisparität zwischen Landwirtschaft und übriger Wirtschaft, aufgezeigt anhand des Gewinns landwirtschaftlicher Vollerwerbsbetriebe (aufgeschlüsselt für kleine, mittlere und größere Betriebe) und des gewerblichen Vergleichslohns

deshalb darauf, die Anbauverfahren zu verbessern, um die Mindestversorgung der Bevölkerung mit Nahrungsmitteln sicherzustellen. In den westl. Industrieländern ist die Förderung der Leistungsfähigkeit der Landwirtschaft v. a. gekennzeichnet durch das Bemühen, ihr einen gerechten Einkommensanteil zu sichern. Erschwert wird dieses Bemühen durch den Konflikt zw. der auf Grund des techn. Fortschritts mögl. Überschußproduktion und einer kaum noch mögl. Nachfrageexpansion.

Agrarrevolution, im Ggs. zu Agrarreformen die rasche, tiefgreifende Änderung der Agrarverfassung, meist infolge eines polit. Umsturzes: v. a. in Frankreich 1789, in Rußland 1917 und seit 1945 in anderen kommunistisch regierten Ländern.

Agrarstruktur, Gesamtheit der strukturellen Bedingungen (Siedlungsformen, Besitz- und Betriebsgrößenstruktur, Flurverfassung, Bodennutzungs- und Viehwirtschaftsformen, Marktstruk-

tur), unter denen die landwirtschaftl. Produktion und die Vermarktung der landwirtschaftl. Erzeugnisse stattfinden.

Agrarverfassung, Summe der rechtl., ökonom. und sozialen Grundgegebenheiten und Bestimmungsmerkmale der Landwirtschaft in einem räuml. und zeitl. Bereich; dazu gehören v. a. Eigentumsverhältnisse und Sozialstruktur, Nutzungsrechte und -arten, Kulturbodenverteilung und Siedlungsform, Betriebsorganisation und Arbeitsverfassung, Verfassung der Märkte.

Agreement [ə'gri:mənt], im Völkerrecht weniger bedeutsame, formlose Übereinkunft zw. Staaten; *Gentleman's [Gentlemen's] Agreement,* [diplomat.] Übereinkommen ohne formalen Vertrag, Übereinkunft auf Treu und Glauben.

Agrément [agre'mã:, frz.], im Gesandtschaftsrecht vertraul. Erklärung des Empfangsstaates, daß die von einem anderen Staat geplante Entsendung eines Missionschefs (oder eines anderen Missionsangehörigen) genehm sei.

Agricola [a'gri:..., niederl. a:'xri:...], **1)** Alexander (Ackermann), *1446, † Valladolid 1506, niederl. oder dt. Komponist. Berühmter Musiker seiner Zeit (Messen, Motetten, Chansons). **2)** Georgius, eigtl. Georg Bauer, *Glauchau 24. 3. 1494, † Chemnitz

Ägypten

21. 11. 1555, dt. Naturforscher. Schuf die Grundlagen für eine wiss. Mineralogie.
3) Johann Friedrich, *Dobitschen (bei Altenburg) 4. 1. 1720, † Berlin 2. 12. 1774, dt. Komponist. Schrieb u. a. Opern, Oratorien sowie Instrumentalmusik.
4) Mikael, *Pernaja um 1509, † Uusikirkko 9. 4. 1557, finn. Theologe. Reformator Finnlands; Begründer der finn. Schriftsprache; übersetzte 1548 das NT ins Finnische.
5) Rudolf, eigtl. Roelof Huysman, *Baflo bei Groningen 17. 2. 1444, † Heidelberg 27. 10. 1485, niederl. Frühhumanist. Vermittelte dem Norden die humanist. Bildungsstoffe.
Agrigent, italien. Prov.-Hauptstadt nahe der S-Küste von Sizilien, 52000 E. Archäolog. Museum; Handel mit Getreide und Schwefel. Reste von 6 antiken dor. Tempeln (v. a. 5. Jh. v. Chr.); Dom (12. Jh.). – A. füllt nur die Akropolis der dor. Stadt *Akragas* (um 600 v. Chr. an der Stelle einer vorgriech. Siedlung gegründet). Nach der Blüte im 5. Jh. von den Karthagern 405 v. Chr. zerstört. 210 v. Chr. römisch *(Agrigentum).*
Agrippa, Marcus Vipsanius, *64 oder 63, † 12 v. Chr., röm. Feldherr. Jugendfreund und Schwiegersohn Kaiser Augustus'; Seesiege bei Mylai und Naulochos (36 v. Chr.) und bei Aktium (31 v. Chr.).
Agrippa von Nettesheim, Heinrich Cornelius, eigtl. Heinrich Cornelis, *Köln 14. 9. 1486, † Grenoble oder Lyon 18. 2. 1535, dt. Philosoph, Theologe, Arzt. Führte ein abenteuerl. Leben; lehnte als Kirchenkritiker und Gegner der Hexenprozesse die Scholastik zugunsten einer universalen Wissenschaftsskepsis ab (»De occulta philosophia«, 1533).
Agrippina, Name mehrerer Frauen des jul.-claud. Kaiserhauses:
1) Agrippina die Ältere (Vipsania A.), *14 v. Chr., † auf Pandateria (heute Ventotene) 33 n. Chr. Tochter des M. Vipsanius Agrippa; ∞ mit Germanicus; Mutter Caligulas.
2) Agrippina die Jüngere (Julia A.), *Oppidum Ubiorum (heute Köln) 6. 11. 15 n. Chr., † bei Baiae 59. Tochter A. d. Ä.; ∞ mit Kaiser Claudius, den sie 54 vergiftete, um ihrem Sohn aus 1. Ehe,

Nero, zum Thron zu verhelfen; 59 durch Nero ermordet.
Agronom [griech.], akademisch ausgebildeter Landwirt (Diplomlandwirt).
Aguascalientes [span. aɣuaska'li̯entes], **1)** Hauptstadt des gleichnamigen mex. Staates, in der Sierra Madre Occidental, 257000 E. Thermen; Hütten-Ind.; ⚒. Kathedrale (18. Jh.). – Gegr. 1575.
2) mex. Staat im zentralen Hochland, 5589 km², 503000 E, Hauptstadt Aguascalientes.
Agulhas, Kap [a'gʊljas] (Nadelkap), südlichster Punkt Afrikas. Der Meridian von K. A. (20° ö. L.) ist die Trennungslinie zw. Atlant. und Ind. Ozean.
Agung, mit 3142 m höchster Berg der Insel Bali (Vulkan).
Agutis [indian.] (Dasyproctidae), Fam. bis 70 cm langer, vorwiegend Früchte fressender Nagetiere mit 25 Arten in zwei Gattungen in den Wäldern M- und S-Amerikas.

Ägypten

Fläche:	1 001 449 km²
Einwohner:	54,842 Mio.
Hauptstadt:	Kairo
Amtssprache:	Arabisch
Nationalfeiertag:	23. 7. und 6. 10.
Währung:	1 ägypt. Pfund (ägypt. £) = 100 Piaster (PT)
Zeitzone:	MEZ + 1 Std.

Ägypten (arabisch Misr), Staat in NO-Afrika, grenzt im W an Libyen, im N an das Mittelmeer, im NO an Israel, im O an das Rote Meer, im S an Sudan.
Staat und Recht: Präsidialrepublik; *Verfassung* von 1971. *Staatsoberhaupt* ist der vom Volk für 6 Jahre gewählte Präs.; er bestimmt mit der von ihm ernannten Regierung die Politik und ist oberster Inhaber der *Exekutive.* Die *Legislative* liegt beim Parlament, der Nationalver-

Staatsflagge

Staatswappen

Bevölkerungsverteilung 1992

Bruttoinlandsprodukt 1992

Ägypten

sammlung (444 vom Volk auf 5 Jahre gewählte Abg., dazu 10 vom Präs. ernannte Abg.). Beherrschende *Partei* ist die 1978 gegr. Nationaldemokrat. Partei (348 Sitze).

Landesnatur: Lebensraum ist die Stromoase des Nil, die Ä. auf 1550 km durchzieht, gegliedert in Unter-Ä. (das bei Kairo beginnende, stark besiedelte Nildelta) und Ober-Ä. mit dem Becken von Faijum. Westlich des Nil, etwa ³/₄ des Landes einnehmend, liegt die Libysche Wüste mit einer durchschnittl. Höhe von 1000 m. Einzelne Oasen liegen in Senken, z. T. unter Meeresniveau, wie die ↑Kattarasenke. Östlich des Nil breitet sich bis ans Rote Meer die Arab. Wüste aus mit Höhen bis 2187 m. Auch die Halbinsel Sinai ist größtenteils Wüste. Hier erreicht der Djebel Katherin 2637 m Höhe. Die Winter sind mild, die Sommer trocken und heiß. Nur im Mittelmeerrandgebiet fallen höhere Winterniederschläge.

Bevölkerung: 80% der Bevölkerung sind Fellachen, die arabisierten Nachkommen der alten Ägypter; außerdem leben Nubier und Beduinen im Land. 93% sind Muslime, 6,7% kopt. Christen. Schulpflicht besteht für 6–12jährige. Ä. verfügt über 13 Universitäten.

Wirtschaft, Verkehr: Wichtigstes Anbauprodukt ist Baumwolle. Durch Kanalbewässerung werden fünf Ernten in zwei Jahren ermöglicht, jedoch nimmt die Bodenversalzung zu, und der fruchtbare Nilschlamm wird im Nassersee zurückgehalten. Wichtigste Ind.-Zweige sind die Textil-, Eisen- und Erdölindustrie. Der Fremdenverkehr spielt eine bed. Rolle. – Ausgeführt werden Baumwolle, Erdöl, Reis, Gemüse. Das Schienennetz hat eine Länge von 4300 km, von den rd. 22000 km Straßen sind 53% Wüstenpisten. 3400 km Binnenwasserstraßen sind ganzjährig befahrbar. Wichtigste Häfen sind Alexandria, Suez und Port Said; internat. ✈ bei Kairo.

Geschichte: *Vorgeschichte* (bis etwa 3000 v. Chr.): Ä. gehört zu den am frühesten von Menschen bewohnten Gebieten. Funde aus dem Paläolithikum zeigen, daß Ä. kulturell schon damals mit dem übrigen Afrika und mit Vorderasien verbunden war.

Altertum: Frühzeit (1. und 2. Dynastie, 2900 bis 2620): Die folgenreichste geistige Leistung der Zeit der beiden ersten Dynastien mit den Zentren Abydos und Memphis war die Entwicklung der Schrift sowie der Staatsverwaltung mit einem Beamtentum.

Altes Reich (3.–8. Dynastie, 2620–2100): In der 3. und 4. Dynastie erfolgten der Bau der Stufenpyramide König Djosers sowie der Pyramiden der Könige Cheops, Chephren, Mykerinos und der Ausbau der Verwaltung. Seit der 5. Dynastie galten die Herrscher als Söhne des Sonnengottes; es entwickelte sich eine Art Beamtenadel. Die 6. Dynastie wurde von den oberägypt. Gaufürsten abhängig. Nach dem Tod Pepis II. kam es zu einer blutigen Revolution und der *Ersten Zwischenzeit*. Die Gaufürsten sorgten für ihren Machtbereich und kämpften in wechselnden Koalitionen gegeneinander. Als die 9. und 10. Dynastie von Herakleopolis auf dem Weg war, die Einheit des Landes wiederherzustellen, wurde sie von dem Gaufürstengeschlecht Thebens vernichtend geschlagen.

Mittleres Reich (11.–14. Dynastie, 2040–1650): Die Fürsten von Theben begründeten die 11. Dynastie. Die 12. Dynastie verlegte die Residenz von Theben nach Memphis und an den Eingang zum Becken von Faijum; das Königtum erlangte neues Ansehen. Die Ursachen für den Niedergang in der 13. und 14. Dynastie sind unbekannt. *Zweite Zwischenzeit* (15.–17. Dynastie, 1650 bis 1551): Die Hyksos – wohl eine dünne, aus Asien gekommene Oberschicht – der 15. Dynastie beherrschten ganz Ä. (Residenz Auaris im Ostdelta), wobei sie Unterkönige anerkannten. Der Fürst Kamose von Theben begann den Kampf gegen die Hyksos, den sein Bruder Amosis I. vollendete.

Neues Reich (18.–20. Dynastie, 1551/1540–1070): Amosis I. stellte die Herrschaft Ä. auch in Nubien wieder her. Thutmosis I. machte Ä. zu einer Großmacht bis zum Euphrat im N und dem 3. oder 4. Katarakt im S mit weiten Gebietsansprüchen. Thutmosis III. stellte das Reich seiner Ahnen wieder her und festigte es, Amenophis II. und Thutmosis IV. konnten den territorialen Bestand im wesentl. halten. Unter Amenophis III. erreichten Wohlstand und luxuriöses Leben in Ä. ihren

Höhepunkt. Sein Sohn Amenophis IV. widmete sich ganz der Verehrung des Sonnengottes Aton und gründete als Echnaton in M-Ägypten Amarna als neue Hauptstadt. Die zentrale Stellung des Königs wurde weiter ausgebaut. Für seinen Nachfolger, Tut-ench-Aton (später Tut-ench-Amun), hat wohl Eje die Regentschaft geführt, der nach dem Tod Tut-ench-Amuns noch für 4 Jahre den Thron bestieg. Sethos I., der 2. König der 19. Dynastie, stellte aus Syrien die ägypt. Herrschaft wieder her. Sein Sohn Ramses II. verlegte die Residenz endgültig ins Ostdelta; die friedl. Jahrzehnte nach dem Friedensvertrag mit den Hethitern 1270/1259 nützte Ramses v. a. zum Bauen: Karnak, Luxor, Abu Simbel und das Ramesseum sind nur die besterhaltenen Tempel dieser Zeit. Doch endete die große 19. Dynastie in Wirren. Ramses III., dem bedeutendsten Herrscher der 20. Dynastie, gelang es, den Angriff der aus dem N des Mittelmeerraums einbrechenden Seevölker gegen Ä. abzuwehren. Schließlich geriet mit dem Ende der Dynastie das Neue Reich in wirtschaftl. Not und Zerfall. In der *Dritten Zwischenzeit* (21. bis 24. Dynastie, 1070–712) wurde das Land zunehmend in kleinere Herrschaftsbereiche aufgespalten.
Spätzeit (25.–31. Dynastie, 712–332): Die 24. Dynastie wurde von den Äthiopiern beendet, die nominell als 25. Dynastie bis 664 regierten. 671/667 wurden sie von den Assyrern vertrieben. 525 schlugen die Perser das ägypt. Heer und gliederten das Land als Satrapie ihrem Reich ein. Die Perserherrschaft (27. und 31. Dynastie), vorübergehend durch einheim. Regenten unterbrochen, beendete Alexander d. Gr. 332.
Hellenist. und röm. Zeit: Alexander und die Ptolemäer behielten die alte administrative Ordnung Ä. bei. Seit Mitte des 3. Jh. v. Chr. wurde Ä. zum Klienten Roms, dessen Interventionen wiederholt der verfallenden Dynastie die Herrschaft sicherten. Ä. fiel 395 n. Chr. mit den übrigen östl. Prov. an das Oström. Reich.
Mittelalter und Neuzeit: 619 von den Persern erobert, 628 wieder in byzantin. Besitz, wurde das Land, ab 639 durch die muslim. Araber erobert, Prov. des Kalifenreichs. Die Tuluniden (868–905) waren nur noch nominell vom Kalifen abhängig. Es folgten die Dynastien der Ichschididen (ab 935), Fatimiden (ab 969), Aijubiden (ab 1171). Ab 1250 herrschten die Mamelucken, auch nach Eroberung Syriens und Ägyptens 1517 durch die Osmanen; erst Napoléon Bonapartes ägypt. Expedition beendete ihre mittelalterliche Herrschaftsform. Mehmet Ali vermochte sich schließlich der Herrschaft zu bemächtigen; 1805 wurde er vom Osman. Reich als Pascha über Ä. anerkannt. 1867 erwarb Ismail

Ägypten.
Tal der Könige

Ägyptischblau

ägyptische Kunst.
»Dorfschulze«; Holz;
urspr. mit Stuck überzogen; 5. Dynastie;
um 2450 v. Chr.

vom osman. Sultan das Recht auf den Titel Khedive (Vizekönig). 1869 wurde der Suezkanal eröffnet. 1872–74 wurden der S-Sudan und Teile Äthiopiens erobert. Großbrit. nahm die Auswirkungen des um sich greifenden fremdenfeindl. Nationalismus zum Anlaß, 1882 Truppen zu landen; Ä. wurde besetzt und de facto von den brit. Residenten regiert. Der 1881–85 vom Mahdi eroberte Sudan wurde 1896–98 zurückgewonnen und 1899 brit.-ägypt. Kondominium. Bei Ausbruch des 1. Weltkrieges wurde Ä. unter Aufhebung der osman. Oberhoheit brit. Protektorat. 1922 beendete Großbrit. unter Sicherung v. a. militär. Reservatrechte sein Protektorat, Ä. wurde unabhängige parlamentarische Monarchie. 1936 wurde ein Vertrag mit 20jähriger Laufzeit unterzeichnet, in dem Großbrit. Ä. die volle Souveränität zuerkannte und die brit. Besatzung auf die Kanalzone beschränkte.

Ä. mit dem Verlust der Halbinsel Sinai (bis 1982). Nach dem Tod Nassers (1970) wurde der ehem. Vize-Präs. A. as-Sadat neuer Präsident. Nach dem Scheitern des Zusammenschlusses zw. Ä. und Syrien zur Vereinigten Arab. Republik (VAR) 1961 blieben auch weitere Unionspläne 1971 (mit Libyen und Syrien) und 1972 (mit Libyen) ohne Wirkung. Der 4. Israel.-Arab. Krieg (Okt. 1973) wurde durch ein Waffenstillstandsabkommen zw. Israel und Ä. beendet. Innenpolitisch suchte Sadat, Ä. zu einem modernen Staat zu entwickeln sowie vom Ein- zum Mehrparteiensýstem überzugehen (1978 abgeschlossen). Der nach dem Besuch Sadats in Israel im Nov. 1977 unter Vermittlung der USA im März 1979 abgeschlossene israel.-ägypt. Friedensvertrag isolierte Ä. diplomatisch und wirtschaftlich in der gesamten arab. Welt. Nach der Ermordung Sadats (6. 10. 1981) suchte sein Nachfolger H. Mubarak (wiederge-

ägyptische Kunst.
Durchgang durch die
Furt; Sakkara;
Mastaba des Ti; um
2400 v. Chr.

Gemeinsam mit anderen Staaten der Arab. Liga nahm Ä. 1948/49 am Kampf gegen Israel teil. Nach dem Staatsstreich General Nagibs vom Juli 1952 mußte König Faruk zugunsten seines Sohnes Fuad II. abdanken. Am 18. Juni 1953 wurde Ä. zur Republik erklärt. Nach dem zuerst erfolglosen Versuch, Nagib zu stürzen, konnte Nasser, der eigtl. Organisator der Revolution, bis Ende 1954 die Macht ganz an sich bringen. Kurz nachdem die 1954 mit den Briten vereinbarte Räumung der Kanalzone beendet war, brach Mitte 1956 die ↑Suezkrise aus, deren Beendigung erst im Frühjahr 1957 erreicht wurde. Der 3. Israel.-Arab. Krieg (Juni 1967) endete für

wählt 1987 und 1993) die Beziehungen zu den übrigen arab. Staaten zu verbessern, ohne den Frieden mit Israel zu gefährden. Im 2. Golfkrieg 1991 beteiligte sich Ä. als regionale Führungsmacht an der antiirak. Koalition.

Ägyptischblau, schon 2500 v. Chr. in Ägypten künstlich hergestelltes blaues Farbpigment.

ägyptische Augenkrankheit, svw. ↑Trachom.

ägyptische Finsternis, sprichwörtlich für: tiefste Finsternis (nach 2. Mos. 10, 21–23), die 9. der ↑ägyptischen Plagen.

ägyptische Kunst. In der Ewigkeitshoffnung der ägypt. Religion begründet, diente die ä. K. dem Hinüberretten von Leben, Status und Besitz ins Jenseits und war im wesentl. Grabkunst. Die Gestaltungsprinzipien wurden um 3000 v. Chr. festgelegt: zeit- und raumlose Darstellung, d. h. in der Plastik Frontalität und Unbewegtheit, in der Flachkunst Zerlegung von Handlungen in eine Reihe von Einzelmomenten, Ausschluß jeder räuml. Illusion (keine Licht- und Schattengebung, statt Tiefenerstreckung wird Aufsicht eingesetzt [z. B. auf einen See], Dinge nicht hintereinander, sondern übereinander gestaffelt). Ausgewählte (wesentl.) Ansichten eines Objekts werden zu einer neuen Einheit zusammengesetzt, beim Menschen z. B. werden Auge und Schultern von vorne, die übrige Figur von der Seite wiedergegeben. Als Materialien werden unzerstörbarer Stein und Gold bevorzugt. Diese aperspektiv. Kunst des Alten Reichs wird im Mittleren Reich zur klass. Höhe geführt. Im Neuen Reich brach sich in der Amarnazeit (Echnaton) eine Empfindsamkeit Bahn und wirkte weiter in der Kunst des Grabschatzes von ↑Tut-ench-Amun. Auch die Kunst Ramses' II. zeigt persönl. Nähe. Trotzdem ist nicht das Besondere, sondern das Allgemeine gemeint, im Porträt über das Individuelle hinaus der im Idealtypus verstandene Mensch. In der ä. K. finden zahlr. Symbole Verwendung, Amulette und Amulettzeichen (Skarabäus, das Horusauge, der Ringknoten), königl. Attribute sind der Geier (Oberägypten), die Kobra (Unterägypten), Krummstab und Wedel (als Insignien).

Baukunst: Grabanlagen sind Mastaba und Pyramide, die aus mehreren übereinandergetürmten rechteckigen Grabbauten entstanden (Stufenpyramide des Djoser; Sakkara). Seit der 4. Dynastie werden die Seiten des nun im Grundriß quadrat. Baues glatt verkleidet. Zu jeder Pyramide gehörten ein Verehrungstempel und ein Taltempel (durch einen Aufweg verbunden). Die ägypt. Säulen symbolisieren den Papyruswald, ihre Form ergibt sich nicht aus der Funktion (Stütze und Last), sondern durch Kultzusammenhang. Im Neuen Reich auch zahlreiche Felsgräber (Theben).

Rundplastik: Statuen in Gräbern oder auch Tempeln (im Neuen Reich) hatten

ägyptische Kunst. Isis; Ausschnitt aus einem Fresko im Grab der Königin Nofretiri im Tal der Königinnen; Theben; um 1250 v. Chr.

den Zweck, dem Geist des Verstorbenen oder der Gottheit als Wohnsitz zu dienen. Die meisten Bildwerke sind bemalt und unterlebensgroß. Die Körperhaltungen waren festgelegt.

Flachkunst: In der Grabkunst und in Tempeln fanden Relief und Malerei Raum. Reliefs waren bemalt; man unterschied das erhabene und das versenkte Relief. Die Themen der Gräber waren das alltägliche Leben sowie die Grabriten; die Themen der Tempel v. a. das Ritual sowie Schlacht- und Triumphalszenen, deren Sinn in der Bestätigung der Weltordnung (die politische Mittelpunktstellung Ägyptens) lag.

ägyptische Literatur. Unter der Fülle der aus dem alten Ägypten erhaltenen schriftl. Aufzeichnungen (Briefe, Protokolle, wiss. Werke, Urkunden) ist die eigtl. Literatur nur gering vertreten. Die Texte sind meist auf Papyrusrollen oder Kalksteinscherben sowie auf Tempel-, Grab- und Sargwänden aufgezeichnet. Daneben ist eine mündlich

ägyptische Kunst. Schminkpalette des Königs Narmer; Schiefer; um 3000 v. Chr.

ägyptische Plagen

überlieferte Literatur nachweisbar, die Lieder, Tiergeschichten, Märchen, Mythen, Anekdoten, Zaubersprüche u. ä. umfaßt. – *Totenliteratur:* Den Verstorbenen wurden Texte mit ins Grab gegeben. Die ältesten sind die *Pyramidentexte,* insbes. auf den Wänden der Königsgräber der 6. Dynastie. Im Mittleren Reich standen entsprechende Texte auf den Särgen *(Sargtexte).* Im Neuen Reich erhielten die Toten oft eine Rolle mit Texten des »Totenbuches« (eine Sammlung von 200 Sprüchen). Gleichzeitig standen an den Wänden der Königsgräber die *Unterweltsbücher,* Schilderungen der nächtl. Fahrt des Sonnengottes. – *Kultliteratur:* Der tägliche Tempeldienst wie der Festdienst erforderten ein reiches Textmaterial: Rituale, Hymnen, Lieder; erhalten sind außerdem Fragmente kult. Spiele. – *Schöne Literatur:* Unter der Fülle von *Erzählungen* ragt die »Geschichte des Sinuhe« (20. Jh. v. Chr.), eines ägypt. Beamten, der aus polit. Gründen nach Asien flieht und gegen Ende seines Lebens heimkehrt, hervor. Neben den Erzählungen stehen *Autobiographien.* Die *Poesie* umfaßt einfache Lieder, auch kunstvoll gebaute Hymnen, Lieder über die Vergänglichkeit des Lebens, Lieder auf den König und v. a. Liebeslieder. Einen bed. Anteil stellten die *Lebenslehren* von der Mitte des 3. Jt. bis zur Zeitenwende: u. a. die des Ptahhotep (um 2400?), die für König Merikare (2100), die Lehre des Königs Amenemhet I. (um 1970?), des Anii (um 1400). – *Schulliteratur:* Dem Unterricht wurde außer diesen Lebenslehren Lesestoff zugrundegelegt, der möglichst viele Wörter und Sachinformation vermittelte, so die »Lehre des Cheti« (um 1970 v. Chr.). – Die ä. L. hat sowohl auf die Bibel als auch auf Griechenland bed. Einfluß ausgeübt.

ägyptische Plagen, zehn in 2. Mos. 7–12 geschilderte Machtbezeugungen Jahwes gegen den Pharao, damit das Volk Israel ungehindert aus Ägypten ausziehen konnte: Blut verwandeltes Wasser, Frösche, Stechmücken, Bremsen, Viehseuche, Geschwüre, Hagel, Heuschrecken, Finsternis, Tod jeder ägypt. Erstgeburt.

ägyptische Religion, die Religion der alten Ägypter von etwa 3000 v. Chr. bis zur Hellenisierung Ägyptens unter Alexander d. Gr. (336–323). Die ä. R. ist charakterisiert durch eine große Anzahl von Gottheiten sowie durch eine einzigartige Betonung des Totenglaubens. Die Vielzahl der Götter wurde z. T. theologisch systematisiert: Nach der großen *Götterneunheit von Heliopolis* stand an der Spitze der Urgott Atum, der durch das Ausatmen von Luft und das Ausspeien von Feuchtigkeit das Götterpaar Schu (»Luft«) und Tefnut (»Feuchtigkeit«) schuf. Beide brachten ihrerseits den Erdgott Geb und die Himmelsgöttin Nut hervor. Deren Kinder sind Osiris und Seth mit ihren schwesterl. Gemahlinnen Isis und Nephthys. Der Neunheit von Heliopolis stand die *Achtheit von Hermopolis* gegenüber. Sie bestand aus vier Paaren, die Urmächte personifi-

Ägyptische Religion. Ägyptische Götter in typischer Gestalt

Re Amun Osiris Isis

zierten: Nun und Naunet (Urgewässer), Huh und Hauhet (Endlosigkeit), Kuk und Kauket (Finsternis) und Amun und Amaunet (Unsichtbarkeit). Bed. sind außerdem: der Sonnengott Re, Ptah, der Hauptgott von Memphis, die Himmelsgöttin Hathor, der Fruchtbarkeitsgott Min, Chnum, der auf seiner Töpferscheibe die Menschen formt, der Totengott Anubis, die geiergestaltige Mut, Sachmet und die Katzengöttin Bastet, der Schreibergott Thot. Der ausgeprägte *Totenglaube* spiegelt sich in der *Totenliteratur* (↑ägyptische Literatur).

Bes. Charakteristikum des Alten Reiches war das *Sakralkönigtum*. Der Pharao galt als eine Erscheinungsform des Falkengottes Horus und als Verwirklichung des Ordnungsprinzips, der Maat. Bedeutsamstes religionsgeschichtl. Ereignis des Neuen Reiches war die Reform des Königs Echnaton, der Aton zum alleinigen Gott erhob. Der Verfall der ä. R. zeigt sich v. a. in der gesteigerten Verehrung von Tieren, der *Zoolatrie.* Mit der nach Alexander d. Gr. erfolgten Einbeziehung Ägyptens in die antike Kulturwelt erlosch die ä. R. als eigenständige Größe. Nur einzelne Gottheiten, v. a. Isis und Osiris, behielten ihre Bedeutung (auch über Ägypten hinaus).

ägyptische Schraube (archimed. Schraube), Wasserschnecke; von Archimedes erfundenes Wasserhebegerät; besteht aus einer in einen (halben) Hohlzylinder eingepaßten Schraube, die durch Kurbeln oder Treten gedreht wird.

ägyptische Schrift, in mehreren Formen auftretende Schrift, in der die ägypt. Sprache überliefert ist. Die *Hieroglyphen* wurden kurz vor 3000 erfunden. Ihr Prinzip beruht darauf, daß zunächst zeichenbare Dinge standardisiert gezeichnet werden. Diese Zeichen werden dann für Worte ähnl. Lautung verwendet. Dabei sieht man von den Vokalen ab. Wörter, für die kein zeichenbares ähnl. klingendes Wort zur Verfügung stand, wurden »buchstabiert«. So war die ä. S. von vornherein keine Bilderschrift, sondern gleich eine Lautschrift. *Hieratisch* ist die beschriebene Kursivform der Hieroglyphen. Die Zeichen verlieren ihren Bildcharakter und werden zu Strichen und Strichgruppen ver-

ägyptische Schraube. Rekonstruktion nach einer Beschreibung Vitruvs

kürzt. In der Spätzeit (ab 715 v. Chr.) wird das Hieratische durch eine für die formelhafte Verwaltungssprache entwickelte weitere Verkürzung, das *Demotische,* verdrängt; nur die religiösen Texte werden weiterhin hieratisch geschrieben. – Etwa seit der 2. Hälfte des 2. Jh. n. Chr. schreiben christliche Ägypter ihre Sprache ausschließlich mit einem erweiterten griechischen Alphabet. Diese Schrift wird als *koptische Schrift* bezeichnet. Die Entzifferung der ä. S. gelang erst 1822 J.-F. Champollion.

ägyptische Wissenschaft. Die im alten Ägypten betriebene Wiss. war bestrebt, Tatsachen zu sammeln und systematisch zu ordnen; auf manchen Gebieten, z. B. Mathematik und Medizin, gelangte sie zu (empirisch gewonnenen) Regeln und Gesetzmäßigkeiten. In der *Astronomie* stand die Zeitrechnung, der *Kalender,* im Vordergrund. Das Naturjahr ergab sich durch die jährlich eintretende Nilüberschwemmung. Das *ägyptische Jahr* hatte 365 volle Tage (drei Jahreszeiten zu je vier Monaten, jeder Monat zu 30 Tagen, dazu fünf Zusatztage im Jahr). Die *Mathematik* ist weitgehend nach den Erfordernissen der Feldvermessung und des Monumentalbaus ausgerichtet. Einfa-

Hieroglyphen	
Hieratisch	
Demotisch	

Ahorn.
Oben: Bergahorn ♦
Unten: Spitzahorn

Ilse Aichinger

che algebraische Gleichungen konnten die Ägypter lösen, ebenso den Inhalt von einfachen Flächen und Körpern berechnen. Dabei nahmen sie für π den Wert $({}^{16}/_9)^2$ an. Die Mathematiker rechneten nach dem Dezimalsystem, kannten aber bei den Ziffern keine Null. Berühmt war Ägypten wegen seiner Ärzte. Der älteste erhaltene medizin. Text ist ein gynäkolog. Traktat (um 1900 v. Chr.).

Ägyptologie, die wiss. Erforschung des ägypt. Altertums in Geschichte, Kultur und Sprache.

Ah, Einheitenzeichen für Amperestunde.

Ahab (Achab) [hebr.], 7. König von Israel (vermutlich 871–52 v. Chr.). Machte Israel zur Großmacht; duldete die Einführung des phönik. Baalskultes. Der Prophet Elia trat dagegen mit Erfolg auf.

Ahaggar (Hoggar), bis fast 3000 m hohes Gebirgsmassiv in der zentralen Sahara (SO-Algerien); Uranvorkommen; von Tuareg bewohnt.

Ahasverus, in der Bibel Name des Perserkönigs ↑Xerxes; ferner Name des ↑Ewigen Juden.

Ahaus, Stadt im westlichen Münsterland, NRW, 31500 E. Schloß (1689–97).

ahistorisch, geschichtliche Gesichtspunkte außer acht lassend.

Ahle, Johann Rudolf, *Mühlhausen 24. 12. 1625, † ebd. 9. 7. 1673, dt. Komponist. Organist; schrieb v. a. geistl. Konzerte, Arien und Orgelmusik. Sein Sohn Johann Georg A. (*1651, † 1706) war ebenfalls Organist und Komponist.

Ahle (Pfriem), Werkzeug zum Stechen von Löchern, u. a. in Leder, Pappe.

Ahlen, Stadt im südl. Münsterland, NRW, 54300 E. Steinkohlenbergbau, Metallindustrie. Hallenkirche Sankt Bartholomäus (um 1500) an Stelle einer Taufkirche (9. Jh.). – 1224 Stadtrecht.

Ahlener Programm ↑Christlich Demokratische Union.

Ahmadabad, ind. Stadt am Sabarmati, 2,6 Mio. E. Univ.; größte Ind.- und Handelsstadt des Staates Gujarat. Moscheen (15. und 16. Jh.). – Gegr. 1411.

Ahmed [türk. ax'mɛt, arab. 'axmɛd], Name von Herrschern:
Afghanistan: **1) Ahmed Schah Durrani,** *um 1724, † Margha bei Kandahar

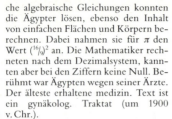

Ahle. Pfriem zum Vorstechen, Handreibahle zum Aufweiten, Winkelaufreiber (von links)

1773, Begründer des selbständigen Afghanistan.
Ägypten: **2) Ahmed ibn Tulun,** *im Sept. 835, † Antiochia im März 884, Herrscher von Ägypten (seit 868) und Syrien (seit 878). Begründete die Dynastie der Tuluniden.
Jemen: **3) Ahmed ibn Jahja,** *Sana (Jemen) 1895, † ebd. 19. 9. 1962, Imam (König) (seit 1948). Öffnete das Land vorsichtig ausländ. Einfluß, schloß es 1958–61 der VAR an.
Osman. Reich: **4) Ahmed III.** (türk. Ahmet), *1673, † 30. 6. 1736, Sultan (1703–30). Sein Versuch, die Ergebnisse des Großen Türkenkriegs rückgängig zu machen, scheiterte (Friede von Passarowitz 1718).

Ahming [niederdt.], Markierung am Vorder- oder Hintersteven eines Schiffs (z. T. auch mittschiffs) zur Bestimmung des Tiefgangs; Meßeinteilung: Dezimeter oder Fuß, beginnend am Kiel.

Ahnen (Vorfahren), Bez. für alle in der Generationenfolge stehenden Menschen, von denen ein einzelner Mensch in direkter Linie abstammt.

Ahnenforschung, svw. ↑Genealogie.

Ahnenkult (Manismus), Sitte der Verehrung der Ahnen durch den Familienverband oder den Stamm, v. a. durch Grabbeigaben, Opfer und »Einladungen« zu Festen. Der A. ist besonders bei Bodenbauern und Hirtennomaden verbreitet, auch bei Kulturvölkern bekannt.

Ahnenprobe (Adelsprobe), Nachweis adliger Abkunft zwecks Erlangung weltl. oder geistl. Würden.

Ahnentafel, 1) *Geschichtswissenschaft:* Hilfsmittel der Genealogie; auf der A. erscheinen die Vorfahren einer Person, geordnet nach Generationen.
2) *Tierzucht:* als Abstammungsnachweis dienende, geordnete Übersicht der Vorfahren eines Zuchttiers mit Angaben über die Leistungseigenschaften.

Ähnlichkeit, in der *Geometrie* die Gleichheit der Form geometr. Figuren, nicht notwendig ihre Deckungsgleichheit (↑Kongruenz). Zwei Dreiecke sind einander ähnlich, wenn sie in folgenden Punkten übereinstimmen: 1. in zwei Winkeln; 2. im Verhältnis zweier Seiten und in dem von diesen Seiten eingeschlossenen Winkel; 3. in den Verhältnissen der drei Seiten; 4. im Verhältnis zweier Seiten und dem der größeren dieser Seiten gegenüberliegenden Winkel.

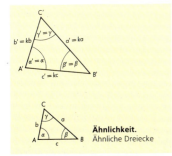

Ähnlichkeit.
Ähnliche Dreiecke

Ahnung, (im Unbewußten begründetes) intuitives Begreifen, Wissen.

Ahorn (Acer), Gatt. der A.gewächse mit rd. 150 Arten auf der Nordhalbkugel; sommergrüne Holzgewächse mit kreuzgegenständigen, meist gelappten Blättern und kleinen Blüten in Trauben oder Doldentrauben. Die Spaltfrüchte setzen sich aus zwei einseitig geflügelten Teilfrüchten zusammen; liefern z.T. wertvolles Nutzholz; u.a. *Bergahorn* (bis 25 m hoch), *Feldahorn* (Maßholder; bis 20 m hoch), *Spitzahorn* (bis 30 m hoch).

Ahr, linker Nebenfluß des Mittelrheins, 89 km lang; das Ahrtal ist das größte zusammenhängende dt. Rotweingebiet.

Ähre ↑Blütenstand.

Ahrensburg, Stadt im nö. Vorortbereich von Hamburg, Schlesw.-Holst., 27 500 E. Renaissanceschloß (um 1595).

Ahrenshoop (amtl. Ostseebad A.), Badeort und Künstlerkolonie in Meckl.-Vorp., 1 000 E.

Ahtisaari, Martti Oiva ['ah-], * Wyborg 23. 6. 1937, finn. Politiker (Sozialdemokrat. Partei). Volksschullehrer; ab 1965 im diplomat. Dienst; seit 1994 Staatspräsident.

Ahura Masda [awest.], Hochgott des ↑Parsismus. Mittelpers. *Ormazd.*

Ahwas, iran. Stadt am Karun, Hauptstadt von Chusestan, 334 000 E. Univ.; nahebei Erdölfelder. – 10.–15. Jh. bed. arab. Handelsstadt.

ai, Abk. für ↑Amnesty International.

Ai [indian.] ↑Faultiere.

Aia (lat. Aea), in der griech. Mythologie Insel im Fernen Osten, Land des Königs Äetes und Ziel der ↑Argonauten.

Aichinger, Ilse, * Wien 1. 11. 1921, österr. Schriftstellerin. ∞ mit Günter Eich. Schreibt v. a. Erzählungen, Hörspiele, auch Lyrik; gehörte zur ↑Gruppe 47. – *Werke:* Die größere Hoffnung (R., 1948), Der Gefesselte (En., 1953), Knöpfe (Hsp., 1953), Eliza, Eliza (En., 1965), Verschenkter Rat (Ged., 1978).

Aide-mémoire ['ɛ:tmemo'a:r; frz.; eigtl. »Gedächtnishilfe«], im diplomatischen Verkehr eine formlose knappe schriftliche Zusammenfassung eines Sachverhalts.

AIDS [engl. eɪdz; Abk. für engl. **a**cquired **i**mmune **d**eficiency **s**yndrome, »erworbenes Immundefekt-Syndrom«], erstmals 1981 in den USA beschriebene, weltweit verbreitete Virusinfektionskrankheit, die durch das humane Immuninsuffizienz-Virus (HIV-1 und HIV-2) hervorgerufen wird; virusspezif. Antikörper lassen sich frühestens nach 5–6 Wochen nachweisen (HIV-Test). Der Krankheitsverlauf ist gekennzeichnet durch eine schwere, reversible irreversible Störung der zellulären Immunabwehr bis hin zur Immuninsuffizienz mit meist tödl. Verlauf; anfängl. Symptome nach einer 8–10jährigen Latenzzeit sind Müdigkeit, Durchfall, Fieber, Lymphknotenschwellungen, im nächsten Stadium kommt eine durch Pilze hervorgerufene Lungenentzündung und ein Kaposi-Sarkom hinzu. AIDS wird v.a. beim ungeschützten

Ainu

Ajaccio
Stadtwappen

Geschlechtsverkehr, weiterhin durch Blutkonserven (z.B. Hämophiliepatienten) oder durch mehrfach verwendete Spritzen (v.a. Drogenabhängige) übertragen. Eine ursächl. Therapie ist derzeit noch unbekannt. 1992 waren weltweit etwa 450 000 Erkrankungen registriert.

Aietes (Äetes) ↑Argonauten.
Aigai ↑Vergina.
Aigeus ↑Ägeus.
Aigisthos ↑Ägisthus.
Aigues-Mortes [frz. ɛg'mɔrt], frz. Stadt am Rande der Camargue, 4500 E. – 1241 Entstehung als Kreuzzugshafen. Regelmäßige Stadtanlage mit vollständiger Ummauerung.
Aiguilles Rouges [frz. ɛgɥij'ruːʒ], bis 2965 m hohes Massiv der frz. Nordalpen.
Aihui (Aigun), chin. Ort am Amur, Prov. Heilongjiang. – Der *Vertrag von Aihui* (1858; bestätigt 1860 durch den *Vertrag von Peking*) legte die Grenzziehung zw. China und Rußland fest, die noch heute die Beziehungen zw. beiden Ländern belastet.
Aijubiden, von Saladin, dem Sohn Aijubs, begründete Dynastie kurd. Ursprungs, die die ↑Fatimiden in Ägypten ablöste (1171, an der Macht bis 1249/50) und auch in Syrien, N-Mesopotamien sowie im Jemen herrschte.

Airbag. 1 Verzögerungsmeßeinrichtung; **2** elektronisches Prüfsystem für den Zündkreis des Aufblastreibsatzes; **3** Steuerelektronik (für Gurtstraffer und Gastreibsatz)

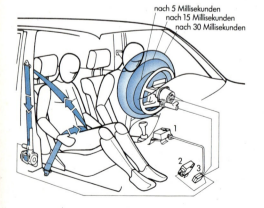

nach 5 Millisekunden
nach 15 Millisekunden
nach 30 Millisekunden

Aiken, Conrad Potter [engl. 'eɪkɪn], *Savannah (Ga.) 5. 8. 1889, †ebd. 17. 8. 1973, amerikan. Schriftsteller. Schrieb Lyrik (»Collected poems«, 1953), Kurzgeschichten und Romane; bed. Kritiker.
Aikidō [jap.], Form der Selbstverteidigung, die nicht als Kampfsport betrieben wird; der Angegriffene führt den gegner. Angriff über sein Ziel hinaus weiter und wendet erst dann eine Hebel- oder Wurftechnik an.
Ainu [»Mensch«], Selbst-Bez. eines zu den Paläosibirern gehörenden Volkes v. a. auf Hokkaidō. Ethnisch gehen die A. zunehmend im jap. Volk auf, ihre Sprache (Ainu) wird kaum noch gesprochen. Gott wird *Kamui* genannt. Zu den wichtigsten religiösen Feiern gehört das für nördl. Jägerkulturen typ. Bärenfest.
Air [eːr; lat.-frz.], 1) *allg.:* Ansehen, Fluidum.
2) *Musik:* einfacher, liedhafter Satz.
Aïr [frz. a'iːr], Gebirgsmassiv in der Sahara, sö. des Ahaggar (Republik Niger), im äußersten N bis 2310 m ü. M.; Hauptort Agadès. – Bed. prähistor. Funde.
Airbag [engl. 'eəbæg], Sicherheitsvorrichtung in Kfz. Bei einem Aufprall bläst sich ein Luftsack in Millisekunden vor den Insassen auf und stützt diese gegenüber dem Fahrzeug ab.
Airbus ['eəbʊs; engl.], Typen-Bez. für eine Reihe von Verkehrsflugzeugen, gebaut von der 1970 gegr. A. Industrie S. A. (Sitz Blagnac bei Toulon) unter frz., dt., brit. und span. Beteiligung. Die zweistrahligen Typen A300, A310, A320 befliegen v. a. Kurz- und Mittelstrecken, A330 (zweistrahlig) und A340 (vierstrahlig) Langstrecken.
Air-conditioner [engl. 'eəkənˌdɪʃənə] (Air-conditioning), engl. Bez. für Klimaanlage.
Air France [frz. eːr'frãːs], staatl. frz. Luftverkehrsgesellschaft, gegr. 1933, Sitz Paris.
Air-shuttle [engl. 'eəʃʌtl], Pendelluftverkehr auf Kurzstrecken.
Aischa, *Mekka um 614, †Medina 13. 7. 678, 3. Gemahlin und Lieblingsfrau des Propheten Mohammed. Tochter von Abu Bakr; hatte nach Mohammeds Tod großen polit. Einfluß.
Aischines ['aɪsçinɛs] (Äschines), *Athen 390 oder 389, †auf Rhodos um 315,

griech. Redner. Polit. Gegner des Demosthenes.

Aischylos ['aisçylɔs] (Äschylus), *Eleusis (Attika) 525 v.Chr., † Gela (Sizilien) 456 v.Chr., griech. Tragiker. A. nahm an den Perserkriegen teil. A. ist der eigtl. Begründer der Tragödie als literar. Kunstform; durch die Einführung des zweiten Schauspielers wurden die Handlung und der dramat. Dialog dem Chor gegenüber verstärkt. Von den 90 ihm zugeschriebenen Stücken sind 79 Titel überliefert; vollständig erhalten sind nur sieben Dramen: »Perser« (472), »Sieben gegen Theben« (467), »Hiketiden« (um 463), die Tetralogie »Orestie« (458; »Agamemnon«, »Choephoren«, »Eumeniden«; ein urspr. dazu gehörendes Satyrspiel ist verloren), »[Der gefesselte] Prometheus« (Datierung unsicher).

Aisne [frz. ɛn], linker Nebenfluß der Oise, in NO-Frankreich, 300 km lang.

Aistulf, König der Langobarden (⚭ 749–756). Wurde von Pippin III. gezwungen, die von ihm eroberten byzantinischen Restgebiete an den Papst herauszugeben (↑Pippinsche Schenkung).

Aitmatow, Tschingis [russ. ajtˈmatɛf], *Scheker 12. 12. 1928, kirgis. Schriftsteller. Schreibt v.a. in russ. Sprache, bes. bekannt sind die Erzählungen »Dshamilja« (1958) und »Wirf die Fesseln ab, Gülsary« (1966) sowie der Roman »Der Richtplatz« (1986).

Aix-en-Provence [frz. ɛksᾶprɔˈvᾶːs], frz. Stadt im Dép. Bouches-du-Rhône, 120 000 E. Univ. (gegr. 1409), internat. Musikfest, Heilbad seit röm. Zeit; Kathedrale (12.–14. Jh.), Paläste (17., 18. Jh.). – Beim röm. *Aquae Sextiae* 102 v. Chr. Sieg des Marius über die Teutonen und Ambronen.

Aix-les-Bains [frz. ɛksleˈbɛ̃], frz. Stadt am Lac du Bourget, Dép. Savoie, 23 500 E. Heilbad seit röm. Zeit; Reste röm. Bauten.

Ajaccio [frz. aʒakˈsjo, italien. aˈjattʃo], Hauptstadt der Insel Korsika und des frz. Dép. Corse-du-Sud, am Golf von Ajaccio, 55 000 E. Handels- und Fischereihafen; genues. Zitadelle, Kathedrale (beide 16. Jh.). – 1492 gegr., 1768 französisch.

Ajanta [engl. əˈdʒæntə] (Adschanta), ind. Dorf im Staat Maharashtra, 350 km nö. von Bombay; nahebei 29 in Fels gehauene buddhist. Höhlentempel und -klöster (1. Jh. v. Chr.–6./7. Jh.). Berühmt sind neben den Reliefs aus der Guptaperiode (4.–6. Jh.) die Wandmalereien (Tempera) mit Motiven aus den ↑Jatakas.

Ajatollah (Ayatollah, Ayatullah) [pers. »Zeichen Gottes«], akadem. Ehrentitel für hervorragende geistl. Würdenträger im schiit. Islam.

Ajax (A. der Telamonier, A. der Große), Held der griech. Mythologie; in der homer. Dichtung nach Achilleus tapferster Held der Griechen vor Troja.

Ajmer [engl. ædʒˈmɪə], Stadt im ind. Gliedstaat Rajasthan, in der Aravalli Range, 332 000 E. Handelszentrum, wichtiger Eisenbahnknoten, bedeutendste islam. Pilgerstätte in S-Asien.

Aischylos
(Florenz, Archäologisches Museum)

Ajmer. Portal der Hofmoschee Arhai-dinka-jhonpra (1220–1235)

Ajourarbeit [aˈʒuːr...; frz./dt.], Fassung von Edelsteinen ohne Unterlage (Goldschmiedekunst); Durchbrucharbeit (Stickerei).

Akazie 1)

Akelei.
Gemeine Akelei

Akaba, jordan. Stadt am Golf von Akaba, 27000 E. Einziger Hafen Jordaniens.

Akaba, Golf von, NO-Arm des Roten Meeres, etwa 170 km lang, bis 29 km breit. Zugang zum jordan. Hafen Akaba und dem israel. Hafen Elat.

Akademgorodok ↑Nowosibirsk.

Akademie [griech.], **1)** *Antike:* die von Platon am 387 v.Chr. gegr., bis zu ihrer Schließung 529 n.Chr. bestehende, im NW Athens gelegene Philosophenschule, ben. nach einem Heiligtum des altatt. Heros Akademos. – Seit der Renaissance versteht man unter A. Gesellschaften, Vereinigungen, Institutionen zur Förderung von Wissenschaften, Literatur und Kunst. Vorbild bes. für die Académie française und die dt. Sprachgesellschaften des 17. Jh. wurde die 1582 gegr. *Accademia della Crusca* (Florenz); im 17. Jh. erstmals auch Förderung der Natur-Wiss. durch die neu gegr. *Accademia Nazionale dei Lincei*. Die heutigen A. der Wiss. sind meist unterteilt in eine philos.-histor. und eine mathemat.-naturwiss. Klasse. Aufgabe der A., heute meist vom Staat unterst. Körperschaft des öffentl. Rechts, ist die Unterstützung der Forschungen ihrer Mgl., Förderung fremder Arbeiten, Auszeichnung bed. wiss. Unternehmungen, Gründung von Forschungsinst. und Veröffentlichung von Forschungsergebnissen.

2) *allg.:* früher und z. T. heute noch Bez. für Fach[hoch]schulen, Musik- oder Kunsthochschulen, Volkshochschulen.

Akademiker [griech.], **1)** *Antike:* die Mgl. der von Platon gegr. ↑Akademie; später auch Philosophen in deren Tradition.

2) *allg.:* eine Person mit abgeschlossener Hochschulausbildung.

akademisch, die Hochschule betreffend; in der Kunst abwertend für musterhaft, aber nicht schöpferisch.

akademische Freiheit, i. e. S. die bes. akadem. Rechte der Studierenden an wiss. Hochschulen, sich ihre Hochschule sowie ihre akadem. Lehrer selbst zu wählen und in gewissen Grenzen auch ihren Studiengang selbst zu bestimmen; heute durch den Numerus clausus weitgehend eingeschränkt. I. w. S. die Freiheit von Lehre und Forschung, die in der BR Deutschland im GG Artikel 5 Absatz 3 verankert ist.

akademische Grade, Titel, die von Hochschulen und Fachhochschulen nach abgeschlossenem Studium verliehen werden, z.B. Doktor, Magister, Diplom.

Akademischer Rat, an wiss. Hochschulen in der BR Deutschland ein beamteter Wissenschaftler, der hauptsächlich mit Lehraufgaben betraut ist.

Akadien (frz. Acadie, engl. Acadia), histor. Gebiet im nö. Nordamerika.

Akan, Stammes- und Sprachgruppe im südl. Ghana und im SO der Republik Elfenbeinküste. Die A.sprachen sind eine wichtige Untergruppe der Kwasprachen.

Akanthus [griech.], Ornament nach dem Vorbild mittelmeer. Arten der Akanthusgewächse. Wichtig als Element des korinth. Kapitells; auch in der röm., byzantin., roman. Kunst, dann v. a. im 17. und 18. Jh.

Akanthusgewächse (Acanthaceae), Pflanzenfam. der Zweikeimblättrigen mit etwa 2600 Arten in den Tropen und Subtropen; bekannte Gatt.: Bärenklau.

Akarnanien, gebirgige Landschaft im westl. M-Griechenland, bis 1589 m hoch. Im S liegt die Schwemmlandebene des Acheloos.

Akashi, jap. Hafenstadt auf S-Honshū, 255000 E. Westlichste Stadt der Ind.-Region Hanshin.

Akazie [griech.] (Acacia), **1)** Gatt. der Mimosengewächse mit etwa 800 Arten in den Tropen und Subtropen. Bäume oder Sträucher mit gefiederten Blättern, Nebenblätter oft als Dornen ausgebildet, Blüten meist gelb. Manche Arten liefern Gummiarabikum, Gerb-, Arzneimittel oder Möbelholz. Als *Schirm-A.* werden bestimmte Wuchsformen mit schirmförmiger Krone in der afrikan. Baumsteppe bezeichnet.

2) (Falsche Akazie) ↑Robinie.

Akbar, eigtl. Jalal ad-Din Mohammed, *Umarkot (Sind) 14. 10. 1542, † Agra 15. 10. 1605, bedeutendster Großmogul von Indien (ab 1556). Dehnte das Mogulreich stetig aus; während seiner toleranten Regierung wirtschaftl. und kulturelle Blüte.

Akelei (Aquilegia) [mittellat.], Gatt. der Hahnenfußgewächse mit etwa 70 Arten in den gemäßigten Zonen der N-Halbkugel; meist 0,5 bis 1 m hohe Stauden mit großen, meist blau, orange oder gelb gefärbten Blüten. In M-Europa kommen u.a. vor: *Alpenakelei* (in den Hochalpen, große, leuchtend blaue Blüten) und die blauviolett auf Wiesen und in Laubwäldern blühende, geschützte *Gemeine Akelei*.

Aken [niederl. 'a:kə], Hieronymus van, ↑Bosch, Hieronymus.

Akihito, *Tokio 23. 12. 1933, jap. Kaiser (seit 1989; 125. Tennō). Übernahm nach dem Tod seines Vaters Hirohito zum 7. 1. 1989 die Regentschaft und wurde am 12. 11. 1990 inthronisiert.

Akinese (Katalepsie), durch Reflex bedingte Bewegungslosigkeit, z.B. das Sichtotstellen vieler Insekten bei Gefahr.

Akita, Hauptstadt der jap. Präfektur A. auf Honshū; 287 000 E; Univ.; in der Nähe die wichtigsten jap. Erdölfelder.

Akkad (Akkade, Agade), ehem. Stadt in N-Babylonien, gegr. um 2235 v. Chr. durch Sargon, den Begründer der A.dynastie. ↑Babylonien.

Akkadisch, die (nordost)semit. Sprache Babyloniens und Assyriens; überliefert auf Keilschrifttafeln seit etwa 2500 v.Chr. bis ins 1.Jh. n.Chr.; als Umgangssprache im 1.Jt. v.Chr. durch das Aramäische abgelöst. Hauptdialekte *Babylonisch* und *Assyrisch*.

akkadische Kunst ↑altmesopotamische Kunst.

akkadische Literatur ↑babylonische Literatur.

Akklamation [lat.], **1)** *allg.:* Zustimmung, Beifall; Wahl durch Zuruf, ohne Einzelabstimmung.
2) *christl. Liturgie:* Zurufe der Gemeinde, z.B. Halleluja, Kyrie eleison.

Akklimatisation [lat./griech.], Anpassung der Lebewesen an veränderte klimat. Bedingungen; i. e. S. die Anpassung des einzelnen Individuums an ein anderes Klima *(individuelle A.).* Sie erfolgt meist in einem Zeitraum von mehreren Tagen bis zu einigen Monaten.

Akko, Stadt im N von Israel, an der Bucht von Haifa, 40 000 E. Oriental. Altstadt mit Moscheen, Basar, Zitadelle und Krypta der Johanniter. – Seit dem 2. Jt. v. Chr. als Hafen belegt, in hellenist. Zeit *Ptolemais;* im 12./13.Jh. einer der christl. Hauptstützpunkte im Hl. Land.

Akkolade [frz.], geschweifte Klammer { bzw. }, die mehrere Zeilen, Noten-

systeme oder mathemat. Ausdrücke zusammenfaßt.

Akkommodation [lat.], **1)** *Physiologie:* svw. Anpassung.
2) *Optik:* die Einstellung des Auges auf die jeweilige Entfernung der scharf abzubildenden Gegenstände. Geschieht bei Fischen und Amphibien durch Änderung des Linsenabstandes von der Netzhaut, bei Reptilien, Vögeln und Säugetieren (einschließl. Mensch) durch einen Ringmuskel, der die Linsenwölbung und damit den Brechungsindex der Linse ändert. Die Linse des Auges der Säugetiere und des Menschen hängt an Fasern im Zentrum des Ringmuskels und ist in der Ruhelage unter dem Zug dieser Aufhängefasern abgeflacht und dadurch auf die Ferne eingestellt. Bei Verengung des Muskelrings durch Kontraktion läßt die Spannung der Fasern nach, die Linse wird auf Grund ihrer Elastizität zunehmend kugelig, das Auge stellt sich damit auf Nähe ein.

Akihito

Akbar empfängt Abd ar-Rahim in Agra, Miniatur im Akbar-Name (um 1590; London, Victoria and Albert Museum)

Akkord

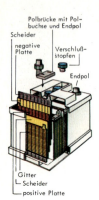

Akkumulator 1).
Schnittbild eines
Bleiakkumulators

Polbrücke mit Pol-
buchse und Endpol

Scheider

negative
Platte

Verschluß-
stopfen

Endpol

Gitter
Scheider
positive Platte

Akropolis.
Akropolis von Athen

Akkord [lat.-frz.], in der *Musik* der Zusammenklang von mindestens drei Tönen verschiedener Tonhöhe. ↑Dreiklang.

Akkordarbeit, Tätigkeit, die (im Ggs. zum Zeitlohn) nach Leistungseinheiten bezahlt wird *(Akkordlohn).* Einteilung: *Stückgeldakkord* (Entgeltberechnung direkt nach den geleisteten Stückeinheiten), *Stückzeitakkord* (je geleisteter Stückeinheit wird eine Zeiteinheit-Vorgabezeit gutgeschrieben und am Ende der Verrechnungsperiode mit dem Geldfaktor multipliziert); *Einzelakkord* (jeder Arbeiter ist für sich allein tätig), *Gruppenakkord* (die Leistung ist von einer Arbeitsgruppe zu erbringen) und *Akkordmeistersystem* (die Aufteilung der Löhne erfolgt durch den Meister als Vertragspartner). Bei allen A. ist die Vereinbarung eines Grundlohnes in Form eines Zeitlohnes üblich.

Akkordeon [lat.-frz.], ein bes. in der Volks-, Tanz- und Unterhaltungsmusik verwendetes gleichtöniges, chromat. Harmonikainstrument, das seinen Namen den vorbereiteten, in ihrer Lage feststehenden Akkorden (sog. Bässen) der Baß- oder Begleitseite verdankt. Auf der Melodieseite verfügt das sog. Piano-A. über Tasten, das heute seltenere Knopf-A. über 3–5 Reihen Knöpfe. Auf der Baßseite sind je nach Größe des Instruments 8–140 Knöpfe angeordnet, mit denen die Grundbässe und die Wechselbässe sowie die Akkordbässe bedient werden.

akkreditieren [lat.-frz.], 1) einen diplomat. Vertreter beglaubigen.
2) einen Zahlungsauftrag geben.

Akkreditiv [lat.-frz.], Anweisung eines Kunden (A.steller) an seine Bank, sich selbst oder einem Dritten (dem Akkreditierten) bei der beauftragten oder einer anderen Bank auf seine Rechnung einen bestimmten Betrag zur Verfügung zu stellen und auf Verlangen des Begünstigten ganz oder in Teilbeträgen auszuzahlen.

Akkulturation [lat.], Übernahme (von Elementen) einer fremden Kultur.

Akkumulation [lat.], 1) *allg.:* Anhäufung, Speicherung.
2) *Wirtschaftstheorie:* die fortschreitende Ansammlung von Produktionsmitteln.

Akkumulator [lat.], 1) *Elektrotechnik:* (Sammler, Akku), auf elektrochem. Basis arbeitender Energiespeicher; wird durch Zufuhr elektr. Energie wieder aufgeladen.
2) *Datenverarbeitung:* Bez. für ein Register des Rechenwerks, bestehend aus einer Anzahl Schnellspeicher mit sehr kurzer Zugriffszeit, in denen sowohl die Operanden einer Operation als auch Zwischenergebnisse gespeichert werden.

akkurat [lat.], sorgfältig, ordentlich;
Akkuratesse, Sorgfalt, Ordnungsliebe.

Akkusativ [lat.], 4. Fall in der Deklination; wichtigste Funktion des A. ist es, dasjenige zu nennen, worauf sich die im Verb ausgedrückte Handlung richtet *(Akkusativobjekt),* z.B. *einen Damm bauen.*

Akne [griech.] (Finnenausschlag, Acne vulgaris), entzündl., von den Haarbalgdrüsen ausgehende Erkrankung der Haut im Gesichts- und Schultergürtelbereich, die v.a. während der Pubertät auftritt. In den Ausführungsgängen der Haarbalgdrüsen entstehende Mitesser erschweren oder verhindern den Abfluß des dort gebildeten Talgs, so daß dieser sich unter der Haut ergießt. Bakterielle Infektion führt zur Ausbildung von Pusteln, die sich meist selbständig öffnen und nach Abfluß ihres eitrigen Inhalts vorwiegend ohne Narbenbildung abheilen.

Akolyth (Akoluth) [griech.], in der kath. Kirche der Kleriker der vierten Stufe der niederen Weihen (bis 1972); jetzt Laienamt (auch Durchgangsstufe zum Diakonat).

Akontozahlung [italien./dt.], svw. ↑Abschlagszahlung.

AKP-Staaten, Bez. für die Entwicklungsländer in **A**frika, im **k**arib. und **pa**-

zif. Raum, die der EU assoziiert sind (↑Lomé, Konventionen von).

Akquisition [lat.], Kundenwerbung durch Vertreter *(Akquisiteur)*, v.a. im Anzeigengeschäft und bei Abonnements.

Akragas ↑Agrigent.

Akribie [griech.], größtmögliche Genauigkeit, Sorgfalt, Gründlichkeit.

akro..., Akro... [griech.], Bestimmungswort in Zusammensetzungen mit den Bedeutungen »hoch..., spitz...«.

Akrobat [griech.; eigtl. »der auf den Fußspitzen Gehende«], jemand, der in Zirkus-, Varieté- u.a. Unterhaltungsvorstellungen Kunststücke darbietet.

Akrobatik, die Kunst des Akrobaten.

Akron [engl. ˈækrən], Stadt in Ohio, USA, 237 000 E. Univ.; Zentrum der amerikan. Kautschukindustrie.

Akronym [griech.], Kurzwort aus den Anfangsbuchstaben mehrerer Wörter.

Akropolis, hochgelegener, befestigter Mittelpunkt (Zufluchtsplatz, Herrschersitz, Tempelbezirk) zahlr. griech. Städte der Antike. Die *Akropolis von Athen* war der größte ummauerte Platz Attikas in myken. Zeit. In fr, harchaischer Zeit (7./6. Jh.) Kultstätte; 480 v. Chr. durch die Perser zerstört. Der Schutt wurde in die neue Burgmauer (»Kimon. Mauer«) verbaut. Perikles begann 447 mit dem Neubau des ↑Parthenons, ab 437 wurden die ↑Propyläen erbaut, etwa 420 das Erechtheion und gegen Ende des 5. Jh. v. Chr. der ion. Tempel der Athena Nike. – 1204 wurde die A. Sitz der »fränk.« (frz.) Herzöge von Athen, 1458 fiel sie in osman. Hände. Restaurierungen seit 1833. Die Bauwerke der A. sind heute stark gefährdet (u. a. Luftverschmutzung).

Akrostichon [griech.], hintereinander zu lesende Anfangsbuchstaben, -silben oder -wörter aufeinanderfolgender Verse, Strophen o. ä., die ein Wort, einen Namen oder einen Satz ergeben.

Akroter [griech.], Schmuckteil auf First und Ecken von Giebeln, auch auf Grabstelen; bestehend aus Palmette mit Rankenwerk, Akanthus, Volute oder Figur.

Aksu, 1) chin. Oasenort am N-Rand des Tarimbeckens, 30 000 E. Jadeschnitzerei; ⚒.

2) Quellfluß des Tarim, entspringt im Tienschan (Kirgistan), rd. 600 km lang.

Akt 4). Adam und Eva, Gemälde von Albrecht Dürer (1507)

Aksum (Axum), äthiop. Stadt an der Straße über Gondar nach Addis Abeba, 20 000 E. Krönungsort der äthiop. Kaiser; ehem. Krönungskirche Marjam Sejon, neue Marienkirche. – Erstmals im 1. Jh. n. Chr. erwähnt; Zentrum des Reichs von A. (Reste ausgedehnter Palastanlagen).

Akt [lat.], **1)** *allg.:* feierl. Handlung.

2) *Philosophie:* ↑Akt und Potenz.

3) *Literatur:* (Aufzug) Handlungsabschnitt eines Dramas.

4) *Kunst:* jede Darstellung (Kunst, Photographie) des nackten oder teilweise nackten (Halbakt) menschl. Körpers. Sumer, Ägypten, Kreta, Indien u. a. frühe Hochkulturen kennen A.darstellungen, ebenso die griech. Plastik.

Akte [lat.], **1)** *allg.:* (Akt) in Verwaltungen (Büros, Behörden) die zusammengefaßten Schriftstücke zu einem bestimmten Vorgang.

2) *Recht:* Bez. für multilaterale völkerrechtl. Verträge, z.B. Wiener Kongreßakte (1815).

Akroter

Akteneinsicht

Akteneinsicht, im Verfahrensrecht die bestimmten Beteiligten gewährte Einsichtnahme in die von Gerichten und Verwaltungsbehörden geführten Akten. Arbeitnehmer (auch Beamte) haben das Recht, ihre vollständigen Personalakten einzusehen.

Akteur [ak'tø:r, frz.], Handelnder; Schauspieler.

Aktie [lat.-niederl.], Anteil am Grundkapital einer Aktiengesellschaft. Durch die A. wird die Mitgliedschaft an der Gesellschaft und ein Anspruch auf einen Teil des Ertrages verbrieft (↑Dividende). Die A. besteht aus dem Mantel (Urkunde) und dem Gewinnanteilscheinbogen. Sie enthält den Nennbetrag, den Namen des Ausstellers und ist vom Vorstand und dem Vorsitzenden des Aufsichtsrates unterzeichnet. Der Mindestnennwert einer A. beträgt in der BR Deutschland 5 DM. Die A.ausgabe darf nicht unter pari, d.h. nicht unter dem Nennbetrag erfolgen.

Aktie
der Deutschen Bank
von 1873

Aktiengesellschaft, Abk. **AG,** nach § 1 Aktiengesetz eine (Kapital-)Gesellschaft mit eigener Rechtspersönlichkeit (jurist. Person). Die Gesellschafter sind an ihr mit Einlagen auf das in Aktien zerlegte Grundkapital beteiligt. Sie haften nicht persönlich, sondern nur in Höhe ihrer Einlage für die Verbindlichkeiten der Gesellschaft. Das *Grundkapital* einer AG muß mindestens auf 100 000 DM, eine Aktie mindestens auf 5 DM lauten. An der Gründung müssen mindestens fünf Personen beteiligt sein,

die die Aktien übernehmen. Die Gründung selbst besteht aus vier Hauptphasen: 1. Feststellung der Satzung und Aufbringung des Grundkapitals; 2. Bestellung des Aufsichtsrates, des Vorstandes und der Abschlußprüfer; 3. Erstellung eines Gründungsberichtes und einer Gründungsprüfung; 4. Anmeldung der Gesellschaft zur Eintragung in das Handelsregister, Eintragung und Bekanntmachung. Die Rechte der *Aktionäre* werden durch die Aktie verbrieft und finden ihren Niederschlag im Mitgliedschaftsrecht, das eine Reihe von Einzelrechten umfaßt, v.a. die Beteiligung am Gesellschaftsgewinn im Verhältnis des Nennbetrages der Aktien und das Stimmrecht, das an den Nennbetrag der Aktie gebunden ist. Die *Hauptversammlung* ist das oberste Beschlußorgan einer AG, in dem jeder Aktionär sein Stimmrecht geltend machen kann. Hauptgegenstand der ordentl. Hauptversammlung ist der Beschluß über die Verwendung des Gewinnes und die Entlastung von Vorstand und Aufsichtsrat. Der *Vorstand* ist das geschäftsführende Organ, das die Gesellschaft gerichtlich und außergerichtlich vertritt. Er wird vom Aufsichtsrat auf maximal fünf Jahre bestellt; eine Wiederwahl ist zulässig. Der *Aufsichtsrat* ist das Kontrollorgan, das sowohl die Interessen der Aktionäre als auch die der Arbeitnehmer wahrzunehmen hat. Er wird von der Hauptversammlung bzw. nach dem Mitbestimmungsgesetz (↑Mitbestimmung) von Anteilseignern und Arbeitnehmern gewählt. Der Vorstand ist verpflichtet, innerhalb der ersten drei Monate des Geschäftsjahres für das vergangene Geschäftsjahr den *Jahresabschluß* aufzustellen und dem Aufsichtsrat vorzulegen. Er setzt sich zusammen aus der Bilanz, der Gewinn-und-Verlust-Rechnung und dem Geschäftsbericht. Die Hauptversammlung oder – auf begründeten Antrag – ein zuständiges Gericht bestellt die *Abschlußprüfer,* deren Aufgabe es ist, zu prüfen, ob bei der Erstellung des Jahresabschlusses die gesetzlich und die durch die Satzung gegebenen Vorschriften erfüllt sind. Der Vorstand ist verpflichtet, den Prüfungsbericht unverzüglich dem Aufsichtsrat vorzulegen, der der Hauptversammlung schriftlich Bericht zu erstatten hat. Billigt der Aufsichtsrat den Jahresabschluß, so gilt dieser als »festgestellt«. Diese Feststellung kann aber auch durch die Hauptversammlung erfolgen. Jede *Satzungsänderung* (z.B. Kapitalerhöhung, Kapitalherabsetzung) bedarf der Zustimmung der Hauptversammlung (Mehrheit von mindestens $^3/_4$ des bei der Beschlußfassung vertretenen Grundkapitals erforderlich).

In *Österreich* wurde das dt. Aktiengesetz von 1937 im Jahre 1938 übernommen und auch nach 1945 noch beibehalten. Die Neukonzeption vom 31. März 1965 beruht ebenfalls auf diesem Vorbild. In der *Schweiz* ist das Recht der AG durch das 1936 revidierte Obligationenrecht geregelt; oberstes Organ ist die *Generalversammlung* der Aktionäre, die Geschäftsführung erfolgt durch einen *Verwaltungsrat.*

Aktiengesetz, Abk. **AktG,** Bundesgesetz über Aktiengesellschaften und Kommanditgesellschaften auf Aktien vom 6. 9. 1965 (in Kraft getreten am 1. 1. 1966).

Aktienindex, Preisindex der durchschnittl. Kurswerte ausgewählter Aktien. In der BR Deutschland wurde 1988 der Deutsche Aktienindex (Abk. DAX®) eingeführt, der die Kursentwicklung von 30 AG widerspiegelt; in den USA ist v.a. der Dow-Jones-Index gebräuchlich.

Aktienkapital, Grundkapital (Nominalkapital) einer Aktiengesellschaft.

Aktiniden, svw. ↑Actinoide.

Aktinien [griech.], svw. ↑Seerosen.

Aktion [lat.], Handlung, Verfahren, Vorgehen, (polit.) Maßnahme; Tätigkeit, Tat; bei öffentl. Veranstaltungen vollzogene Handlung, die bestimmte Vorstellungen und Aussagen verdeutlichen soll.

Aktionär [lat.-frz.], Inhaber von Aktien.

Aktionskunst, die Ersetzung eines Kunstobjekts durch eine künstler. Aktion (Dada, Action-painting, Happening, Body-Art, Performance, Konzeptkunst).

Aktionspotential, durch Zellreizung verursachte Spannungsänderung an den Membranen lebender Zellen (v.a. von Nerven, Muskeln und Drüsen), die zu einem Aktionsstrom führt. Ein A. tritt als Folge einer plötzl., kurzfristigen Än-

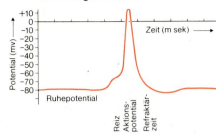

Aktionspotential. Zeitlich stark gedehnte Darstellung eines einzelnen Nervenaktionspotentials

derung der Durchlässigkeit der selektivpermeablen Membran für Natrium- und Kaliumionen auf. Auf dem Vorhandensein von A. beruht die Elektrokardiographie.

Aktionsradius, die Hälfte der Strecke, die ein Flugzeug oder Schiff ohne nachzutanken zurücklegen kann.

Aktion Sühnezeichen, 1958 gegr. Organisation christl. Jugendgruppen, die durch freiwillige Arbeit im Ausland das von Deutschen während des 2. Weltkriegs dort begangene Unrecht wiedergutmachen will.

Aktium, Landzunge und Kap am Ausgang des Ambrak. Golfes ins Ion. Meer, Griechenland. – Bei A. *(Actium)* siegte 31 v. Chr. die Flotte Oktavians über Marcus Antonius und Kleopatra VII.; seitdem die vierjährig gefeierten Akt. Spiele.

aktiv [lat.], bes. unternehmend, etwas selbst in die Hand nehmend; in bes. Weise wirksam; im Militärdienst stehend.

Aktiv [lat.], *Sprachwissenschaft:* Tat- oder Tätigkeitsform bei Verben.

Aktiva [lat.], die auf der linken Seite der Bilanz (Aktivseite) ausgewiesene Vermögensaufstellung eines Unternehmens.

Aktivbürgerrecht, im schweizer. Recht der Inbegriff der polit. Rechte. Im schweizer. Bundesrecht ist die Gesamtheit der aktiven (wählbaren und wahlfähigen) Bürger das höchste Organ. Die *Aktivbürger* nehmen an der Revision der Bundesverfassung teil (Referendum, Volksinitiative), sie entscheiden über Gesetze und Staatsverträge (fakultatives Referendum) und wählen die

Aktivgeschäft

Mgl. des Nationalrates sowie die eidgenöss. Geschworenen.

Aktivgeschäft, Bankgeschäft, bei dem die Bank Kredite an Dritte gewährt.

Aktivierung [lat.], **1)** *Wirtschaft:* Erfassung von Vermögensposten (steuerlich: von Wirtschaftsgütern) in der Bilanz. **2)** *Physik:* Erzeugung künstl. radioaktiver Atomkerne durch Beschuß stabiler Atomkerne mit energiereichen Teilchen (insbes. mit Neutronen) oder Gammaquanten.

Aktivierungsanalyse, Methode zur qualitativen und quantitativen Bestimmung kleinster Mengen eines Elementes neben den in größeren Mengen in einer Substanz vorhandenen anderen Elementen; durch Bestrahlung mit Neutronen, geladenen Teilchen o.ä. werden künstl. radioaktive Isotope gebildet, deren charakterist. Strahlungen gemessen werden können; Anwendung u.a. in der naturwiss. Forschung, Archäologie, Kriminalistik.

Aktivierungsenergie, in der *Chemie* die in einem Stoffgemisch zum Einleiten einer chem. Reaktion benötigte Energie (bezogen auf 1 Mol); kann durch Katalysatoren abgesenkt werden.

Aktivität [lat.], **1)** *allg.:* Tätigkeitsdrang, Wirksamkeit. In der *Psychologie* jede Art von (äußerlich) beobachtbarem Verhalten.
2) *Physik:* Quotient aus der Anzahl der Atomkerne eines radioaktiven Stoffes, die in einem Zeitintervall zerfallen, und dieses Zeitintervalls selbst. Einheit der A. ist die reziproke Sekunde (s^{-1}; SI-Einheit ↑Becquerel [Bq]).
3) *Optik:* (opt. A.) das Vermögen eines Stoffes, die Polarisationsebene von hindurchtretendem linear polarisiertem Licht zu drehen.
4) *Chemie:* die »wirksame« Konzentration von Atomen, Ionen oder Molekülen in einer Lösung. Die A. ist in der Regel kleiner als die Konzentration, da die Teilchen miteinander kompensierend wechselwirken. Man erhält die A. durch Multiplikation der Konzentration mit einem *Aktivitätskoeffizienten,* der kleiner als 1 ist.

Aktivkohle (Adsorptionskohle), Kohlen aus Torf, Holz, Braunkohle oder tier. Abfällen mit großem Adsorptionsvermögen, technisch verwendet zur Reinigung von Gasen und Flüssigkeiten.

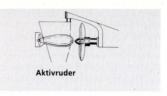

Aktivruder

Akupunktur.
Akupunkturpunkte am Ohr und an den Händen

Aktivruder (Pleuger), Steuerruder mit elektrisch angetriebener Hilfsschraube (Propeller); damit bleibt ein Schiff auch bei langsamer Fahrt noch manövrierfähig.

aktuell [lat.-frz.], zeitgemäß, für die Gegenwart bedeutsam.

Akt und Potenz [lat. actus, potentia; griech. enérgeia, dýnamis], in der aristotel.-thomist. Philosophie gebräuchl. Kategorien, um die Veränderung, insbes. die Bewegung der Dinge zu verstehen. *Akt* ist das, was ein Ding schon geworden ist, *Potenz* das, was es noch werden kann.

Akupunktur [lat.], alte, zuerst in China und Japan angewandte Heilmethode, bei der mit langen Metallnadeln bestimmte, den erkrankten Organen zugeordnete Hautabschnitte gestichelt (punktiert) werden; heute wieder u. a. bei rheumat. Erkrankungen und Nervenkrankheiten angewendet. Eine ähnl. Wirkung soll *Akupressur,* kreisende Bewegungen mit den Fingerkuppen über den betreffenden Körperstellen, haben.

Akustik [griech.], Wiss. von den Schwingungen und Wellen in elast. Medien; i.e.S. die Lehre vom Schall und seinen Wirkungen. Im allg. unterscheidet man zw. physikal. A., physiolog. A. und psycholog. A., nach den Anwendungsbereichen auch zw. Elektro-, Raum- und Bau-A. (Sammelbegriff: techn. A.) sowie musikal. A., doch überschneiden sich alle Bereiche in vielfältiger Weise.

Die *physikalische Akustik,* ein Teilgebiet der Mechanik, befaßt sich insbes. mit mechan. Schwingungen im Frequenzbereich zw. 16 Hz (untere Hörgrenze) und 20000 Hz (obere Hörgrenze), die sich in einem elast. Ausbreitungsmedium (z.B. Luft) wellenförmig fortpflanzen und im menschl. Gehörorgan eine Schallempfindung hervorrufen können. Häufig werden auch die sich physikalisch gleichartig verhaltenden, nicht hörbaren Schwingungen mit Frequenzen unterhalb 16 Hz (Infraschall) und oberhalb 20000 Hz (Ultraschall, Hyperschall) im Rahmen der physikal. A. behandelt. Wichtige Teilgebiete der physikal. A. sind Bauakustik, Elektroakustik und Raumakustik. Die *physiologische Akustik* beschäftigt sich mit der Funktionsweise und dem Aufbau des menschl. Gehör- und Sprachorgans, insbes. mit dem Hörvorgang. Untersucht wird der Zusammenhang zw. objektiv-physikal. Reiz und subjektiver Schall- bzw. Lautstärkeempfindung. Die *psychologische Akustik (Psycho-A.)* untersucht die Frage, wie der Mensch akust. Reize wahrnimmt, unterscheidet und wertet. Mit physikal. Messungen am menschl. Ohr und den Auswertungen der erhaltenen Meßergebnisse befaßt sich die *Audiometrie.* In ihrem Gefolge entwickelte sich die *Hörgeräte-A.,* deren Aufgabe die Entwicklung und Anpassung geeigneter Hörgeräte für Schwerhörige ist. Die *musikalische Akustik* untersucht u. vor. a. die Schall- und Schwingungsvorgänge bei der Erzeugung von Tönen bzw. Klängen mit Musikinstrumenten und die beim gleichzeitigen Erklingen mehrerer Töne auftretenden Erscheinungen (z. B. Schwebungen und Kombinationstöne).

Akustikkoppler, in der *Datenverarbeitung* Gerät zur Datenfernübertragung über das Telefonnetz. Hierzu wandelt der A. vom Computer ausgesandte elektr. Signale in akust. Schwingungen um (beim Empfang umgekehrt). Die Datenübertragungsrate ist wegen der relativ geringen Übertragungsqualität des Telefonnetzes niedrig (300–1 200 bit/s). Wesentlich schneller arbeitet das Kommunikationsnetz ↑Datex.

Akustiklog, geophysikal. Gerät zur Schichtgrenzenbestimmung von Gesteinen in Bohrlöchern durch Messung der Laufzeiten elast. Wellen.

akut [lat.], **1)** *allg.:* dringend, vordringlich, unmittelbar anrührend, brennend, plötzlich auftretend.
2) *Medizin:* plötzlich auftretend, von heftigem und kurzdauerndem Verlauf, im Ggs. zu ↑chronisch (z. B. bei Krankheiten).

Akut [lat.], besonders in der lat., griech. und kyrill. Schrift diakrit. Zeichen in

Form eines von mittlerer Höhe nach rechts ansteigenden Striches: ´, z. B. frz. é.

Akutagawa Ryūnosuke, *Tokio 1. 3. 1892, † ebd. 24. 7. 1927 (Selbstmord), jap. Schriftsteller. Verbindet in seinen Novellen, deren Stoffe er oft der Geschichte des mittelalterl. Japans entlehnte, Dämonie und Realismus; u. a. »Rashomon« (1915).

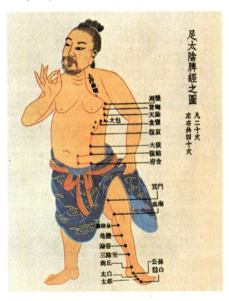

Akupunktur. Chinesische Akupunkturkarte aus der Ming-Zeit. Die Einstichstellen häufen sich stets an den Extremitäten und Muskelansätzen

Akzeleration [lat.], in der *Biologie* die Beschleunigung in der Aufeinanderfolge der Individualentwicklungsvorgänge. Speziell in der *Anthropologie* die Beschleunigung des Wachstums der körperl. Reifungsprozesse des Menschen. Die auffälligsten Symptome sind eine deutl. Zunahme der durchschnittl. Körpergröße, die Vorverlegung der sexuellen Reifung und eine deutl. Zunahme der mittleren Geburtslängen und -gewichte. Auch verschiedene Krankheiten treten heute in einem früheren Lebensalter auf, was sehr wahrscheinlich

Akzent

in ursächl. Zusammenhang mit dem beschleunigten Wachstums- und Reifungsgeschehen steht, z.B. Rheumatismus, Magen- und Darmgeschwüre. Offenbar ist das A.geschehen der vergangenen Jahrzehnte in erster Linie durch eine Veränderung der Umweltfaktoren bedingt, wobei Veränderungen in der Ernährung als wesentl. Ursachen in Betracht kommen. – Der häufigen Annahme, daß mit dem A. eine Verlangsamung der seel. Entwicklung einhergeht, fehlen wiss. Anhaltspunkte.

Akzent [lat.], **1)** *allg.:* Tonfall; Aussprache, Sprachmelodie.
2) *Sprachwissenschaft:* Bez. für die Betonung oder Hervorhebung einer Silbe im Wort (Wort-A.), eines Wortes in der Wortgruppe oder im Satz (Satz-A.) durch größere Schallfülle (dynam. oder expirator. A., Druck-A., Intensitäts-A.) oder durch höhere Tonlage.

al-Aksa-Moschee

akzentuieren, nachdrücklich betonen; hervorheben; bes. kennzeichnen.
akzentuierendes Versprinzip [lat.], ein Versprinzip, das die rhythm. Gliederung der Sprache auf dem (freien oder geregelten) Wechsel druckstarker und druckschwacher Silben beruht. Das a.V. liegt der Dichtung der german. Völker zugrunde. Im Ggs. dazu beruht das *quantitierende Versprinzip* auf dem Wechsel langer und kurzer Silben (griech. und lat. Sprache), das *silbenzäh-*

lende Versprinzip auf der Regelung der Silbenzahl rhythm. Reihen (frz. Sprache).
Akzept [lat.], Anerkennung der in einem Wechsel ausgesprochenen Zahlungsaufforderung durch den Bezogenen. Durch die Annahme, die durch Unterschrift quer am linken Rand des Wechsels erfolgt, geht der Bezogene die Verpflichtung ein, bei Fälligkeit des Wechsels die Wechselsumme zu zahlen.
akzeptabel [lat.-frz.], annehmbar.
Akzeptanz [lat.], bejahende Einstellung zu bestimmten Vorgängen, Neuerungen.
Akzeptoren [lat.], die in einem Halbleiterkristall aus vierwertigen Atomen (meist Silicium, Germanium) eingebauten dreiwertigen Fremdatome (z.B. Gallium, Indium), die von Nachbaratomen Elektronen aufnehmen können. Die Elektronen hinterlassen Lücken (Defektelektronen), die eine positive Ladung darstellen. Der mit A. verunreinigte (dotierte) Kristall ist *p(ositiv)-leitend* (Löcherleitung).
Akzidens [lat.], philos. Begriff für das Zufällige; Ggs. ↑Substanz.
Akzidentalien [lat.], Nebenpunkte bei Rechtsgeschäften; Ggs. ↑Essentialien.
akzidentell (akzidentiell) [lat.-frz.], zufällig, unwesentlich; nicht zum gewöhnl. Krankheitsbild gehörend.
Akzidenz [lat.], im Geschäfts- und Privatverkehr vorkommende Kleindrucksache (z.B. Prospekte, Anzeigen, Programme).
Akzidenzschriften, Druckschriften für Titel, Anzeigen, Karten u.a.; i.w.S. alle Handsatzschriften.
Akzise [lat.-frz.] (Assise), bis ins 19.Jh. übl. Bez. für indirekte verbrauch- und verkehrsteuerartige Abgaben.
al (el), im Arab. bestimmter Artikel für beide Geschlechter; das l des arab. Artikels wird in bestimmten Fällen dem folgenden Buchstaben oder der folgenden Buchstabengruppe angepaßt, z.B. wird Abd al-Rahman zu Abd ar-Rahman.
Al, chem. Symbol für ↑Aluminium.
-al, Suffix in der chem. Nomenklatur für Verbindungen, die eine Aldehydgruppe tragen.
à la [frz.], auf, nach Art von ...
alaaf [niederrhein. »all(es) (andere) ab, d.h. weg«], Lob- und Trinkruf im Kölner Karneval (seit Anfang des 19.Jh.).

à la baisse [alaˈbɛːs; frz.], auf das Fallen der Börsenkurse (spekulieren).

Alabama, Staat im SO der USA, 133915 km², 4,14 Mio. E, Hauptstadt Montgomery.

Geschichte: Das Gebiet des heutigen A. wurde ab Anfang des 16. Jh. von Spaniern entdeckt. 1763 ging es an Großbrit. über, der S 1783 an Spanien. 1819 22. Staat der USA. Im Sezessionskrieg unterstützte A. die Konföderation; 1868 wieder in die Union aufgenommen. Von A. ging die amerikan. Bürgerrechtsbewegung unter Martin Luther King aus.

Alabaster [griech.], feinkörnige Gipsvarietät, in reinem Zustand weiß und undurchsichtig, sonst grau bis rötlich, durchscheinend; chem. $CaSO_4 \cdot 2H_2O$. Mohshärte 1,5–2; Dichte 2,3 bis 2,4 g/cm³.

à la bonne heure [frz. alabɔˈnœːr; »zur guten (rechten) Stunde«], vortrefflich!

Alaca Hüyük [türk. ˈaladʒa hyˈjyk], Ruinenhügel einer hethit. Stadt in Inneranatolien, Türkei, u. a. Sphingentor. Außerdem reiche frühbronzezeitl. Fürstengräber (3. Jt. v. Chr.); Museum.

à la carte [frz. alaˈkart], nach der Speisekarte (nicht als Menü).

Aladağ [türk. aˈladaː], höchster Teil des Taurus im zentralen S der Türkei, bis 3734 m ü. M.

ALADI, Abk. für span. **A**sociación **L**atinoamericana **d**e **I**ntegración, ↑Lateinamerikanische Integrationsvereinigung.

Aladin und die Wunderlampe, Märchen aus »Tausendundeine Nacht«.

à la hausse [alaˈoːs; frz.], auf das Steigen der Börsenkurse (spekulieren).

Alaigebirge, Gebirge in Kirgistan und Tadschikistan, 400 km lang, bis 5539 m hoch, vom Transalaigebirge durch das 8–22 km breite *Alaital* getrennt.

Alain-Fournier [frz. alɛ̃furˈɲe], eigtl. Henri-Alban Fournier, *La Chapelle-d'Angillon (Cher) 3. 10. 1886, ✕ bei Saint-Rémy 22. 9. 1914, frz. Schriftsteller. Übte mit seinem symbolist. Roman »Der große Kamerad« (1913) Einfluß auf den modernen frz. Roman aus.

al-Aksa-Moschee, bed. Heiligtum des Islams, an der Südmauer des Tempelbezirks in Jerusalem (702; u. a. 780, 1035 und im 13. Jh. erneuert).

Alalach, altoriental. Stadt rd. 20 km östl. von Antakya, Türkei; der Ruinen-

hügel Tell Açana wurde 1937–49 von C. L. Woolley ausgegraben. 2000–1200 v. Chr. besiedelt; Keilschriftfunde.

ALALC, Abk. für span. **A**sociación **L**atinoamericana de **L**ibre **C**omercio, ↑Lateinamerikanische Integrationsvereinigung.

Alalie [griech.], Unfähigkeit, artikulierte Laute zu bilden.

Alamein ↑El-Alamein.

Alamo, The [engl. ðɪ ˈæləməʊ] ↑San Antonio (Texas).

à la mode [frz. alaˈmɔd], modisch.

Alamogordo [engl. æləməˈgɔːdə], Stadt im südl. N.Mex., USA, 24000 E. Zentrum für militär. Forschung. – Bei A. wurde 1945 die erste Atombombe gezündet.

Ålandinseln [schwed. ˈoːland...], finn. Inselgruppe am S-Ende des Bottn. Meerbusens, rd. 10000 Inseln und Schären, zus. 1481 km², bis 132 m ü. M., 25000 E (überwiegend schwed. Bevölkerung), Verwaltungssitz Mariehamn. – 1809 an Rußland; entgegen dem 1917 von der Bevölkerung geforderten Anschluß an Schweden entschied der Völkerbund den Verbleib bei Finnland; seit 1922 weitgehende Autonomie (Parlament mit 30 Abg., eigene Flagge und Briefmarken).

Ålandsee [schwed. ˈoːland...], Teil der Ostsee, zw. Ålandinseln und M-Schweden.

Alanen, Stamm der iran. Sarmaten; zogen von O- und Z-Asien nach W; nach dem Hunneneinfall zogen Teile der A. mit Germanen nach Frankreich, Spanien und N-Afrika.

Alanin [Kw.] (α-Aminopropionsäure), eine der wichtigsten α-Aminosäuren, Bestandteil fast aller Eiweißkörper.

Alant (Inula), Gatt. der Korbblütler mit etwa 120 Arten in Eurasien und Afrika; in Deutschland kommt u. a. der *Echte Alant* (Helenenkraut) vor, 0,6–2 m hoch, gelbblühend, bes. auf feuchten Wiesen.

Alaotra-See, größter See Madagaskars, 220 km², langgestreckt, 1–2 m tief.

Alarcón y Ariza, Pedro Antonio de [span. alarˈkon i aˈriθa], *Guadix (Andalusien) 10. 3. 1833, †Valdemoro bei Madrid 10. 7. 1891, span. Schriftsteller. Bed. Novellist (u. a. »Der Dreispitz«, 1874) und Romancier (u. a. »Der Skandal«, 1875); sein Tagebuch des marok-

Alabaster

Alabama
Flagge

Alant

Alaria esculenta

kan. Feldzuges (1859) war eines der meistgelesenen Bücher seiner Zeit.

Alaria esculenta, zu den Laminarien (Ordnung der Braunalgen) gehörender Seetang, der an nordeurop. Küsten häufig vorkommt und z. B. in Schottland und Irland als Gemüse gegessen wird.

Alarich I., *auf einer Insel im Donaudelta um 370, † in S-Italien 410, König der Westgoten. Nach Plünderungszügen durch das ganze Balkangebiet zum oström. Magister militum ernannt; mehrere Einfälle in Italien (410 Erstürmung Roms); starb vor der geplanten Überfahrt nach N-Afrika; bei Cosenza im Busento begraben.

Alarm [zu italien. all'arme »zu den Waffen«], **1)** (militär.) Alarmierung von Einsatzkräften.
2) Warnung der Bevölkerung im Verteidigungs- und Katastrophenfall. In der Bundesrepublik Deutschland besteht ein Warndienst mit zehn Warnämtern, die unmittelbar dem Bundesamt für Zivilschutz in Bonn unterstehen. Sie erfassen Gefahrenlagen, werten sie aus und lösen die 67 000 Sirenen regional oder insgesamt aus. Den Warnämtern angeschlossen sind 13 000 Warnstellen mit Direktempfängern bei wichtigen Behörden und lebens- oder verteidigungswichtigen Betrieben. Der Warndienst kann auch für Zwecke des Katastrophen- und des Umweltschutzes eingesetzt werden.

Alarmanlagen, Warnanlagen zum Auslösen von Alarm bei Feuer, Unfall, Einbruch. Dazu zählen: *Feuermelder* (durch Einschlagen einer Glasscheibe und Drücken eines Knopfes wird ein Stromkreis bzw. eine Melderschleife unterbrochen, in der Zentrale, z. B. Feuerwache, fällt das entsprechende Relais ab, löst dadurch ein Alarmzeichen aus und zeigt den Standort des Feuermelders an). *Ionisationsfeuermelder* (Verbrennungsgase schwächen in der Meßkammer die künstlich erzeugte Ionisation ab, diejenige in der Vergleichskammer bleibt); *Rauchmelder* (gemeinsame Lichtquelle strahlt zwei Photozellen in Brückenschaltung an, ein Lichtweg ist der Raumluft ausgesetzt, der andere nicht); *Flammenmelder* (reagieren auf die Flackerfrequenzen von einer Flamme; 5–30 Hz). *Raumschutzanlagen* arbeiten mit Unterbrechungskontakten (an Türen, Fenstern usw.) oder mit *Lichtschranken,* bei denen die Unterbrechung eines Lichtstrahls Alarm auslöst. *Akust. Überwachung* erfolgt mit hochempfindl. Mikrophonen, *opt. Überwachung und Kontrolle* mit Fernsehkamera und Bildschirm.

Alaşehir [türk. a'laʃɛˌhir], türk. Ort in W-Anatolien, 20 000 E. – Gegr. im 2. Jh. v. Chr. als *Philadelphia,* an dessen frühchristliche Gemeinde eines der sieben Sendschreiben der Apk. (3, 7–13) gerichtet ist.

Alaska, größter Staat der USA, in NW-Amerika, 1 530 700 km², an drei Seiten von Meer umgeben, mit seinem rd. 250 km breiten †Panhandle fast 850 km weit nach S reichend, Grenze gegen Kanada ist der 141. Längengrad, 587 000 E, Hauptstadt Juneau.

Geschichte: Die S-Küste von A. wurde 1741 von Bering entdeckt. Für 7,2 Mio. $ übernahmen die USA 1867 von

Rußland A., das 1959 als 49. Staat in die Union aufgenommen wurde.

Alaska, Golf von, Meeresbucht des Pazifiks an der S-Küste Alaskas.

Alaskabär ↑Braunbär.

Alaska Highway [engl. ɔ'læskə 'haɪweɪ], die einzige winteroffene Straßenverbindung nach Alaska; führt von Dawson Creek (Kanada) nach Delta Junction, von dort Fortsetzung über den Richardson Highway nach Fairbanks, 2450 km lang, erbaut März–Nov. 1942.

Alaska Peninsula [engl. ɔ'læskə pɪ'nɪnsjʊlə], Halbinsel an der S-Küste Alaskas, von der *Aleutian Range* durchzogen, die sich in den Aleuten fortsetzt.

Alaska Range [engl. ɔ'læskə 'reɪndʒ], Hochgebirge in Alaska, umschließt den Golf von Alaska, etwa 1000 km lang, im Mount McKinley 6193 m hoch (höchste Erhebung N-Amerikas).

Alaskastrom, warme Oberflächenströmung im Pazifik vor der W-Küste N-Amerikas.

Alassio, italien. Seebad an der Riviera di Ponente, in Ligurien, 13000 E.

Alatau [kirgis.], Teil des Namens verschiedener Gebirgszüge des Tienschan in Kirgistan.

Alaune [lat.], Doppelsalze der allgemeinen Formel $Me^IMe^{III}(SO_4)_2 \cdot 12\ H_2O$, wobei Me^I für die Metalle Na, K, Rb, Cs, Tl, oder die Gruppe NH_4 steht, Me^{III} für die Metalle Al, Sc, Ti, V, Cr, Mn, Fe, Co, Ga. Als Alaun i. e. S. bezeichnet man das Kaliumaluminiumsulfat (*Kalialaun,* $KAl(SO_4)_2 \cdot 12\ H_2O$), ein bereits im Altertum bekanntes Salz.

Alb, süddeutsche Schichtstufenlandschaft, ↑Fränkische Alb, ↑Schwäbische Alb.

Alba, Fernando Álvarez de Toledo y Pimentel, Herzog von, * Piedrahita bei Ávila 29. 10. 1507, † Lissabon 11. 12. 1582, span. Feldherr und Staatsmann. Hatte als Oberbefehlshaber des kaiserlichen Heeres (seit 1537) wesentlichen Anteil am Verlauf des Schmalkald. Krieges 1546/47; 1567–73 Statthalter in den Niederlanden; trotz militärischer Erfolge stärkte sein rücksichtsloses Vorgehen letztlich den niederl. Widerstandswillen; eroberte 1580 Portugal.

Albacete [span. alβa'θete], span. Prov.-Hauptstadt in der Mancha, 127200 E. Keram. Ind.; Herstellung von Messern.

Alba Iulia (dt. Karlsburg), rumän. Stadt an der Maros, 64400 E. Bibliothek Battyaneum (alte Handschriften und Inkunabeln). – Liegt an der Stelle von *Apulum,* dem Hauptort des röm. Dakien; während des MA Bălgrad, dt. Weißenburg gen.; im 16. und 17. Jh. Sitz der Fürsten von Siebenbürgen.

Alba Longa, der älteste Hauptort des latin. Stammesbundes, am Ausfluß des Albaner Sees gelegen, heute Castel Gandolfo; der Sage nach von Ascanius, dem Sohn des Äneas, gegr., von den Römern schon um 640 v. Chr. zerstört.

Alban, hl., † Verulam bei London 303, erster Märtyrer Englands.

Albaner (Eigen-Bez. Skipetaren), Volk in SO-Europa, v. a. in Albanien (*Gegen* und *Tosken);* farbenprächtige Volkstracht, patriarchal. Sippen- und Stammesverfassung.

Albaner Berge, vulkan. Bergland südl. der Röm. Campagna, Italien, mit dem *Albaner See* (6 km²).

Albanien

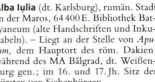

Staatsflagge

Staatswappen

Albanien

Fläche:	28748 km²
Einwohner:	3,315 Mio.
Hauptstadt:	Tirana
Amtssprache:	Albanisch
Nationalfeiertag:	28. 11.
Währung:	1 Lek = 100 Quindarka
Zeitzone:	MEZ

Albanien (albanisch Shqipëri), Staat an der W-Küste der Balkanhalbinsel, grenzt im N an Montenegro, im O an Serbien und Makedonien, im SO an Griechenland.

Staat und Recht: Präsidialrepublik; *Verfassung* von 1991. Die Volksversammlung (140 auf 4 Jahre gewählte Abg.) ist Organ der *Legislative;* sie wählt auch das *Staatsoberhaupt,* den Präsidenten. Höch-

Albanisch

1970 1992 1970 1987
Bevölkerung Bruttosozial-
(in Mio.) produkt je E
(in US-$)

☐ Stadt   Land ☐

Bevölkerungsverteilung
1992

☐ Industrie
☐ Landwirtschaft
☐ Dienstleistung

Bruttoinlandsprodukt
1990

Hans Albers

stes Organ der *Exekutive* ist der Ministerrat. *Parteien:* Sozialist. Partei (Nachfolgeorganisation der kommunist. Alban. Partei der Arbeit, der bis 1990 einzigen Partei und beherrschenden polit. Kraft), Demokrat. Partei Albaniens (gegr. 1990), Sozialdemokrat. Partei, Union der Menschenrechte (griech. Minderheit) und Grüne Partei (gegr. 1991).

Landesnatur: Mehrere Großlandschaften bestimmen das Landschaftsbild. Hoch-A. ist ein Gebirgsland mit zahlr. Höhen über 2000 m und Senken, die z.T. von Seen erfüllt sind (Ohrid-, Prespasee). Nieder-A., der Hauptsiedlungsraum, besteht aus Hügelland und einem Schwemmlandstreifen an der adriat. Küste. Süd-A. wird von den Ausläufern des Epirus eingenommen, die an der Küste die alban. Riviera bilden. Nieder-A. und die Riviera haben mediterranes, die Gebirge kontinentales Klima.

Bevölkerung: Rd. 98% sind Albaner, außerdem leben in A. griech. und slaw. Minderheiten. 70% der Bev. sind Muslime. Die Schulpflicht beträgt 8 Jahre; Univ. in Tirana.

Wirtschaft, Verkehr: Die Landwirtschaft nimmt die führende Stellung ein. An Bodenschätzen werden Erdöl und -gas, Chrom-, Kupfer-, Eisen- und Nickelerze, Braunkohle u.a. gewonnen. Die Industrialisierung wurde v.a. mit chin. Hilfe vorangetrieben (Textil-, Hüttenwerk, Erdölraffinerien, Kraftwerke). Ausgeführt werden Erdöl und Erdölprodukte, Chromerz, Tabak, Gemüse, elektr. Strom. Die Eisenbahnlinien haben eine Gesamtlänge von 378 km. Das Straßennetz ist rd. 21000 km lang. Wichtigste Häfen sind Durrës und Vlorë, wichtigster ⚓ ist Tirana.

Geschichte: An der Küste entstanden um 900 v. Chr. griech. Kolonien, der S gehörte zum nordwestgriech. Reich Epirus. Das illyr. Reich von Skodra (Shkodër) wurde 168 v. Chr. römisch. Das Gebiet von A. gehörte seit 395 zum Oström. Reich. Im 11. Jh. kam für die Illyrer der Name Albaner in Gebrauch. Im 13. und 14. Jh. zeitweilig unter bulgar., venezian. und serb. Herrschaft; Ende des 14. Jh. bildeten sich alban. Stammes-Ft.; um die Wende zum 15. Jh. von den Osmanen erobert. Seit 1878

entstand eine alban. Nationalbewegung. 1913 von den europ. Großmächten zu einem unabhängigen Ft. gemacht (1914 unter Fürst Prinz Wilhelm von Wied). Im 1. Weltkrieg von Italien besetzt (bis 1920), wurde A. 1925 Republik, 1928 Kgr.; 1939 besetzten italien. Truppen A.; dessen Nationalversammlung beschloß die Vereinigung mit Italien in Personalunion, hob sie aber nach dem Übertritt Italiens ins Lager der Alliierten und dem Einmarsch dt. Truppen im Okt. 1943 wieder auf. Am 11. Jan. 1946 wurde die VR A. ausgerufen; die Wirtschaft wurde verstaatlicht, der Boden enteignet, die KP wurde Staatspartei. In dem Anfang der 1960er Jahre beginnenden Konflikt zw. der Sowjetunion und der VR China näherte A. sich China an und entzog sich dem sowjet. Einfluß (Abbruch der diplomat. Beziehungen zur Sowjetunion 1961; Austritt aus dem Warschauer Pakt 1968). Im Innern betrieb A. die Entwicklung der kommunist. Gesellschaftsform radikaler als die anderen europ. kommunist. Staaten. 1977/78 verschlechterte sich das enge Verhältnis zur VR China. Nach dem Tod des langjährigen KP-Generalsekretärs E. Hoxha öffnete sich A. zunehmend nach außen. 1987 erklärte Griechenland den seit 1940 bestehenden Kriegszustand gegenüber A. für beendet. 1990 wurden zahlr. Reformen eingeleitet: Religionsfreiheit, Strafrechtsreform, Wiederaufnahme diplomat. Beziehungen zur Sowjetunion, Aufnahme in die KSZE. Die ersten freien Parlamentswahlen im Febr. 1991 konnte die KP gewinnen. In der Folge kam es zu wirtschaftl. bedingten Massenfluchten nach Italien. Andauernde Streiks und Demonstrationen gegen die Regierung führten zu deren Rücktritt. Eine im Juni 1991 gebildete Übergangsregierung schloß erstmals nichtkommunist. Mgl. ein. Aus den Wahlen im März 1992 ging die Demokrat. Partei unter S. Berisha als Sieger hervor; Staats-Präs. R. Alia trat zurück, Berisha wurde sein Nachfolger. 1993/94 kam es zu Spannungen mit Serbien wegen der Unterdrückung der alban. Bev.-Gruppe im Kosovo und mit Griechenland wegen der griech. Minderheit in Albanien.

Albanisch, in Albanien und von alban. Bevölkerungsgruppen in Serbien, Makedonien, Griechenland, Bulgarien, Rumänien, Moldawien und Süditalien gesprochene Sprache, die zu den indogerman. Sprachen gehört. Das A. kennt zwei Dialekte, das Gegische im N und das Toskische im S (Amtssprache in Albanien).

Albano Laziale, italien. Stadt 25 km sö. von Rom, Region Latium, 14 000 E. – Villenvorort der Römer. Zahlr. Reste aus der Röm. Kaiserzeit.

Albany [engl. 'ɔːlbənɪ], Hauptstadt des Staates New York, USA, am Hudson River, 101 000 E. Univ., Handelsplatz, Binnenhafen an der Einmündung des Erie Canal in den Hudson River. – Der *Kongreß von Albany* (1754) brachte den ersten Unionsplan für die Kolonien.

Albarello [italien.], Apothekergefäß aus Majolika.

Albatenius (Albategnius; arab. Mohammed ibn Djabir al-Battani), *in oder bei Harran (Irak) vor 858, † nahe Samarra 929, arab. Astronom. Bestimmte mit bis dahin unerreichter Genauigkeit die Grundlagen der Astronomie des Ptolemäus neu (u. a. Schiefe der Ekliptik, Präzession, Planetenbahnen, Jahreslänge, Fixsternkatalog u. a.).

Albatrosse [arab.-portugies.] (Diomedeidae), Fam. bis 1,3 m großer, ausgezeichnet segelnder Sturmvögel mit 13 Arten, v. a. über den Meeren der Südhalbkugel; Flügel schmal und lang. Ihre Nahrung besteht v. a. aus Tintenfischen. Die A. brüten meist kolonieweise auf kleinen Inseln. Bekannt u. a.: *Wanderalbatros* (bis 3,5 m Flügelspannweite, weiß).

Albe [lat.], liturg. Untergewand der kath. Kirche aus weißem Leinen, mit einem schmalen Band (Zingulum) gegürtet.

Albedo [lat.], Maß für das Rückstrahlungsvermögen von nicht selbstleuchtenden, diffus reflektierenden (also nicht spiegelnden) Oberflächen, und zwar das Verhältnis der reflektierten Lichtmenge zur einfallenden; meist in Prozent angegeben.

Albee, Edward Franklin [engl. 'ɔːlbɪ], *Washington 12. 3. 1928, amerikan. Dramatiker. Welterfolg mit dem Stück »Wer hat Angst vor Virginia Woolf« (1962). – *Weitere Werke:* »Empfindl. Gleichgewicht« (Dr., 1966), »Der Mann, der drei Arme hatte« (1984).

Alben ↑Elfen.

Alberich, hl., † Cîteaux 16. 1. 1109, Mitbegründer der ↑Zisterzienser.

Albers, 1) Hans, *Hamburg 22. 9. 1891, † Kempfenhausen (heute zu Berg bei Starnberg) 24. 7. 1960, dt. Schauspieler. Erfolgreich in Filmen wie »Münchhausen« (1943) und »Große Freiheit Nr. 7« (1944).
2) Josef, *Bottrop 19. 3. 1888, † New Haven (Conn.) 25. 3. 1976, amerikan. Maler dt. Herkunft. 1923–33 Lehrer am Bauhaus, danach Emigration in die USA; bed. Wegbereiter der Op-art.

Albatrosse

Albert, Name von Herrschern:
Belgien: **1) Albert I.,** *Brüssel 8. 4. 1875, † bei Namur (verunglückt) 17. 2. 1934, König (seit 1909). Verteidigte die Neutralität Belgiens nach dem dt. Ultimatum 1914 und kämpfte bis 1918 auf alliierter Seite.
2) Albert II., *Schloß Stuyvenberg (bei Brüssel) 6. 6. 1934, König (seit 1993). Folgte am 9. 8. 1993 seinem Bruder, König Baudouin I., nach.
Großbritannien und Irland: **3) Albert,** Prinz von Sachsen-Coburg-Gotha, *Schloß Rosenau bei Coburg 26. 8. 1819, † Windsor Castle 14. 12. 1861, Prinzgemahl (seit 1857). Seit 1840 ∞ mit seiner Kusine ↑Viktoria (von Großbrit. und Irland). Er vermied ein direktes polit. Eingreifen, gewann aber als Ratgeber Viktorias großen Einfluß; setzte sich für die Gründung eines gesamtdt. Bundesstaates ein; Initiator der 1. Weltausstellung (London 1851).
Österreich: **4) Albert** ↑Albrecht VII. (Österreich).
Sachsen: **5) Albert I.,** *Dresden 23. 4. 1828, † Sybillenort (Schlesien) 19. 6. 1902, König (seit 1873). Im Dt. Krieg 1866 Befehlshaber der sächs. Truppen

Albarello
(Venedig, Anfang 17. Jh.)

Albert

auf österr. Seite, im Dt.-Frz. Krieg 1870/71 sehr erfolgreich als Kommandeur der Maasarmee.

Albert [ˈalbɛːr], Eugen d', *Glasgow 10. 4. 1864, † Riga 3. 3. 1932, dt. Komponist und Pianist frz.-dt.-engl. Abstammung. Schüler von F. Liszt; u. a. 21 Opern (u. a. »Tiefland«, 1903).

Alberta [engl. æl'bɔːtə], westkanad. Provinz, mit Anteil an den Rocky Mountains im SW, 655 032 km², 2,545 Mio. E, Hauptstadt Edmonton. **Geschichte:** Das Gebiet des heutigen A. wurde seit Mitte des 18. Jh. von Reisenden brit. Pelzhandelsgesellschaften erkundet. 1821–69 unter der Verwaltung der Hudson's Bay Company, 1882 Distrikt der Northwest Territories, seit 1905 Provinz.

Alberti, Leon Battista, *Genua 14. 2. 1404, † Rom 19. (25.?) 4. 1472, italien. Humanist und Baumeister. Bahnbrechende Bauten der Frührenaissance: 1440 Entwurf für die Fassade von Santa Maria Novella in Florenz (ausgeführt 1458–70), u. a. Volutenmotiv; 1446 Umbau der Kirche San Francesco in Rimini in einen »Renaissancetempel« (Tempio Malatestiano); 1470 ff. Fassade für Sant' Andrea in Mantua; Rotunde für Santissima Annunziata in Florenz. Wegweisend waren auch seine kunsttheoret. Schriften über Architektur und Malerei.

Leon Battista Alberti

Albertina, staatl. graph. Sammlung in Wien, gegründet von Hzg. Albert Kasimir von Sachsen-Teschen (*1738, † 1822).

Albertinische Linie ↑Habsburger, ↑Wettiner.

Albertkanal, Kanal zw. Maas und Schelde, bedeutendste Binnenwasserstraße Belgiens; 130 km lang.

Albertsee, See im Zentralafrikan. Graben, 5 347 km², bis 48 m tief, Hauptzuflüsse: Victorianil und Semliki.

Albertus Magnus (Albert der Große; Beiname: Doctor universalis), hl., *Lauingen (Donau) um 1200, † Köln 15. 11. 1280, dt. Naturforscher, Philosoph und Theologe. Dominikaner, Lehrer in Paris (1244–48) und an verschiedenen dt. Hochschulen (bedeutendster Schüler: Thomas von Aquin); Bischof von Regensburg (1260–62), päpstl. Legat und Kreuzzugsprediger; trat v. a. für die Verbreitung der teilweise noch verbotenen aristotel., arab. und jüd. Schriften ein; bed. Einfluß auf die Entwicklung der Wiss. durch seine naturphilos. und naturwiss. Schriften (z. B. Klassifikation der Pflanzen). – Fest: 15. November, in Österreich: 16. Januar.

Albertz, Heinrich, *Breslau 22. 1. 1915, † Bremen 18. 5. 1993, dt. ev. Theologe und Politiker (SPD). Mgl. der Bekennenden Kirche; 1966/67 Regierender Bürgermeister von Berlin (West); führender Vertreter der Friedensbewegung.

Albi, frz. Stadt am Tarn, 48 300 E. Verwaltungssitz des Dép. Tarn, Toulouse-Lautrec-Museum. Markt- und Ind.-Zentrum. Kathedrale Sainte-Cécile (1282 bis 1390) mit steinernen spätgot. Chorschranken; Palais de la Berbie (13. und 15. Jh.).

Albigenser, nach der Stadt Albi ben. Gruppe der ↑Katharer; vertraten radikale dualist. Anschauungen (es gebe einen guten und einen bösen Gott) und strenge asket. Forderungen; in den *Albigenserkriegen* (1209–1229), zu denen Papst Innozenz III. aufgerufen hatte, ausgerottet.

Albinismus [lat.-span.], das mehr oder weniger ausgeprägte, erblich bedingte Fehlen von Pigment bei Lebewesen *(Albinos).* Beruht auf einer Stoffwechselstörung bei der Bildung von ↑Melanin. Man unterscheidet völlige (oder annähernd völlige) Pigmentlosigkeit *(totaler A.)* und partiellen Pigmentmangel *(partieller A.),* bei dem nur bestimmte Körperstellen ohne Pigment sind, wodurch es oft zu einer Weißscheckung der Haut kommt (beim Menschen werden hauptsächlich Scheitel/Stirn, Bauch und Inneseiten der vier Gliedmaßen betroffen); die rötl. Farbe der sehr lichtempfindl. Augen bei totalem Albinismus kommt von den durchscheinenden Blutgefäßen.

Albinoni, Tomaso, *Venedig 8. 6. 1671, † ebd. 17. 1. 1750, italien. Komponist. Bed. venezian. Musiker; komponierte außer Kammermusik über 50 Opern.

Albion, alter, meist dichterisch gebrauchter Name für England, kelt. Ursprungs. Das Schlagwort »perfides A.« kam 1793 in Frankreich auf (nach dem brit. Anschluß an die anti-frz. Koalition).

Albi
Stadtwappen

Alboin (Albuin), † Verona 28. 6. (?) 572, König der Langobarden (etwa seit 560/565). Tötete 567 den Gepidenkönig Kunimund und zwang dessen Tochter Rosamunde zur Heirat; eroberte 572 Pavia; auf Veranlassung seiner Gattin ermordet.

Ålborg [dän. ˈɔlbɔr], Hauptstadt des dän. Verw.-Geb. Nordjütland, am Limfjord, 154 800 E. Zementfabriken, Werft; Hafen, ⚓. Rathaus (1759; mit modernen Fresken), Sankt-Budolfi-Kirche (14. Jh.).

Albrecht, Name von Herrschern:

Hl. Röm. Reich: **1) Albrecht I.,** * im Juli 1255, † bei Brugg (Kt. Aargau) 1. 5. 1308, König (ab 1298). Ältester Sohn Rudolfs I. von Habsburg; Hzg. von Österreich und Steiermark ab 1282. Bei der Königswahl 1292 zugunsten Adolfs von Nassau übergangen, wurde er dessen Nachfolger; verfolgte eine starke Hausmachtpolitik mit dem Ziel eines dauerhaften habsburg. Königtums; 1308 von seinem Neffen Johann Parricida ermordet.

2) Albrecht II., * 16. 8. 1397, † Neszmély bei Komárom 27. 10. 1439, König (ab 1438), als Hzg. von Österreich Albrecht V. (ab 1404/11). Schwiegersohn Kaiser Sigismunds, nach dessen Tod 1437 König von Ungarn und Böhmen; 1438 zum dt. König gewählt, aber nie gekrönt.

Bayern: **3) Albrecht III.,** der Fromme, * München 27. 3. 1401, † ebd. 29. 2. 1460, Hzg. von Bayern-München (ab 1438). Sohn von Hzg. Ernst (⚭ 1397–1438); zuerst ⚭ mit A. ↑Bernauer; förderte Kunst und Wiss. und führte eine Reform der bayr. Klöster durch.

4) Albrecht IV., der Weise, * München 15. 12. 1447, † ebd. 18. 3. 1508, Herzog (ab 1465). 1504/05 Vereinigung Ober- und Niederbayerns; 1506 Festlegung der Unteilbarkeit Bayerns und des Primogeniturrechts.

Brandenburg: **5) Albrecht I.,** der Bär, * um 1100, † 18. 11. 1170, Markgraf. 1134 mit der Nordmark belehnt; baute das Havelland zu einem dt. Territorium (Mark Brandenburg) aus.

6) Albrecht III. Achilles, * Tangermünde 9. 11. 1414, † Frankfurt am Main 11. 3. 1486, Kurfürst (ab 1470). Erbte 1440 das Ft. Ansbach, 1464 auch das Ft. Kulmbach-Bayreuth; erließ 1473 die ↑Dispositio Achillea.

Mainz: **7) Albrecht II.,** Markgraf von Brandenburg, * Berlin 28. 6. 1490, † Mainz 24. 9. 1545, Erzbischof von Magdeburg (1513), Erzbischof und Kurfürst von Mainz (1514), Kardinal (1518). Ließ Geld für Zahlungen an den Papst durch einen von Tetzel verkündeten Ablaß einbringen (Anlaß für Luthers 95 Thesen).

Österreich: **8) Albrecht III.,** * Ende 1349 oder Anfang 1350, † Schloß Laxenburg 29. Aug. 1395, Herzog (ab 1365). Regierte gemeinsam mit seinem jüngeren Bruder Leopold III., mit dem er 1379 im Neuburger Vertrag die Erblande teilte (begründete die Albertin. Linie des Hauses Österreich); A. behielt Nieder- und Oberösterreich und übernahm nach Leopolds Tod 1386 die Gesamtregierung.

9) Albrecht VII. (Albert, span. Alberto de Austria), * Wiener Neustadt 13. 11. 1559, † Brüssel 13. 7. 1621, Erzherzog. 1577 Kardinal, 1584 Erzbischof von Toledo; ab 1596/99 Statthalter bzw. Regent der span. Niederlande (1609 Waffenstillstand mit den Generalstaaten).

Preußen: **10) Albrecht,** Markgraf von Brandenburg-Ansbach, * Ansbach 17. 5. 1490, † Tapiau (Ostpreußen) 20. 3. 1568, letzter Hochmeister des Dt. Ordens (1510/11–25), 1. Hzg. in Preußen (ab 1525). Nahm im Vertrag von Krakau (1525) sein Hzgt. als erbl. »Herzog in Preußen« vom poln. König zu Lehen; führte die Reformation ein; gründete 1544 die Univ. Königsberg.

Schweden: **11) Albrecht,** * um 1340, † Kloster Doberan 31. 3. 1412, König (1364–89), als A. III. Hzg. von Mecklenburg (1385–88 und ab 1395). 1363 von den rebellierenden Ständen nach Schweden gerufen; 1389 von Königin Margarete von Dänemark und Norwegen besiegt, 1395 freigelassen.

Albrecht, 1) Ernst, * Heidelberg 29. 6. 1930, dt. Politiker (CDU). 1976–90 Min.-Präs. von Niedersachsen.

2) Gerd, * Essen 19. 7. 1935, dt. Dirigent. 1975–80 Chefdirigent des Tonhalle-Orchesters Zürich, danach Gastdirigent, seit 1988 Generalmusikdirektor der Staatsoper in Hamburg, seit 1993 Generalmusikdirektor der Tschech. Philharmonie.

Ålborg
Stadtwappen

Albrecht II.,
Erzbischhof und Kurfürst von Mainz
(Kupferstich von Albrecht Dürer, 1519)

Albret

Kurt Alder

Albret [frz. al'brɛ], frz.-aquitan. Adelsgeschlecht (1484–1572 Könige von Navarra); sein Herrschaftsgebiet (heute Labrit, Dép. Landes) gelangte mit Navarra unter König Heinrich IV. an die frz. Krone.

Albstadt, Stadt auf der Schwäb. Alb, Bad.-Württ., 48 900 E. Entstanden durch Zusammenlegung der Städte *Ebingen* und *Tailfingen* und zwei weiteren Gemeinden. – 793 Ersterwähnung von Ebingen und Tailfingen.

Albufeira [-'fajra], Badeort in S-Portugal, westlich von Faro an der Algarveküste, 12 000 E.

Albufera de Valencia [span. alβu'fera ðe βa'lenθia], sumpfige Lagune südl. von Valencia; wichtigstes span. Reisanbaugebiet.

Albuin ↑Alboin.

Albulapaß ↑Alpenpässe (Übersicht).

Albumine [lat.], wichtige Gruppe der Proteine; treten v. a. im tier. und menschl. Körper auf; sie sind wasserlöslich und kristallisierbar, gerinnen bei Erhitzung und enthalten viel Schwefel. A. sind bes. im Eiklar des Hühnereies, in Blut und Milch enthalten.

Alcántara.
Römische Granitbogenbrücke im Tajotal; 98–103

Albuquerque, Afonso de [portugies. albu'kɛrkə], *Alhandra um 1462, † vor Goa 16. 12. 1515, portugies. Seefahrer und Vizekönig in Indien (1504/09–15).

Albuquerque [engl. 'ælbəkə:kɪ], Stadt in New Mexico, USA, am Rio Grande, 342 000 E. Zwei Univ.; Zentrum der Atomforschung; nahebei Versuchsgelände für Sonnenenergieforschung.

Alcalá de Henares [span. alka'la ðe e'nares], span. Stadt nö. von Madrid, 150 000 E. Philosoph. Fakultät; Agrarmarkt und Ind.-Standort. Colegio de San Ildefonso (1508 Univ., heute Museum), Erzbischöfl. Palais (16. Jh.). – In der Antike *Complutum;* 1118 spanisch; 1348 Verkündung der »Ordnung von Alcalá« (bed. Rechtsbuch).

Alcantara Ⓦⓩ, wildlederähnl. Textilstoff aus feinsten Polyesterfasern.

Alcántara, span. Stadt am Tajo, 2 500 E. Röm. Brücke mit Triumphbogen. – Vom 13. Jh. bis 1835 im Besitz des *Ordens von A.,* eines der drei großen span. Ritterorden.

Alcarraza [alka'rasa; arab.-span.], in Spanien verbreiteter poröser Tonkrug, der von Wasser schnell durchfeuchtet wird, das nach außen verdunstet; Abkühlung durch Verdunstung(skälte) bis 10° unter Außentemperatur.

Alcázar [span. al'kaθar] ↑Alkazar.

Älchen, Sammel-Bez. für meist an Kulturpflanzen parasitierende, 0,5 bis wenige mm lange Fadenwürmer.

Alchimie (Alchemie, Alchymie) [arab.], von der Spätantike bis ins 17. Jh. (bes. im MA) die universalwiss. Beschäftigung mit chem. Stoffen. Die A. suchte Materie zu »veredeln«, d. h. aus einem unvollkommenen in einen vollkommenen Zustand zu bringen. Im 17. Jh. leitete die Erneuerung der A. über zur antialchimist., empir. Chemie; die A. stand seither als »geheime Kunst« mit ihren Bemühungen, Gold zu machen, den »Stein der Weisen«, das Universallösungsmittel »Alkahest« und lebensverlängernde Elixiere zu finden, außerhalb der Naturwiss. Die chem. Kenntnisse des Altertums, großenteils durch die Araber überliefert, bildeten ihre Grundlage. Der A. gelang eine Fülle von chem. Entdeckungen (z. B. Alkohol, Porzellan, Phosphor), eine Erweiterung des Arzneischatzes und Verfeinerung der chem. Arbeitstechnik, worauf die spätere Chemie aufbauen konnte.

Alcira [span. al'θira], span. Stadt, 37 500 E. Zentrum der Apfelsinenkultur in der Vega von Valencia.

Alcoforado, Mariana [portugies. alkufu'raðu], *Beja (Alentejo) 22. 4. 1640, † ebd. 28. 7. 1723, portugies. Nonne im Kloster Conceição. Galt als Verfasserin von fünf Liebesbriefen, der »Portugies. Briefe« (1669, dt. 1913 von R. M. Rilke), die heute dem Vicomte de ↑Guilleragues zugeschrieben werden.

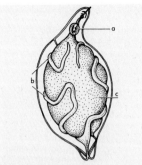

Älchen. Rübenälchen (Weibchen); a Schlund, b Eiröhre, c Mitteldarm

Aldabra Islands [engl. ɑːlˈdɑːbrə ˈailəndz], unter Naturschutz stehendes Atoll der Seychellen; Forschungsstation.

Aldegrever, Heinrich, eigtl. H. Trippenmeker, *Paderborn um 1502, † Soest nach 1555, dt. Kupferstecher und Maler. Seit etwa 1525 in Soest; geht in seinen Ornamentstichen vom Formgut der italien. Renaissance aus.

Aldehyde [Kw. aus **Al**coholus **dehyd**rogenatus], organ. Kohlenwasserstoffderivate, die die Aldehydgruppe −CHO enthalten. Nach der chem. Nomenklatur werden die A. durch die Endung -al gekennzeichnet. Die niederen A., z. B. Formaldehyd und Acetaldehyd (Äthanal), CH_3CHO, sind flüchtig und haben einen unangenehm stechenden, schleimhautreizenden Geruch, die höheren A. sind flüssig bis fest. Die Neigung zu Kondensationen und Polymerisationen nutzt man für die Synthese von Kunststoffen (Polyformaldehyd) und Kunstharzen (Aldehydharze).

Alder, Kurt, *Königshütte 10. 7. 1902, † Köln 20. 6. 1958, dt. Chemiker. 1927/28 entdeckte er zus. mit O. Diels die Diensynthese (Diels-Alder-Synthese), für die er 1950 mit Diels den Nobelpreis erhielt.

Alderman [engl. ˈɔːldəmən], in angelsächs. Zeit der Beauftragte des Königs mit hoheitl. Funktionen; im geltenden Gemeinderecht in Großbrit. und den USA Mgl. des Stadtrats.

Alderney [engl. ˈɔːldəni], nördlichste der †Kanalinseln.

Aldington, Richard [engl. ˈɔːldɪŋtən], *Portsmouth 8. 7. 1892, † Sury-en-Vaux bei Bourges 27. 7. 1962, engl. Schriftsteller. Lebte ab 1946 in Frankreich. Schrieb neben Lyrik pazifist. Romane (u. a. »Heldentod«, 1929) und Erzählungen. †Imagismus.

Aldole [Kw.] (3-Hydroxylaldehyde), Gruppe sehr reaktionsfähiger chem. Verbindungen, die in β-Stellung zu einer Aldehydgruppe eine Hydroxylgruppe enthalten, z. B. 3-Hydroxybutyraldehyd (Acetaldol).

Aldosen [Kw.] †Monosaccharide.

Aldosteron [Kw.], ein Nebennierenrindenhormon; wichtigstes Mineralokortikoid.

Aldringen (Aldringer), Johann Reichsgraf von (seit 1632), *Luxemburg 10. 12. 1588, ⚔ bei Landshut 22. 7. 1634. Seit 1625 Vertrauensmann Wallensteins; 1632 Oberbefehlshaber der Liga und Feldmarschall.

Ale [engl. eıl], engl. obergäriges Bier mit hohem Stammwürzegehalt.

alea iacta est [lat. »der Würfel ist geworfen«], sprichwörtlich: die Entscheidung ist gefallen; angeblich von Cäsar beim Überschreiten des Rubikon 49 v. Chr.

Aleander (Aleandro), Hieronymus (Girolamo), *Motta di Livenza 13. 2. 1480, † Rom 1. 2. 1542, italien. Humanist und päpstl. Diplomat. Lehrer an der Pariser Univ.; leitete als Nuntius bei Karl V. (seit 1520) die Exekution der Bannandrohungsbulle gegen Luther in den Niederlanden, entwarf das Wormser Edikt und setzte dessen Verkündung durch den Kaiser durch.

Aleatorik [lat.], Kompositionsart der zeitgenöss. Musik, bei der die Ausführenden Teile eines Stücks weglassen oder austauschen, an einer beliebigen Stelle anfangen oder aufhören können. In extremen Fällen gibt der Komponist nur allg. Spielanweisungen oder graph. Anregungen.

aleatorisch, vom Zufall bestimmt.

aleatorische Dichtung †experimentelle Dichtung.

Alegranza [span. aleˈɣranθa], nördlichste der †Kanarischen Inseln.

Alegría, Ciro [span. aleˈɣria], *Quilca (Prov. Huamachuco) 4. 11. 1909, † Lima 17. 2. 1967, peruan. Schriftsteller. Gilt als Begründer des modernen

Hieronymus Aleander

Alchimie. Mercurius, Symbol der Alchimie und des vollendeten Werkes

Vicente Aleixandre

Jean Le Rond d'Alembert

Alexander I. Pawlowitsch

peruan. Romans, u. a. »Menschen am Marañón« (1935), »Lázaro« (hg. 1973).

Aleichem, Scholem ↑Scholem Aleichem.

Aleixandre, Vicente [span. aleiks'andre], *Sevilla 26. 4. 1898, † Madrid 14. 12. 1984, span. Lyriker. Surrealist (u. a. »Die Zerstörung oder die Liebe«, Ged., 1935; »Gesicht hinter Glas«, Ged., dt. 1978). Nobelpreis für Literatur 1977.

Alemán, Mateo [span. ale'man], ≈Sevilla 28. 9. 1547, † in Mexiko nach 1614 (verschollen), span. Schriftsteller. Sein Schelmenroman »Das Leben des Guzmán von Alfarache« (1599–1604) fand in Europa zahlr. Nachahmungen.

Alemannen (Alamannen), vermutlich Ende des 2. Jh. n. Chr. gebildeter german. Stamm, der sich aus Heer- und Wanderhaufen verschiedener Herkunft, v. a. aber aus elbgerman. Sweben zusammensetzte; zunächst im Maingebiet ansässig (213 erstmals gen.); im 3. Jh. Vorstöße über den Limes, um 260 Ansiedlung im Dekumatland (Rhein-Donau-Winkel); 357 bei Straßburg von den Römern besiegt; im 5. Jh. Ausdehnung über Pfalz, Elsaß, Nordschweiz, Rätien; im Früh-MA von den Franken unterworfen; im 10. Jh. Entstehung des Stammeshzgt. Schwaben. – In roman. Sprachen dient der Name A. als Bez. für die Deutschen insgesamt, in der Volks- und Mundartkunde für die Bewohner der westl. und südl. Gebiete vom Elsaß über Baden und die Schweiz bis Vorarlberg.

Alemannisch, oberdt. Mundart (↑deutsche Mundarten).

Alembert, Jean Le Rond d' [frz. alã'bɛːr], *Paris 16. 11. 1717, † ebd. 29. 10. 1783, frz. Mathematiker, Philosoph und Literat. Bis Bd. 7 mit D. Diderot Hg. der frz. »Encyclopédie«, für die er mathemat., physikal. und philosoph. Stichwörter bearbeitete; formulierte das *d'Alembertsche Prinzip* der Dynamik.

Alençon [frz. alã'sõ], frz. Stadt in der Normandie, 32 500 E. Verwaltungssitz des Dép. Orne; 1665 Gründung einer Spitzenmanufaktur *(Alençonspitzen),* Fayencenherstellung. Kirche Notre-Dame (15. Jh.), Rathaus (1783, heute Museum).

Alentejo [portugies. ɐlɐn'tɛʒu], Landschaft im südl. Portugal, erstreckt sich südl. des Tejo – mit Ausnahme des Ribatejo – bis zum Algarv. Gebirge.

Aleph [...ef], der erste Buchstabe des hebr. Alphabets.

Aleppo (arab. Haleb), Stadt in NW-Syrien, 975 500 E. Univ., Nationalmuseum; Handels- und Ind.-Zentrum. Zahlr. Moscheen und Medresen, u. a. Große Moschee (gegr. 715; heutiger Bau 1169). – Eine der ältesten ständig bewohnten Städte der Erde (im 2. Jt. v. Chr. in hethit. Quellen erstmals erwähnt); 1516 osmanisch, nach dem 1. Weltkrieg als Teil des Völkerbundmandates Syrien französisch, ab 1946 syrisch.

alert [italien.-frz.], [geistig] beweglich.

Alès [frz. a'lɛs], frz. Bergbau- und Ind.-Stadt nnw. von Nîmes, 44 300 E. – Im 16./17. Jh. Zentrum der Hugenotten.

Alesia, Hauptort der kelt. Mandubier beim heutigen Alise-Sainte-Reine (Dép. Côte-d'Or). Cäsars Sieg über Vercingetorix 52 v. Chr. bei A. vollendete die röm. Unterwerfung Galliens.

Alessandria, Prov.-Hauptstadt in Piemont, 95 300 E. Handelszentrum mit Messen. Klassizist. Kathedrale, Rathaus (1775–1826). – 1168 gegr., nach Papst Alexander III. benannt.

Aletschhorn, mit 4195 m zweithöchster Gipfel der Finsteraarhorngruppe, Schweiz; stark vergletschert.

Aleuron [griech.], Reserveeiweiß der Pflanzen, v. a. in Samen in Form von festen Körnern, die in kleinen eiweißreichen Zellvakuolen durch Wasserentzug entstehen; dienen dem Keimling als Energiereserve.

Aleuten, Inselkette mit zahlr. Vulkanen, die sich in Fortsetzung der Alaska Peninsula bogenförmig etwa 2000 km nach W erstreckt; trennt das Beringmeer vom Pazifik, etwa 38 000 km². – 1741 von V. J. Bering in russ. Auftrag entdeckt; 1867 mit Alaska an die USA verkauft.

Aleutengraben, rd. 3500 km langer Tiefseegraben im nördl. Pazifik, bis 7822 m tief.

Alexander, Name von Herrschern:

Bulgarien: **1) Alexander I.,** *Verona 5. 4. 1857, † Graz 17. 11. 1893, Prinz von Battenberg, Fürst von Bulgarien (1879–86). Auf russ. Vorschlag von der bulgar. Nationalversammlung gewählt; geriet durch seine nat.-bulgar. Politik

---

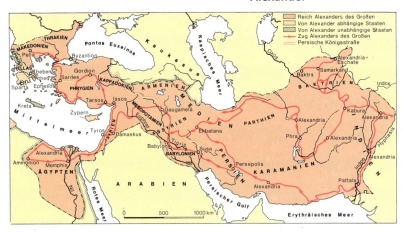

Map legend:
- Reich Alexanders des Großen
- Von Alexander abhängige Staaten
- Von Alexander unabhängige Staaten
- Zug Alexanders des Großen
- Persische Königsstraße

Alexander der Große. Reich und Züge des makedonischen Königs

(1885 Rückgewinnung Ostrumeliens, Sieg über die Serben) bald in Ggs. zu Rußland, auf dessen Betreiben er 1886 abdankte; löste die ↑Battenbergaffäre aus.

Jugoslawien: **2) Alexander I. Karađorđević** [serbokroat. kara.dʒɔ:rdʒevitɕ], * Cetinje 17. 12. 1888, † Marseille 9. 10. 1934, König. Proklamierte 1921 das »Königreich der Serben, Kroaten und Slowenen«, konnte die histor.-polit. heterogenen Landesteile nicht harmonisieren; verkündete 1929 die »Königsdiktatur«; fiel einem Attentat zum Opfer.

Makedonien: **3) Alexander der Große** (A. III.), * Pella 356 v. Chr., † Babylon 10. 6. 323, König (ab 336). Sohn Philipps II.; durch Aristoteles erzogen. A. sicherte zunächst die N-Grenze seines Reiches gegen Thraker und Illyrer und begann nach der Niederwerfung eines Aufstandes in Griechenland (335 Zerstörung Thebens) 334 den Kampf gegen Persien. Nach seinem ersten großen Sieg am Granikos eroberte er 333 ganz Kleinasien. Er besiegte den pers. Großkönig Darius III. bei Issos (333) und unterwarf 332/331 Syrien, Palästina und Ägypten. Der Sieg über Darius III. bei Gaugamela (331) brachte Babylon und Teile des pers. Kernlandes in seine Hand. A. betrachtete sich nach dem Tod Darius' III. als legitimen Nachfolger der Achämeniden, besetzte bis 327 das restl.

pers. Reichsgebiet und schloß die politisch bedeutsame Ehe mit der baktr. Fürstentochter Roxane. 327 unternahm A. einen Zug nach NW-Indien. Nach seinem Sieg über den ind. König Poros am Hydaspes (heute Jhelum; 326) mußte er wegen einer Meuterei seiner Truppen am Hyphasis (heute Beas) umkehren. Da A. keinen regierungsfähigen Erben besaß, entbrannten nach seinem Tod die Machtkämpfe der ↑Diadochen. ↑Alexanderdichtung.

Parma und Piacenza: **4) Alexander** (Alessandro Farnese), * Rom 27. 8. 1545, † Arras 3. 12. 1592, Herzog (ab 1586). Span. Statthalter in den Niederlanden (ab 1578); Rückeroberung des ganzen S und NO der Niederlande.

Rußland: **5) Alexander Newski** [russ. 'njefskij], hl., * Wladimir um 1220, † Gorodez 14. 11. 1263, Fürst von Nowgorod (1236–51), Großfürst von Wladimir (ab 1252). Sicherte die NW-Grenze des russ. Reiches durch glänzende Siege über die Schweden 1240 an der Newa (daher sein Beiname) und über den Dt. Orden 1242 auf dem gefrorenen Peipussee.

6) Alexander I. Pawlowitsch, * Petersburg 23. 12. 1777, † Taganrog 1. 12. 1825, Zar und Kaiser (seit 1801). Liberalem Gedankengut gegenüber aufgeschlossen, suchte er dennoch seine Selbstherrschaft zu vervollkommnen. In seiner bes. durch die Kriege mit

Alessandria Stadtwappen

Alexander der Große (Ausschnitt aus dem Alexandermosaik)

Alexander

(1807–09) und gegen Napoleon I. sowie durch die poln. und die oriental. Frage bestimmten Außenpolitik verband A. expansives russ. Machtstreben (Erwerb Finnlands und Bessarabiens sowie Personalunion mit »Kongreßpolen«) und europ. Sendungsbewußtsein (als »Retter Europas« Initiator der ↑Heiligen Allianz auf dem Wiener Kongreß). Bei seinem Tod kam es zum Aufstand der ↑Dekabristen.

7) Alexander II. Nikolajewitsch, * Moskau 29. 4. 1818, † (ermordet durch Bombenanschlag) Petersburg 13. 3. 1881, Zar und Kaiser (ab 1855). Führte das im Krimkrieg (1853–56) schwer erschütterte Rußland in eine innere Reformära (Aufhebung der Leibeigenschaft 1861, Modernisierung v. a. des Heer-, Justiz- und Finanzwesens 1862–66). Niederwerfung des polnischen Aufstandes 1863; erreichte bei propreußischem Kurs 1866 und 1870/71 die Aufhebung der Pontusklausel und den ↑Dreikaiserbund; asiatische Expansion (insbesondere Eroberung Turkestans seit 1864); trotz erfolgreichen Türkenkriegs 1877/78 auf den Rückgewinn Süd-Bessarabiens beschränkt.

Alexander, Name von Päpsten:
1) Alexander III., * Siena, † Civita Castellana 30. 8. 1181, vorher Rolando Bandinelli, Papst (ab 7. 9. 1159); der erste bed. päpstl. Kanonist, schuf die bis heute gültige Papstwahl.
2) Alexander VI., * Játiva bei Valencia wahrscheinlich 1. 1. 1431 (1432?), † Rom 18. 8. 1503, vorher Rodrigo de Borja (Borgia), Papst (ab 10. 8. 1492). Von seinem päpstlichen Onkel Kalixt III. 1455 zum Kardinal ernannt. Führte ein ausschweifendes Leben. Seine Politik war von dem Ziel beherrscht, seine Familie, besonders seine Kinder (v. a. Lucrezia und Cesare Borgia) zu bereichern.

Alexander von Hales [engl. heɪlz], * Halesowen (Worcester) 1170/85, † Paris 21. 8. 1245, engl. scholast. Philosoph und Theologe, Ehrenname »Doctor irrefragabilis« (»Lehrer, dem man nicht widersprechen kann«). Lehrte an der Univ. Paris; begründete die ältere Franziskanerschule; benutzte als erster Theologe des MA die Sentenzen des Petrus Lombardus als Grundlage seiner Vorlesungen.

Alexander, Kap, westlichster Punkt Grönlands, an der Nares Strait.

Alexandermosaik. Alexanderschlacht; um 100 v. Chr.

8) Alexander III. Alexandrowitsch, * Petersburg 10. 3. 1845, † Liwadija (Krim) 1. 11. 1894, Zar und Kaiser (ab 1881). Betrieb eine schroff antiliberalnationalist. Politik; entschloß sich nach der Nichterneuerung des Rückversicherungsvertrages durch das Dt. Reich 1890 zum Bündnis mit Frankreich (1891–94).

Alexander Archipelago [engl. ælɪg-ˈzɑːndə ɑːkɪˈpelɪɡəʊ], pazif. Inselgruppe von über 1 000 Inseln im Panhandle von Alaska, USA. 1741 entdeckt.
Alexanderdichtung, Dichtung um die Gestalt ↑Alexanders d. Gr. Hauptquelle war der in Alexandria entstandene griech. Alexanderroman des Pseudo-Kallisthenes, der vielfach übersetzt und

bearbeitet wurde. Maßgebend für das MA waren ein Auszug (9. Jh.) der »Res Gestae Alexandri Macedoni« (um 320/330) des Julius Valerius und die A. des Leo von Neapel (um 950). Führend wurde Frankreich durch Albéric de Besançon (um 1120), Vorbild u. a. für das mhd. »Alexanderlied« (um 1150) des Pfaffen Lamprecht, und durch Alexandre de Bernay (»Roman d'Alexandre«, um 1180). Eine Prosabearbeitung ist die »Histori von dem großen Alexander« (1444; 1. Druck 1472) des J. Hartlieb.

Alexander-I.-Insel, unbewohnte Insel der Antarktis, 43 200 km², bis 3 139 m hoch. − 1821 entdeckt.

Alexandermosaik, Mosaik (um 100 v. Chr.) aus der Casa del Fauno in Pompeji (Schlacht zw. Alexander d. Gr. und Darius), 5,12 × 2,77 m groß, jetzt im Museo Nazionale in Neapel; Kopie nach einem griech. Gemälde des 4. Jh. v. Chr.

Alexandersarkophag, in der Nekropole von Sidon gefundener att. Sarkophag (um 300 v. Chr.; heute Istanbul, Antikenmuseum) mit Alexanderszenen (in der Schlacht, bei der Löwenjagd).

Alexandria, 1) ägypt. Stadt am W-Rand des Nildeltas, an der Einmündung des Mahmudijjakanals ins Mittelmeer, 2,8 Mio. E. Univ., Museen (u. a. für griech.-röm. Altertümer, für Hydrobiologie), Zoo, botan. Garten. Bed. Ind.-Standort, Haupthandelshafen Ägyptens mit Baumwollbörse. Seebad; internat. ✈. − 332/331 von Alexander d. Gr. gegr., kultureller Mittelpunkt des Hellenismus (Weltstadt mit über 500 000 E). Im ummauerten Königsviertel befanden sich u. a. die Grabmäler Alexanders d. Gr. und Kleopatras VII. sowie die Alexandrinische Bibliothek; am Rand der Stadt das berühmte Serapeion. Die ehem. Insel Pharus mit dem Leuchtturm (eines der Sieben Weltwunder) war mit dem Festland durch einen Damm verbunden. 30 v. Chr. römisch (geringe Reste antiker Baudenkmäler, u. a. Pompejussäule und röm. Katakomben), 642 arabisch, 1517 osmanisch; in Napoleon. Zeit nur noch Kleinstadt. Mit dem Bau des Mahmudijjakanals (1819) und dem Ausbau des Hafens neue Blüte. Das *Patriarchat Alexandria* spielte vom 3. bis zum 5. Jh. eine große theolog. und kirchenpolit.

Rolle; wurde im 11. Jh. nach Kairo verlegt.
2) [engl. ælıg'za:ndrıə], Stadt und Wohnvorort von Washington, am rechten Ufer des Potomac River, Va., USA, 103 000 E.

Alexandriner, gereimter jamb. Vers von 12 oder 13 Silben mit fester ↑ Zäsur nach der 3. Hebung; ben. nach dem altfrz. Alexanderroman. In Frankreich im 17. Jh. bevorzugt für die Tragödie verwendet. In Deutschland von M. Opitz durchgesetzt.

Alexandrinische Bibliothek, bedeutendste Bibliothek der Antike; von Ptolemaios I. Soter in Alexandria angelegt.

alexandrinischer Kalender, im Dekret von Kanopus aus dem Jahre 238 v. Chr. festgelegte Zeitrechnung, die ein Jahr von 365 Volltagen und einen zusätzl. Schalttag alle vier Jahre zugrunde legt.

Alexandrow, Alexandr Wassiljewitsch, *Plachino (Gebiet Rjasan) 13. 4. 1883, † Berlin 8. 7. 1946, sowjet. Komponist. Schrieb u. a. Opern (»Rusalka«, 1913) sowie die sowjet. Nationalhymne.

Alexei, Name von Mitgliedern des russ. Herrscherhauses:
1) Alexei Michailowitsch, *Moskau 19. 3. 1629, † ebd. 8. 2. 1676, Zar (seit 1645). Gebietsgewinne in der Ukraine und in Sibirien, Erwerb von Smolensk.
2) Alexei Nikolajewitsch, *Petersburg 12. 8. 1904, † Jekaterinburg 16. 7. 1918, bluterkranker Sohn Nikolaus' II.; zus. mit seiner Familie von Bolschewisten umgebracht.

Alexios I. Komnenos, *Konstantinopel 1048/57, † ebd. 15./16. 8. 1118, byzantin. Kaiser (seit 1081). Kämpfte erfolgreich gegen Normannen (Robert Guiscard), Petschenegen und Seldschuken; innere Reorganisation des Reiches.

Alfagras [arab./dt.] ↑ Federgras.

Alfa Romeo SpA, italien. Automobilunternehmen, Sitz Mailand, gegr. 1910; in Staatsbesitz.

Alfaro Siqueiros, David [span. al'faro si'keirɔs], *Chihuahua 29. 12. 1896, † Cuernavaca 6. 1. 1974, mex. Maler. Kolossale Wandgemälde (an Hausfassaden usw.) v. a. mit Themen der mex. Revolution.

Al-Fatah ↑ Fatah.

Alfeld (Leine), Stadt am Fuße der Sieben Berge, Ndsachs., 22 500 E. − Spätgot. Sankt-Nikolai-Kirche (16. Jh.),

Papst Alexander VI.
(Ausschnitt aus einem Fresko von Pinturicchio im Appartamento Borgia, Vatikan)

Alfieri

Vittorio Alfieri

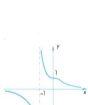

algebraische Kurve
4. Ordnung mit der
Gleichung $yx^3 + y - 1 = 0$

Algarve.
Die Brandungssteil-
küste bei Alvor west-
lich von Albufeira

Rathaus (1584–86), Altes Seminar (1610), Faguswerk (20. Jh.).

Alfieri, Vittorio Graf, * Asti 16. 1. 1749, † Florenz 8. 10. 1803, italien. Dichter. Gilt als bedeutendster italien. Tragödiendichter des 18. Jh. (u. a. »Philipp II.«, 1783; »Virginia«, 1783); auch Komödien, Satiren und Essays.

Alföld ↑Großes Ungarisches Tiefland.

Alfons, Name von Herrschern:

Aragonien: **1) Alfons I., der Schlachtenkämpfer,** * um 1073 (1084?), † Poleñino 8. 9. 1134, König (ab 1104). Eroberte 1118 von den Mauren Zaragoza und vergrößerte Aragonien um das Doppelte.

2) Alfons V., der Großmütige (A. der Weise), * Medina del Campo (?) 1396, † Neapel 27. 6. 1458, König (ab 1416), als König von Neapel (Eroberung 1442; erste humanist. Akademie) und Sizilien Alfons I.

Asturien: **3) Alfons III., der Große,** * um 848, † Zamora 20. 12. 912 , König (866–910); im Kampf gegen die Mauren Eroberungen bis zum Duero.

Kastilien und León: **4) Alfons VI., der Tapfere,** * 1040 (?), † Toledo 30. 6. 1109, König von León (ab 1065) und Kastilien (seit 1072); Landesherr des Cid; eroberte 1085 Toledo; nannte sich Kaiser von Spanien.

5) Alfons VIII., der Edle, * Soria 11. 11. 1155, † Gutierre-Muñoz 6. 10. 1214, König von Kastilien (ab 1158); erschütterte 1212 durch den Sieg bei Las Navas de Tolosa die Almohadenherrschaft.

6) Alfons X., der Weise, * Toledo 26. 11. 1221, † Sevilla 4. 4. 1284, König (ab 1252). Als Enkel Philipps von Schwaben 1257 gegen Richard von Cornwall zum röm.-dt. König gewählt; konnte sich jedoch nicht durchsetzen. Bed. v. a. als großer Mäzen: veranlaßte Gesetzessammlungen, eine Geschichte Spaniens und der Welt (unvollendet), förderte die Übersetzung arab. Werke (↑Alfonsinische Tafeln), ließ die Bibel ins Spanische übersetzen und war selbst literarisch tätig.

Portugal: **7) Alfons I., der Eroberer,** * Guimarães (Distrikt Braga) 1107/11, † Coimbra 6. 12. (?) 1185, Graf (ab 1128), König (seit 1139); erhob Portugal zum von Kastilien-León unabhängigen Kgr.; eroberte 1147 das maur. Lissabon.

8) Alfons V., der Afrikaner, * Cintra 15. 1. 1432, † ebd. 28. 8. 1481, König (ab 1438); erfolgreicher nordafrikan. Kreuzzug 1458; ließ die Entdeckungsfahrten seines Onkels Heinrich des Seefahrers fortführen.

Spanien: **9) Alfons XII.,** * Madrid 28. 11. 1857, † Schloß El Pardo 25. 11. 1885, König (seit 1874); setzte sich als Bourbone gegen die Karlisten durch.

10) Alfons XIII., * Madrid 17. 5. 1886, † Rom 28. 2. 1941, König (ab 1886). Billigte 1923 die Errichtung einer Militärdiktatur durch M. Primo de Rivera (bis 1930); verließ 1931 das Land, ohne abzudanken.

Alfonsinische Tafeln, astronom. Tabellen zur Berechnung der Örter von Sonne, Mond, Merkur, Venus, Mars, Jupiter und Saturn.

Alfred der Große, * Wantage bei Swindon 848 oder 849, † 26. 10. 899, König der Angelsachsen (seit 871). Rettete England vor gänzl. dän. Unterwerfung; gewann 886 London; sorgte für Reorganisation des Landes; förderte das Schulwesen, ließ Gesetze sammeln, übersetzte lat. Literatur.

Alfvén [schwed. al've:n], Hannes, * Norrköping 30. 5. 1908, † bei Stockholm 2. 4. 1995, schwed. Physiker. Arbeiten über magnetohydrodynam. und plasmaphysikal. Probleme und zur Entstehung des Sonnensystems; erhielt zus. mit L. E. F. Néel 1970 den Nobelpreis für Physik.

Algardi, Alessandro, * Bologna 27. 11. 1595, † Rom 10. 6. 1654, italien. Bildhauer und Baumeister. Neben Bernini der Hauptmeister der röm. Barockskulptur, u. a. Marmorrelief »Attilas

Vertreibung durch Papst Leo d. Gr.« (in der Peterskirche in Rom).

Algarve, histor. Prov. in S-Portugal, Gebiet zw. unterem Guadiana und der W-Küste. Im N liegt das bis 902 m hohe *Algarvische Gebirge;* Urlaubszentren an der buchtenreichen Südküste.

Algebra [zu arab. al-djabr, eigtl. »die Einrenkung (gebrochener Teile)«], im urspr. Sinne die Lehre von den Gleichungen und ihrer Auflösung. Grundaufgabe ist die Auffindung der [reellen oder komplexen] Lösungen einer algebraischen Gleichung n-ten Grades

$$a_n x^n + a_{n-1} x^{n-1} + \ldots$$
$$\ldots + a_1 x + a_0 = 0$$

($a_n \neq 0$; Koeffizienten a_n, ..., a_0 reell oder komplex). Der *Fundamentalsatz der A.* lautet: Jede algebraische Gleichung n-ten Grades ($n = 1, 2, 3, \ldots$) mit komplexen (also speziell auch reellen) Koeffizienten besitzt mindestens eine komplexe Lösung. Die *moderne A.* befaßt sich mit *algebraischen Strukturen,* deren Elemente nicht unbedingt Zahlen sein müssen. Man untersucht v. a. Gruppen, Ringe und Körper.

algebraische Gleichung, eine ↑Gleichung, bei der auf die Unbekannte nur algebraische Operationen angewandt werden. Allg. Form einer a. G. mit *einer* Unbekannten:

$$a_0 + a_1 x + a_2 x^2 + \ldots + a_n x^n = 0$$

algebraische Kurve, die Menge aller Punkte, deren kartes. Koordinaten durch eine algebraische Gleichung gegeben sind, z. B. die Kegelschnitte.

algebraische Struktur (Verknüpfungsgebilde), eine nichtleere Menge M, in der eine oder mehrere ↑Verknüpfungen definiert sind.

algebraische Zahl, jede komplexe bzw. reelle Zahl, die sich als Lösung einer algebraischen Gleichung einer Variablen mit ganzzahligen Koeffizienten ergibt, z. B. die imaginäre Einheit i als Lösung der algebraischen Gleichung $x^2 + 1 = 0$.

Algeciras [span. alxe'θiras], span. Hafenstadt gegenüber Gibraltar, 87 000 E. Fischerei- und Handelshafen, Autofähren nach Ceuta und Tanger; Korkverarbeitung. – 10 km nordöstl. die Ruinen der phönik. Gründung Carteya.

Algen [lat.] (Phycophyta), eine der sieben Abteilungen des Pflanzenreichs mit rund 26 000 freischwimmenden oder festgewachsenen Arten. Das Vorkommen der A. ist auf das Meer, Süßwasser oder feuchte Orte (nasse Wände, Baumstümpfe, Erdboden) begrenzt. Mit ihrem im allg. nicht in Organe gliederten Bau zählen sie zu den Lagerpflanzen. Ihre Mannigfaltigkeit reicht von wenige μm großen Einzellern bis zu hochorganisierten Groß-A. (Tangen) von mehreren Metern Größe. Immer jedoch bleibt die Grundform der ↑Thallus. Die Vermehrung der A. erfolgt geschlechtlich und ungeschlechtlich.

A. sind relativ einfache pflanzl. Systeme. Sie lassen sich in vielen Fällen leicht in Reinkultur züchten und dienen dann z. B. zur Aufklärung des Feinbaus und der chem. Zusammensetzung der Pflanzenzelle und als Indikatoren zur

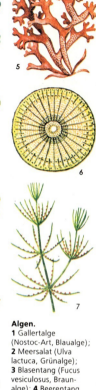

Algen.
1 Gallertalge (Nostoc-Art, Blaualge); **2** Meersalat (Ulva lactuca, Grünalge); **3** Blasentang (Fucus vesiculosus, Braunalge); **4** Beerentang (Sargassum-Art, Braunalge); **5** Knorpeltang (Chondrus crispus, Rotalge); **6** Kieselalge (Arachnoidiscus-Art); **7** Armleuchteralge (Chara-Art, Grünalge)

Algenpilze

Staatsflagge

Staatswappen

Beurteilung der Wassergüte. Von größter Wichtigkeit ist ihre Fähigkeit, auf dem Weg über die Photosynthese Sonnenenergie in chem. Energie umzuwandeln. Dieser Vorgang (Primärproduktion) ist die Grundlage allen tier. Lebens im Wasser. A. liefern Nahrungs-, Futter-, Düngemittel und Rohstoffe für die Industrie. In vielen Küstenländern werden sie seit alter Zeit gegessen (enthalten rd. 30% Eiweiß, dazu Vitamine und Spurenelemente). Eine beachtl. Rolle in der Wirtschaft aller Industrieländer spielen die aus Rot- und Braun-A. gewonnenen Gelier- und Schleimstoffe. Am bekanntesten ist Agar-Agar. Eine gleiche Schlüsselposition nimmt die aus Braun-A. gewonnene Alginsäure mit ihren Verbindungen ein. In Europa und den USA baut man Lager von fossilen Kiesel-A. ab (↑Kieselgur). ↑Braunalgen, ↑Goldbraune Algen, ↑Grünalgen, ↑Rotalgen.

Algenpilze (niedere Pilze, Phycomycetes), niedere algenähnl. Pilze, die Zellulose (statt Chitin wie die höheren Pilze) in den Zellwänden aufweisen. Viele A. sind gefährl. Schädlinge an Kulturpflanzen (z. B. Falsche Mehltaupilze). Die früher häufig als chlorophyllos gewordene Algen betrachteten A. werden heute in die Klassen Chytridiomycetes, Oomycetes und Zygomycetes eingeteilt.

13,4   26,3   987   1840

1970 1992   1970 1992
Bevölkerung   Bruttosozial-
(in Mio.)   produkt je E
      (in US-$)

☐ Stadt   Land ☐

54%   46%

Bevölkerungsverteilung
1992

☐ Industrie
☐ Landwirtschaft
☐ Dienstleistung

47%   38%
   15%

Bruttoinlandsprodukt
1992

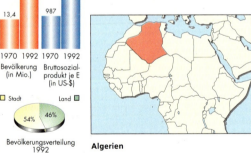

Algerien

Fläche:	2 381 741 km²
Einwohner:	26,346 Mio.
Hauptstadt:	Algier
Amtssprache:	Arabisch
National-	
feiertage:	5. 7. und 1. 11.
Währung:	1 Alger. Dinar (DA)=
	100 Centimes (CT)
Zeitzone:	MEZ – 1 Std.

Algerien (arabisch Al-Djazair), Staat in Afrika, grenzt im NW an Marokko, im W an Westsahara, im SW an Mauretanien und Mali, im SO an Niger, im O an Libyen und Tunesien.

Staat und Recht: Präsidialrepublik; *Verfassung* von 1988. *Staatsoberhaupt* und oberster Inhaber der *Exekutive* ist der auf 5 Jahre vom Volk gewählte Staatspräsident. Organ der *Legislative* ist die Nationalversammlung (282 Mgl., vom Volk auf 5 Jahre gewählt). Die bis 1989 einzige *Partei* Front de Libération Nationale (FLN, Nat. Befreiungsfront) gab ihren Führungsanspruch 1989 auf; 1992 wurde der Front Islamique du Salut (FIS, Islam. Heilsfront) verboten.

Landesnatur: A. reicht von der Mittelmeerküste bis in die zentrale Sahara. Es gliedert sich in Nord-A. (Atlasgebirge) und Süd-A. (Saharagebiet). Der N, mit mediterranem Klima, stellt mit der Küstenebene und den zahlr. Beckenlandschaften der Gebirge den wichtigsten Lebensraum dar. Der S, mit extrem trockenem Klima, gliedert sich in die Dünengebiete des Großen Westl. und Großen Östl. Erg sowie das Hochgebirge der Ahaggar (bis 2918 m ü. M.). An der Küste findet sich mediterrane Vegetation, im östl. Tellatlas und in der Kleinen Kabylei gibt es Korkeichenwälder. Hauptanbaugebiete sind die Quertäler der Flüsse und die östl. Hochflächen.

Bevölkerung: In Nord-A. leben 95% der Bevölkerung, die sich aus Arabern (etwa 70%) und Berbern (etwa 20%) zusammensetzt. 99% sind Muslime. 55% der Bevölkerung über 10 Jahre sind Analphabeten. Es besteht allg. Schulpflicht.

Wirtschaft, Verkehr: Bedeutendster Ind.-Zweig ist die staatlich kontrollierte Erdöl- und Erdgaswirtschaft. Das in der Sahara geförderte Erdöl wird über Pipelines zu den Exporthäfen (mit Raffinerien) Arzew, Bejaïa und La Skhirra (Tunesien) gepumpt. Eisenerz wird im Atlas, Phosphat nahe der tunes. Grenze abgebaut. Ausgeführt werden Rohöl, landwirtschaftl. Produkte und Erze. A. verfügt über 3800 km Eisenbahn- und 78500 km Straßennetz. Internat. ✈ bei Algier.

Geschichte: Von Berbern bewohnt; im Altertum phönik., später karthag. Handelsniederlassungen; seit dem 1. Jh. v. Chr. röm. Prov.; 5./6. Jh. Vandalenherrschaft; Mitte 6. Jh. von Byzanz, im 7. Jh. von den Arabern erobert. Um die Wende 15./16. Jh. versuchte Spanien, die Berberei zu erobern; seit 1519 unter osman. Oberherrschaft, gehörte zu den seeräuber. »Barbareskenstaaten«. 1830 bis 47 von den Franzosen erobert, erst seit 1870 völlig unter der militär. Kontrolle Frankreichs, diesem politisch und wirtschaftlich angegliedert.

Ende 1954 brach unter Führung des FLN offener Widerstand gegen Frankreich aus; eine provisor. Exilregierung wurde gebildet. 1962 gewährte Frankreich gegen heftige innere Widerstände A. die volle Unabhängigkeit. Staats-Präs. wurde M. A. Ben Bella. Durch dessen Sturz gelangte 1965 Oberst H. Boumedienne an die Spitze des Staates. Nach dessen Tod (1978) wurde Oberst Chadli Bendjedid Staatspräsident und Inhaber der Exekutive. Im Herbst 1988 kam es zu Protestdemonstrationen gegen die Herrschaft des FLN, die ein Gleichgewicht zw. Sozialismus und Islam herzustellen suchte. Eine neue Verfassung, die ein Mehrparteiensystem zuließ, wurde 1988 angenommen. Aus den Gemeinde- und Regionalwahlen im Juni 1990 ging der Front Islamique du Salut (FIS) als Sieger hervor. Nachdem sich der FIS auch im ersten Wahlgang der Parlamentswahlen im Dez. 1991 durchgesetzt hatte, übernahm nach dem Rücktritt Chadlis im Jan. 1992 ein Oberster Staatsrat, gebildet von Militärs und herrschenden Politikern, die Macht, um eine weitergehende Islamisierung zu verhindern; Staats-Präs. wurde M. Boudiaf. Trotz des 1992 verhängten Ausnahmezustands kam es fortdauernd zu Kämpfen zw. staatl. Sicherheitsorganen und islamist. Untergrundkämpfern, die zahlr. Attentate auf Politiker, Intellektuelle und Ausländer verübten (Ermordung Boudiafs am 29. 6. 1992). Zahlr. Fundamentalisten wurden inhaftiert oder hingerichtet. Bis 1995 fielen diesem nicht erklärten Bürgerkrieg etwa 50 000 Menschen zum Opfer. Staats-Präs. ist seit 1994 L. Zéroual, der 1995 durch Wahlen bestätigt wurde.

Algier [ˈalʒiːr], Hauptstadt, Kultur- und Wirtschaftszentrum sowie wichtigster Hafen Algeriens, 1,7 Mio. E. Die städt. Agglomeration erstreckt sich über 20 km entlang der Küste und greift weit auf das Hinterland über; zwei Univ., TU und weitere Hochschulen sowie Forschungsinstitute; Museen; botan. Garten; internat. ✈. Die Altstadt wird beherrscht von der Kasba (16. Jh.); Große Moschee (11. Jh.), Neue Moschee (1660). Nahebei die Wallfahrtskirche Notre Dame d'Afrique (1872 geweiht). – Nach phönik. und röm. Siedlungen um 950 von Arabern neu gegr.; 1830–1962 französisch.

Alginsäure (Algensäure), farbloses, optisch aktives, zellulose- oder pektinsäureartiges, unlösl. Polysaccharid; Vorkommen in den Zellwänden von Braunalgen. Wird vielfach verwendet als Eindickungsmittel für Speiseeis, als Appetitzügler und als Mittel gegen Fettleibigkeit sowie bei der Gewinnung von Kunstfasern *(Alginatreyon)*.

Algizide, Sammel-Bez. für Algenbekämpfungsmittel.

ALGOL [Kw. aus engl. **algo**rithmic **l**anguage], problemorientierte Programmiersprache für Rechenanlagen, die sich stark an die mathemat.-formale Ausdrucksweise anlehnt und v. a. im mathemat. und techn.-wiss. Bereich verwendet wird.

Algonkin, eine der großen indian. Sprachfamilien N-Amerikas. Zu den *Nördl. A.* gehören u. a. die A., Cree, Naskapi, Ottawa. Die *Östl. A.* (u. a. Micmac, Delaware) lebten an der atlant. Küste von Neufundland bis Georgia. Zu den *Zentralen A.* im Mittleren W der USA zählen u. a. Potawatomi, Illinois, Miami. Die *Westl. A.* waren in die Prärien und Great Plains abgewandert, u. a. die Cheyenne, Blackfoot.

algorithmische Sprachen, formalisierte Sprachen zur Beschreibung und Programmierung von Rechenprozessen, die mit Hilfe von Algorithmen durchführbar sind. Spezielle a. S. sind ALGOL und FORTRAN.

Algorithmus [mittellat.], Rechenvorgang, der nach einem bestimmten, sich wiederholenden Schema abläuft. Jede Aufgabe, deren Lösungsverfahren sich durch einen A. beschreiben läßt, kann auch mit Hilfe einer Rechenanlage gelöst werden.

Algier
Stadtwappen

Algonkin.
Wampun-Gürtel

Alexandr A. Aljochin

Alicante
Stadtwappen

Alken.
Papageientaucher

Algren, Nelson [engl. 'ælgrɪn], *Detroit (Mich.) 28. 3. 1909, † Sag Harbor (N. Y.) 9. 5. 1981, amerikan. Schriftsteller. Schrieb Romane, Erzählungen, Essays; u. a. »Der Mann mit dem goldenen Arm« (R., 1949).

Alhambra [span. a'lambra], Feste der maur. Nasridenherrscher (13. und 14. Jh.) auf einem Bergrücken oberhalb von Granada, bed. Denkmal des islam. Profanbaus. Räume um Höfe angeordnet; Stalaktitengewölbe. Außerdem Renaissancepalast (1526 ff.; unvollendet).

Ali, Muhammad ↑Muhammad Ali.

Ali ibn Abi Talib, *Mekka um 600, † Kufa 24. 1. 661, 4. Kalif (seit 656). ⚭ mit Fatima, der Tochter des Propheten Mohammed. Nach der Ermordung des 3. Kalifen, Othman, erwählt, gelang es ihm nicht, sich gegen den Statthalter von Syrien, Moawija, durchzusetzen. Sein angebl. Grab in An Nedjef (Irak) ist religiöses Zentrum der ↑Schiiten.

Aliakmon, Zufluß des Thermaischen Golfes, mit etwa 330 km längster Fluß Griechenlands.

alias [lat.], anders, auch … (genannt).

Ali Baba und die vierzig Räuber, Märchen aus ↑»Tausendundeine Nacht«.

Alibi [lat. »anderswo«], der Nachweis, daß der Beschuldigte sich zur Tatzeit an einem anderen Ort als dem Tatort aufgehalten hat und deshalb nicht der Täter sein kann.

Alicante [span. ali'kante] (katalan. Alacant), span. Hafenstadt am Mittelmeer, 265 500 E. Verwaltungssitz einer Prov., Hauptbasis der südostspan. Fischereiwirtschaft; Erdölraffinerie; Seebad; internat. 🏫. Kathedrale San Nicolás de Bari (1616–62).

Alice Springs [engl. 'ælɪs 'sprɪŋz], austral. Stadt im Mittelpunkt des Kontinents, 14 000 E. Institut zur Erforschung arider Gebiete, meteorolog. Station.

alicyclische Verbindungen [griech./ dt.] (Naphthene), alle ringförmigen, nichtaromatischen bzw. nichtheterocyclischen Kohlenwasserstoffverbindungen.

Aligarh, ind. Stadt im Gangestiefland, Uttar Pradesh, 320 000 E. Islam. Univ.; Festung, Große Moschee (1728); Handels- und Verarbeitungszentrum für Agrarprodukte.

Alighieri ↑Dante Alighieri.

Alignement [frz. alɪnjə'mã:], alleeartig angeordnete ↑Menhire, v. a. in der Bretagne.

alimentär [lat.], mit der Ernährung zusammenhängend.

Alimente [lat.], die Unterhaltszahlungen insbes. des Vaters für das nichtehel. Kind.

aliphatische Verbindung [griech./dt.] (acyclische Verbindung), organ. Verbindung mit gerader oder verzweigter, nicht ringförmiger Kohlenstoffkette; z. B. Paraffine.

Alişar Hüyük [türk. ɑli'ʃar hy'jyk], bed. frühgeschichtl. Fundort in Inneranatolien.

Alitalia, Abk. für **A**erolinee **Italia**ne Internazionali, staatl. italien. Luftverkehrsgesellschaft; gegr. 1946, Sitz Rom.

Alitieren [Kw.], Herstellen eines aus Eisen-Aluminium-Mischkristallen bestehenden Oberflächenschutzes auf Eisenwerkstoffen. Das Aluminium kann in flüssiger Form (*Tauch-A., Spritz-A.*) oder pulverförmig (*Pulver-A.*) aufgebracht werden.

Alizarin [arab.] (1,2-Dihydroxyanthrachinon), ein schon im Altertum bekannter roter Farbstoff; chem. ein Anthrachinonfarbstoff. Natürl. Vorkommen in der Wurzel der Färberröte, synthetisch heute aus Anthracen hergestellt.

Aljochin, Alexandr Alexandrowitsch, eigtl. A. A. Alechin, *Moskau 1. 11. 1892, † Estoril bei Lissabon 24. 3. 1946, russ. Schachspieler. 1927–35, 1937–46 Weltmeister.

Alkaios (Alkäus, Alcaeus), *Mytilene (Lesbos) um 620, † um 580, griech. Dichter. Neben ↑Sappho bedeutendster äol. Lyriker; nach ihm benannt die *alkäische Strophe* (vierzeiliges Odenmaß).

Alkalien (Alkali) [arab.], i. w. S. alle alkalisch reagierenden (↑alkalische Reaktion) Stoffe; i. e. S. die Hydroxide der Alkalimetalle und Erdalkalimetalle.

Alkaligesteine, magmat. Gesteine mit einem Überschuß an Alkalimineralen (Hornblende, Albit), z. B. Trachyt.

Alkalimetalle, die Metalle der ersten Hauptgruppe des ↑Periodensystems der chemischen Elemente: Lithium, Natrium, Kalium, Rubidium, Cäsium und Francium. Die A. haben eine geringe Dichte sowie sehr niedrige Schmelz- und Siedetemperaturen; sie sind sehr unedel, d. h. chem. sehr reaktionsfähig. So werden sie an der Luft sehr schnell oxidiert und reagieren mit Wasser oder Halogenen (z. B. Chlorgas) teilweise sehr heftig zu den Alkalihydroxiden bzw. Alkalihalogeniden.

Alkalimetrie [arab./griech.], maßanalyt. Verfahren zur Bestimmung des Basengehalts einer Flüssigkeit durch tropfenweisen Zusatz von Säure bis zum Farbumschlag eines zugegebenen Farbindikators. Ggs. ↑Acidimetrie.

Alkaliphosphate, Natrium- bzw. Kaliumsalze der Phosphorsäure.

alkalisch [arab.], basisch, laugenhaft.

alkalische Reaktion (basische Reaktion), auf der Anwesenheit von Hydroxidionen (in wäßriger Lösung) im Überschuß beruhende chem. Reaktion. Ggs.: saure Reaktion.

Alkaloide [arab./griech.], bas. Stickstoffverbindungen (etwa 2000 aus 100 Pflanzenfamilien), die aus einem oder mehreren heterocycl. Ringen bestehen. A. sind Stoffwechselendprodukte, die als Alkaloidgemische in allen Pflanzenteilen vorkommen können. Der Alkaloidanteil ist in Blättern, Rinde und Früchten meist bes. groß; in anderen Organen können A. völlig fehlen. Der Ort der Alkaloidsynthese ist nicht unbedingt ident. mit dem Ort ihrer Anhäufung, da A. innerhalb der Pflanze weitertransportiert werden können. Die Biosynthese der A. in der Pflanze erfolgt aus Aminosäuren und Aminen. Die Bed. der A. für die Pflanze ist unklar, da fast alle alkaloidhaltigen Pflanzen auch alkaloidfrei gezüchtet werden können. Die A. haben meist eine sehr spezif. Wirkung auf bestimmte Zentren des Nervensystems und sind häufig schon in geringen Mengen tödl. Gifte (z. B. 20 mg Strychnin beim Menschen); viele A. werden in unschädl. Konzentration pharmazeutisch angewendet (z. B. Chinin, Morphin). Im *Tierreich* kommen A. nur vereinzelt vor, z. B. das *Bufotenin* in der Rückenschleimhaut von Kröten. – Die Wirkung alkaloidhaltiger Drogen – etwa des Opiums – war seit dem Altertum bekannt.

Alkalose [arab.] (Alkaliämie), Störung des Säure-Base-Gleichgewichts im Blut, die mit einem Ansteigen des pH-Wertes infolge Freisetzung bas. Substanzen einhergeht; kann bis zur ↑Tetanie führen.

Alkamenes, griech. Bildhauer aus Athen oder Lemnos, 2. Hälfte des 5. Jh. v. Chr. Schüler des Phidias.

Alkane [Kw.], Sammelname für die gesättigten aliphat. Kohlenwasserstoffe der Summenformel C_nH_{2n+2} mit geraden oder verzweigten Kohlenstoffketten.

Butan

Alkane

2-Methylpropan, Isobutan

Alkäus ↑Alkaios.

Alkazar (Alcázar) [arab. »die Burg«], span. Bez. für königl. Palast, Burg.

Alken, Gemeinde am rechten Moselufer, Rheinl.-Pf., 660 E. Über A. liegt *Thurandt,* die bedeutendste Burganlage an der Mosel (um 1200).

Alken [altnord.] (Alcidae), Fam. bis 45 cm großer, vorwiegend Fische fressender, hauptsächlich arkt. Meeresvögel mit 20 Arten, die entfernt an Pinguine erinnern; A. schwimmen und tauchen vorzüglich, fliegen aber schlecht; brüten in Kolonien. Bekannte Arten: *Krabbentaucher* (stargroß, schwarz-weiß), *Papageientaucher* (Lund; bis 35 cm groß, schwarz-weiß), *Riesenalk* (im 19. Jh. ausgerottet; bis 80 cm groß, flugunfähig).

Alkene [Kw.] (Trivialname Olefine), ungesättigte acycl., sehr reaktionsfähige Kohlenwasserstoffe, die eine Kohlenstoffdoppelbindung haben. Allg. Formel C_nH_{2n}. Gemische der flüssigen A. dienen bes. als Treibstoffe und Heizmittel.

cis-2-Buten

Alkene.
cis-2-Buten, Äthen und Propen (von oben)

Alkeste (Alkestis, Alcestis), im griech. Mythos Gemahlin des Admetos, dessen Leben sie durch ihren eigenen freiwilligen Tod bewahrt; wird von Herakles aus dem Hades befreit.

Alkibiades (lat. Alcibiades), *Athen um 450, † Melissa (Phrygien) 404 (ermordet), athen. Politiker und Feldherr. Neffe des Perikles, Schüler des Sokrates; bewegte die Athener 415 zum Eingreifen in Sizilien; als einer der Strategen der Expedition des Hermenfrevels angeklagt und zurückbeordert; floh nach Sparta, wo er entscheidende Ratschläge zur Bekämpfung Athens erteilte, später zum pers. Satrapen Tissaphernes; von der athen. Flotte bei Samos zum Strategen gewählt, feierte er 408 nach Seesiegen einen triumphalen Einzug in Athen; ging, nach Mißerfolgen seines Postens enthoben, nach Thrakien, 404 nach Persien.

Alkine [Kw.] (Acetylene), ungesättigte, nicht ringförmige Kohlenwasserstoffe, die eine Dreifachbindung aufweisen, allg. Formel C_nH_{2n-2}. Das einfachste und wichtigste Alkin ist das *Äthin* (Trivialname †Acetylen).

Alkine.
Oben: Äthin ♦ Unten: Propin

$$HC \equiv CH$$
$$CH_3 - C \equiv CH$$

Alkinoos [... no-ɔs], im griech. Mythos Vater der Nausikaa, König der Phäaken; nimmt Odysseus, später auch die Argonauten gastfreundlich auf.

Alkmaar, niederl. Stadt nw. von Amsterdam, 74 000 E. Käsemarkt. Spätgotisch sind Rathaus, Stadtwaage und Grote Kerk mit bed. Orgel und Altar (1504).

Alkmene †Amphitryon.

Alkoholdehydrogenase [arab./griech.], zu den Dehydrogenasen zählendes Enzym, das im Energiestoffwechsel primäre und sekundäre Alkohole in Gegenwart von NAD zu Aldehyden und Ketonen dehydriert und auch die umgekehrte Reaktion katalysiert.

Alkohole [arab.-span.], organ. Verbindungen, die als funktionelle Gruppe die Hydroxygruppe (−OH) tragen, mit Ausnahme des sich chem. anders verhaltenden †Phenols und dessen Derivaten, bei denen die Hydroxygruppe direkt an ein aromat. Ringsystem gebunden ist. Nach der Zahl der im Molekül vorhandenen OH-Gruppen unterscheidet man ein-, zwei- und mehrwertige A.; sie werden benannt, indem an den Namen des Kohlenwasserstoffs die Endung -ol angehängt wird, wobei die vorgestellte Ziffer die Stellung der OH-Gruppe an der Kohlenstoffkette bezeichnet (z. B. 2-Propanol). Die vier-, fünf und sechswertigen A. werden mit der Endung -it versehen, z. B. Pentit oder Hexit. Nach der Struktur unterscheidet man *primäre A.,* bei denen das die OH-Gruppe tragende C-Atom mit nur einem weiteren C-Atom (organ. Rest R) verbunden ist, *sekundäre A.,* bei denen am C-Atom mit der OH-Gruppe zwei organ. Reste hängen, und *tertiäre A.,* bei denen alle drei weiteren Valenzen durch Reste abgesättigt sind. − Das chem. Verhalten der A. ist durchweg auf deren funktionelle OH-Gruppe zurückzuführen. Ihre Reaktionsfähigkeit macht die A. zu den wichtigsten Ausgangsstoffen für die Herstellung anderer chem. Stoffklassen. − In der Natur kommen A. fast durchweg als Bestandteile von Estern (Fette, äther. Öle, Wachse) vor. Äthanol, der bekannte Trinkalkohol ist das Endprodukt der alkohol. Gärung von Zucker durch Hefen. Äthanol ist ein seit dem Altertum weitverbreitetes Genußmittel, das schon in geringen Mengen die Empfindlichkeit der Sinne herabsetzt.

$$CH_3 - OH$$
$$CH_3 - CH_2 - OH$$

$$H_3C - \overset{\displaystyle CH_3}{\underset{\boxed{OH}}{\overset{|}{C}}} - CH_3$$

Alkohole. Methanol, Äthanol und 2-Methyl-2-propanol (von oben)

Alkoholgehalt, 1) *allg.:* in alkohol. Getränken die in Vol.-% oder Gewichts-% angegebene Alkoholkonzentration.
2) *Medizin:* (A. des Blutes) †Blutprobe.
alkoholische Gärung †Gärung.

alkoholische Getränke, Getränke, die einen Alkoholgehalt aufweisen, sei es durch Gärung, Destillation oder Zusatz von Alkohol. A. G. sind seit ältester Zeit bekannt, die Chinesen benützten als Grundlage Reis, in Mesopotamien wurden seit dem 3. Jt. zahlr. Biersorten gebraut, die Germanen bevorzugten ↑Met. In Griechenland und Italien wurde Wein angebaut. Das Destillieren kam im 11. Jh. in Italien auf.

Alkoholismus [arab.], eine durch Alkoholgenuß hervorgerufene Krankheit (↑Sucht), die gekennzeichnet ist durch einen länger als ein Jahr anhaltenden Alkoholmißbrauch, den Verlust der Trinkkontrolle und die dadurch bedingten körperl., seel. und sozialen Schädigungen. Organ. Schäden sind v. a.: chron. Magenentzündung mit morgendl. Erbrechen, seltener chron. Herz- und/oder Nierenerkrankungen. Der alkoholbedingte Kalorienüberschuß im Organismus führt zu Fettablagerung in der Leber mit Übergang in die alkohol. Leberzirrhose. Die beim A. auftretenden Störungen der Gehirnfunktion führen u. a. zur *Alkoholhalluzinose* (vorwiegend akust. Sinnestäuschung) und v. a. zum *Delirium tremens,* das durch plötzl. Alkoholentzug ausgelöst werden kann.

Alkoholometrie [arab./griech.], Ermittlung des Alkoholgehaltes in Alkohol-Wasser-Gemischen durch Dichtebestimmung mit dem Aräometer.

Alkoholprobe ↑Blutprobe.

Alkoholvergiftung, Vergiftung durch einmaligen Genuß einer großen Alkoholmenge. Der Tod kann durch Lähmung des Atemzentrums eintreten.

Alkoven [...vən; arab.], Bettnische eines Zimmers (16.–19. Jh.), durch eine Balustrade oder durch Türen abgetrennt.

Alkuin (Alcuinus, Alchvine), *um Northumbria um 730, † Tours 19. 5. 804, angelsächs. Gelehrter. Seit 778 Lehrer an der Domschule in York; von Karl d. Gr. ins Frankenreich berufen; wurde zum Initiator der ↑karolingischen Renaissance.

Alkydharze [Kw.], Polyesterharze, die durch Polykondensation aus Veresterung mehrwertiger Alkohole (v. a. Glycerin) mit Di- oder Tricarbonsäuren (Phthalsäure, Bernsteinsäure) gewonnen werden. Die A. bilden wichtige Lackrohstoffe.

Alkyl [Kw.], Gruppenname für einwertige ↑Radikale, die aus Alkanen durch Entzug eines H-Atoms entstehen, z. B. –CH₃ (Methyl).

Alkylierung [Kw.], Einführung von Alkylgruppen, z. B. Methyl-, Äthyl-, Propylgruppen, in organ. Verbindungen durch Substitution oder Addition.

alla breve [italien.], in der Musik Taktmaß nach halben Noten. (Zeichen: ₵).

Allah [arab.], Name eines altarab. Hochgottes, den der Prophet Mohammed als einzigen Gott verkündete.

Allahabad, ind. Stadt in Uttar Pradesh, im Mündungswinkel von Ganges und Jumna, 616 000 E. Univ., Sprachforschungsinstitut (u. a. für Sanskrit.); Metall-, Textil-, Nahrungsmittel- und Pharma-Ind.; ⚒. – Alte Hindu-Pilgerstätte *(Prag* oder *Prayag);* heutige Stadt und Fort 1583 von Akbar angelegt.

Allais, Maurice [frz. a'lɛ], *Paris 31. 5. 1911, frz. Volkswirtschaftler. Ingenieur; ab 1944 Prof. für Wirtschaftsanalyse; erhielt 1988 für seine Arbeiten zu den mathemat. Grundlagen der Gleichgewichtstheorie den Nobelpreis für Wirtschaftswissenschaften.

Allantoin

Allantoin [griech.], Abbauprodukt der Harnsäure im Eiweißstoffwechsel der meisten Säugetiere (bes. der Raubtiere), bei Pflanzen Produkt der Ammoniakentgiftung.

Alldeutscher Verband, 1894 gegr. überparteil. Verein, der einen aggressiven Nationalismus propagierte; trat für eine aktive Flotten- und Kolonialpolitik, für den Mitteleuropagedanken und im 1. Weltkrieg für ein extremes Annexionsprogramm ein; 1939 aufgelöst.

Allegheny Mountains [engl. 'ælıgenı 'maʊntınz], Teil des Gebirgssystems der Appalachen, etwa 800 km lang, bis 80 km breit, bis 1 481 m hoch.

Allegheny River [engl. 'ælıgenı 'rıvə], nördl. Quellfluß des Ohio, 523 km lang.

Isabel Allende

**Salvador Allende
Gossens**

Allegorie [griech.], literar. oder bildner. Wiedergabe eines abstrakten Begriffs durch ein Bild, oft mit Hilfe der Personifikation (z. B. Justitia, Fortuna, das Glücksrad). Die A. ist beliebt in der Spätantike, im MA (Minne-A.) und Barock.

allegretto [italien.], musikal. Tempovorschrift: mäßig schnell (langsamer als ↑allegro).

Allegri, Gregorio, *Rom 1582, † ebd. 17. 2. 1652, italien. Komponist. Geistl. Musik, u. a. neunstimmiges »Miserere« (etwa 1638).

allegro [italien.], musikal. Tempovorschrift für ein lebhaftes Zeitmaß.

Allele [griech.], die einander entsprechenden, jedoch im Erscheinungsbild eines Lebewesens sich unterschiedlich auswirkenden Gene homologer Chromosomen (als Folge von Mutationen).

Alleluja [hebr.], in der kath. und den ostkirchl. Liturgien eine Akklamation, mit der Christus gehuldigt wird. ↑Halleluja.

Allemande [alə'mã:də; frz.], geradtaktiger Gesellschaftstanz des 16.–18. Jh.; wurde in stilisierter Form Teil der instrumentalen ↑Suite.

Allen [engl. 'ælın], **1)** Hervey, *Pittsburgh 8. 12. 1889, † Miami 28. 12. 1949, amerikan. Schriftsteller. Schrieb den napoleon. Geschichtsroman »Antonio Adverso« (1933).

2) Woody, eigtl. Allen Stewart Konigsberg, *Flatbush (N. Y.) 1. 2. 1935, amerikan. Filmregisseur, Schauspieler und Schriftsteller. Subtiler Vertreter (auch Drehbuchautor und Hauptdarsteller) von kritisch-intellektuellen Filmsatiren, u. a. »Mach's noch einmal, Sam« (1970), »Der Stadtneurotiker« (1977), »Zelig« (1983), »The Purple Rose of Cairo« (1985), »Hannah und ihre Schwestern« (1986), »Radio Days« (1986), »Schatten und Nebel« (1992), »Ehemänner und Ehefrauen« (1993), »Manhattan Murder Mystery« (1993), »Bullets over Broadway« (1994).

Allenbybrücke [engl. 'ælənbı...], wichtigster Grenzübergang zw. Israel und Jordanien, über den Jordan, benannt nach dem britischen Feldmarschall Edmund [Henry Hynmann] Allenby, Viscount of Megiddo and Felixstowe (*1861, † 1936), der 1917/18 Palästina eroberte.

Allende, Isabel [span. a'jende], *Santiago de Chile 2. 8. 1942, chilen. Schriftstellerin. Nichte von S. Allende Gossens. Lebte 1976–90 im Exil in Venezuela; wurde bekannt durch ihre

Romane »Das Geisterhaus« (1982), »Von Liebe und Schatten« (1984) und »Eva Luna« (1988); auch autobiograph. Prosa (»Paula«, 1995).

Allende Gossens, Salvador [span. a'jende 'josens], *Valparaiso 26. 7. 1908, † Santiago de Chile 11. 9. 1973, chilen. sozialist. Politiker. Vertrat als Präs. ab 1970 ein sozialist. Wirtschaftsprogramm; 1973 von den Militärs gestürzt; kam bei der Erstürmung des Präsidentenpalastes ums Leben.

Allensbach, Gemeinde am Gnadensee (Bodensee), Bad.-Württ., 6 200 E. Institut für Demoskopie.

Allenstein (poln. Olsztyn), Stadt in Ostpreußen (Polen), 147 000 E. Hauptstadt der Woiwodschaft Olsztyn; Technikum. Burg (1348 ff.), spätgot. Jakobskirche (Backsteingotik).

Aller, rechter Nebenfluß der Weser, 211 km lang.

Allerchristlichste Majestät (lat. Rex christianissimus, eigtl. »Allerchristlichster König«), Bestandteil des frz. Königstitels, im 15. Jh. vom Papst offiziell anerkannt.

Allergene [griech.], Stoffe, die bei bes. empfängl. Individuen eine ↑Allergie erzeugen können (bei Einatmung, Hautkontakt oder über den Verdauungsweg), z. B. Erdbeeren, Beerenobst, Milch, Blütenstaub, Katzenhaare, auch Medikamente.

Allergie [griech.], bis zur Überempfindlichkeit gesteigerte Immunreaktion des Organismus auf körperfremde Substanzen, die ↑Allergene. Diese bewirken sofort nach ihrem Eindringen in den sensibilisierten Organismus allerg. Veränderungen an Haut und Schleimhäuten, die jedoch nur von kurzer Dauer sind. Bei häufiger Einwirkung desselben Allergens entstehen allerg. Krankheiten *(Allergosen),* z. B. Bronchialasthma, Heuschnupfen, Entzündungen im Darmbereich mit Durchfällen sowie, im Bereich der äußeren Haut, fieberhafte Nesselsucht.

Allerheiligen, seit dem 9. Jh. in der kath. Kirche am 1. 11., in der anglikan. Kirche am 8. 11. gefeiertes Gedächtnisfest für alle Heiligen.

Allerheiligstes, 1) *jüdische Religion:* Raum in der Stiftshütte und im Tempel, in dem die Bundeslade aufbewahrt wurde.

2) *kath. Liturgie:* (lat. Sanctissimum) die geweihte Hostie.

Allerseelen, in der kath. Kirche Gedächtnistag für alle Verstorbenen (am 2. 11.); seit dem 10. Jh. bes. durch Abt Odilo von Cluny verbreitet.

Allesfresser (Omnivoren), Lebewesen, die eben-so von pflanzl. wie von tier. Nahrung leben (z. B. Schweine, Rabenvögel, Mensch).

Allgäu, Landschaft der Alpen und des Alpenvorlandes zw. Bodensee und Lech, in Deutschland und in Österreich; wirtschaftl. Zentrum ist Kempten (Allgäu).

Allgäuer Alpen, Teil der Nördl. Kalkalpen, im Großen Krottenkopf 2 657 m hoch.

allgemeinbildendes Schulwesen, alle Schulen, die nicht auf eine bestimmte künftige berufl. Tätigkeit ausgerichtet sind: in Deutschland Grund-, Haupt-, Realschule und Gymnasium, Gesamtschulen und entsprechende Sonderschulen.

Allenstein
Stadtwappen

Allerheiligen. A. Dürer. »Allerheiligenbild« (1511)

Allgemeine Deutsche Biographie

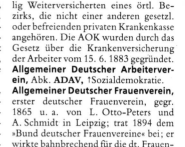

Allgemeine Deutsche Biographie, Abk. **ADB,** 1875–1912 in Leipzig hg. Biographiensammlung des dt. Sprachbereichs (56 Bände mit Generalregister). Eine Neubearbeitung erscheint u. d. T. »Neue Dt. Biographie« (NDB), 1953 ff., hg. von der Bayer. Akademie der Wissenschaften.

allgemeine Geschäftsbedingungen, Abk. **AGB,** für eine Vielzahl von Verträgen vorformulierte Vertragsbedingungen, die eine Vertragspartei (Verwender) der anderen Vertragspartei bei Abschluß eines Vertrages stellt. AGB werden i. d. R. von den Verbänden einzelner Wirtschaftszweige oder von einzelnen Unternehmen aufgestellt (z. B. allgemeine Lieferungs-, Zahlungs-, Versicherungsbedingungen, allgemeine Spediteurbedingungen, Bewachungsbedingungen für Parkplätze). Da die Verwendung von AGB i. d. R. dazu führt, daß der Unternehmer unter Ausnutzung seines wirtschaftlichen Übergewichts wesentliche Teile des Vertragsinhalts einseitig zu seinen Gunsten bestimmt, unterliegen AGB zum Schutz der Verbraucher dem Gesetz zur Regelung des Rechts der AGB.

Allgemeine Ortskrankenkassen, Abk. **AOK,** Träger der gesetzl. Krankenversicherung für alle Pflichtversicherten, Versicherungsberechtigten und freiwillig Weiterversicherten eines örtl. Bezirks, die nicht einer anderen gesetzl. oder befreienden privaten Krankenkasse angehören. Die AOK wurden durch das Gesetz über die Krankenversicherung der Arbeiter vom 15. 6. 1883 gegründet.

Allgemeiner Deutscher Arbeiterverein, Abk. **ADAV,** ↑Sozialdemokratie.

Allgemeiner Deutscher Frauenverein, erster deutscher Frauenverein, gegr. 1865 u. a. von L. Otto-Peters und A. Schmidt in Leipzig; trat 1894 dem »Bund deutscher Frauenvereine« bei; er wirkte bahnbrechend für die dt. Frauenbewegung.

Allgemeiner Deutscher Gewerkschaftsbund ↑Gewerkschaften.

Allgemeiner Sportverband Österreichs, Abk. **ASVÖ,** österr. Sportdachverband, gegr. 1949, Sitz Wien.

Allgemeines bürgerliches Gesetzbuch, Abk. **ABGB,** österr. Privatrechtskodifikation vom 1. 6. 1811.

Allgemeines Landrecht [für die preuß. Staaten], Abk. **ALR,** 1794 in Kraft getretene Kodifikation des gesamten preuß. Rechts. Es blieb in weiten Teilen Preußens bis 1899 in Kraft; wurde vom BGB abgelöst.

Alliance [frz. aˈljãːs], Bündnis, Verbindung.

Allianz [lat.-frz.], völkerrechtl. Bez. für ein Bündnis zw. Staaten, v. a. im 17. und 18. Jh.

Allianz für Deutschland, Bez. für das Wahlbündnis der CDU(-DDR), der Dt. Sozialen Union (DSU) und des Demokratischen Aufbruchs (DA) für die Volkskammerwahl in der damaligen DDR am 18. 3. 1990.

Alligatoren [lat.-span.] (Alligatoridae), Fam. bis 6 m langer Reptilien (Ordnung Krokodile) mit sieben Arten in und an Flüssen des trop. und subtrop. Amerika und SO-Asien; ernähren sich außer von Fischen auch von größeren Säugetieren und Vögeln, die sie unter Wasser ziehen und ertränken. Rücken- und Bauchschilde mit Hautverknöcherungen. Zur Gewinnung von hochwertigem Leder werden in N-Amerika A. in Farmen gehalten. Bekannte Arten: *Kaimane* (im trop. S-Amerika und M-Amerika; z. B. Brillenkaiman), *Mississippialligator* (Hecht-A.; etwa 3 m lang).

Alligatorschildkröte ↑Schnappschildkröte.

Allongeperücke

Alliierter Kontrollrat. Feldmarschall Bernard Law Montgomery (Großbritannien), General Dwight D. Eisenhower (USA), Marschall Georgi K. Schukow (UdSSR) im Juni 1945 (von links nach rechts)

Alliierte, Bez. v. a. für die formell verbündeten Gegner der Mittelmächte im 1. Weltkrieg und der Achsenmächte im 2. Weltkrieg; nach 1945 v. a. Bez. für die »Großen Vier« (Frankreich, Großbrit., UdSSR, USA). *Alliierte und assoziierte Mächte:* die A. des 1. Weltkrieges und die ihnen ohne Bündnisvertrag angeschlossenen Staaten.

Alliierte Hohe Kommandantur Berlin, gemeinsames Organ der vier Besatzungsmächte für Berlin 1945–90.

Alliierte Hohe Kommission, Abk. **AHK,** 1949 bis 1955 oberstes Organ der drei Westmächte für die BR Deutschland und die Westsektoren von Berlin.

Alliierter Kontrollrat, am 8. Aug. 1945 gebildetes oberstes Regierungsorgan der Besatzungsmächte (Frankreich, Großbrit., UdSSR, USA), das sich aus deren vier Oberbefehlshabern in Deutschland zusammensetzte. Die Aufgaben des A. K. (Entscheidung aller Deutschland als Ganzes angehenden Fragen) konnten angesichts zunehmender Meinungsverschiedenheiten nur beschränkt wahrgenommen werden. Trat seit März 1948 nicht mehr zusammen.

Alliteration [lat.], gleicher Anlaut der betonten Stammsilben zweier oder mehrerer aufeinanderfolgender Wörter. In der west- und nordgerman. Epik und in der norweg.-isländ. Skaldendichtung hat die A. die Form des Stabreims angenommen. Beliebt auch in der dt. Umgangssprache: mit Kind und Kegel, bei Nacht und Nebel.

Allmacht (Omnipotenz), die einem höchsten Wesen eigene unbegrenzte Macht.

Allmende [mhd. »was allen gemeinsam gehört«] (in Österreich Agrargemeinschaft), Ländereien, meist aus Weide, Wald oder Ödland bestehend, die den Mgl. einer Gemeinde zur gemeinschaftl. Nutzung zustehen; heute noch in der Schweiz und in S-Deutschland.

allo..., Allo... [griech.], Bestimmungswort in Zusammensetzungen mit der Bedeutung »anders..., fremd...«.

Allobroger (lat. Allobroges), kelt. Volksstamm zw. Rhone, Isère, Genfer See und Grajischen Alpen; 121 v. Chr. von den Römern unterworfen.

Allod [mittellat.], v. a. lehnsrechtl. Bez. für volleigenen Besitz, Nichtlehen. *Allodialgüter* sind Privatvermögen fürstl. Familien zum Unterschied von Staatsgütern.

Allogamie [griech.], svw. Fremdbestäubung (↑Blütenbestäubung).

Allongeperücke [a'lõːʒə], Herrenperücke mit langen, Schultern und Nacken bedeckenden Locken (17. u. 18. Jh.).

allons! [a'lõː; frz.], vorwärts!, los!, auf! *Allons, enfants de la patrie,* Beginn der ↑Marseillaise.

Allopathie [griech.], Bez. S. Hahnemanns für die herkömml. Heilmethode der Schulmedizin, im Unterschied zur ↑Homöopathie Krankheiten mit entgegengesetzt wirksamen Medikamenten zu behandeln.

Allotria [griech.], Unfug, Narretei, Dummheiten.

Allotropie [griech.], Auftreten verschiedener Zustandsformen eines Elements, sog. *allotroper Modifikationen* (bei Verbindungen spricht man meist von Polymorphie). Die A., z. B. von Kohlenstoff (Diamant und Graphit), beruht auf der verschiedenen Anordnung der Atome im Kristallgitter.

Alloxan [Kw. aus Allantoin und Oxalsäure], als Abbauprodukt der Harnsäure auftretende heterocycl. organ. Verbindung. Wird A. nicht fortlaufend aus dem Körper ausgeschieden, kommt es zu einer Schädigung der Bauchspeicheldrüse und zum Diabetes.

Allradantrieb, bei Fahrzeugen auf sämtl. Räder wirkender Antrieb.

all right [engl. 'ɔːlˈraɪt], in Ordnung!

Allstromgerät, elektr. Gerät zum Betrieb mit Gleich- oder Wechselstrom (Zeichen: ≅).

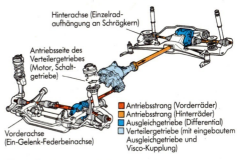

Hinterachse (Einzelradaufhängung an Schrägkern)

Antriebsseite des Verteilergetriebes (Motor, Schaltgetriebe)

Vorderachse (Ein-Gelenk-Federbeinachse)

■ Antriebsstrang (Vorderräder)
■ Antriebsstrang (Hinterräder)
■ Ausgleichgetriebe (Differential)
■ Verteilergetriebe (mit eingebautem Ausgleichgetriebe und Visco-Kupplung)

Allradantrieb. Schematische Darstellung eines Antriebsstranges

Aloe
(Aloe vera)

Almandin.
Goldene Scheibenfibel
mit Almandineinlagen
aus merowingischer
Zeit

Aloe.
Köcherbaum
(Aloe dichotoma)

Allüren [frz.], aus dem Rahmen fallendes Benehmen.

Alluvionen [lat.], geologisch jüngste Ablagerungen an Ufern und Küsten.

Alluvium [lat.], veraltete Bez. für ↑Holozän.

Allwetterlandung, die Landung eines Flugzeugs mit Hilfe spezieller Bord- und Bodensysteme auch bei extrem schlechten Sichtverhältnissen. Solche Systeme sind ein Instrumentenlandesystem *(ILS),* Meßeinrichtungen für Landebahnsichtweite *(Transmissometer)* und untere Wolkengrenze *(Ceilometer),* eine *Aufsetzzonenbefeuerung* und eine *Mittellinienbefeuerung* der Landebahn sowie eine Mittellinienbefeuerung der Rollbahnen und eine Rollfeldüberwachungsradaranlage.

Allyl- [lat./griech.], Bez. der chem. Nomenklatur für den Molekülrest $-CH_2-CH=CH_2$.

Alm (alte Bez. Alp), in der Mattenzone von Hochgebirgen, in Mittelgebirgen vielfach auch unterhalb der natürl. Waldgrenze gelegene Bergweide, die während des Sommers als Weide genutzt wird.

Almadies, Pointe des [frz. pwɛ̃tdezalmaˈdi], westlichster Punkt Afrikas, NW-Spitze der Halbinsel von Kap Vert, Senegal.

Almagro, Diego de, * Almagro 1475, † Cuzco Juli 1538 (erdrosselt), span. Konquistador. Eroberte 1531–33 mit F. Pizarro Peru, 1535–37 Chile.

Alma mater [lat. »nährende Mutter«], Bez. für die Univ. bzw. Hochschule; urspr. Bez. röm. Muttergottheiten.

Almanach [mittellat.], Jahrbuch; urspr. im Orient verwendete astronom. Tafeln; seit 1267 in Europa als Synonym für Kalender. Die ersten gedruckten A. informierten über kalendar. und astronom. Daten, seit dem 16. Jh. auch mit belehrenden und unterhaltenden Themen. Im 18. Jh. überwog der ↑Musenalmanach.

Almandin [nach der antiken Stadt Alabanda (Kleinasien)], roter Schmuckstein aus der Granatgruppe mit der Zusammensetzung $Fe_3Al_2[SiO_4]_3$.

Almansor, arab. Beiname, ↑Mansur.

Almaty, Hauptstadt Kasachstans, am N-Fuß des Tienschan, 1,1 Mio. E. Univ., Hochschulen; Nahrungsmittel-, Textil- und Metall-Ind., ✈. In der Kathedrale (19. Jh.) das kasach. Nationalmuseum. – Gegr. 1851.

Almería, spanische Hafenstadt in Andalusien, 156 800 E. Maurische Stadtbild; Kathedrale (16. Jh.). Nahebei drei Sonnenkraftwerke und auf dem *Calar Alto* (2 168 m ü. M.) Dt.-Span. Astronom. Zentrum (1,2-Meter-, 2,2-Meter-, 3,5-Meter-Teleskop). – Röm. Hafen; 955 arab. Neugründung.

Almodóvar, Pedro, * Calzada de Calatrava (Ciudad Real) 25. 9. 1951, span. Filmregisseur. Dreht skurrile Filme, u. a. »Matador« (1987), »Frauen am Rande des Nervenzusammenbruchs« (1988), »Kika« (1993).

Almosen [griech.], [kleinere] Gabe (in vielen Religionen Pflicht) zur Unterstützung der sozial Schwachen.

Almqvist, Carl Jonas Love, * Stockholm 28. 11. 1793, † Bremen 26. 9. 1866, schwed. Dichter. Sein Hauptwerk »Buch der Dornrosen« (1833–51) faßt Einzelwerke durch eine Rahmenerzählung »Das Jagdschloß« zusammen.

Almrausch (Almenrausch), volkstüml. Bez. für die Behaarte Alpenrose und die Rostrote Alpenrose.

Almsick, Franziska von, * Berlin (Ost) 5. 4. 1978, dt. Schwimmerin. Seit 1992 mehrfache Meisterin bei dt. und europ. Meisterschaften; gewann vier Medaillen bei den Olymp. Spielen 1992.

Aloe [...o-e; griech.], Gatt. der Liliengewächse mit etwa 250 Arten in den Trockengebieten Afrikas; bis 15 m hohe bäumebildende Pflanzen mit wasserspeichernden und daher dicken, oft am Rand dornig gezähnten Blättern meist in dichten, bodenständigen Rosetten oder schopfig zusammengedrängt

Alpen..
Das Brandnertal in Vorarlberg mit der Schesaplana im Hintergrund; die ursprünglich durch Gletscher ausgeschliffene Trogtalform wird durch jüngere Hangabtragung verändert

am Stamm- oder Astende. Blüten röhrenförmig in aufrechtstehenden Blütenständen, die Kapselfrüchte mit zahlr. schwarzen, oft stark zusammengedrückten Samen; viele Arten sind Zierpflanzen.

Aloisius (Aloysius, italien. Luigi) **von Gonzaga,** hl., *Castiglione delle Stiviere (Prov. Mantua) 9. 3. 1568, † Rom 21. 6. 1591, italien. Jesuit. Starb an der Pest; Patron der studierenden Jugend. – Fest: 21. Juni.

Alor, eine der Kleinen Sundainseln, Indonesien, 2100 km², bis 1765 m hoch, Hauptort Kalabahi.

Alp, aus dem Mitteldt. stammende Bez. für ein den *Alpdruck* bewirkendes Wesen (auch: Mahr, Schratt oder Schrättele, Trud, Drud, Togg[el]i). Unter A.druck oder *Alptraum* werden Angsterlebnisse in Schlaf und Traum verstanden, die meist zu schreckhaftem Erwachen führen.

Alpaka [Quechua], **1)** *Zoologie:* ↑Kamele.

2) *Textiltechnik:* dichtes, glänzendes Gewebe in Tuch- oder Köperbindung.

al pari [italien.], zum Nennwert, d. h., der Kurs ist gleich dem Nennwert.

Alpdruck (Alpdrücken) ↑Alp.

Alpen, vom Golf von Genua bis zum Ungar. Tiefland bogenförmig verlaufendes Hochgebirge, 1200 km lang, bis 250 km breit, im Montblanc bis 4807 m hoch. Anteil haben Italien, Monaco, Frankreich, die Schweiz, Liechtenstein, Deutschland, Österreich und Slowenien. Der Bau der A. ist kompliziert, da sich bei ihrer Auffaltung während der Kreide- und Tertiärzeit Gesteinsmassen von ihren Wurzeln lösten und z. T. über 100 km weit über andere Gesteine geschoben wurden (Überschiebungsdecken). Die Linie Bodensee–Comer See trennt die Ost- von den Westalpen. In den Westalpen wurden die Zentralmassive (u. a. Montblancmassiv, Aare-Gotthard-Massiv) stark herausgehoben. Die Ostalpen gliedern sich in die z. T. verkarsteten Nördl. Kalkalpen, die kristallinen Zentralalpen mit dem 3798 m hohen Großglockner und die Südl. Kalkalpen, zu denen u. a. die Dolomiten gehören. Die A. enden im O als niedriges Bergland. Die Eiszeiten prägten den typ. Hochgebirgscharakter mit spitzen Gipfeln, Karen, Trogtälern und Seen. Heute sind nur noch die höchsten Teile vergletschert. Die Schneegrenze liegt zw. 2500 und 3000 m. Die in den A. entspringenden Flüsse (Rhein, Rhone, Inn, Drau u. a.) folgen z. T. vorgegebenen Längsfurchen. Das Klima ist im N gemäßigt, im O trocken, ganz im S mediterran. Die Grenzen der Vegetationsstufen liegen im S meist 200 m höher als im Norden. Die A. sind reich an Salz und Erzen. Deshalb hat bei ihrer Besiedelung der Bergbau schon in vor- und frühgeschichtl. Zeit eine Rolle gespielt.

Almería
Stadtwappen

Alpen

Alpen. Alpenstraßen, Alpenbahnen, Alpenpässe (Auswahl, Reihenfolge von SW nach NO)			
Paß	m ü. M.	verbindet	Geschichte und Ausbau
Colle di Tenda	1873	Nizza und Ventimiglia mit Cuneo und Turin	Fahrstraße 1782 erbaut (Tunnel 1882, 3,2 km lang, 1316 m ü. M.); Bahn (Tunnel 8,1 km, 1037 m ü. M.).
Mont Genèvre	1854	Briançon (Durance) mit Susa (Dora Riparia)	Übergang der Gallier 388 v. Chr., früheste Römerstraße über die Alpen (»Mons Matronae«), durch Pompejus 77 v. Chr. angelegt, unter Augustus ausgebaut, trat seit fränk. Zeit hinter dem Mont Cenis zurück; 1807 zur Fahrstraße erweitert.
Mont Cenis	2083	Grenoble und Modane (Arc) mit Susa und Turin (Dora Riparia)	Im 6. Jh. eröffnet, von den dt. Kaisern 13mal benutzt, Hospiz nahe der Paßhöhe, Fahrstraße 1810, Bahn 1871 erbaut (Tunnel 25 km südwestlich des Passes unter dem Col de Fréjus, 12,2 km lang, 1294 m ü. M.), Straßentunnel seit 1980.
Col de l'Iseran	2769	Val d'Isère mit Arctal	Höchster Paß der »Route des Grandes Alpes«.
Kleiner Sankt Bernhard	2188	Albertville (Isère) mit Aosta (Dora Baltea)	Von den Kelten benutzt, wahrscheinlich Hannibals Übergang 218 v. Chr., unter Augustus ausgebaut (»Alpis Graia«), von den dt. Kaisern viermal benutzt (seither Hospiz), dann verödet, heute Autostraße.
Montblanc-Straßentunnel	1392	Chamonix (Arve) mit Aosta (Dora Baltea)	1965 eröffnet, 11,6 km lang, 1300 m ü. M., kürzeste Verbindung zw. Rom und Paris.
Großer Sankt Bernhard	2472	Martigny (Rhone) mit Aosta (Dora Baltea)	Seit der Bronzezeit benutzt, unter Augustus ausgebaut (»Alpis Poenina«), bevorzugter Paß der Karolinger (im MA »Mons Jovis«), von den dt. Kaisern 20mal benutzt, Hospiz auf der Paßhöhe; Überquerung durch Napoleon 1800 mit 30000 Mann auf dem Wege nach Marengo. Neue Straße 1905; Tunnel (5,8 km lang, 1924 m ü. M., mit Erdölleitung) 1964 erbaut.
Simplon	2005	Brig (Rhone) mit Domodossola (Toce)	Zur röm. Kaiserzeit angelegt; Fahrstraße 1807, Bahn mit Tunnel 1906 fertiggestellt, Paralleltunnel 1922 (Tunnel 19,8 km lang, 700 m ü. M.); Hospiz.
Lötschberg	2690	Kandersteg mit Brig (Goppenstein)	Bahn 1913 erbaut (Tunnel 14,6 km, 1242 m ü. M.; Autoverladung).
Grimsel	2165	Aare mit Rhonetal	Straße 1894 erbaut (Anschluß an die Furkastraße).
Brünigpaß	1007	Aaretal mit Luzern	Autostraße und Schmalspurbahn.
Sustenpaß	2224	Reußtal mit Aaretal	Autostraße seit 1945, heute 36 km lang.
Klausenpaß	1952	Altdorf mit Glarus	Straße 1899 fertiggestellt.
Furka	2431	Goms (Rhonetal) mit Urseren (Reußtal)	Fahrstraße 1866 erbaut; 14,4 km langer Tunnel mit Schmalspurbahn seit 1982; Autoverladung.
Sankt Gotthard	2108	Reußtal (Altdorf) mit Tessintal (Belinzona)	Anfang 13. Jh. eröffnet, seither Hospiz auf der Paßhöhe, für den Wagenverkehr 1830 ausgebaut (Tunnel 16,3 km, 1175 m ü. M., seit 1980). Bahn 1882 erbaut (Tunnel 15 km lang, 1154 m ü. M.; bis 1980 Autoverladung).
Oberalppaß	2048	Urserental mit Vorderrhein	Fahrstraße und Schmalspurbahn.
Lukmanier	1917	Disentis (Vorderrheintal) mit Biasca (Tessintal)	Zur sächs. Kaiserzeit angelegt, von den Kaisern zweimal benutzt, Hospiz im MA, Fahrstraße seit 1877.
Sankt Bernhard	2065	Thusis mit Bellinzona	Zur sächs. Kaiserzeit angelegt, Hospiz im MA, Fahrstraße seit 1823; Tunnel (6,6 km lang, 1644 m ü. M.), 1967 eröffnet.
Splügen	2117	Thusis mit Chiavenna	Zur röm. Kaiserzeit angelegt, Fahrstraße 1826.
Septimer	2311	Bivio mit Casaccia	Reste eines röm. Hospizes, in fränk. Zeit Hauptübergang, von den dt. Kaisern 17mal benutzt; als erste feste Alpenstraße für Wagenverkehr 1387 ausgebaut; seit Eröffnung des Maloja nur Saumpfad.

Alpen. Alpenstraßen, Alpenbahnen, Alpenpässe (Auswahl, Reihenfolge von SW nach NO; Fortsetzung)

Paß	m ü. M.	verbindet	Geschichte und Ausbau
Julier	2284	Bivio mit Silvaplana	Zur röm. Kaiserzeit angelegt, Fahrstraße 1826 erstellt.
Maloja	1815	Oberengadin mit Bergell	Seit dem 16. Jh. benutzt, Straße 1839 erbaut.
Albulapaß	2312	Tiefencastel mit Oberengadin	Straße 1865, Bahn 1903 erbaut (Tunnel 5,9 km, 2063 m ü. M.).
Flüela	2383	Davos mit Unterengadin	Straße 1867 erbaut.
Arlberg	1793	Landeck im Inntal mit Bludenz im Illtal	Seit 1375 ausgebaut, Fahrstraße 1786, heutige Straße 1825 (14 km langer Tunnel seit 1978), Bahn 1882 erbaut (Tunnel 10,3 km lang, 1310 m ü. M.).
Bernina	2330	Oberengadin mit Veltlin	Straße 1865, Berninabahn 1910 fertiggestellt (ohne Tunnel).
Ofenpaß	2155	Zernez (Oberengadin) mit Münstertal	Straße 1872 eröffnet.
Wormser Joch (Umbrailpaß)	2502	St. Maria (Münstertal) mit Bormio (Addatal)	Straße 1901 eröffnet.
Stilfser Joch	2757	Spondinig mit Bormio	Straße 1825 eröffnet.
Reschenpaß	1504	Nauders und Oberinntal mit Mals (Vintschgau)	Unter Claudius angelegt (»Via Claudia«), im frühen MA bedeutend.
Fernpaß	1209	Imst mit Becken von Ehrwald und Lermoos	Unter Claudius angelegt (»Via Claudia«), seitdem stets benutzt.
Jaufen	2094	Sterzing mit Passeiertal	Im MA viel begangen, heutige Straße 1911 eröffnet.
Brenner	1371	Innsbruck (Inn) mit Sterzing und Bozen (Eisack, Etsch)	Von den Etruskern und Kelten begangen, unter Septimius Severus ausgebaut, von den dt. Kaisern 66mal benutzt; Wagenverkehr seit 1772. Bahn 1867 fertiggestellt (ohne Tunnel). Autobahn.
Seefelder Sattel	1185	Mittenwald mit Zirl	Straße zur röm. Kaiserzeit angelegt. Mittenwaldbahn 1912 eröffnet.
Gerlospaß	1628	Ziller- mit Salzachtal	Autostraße 1962 eröffnet.
Felber Tauern	2545	Mittersill (Salzach) mit Matrei in Osttirol und dem Iseltal	Straßentunnel (5,4 km, 1652 m ü. M.) 1967 fertiggestellt. Tunnel für Erdölleitung.
Großglockner-Hochtor	2576	Salzach- mit Mölltal	Großglockner-Hochalpenstraße (mit Tunnel in 2505 m ü. M.) 1935 eröffnet.
Niederer und Hoher Tauern	2431	Gasteiner Tal mit Mallnitz und dem Mölltal	Mittelalterl. Weg über den Hohen oder Korntauern. Bahn 1908 erbaut (Tunnel 8,5 km, 1225 m ü. M.); Autoverladung.
Plöcken	1360	Kötschach mit Tolmezzo	Zur röm. Kaiserzeit erbaut; heute Autostraße.
Radstädter Tauern	1739	Radstadt (Enns) mit St. Michael im Lungau	Zur spätröm. Kaiserzeit angelegt; im MA viel benutzt; heute Autostraße. Autobahn Salzburg–Villach (Tauerntunnel 6,4 km, 1340 m ü. M.).
Katschberg	1641	St. Michael im Lungau mit Spittal an der Drau	Seit der Eisenzeit begangen; spätröm. Straße; heute Autostraße sowie Tunnel (5,4 km, 1194 m ü. M.) der Autobahn Salzburg–Villach.
Saifnitzer Sattel	804	Udine mit Villach	Zu Beginn der röm. Kaiserzeit angelegt, noch heute Hauptweg zw. Wien und Italien; Straße und Bahn, Autobahn im Bau.
Predil	1156	Tarvisio mit Bovec	Übergang der Langobarden 568; Straße 1404 erbaut.
Pyhrn	945	Windischgarsten und das Steyrtal mit Liezen (Enns)	Pyhrnautobahn (Bosrucktunnel 5,5 km, 742 m ü. M., seit 1983).
Rottenmanner Tauern (auch Hohentauern)	1265	Liezen (Enns) mit Judenburg (Mur)	Frühgeschichtl. Salz- und Eisenstraße; in der röm. Kaiserzeit ausgebaut, Fahrstraße.

Alpen. Alpenstraßen, Alpenbahnen, Alpenpässe (Auswahl, Reihenfolge von SW nach NO; Fortsetzung)

Paß	m ü. M.	verbindet	Geschichte und Ausbau
Schoberpaß	849	Ennstal mit Murtal	Bahn und Autostraße.
Präbichl	1 227	Hieflau mit Leoben	Frühgeschichtl. Eisenstraße; Bahn (Tunnel 1 204 m ü. M.), Autostraße.
Neumarkter Sattel	888	Murtal mit Gurktal	Zur röm. Kaiserzeit angelegt; Bahn Wien–Klagenfurt; Autostraße über den Perchauer Sattel, 995 m ü. M.
Wurzen	1 073	Villach mit Savetal	Autostraße.
Karawanken	637	Rosenbach mit Jesenice	Bahn 1906 erbaut (Tunnel 8 km lang, 637 m ü. M.).
Loibl	1 368	Klagenfurt mit Ljubljana	Straße 1717 angelegt, Autotunnel (seit 1965).
Semmering	985	Gloggnitz (Schwarza) mit Mürzzuschlag (Mürz)	Im MA angelegt; 1728 alte, 1842 neue Straße, Schnellstraße bis Gloggnitz 1985 fertiggestellt, Bahn 1854 fertiggestellt (Tunnel 1,4 km lang, 897 m ü. M.).

Neben ihm und der Viehwirtschaft ist heute die Energiegewinnung (Wasserkraftwerke) und der ganzjährige Fremdenverkehr von großer wirtschaftl. Bedeutung. Allerdings ist das ökolog. Gleichgewicht der A. stark bedroht durch z. T. maßlose Erschließung.

Alpenbund, 1812/13 in Österreich gegen Frankreich wirkender Bund v. a. geflüchteter Tiroler.

Alpendohle, etwa 40 cm großer, gut segelnder schwarzer Rabenvogel in den Hochgebirgen N-Afrikas, Europas, Klein- und S-Asiens; mit roten Beinen und gelbem Schnabel.

Alpendost, Gatt. der Korbblütler mit vier Arten in den Gebirgen Europas und Kleinasiens; Blätter langgestielt, groß, oft nierenförmig, Stengel bis 1,5 m hoch, mit 3–30 roten, violetten oder weißen Röhrenblüten in Köpfchen.

Alpenglöckchen ↑Troddelblume.

Alpenglühen, Abenddämmerungserscheinung; Widerschein des Purpurlichtes auf Berggipfeln.

Alpenheide, Gatt. der Heidekrautgewächse mit einer einzigen Art in der Arktis und in den Alpen; immergrüner Zwergstrauch mit ledrigen Blättern und rosafarbenen oder weißen Blüten in Büscheln.

Alpenkonvention, 1991 von Deutschland, Frankreich, Italien, Liechtenstein, Österreich und der Schweiz unterzeichnetes »Übereinkommen zum Schutz der Alpen«, das eine Harmonisierung der die Alpenregion betreffenden Umweltpolitik der Anrainerstaaten vorsieht.

Alpenveilchen.
Europäisches Alpenveilchen

Alpenkrähe, etwa 40 cm großer, gut segelnder schwarzer Rabenvogel, v. a. in Hoch- und Mittelgebirgen sowie an Steilküsten in NW-Afrika, W- und S-Europa, Kleinasien und dem Himalaja; mit roten Beinen und rotem, längl. Schnabel.

Alpenlattich, Gatt. der Korbblütler mit drei Arten in den Gebirgen Europas; Charakterpflanze der subalpinen Zwergstrauchgesellschaften M- und S-Europas ist der *Gemeine Alpenlattich*; Rosettenstaude mit wollig behaartem, 10–40 cm hohem Stengel und weißlich-violetten Blüten.

Alpenpässe siehe Übersicht S. 118.

Alpenpflanzen, zusammenfassende Bez. für die Pflanzen der alpinen und nivalen Stufe der Alpen (einige bis in das Alpenvorland hinabsteigend). Verbreitung und Wuchsform bedingende Faktoren sind: kurze Vegetationszeit und lange Schneebedeckung, reichl. Niederschläge, starke Windeinwirkung, rasche und große Temperaturwechsel, intensive Lichteinstrahlung mit hohem Ultraviolettanteil.

Alpenrose (Rhododendron), Gatt. der Heidekrautgewächse mit etwa 1 300 Arten, v. a. in den Gebirgen Zentral- und Ostasiens und im gemäßigten Nordamerika, auch in die Arktis, nach Europa (6 Arten) und Australien vordringend. Immergrüne oder laubabwerfende Sträucher oder Bäume mit meist roten, violetten, gelben oder weißen Blüten, die häufig in Doldentrauben stehen. Eine bekannte Alpen-

Alpen (Pflanzenwelt). **1** Rostrote Alpenrose; **2** Stengelloser Enzian; **3** Edelweiß; **4** Alpenaster

pflanze ist die *Rostrote Alpenrose,* ein 0,3–1 m hoher Strauch mit trichterförmig-glockigen, dunkelroten Blüten. Viele ausländ. Arten werden als Zierpflanzen kultiviert.

Alpentiere. Die Anpassung an die klimatischen Bedingungen zeigt sich bei den A. in einer Verdichtung des Haarkleids zur Verminderung der Wärmeabstrahlung und einer verstärkten Pigmentierung bei wechselwarmen Tieren zur besseren Ausnutzung der Sonneneinstrahlung. Zur Überwindung der extremen Temperaturverhältnisse haben sich Besonderheiten der Verhaltensweise herausgebildet, z. B. eine jahresrhythmische Wanderung in verschiedene Höhenzonen, Übergang vom Nacht- zum Tagleben, besonders bei Insekten, verlängerter Winterschlaf bei Säugetieren.

Alpenveilchen (Cyclamen), Gatt. der Primelgewächse mit etwa 20 Arten v. a. in den Alpen und im Mittelmeerraum; niedrige, ausdauernde Kräuter mit knollenförmigem, giftigem Wurzelstock, gestielten, herz- oder nierenförmigen Blättern und einzeln an langem, kräftigem Stiel sitzender weißer oder rosa- bis purpurfarbener, nickender Blüte; einzige Art in Deutschland (bayr. Alpen) ist das geschützte *Europäische Al-*

Alpen
(Pflanzenwelt).
1 Alpenglöckchen
(Soldanelle);
2 Gletschermanns-
schild; **3** Himmels-
herold; **4** Alpenlein-
kraut; **5** Hunger-
blümchen.

Alpenvereine

Alpenvereine.
Emblem des Deutschen
Alpenvereins

penveilchen mit weißfleckigen, unterseits karminroten Blättern und stark duftender, karminroter Blüte; viele Arten sind beliebte Zierpflanzen.

Alpenvereine, gemeinnützige Vereine, die das Bergsteigen und Wandern in den Hochgebirgen fördern und zu deren Erschließung und Erforschung beitragen. In Deutschland ist tätig der 1869 gegr. *Deutsche Alpenverein e. V. (DAV),* Sitz München. – In Österreich gibt es den 1862 gegr. *Österreichischen Alpenverein (ÖAV),* Sitz Innsbruck, außerdem den *Österreichischen Alpen-Klub (ÖAK),* gegr. 1878, den *Österreichischen Touristenklub (ÖTK),* gegr. 1869 und die *Österreichische Bergsteigervereinigung (ÖBV),* die mit dem ÖAV den 1949 gegr. *Verband alpiner Vereine Österreichs (VAVÖ),* Sitz Wien, bilden. – In der *Schweiz* bestehen der *Schweizer Alpen-Club (SAC),* gegr. 1863 (mit wechselndem Sitz) und der 1918 gegr. *Schweizerische Frauen-Alpen-Club (SFAC),* Sitz Zürich. Ältester Alpenverein ist der 1857 gegr. *Alpine Club (AC),* Sitz London.

Alpenvorland, in der Schweiz, Deutschland und in Österreich am N-Rand der Alpen verlaufender, rd. 780 km langer Streifen hügeligen Landes, durchschnittlich in 400–700 m Höhe; erreicht seine größte Breite (140 km) bei Regensburg.

Alpha, erster Buchstabe des griech. Alphabets: A, α.

Alphabet [griech.], festgelegte Reihenfolge der Schriftzeichen einer Sprache, ben. nach den ersten beiden Buchstaben des griech. A. (Alpha und Beta). Aus dem griech. A. haben sich sämtl. europ. A. entwickelt.

Alphaeinfang (α-Einfang), Kernreaktion, bei der ein Alphateilchen von einem Atomkern eingefangen wird. Die erste künstl. Kernumwandlung (1919) war ein A.prozeß.

Alpha Jet [engl. dʒɛt], zweisitziges Mehrzweckkampfflugzeug für den Einsatz bei den Luftstreitkräften Belgiens, Deutschlands und Frankreichs; Serienproduktion ab 1977; in der Bundeswehr zw. 1980 und 1983 eingeführt.

alphanumerisch [lat.], Eigenschaft von Symbolmengen bzw. Zeichenvorräten, die numer. Zeichen (z. B. Ziffern) sowie Buchstaben eines Alphabets und Sonderzeichen enthalten.

Alphastrahlung (α-Strahlung), ionisierende Teilchenstrahlung, die beim Kernzerfall (Alphazerfall) natürl. radioaktiver Elemente *(α-Strahler)* oder bei Kernreaktionen auftritt. Die A. besteht aus *Alphateilchen (α-Teilchen),* schnellen (zweifach positiv geladenen) Heliumkernen $^4_2$He. Der durch *Alphazerfall* entstehende neue Kern (Folgekern) hat eine um zwei kleinere Kernladungszahl und eine um vier kleinere Massenzahl als der Ausgangskern, steht also im Periodensystem zwei Stellen links von diesem. Wegen ihrer starken Ionisations- und Dissoziationswirkung ist A. chemisch sehr wirksam und biologisch schädigend, insbes. wenn α-Strahler mit der Atemluft oder Nahrung in den Körper gelangen.

Alpha und Omega (Zeichen A, Ω), der erste und letzte Buchstabe des griechischen Alphabets, im NT symbol. Ausdruck für die Ewigkeit Gottes und Christi.

Alphorn. Alphornbläser aus der Schweiz

Alphorn, altes Hirteninstrument, ein bis zu 4 m (selten 10 m) langes, meist aus einem Tannenstamm geschnitztes Trompeteninstrument, heute v. a. in der Schweiz gebräuchlich; meist langgestreckte Form mit auf dem Boden aufliegendem und nach oben gebogenem Schallstück.

alpin [lat.], die Alpen, das Hochgebirge betreffend.

alpine Kombination, Skiwettbewerb, der aus Abfahrtslauf und Slalom *(alpine Zweierkombination)* oder aus Abfahrtslauf, Slalom und Riesenslalom *(alpine Dreierkombination)* besteht. ↑Skisport.

Alpinismus [lat.], eigtl. Bez. für Alpenkunde, d. h. wiss. Erforschung des Hochgebirges und dessen Besteigung; heute allg. Bez. für sportl. Wandern, Bergsteigen und extremes Klettern im Hochgebirge.

Alpinum [lat.], Steingarten im Tiefland zur Pflege von Gebirgspflanzen.

Alpirsbach, Stadt im Schwarzwald, Bad.-Württ., 6 600 E. Luftkurort. – Ehem. Benediktinerklosterkirche (um 1130 vollendet; roman. flachgedeckte Säulenbasilika).

Alraune (Alraun), die einer menschl. Gestalt ähnl. Alraunwurzel. Seit der Antike als Zaubermittel bekannt. Nach der Sage wächst die A. unter dem Galgen aus dem Harn oder Sperma eines Gehenkten *(Galgenmännlein)* und verschafft ihrem Besitzer Reichtum und Glück.

Alraunwurzel, Nachtschattengewächs in S-Europa; die stark giftige Wurzel enthält Alkaloide und ist oft in zwei Teilwurzeln gespalten.

Alraunwurzel

Alsace [frz. al'zas] ↑Elsaß.

Alsdorf, Stadt im Kr. Aachen, NRW, 46 700 E. 1852 bis etwa 1960 v. a. Steinkohlenbergbau. Im Broichtal Wasserburg (15. Jh.).

Alster, rechter Nebenfluß der unteren Elbe, mündet in Hamburg, 53 km lang.

Alt [lat.], Stimmlagen-Bez. (Umfang a–f²), heute vorwiegend für die tiefe Frauenstimme.

Altai, Gebirge zw. dem Westsibir. Tiefland und der Gobi, etwa 2 000 km lang, in der Belucha 4 506 m hoch. Der A. bildet die Wasserscheide zw. Ob/Irtysch und den abflußlosen Gebieten Z-Asiens. Der *russische Altai* greift im N und W fächerförmig in das Westsibir. Tiefland hinein, fällt nach S steil zur Dsungar. Pforte ab und geht nach O in den Westl. Sajan über. Er hat im S und O Hochgebirgscharakter mit zahlr. Gletschern. Von der russ. Grenze erstreckt sich nach SO der *Mongolische Altai* in der Mongolei und in China. Er besteht aus mehreren, durch Senken und Hochflächen getrennten Gebirgsketten, im NW stark durch eiszeitl. Vergletscherung geprägt; nach SO zunehmende Trockenheit (Schutthalden, Salzpfannen). An den Mongol. A. schließt der *Gobialtai* in der Mongolei an, bestehend aus einzelnen Gebirgszügen und Bergen. Dem sehr trockenen Klima entsprechend sind die Hänge meist von ausgedehnten Schutthalden umgeben.

altaische Sprachen, Sprachgruppe in Asien und Osteuropa: Turksprachen, die mongol. und die mandschu-tungus. Sprachen.

altamerikanische Kulturen, die Kulturen der Indianer vor der Entdeckung Amerikas (präkolumb. Kulturen von Mexiko bis Peru, indian. Kulturent Nordamerikas). – Früheste Komplexe 20 000 v. Chr.; ab etwa 10 000 v. Chr. verschiedene paläoindian. Jäger- und Sammlerkulturen; Maisanbau wohl ab 5000 v. Chr. in Mexiko; erste Keramik 3200 v. Chr. (Ecuador, Kolumbien). Hochkulturen v. a. entlang der pazif. Küste von N-Mexiko bis N-Chile in den Großräumen ↑Mesoamerika, Zentralamerika, Zwischengebiet, zentraler Andenraum (»Kernamerika«). Die Regionen der Großräume waren dabei oft selbständig und nur zeitweise zu einer Einheit verschmolzen, z. B. im zentralen Andengebiet während der Chavínkultur (↑Chavín de Huantar); bed. regionale Kulturen: Paracas, Nazca (Peru), Moche [Mochica] (Küste), Tiahuanaco (Bolivien). Städtebau, ausgehend von Tempelzentren, blieb Kennzeichen Kernamerikas. Eng im Zusammenhang mit der Städtebildung stand die Schaffung ausgedehnter Reiche (↑Huari [Wari]; ↑Inka; ↑Teotihuacán; ↑Azteken). Als Ausgangspunkt der Hochkulturen gilt die Kultur der Olmeken (↑La Venta 1200–400 v. Chr.), als

altamerikanische Literaturen

klassische Kultur (Blütezeit 600–900) die der ↑Maya in Guatemala (Petén) und Yucatán; an der Golfküste gab es, etwa gleichzeitig, die Kultur von ↑El Tajín. Auf dem Hochland von Mexiko ab 300 v. Chr. frühklass. Kultur von Teotihuacán; 900–1200 Zeit der ↑Tolteken (↑Tula), in Yucatán Verbindung mit der Mayakultur. Im südl. Mexiko ab etwa 900 Kultur der ↑Mixteken, die die Zapoteken verdrängten (frühklass. Kulturzentrum ↑Monte Albán). Die Azteken übernahmen das künstler. und kulturelle Erbe.

gen der führenden Geschlechter. Als Hauptwerk der altaztek. Literatur gilt die durch Initiative des Franziskaners Bernardino de Sahagún (*1499 oder 1500, †1590) entstandene, von Indianern diktierte »Historia general de las cosas de Nueva España«, eine Gesamtdarstellung des Lebens und Glaubens der Azteken. Bekannt sind ferner histor. Berichte, Schöpfungsmythen, Lyrik und didakt. Literatur.

Altamira, Cueva de, Höhle bei Santillana del Mar (sw. von Santander, Spanien), in der 1879 Malereien und Gra-

altamerikanische Kulturen.
Links: Tongefäß mit zwei Ausgüssen, der Nazcakultur zugehörend ◆ Rechts: Ohrscheiben aus Türkisen, Gold und Muscheln; Mochicastil

altamerikanische Literaturen, die Literaturen der Indianer aus der Zeit vor der Entdeckung Amerikas. Die erhaltenen Fassungen sind in indian. Sprachen oder Spanisch aufgezeichnet (von span. Mönchen). – *Andenraum:* Die meisten der erhaltenen Texte stammen von Völkern des Inkareiches: Götterhymnen und Gebete, mytholog. Berichte, Tierfabeln, Lyrik, ferner das Theaterstück »Apu Ollántay«. – *Mesoamerika:* Im Gebiet der klass. Mayakultur sind nur spärl. Reste (u. a. in den Dorfchroniken, den sog. »Chilam Balam«), von den Quiché und Cakchiquel im guatemaltek. Hochland ist mehr bekannt: neben dem hl. Buch der Quiché, dem »Popol Vuh«, und der dramat. Dichtung »Rabinal Achi« histor.-legendäre Aufzeichnun-

vierungen v. a. aus dem Magdalénien entdeckt wurden. ↑Höhlen (Übersicht).
Altan [italien.] (Söller), offener Anbau (Obergeschoß).
Altar [lat.], in der *Religionsgeschichte* erhöhte Opferstätte, freistehend, in der Antike vor Tempeln, auch an Außenwänden (Laren-A.). Seit frühgeschichtl. Zeit ist der A. als heilige Stätte und Ort der Nähe Gottes in allen entwickelten Religionen bekannt. Der christl. A., erst Ende des 1. Jh. üblich, zunächst ein einfacher Tisch (Mensa, Tisch des Herrn, 1. Kor. 10,21) zur Abendmahlsfeier, wurde in der kath. Kirche, die die Messe als Opfer auffaßt, wieder zur Opferstätte und zum Mittelpunkt des Gotteshauses. Die ev. Kirchen kehrten zum Abendmahlstisch zurück (»Tisch des Herrn«);

sie kennen nur den einfachen Tisch mit Kruzifix und Bibel, haben aber die alten A. meist beibehalten als Sinnbild der Gegenwart Gottes. Seit dem 6. Jh. kamen in der kath. Kirche neben dem im Chor stehenden Haupt-A. (Hoch-A., Front-A.) für die Heiligenverehrung Neben- und Seitenaltäre auf. Auf Reisen wurde die Messe oft an einem Trag-A. (Portatile) gelesen. Zur künstler. Ausstattung gehört schon früh das ↑Antependium, ab dem 11. Jh. tritt das ↑Retabel allmählich in den Mittelpunkt. Der *Ziboriumaltar* war v. a. in Italien verbreitet, der *Altarbaldachin* aus Stoff oder Holz in Frankreich und Spanien.

Altarsakrament, in der kath. Kirche Bez. für die Eucharistie.

Altbier, obergäriges dunkles Bier.

Altdorfer, Albrecht, *Regensburg (?) um 1480, † ebd. 12. 2. 1538, dt. Maler. In Regensburg Ratsherr und Stadtbaumeister; Hauptmeister der Donauschule. 1510 entstanden »Ruhe auf der Flucht« (Berlin, Gemäldegalerie) und »Drachenkampf des hl. Georg« (München, Alte Pinakothek), die als erste selbständige Landschaftsbilder gelten können. Volkstümlich erzählende Phantasie, miniaturhafte Wiedergabe der Einzelheiten und ein der Romantik verwandtes Naturgefühl finden sich auch in der »Alexanderschlacht« (1529; München, Alte Pinakothek); auch Zeichnungen, Holzschnitte, Radierungen, Wandmalerei.

Altdorf (UR), Hauptort des schweizer. Kt. Uri, im Reußtal, 8500 E. Nach der Tellsage Schauplatz des Apfelschusses. Kapuzinerkloster (gegr. im 16. Jh.).

Altena, Stadt im Sauerland, NRW, 24000 E. Dt. Draht-, Dt. Schmiedemuseum. Metallverarbeitung. – Die Burg (12. Jh.) war Stammsitz der Grafen von A. (später Grafen von der Mark).

Altenberg, Peter, eigtl. Richard Engländer, *Wien 9. 3. 1859, † ebd. 8. 1. 1919, österr. Schriftsteller. Prototyp des Bohemiens; Prosaskizzen, kulturkrit. Aphorismen, u. a. »Wie ich es sehe« (1896), »Märchen des Lebens« (1908), »Mein Lebensabend« (1919).

Altenburg, 1) Kreisstadt in Thüringen am S-Rand der Leipziger Bucht, 48000 E. Schloß- und Spielkartenmuseum; Herstellung von Spielkarten;

Renaissancerathaus (1562–64); Schloß (11.–19. Jh.).
2) Ort im Waldviertel, Niederösterreich, sw. von Horn, 700 E. Besitzt in dem Benediktinerstift Altenburg (gegr. 1144) ein Hauptwerk des donauländ. Barock (Stiftskirche von J. Munggenast, 1730–33).

Altenhilfe, Gesamtheit der im Rahmen der Sozialhilfe älteren Menschen zuerkannten Maßnahmen; im Bundessozialhilfegesetz 1961 gesetzlich geregelt; zur *geschlossenen* A. gehört die Unterbringung älterer Menschen in Heimen; im Rahmen der *offenen* A. werden ältere Menschen von den Trägern der A., den Behörden und den Verbänden der freien Wohlfahrtspflege, im Krankheitsfall, bei Haushaltsführung, Wohnungssuche, Organisation geselliger Veranstaltungen usw. unterstützt.

Altenpflegeheim ↑Altersheim.

Altenburg
Stadtwappen

Altar

Kanzelaltar

Flügelaltar

Ciboriumaltar

Retabelaltar

Altenstein, Karl, Freiherr vom Stein zum A., *Schalkhausen (heute zu Ansbach) 1. 10. 1770, † Berlin 14. 5. 1840, preuß. Staatsmann. Als Kultus-Min. (1817–38) verfolgte er u. a. die Ausdehnung der Schulpflicht auf das gesamte Staatsgebiet, den Aufbau der Volksschulen und Lehrerseminare.

Altenteil (Ausgedinge, Auszug, Leibgedinge, Leibzucht), Inbegriff von Rechten verschiedener Art, die dem *Altenteiler* (meist ein abtretender Bauer, der seinen Hof einem Nachfolger übergibt) auf Lebenszeit (ganze oder teilweise) Versorgung gewähren sollen.

Alter, die Zeit des Bestehens, ausgedrückt in Zeiteinheiten, z. B. das A. eines Menschen (Lebensdauer). Im *biolog. Sinne* ist Altern ein über das ganze Leben sich erstreckender Wandlungsprozeß, der sich aus dem Wachstumszustand des Organismus sowie aus Veränderungen der Gewebe und Organe erkennen und bestimmen läßt. ↑Lebenserwartung.

altera pars [lat. »der andere Teil«], die Gegenpartei.

Alter Bund, das AT und die in ihm geschilderte Periode der Heilsgeschichte.

Alter Dessauer ↑Leopold I. von Anhalt-Dessau.

Alter ego [lat. »das andere Ich«], sehr vertrauter Freund.

alternative Bewegung, Sammelbez. für seit den 1970er Jahren in westl. Industriestaaten entstandene Gruppen meist jüngerer Menschen, die der modernen Industriegesellschaft und ihren Organisationsformen skeptisch bis ablehnend gegenüberstehen und unterschiedl. eigene Formen wirtschaftlicher, gesellschaftlicher und politischer Organisationen entwickelt haben. Im polit. Bereich bestehen Verflechtungen v. a. mit der Partei »Bündnis 90/Die Grünen«.

Alternativenergie, jede zur Energieversorgung einsetzbare, sich erneuernde Energie (im Gegensatz zur Energie aus fossilen Brennstoffen und zur Kernenergie), z. B. geotherm. Energie, Gezeitenenergie und Sonnenenergie und sich von ihr ableitende Energieformen wie Wind-, Wasser- und Bioenergie.

alternativer Landbau, svw. ↑biologischer Landbau.

Alternativer Nobelpreis, unter der Bez. Right Livelihood Award 1980 von C. W. J. von Uexküll ins Leben gerufene Auszeichnung; wird jährlich am 9. 12. in Stockholm an Personen und Organisationen vergeben, »die mit prakt. und exemplar. Lösungen an den wirkl. Problemen unserer Zeit arbeiten«.

Alternativkraftstoffe, die nicht aus Erdöl gewonnenen, für Ottomotoren prinzipiell verwendbaren Kraftstoffe wie Flüssiggas (Autogas), Alkohole, Rapsöl, Kohlebenzine und Wasserstoff.

alternieren [lat.], einander ablösen.

alternierende Versmaße, Verse, die einen regelmäßigen Wechsel zw. unbetonten und betonten sowie langen und kurzen Silben aufweisen (z. B. Jambus, Trochäus).

Alternsforschung ↑Gerontologie.

Alter Orient, Bez. für Vorderasien einschließlich Ägyptens in vorhellenist. Zeit; umfaßt Iran, Mesopotamien, Armenien, Kleinasien, Syrien, Palästina und das Niltal (bis Khartum). Um 3000 v. Chr. Entstehung der großen Hochkulturen des A. O.: Ägypten, Sumer, Babylonien, Assyrien; daneben u. a. Elam, die Reiche der Hurriter und der Hethiter, Urartu und Meroe.

Altersbestimmung, 1) *allg.:* Datierung von geolog. Ereignissen und vorgeschichtl. Funden. Die rein geolog. Methoden (Stratigraphie), bei denen räumlich getrennte Schichten anhand von Leitfossilien zueinander zugeordnet werden, ergeben relative Alter; sie versagen bei sehr alten Schichten ohne Versteinerungen. Andere Methoden, wie z. B. die Zählung der Warven (Jahresschichten des Bändertons) oder die Dendrochro-

Altersbestimmung 1)

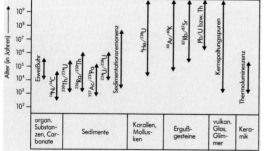

Altersbestimmung. Schematische Darstellung einer Fischschuppe mit jährlich angelegten Altersringen

Entfernung der Probe aus dem ^{14}C-Reservoir verstrichene Zeit (bis etwa 50000 Jahre).

Die *Kalium-Argon-Methode* geht von dem zu 0,012% in natürl. Kalium K enthaltenen Isotop K40 aus, das mit einer Halbwertszeit von $1,28 \cdot 10^9$ Jahren u. a. in das stabile Argonisotop Ar40 zerfällt; erfaßbare Zeitspanne: 10^5 bis 10^{10} Jahre. Ein Verfahren v. a. für die A. keram. Erzeugnisse ist die *Thermolumineszenzmethode.* Dabei wird ausgenutzt, daß z. B. durch die Höhenstrahlung oder die Strahlung der natürl. radioaktiven Isotope in den Quarz- und Feldspatkristallen der Tonteilchen Elektronen angeregt, d. h. auf ein höheres Energieniveau gehoben werden und dort verweilen; dieser Vorgang wird beim Brennen der Keramik, insbes. aber bei der Probenuntersuchung (Erwärmung auf etwa 300°C) rückgängig gemacht, wobei Licht emittiert wird *(Thermolumineszenzstrahlung);* die Intensität des Thermolumineszenzleuchtens ist ein Maß für das Alter der Probe (bis etwa 500000 Jahre). Zur A. von Knochenresten dient die *Razematmethode (Aminosäureuhr, Eiweißuhr).* Dieses Verfahren nutzt die Tatsache aus, daß die urspr. in lebendem Gewebe vorhandenen L-Aminosäuren nach dem Absterben eines Organismus in die D-Form übergehen; aus deren Konzentration läßt sich der Zeitpunkt bestimmen, zu dem der Organismus abgestorben ist. Nach dieser Methode läßt sich eine Zeitspanne von 10000 bis zu einigen 100000 Jahren erfassen.

2) *Botanik:* (bei Bäumen) ↑Jahresringe.
3) *Zoologie:* bei Tieren kann die A. nach der Abnutzung der Zähne, nach Merkmalen an den Hörnern und Klauen oder z. B. nach den Zuwachsstreifen der Schuppen erfolgen.

Altersbrand (Altersgangrän), meist an den Zehen beginnender Gewebetod (Nekrose) infolge Arterienverkalkung.

Altersentlastungsbetrag, durch die Reform des Einkommensteuerrechts 1974 eingeführter Freibetrag, den Steuerpflichtige über 64 Jahre beanspruchen können für Einkünfte, die weder Pensionen noch Sozialrenten u. ä. sind. Im Zuge der Steuerreform 1990 wurde der zusätzlich bestehende *Altersfreibetrag* von 720 DM für den berechtigten Personen-

nologie ergeben absolute Alterswerte. Eine wichtige Methode der A. ist die von W. F. Libby entwickelte sog. *Kohlenstoff-14-Methode (C-14-Methode, Radiocarbonmethode):* Sie beruht darauf, daß unter dem Einfluß der kosm. Strahlung aus dem Stickstoff der Luft radioaktiver Kohlenstoff ^{14}C gebildet und zu Kohlendioxid oxidiert wird (^{14}CO$_2$). Durch CO$_2$-Austausch zw. dem atmosphär. Kohlendioxid und dem im Ozean gelösten Bicarbonat gelangen 96% des ^{14}C in einem ständigen Strom in den Ozean, weitere 2% werden durch Assimilation in pflanzl. und damit auch in tier. Organismen eingelagert, so daß nur 2% in der Atmosphäre verbleiben. Im gesamten ^{14}C-Reservoir herrscht Gleichgewicht, d. h., das durch Zerfall verlorengegangene ^{14}C wird durch neu produziertes ersetzt. Wird kohlenstoffhaltiges Material aus dem ^{14}C-Reservoir entfernt (Absterben eines Organismus, Kalkausfällung aus dem Ozean), so fällt das dem Gleichgewichtsfall entsprechende Isotopenverhältnis $[^{14}C]:[^{12}C] = 1:10^{12}$ *(Rezentwert)* mit 5730 Jahren Halbwertszeit ab. Zur A. mißt man das Verhältnis der spezif. β-Aktivität des Probenkohlenstoffs zu derjenigen von rezentem Kohlenstoff z. B. in frischem Holz und errechnet daraus die seit der

127

Altersgliederung

Sidney Altman

Pyramide

Glocke

Zwiebel

Altersgliederung

kreis abgeschafft und der A. entsprechend erhöht (auf 3720 DM).

Altersgliederung (Altersaufbau), Zusammensetzung einer Bevölkerung (bes. in einer polit. Einheit) nach Alter und häufig auch nach Geschlecht. Zur graph. Darstellung werden Alterspyramiden oder Altersrechtecke verwendet. Die *Alterspyramide* kann je nach Bevölkerungsentwicklung (Fruchtbarkeit, Sterblichkeit, Migration) auch die Form einer Zwiebel oder einer Glocke annehmen. *Altersrechtecke* sind bes. geeignet zur Darstellung langfristiger Veränderungen; hier zeigen sich z. B. die Auswirkungen medizin. Erfolge.

Altersgrenze, im öffentl. Dienst das Lebensalter, mit dessen Erreichen Arbeitnehmer ihre Berufstätigkeit beenden; in Deutschland i. d. R. mit Vollendung des 65. Lebensjahrs (Ruhestand des Beamten). ↑Rentenversicherung.

Altersheilkunde ↑Geriatrie.

Altersheim (Altenheim), gemeinnützige oder private Einrichtung, die die volle Versorgung alter Menschen, die zur Führung eines eigenen Haushalts nicht mehr imstande sind, gewährleistet. Für vorübergehend bzw. dauernd hilfsbedürftige und bettlägerige Bewohner ist i. d. R. dem A. eine Pflegeabteilung angegliedert, oder es stehen für sie *Altenpflegeheime* zur Verfügung. Das *Heimgesetz* vom 7. 8. 1974 regelt die Rechtsstellung der Heimbewohner. – Das Altenwohnheim ist eine Anlage mit kleinen abgeschlossenen Wohneinheiten mit speziell für alte Menschen angepaßten Ausstattungen.

Altershilfe für Landwirte, Rentenversicherung auf berufsständ. Grundlage, eingeführt durch Gesetz vom 27. 7. 1957. Leistungen erfolgen an selbständige Land- und Forstwirte, v. a. als *Altersgeld* an selbständige Landwirte, wenn sie das 65. Lebensjahr vollendet, mindestens 180 Kalendermonate Beiträge entrichtet und ihr Unternehmen abgegeben haben, bzw. an Witwen und mitarbeitende Familienangehörige. 1994 wurden den Ehefrauen der Landwirte ein eigener Rentenanspruch zugebilligt, wenn sie Beiträge an die A. entrichten.

Altersklassen, Einteilung der Wettkämpfer nach einer bestimmten Altersstufe in verschiedenen Sportarten (z. B. Fußball, Boxen, Judo).

Altersruhegeld (Altersrente), Leistung der Sozialversicherung, die nach Erreichen der Altersgrenze und Erfüllung der Wartezeit in Form einer lebenslängl. Geldrente an Versicherte in der Rentenversicherung der Arbeiter und Angestellten gewährt wird.

Altersschwäche (Altersmarasmus), normale Alterserscheinungen wie leichte Ermüdbarkeit, Nachlassen der körperl. Leistungsfähigkeit, Nachlassen des Gedächtnisses.

Alterssichtigkeit (Presbyopie), altersbedingte Weitsichtigkeit infolge Elastizitätsverlusts der Linse.

Altersstar ↑Starerkrankungen.

Altersteilzeitarbeit, in Nachfolge der ↑Vorruhestandsregelung entstandene Form der Teilzeitarbeit für Arbeitnehmer, die das 58. Lebensjahr vollendet haben. Die wöchentliche Arbeitszeit wird auf die Hälfte reduziert (mindestens 18 Std.), der Arbeitgeber erhält, wenn der freiwerdende Teilzeitarbeitsplatz mit einem Arbeitslosen besetzt wird, Zuschüsse des Arbeitsamtes, damit das Arbeitsentgelt auf 70% des bisherigen Vollzeitentgelts erhöht werden kann. Ebenso wird die Zahlung des Rentenversicherungsbeitrags bezuschußt.

alter Stil ↑Zeitrechnung.

Altertum, Zeitraum vom Beginn erster schriftl. Aufzeichnungen im Alten Orient um 3000–2800 bis zum Ausgang der griech.-röm. Antike im 4.–6. Jh., räuml. begrenzt auf die Randgebiete des Mittelmeers mit den vorgelagerten Ländern in Europa und Asien. Die eingebürgerte Hauptgliederung unterteilt die Geschichte des Altertums in die Geschichte des Alten Orients, Griechenlands und des Hellenismus, Roms und des Röm. Reiches. Der Übergang zum MA ist fließend. Die bleibende Wirkung des Altertums beruht v. a. auf Erfindung der Schrift, Ausbildung der Stadtzivilisation, Entwicklung organisierter Staatswesen, Schöpfung einer in vielen Bezügen überzeitl. geistigen Kultur.

Alterung, allg. die Änderung von Werkstoffeigenschaften metall. oder nichtmetall. Stoffe in Abhängigkeit von Zeit, Beanspruchung und Temperatur, bei Kunststoffen insbes. durch ultraviolettes Licht.

Altes Land, fruchtbares Marschland am W-Ufer der unteren Elbe, zw. Hamburg-Harburg und Stade.

Ältestenrat, Organ des Dt. Bundestags (25 Mgl.), das den Bundestags-Präs. bei der Führung von dessen Geschäften unterstützt; beschließt alle inneren Verwaltungsangelegenheiten des Bundestags.

Altes Testament ↑Bibel.

Alte Welt, Bez. für die seit alters her bekannten Erdteile Asien, Afrika, Europa.

Althochdeutsch ↑deutsche Sprache.

Althusius (Althaus), Johannes, *Diedenshausen (Sauerland) 1557, † Emden 12. 8. 1638, dt. Rechtslehrer. Theoretiker des Naturrechts, Vertreter des Gedankens der Volkssouveränität. Erster dt. Versuch einer systemat. Darstellung der Staats- und Gesellschaftslehre in »Politica methodice digesta ...« (1603).

Altichiero [italien. alti'kjɛːro], *Zevio (bei Verona) um 1330, †um 1390, italien. Maler. Fresken in Padua und Verona. Durch seine differenzierte Farbigkeit Wegbereiter der venezian. Malerei.

Altiplano [span.], Beckenlandschaft in den Z-Anden, 3 600–4 000 m hoch, bis 200 km breit (Bolivien und Peru). Der nördl. Teil ist eines der wichtigsten Agrargebiete Boliviens.

Altkastilien, histor. Prov. (Region) im mittleren und nördl. Spanien, erstreckt sich vom Golf von Biskaya bis zum Kastil. Scheidegebirge. A. ist die Keimzelle des späteren Kgr. und urspr. Träger des Namens ↑Kastilien.

Altkatholiken, Angehörige einer kath. Reformkirche, die aus der Ablehnung des Dogmas von der Unfehlbarkeit des Papstes auf dem 1. Vatikan. Konzil (1869–70) hervorgegangen ist. Die A. vertreten: Einführung der Volkssprache sowie Aufhebung der Ablässe, der Zölibatsverpflichtung und der Verpflichtung zur jährl. Einzelbeichte. Die A. sind Mgl. des Ökumenischen Rates der Kirchen. Mitgliederzahl in Deutschland: etwa 25 000. In Deutschland wurde 1994 die Zulassung von Frauen zum Priesteramt beschlossen.

Altkönig, Berg im Taunus, 798 m hoch; Ringwallanlage aus der La-Tène-Zeit (etwa 4. Jh. v. Chr.).

Altlasten, durch Schad- oder Giftstoffe verseuchte ehemalige Deponien sowie Bodenflächen ehemaliger Ind.betriebe.

Altliberale, allg. Bez. für gemäßigte Liberale zur Abgrenzung gegen radikale Linksliberale und rechtsorientierte Nationalliberale; v. a. gebräuchlich für die gemäßigten Liberalen in Preußen ab 1848.

Altlutheraner, Mgl. der dt. luth. Freikirchen, die im 19. Jh. unter Protest gegen Unionsbestrebungen zw. ref. und luth. Kirchen entstanden. Die meisten A. schlossen sich 1972 zur Selbständigen Ev.-Luth. Kirche (Abk. SELK) zusammen.

Altman [engl. 'ɔːltmən], 1) Robert, *Kansas City (Mo.) 20. 2. 1925, amerikan. Filmregisseur. Dreht v. a. bissige satir. Gesellschaftsstücke, u. a. »M.A.S.H« (1969), »Nashville« (1974), »Fool for Love« (1986), »Short Cuts« (1993), »Prêt-à-porter« (1994).

2) Sidney, *Montreal 8. 5. 1939, kanad. Chemiker. Erhielt für die Entdeckung der katalyt. Aktivität von Ribonukleinsäuren den Nobelpreis für Chemie 1989 (zus. mit T. R. Cech).

Altmark, Landschaft westlich der Elbe, geht nach W in die Lüneburger Heide über, nach N in das Hannoversche Wendland; Erdgasfeld bei Salzwedel. – Ende des 8. Jh. fränk. Herrschaftsgebiet (im Wendenaufstand 983 verloren); seit dem 12. Jh. teilte die A. das Schicksal der Mark-Gft. Brandenburg; kam 1815 zur preuß. Prov. Sachsen, 1945 mit dieser an Sachsen-Anhalt.

altmesopotamische Kunst, von den ↑Sumerern im 4./3. Jt. begründete Kunst. Der Einfluß dieser frühen Hochkultur erstreckte sich einerseits nach Elam (Susa), andererseits nach Syrien (Tell Mardich [Ebla], Mari, Tell Hariri); Rückgriffe auf sie erfolgten während zwei Jahrtausenden immer wieder.

Sumerische Kunst: Die *frühsumerische Periode (etwa 3300–2750)* ist v. a. in Uruk (Warka) belegt. Aus der Ausgrabungsschicht IV stammen die ersten Großtempel. Es folgen massive Tempeltürme aus Lehmziegeln (Zikkurate) mit Außentreppen. Aus der Walzenform entwickelte sich die Rundplastik mit farbigen Einlegearbeiten (Dame von Warka, 28. Jh.; Bagdad, Irak-Museum). Äußerst lebendig ist die Reliefkunst (auf Stelen, Weihetafeln und Gefäßen). Themen sind Götterwelt und Mythologie

altmesopotamische Kunst.
Oben: Abrollung eines Rollsiegels aus Dur-Katlimmu auf Ton; 13. Jh. v. Chr. ♦ Unten: Umrißzeichnung des Abdrucks

altmesopotamische Kunst. Links: Sargon II. mit Diener, Relief aus Dur-Scharrukin; 8. Jh. v. Chr. ◆ Rechts: Ausschnitt aus der Wandmalerei im Palast des Zimrilim in Mari

(Mischwesen) sowie Kultszenen, auch die Natur (Wasser, Pflanzen, Tiere). Die sumerische Kunst der *frühdynastischen Zeit (2750–2250 v. Chr.)*, auch unterteilt in Mesilim-Zeit (in Kisch, Eschnunna) und Ur-I-Zeit (in Ur, Eridu und Lagasch sowie Mari in Syrien), zeigt einen stark abstrahierenden Stil (Rollsiegel). Den künstler. Höhepunkt bilden die schmalen zergliederten Beterstatuetten aus Eschnunna (Tell Asmara) mit expressiven ekstat. Gesichtern. Die Kunst in Mari sowie in Ur und Lagasch bleibt stärker in der frühgeschichtl. sumer. Kunst orientiert (Sitzfigur des Präfekten Ebich-il aus Mari, Paris, Louvre; der Schreiber Dudu aus Lagasch, Bagdad, Irak-Museum). In der *Akkadzeit (etwa 2235–2094 v. Chr.)* erreichte die sumer. Kunst in der Plastik und den Reliefs Naramsins von Akkad (etwa 2155–2119 v. Chr.) einen neuen Höhepunkt; Naramsins Siegesstele (Paris, Louvre), Großplastik, u. a. sog. Sargonkopf (wohl Naramsin, ebd.). In der *nachakkadischen (neusumerischen) Epoche* (in Lagasch etwa ab 2080, in Ur etwa 2047–1940 v. Chr.), z. B. unter Gudea von Lagasch (um 2080–2060 v. Chr.),

massige, oft schematisch erstarrte Darstellungen.

Babylonische Kunst: Mit der Herrschaft ↑Hammurapis und seiner Nachfolger (ab 1728 v. Chr.) sowie der Kassiten (1531–1155) erhielt die a. K. neue Impulse. Der sog. Hammurapikopf (Paris, Louvre) ist von unmittelbarem menschl. Ausdruck erfüllt. Kassitisch der kleine Innintempel des Karaindasch (um 1420) in Uruk mit figürl. Plastik aus Formziegeln und die tonnengewölbten Bauten Kurigalzus I. (Palast der neuen Residenz Dur-Kurigalzu). *Elam* erlebte unter babylon. Oberherrschaft eine Blütezeit, wobei die Kunst auf eigene und sumerische Traditionen zurückgriff (13./12. Jh.): Tempelturm in Dur-Untasch (Tschoga Zanbil; mit Treppenhaus), Dekoration der Tempel und Kultbilder (Susa: Reliefs, glasierte Ziegel).

Assyrische Kunst: Belegt ist fast ausschließlich die neuassyr. Kunst (etwa 1000–600); Einflüsse aus S-Mesopotamien (babylon. Kunst) und der nordmesopotam. Nachbarvölker (Hurriter bzw. Mitannireich; Hethiter), z. B. im Palastbau (Grundrisse). Bed. Reliefkunst: Die Palastreliefs Assurnasirpals II. in Kalach zeigen neben den aus der Rollsiegelkunst stammenden herald. Gruppen epische Handlungsschilderungen in chronolog. Abfolge (Kriegszüge und Jagden) und das neue Formprinzip fortlaufender Friese. Weiterentwicklung in den Reliefs des Bronzetors von Imgur-Enlil (Balawat) unter Salmanassar III., den Reliefs Sargons II. in Dur-Scharrukin (Chorsabad) und denen Sanheribs und Assurbanipals in Ninive.

Neubabylonische Kunst: Nach der Oberherrschaft der Assyrer Erneuerung der großen Kunsttraditionen Mesopotamiens unter den Chaldäerkönigen (626 bis 539; z. B. Ischtartor aus Babylon, heute Berlin, Museumsinsel).

Altmühl, linker Nebenfluß der Donau in Bayern, entspringt auf der Frankenhöhe, ab Dietfurt Teil des Main-Donau-Kanals, 220 km lang.

Altnordisch, Stufe in der Entwicklung der nordgerman. Sprachen (Isländisch, Färöisch, Norwegisch, Schwedisch, Dänisch) von etwa 800 bis zum 15. Jahrhundert. ↑schwedische Literatur, ↑Runen.

altnordische Literatur, schriftl. Überlieferung des Alt-Isländischen und Alt-Norwegischen von etwa 800 bis zur Einführung des Buchdrucks. Es wird unterschieden: 1. eddische Dichtung. Die ihr zugerechneten Lieder sind zum großen Teil in einer isländ. Handschrift des 13. Jh. gesammelt (↑Edda). 2. ↑Skaldendichtung. Ihre Kenntnis ist ebenfalls der isländ. Überlieferung zu danken, obwohl die frühe skald. Dichtung, die an norweg. Fürstenhöfen gepflegt wurde, sicher schon vor dem 9. Jh. begann (↑Bragi). Isländer führten die Skaldik an den Fürstenhöfen des Nordens und Englands fort (↑Egill Skallagrímsson). Gegen Ende der skald. Dichtung schrieb ↑Snorri Sturluson sein Skaldenlehrbuch (die »Jüngere Edda«). 3. ↑Sagaliteratur (Sögur).

Alto Douro [portugies. 'altu 'ðoru], vom Douro durchflossenes Gebiet im östl. Hochportugal; Weinbau (Portwein).

Altokumulus [lat.] ↑Wolken.

Altostratus [lat.] ↑Wolken.

Altötting, Kreisstadt nö. von Burghausen, Bayern, 11 000 E. Wallfahrtsort (seit 1483). Mittelpunkt ist ein Platz mit der Hl. Kapelle, einem der ältesten Zentralbauten Deutschlands; 1494 wurde das Langhaus hinzugefügt; im Innern das Gnadenbild der »Schwarzen Muttergottes« (14. Jh.).

Altphilologie ↑klassische Philologie.

Altpreußen, Bez. für das Gebiet des Hzgt. Preußen (Ostpreußen), auch für die vor 1806/07 zu Preußen gehörigen Gebiete, v. a. Ost-, Westpreußen, Pommern, Brandenburg.

Altranstädt, Teil der Gem. Großlehna, bei Leipzig. Im *Frieden von Altranstädt* (1706) zw. Schweden und Sachsen schied August der Starke aus dem Nord. Krieg aus und entsagte der poln. Krone. – In der *Konvention von Altranstädt* (1707) mußte Kaiser Joseph I. Karl XII. von Schweden u. a. in Schlesien die Wiederherstellung der prot. Glaubensfreiheit zugestehen.

Altruismus [lat.], Selbstlosigkeit.

Altsächsisch, älteste Stufe des ↑Niederdeutschen vom Einsetzen der schriftlichen Überlieferung im 9. Jh. bis zum 11. Jh.; die wichtigsten Denkmäler in A. sind »Heliand« und die altsächs. »Genesis«.

Altsteinzeit, svw. ↑Paläolithikum.

Alttier, weibl. Dam-, Elch- oder Rotwild vom Zeitpunkt seiner ersten Trächtigkeit an.

Altun Shan (Altyn Tagh), 900 km langer Gebirgszug am S-Rand des östl. Tarimbeckens (China), bis 6 161 m hoch.

Altweibersommer, in M-Europa fast regelmäßig Ende Sept. bis Anfang Okt. auftretende Schönwetterperiode.

Altweltaffen, svw. ↑Schmalnasen.

ALU, Abk. für engl. **A**rithmetic and **Lo**gic **U**nit (Arithmetik- und Logikeinheit), der Teil innerh. der Zentraleinheit eines Computers, der zur Ausführung arithmet. und log. Operationen dient.

Aluminate [lat.], Salze der Aluminiumsäure H[Al(OH)$_4$]. Natürl. A. sind die Spinelle.

Aluminium [zu lat. alumen »Alaun«], chem. Symbol Al, Element aus der III. Hauptgruppe des Periodensystems der chem. Elemente; Ordnungszahl 13, relative Atommasse 26,9815; Dichte 2,6986 g/cm^3, Schmelztemperatur 660,37°C, Siedetemperatur 2 467°C; A. ist ein silberweißes und sehr dehnbares Leichtmetall.

Vorkommen: A. ist das häufigste Metall der Erdkruste (etwa 7,6 Gewichts-%). Es ist enthalten in Feldspäten, Glimmer und Tonmineralen sowie in Bauxit, ein Gemenge von Alumini-

Aluminiumbronze

Luis Walter Alvarez

umhydroxidmineralen. Als reines Aluminiumoxid (Al_2O_3) kommt es in Form von Korund und Schmirgel vor.

Gewinnung: A. wird aus Bauxit in zwei getrennten Arbeitsgängen gewonnen, wobei zunächst reines A.oxid (Tonerde) hergestellt wird (↑Bayer-Verfahren), das dann in Schmelzflußelektrolyseöfen bei 950 bis 970°C unter Zusatz von Kryolith ($Na_3[AlF_6]$) zur Herabsetzung der Schmelztemperatur mit Hilfe von Kohleelektroden in A. und Sauerstoff zerlegt wird. Der Sauerstoff setzt sich mit der Anodenkohle zu Kohlenmonoxid und -dioxid um. Auf dem Boden der Zelle sammelt sich das geschmolzene A. und wird von Zeit zu Zeit abgestochen. Rund 4t Bauxit ergeben 1t Aluminium.

Verwendung: Da sich A. und A.legierungen durch ein niedriges spezif. Gewicht, ein hohes Verhältnis von Festigkeit zu Gewicht, gute elektr. und therm. Leitfähigkeit sowie gute Korrosionsbeständigkeit auszeichnen, ist A. eines der wichtigsten Gebrauchsmetalle v. a. im Fahrzeug- und Flugzeugbau, in der chem., Elektro- und Bauindustrie sowie beim aluminotherm. Schweißen.

Aluminiumbronze, Legierung aus Kupfer (85 bis 95%) mit Aluminium.

Aluminiumhydroxide, Hydroxidverbindungen des Aluminiums: weißes

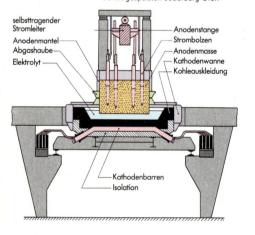

Aluminium. Querschnitt durch einen mit 90 kA gespeisten Söderberg-Ofen

selbsttragender Stromleiter
Anodenmantel
Abgashaube
Elektrolyt
Anodenstange
Strombolzen
Anodenmasse
Kathodenwanne
Kohleauskleidung
Kathodenbarren
Isolation

Aluminiumhydroxid [$Al(OH)_3$] ist ein weißes Salz, das amphoteren Charakter zeigt. In Säuren ist es unter Bildung von Aluminiumsalzen löslich, mit Basen entstehen Aluminate.

Aluminiumlegierungen, Legierungen des Aluminiums mit einer Vielzahl anderer Metalle, die überall da eingesetzt werden, wo trotz hoher mechan. Beanspruchung geringes Gewicht des Bauteils eine wesentl. Rolle spielt (Flugzeugbau, Motorblöcke, Hochspannungsleitungen u. a.) oder hohe Korrosionsbeständigkeit gefordert wird. Wichtig sind Legierungen des Typs Al-Cu-Mg *(Duralumin),* Al-Mg *(Hydronalium, Magnalium)* oder Al-Si *(Silumin)* und Al-Cu *(Bronzen).*

Aluminiumoxid (Tonerde), Al_2O_3, Hauptbestandteil des Bauxits; natürl. Vorkommen als Korund; Verwendung z. B. als feuerfestes Material oder Adsorptionsmittel.

Aluminiumphosphate, Verbindungen des Aluminiums mit Phosphorsäuren. *Aluminiumorthophosphat,* $AlPO_4$, kommt in der Natur als Wavellit, Sphärit (Verarbeitung zu Düngemitteln) und Türkis vor. *Aluminiumdiphosphat,* $Al_4(P_2O_7)_3 \cdot 10H_2O$, und *Aluminiummetaphosphat,* $Al(PO_3)_3$, sind Bestandteile von Glasuren, Gläsern und Emails.

Aluminiumsulfat, $Al_2(SO_4)_3$, Aluminiumsalz der Schwefelsäure; bildet Doppelsalze, Alaune.

Alumnat [lat.], höhere Schulanstalt, in der die Schüler *(Alumnen)* Unterricht, Kost und Wohnung erhielten; in der Reformationszeit entstanden.

Alvarado, Pedro de [span. alβa'raðo], *Badajoz 1485, † Guadalajara (Mexiko) 4. 7. 1541, span. Konquistador. Nahm 1511 an der Eroberung Kubas, 1519–21 unter H. Cortés an der Eroberung Mexikos teil; unterwarf 1524 Guatemala.

Alvaretium [nach L. W. Alvarez], vorgeschlagener Name für das chem. Element Unnilhexium (↑Transactinoide).

Alvarez, Luis Walter [engl. 'ælvərez], *San Francisco 13. 6. 1911, † Berkeley (Calif.) 1. 9. 1988, amerikan. Physiker. Entdeckte 1961 die erste Elementarteilchenresonanz. Nobelpreis für Physik 1968.

Alvenslebensche Konvention [ben. nach dem preuß. General Gustav von

Alveole 1). Alveolensäckchen mit umgebenden Kapillaren

Alvensleben, *1803, † 1881], preuß.-russ. Abkommen vom 8. 2. 1863 zur Bekämpfung des damaligen poln. Aufstands.

Alveole [lat.], 1) *Anatomie:* Hohlraum in Geweben und Organen, hauptsächlich die Zahnhöhle (Zahnfach) im Kieferknochen zur Verankerung des Zahns, in der Lunge das einzelne Lungenbläschen.
2) *Phonetik:* (ungenaue) Bez. für den unebenen Vorsprung des harten Gaumens unmittelbar hinter den oberen Schneidezähnen.

Alwegbahn [nach dem schwed. Industriellen **A**xel **L. We**nner-**Gr**en], Einschienenhochbahn für hohe Geschwindigkeiten.

Alzey, Kreisstadt im Rheinhess. Hügelland, Rheinl.-Pf., 15 500 E. Pfarrkirche (1420–30); Burg (12. Jh., im 15. und 16. Jh. Wiederaufbau). – In kelt. und röm. Zeit besiedelt; 1277 und 1324 Stadtrechte.

Alzheimersche Krankheit [nach dem dt. Neurologen Alois Alzheimer, *1864, † 1915], meist zw. dem 50. und 60. Lebensjahr auftretende degenerative Erkrankung der Großhirnrinde mit unaufhaltsam fortschreitender ↑Demenz. Erste Anzeichen sind hochgradige Vergeßlichkeit und Aphasie. Die Ursache der Erkrankung ist unklar.

Am, chem. Symbol für ↑Americium.

AM, Abk. für **A**mplituden**m**odulation (↑Modulation).

a. m., 1) *Zeitrechnung:* Abk. für ↑ante meridiem.
2) *Biologie:* Abk. für ↑ante mortem.

Amadeo, Giovanni Antonio, *Pavia 1447, † Mailand 27. 8. 1522, italien. Bildhauer und Baumeister. Schuf u. a. die Fassade der Certosa bei Pavia (1491 ff).

Amadeus VIII., Hzg. von Savoyen, ↑Felix V., Gegenpapst.

Amadisroman, höf. Abenteuerroman um den Ritter Amadis von Gaula. Zahlr. Bearbeitungen (zuerst durch G. Rodríguez de Montalvo, um 1492); erste dt. Ausgabe 1569.

Amado, Jorge [brasilian. ɐ'madu], *Pirangi (Bahia) 10. 8. 1912, brasilian. Schriftsteller. Bed. Romane, u. a. »Gabriela wie Zimt und Nelken« (1950), »Tocaia grande« (1984), »Das Verschwinden der hl. Barbara« (1988).

Amalarich, *502, † Barcelona (?) 531, Westgotenkönig (seit 526). Sohn Alarichs II., Enkel Theoderichs d. Gr.; bei Narbonne (531) vom fränk. König Childebert I. geschlagen und auf der Flucht ermordet.

Amalasuntha (Amalaswintha), † auf der Insel Martana im Bolsenasee 30. 4. 535, Tochter des Ostgotenkönigs Theoderich d. Gr.; seit 526 Regentin für ihren unmündigen Sohn Athalarich († 534); von ihrem Vetter Theodahad, den sie 534 zum Mitregenten wählte, ermordet.

Amalekiter, Volksstamm in bibl. Zeit im N der Halbinsel Sinai.

Amaler ↑Amelungen.

Amalfi, italien. Hafenstadt und Seebad in Kampanien, 6 400 E. Dom (11. Jh., 1731 barockisiert). – Im 6. Jh. Bischofssitz; ab 850 selbständige Seerepublik.

Amalgame [griech.-mittellat.], flüssige oder feste Legierungen von Metallen mit Quecksilber. Bei leichtem Erwärmen werden A. plastisch und lassen sich leicht verformen; bei höherer Temperatur kann Quecksilber abdestilliert werden, so daß nur das gelöste Metall in Form eines spiegelartigen Überzugs zurückbleibt (Prinzip der Feuervergoldung u. a.). Einige sehr beständige A. werden für Zahnfüllungen verwendet, deren Verarbeitung aber umstritten ist. Großtechn. Bed. hat das Natriumamalgam bei der ↑Chloralkalielektrolyse zur Herstellung von Natronlauge. Einige A. kommen in der Natur als Minerale vor. So ist z. B. der *Kongsbergit* ein Mischkristall aus Silber und Quecksilber.

Amalgamverfahren ↑Chloralkalielektrolyse.

Amalie, Name von Herrscherinnen:
Niederlande: 1) **Amalie von Solms-Braunfels,** *Braunfels (Lahn) 31. 8.

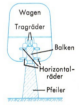

Alwegbahn (schematische Darstellung)

Jorge Amado

Amalrik

1602, † Den Haag 8. 9. 1675, Prinzessin von Oranien. Seit 1625 ∞ mit Prinz Friedrich Heinrich von Oranien, Statthalter der Niederlande; erlangte bestimmenden Einfluß auf die oran. Politik; machte Den Haag zu einem geistigen und künstler. Mittelpunkt der europ. Gesellschaft.

Preußen: **2) Amalie,** *Berlin 9. 11. 1723, † ebd. 30. 9. 1787, Prinzessin. Schwester Friedrichs d. Gr.; bekannt durch ihre Liebe zu Friedrich Frhr. von der Trenck.

Sachsen-Weimar-Eisenach: **3) Amalie** (Amalia) ↑Anna Amalia.

Amalrik, Andrei Alexejewitsch, *Moskau 12. 5. 1938, † bei Guadalajara (Spanien) 12. 11. 1980 (Autounfall), russischer Schriftsteller. Historiker; 1970–75 in Verbannung und Lagerhaft; verließ 1976 die UdSSR; schrieb absurde Dramen und Essays, u. a. »Kann die Sowjetunion das Jahr 1984 erleben?« (1969).

Amanitin [griech.], Giftstoff des Grünen Knollenblätterpilzes, der die Leberfunktion zerstört und dadurch tödlich wirkt; wird durch Trocknen, Kochen, Braten oder Backen des Pilzes nicht zerstört.

Amann, Jürg, *Winterthur 2. 7. 1947, schweizer. Schriftsteller. Schreibt Dramen, Erzählungen (»Fort«, 1987), Hörspiele.

Amapá, Gliedstaat von Brasilien, 140 276 km², 289 000 E, Hauptstadt Macapá.

Amarna (Tell el-Amarna), Ruinenstätte der Residenz Echnatons in Oberägypten *(Achet-Aton),* die er im Zug seiner Reformbestrebungen gegründet hatte; u. a. Fund der Büste der Nofretete. Zahlr. Reliefblöcke aus A. fanden sich in El-Aschmunen (Hermopolis Magna, altägypt. Schmunu). Eine bed. Geschichtsquelle für Palästina und Syrien sind die *Amarnabriefe* (Tontafeln mit babylon. Keilschrift).

Amaryllis [nach einer von Vergil besungenen Hirtin], Gatt. der A.gewächse mit der einzigen Art *Belladonnalilie* in S-Afrika; beliebte Zierpflanze; mit breitriemenförmigen, glatten Blättern und 6–12 großen, trichterförmigen, meist roten Blüten in endständiger Dolde an kräftigem, kahlem, bis 75 cm hohem Schaft.

Amaryllis

Amaryllisgewächse (Amaryllidaceae), Pflanzen-Fam. der Einkeimblättrigen mit etwa 860 Arten, v. a. in den Tropen und Subtropen (bes. Afrikas); Zwiebelpflanzen; bekannte Gatt.: Amaryllis, Klivie, Narzisse, Schneeglöckchen.

Amasya [türk. aˈmasja], türk. Stadt im nördl. Inneranatolien, 48 000 E. Altstadt mit gut erhaltenen seldschuk. und osman. Bauten. – In der Antike *Amaseia,* erste Hauptstadt der Könige von Pontus, die hier ihre Begräbnisstätte hatten.

Amateur [...ˈtoːr; lat.-frz.], jemand, der seine Tätigkeit aus Liebhaberei betreibt, ohne einen Beruf daraus zu machen; bes. im Sport.

Amati, Geigenbauerfamilie in Cremona, schuf den endgültigen Geigentyp. Der berühmteste Vertreter ist Nicola A. (*1596, † 1684), Lehrer von Guarneri und Stradivari.

Amazonas, 1) größter Strom S-Amerikas, entsteht durch die Vereinigung des Río Marañón und des Río Ucayali in NO-Peru, durchfließt das Amazonastiefland (↑Amazonien) und mündet, 250 km breit, in den Atlantik, 6 518 km lang. 15 der 200 Nebenflüsse sind zw. 2 000 und 3 000 km lang.

Geschichte: 1500 entdeckt, erste Befahrung 1541/1542 von Quito und dem Río Napo aus. Das A.tiefland, dessen Inneres bis Mitte des 18. Jh. Niemandsland war, ging seit Anfang des 17. Jh. in portugies. Kolonialbesitz über, die endgültigen Grenzen wurden z. T. erst im 20. Jh. festgelegt.

2) nordbrasilian. Staat, 1 564 445 km², 1,45 Mio. E, Hauptstadt Manaus.

Amazonasvertrag, am 3. 7. 1978 von acht Amazonasanrainerstaaten (Bolivien, Brasilien, Ecuador, Guyana, Kolumbien, Peru, Surinam, Venezuela) unterzeichneter Vertrag über die gemeinsame Entwicklung und den Schutz des Amazonasbeckens. Ziel des Vertrages sind gemeinsame Bemühungen zur Förderung der Territorien der Unterzeichnerstaaten, die Erhaltung der Umwelt und die Nutzung der Bodenschätze.

Amazonen, in der griech. Mythologie in Kleinasien lebendes Volk krieger. Frauen. Die A. leben zwei Monate im Frühling mit Männern zusammen, um den Fortbestand ihres Volkes zu sichern. Nur die Mädchen werden aufgezogen;

ihnen wird (nach der Überlieferung) die rechte Brust ausgebrannt, damit sie beim Bogenspannen nicht hinderlich sei. Unter ihrer Königin Penthesilea kämpfen sie im Trojan. Krieg gegen die Griechen.

Amazonenameisen, Gatt. der Ameisen mit je einer Art in Europa und N-Amerika, die infolge ihrer langen, säbelförmigen Kiefer nicht mehr zur selbständigen Nahrungsaufnahme, Brutpflege und zum Nestbau befähigt sind. Durch Raub von Puppen und Larven anderer Ameisenarten kommen sie zu sog. *Sklavenameisen.*

durch Agrarkolonisten, später durch extensive Rinderzucht betreibende Großgrundbesitzer. Die hier lebenden Amazonasindianer (etwa 200 000) wurden dabei größtenteils aus ihren Stammesgebieten verdrängt. Zahlr. Stämme (z. B. die Yanoama) sind vom Aussterben bedroht, etwa 100 leben in Reservaten. Die Entdeckung und bergbaul. Erschließung von Eisenerzvorkommen im Bergland von Carajás, von Zinn-, Gold-, Erdöl- und Bauxitlagerstätten führten zu einer weiteren großräumigen Rodung des trop. Regenwaldes, die nach wie vor anhält und bereits zu öko-

Amazonas 1).
Der Nordarm des
Amazonas unterhalb
von Macapá, Amapá

Amazonenspringen, im *Pferdesport* Springturnier für Damen.

Amazonien, das riesige, größtenteils mit trop. Regenwald bedeckte, in der Regenzeit weithin überschwemmte Amazonastiefland, das über $1/5$ Südamerikas umfaßt; gehört größtenteils zu Brasilien, daneben zu Kolumbien, Ecuador, Peru und Bolivien. Mit dem 1970 begonnenen Bau der »Transamazonica«, einer durch das südl. A. führenden Fernverkehrsstraße, der Anlage des nördl. Straßensystems »Perimetral Norte« sowie der Süd-Nord-Fernstraßen Cuiabá–Santarém und Pôrto Velho–Manaus begann auch längs der Trassen eine weitflächige Waldrodung

log. Schäden mit mögl. negativen Auswirkungen auf das Klima der Erde geführt hat.

Amber (Ambra) [arab.], wachsartiges, graues, angenehm riechendes, cholesterinähnl. Stoffwechselprodukt aus dem Körper (hauptsächlich dem Darm) des Pottwals; Verwendung medizinisch u. a. als Anregungsmittel, gegen Krämpfe.

Amberbaum, seit dem Tertiär bekannte Gatt. der Zaubernußgewächse mit fünf Arten in Kleinasien, China, in N- und M-Amerika; bis 45 m hohe, laubabwerfende Bäume mit ahornblattähnl. Blättern.

Amberg, Stadt in der Oberpfalz, Bayern, 43 700 E. Altstadt mit Wehranlage;

spätgot. Pfarrkirche Sankt Martin (1421–83), barockisierte Pfarrkirche Sankt Georg (1359 ff.), Rathaus (nach 1356 und 16. Jh.); auf dem Amberg Wallfahrtskirche (1697–1703). – Erzbergbau 1270–1968; 1338–1628 Hauptstadt der Oberpfalz.

Amberger, Christoph, * zw. 1500 und 1510, † Augsburg 1561 oder 1562, dt. Maler. Schuf u. a. Porträts (Kaiser Karl V., 1532; Berlin, Gemäldegalerie) und Altarbilder.

Ambesser, Axel von, eigtl. A. Eugen von Oesterreich, * Hamburg 22. 6. 1910, † München 6. 9. 1988, deutscher Schauspieler, Regisseur und Schriftsteller. Schrieb u. a. die Komödie »Das Abgründige in Herrn Gerstenberg« (1946).

ambi..., Ambi... [lat.], Vorsilbe mit der Bedeutung »beid..., doppel...«.

Ambiente [lat.-italien.], spezif. Atmosphäre, die einer Räumlichkeit ein bes. Gepräge verleiht.

Ambiguität [lat.], Mehr-, Doppeldeutigkeit.

Ambition [lat.], zielgerechtes Streben.

Ambivalenz [lat.], Zwiespältigkeit; Zerrissenheit von Gefühlen und Bestrebungen.

Ambler, Eric [engl. ˈæmblə], * London 28. 6. 1909, engl. [Kriminal]schriftsteller. Schrieb u. a. »Die Maske des Dimitrios« (R., 1939), »Ambler« (Autobiographie, 1985).

Ambo, 1) *Völkerkunde:* (Ovambo) Bantustamm im nördl. Namibia (Ovamboland) und südl. Angola; Savannenpflanzer und Viehzüchter.

2) *Kirche:* (Ambon) [griech.] ein kanzelartiges Lesepult (im frühen MA an den Chorschranken).

Amboise [frz. ãˈbwaːz], frz. Stadt an der Loire, Dép. Indre-et-Loire, 11 000 E. Herstellung von Präzisionsinstrumenten. Schloß (1492–98) mit Befestigungsanlagen. – 1563 beendete das *Edikt von Amboise* den 1. Hugenottenkrieg.

Ambon, Insel der Molukken, in der Bandasee, Indonesien, 813 km², Hauptort Ambon. – Bis ins 19. Jh. Zentrum des Gewürznelkenhandels; die Portugiesen (seit 1512) wurden ab 1599 von den Niederländern vertrieben. A. gehörte 1950 zur Republik der Süd-Molukken.

Ambonesen, die Bewohner der Molukkeninseln Ambon, Ceram, Haruku, Saparua und Nusa Laut, meist Christen oder Muslime. Nach dem Zusammenbruch der Republik der Süd-Molukken emigrierte 1951 eine Gruppe von A. in die Niederlande und versucht, von dort (z. T. mit terrorist. Mitteln) die Wiederherstellung der Republik zu erreichen.

Amboß, 1) *Metallbearbeitung:* schwere eiserne Unterlage zum Auffangen der auf das Werkstück, bes. beim Schmieden, gegebenen Hammerschläge.

2) *Anatomie:* ↑Gehörorgan.

Ambra, svw. ↑Amber.

Ambras (Amras), oberhalb Innsbruck gelegenes Renaissanceschloß (1564–89) des Erzherzogs Ferdinand II., eines bed. Sammlers (Handschriftensammlung). Das *Ambraser Heldenbuch,* 1504–16 im Auftrag Kaiser Maximilians I. angefertigt (heute in der Österr. Nationalbibliothek), enthält u. a. die ältesten handschriftl. Fassungen von: »Kudrun«, Hartmanns »Erec«, Wolframs »Titurel«; ferner *Ambraser Liederbuch,* 1582 in Frankfurt gedruckt, mit 262 Liedertexten, u. a. das jüngere »Hildebrandslied«.

Ambrosia [griech.], in der griech. Mythologie Nahrung der Götter.

Ambrosiana [nach dem hl. Ambrosius], Bibliothek *(Biblioteca A.)* in Mailand mit Gemäldegalerie *(Pinacoteca A.).*

Ambrosianischer Gesang, die Gesänge der seit dem 8. Jh. nach dem hl. Ambrosius ben. Liturgie. Vom Gregorian. Gesang in der Psalmodie, in den Gesängen der Messe und des Offiziums unterschieden.

Ambrosius, hl., * Trier wohl 339, † Mailand 4. 4. 397, Bischof von Mailand (seit 374), Kirchenvater. Führte den aus dem Osten (wohl Syrien) stammenden hymn. Chorgesang in der abendländ. Kirche ein, dichtete selbst mehrere heute noch gebrauchte Hymnen. Unter seinem Einfluß wurde 387 Augustinus bekehrt und von ihm getauft. – Fest: 7. Dezember.

ambulant (ambulatorisch) [lat.], umherziehend, nicht ortsgebunden; nicht stationär *(a. Behandlung).*

Ambulanz [lat.], **1)** Bez. für bewegl. Feldlazarett, Rettungswagen.

2) einem Krankenhaus angeschlossene kleinere poliklin. Abteilung.

Axel von Ambesser

Eric Ambler

Ameisen (Formicoideae), seit der Kreidezeit (etwa 100 Mio. Jahre) bekannte staatenbildende Insekten; zu den Stechimmen zählende Über-Fam. der Hautflügler. Die etwa 6000 (in M-Europa etwa 180, in Deutschland etwa 80) bekannten, hauptsächlich in den Tropen und Subtropen verbreiteten Arten verteilen sich auf acht Fam.: u. a. Stachelameisen, Wanderameisen, Knotenameisen, Drüsenameisen und Schuppenameisen.

Ameisen. Entwicklungsstadien: **a** Eier; **b** Larven; **c** Puppen

Man unterscheidet drei verschiedene Individuengruppen *(Kasten):* Die *Männchen* leben nur kurze Zeit; sie sterben nach der Befruchtung eines Weibchens. Die geschlechtlich aktiven Jungweibchen sind, wie die Männchen, zunächst geflügelt. Wenn diese *Weibchen* im Frühjahr ausfliegen, folgen ihnen die Männchen, um sie in der Luft zu begatten. Danach werfen beide Geschlechtstiere die Flügel ab. Jedes befruchtete Weibchen sucht sich nun eine geeignete Stelle, um einen neuen Staat (Nest) zu gründen. Von diesem Zeitpunkt ab wird es als *Königin* bezeichnet. Ihre einzige Aufgabe ist es, Eier zu legen. Jedes Weibchen wird nur einmal befruchtet und speichert die Samen in einer kleinen Samentasche im Hinterleib. Aus unbefruchteten Eiern entstehen i. d. R. Männchen, aus befruchteten Weibchen (bzw. Arbeiterinnen). Aus den Eiern entwickeln sich zunächst fußlose, madenförmige Larven, die sich nach einigen Häutungen verpuppen. Die dritte Kaste besteht aus den *Arbeiterinnen,* die geschlechtlich unterentwickelte Weib-

chen sind und die Hauptmasse eines A.staates ausmachen. Sie müssen die Nahrung besorgen, Brut und Königin pflegen und den Staat verteidigen *(Soldaten).*

Viele A. haben einen Giftstachel. Wenn dieser fehlt, kann eine ätzende Säure (A.säure) aus bes. Giftdrüsen abgegeben oder ein abschreckendes Sekret aus den Analdrüsen verspritzt werden. A. ernähren sich hauptsächlich von Insektenlarven. Da unter diesen viele Schädlinge sind, werden die A. zur biolog. Schädlingsbekämpfung eingesetzt. Ein ausgeprägter Orientierungssinn ermöglicht den A. das Auffinden der Nahrung und das Zurückfinden zum Nest. Dazu dienen u. a. die in den Fühlern gelegenen Sinnesorgane (Chemorezeptoren), die die Duftkonzentration der Duftspur registrieren.

Ameisenbären (Myrmecophagidae), Fam. bis 1,2 m körperlanger (mit Schwanz 2,1 m messender), zahnloser Säugetiere mit vier Arten in M- und S-Amerika; Boden- oder Baumbewohner mit röhrenförmig ausgezogener Schnauze und bis 0,5 m vorstreckbarer, klebriger, wurmförmiger Zunge; fressen fast ausschließlich Termiten und Ameisen. – Abb. S. 138.

Ameisengäste (Myrmekophilen), Bez. für Insekten, die sich in oder vor den Nestern von Ameisen aufhalten und mit diesen in einer mehr oder weniger engen Lebensgemeinschaft stehen.

Ameisenigel (Schnabeligel, Tachyglossidae), Fam. bis 80 cm langer, v. a. Termiten, Ameisen u. a. Insekten fressender Säugetiere (Unterklasse Kloakentiere) mit fünf Arten, v. a. in den Wäldern und Steppen O-Australiens, Neuguineas und Tasmaniens.

Ameisenjungfern (Myrmeleonidae), Fam. libellenähnl. Insekten mit etwa 1200 Arten, v. a. in den warmen Zonen (in M-Europa fünf Arten); Körper bis 8 cm lang.

Ameisensäure (Methansäure), einfachste Carbonsäure, HCOOH; kommt im Ameisen- und Brennesselgift vor.

Ameland, eine der Westfries. Inseln, Niederlande, 57 km².

Amelungen, in der german. Mythologie Sippe Dietrichs von Bern; historisch das ostgot. Geschlecht der *Amaler* (Familie Theoderichs d. Gr.).

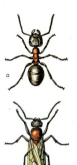

Ameisen. Große Rote Waldameise: **a** Arbeiterin; **b** Männchen; **c** Weibchen

Ameisenbären.
Baumameisenbär
(Tamandua
tetradactyla)

Carl Amery

Jean Améry

amen [hebr. »wahrlich; so ist es; so sei es«], in der Bibel Bekräftigung eines Eides u. ä.; heute nur noch liturg. Akklamation oder Abschluß eines Gebets.

Amendment [engl. ə'mɛndmənt], im angloamerikan. Recht der Änderungsantrag zu einem Gesetzentwurf bzw. das Gesetz selbst, das ein anderes ändert oder ergänzt. – Im *Völkerrecht* die Änderung oder Ergänzung von Verträgen.

Amenemhẹt [ägypt.], Name von vier ägypt. Königen der 12. Dynastie (18./17. Jh.).

Amenọphis (ägypt. Amenhotep), Name ägyptischer Könige der 18. Dynastie:
1) Amenophis III., ⚰ 1402–1364; Sohn und Nachfolger Thutmosis' IV.; Tempelbauten: Luxor, Soleb, Sedeinga.
2) Amenophis IV. ↑Echnaton.

Amenorrhọ̈, Ausbleiben der ↑Menstruation im geschlechtsreifen Alter.

American Broadcasting Company [ə'merɪkən 'brɔ:dka:stɪŋ 'kʌmpənɪ], Abk. **ABC,** private Rundfunkgesellschaft in den USA auf kommerzieller Basis, gegr. 1943, Sitz New York.

American Chemical Society [engl. ə'merɪkən 'kemɪkəl sə'saɪətɪ], Abk. **ACS,** größte wiss. Gesellschaft der Welt mit über 100000 Mgl.; gegr. 1876 in New York; Zentrale in Washington.

American Express Company [engl. ə'merɪkən ɪks'pres 'kʌmpənɪ], amerikan. Unternehmen, das v. a. im Reisegeschäft tätig ist; Sitz New York; gegr. 1850; 1891 erster Reisescheck (↑Kreditkarten).

American Forces Network [engl. ə'merɪkən 'fɔ:sɪz 'netwə:k], Abk. **AFN,** Rundfunkanstalt, die für die außerhalb des Landes stationierten Truppen der USA sendet; 1943 in London gegründet.

American Telephone & Telegraph Company [engl. ə'merɪkən 'telɪfəʊn ənd 'telɪgra:f 'kʌmpənɪ], Abk. **AT & T,** größte private Telefongesellschaft der Erde; Sitz New York; entstand 1885 aus der *Bell Telephone Company.*

American way of life [engl. ə'merɪkən 'weɪ əv 'laɪf], Lebensstil und Anschauungsweise der Amerikaner.

Amerịcium [nach dem Erdteil Amerika], chem. Symbol Am, künstlich hergestelltes, radioaktives, metall. Element aus der Gruppe der Actinoide; Ordnungszahl 95.

Amerịka, der durch eine Festlandbrücke und eine Inselkette (↑Mittelamerika) verbundene, aus den beiden Festlandmassen ↑Nordamerika und ↑Südamerika bestehende Doppelkontinent.

Amerịkahäuser, in Deutschland und Österreich Informationszentren der USA (seit 1946), die kulturpolit. Aufgaben wahrnehmen.

amerikanische Kunst ↑nordamerikanische Kunst.

amerikanische Literatur ↑nordamerikanische Literatur.

amerikanische Musik ↑nordamerikanische Musik.

Amerikanischer Bürgerkrieg, svw. ↑Sezessionskrieg.

Amerịkanisches Mittelmeer, Nebenmeer des Atlantiks, umfaßt das Karib. Meer und den Golf von Mexiko.

Amerikanisch-Samoa ↑Samoainseln.

Amerikanisch-Spanischer Krieg (1898) ↑Spanisch-Amerikanischer Krieg.

Amerikanịsmus [lat.], **1)** Besonderheit des amerikan. Englisch.
2) Entlehnung aus dem Amerikanischen, z. B. Blue jeans, Hippie, Playboy.

Amerikanịstik, Wissenschaft von der Sprache, Literatur und Kultur der USA.

Amersfoort, niederl. Stadt onö. von Utrecht, 87000 E. Mittelpunkt des Geldersche Vallei und des Eemgebiets. Got. Kirche Sint-Joris (13./15. Jh.); mittelalterl. Häuser. – 1259 Stadtrecht.

Amery, Carl, eigtl. Christian Anton Mayer, *München 9. 4. 1922, dt. Schriftsteller. Schreibt religionskrit. und ökolog. Essays, Romane und Hörspiele.

Améry, Jean [frz. ame'ri], eigtl. Hans Mayer, *Wien 31. 10. 1912, † Salzburg

18. 10. 1978 (Selbstmord), österr. Schriftsteller. 1943–45 Häftling in Auschwitz, Buchenwald und Bergen-Belsen; schrieb v. a. Essays über Probleme der Gegenwart und existentielle Fragen. – *Werke:* Jenseits von Schuld und Sühne (1966), Über das Altern (1968), Unmeisterl. Wanderjahre (1971), Hand an sich legen. Diskurs über den Freitod (1976), Weiterleben – aber wie? (hg. 1982).

Amethyst [griech.], violette Varietät des Quarzes (SiO_2).

Amfortas, kelt. Gralskönig, der zur Strafe für verbotene Minne an einer Wunde hinsiecht und durch Parzival erlöst wird.

Amhara, hamit. Volk im Hochland von Äthiopien; Savannenbauern mit Viehhaltung; feste Siedlungen.

Amharisch, zu den äthiopischen Sprachen gehörende Sprache der Amhara.

Amici, Giovanni Battista [italien. a'mi:tʃi], *Modena 25. 3. 1786, † Florenz 10. 4. 1863, italienischer Optiker und Astronom. Baute 1810 das erste brauchbare Spiegelteleskop, erfand 1827 ein Mikroskop mit halbkugeliger Frontlinse, 1847 das Immersionsobjektiv.

Amide [Kw.], Verbindungen, die sich von organ. oder anorgan. Säuren durch Ersatz einer OH-Gruppe durch eine NH_2-Gruppe ableiten.

Amiens [frz. a'mjɛ̃], frz. Stadt an der Somme, 136000 E. Verwaltungssitz des Dép. Somme, Hauptstadt der Picardie; Univ.; Textil-, Metall-, Nahrungs- und Genußmittelindustrie. Berühmte got. Kathedrale (1220 bis 2. Hälfte des 14. Jh.). – In röm. Zeit *Ambianum* gen.; 1117 Stadtrechte. Der *Friede von Amiens* zw. Großbrit. und Frankreich 1802 beendete den 2. Koalitionskrieg.

Ämilische Straße ↑Römerstraßen.

Amine [Kw.], organ. Stickstoffverbindungen, die man als Substitutionsprodukte des Ammoniaks, NH_3, ansehen kann, dessen ein, zwei oder alle drei Wasserstoffatome durch Alkyle, Aryle oder andere Reste ersetzt sind (primäre, sekundäre oder teritiäre A.).

Aminierung [Kw.], die Einführung der Aminogruppe $-NH_2$ in organ. Verbindungen durch Substitution.

Amino- [Kw.], Bez. für die an einen organ. Rest gebundene $-NH_2$-Gruppe.

Aminobenzoesäuren, Bez. für die drei isomeren Aminoderivate der ↑Benzoesäure: *o-Aminobenzoesäure* (Anthranilsäure) und *m-Aminobenzoesäure* finden techn. Verwendung bei der Farbstoffsynthese; *p-Aminobenzoesäure* (Abk. PAB, Wachstumsfaktor H) ist das Provitamin der Folsäure und ein Bakterienwuchsstoff.

Aminobenzol, svw. ↑Anilin.

Aminophenole, durch eine oder mehrere Aminogruppen substituierte Derivate des Phenols. Ausgangsstoffe für die Synthese von Farbstoffen; photograph. Entwickler.

Aminosalicylsäure (4-Aminosalicylsäure), Aminoderivat der Salicylsäure; dient der Tuberkulosebekämpfung.

Aminosäuren, Carbonsäuren, die eine oder mehrere Aminogruppen ($-NH_2$) in ihrem Molekül enthalten. Die in der Natur weit verbreiteten 2-Aminosäuren (α-Aminosäuren) bilden die Bausteine der Proteine; von ihnen sind 20 am Aufbau der Peptide und Proteine beteiligt. Die A. zeigen auf Grund der gleichzeitigen Anwesenheit der bas. NH_2- und der sauren Carboxylgruppe amphoteren Charakter; sie bilden mit Säuren und Basen Salze. Nur Pflanzen und Mikroorganismen können alle A. aufbauen. Der tier. und menschl. Organismus kann durch Aminierung und Transaminierung von α-Ketocarbonsäuren zwölf

Amethyst
(geschliffen)

Amiens
Stadtwappen

Amiens.
Blick in das Querschiff der Kathedrale

A. synthetisieren, die restlichen müssen dem Organismus mit der Nahrung zugeführt werden. Diese letzteren A. nennt man »unentbehrliche« oder *essentielle Aminosäuren*. Für den Menschen sind es Valin, Leucin, Isoleucin, Lysin, Methionin, Threonin, Phenylalanin und Tryptophan.

Amiranten, Inselgruppe der Seychellen, nnö. von Madagaskar.

Amirantengraben, Tiefseegraben im westl. Ind. Ozean, südl. der Amiranten, bis 5 349 m u. M.

Amis, Sir (seit 1990) Kingsley [engl. 'eɪmɪs], *London 16. 4. 1922, † ebd. 22. 10. 1995, engl. Schriftsteller. Schrieb v. a. satir. Romane (»Glück für Jim«, 1957); auch Lyrik. ↑Angry young men.

Amitābha [Sanskrit] (jap. Amida), bedeutendster aller Buddhas des Mahayana-Buddhismus.

Amman, Jost, ≈ Zürich 13. 6. 1539, □ Nürnberg 17. 3. 1591, schweizer. Illustrator (Radierungen, Holzschnitte).

Amman, Hauptstadt Jordaniens, im transjordan. Bergland, 1,2 Mio. E. Verwaltungs-, Kultur- und Wirtschaftszentrum des Landes, Residenz des Königs; Univ., archäolog. und islamkundl. Museum. Internat. ✈. Röm. Amphitheater (2. Jh.), Zitadelle (älteste Teile aus der Ammoniterzeit), Moschee (1924), Mausoleum für König Abd Allah († 1951). – Als *Rabbat Ammon* Hauptstadt der Ammoniter; seit hellenist. Zeit *Philadelphia;* 635 arabisch; seit 1948 Hauptstadt von Jordanien.

Ammanati (Ammannati), Bartolomeo, *Settignano (bei Florenz) 18. 6. 1511,

Kingsley Amis

Ammonit

† Florenz 22. 4. 1592, italien. Bildhauer und Baumeister. Schuf manierist. Werke v. a. in Florenz: Ponte della Trinità (1566–69), Ausbau des Palazzo Pitti (1560 ff.), Neptunsbrunnen (1571–75).

Ammann, in der Schweiz Beamter der vollziehenden Gewalt in Kt., Bezirk und Gemeinden.

Amme, Frau, die ein fremdes Kind stillt.

Ammer, linker Nebenfluß der Isar, 175 km lang; durchfließt den Ammersee, danach *Amper* genannt; mündet bei Moosburg.

Ammergebirge, Gebirgszug der Nördl. Kalkalpen, bis 2 185 m hoch.

Ammerland, Landschaft in Ndsachs., mit dem Zwischenahner Meer.

Ammern (Emberizinae), mit Ausnahme von Australien und Ozeanien weltweit verbreitete Unterfamilie der Finkenvögel mjt 260 Arten; Schnabel kurz, kegelförmig, Schwanz ziemlich lang; in M-Europa u. a.: *Goldammer* (etwa 17 cm groß, Kopf und Unterseite gelb, Seiten, Rücken und Schwanz braun gestreift), *Grauammer* (etwa 18 cm groß, oberseits sand- bis graubraun, unterseits weißl.-braun gestreift), *Rohrammer* (etwa 15 cm groß, Kopf und Hals schwarz).

Ammersee, langgestreckter See im bayr. Alpenvorland, 47,6 km².

Ammianus Marcellinus, *Antiochia (Syrien) um 330, † um 395, letzter bed. röm. Geschichtsschreiber. Von 31 Büchern sind 18 erhalten (Bde. 14–31).

Ammon ↑Amun.

Ammoniak [griech.], NH_3, farbloses stechend riechendes Gas; wirkt stark ätzend auf die Schleimhäute, starkes Atemgift; leicht wasserlöslich; basisch reagierende Lösung bildend. In der Natur entsteht A. bei der Eiweißzersetzung und kommt in vulkan. Gasausbrüchen vor. Technisch wird A. aus Stickstoff und Wasserstoff nach dem Haber-Bosch-Verfahren gewonnen. Es dient zur Herstellung von Düngemitteln, Sprengstoffen, Soda und Salpetersäure; als wäßrige Lösung *(Salmiakgeist)* in der Medizin, in der Textil-Ind., in der Farbstoffherstellung, als Reinigungsmittel. Flüssiges A. wird in Kühlaggregaten verwendet.

Ammoniten [nach dem ägypt. Gott Ammon (↑Amun), der mit Widderhörnern dargestellt wurde] (Ammonshör-

ner), zu Beginn der Jurazeit auftretende und am Ende der Kreidezeit ausgestorbene Gruppe fossiler Kopffüßer mit einem meist in einer Ebene in vier bis zwölf Windungen aufgerollten Kalkgehäuse; sie hatten einen Durchmesser zw. 1 cm und 2 m und waren durch zahlr. Scheidewände (Septen) in zu Lebzeiten mit Gas gefüllte Kammern unterteilt; wichtige Leitfossilien.

Ammoniter, aramäischer Stamm, nach 1200 v. Chr. im südl. Ostjordanland mit der Hauptstadt Rabbat Ammon (↑Amman) seßhaft geworden, gelegentlich krieger. Auseinandersetzungen mit Israel.

Ammonium [griech.] (Ammon), das einwertige positive Ion NH_4^+.

Ammoniumchlorid (Salmiak), NH_4Cl, Ammoniumsalz der Salzsäure; findet Verwendung in der Photographie (Naßkopieren), Farbenherstellung, zus. mit Calciumverbindungen als Düngemittel, als Bestandteil von Haushaltsreinigungsmitteln und als Lötstein (Salmiakstein); dient in Taschenlampenbatterien als Elektrolyt.

Ammoniumhydrogencarbonat (Ammoniumbicarbonat), NH_4HCO_3, das saure (primäre) Ammoniumsalz der Kohlensäure; wird verwendet als Düngemittel, Feuerlöschmittel und im Gemisch mit Ammoniumcarbamat als Treibmittel für Teig (↑Hirschhornsalz).

Ammoniumhydroxid (Salmiakgeist), NH_4OH, die wäßrige, schwach bas. Lösung von Ammoniak in Wasser.

Ammoniumnitrat (Ammonsalpeter), Ammoniumsalz der Salpetersäure; explosibel; Stickstoffdünger.

Ammoniumphosphate, Ammoniumsalze der Phosphorsäuren. Von der Orthophosphorsäure, H_3PO_4, leiten sich das *primäre A. (Monoammoniumphosphat)*, $NH_4H_2PO_4$, das *sekundäre A. (Diammoniumphosphat)*, $(NH_4)_2HPO_4$, und das *tertiäre A. (Triammoniumphosphat)*, $(NH_4)_3PO_4$, ab. Verwendung findet v. a. das sekundäre A. zur Herstellung von Düngemitteln und von Flammschutzmitteln. Weitere wichtige A. sind *Ammoniumnatriumhydrogenphosphat (Phosphorsalz)*, NH_4NaHPO_4, in der analyt. Chemie und das Ammoniumsalz der Metaphosphorsäure (HPO_3), *Ammoniummmetaphosphat* (NH_4PO_3) zur Wasserenthärtung.

Ammonsalpeter, svw. ↑Ammoniumnitrat.

Ammonsulfatsalpeter, saurer Stickstoffdünger mit 26% Stickstoffgehalt; $2NH_4NO_3 \cdot (NH_4)_2SO_4$.

Amnesie [griech.] ↑Gedächtnisstörung.

Amnestie [griech.], die durch Gesetz ausgesprochene Strafbefreiung, die sich im Ggs. zur Begnadigung auf eine unbestimmte Anzahl rechtskräftig verurteilter Täter bezieht; meist mit der Niederschlagung *(Abolition)* entsprechender noch anhängiger Strafverfahren verbunden.

Amnesty International [engl. 'æmnıstı ıntə'næʃənəl], Abk. **ai,** internat. Organisation zum Schutz der Menschenrechte; 1961 gegr.; Internat. Sekretariat: London; setzt sich für Menschen, die aus weltanschaul.-religiösen oder polit. Gründen inhaftiert sind, in allen Staaten der Erde ein; erhielt 1977 den Friedensnobelpreis.

Amnion [griech.] (Schaf[s]haut, Fruchtwasserhaut), Embryonalhülle der höheren Wirbeltiere (Amnioten), die das Fruchtwasser enthält.

Amnioten (Amniota) [griech.], zusammenfassende Bez. für Reptilien, Vögel und Säugetiere (einschließlich Mensch).

Amniozentese [griech.], in der 15. und 16. Schwangerschaftswoche durchgeführte Punktion der Fruchtblase zur Entnahme von Fruchtwasser für diagnost. Zwecke, u. a. zur Erkennung von geschlechtsgebundenen Erbkrankheiten.

Amöben [griech.] (Amoebina, Amoebozoa), weltweit verbreitete Klasse bis zu mehreren mm großen Urtierchen, v. a. in Süß- und Meeresgewässern, z. T. auch als Parasiten (z. B. Ruhramöbe) oder als harmlose Darmbewohner in anderen Organismen. Sie besitzen keine feste Körperform und bilden zur Fortbewegung bzw. Nahrungsaufnahme (v. a. Algen, Bakterien) lappen- bis fingerförmige Scheinfüßchen aus. Die Fortpflanzung erfolgt meist durch Zweiteilung; zwei Ordnungen: ↑Nacktamöben, ↑Schalamöben.

Amöbenruhr, nach Infektion mit der Ruhramöbe sich entwickelnde meldepflichtige Tropenkrankheit; äußert sich in schweren Entzündungen der Dickdarmschleimhaut mit Geschwürbildun-

Ammern.
Oben: Goldammer ♦
Unten: Rohrammer

Amnesty
International

Amok

amphibisch.
1 Wasserknöterich;
2 Wasserhahnenfuß
(Oben: Schwimm-
blätter ♦ Unten: fein-
zerteilte Unterwasser-
blätter)

gen; dünnflüssiger Stuhl mit zähen Schleim-, z. T. Blutbeimengungen; kein Fieber; schwere Komplikationen sind Darmdurchbrüche, Leberabszesse.

Amok [malaiisch] (Amoklaufen), anfallartig auftretender Verwirrtheitszustand mit aggressivem Bewegungsdrang, der beim Befallenen wutartige, wahllose Zerstörungs- und Tötungsversuche auslösen kann.

Amöneburg, hess. Stadt auf einem das Amöneburger Becken überragenden Basaltstock, 5100 E. – Kelt. Oppidum des 1. Jh. v. Chr.; Klosterzelle (von Bonifatius 721 gegr.).

Amöneburger Becken, von der Ohm durchflossener Teil der Westhess. Senke.

Amor, röm. Gott der Liebe.

Amorbach, Stadt im östl. Odenwald, Bayern, 4500 E. Die heutige Pfarrkirche wurde 1742–47 barockisiert; Orgel der Brüder Stumm (1774–83). – Benediktinerkloster (734–1803); 1253 Stadt.

Amoretten [lat.] ↑Eroten.

amorph [griech.], **1)** *allg.:* formlos, gestaltlos.

2) *Physik:* von festen Stoffen gesagt, deren Atome bzw. Moleküle sich nicht zu Kristallgittern angeordnet haben.

Amortisation [lat.-frz.], **1)** *Gesellschaftsrecht:* ratenweise Herabsetzung oder Rückzahlung des Grund- oder Stammkapitals bei Kapitalgesellschaften.

2) *Finanzwesen:* langfristige Rückzahlung einer Geldschuld (z. B. Anleihen, Hypotheken) nach einem festgelegten Tilgungsplan.

Amos, einer der zwölf ↑Kleinen Propheten und gleichnamiges Buch des AT. Verkündete um 755 den Untergang Israels.

Amosis I. (ägypt. Ahmose), ägypt. König der 18. Dynastie (1551–27 v. Chr.); beendete den Befreiungskampf gegen die Hyksos.

Amouren [lat.-frz.], Liebschaften.

amourös [lat.-frz.], eine Liebschaft betreffend; verliebt.

Ampel [lat.], **1)** *allg.:* schalenförmige Hängelampe.

2) *Verkehr:* svw. ↑Verkehrssignalanlage.

Amper ↑Ammer.

Ampere [am'pɛːr; nach A. M. Ampère], Einheit der elektr. Stromstärke, Einheitenzeichen A; Basiseinheit des Internationalen Einheitensystems (SI): die Stärke eines konstanten elektr. Stromes, der durch zwei parallele, geradlinige, unendlich lange und im Vakuum im Abstand von 1 m voneinander angeordnete Leiter von vernachlässigbar kleinem, kreisförmigem Querschnitt fließend, zw. diesen Leitern je 1 m Leiterlänge die Kraft $2 \cdot 10^{-7}$ N (1 N $= 1$ kg m/s^2) hervorrufen würde.

Ampère, André Marie [frz. ã'pɛːr], *Polémieux bei Lyon 22. 1. 1775, † Marseille 10. 6. 1836, frz. Physiker und Mathematiker. Arbeiten über Wahrscheinlichkeitstheorie und Integration partieller Differentialgleichungen; Untersuchungen über den Zusammenhang zw. den elektr. und magnet. Erscheinungen. A. entdeckte u. a. die Wechselwirkung zw. stromdurchflossenen parallelen Leitern *(Ampèresches Gesetz)* und stellte Merkregeln über die Ablenkung einer Magnetnadel durch den Strom auf *(Ampèresche Regel).* Zur Deutung des Magnetismus führte er die Theorie der elektr. Molekularströme ein.

Amperemeter [am'pɛːr], Meßinstrument für die elektr. Stromstärke. A. bes. großer Empfindlichkeit heißen *Galvanometer.*

Amperesekunde [am'pɛːr], Einheit der Elektrizitätsmenge bzw. Ladung, Einheitszeichen As. Bei einer Stromstärke von 1 Ampere fließt in 1 Sek. die Elektrizitätsmenge 1 As = 1 C (Coulomb) durch einen Leiterquerschnitt. 3600 As = 1 Ah = 1 *Amperestunde.*

Ampfer (Rumex), Gatt. der Knöterichgewächse mit etwa 200 Arten, v. a. in den gemäßigten Regionen; meist Kräuter mit oft großen, meist pfeilförmigen Blättern (enthalten Oxalsäure) und kleinen, häufig unscheinbar grünen oder rötl. Blüten in einem aufrechten Blütenstand; in Europa kommen v. a. vor: *Gartenampfer* (Engl. Spinat; bis 2 m hoch, fingerdicke Stengel als Gemüse dienend), *Römischer Ampfer* (Röm. Spinat, als Blattgemüse kultiviert), *Sauerampfer* (*Großer Sauerampfer:* bis 1 m hoch, für Salate und als Gewürz dienend; *Kleiner Sauerampfer:* bis 40 cm hoch).

Ampferer, Otto, *Hötting bei Innsbruck 1. 12. 1875, † Innsbruck 9. 7. 1947, österr. Geologe. Schuf mit seiner Unterströmungslehre eine der Grundlagen der ↑Plattentektonik.

Amphetamin [Kw.] ↑Weckamine.

amphi..., Amphi... [griech.], Vorsilbe mit der Bedeutung »um–herum, ringsum, beid..., doppel...«.

Amphiaraos, Gestalt der griech. Mythologie. Nach der Niederlage der Sieben gegen Theben wird A. samt Streitwagen von der Erde verschlungen und lebt fortan als Gott in der Unterwelt.

Amphibien [griech.], svw. ↑Lurche.

Amphibienfahrzeug, schwimmfähiges Kfz, das im Wasser und auf dem Land verwendet werden kann; zur Fortbewegung im Wasser mit zusätzl. Schiffsschraube oder Staustrahlantrieb.

amphibisch [griech.], im Wasser wie auf dem Land lebend bzw. sich bewegend.

Amphiktyonie, griech. Bez. für einen Staatenbund mit religiös-polit. Zielen, bes. ein Kultverband der Umwohner eines bestimmten Heiligtums. Die bekannteste ist die A. von Delphi, sie verpflichtete zum Schutz des Heiligtums und zu bestimmten polit. Verhaltensweisen.

Amphipolis, antike griech. Stadt an der thrak. Küste; 437 v. Chr. athen. Kolonie, 357 makedonisch.

Amphitheater, in der röm. Architektur offener Großbau mit ansteigenden, um eine ellipt. Arena angelegten Sitzreihen, für Gladiatorenkämpfe und Tierhetzen; u. a. ↑Kolosseum, A. von Nîmes. Älteste Beispiele aus dem 1. Jh. v. Chr.

Amphitrite, griech. Meeresgöttin.

Amphitryon (lat. Amphitruo), Gestalt der griech. Mythologie. König von Tiryns und Gemahl der Alkmene, die durch Zeus, der sich ihr in der Gestalt des A. genaht hatte, Mutter des Herakles wird. – Komödien von Plautus, Molière, Kleist, Giraudoux, Hacks.

Ampholyte [griech.] (amphotere Stoffe), Stoffe, die teils als Säure, teils als Base reagieren, d. h., sie können Protonen sowohl abgeben als auch aufnehmen.

Amphora (Amphore) [griech.] ↑Vasenformen.

amphoter [griech.], teils als Säure, teils als Base sich verhaltend (↑Ampholyte).

Amplitude [lat.], Schwingungsweite; der größte Wert, den der Betrag einer periodisch veränderl. physikal. Größe (z. B. die Auslenkung bei mechan. Schwingungen, Druck und Dichte bei Schallschwingungen, Stromstärke und Spannungen bei Wechselströmen) annehmen kann. Das Quadrat der A. ist proportional der Energie der Schwingung.

Amplitudenmodulation ↑Modulation.

Ampulle [lat.], **1)** Fläschchen oder Kännchen als Wein-, Öl- oder Wasserbehälter [für liturg. Zwecke]. **2)** zylindr. Fläschchen zur Aufnahme von keimfreien Arzneimittellösungen; i. d. R. nach der Füllung zugeschmolzen.

Ampurias, Ruinenstadt am Golf von Rosas, Spanien; um 580 v. Chr. von Griechen als *Emporion* gegründet.

Amputation [lat.], chirurg. Entfernen von verletzten oder kranken Gliedern.

Amrit, Ruinenstätte an der syr. Mittelmeerküste, bei Tartus; im Altertum *Marathos.*

Amritsar, ind. Stadt nahe der pakistanischen Grenze, Punjab, 590000 E. Goldener Tempel (Hauptheiligtum der Sikhs).

Amrum, eine der Nordfries. Inseln, 20,4 km², Hauptort Wittdün.

Amsberg, Claus von ↑Claus, Prinz der Niederlande.

Amsel (Schwarzdrossel, Turdus merula), sehr häufig vorkommende, bis 25 cm große, v. a. Würmer, Schnecken und Früchte fressende Drosselart in NW-Afrika, Europa und Vorderasien; ♂♂ schwarz mit leuchtend gelbem Schnabel und feinem gelbl. Augenring, ♀♀ und Jungvögel braun. Die A. sind ausgezeichnete Singvögel, z. T. auch Zugvögel.

Amsel

Amselfeld, Hochbecken im Kosovo, Serbien. 1389 besiegten hier die Osmanen die Serben, 1448 die Ungarn.

Amstel, kanalisierter, schiffbarer Fluß durch Amsterdam, Niederlande.

Amsterdam [amstər'dam, 'amstər...], Hauptstadt der Niederlande, an der Mündung der Amstel in einen Nebenarm des IJsselmeers, 695000 E, mit den Randgemeinden rd. 1 Mio. E. Bedeutendstes niederl. Kulturzentrum; zwei Univ.; zahlr. Museen, u. a. Rijksmuseum, Stedelijk Museum; Stadttheater, Concertgebouworkest, Zoo und botan. Garten. Überragende Rolle als Hafen-, Ind.- und Handelsstadt; Fährverkehr nach England und Schweden. Internat. ✈ Schiphol.

Amsterdam
Stadtwappen

Amsterdam-Rhein-Kanal

Stadtbild: Mittelpunkt der von Kanälen (Grachten) durchzogenen, auf Pfählen erbauten Altstadt ist der zentrale Platz »Dam« mit dem Königlichen Palast (1648–55); Rembrandthaus (1606; heute Museum); zahlr. Kirchen, u. a. Oude Kerk (14.–16. Jh.), Nieuwe Kerk (15./16. Jh.) und Westerkerk (17. Jh.).
Geschichte: Entstand um 1270; Stadtrechtsverleihung um 1300; im 15. Jh. größte niederl. Handelsstadt. 1578 Anschluß an die gegen die Spanier aufständ. nördl. Niederlande. Nach der Eroberung Antwerpens durch die Spanier Aufstieg zum Welthandelszentrum um die Wende des 16./17. Jahrhunderts. Im 18./19. Jh. (Krieg gegen Großbrit., frz. Besetzung) wirtschaftl. Niedergang; um die Mitte des 19. Jh. erneuter Aufschwung.
Amsterdam-Rhein-Kanal [amstər'dam, 'amstər...], Kanalverbindung zw. Am-

Amsterdam. Grachtenhäuser an der Amstel mit den charakteristischen Seilzugvorrichtungen am Giebel

sterdam und der Waal, 72 km lang; seit 1980 für viergliedrige Schubschiffeinheiten ausgebaut.
Amt, 1) *Staats- und Verwaltungsrecht:* Bez. für 1. die Gesamtheit der einem Träger öffentl. Gewalt für einen bestimmten Bereich zugewiesenen Aufgaben; 2. eine Einrichtung (insbes. Behörde), de-

ren sich der Staat und andere jurist. Personen des öffentl. bedienen; 3. die konkrete A.stelle eines A.trägers oder Beamten zur Wahrnehmung bestimmter, hoheitl. Tätigkeiten; 4. das A.gebäude oder die A.räume.
2) *Kirche:* in der kath. Kirche ↑Ordination, ↑Priestertum. Die reformator. Lehre kennt v. a. das A. der Verkündigung des Evangeliums und der Sakramentsverwaltung.
3) *röm. Liturgie:* die gesungene Messe.
Ämterpatronage [...'na:ʒə], die Übertragung öffentlicher Ämter nur auf Grund von Zugehörigkeit oder Nähe zu einer bestimmten Partei oder Organisation.
Amtmann, Beamter im gehobenen Verwaltungs- und Justizdienst; im MA Bez. für den Verwalter eines Amtsbezirks eines Landesherrn.
Amtsanmaßung, ein nach § 132 StGB strafbares Verhalten desjenigen, der sich unbefugt mit der Ausübung eines öffentl. Amtes befaßt oder eine Handlung vornimmt, die nur kraft eines öffentl. Amtes vorgenommen werden darf.
Amtsanwalt ↑Staatsanwaltschaft.
Amtsarzt (Kreisarzt, Stadtarzt), in der staatl. Gesundheitsverwaltung tätiger, beamteter Arzt.
Amtsbetrieb (Offizialbetrieb), Einleitung und Fortführung eines Verfahrens durch das Gericht oder eine Behörde von Amts wegen (bedeutsam z. B. bei Zustellungen amtl. Schriftstücke). – Ggs.: Parteibetrieb, bei dem es den Parteien obliegt, ein Verfahren in Gang zu setzen.
Amtsdelikte, strafrechtlich zu verfolgender Mißbrauch der Amtsgewalt (z. B. Verfolgung Unschuldiger).
Amtsgeheimnis, ein Geheimnis (nur einem geschlossenen oder bestimmbaren Personenkreis bekannte Tatsache, an deren Geheimhaltung ein Interesse besteht), dessen Kenntnis sich im wesentlichen auf Amtsträger und Behörden beschränkt und in Ausübung amtl. Funktionen erlangt worden ist. Die Verletzung des A. kann disziplinarrechtlich, arbeitsrechtlich sowie strafrechtlich geahndet werden.
Amtsgericht, im Gerichtsaufbau das unterste Gericht der ordentl. Gerichtsbarkeit. Es entscheidet in Zivilsachen

durch Einzelrichter, in bestimmten Fällen durch den Rechtspfleger, in Strafsachen durch Einzelrichter oder durch das Schöffengericht. Das A. ist sachlich zuständig für Zivil- (bürgerlich-rechtl. Streitigkeiten über vermögensrechtl. Ansprüche bis 5000 DM), Miet-, Kindschafts- und Unterhaltssachen sowie für unbedeutendere Strafsachen. Das A. ist ferner zuständig als Familien-, Vormundschafts-, Nachlaß-, Konkurs- und Registergericht sowie als Grundbuchamt.

Amtshilfe, Beistandsleistung, zu der Behörden untereinander verpflichtet sind.

Amtssprache, die offizielle Sprache eines Staates (meist Nationalsprache), die Sprache der Gesetzgebung, der Verwaltung, des Gerichts, der Schulen ist. In Staaten mit größeren nat. Minderheiten ist mitunter die Nationalsprache der Minderheit als 2. A. gesetzlich garantiert. Im *schweizer. Bundesrecht* sind die dt., frz. und italien. Sprache Amtssprachen.

Amudarja (im Altertum Oxus), Fluß in Mittelasien (Tadschikistan, Turkmenistan, Usbekistan), 2540 km lang; entsteht durch Vereinigung der Flüsse Pjandsch und Wachsch; mündet mit einem Delta in den Aralsee; z. T. schiffbar.

Amulett [lat.], kleiner (oft als Anhänger getragener) Gegenstand, dem unheilabwendende Kräfte zugeschrieben werden.

Amun (Amon, Ammon), ägypt. Gott. Sein Hauptkultort war Theben. Dargestellt wurde A. meist als Mensch mit Federkrone, als Widder (Sphinx) oder als Nilgans.

Amundsen, Roald [norweg. ˈaːmunsən], *Borge (Østfold) 16. 7. 1872, verschollen seit 18. 6. 1928, norweg. Polarforscher. Durchfuhr 1903–06 als erster die Nordwestpassage; erreichte in Konkurrenz zu R. F. Scott 1911 als erster den Südpol; bezwang 1918–20 die Nordostpassage; zus. mit L. Ellsworth und U. Nobile gelang ihm 1926 mit dem Luftschiff »Norge« von Spitzbergen aus die Überfliegung des Nordpols; stürzte bei der Aktion zur Rettung Nobiles ab; schrieb Reiseberichte.

Amur, Fluß in Asien, 2824 km (mit Argun 4444 km) lang (zwei Quellflüsse:

Amulett.
Schmuckgehänge für Zierdolche mit Ginsengblütenmotiven (koreanisch; 18. Jh.)

Schilka und *Argun*), bildet größtent. die Grenze zw. Rußland und China, fließt dann durch russ. Gebiet, mündet 40 km sö. von Nikolajewskna-Amure in das Ochotskische Meer. – Seit dem 17. Jh. zw. Rußland und China umstritten.

amüsant [frz.], unterhaltend, belustigend.

Amygdalin [griech.], Glykosid in Steinobstkernen (Mandeln, Kirschen); wird enzymatisch zu Glucose, Benzaldehyd und Blausäure zersetzt.

Amyklai, antiker Ort südlich von Sparta, Apollonheiligtum (6.Jh. v.Chr.); im Heiligtum stand die fast 15 m hohe Apollonstatue.

Amylalkohole (Pentanole), aliphat. Alkohole; in billigen Branntweinarten als *Fuselöle* enthalten.

Amylasen [griech.] (Diastasen), Enzyme aus der Gruppe der Hydrolasen, die Stärke und Glykogen in Maltosemoleküle spalten, z. B. das Ptyalin im menschl. Speichel.

Amylopektin [griech.] (Stärkegranulose), neben Amylose der wesentl. Bestandteil von stärkehaltigen Körnern; nicht wasserlöslich.

Amylose [griech.] (Stärkezellulose), neben dem Amylopektin Hauptbestandteil stärkehaltiger Körner (Getreidekörner, Erbsen usw.); bildet den inneren Teil der Stärkekörner, ist in Wasser löslich und gibt mit Jod-Jodkali-Lösung die für Stärke typ. Blaufärbung.

Anabasin

Anakreon

Amylum [griech.], svw. ↑Stärke.

-an, Suffix der chem. Nomenklatur; kennzeichnend für gesättigte, aliphat. Kohlenwasserstoffe, die sogenannten Alkane.

ana..., Ana... [griech.], Vorsilbe mit den Bedeutungen »auf, hinauf, wieder, gemäß, entsprechend«; z. B. *analog.*

Anabasin [griech.], Tabakalkaloid; nikotinähnlich; verwendet als Insektizid.

Anabasis [griech. »der Zug hinauf« (d. h. ins Innere des Pers. Reiches)], Titel einer Feldzugsberichte; berühmt ist die A. des ↑Xenophon und die A. des ↑Arrian.

anabole Steroide (Anabolika) [griech.], den Androgenen nahestehende, den Aufbaustoffwechsel, bes. Eiweißaufbau, fördernde synthet. Verbindungen. ↑Doping.

Anabolismus [griech.], im Ggs. zum Katabolismus der aufbauende Stoffwechsel.

Anachronismus [griech.], **1)** falsche zeitl. Einordnung.
2) durch die Zeit überholte Einrichtung.

anaerob [...a-e...], ohne Sauerstoff lebend.

Anaerobier (Anaerobionten) [...a-e...], [niedere] Organismen, die ohne Sauerstoff leben können, z. B. Darmbakterien, Bandwürmer.

Anaglyphenverfahren [griech./dt.], ein Verfahren zur stereoskop. (räuml.) Betrachtung zweier in Komplementärfarben (z. B. Rot und Grün) gehaltener, etwas seitlich verschoben übereinandergedruckter *(Anaglyphendruck)* oder projizierter Bilder, die einen räuml. Gegenstand von zwei benachbarten Standpunkten aus wiedergeben (sog. *Anaglyphenbilder).* Bei Betrachtung dieser Bilder durch eine Farbfilterbrille, deren Gläser in den genau gleichen Komplementärfarben gefärbt sind *(Anaglyphenbrille),* erscheint der abgebildete Gegenstand räumlich.

Anagni [italien. a'naɲɲi], italien. Stadt sw. von Rom, Region Latium, 18 500 E. Roman. Dom (1074 bis 1104). – Kath. Bischofssitz; im MA häufig päpstl. Residenz.

Anagramm [griech.], Umstellung der Buchstaben eines Wortes oder Namens zu einem neuen: »Roma–Amor«, häufig als Pseudonym. ↑Palindrom.

Anaheim [engl. 'ænəhaɪm], Stadt im sö. Vorortbereich von Los Angeles, Kalifornien, USA, 245 000 E. Vergnügungspark *Disneyland* (gegr. 1955).

Anaimalai Hills [engl. ə'naɪmələɪ 'hɪlz], dünn besiedelter Gebirgshorst der Westghats, bis 2 695 m hoch; eines der wichtigsten Plantagengebiete Indiens (Kautschuk, Tee, Kaffee).

Anakardiengewächse [griech./dt.] (Sumachgewächse, Anacardiaceae), seit dem älteren Tertiär in Europa auftretende Fam. der Blütenpflanzen mit etwa 600 Arten, v. a. in den Tropen und Subtropen; meist Bäume oder Sträucher; einige Arten liefern Obst (u. a. Mangobaum) und Gewürze (Pistazie) sowie techn. Rohstoffe (Firnisbaum).

Anakonda ↑Boaschlangen.

Anakreon, griech. Lyriker des 6. Jh. v. Chr. aus Teos. Besang in virtuosen Hymnen, Elegien und Epigrammen den Genuß des Augenblicks, v. a. die Liebe und den Wein.

Anakreontiker [griech.], die Dichter des dt. ↑Rokoko.

anal [lat.], den After betreffend.

Analbeutel, bei Hunden und Katzen zwei am After gelegene sackartige Gebilde, umhüllen je eine erbsen- bis bohnengroße Drüse, deren Sekret der Reviermarkierung dient.

Analekten [griech.], Sammlung von Auszügen aus Literatur und Wissenschaft.

anale Phase, nach S. Freud eine frühkindl. Stufe der Sexualität (etwa 2.–4. Lebensjahr) mit Lustgefühlen, die durch die erogene Reizbarkeit bei der Darmentleerung entstehen.

Analeptika [griech.] (Anregungsmittel, Weckmittel), i. e. S. Arzneimittel, die nervöse Zentren anregen und daher v. a. bei Lähmung des Atmungs- und Kreislaufzentrums verwendet werden; i. w. S. Arzneimittel, die ganz allg. auf Körper und Psyche oder auf bestimmte Körperfunktionen anregend wirken.

Analerotik, abweichendes Sexualempfinden, bei dem der Analbereich bevorzugte erogene Zone ist.

Analgetika [griech.], schmerzstillende Mittel.

anallaktischer Punkt, bei der opt. Abb. mit einem Fernrohr derjenige Punkt des Dingraumes, bei dessen Scharfeinstellung die hintere Begrenzung der Schär-

analytische Geometrie

fentiefe mit der Entfernung Unendlich zusammenfällt. Bei Kameras wird er als *Nah-Unendlich-Punkt* (Hyperfokalpunkt) bezeichnet.

analog [griech.], entsprechend, vergleichbar.

Analog-Digital-Umsetzer (Analog-Digital-Wandler, A-D-Wandler), elektromechan. oder elektron. Einrichtung zur Umwandlung einer analogen Größe (z. B. elektr. Spannung) in eine sich stufenweise ändernde, aber gleichwertige digitale Größe (z. B. Impulsfolge); wird u. a. in der Datenverarbeitung zur digitalen Signalverarbeitung und bei der numer. Steuerung von Werkzeugmaschinen (↑numerische Maschinensteuerung) eingesetzt.

Analogie [griech.], **1)** *allg.:* die Vergleichbarkeit von Strukturen, Verhältnissen.

2) *Recht:* die Übertragung der Rechtsfolgen eines geregelten Tatbestandes auf einen ähnl., aber ungeregelten Tatbestand; Mittel zur Ausfüllung von Gesetzeslücken. Der A.schluß ist im Strafrecht mit der Einschränkung zulässig, daß eine A. zu Lasten des Beschuldigten unstatthaft ist.

Analogiemodell, in der Physik und Technik Bez. für ein mathemat.-physikal. Modell, mit dem man eine komplizierte physikal. Erscheinung in den wesentl. Zügen und Eigenschaften erfassen und beschreiben kann.

Analogieschluß, log. Denkvorgang, bei dem aus einer gemeinsamen Eigenschaft zweier Dinge weitere Übereinstimmungen gefolgert werden.

Analogrechner, im techn.-wiss. Bereich verwendete Rechenanlage, die stetig veränderl. Funktionen nach dem Analogieprinzip verarbeitet, indem die einzelnen Rechenschritte bzw. -operationen in einer Berechnung durch physikal. analog verlaufende (d. h. durch dieselben mathemat. Beziehungen beschriebene) Prozesse dargestellt werden. Der A. hat für jede benötigte Rechenoperation bzw. Funktionsbildung ein gesondertes Rechenelement. Diese mit mechan., pneumat., elektr. (bzw. elektromechan.) oder elektron. Mitteln realisierten *Rechenelemente (Rechenfunktionseinheiten* oder *-gruppen)* können bausteinartig zu unterschiedl. Rechensystemen zusammengefaßt werden und

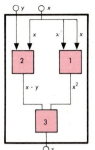

Analog-Digital-Umsetzer mit Codierscheibe und Photozellen für digitales Ablesen der Winkelstellung einer Welle. Diese Anordnung veranschaulicht die auch ohne elektronische Baugruppen mögliche Umwandlung einer analogen Größe in ein digitales Signal. Der Vollkreis ist in 30 Sektoren zu je 12° eingeteilt (quantisiert). Jeder Sektor ist durch ein radial verlaufendes Schwarzweißmuster in einem reflektierten 5-Bit-Code ablesbar. Zur gezeigten Winkelstellung von 75° gehört die 7. Stufe (72° bis 84°) mit dem Codezeichen LLOLO (L für lichtdurchlässiges, O für schwarzes Feld der Codierscheibe)

gestatten dadurch die Lösung verschiedenartiger Probleme (ihre Zusammenfügung je nach Problem entspricht der Programmierung bei Digitalrechnern).

Analphabet, des Lesens und Schreibens Unkundiger.

Analyse [griech.], **1)** *allg.:* Verfahren, bei dem Erkenntnisse durch die Untersuchung der einzelnen, elementaren Bestandteile eines Ganzen gewonnen werden (Ggs.: Synthese).

2) *Chemie:* ↑chemische Analyse.

Analysenlampe (Schwarzlichtlampe), Ultraviolettlampe mit einem nur für ultraviolette Strahlung durchlässigen Filter; dient zur Erregung von fluoreszierenden und phosphoreszierenden Leuchtstoffen. Die A. kann u. a. zur Erkennung der Echtheit von Edelsteinen und Geldscheinen verwendet werden.

Analysis [griech.], Teilgebiet der Mathematik, in dem mit Grenzwerten gearbeitet wird; umfaßt im wesentlichen die Differential- und Integralrechnung (Infinitesimalrechnung). In der A. werden v. a. die reellen und komplexen Zahlen, Folgen, Grenzwerte, Funktionen und deren Ableitung bzw. Integrale untersucht.

analytische Geometrie, Teilgebiet der Mathematik, in dem geometr. Fragestellungen mit Hilfe der linearen Algebra behandelt werden. Hauptkennzeichen der a. G. ist die Beschreibung der Punkte der Ebene durch reelle Zahlenpaare (x, y) bzw. der Punkte des Raumes durch reelle Zahlentripel (x, y, z), die kartes. Koordinaten; geometr. Gebilde, Voraussetzungen, Behauptungen und Beweise werden dann durch Ausdrücke in diesen Koordinaten (z. B. Gleichungssysteme, Terme) beschrieben.

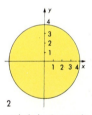

2

analytische Geometrie

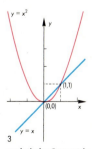

3

analytische Geometrie

analytische Philosophie, Bez. für die von G. Frege, B. Russell, G. E. Moore und dem ↑Wiener Kreis (v. a. R. Carnap) ausgelöste erkenntnis- bzw. wissenschaftstheoret. Position, philosoph. Analyse sei Sprachanalyse. Grundlegend für die a. P. sind v. a. die Werke L. Wittgensteins, der »Tractatus logico-philosophicus« (1921) sowie die späten »Philosoph. Untersuchungen« (postum 1953). ↑auch Neopositivismus.

analytische Psychologie, jede psycholog. Richtung, die analytisch verfährt, d. h. Teilstrukturen und Teilfunktionen psych. Vorgänge (Erlebnisse, Ausdrucks-, Verhaltensweisen) freizulegen sucht (im Ggs. zur Ganzheits- und Gestaltpsychologie); i. e. S. die Psychologie C. G. Jungs.

Anämie [griech.] (Blutarmut), krankhafter Mangel an rotem Blutfarbstoff mit oder ohne Verminderung der roten Blutkörperchen. Formen der A. sind: *Blutungsanämie,* die akut durch plötzl. Blutverlust entstehen kann. *Eisenmangelanämie* tritt auf, wenn das Eisenangebot zu gering oder der Eisenverbrauch zu hoch ist. Der *hämolytischen Anämie* liegt erhöhter Blutkörperchenzerfall zugrunde. Die schwerste Form ist die *perniziöse Anämie (Anaemia perniciosa, Bièrmer-Krankheit),* die durch fehlende Bildung von ↑Intrinsic factor infolge von Schwund an Magenschleimhaut und daher gestörter Aufnahme von Vitamin B_{12} verursacht wird. Der Mangel an diesem Vitamin führt zu schwerer Zellreifungsstörung im Knochenmark, von der die Bildung der roten Blutkörperchen betroffen ist. Allg. Symptome jeder Form sind Hautblässe, Müdigkeit, Schwäche, Schwindelgefühl, Kopfschmerzen, bei der perniziösen A. auch Magen-Darm-Störungen, später auch Atembeschwerden und Kreislaufstörungen.

anämisch, blutleer, blutarm.

Anamnese [griech.], Vorgeschichte einer Krankheit.

Anamnioten, Wirbeltiere, die sich ohne die Embryonalhüllen Amnion, Allantois und Serosa entwickeln (Schädellose, Rundmäuler, Fische und Amphibien).

anamorphotische Abbildung, opt. Abbildung, bei der der Abbildungsmaßstab in zwei zueinander senkrechten Richtungen verschieden ist. Das Bild ist gegenüber den Abmessungen des abgebildeten Objekts in der Richtung des größeren Bildwinkels (im allg. in der Breite) kontrahiert. Derartige verzerrte Abbildungen lassen sich mit einem *Anamorphoten* realisieren. Umgekehrt können *anamorphot. Bilder* durch geeignete Zylinderlinsenanordnungen wieder entzerrt werden. In der Photo- und Kinotechnik bilden a. A. die Grundlage des *Breitbildverfahrens.*

Anamur, türk. Ort nahe der Mittelmeerküste, am Fuß des Taurus, 23 000 E. Nahebei liegt die Festung A. (Mamare Kalesi). 5 km sw. liegt *Kap Anamur,* der südlichste Punkt Kleinasiens mit den Ruinen des antiken *Anemurion,* das bis in byzantin. Zeit Bedeutung hatte.

Ananas [indian.], Gatt. der Ananasgewächse mit fünf Arten in M- und S-Amerika; vermutlich in Z-Amerika und auf den Westind. Inseln heimisch ist die Art *Ananas* (Pineapple); wird heute in den Tropen oft in großen Plantagen kultiviert; Hauptanbaugebiet: Hawaii (80 % der Weltproduktion). Der Beerenfruchtstand ist je nach Sorte unterschiedlich groß (kann bis über 3,5 kg schwer werden), das Fruchtfleisch ist reich an Mineralstoffen (bes. Eisen und Calcium) und an Vitaminen (v. a. Vitamin A und B). Die Blattfasern *(Ananashanf)* dienen für feine Gewebe, Seile, Netze, Hängematten.

Ananas.
Links: Aufgeschnittene Frucht ◆ Rechts: Fruchtstand

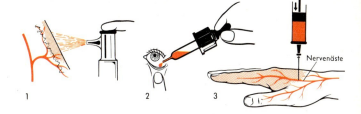

Anästhesie 2).
1 Oberflächenanästhesie mit Kältespray;
2 Oberflächenanästhesie der Schleimhaut;
3 Leitungsanästhesie im Bereich eines Fingers; **4** Spinalanästhesie

Nervenäste

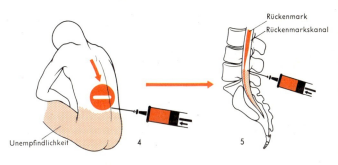

Rückenmark
Rückenmarkskanal

Unempfindlichkeit

Ananasgewächse (Bromeliengewächse, Bromeliazeen, Bromeliaceae), Fam. der Blütenpflanzen mit über 1 700 Arten, v. a. in trop. Regenwäldern und in Trockengebieten der südl. USA und S-Amerikas bis Patagonien; bodenbewohnende oder epiphytisch lebende Rosettenpflanzen; die z. T. röhrigen, oft lebhaft gefärbten Blüten stehen in meist ährigen oder traubigen Blütenständen; bekannte Gatt. sind Ananas und Bromelie.

Anankasmus [griech.], krankhafter Zwang.

Anapäst [griech.], antiker Versfuß aus zwei Kürzen und einer Länge; Form: ‿‿– (umgekehrt: ↑Daktylus); mit Auflösung bzw. Zusammenziehung ≈≈.

Anapher [griech.], rhetor. Figur; ausdruckssteigernde Wortwiederholung, zu Beginn von Sätzen, Versen o. ä., z. B. »Wer nie sein Brot mit Tränen aß/Wer nie in kummervollen Nächten ...« (Goethe, »Lied des Harfners«).

anaphylaktischer Schock, schwere allerg. Reaktion des Gesamtorganismus (↑Allergie); durch wiederholtes Eindringen hoher Antigenmengen ins Blut kommt es zu einer massiven Antigen-Antikörper-Reaktion im Blut und im Gewebe. Folge ist eine starke Gefäßerweiterung, in deren Folge der Blutdruck absinkt. Nicht selten kommt es zu tödl. Kreislaufversagen.

Anaplasmosen [griech.], zusammenfassende Bez. für fieberhafte, meist durch Zecken übertragbare Haustierseuchen.

Anarchie [griech.], Herrschafts-, Gesetzlosigkeit; **anarchisch,** gesetzlos.

Anarchismus [griech.], sozialphilosoph. Denkmodelle und die Versuche ihrer Verwirklichung, die jede Art von Autorität als Form der Herrschaft von Menschen über Menschen verwerfen und das menschl. Zusammenleben auf der Basis unbeschränkter Freiheit des Individuums nach den Grundsätzen von Gerechtigkeit, Gleichheit, Brüderlichkeit (Solidarität) verwirklichen wollen. Der *individualist. Anarchismus* (Kropotkin) vertritt die These, daß die Emanzipation des Individuums die staatl. Zwangseinrichtungen zunehmend überflüssig macht. Der *kollektivist. Anarchismus* (Bakunin) sucht, im Extremfall durch Gewalt und Terror, eine Kollektivordnung sich frei zusammenschließender Gruppen mit Kollektiveigentum herzustellen.

Andachtsbilder.
Schmerzensmann
(um 1510)

Anarchosyndikalịsmus [griech.], sozialrevolutionäre Arbeiterbewegung, die sich Ende des 19. Jh. ausbildete und im Ggs. zum älteren Anarchismus die Arbeiterschaft zu organisieren versuchte: Gewerkschaften (Syndikate) als Kampforgane.

anastatischer Druck, Verfahren zum Nachdruck vorhandener Werke ohne Neusatz oder photograph. Reproduktion; dazu wird die zu vervielfältigende Druckseite präpariert und eingefärbt und auf Stein oder Zink umgedruckt.

Anästhesịe [griech.], **1)** Zustand der Unempfindlichkeit des Nervensystems im weitesten Sinn.
2) medizin. Verfahren zur Erzielung der Empfindungslosigkeit des Nervensystems, v. a. bei schmerzhaften Eingriffen. Die Allgemein-A. oder *Narkose* greift am Zentralnervensystem an. *Narkotika* sind entweder leicht flüchtige Flüssigkeiten und Gase (Inhalationsnarkotika, z. B. Äther, Lachgas), die eingeatmet werden, oder feste Substanzen, deren Lösungen in die Blutbahn injiziert werden können (Injektionsnarkotika, z. B. Abkömmlinge der Barbitursäure); sie führen zu einem schlafähnl. Zustand mit Bewußtlosigkeit und zentraler Schmerzausschaltung. *Lokalanästhesie* (örtl. Betäubung) nennt man die künstl. Schmerzausschaltung im Bereich nervaler Endapparate oder peripherer Nerven ohne Beeinträchtigung des Bewußtseins. Formen: Bei der *Kälteanästhesie* wird durch Aufspritzen einer schnell verdunstenden Flüssigkeit der betreffenden Hautstelle Wärme entzogen, so daß sie gefriert und unempfindlich wird. Bei *Oberflächenanästhesie* werden Lokalanästhetika auf Schleimhautbezirke oder Wundflächen aufgetragen. Bei der *Infiltrationsanästhesie* wird die Lösung des Lokalanästhetikums in das Operationsgebiet injiziert, wodurch auch tiefere Gewebsschichten betäubt werden können. Bei der *Leitungsanästhesie* werden Nervenäste und Nervenstämme, auch ganze Bündel von Nervenstämmen umspritzt. Bei der *Spinalanästhesie* (Rückenmarks-A.) wird eine Lähmung der Nerven im Bereich ihrer Wurzeln im Rückenmarkssack bewirkt. Sie ist zur Betäubung der gesamten unteren Körperhälfte einschließlich der Beckenorgane geeignet. – Abb. S. 149.

Anästhesịst [griech.], Facharzt für die Anwendung aller Verfahren zur Schmerzbetäubung.

Anastigmat [griech.], ein Linsensystem, bei dem Astigmatismus und Bildfeldwölbung durch Verwendung spezieller opt. Glassorten für ein größeres Bildfeld beseitigt sind.

Anạthema [griech.], im Christentum der Kirchenbann.

Anatolien (türk. Anadolu), im 14. Jh. im osman. Reich eingeführte Bez. für den asiat. Teil der Türkei.

Anatomịe [griech.], die Lehre vom Bau der Organismen. Man unterscheidet eine *Pflanzen-A. (Phytotomie)* und eine *Tier-A. (Zootomie)*. Ein Teil der Zootomie ist die *A. des Menschen (Anthropotomie)* als die Lehre vom menschl. Körper. Sie ist die Grundwissenschaft der Medizin. – Durch Zergliedern und Untersuchen des pflanzl., tier. oder menschl. Körpers versucht man, sich ein Wissen von der Form, Lage und Beschaffenheit der Organe und Organsysteme zu verschaffen. Die systemat. Anatomie ist die Lehre von den Knochen und Bändern, Muskeln, Gefäßen, Eingeweiden und Nerven. Die mikroskop. Anatomie (Histologie) untersucht Organe und Gewebe bis in die feinsten Zellbestandteile.

anatọmisch, die Anatomie oder den Bau des [menschl.] Körpers betreffend.

Anaxagoras, *Klazomenai bei İzmir um 500, † Lampsakos 428, griech. Naturphilosoph. Nahm zur Erklärung der Vielfalt des Seienden kleinste Partikeln an, die durch eine kosm. Vernunft (Nus) in eine Wirbelbewegung versetzt worden seien, wodurch die Welt entstanden sei.

Anaximạnder von Milẹt, *um 610, † um 546, griech. Naturphilosoph. Lehrte, daß alle Dinge aus einem Urstoff (Apeiron) durch Trennung in Gegensätze hervorgehen (u. a. trockenfeucht), um dann in den Urstoff zurückzugehen.

ANC [engl. eɪenˈsiː], Abk. für **A**frican **N**ational **C**ongress, ↑Afrikanischer Nationalkongreß.

Anchịses ↑Äneas.

Anchorage [engl. ˈæŋkərɪdʒ], größte Stadt Alaskas, USA, 219 000 E. Univ.; Versorgungszentrum des Umlandes; Hafen; internat. ⚓. – Gegr. 1915.

Anchoveta [span. anʃo've:ta] ↑Sardellen.

Anchovis (Anschovis) [niederl.], in Salz oder Marinade eingelegte Sardellen oder auch Sprotten.

Anciennität [ãsieni'tɛ:t; lat.-frz.] (Seniorität), Bez. für Dienstalter. Richtet sich das Aufrücken in höhere Ämter der Beamtenhierarchie nur nach dem Dienstalter, so spricht man von *A.prinzip.*

Ancien régime [frz. ãsjẽre'ʒim »alte Regierungsform«], Bez. für das Herrschafts- und Gesellschaftssystem des absolutist. Frankreich vor 1789; allg. die polit. und gesellschaftl. Verhältnisse in Europa im 17./18. Jahrhundert.

Ancona, Hauptstadt der italien. Region Marche, an der adriat. Küste, 106 000 E. Nationalmuseum, Pinakothek; Handelszentrum, Werften, Hafen. Roman.-byzantin. Dom (12. Jh.) an der Stelle eines Venustempels. Aus röm. Zeit stammt der Trajansbogen (115 n. Chr.). – Um 390 v. Chr. von Syrakusern gegr.; ab 1532 mit Unterbrechungen bis zur Einigung Italiens beim Kirchenstaat. – Die *Mark A.* wurde um 1090 aus Territorien der Markgräfin Mathilde von Tuszien gebildet; 1199 zum Kirchenstaat.

Ancus Marcius, nach der Sage der 4. König von Rom (etwa 640–616).

Ancylus [griech.] (Ancylusschnecken), Gatt. der Lungenschnecken mit früher vielen, inzwischen größtenteils ausgestorbenen Arten in Süßgewässern; in Europa die *Flußnapfschnecke,* bis 7 mm lang und 3 mm hoch, mit mützenförmiger Schale.

Andachtsbilder, seit Beginn des 14. Jh. Bildwerke für die persönl. Andacht (nicht im Gottesdienst verwendet), z. B. Christus-Johannes-Gruppe, Schmerzensmann (Erbärmdebild), Vesperbild (↑Pieta).

Andalusien, histor. Prov. (Region) in Spanien, erstreckt sich über die gesamte Breite des S, grenzt an das Mittelmeer, westl. der Straße von Gibraltar an den Atlantik. Das mittlere und östl. A. nehmen die Gebirgsketten der Betischen Kordillere (Hoch-A.) ein, in der Sierra Nevada bis 3478 m hoch. Nördl. und westl. schließt sich das Guadalquivirbecken (Nieder-A.) an; seinen nördl. Abschluß bildet die Sierra Morena.

Guadalquivirbecken und Küstenzone besitzen Mittelmeerklima, Hoch-A. unterliegt kontinentalen Einflüssen. A. ist v. a. Agrargebiet, Großgrundbesitz überwiegt (Bewässerungsfeldbau, Ölbaumkulturen, Weinbau; Pferde- und Kampfstierzucht). Fremdenverkehr an der Küste, Wintersport in der Sierra Nevada.

Geschichte: Im letzten Jt. v. Chr. Reich von Tartessos; phönik. Kolonisation (u. a. Cádiz, gegr. um 1100 v. Chr.); ab 500 karthag. Eroberung; röm. Prov. Baetica, 409–429 im Besitz der Vandalen (nach ihnen ben.), dann westgot.; ab 711 arab.; ab 756 unabhängiges Emirat (ab 929 Kalifat) der Omaijaden von Córdoba (bis 1031); ab 1090 erneute Einigung unter den Almoraviden und Almohaden; 1212–1492 Reconquista durch Kastilien. – 1982 Autonomiestatut.

Andaman and Nicobar Islands [engl. 'ændəmən ənd 'nikəuba: 'ailəndz], ind. Unionsterritorium, umfaßt die Andamanen und Nikobaren, 8 249 km², 281 000 E, Hauptstadt Port Blair.

Andamanen, rd. 350 km lange Inselkette zw. dem Golf von Bengalen und der Andamanensee. Die rd. 200 Inseln haben feuchtheißes Klima. Wichtigster Wirtschaftszweig ist die Holzgewinnung; außerdem Anbau von Reis, Kaffee und Kautschukbäumen.

Ancona
Stadtwappen

Anden. Die bis über 6 000 m aufragende Hochgebirgsregion im argentinisch-chilenischen Grenzgebiet

Günther Anders

Hans Christian Andersen

Andamanensee, Randmeer des Ind. Ozeans, zw. Hinterindien, Sumatra und den Andamanen und Nikobaren.

andante [italien.], musikal. Tempo-Bez. für ein ruhiges, mäßig bewegtes Zeitmaß.

andantino [italien.], musikal. Tempo-Bez.: etwas bewegter als andante.

Andechs, Gemeinde über dem O-Ufer des Ammersees, Bayern, 2400 E. Wallfahrtsort; Brauerei. Ausschmückung der Kirche im Spätrokoko; Klosterbibliothek; Kreuzgang (15. Jh.). – Bis 1248 Stammsitz der *Grafen von Andechs.*

Anden, Teil der Kordilleren, durchzieht S-Amerika an der W-Seite von Feuerland bis zum Karib. Meer, etwa 8000 km lang, 200–700 km breit, im Aconcagua 6958 m hoch. Die A. sind kein einheitl. Gebirge. Die drei durch tiefe Täler oder Gräben getrennten Gebirgszüge Kolumbiens vereinigen sich im S des Landes; in Ecuador bestehen die A. aus zwei, in N-Peru wieder aus drei Gebirgszügen; in S-Peru setzt das zentralandine Punahochland ein, in dem u. a. der Titicacasee liegt, danach läuft der nun einheitl. Gebirgsstrang im Feuerlandarchipel aus und setzt sich in einem untermeer. Rücken und in der Antarkt. Halbinsel fort. Dem Hochgebirge ist am Pazifik eine mehr oder weniger gut ausgebildete niedrigere Küstenkordillere vorgelagert. – Abb. S. 151.

Andenhirsche (Gabelhirsche) ↑Neuwelthirsche.

Andenpakt, 1968 geschlossene Vereinbarung über wirtschaftl. Zusammenarbeit zw. Chile (bis 1976), Kolumbien, Venezuela (seit 1973), Peru, Ecuador und Bolivien; mit dem *Andenabkommen* 1992 Gründung einer Freihandelszone (ohne Peru).

Anderkonto (Treuhandkonto), ein Bankkonto, das eine Person als Treuhänder (z. B. der Notar) im eigenen Namen und mit eigener Verfügungsbefugnis für eine andere unterhält.

Anderlecht [niederl. 'andərlɛxt; frz. ãdər'lɛkt], belg. Gemeinde im SW der Agglomeration Brüssel, 92000 E. Ind.-Standort, Schlachthöfe. Haus des Erasmus von Rotterdam (Museum).

Andernach, Stadt am linken Ufer des Rheins, Rheinl.-Pf., 28200 E. Pfarrkirche Unserer Lieben Frau (nach 1199), Burg (seit 1689 Ruine), spätgot. Rat-

haus, im Hof das hochgot. Judenbad; Reste der Stadtbefestigung; am Ufer der Rheinkran von 1554. – Röm. Siedlung *Antunnacum;* fränk. Königshof; 1167 bis 1794 kurkölnisch.

Anders, Günther, eigtl. G. Stern, *Breslau 12. 7. 1902, †Wien 17. 12. 1992, dt. Schriftsteller. Nach Emigration (Frankreich, USA) seit 1950 in Wien; schrieb kulturkrit. Essays (Hauptwerk: »Die Antiquiertheit des Menschen«, 2 Bde., 1956/1980), Erzählungen und Lyrik. – *Weitere Werke:* Wir Eichmannsöhne (1964), Der Blick vom Turm. Fabeln (1968), Endzeit und Zeitenende (1972), Ketzereien (1982), Mariechen. Eine Gutenachtgeschichte für Liebende, Philosophen und andere Berufsgruppen (1987), Die moluss. Katakombe (1992).

Andersch, Alfred, *München 4. 2. 1914, †Berzona (Locarno) 21. 2. 1980, dt. Schriftsteller. Sein Roman »Die Kirschen der Freiheit« (1952) beschreibt seine Desertion (1944 zu den Amerikanern); schrieb auch Essays und Hörspiele (Sammlung 1973); Gründungsmitglied der ↑Gruppe 47. – *Weitere Werke:* Sansibar oder der letzte Grund (R., 1957), Die Rote (R., 1960), Winterspelt (R., 1974), Der Vater eines Mörders (E., 1980).

Andersen, 1) Hans Christian, *Odense 2. 4. 1805, †Kopenhagen 4. 8. 1875, dän. Schriftsteller. Weltberühmt durch seine über 160 Märchen (1835–72, u. a. »Die kleine Meerjungfrau«). – *Weitere Werke:* Bilderbuch ohne Bilder (1840), Das Märchen meines Lebens (Autobiographie, 1845/46). **2)** Lale, eigtl. Lise-Lotte Helene Berta Beul, geb. Bunnenberg, *Bremerhaven 23. 3. 1910, †Wien 29. 8. 1972, dt. Chansonsängerin und Schauspielerin. Wurde mit dem Schlager »Lili Marleen« (1938) während des 2. Weltkrieges weltweit bekannt.

Andersen Nexö, Martin [dän. 'nεgsø:], *Kopenhagen 26. 6. 1869, †Dresden 1. 6. 1954, dän. Schriftsteller. Schildert in seinen Romanen das Leben der Bauern und Fischer sowie die sozialist. Arbeiterbewegung, u. a. »Pelle der Eroberer« (4 Bde., 1906–10), »Ditte Menschenkind« (5 Bde., 1917–21).

Anderson [dt. 'andərsɔn, engl. 'ændəsn]: **1)** Carl David, *New York

3. 9. 1905, † San Marino (Calif.) 11. 1. 1991, amerikan. Physiker. Entdeckte 1932 bei Untersuchung der Höhenstrahlung mit der Nebelkammer das Positron, wofür er 1936 zus. mit V. F. Hess den Nobelpreis für Physik erhielt.
2) Maxwell, *Atlantic (Pa.) 15. 12. 1888, † Stamford (Conn.) 28. 2. 1959, amerikan. Dramatiker. Schrieb u. a. »Wintertag« (1935, Thema: ↑Sacco-Vanzetti-Fall) und »Johanna aus Lothringen« (1947).
3) Philip Warren, *Indianapolis 13. 12. 1923, amerikan. Physiker. Von bes. Bedeutung für das Verständnis der Eigenschaften amorpher Stoffe wurde seine Arbeit über ungeordnete Strukturen (1958). 1977 Nobelpreis für Physik (zus. mit Sir N. F. Mott und J. H. Van Vleck).
4) Sherwood, *Camden (Ohio) 13. 9. 1876, † Colón (Panama) 8. 3. 1941, amerikan. Schriftsteller. Bed. Short stories (»Winesburg, Ohio«, 1919) und Romane (»Dunkles Lachen«, 1925).
Andersson [schwed. ˌandərsɔn], Dan, *Skattlösberg (Dalarna) 6. 4. 1888, † Stockholm 16. 9. 1920, schwed. Dichter. Pionier der engl. Arbeiterdichtung, Gedichte und Romane.
Änderungskündigung ↑Kündigung.
Andesit, Ergußgestein, Grundmasse aus Plagioklas, Amphibol, Glimmer und Augit.
Andhra Pradesh, Gliedstaat in SO-Indien, 275 068 km², 66,5 Mio. E, Hauptstadt Hyderabad.
Andischan, Gebietshauptstadt im östl. Ferganabecken, Usbekistan, 267 000 E. PH; Theater; Maschinenbau, chem. Industrie.
Andorra (frz. Andorre), Staat in den östl. Pyrenäen, grenzt im N und O an Frankreich, im S und W an Spanien.
Staat und Recht: Parlamentar. Fürstentum; *Verfassung* von 1993. *Staatsoberhäupter* sind der frz. Staats-Präs. und der span. Bischof von Urgel. Die *Exekutive* liegt beim Exekutivrat, die *Legislative* beim direkt gewählten Generalrat (28 Mgl.). Es existieren mehrere *Parteien.*
Landesnatur: Kerngebiet ist das Talbecken von Andorra la Vella mit den tief eingeschnittenen Quellbächen des Valira. Niederschläge fallen über das ganze Jahr; langanhaltende Schneebedeckung; ²/₅ des Landes liegen oberhalb der Schneegrenze.

Andorra

Fläche:	453 km²
Einwohner:	47 000
Hauptstadt:	Andorra la Vella
Amtssprache:	Katalanisch, Französisch
National-feiertag:	8. 9.
Währung:	Span. Peseta (Pta) und Frz. Franc (FF)
Zeitzone:	MEZ

Staatsflagge

Staatswappen

Bevölkerung: Die fast rein kath. Bevölkerung besteht aus 27% Katalanisch sprechenden Andorranern und 59% Spaniern. Schulen werden von Frankreich und Spanien unterhalten.
Wirtschaft, Verkehr: Almwirtschaft mit Herdenwanderung. In A. herrscht Steuerfreiheit. Straßenverbindung mit Frankreich über den 2047 m hohen Paß Port d'Envalira, mit Spanien durch das Valiratal.
Geschichte: Das bereits 805 in einer karoling. Urkunde erwähnte A. war jahrhundertelang Streitobjekt zw. den span. Bischöfen von Urgel (Sitz: Seo de Urgel) und dem frz. Adelsgeschlecht Castelbon (dessen Ansprüche 1206 auf den Grafen von Foix übergingen); ein 1278 abgeschlossener Vertrag legte eine gemeinsame Herrschaft fest. Im 16. Jh. gingen die Rechte der Grafen von Foix auf die Könige von Navarra und 1607 auf Frankreich über, das 1793 auf sie verzichtete; Napoleon I. stellte sie 1806 wieder her. Im Rahmen einer Reformbewegung (1866–68) wurde der Generalrat eingeführt (Wahlrecht für Familienoberhäupter, erst seit 1970 auch für Frauen). Mit dem Inkrafttreten einer neuen Verfassung am 14. 5. 1993 endete das seit 1278 geltende feudale Herrschaftssystem; diese erste Verfassung überträgt den Andorranern die nat. Souveränität.

Andorra la Vella

Lou Andreas-Salomé

Andorra la Vella [katalan. ən'dɔrrə lə 'βeʎə], Hauptstadt von Andorra, im Tal des Valira, 1 079 m ü. M., 15 600 E. Fremdenverkehr, Rundfunkstationen.

Andrade, Carlos Drummond de [ɐn'draðə], *Itabira (Minas Gerais) 31. 10. 1902, † Rio de Janeiro 17. 8. 1987, brasilian. Lyriker. Gilt als bedeutendster zeitgenöss. Lyriker seines Landes.

Andrássy [ungar. 'ɔndra:ʃi], 1) Gyula (Julius) Graf, d. Ä., *Košice 3. 3. 1823, † Volosko bei Rijeka 18. 2. 1890, österr.-ungar. Politiker. 1867 erster ungar. Min.-Präs.; erreichte als österr.-ungar. Außen-Min. (1871–79) 1872 das Dreikaiserabkommen mit Rußland und Dtl., 1878 die Ermächtigung zur Besetzung Bosniens und der Herzegowina und schloß 1879 mit Bismarck den Zweibund.

2) Gyula (Julius) Graf, d. J., *Tőketerebes 30. 6. 1860, † Budapest 11. 6. 1929, letzter österr.-ungar. Außen-Min. (Okt. 1918). Sohn von Gyula Graf A. d. Ä.; 1921 maßgeblich am Oktoberputsch König Karls beteiligt.

André, Maurice [frz. ã'dre], *Alès (Gard) 21. 5. 1933, frz. Trompeter. Weltberühmter Interpret mit umfassendem Repertoire.

Andrea da Firenze, eigtl. A. di Bonaiuto, italien. Maler des 14. Jh. Freskenzyklus in der Span. Kapelle von Santa Maria Novella in Florenz (um 1365) mit Darstellungen der scholast. Gedankenwelt.

Andreas, hl., Apostel; gehörte mit seinem Bruder Simon Petrus zu den ersten Jüngern Jesu; wurde (nach einer Legende) am 30. 11. 60 gekreuzigt. – Fest: 30. November.

Andreas, Name von ungar. Herrschern:

1) **Andreas I.,** *um 1013, † Zirc im Herbst 1060, König (seit 1046). Erreichte nach Kämpfen 1058 den Verzicht des Reiches auf die Oberhoheit über Ungarn.

2) **Andreas II.,** *1176 oder 1177, † 21. 9. 1235, König (seit 1205). Gewährte 1224 den Siebenbürger Sachsen rechtl. und polit. Sonderstellung.

Andreaskreuz, 1) *allg.:* Diagonalkreuz (×), an dem der Apostel Andreas gestorben sein soll.

2) *Verkehrswesen:* Warnkreuz vor schienengleichen Bahnübergängen.

Andreas-Salomé, Lou, Pseud. Henry Lou, *Petersburg 12. 2. 1861, † Göttingen 5. 2. 1937, dt. Schriftstellerin. Befreundet mit Nietzsche und Rilke

Andrea da Firenze. Ausschnitt aus dem Freskenzyklus in der »Spanischen Kapelle« der Kirche Santa Maria Novela in Florenz (um 1365)

(Rußlandreisen); nach 1911 Studium bei S. Freud und A. Adler; schrieb Essays, Erzählungen, eine Nietzschebiographie (1894) und die Autobiographie »Lebensrückblick« (hg. 1951).

Andreotti, Giulio, *Rom 14. 1. 1919, italien. Politiker (Democrazia Cristiana). Ab 1954 mehrfach Min.; 1972/73, 1976–79 und 1989–92 Ministerpräsident.

Andres, Stefan, *Dhrönchen (heute zu Trittenheim) 26. 6. 1906, † Rom 29. 6. 1970, dt. Schriftsteller. Lebte 1937–49 und ab 1961 in Italien; schrieb Novellen (»El Greco malt den Großinquisitor«, 1936; »Wir sind Utopia«, 1943, dramatisiert 1950), Romane (»Die Sintflut«, Trilogie 1949–59; »Der Taubenturm«, 1966; »Die Versuchung des Synesios«, hg. 1971), Erzählungen (»Das Fest der Fischer«, hg. 1973).

Andria, italien. Stadt in Apulien, 82 500 E. Dom (12. Jh.) mit Krypta (8./9. Jh.); 15 km südl. liegt *Castel del Monte,* 1240 ff. erbaut unter Friedrich II.

Andrić, Ivo [serbokroat. ˈandritɕ], *Dolac bei Travnik (Bosnien) 10. 10. 1892, † Belgrad 13. 3. 1975, serb. Schriftsteller. Schrieb Romane und Erzählungen, u. a. »Die Brücke über die Drina« (R., 1945). Nobelpreis für Literatur 1961.

andro..., Andro... [griech.], Bestimmungswort von Zusammensetzungen mit der Bedeutung »männlich, Mann...«.

Androgene, die männl. ↑Geschlechtshormone.

Androïd [griech.], in der Sciencefiction-Literatur menschenähnl. Maschine, künstlicher Mensch.

Andrologie, die Lehre von Bau, Funktion und Erkrankungen der männl. Geschlechtsorgane.

Andromache, Gestalt der griech. Mythologie, Gemahlin Hektors; dargestellt in Homers »Ilias« und den »Troerinnen« des Euripides.

Andromeda, Gestalt der griech. Mythologie; wird von ihrem Vater Kepheus, um die Götter zu versöhnen, an eine Klippe geschmiedet; von Perseus befreit.

Andromeda [griech.] ↑Sternbilder (Übersicht).

Andromedanebel, ein mit bloßem Auge im Sternbild Andromeda als Nebelwölkchen erkennbarer Spiralnebel.

Andromedanebel

Entfernung zur Erde rd. 2,2 Mio. Lichtjahre, Masse etwa 350 Milliarden Sonnenmassen. Masse, Größe und Typ des A. entsprechen unserem Milchstraßensystem.

Andropow, Juri Wladimirowitsch, *Nagutskaja (Gebiet Stawropol) 15. 6. 1914, † Moskau 9. 2. 1984, sowjet. Politiker. 1967–82 Leiter des KGB; 1973–84 Mgl. des Politbüros; 1982–84 Generalsekretär der KPdSU, 1983/84 auch Staatsoberhaupt.

Andros, nördlichste der Kykladeninseln, Griechenland, von Euböa nur durch eine 12 km breite Meerenge getrennt, 374 km², bis 1 009 m hoch, Hauptort Andros.

Andros Island [engl. ˈændrɔs ˈaɪlənd] ↑Bahamas.

Androsteron [griech.] ↑Geschlechtshormone.

Andrözeum (Androeceum) [griech.], Gesamtheit der Staubblätter einer Blüte.

Andrzejewski, Jerzy [poln. andʒeˈjefski], *Warschau 19. 8. 1909, † Warschau 19. 4. 1983, poln. Schriftsteller. Schrieb Romane und Erzählungen, u. a. »Asche und Diamant« (R., 1948; verfilmt 1958 von A. Wajda), »Finsternis bedeckt die Erde« (R., 1957).

Stefan Andres

Äneas, Gestalt der griech.-röm. Mythologie; Sohn des Anchises und der Aphrodite, bedeutendster trojan. Held nach Hektor. Nach Vergils »Äneis« flieht Ä. aus Troja und wird nach Karthago verschlagen, wo ↑Dido ihn vergeblich zum Bleiben zu überreden versucht. Nach siebenjähriger Irrfahrt erreicht er Italien und wird Ahnherr der ↑Julier.

Aného, Stadt in Togo, an der Bucht von Benin, 13 000 E. Handelszentrum; Lagunenfischerei. – Im 18. Jh. gegr.; 1884–87 und 1914–20 Hauptstadt von Togo.

Aneignung, im *Rechtswesen* Eigentumserwerb an einer herrenlosen Sache.

Äneis (Aeneis), Epos des Vergil, ↑Äneas.

Anekdote [griech.], skizzenhafte, auf einen bestimmten Aspekt einer Begebenheit konzentrierte Erzählung, die auf eine Pointe am Schluß zielt.

Anemometer [griech.], Gerät zur Messung der Windgeschwindigkeit.

Anemone [griech.] (Windröschen), mit etwa 120 Arten weltweit verbreitete Gatt. der Hahnenfußgewächse; niedrige bis mittelhohe Stauden mit meist handförmig gelappten oder geteilten Blättern und oft einzeln stehenden, unterschiedlich gefärbten Blüten; Früchte meist einsamige Nüßchen; in Deutschland u. a.: *Buschwindröschen* (bis 30 cm hoch, weiße bzw. rötl.-violette Blüte), *Gartenanemone* (bis 40 cm hoch, Blüten in leuchtenden Farben), *Narzissenblütige Anemone* (Berghähnlein; 20 bis 40 cm hoch, weiße Blüte).

Anemone. Berghähnlein

Anerbenrecht, für Bauernhöfe geltende Sonderregelung des Erbrechts mit dem Ziel, eine Zersplitterung und Überschuldung der Höfe dadurch zu vermeiden, daß der Hof unter Abfindung der übrigen Miterben auf einen Erben, den *Anerben*, übergeht.

Anerkenntnis, 1) *Zivilrecht:* vertragl. Anerkennung eines bestehenden oder Begründung eines neuen eigenständigen Schuldverhältnisses; bedarf grundsätzlich der Schriftform. Das A. unterbricht die Verjährung eines Anspruchs. **2)** *Zivilprozeß:* die Erklärung des Beklagten an das Gericht, daß der vom Kläger erhobene Anspruch ganz oder teilweise gerechtfertigt sei; führt i. d. R. zum *Anerkenntnisurteil*.

Anerkennung, ausdrückl. oder stillschweigende Erklärung, bestimmte Tatsachen oder Rechtsverhältnisse gegen sich gelten zu lassen. – Im *Völkerrecht* ist die A. die einseitige Erklärung eines Staates, daß er einen anderen als Völkerrechtssubjekt anerkennen und behandeln will. Bei einem neuen polit.-sozialen Verband fällt mit der A. die Aufnahme diplomat. Beziehungen zusammen. Die A. einer Regierung ist nach den Prinzipien des Völkerrechts unnötig; sie ist in der Staatenpraxis oft von polit. Maßstäben bestimmt.

Aneto, Pico de, höchster Gipfel der Pyrenäen, Spanien, 3 404 m hoch.

Aneurin [griech.], svw. Vitamin B_1 (↑Vitamine).

Aneurysma [griech.], krankhafte, örtlich begrenzte Erweiterung (Ausbuchtung) eines Blutgefäßes, bes. einer Arterie, oder (seltener) des Herzens. Der Durchbruch eines A. in eine parallel verlaufende Vene führt zum *arteriovenösen Aneurysma.*

Anfall, in der *Medizin* Sammel-Bez. für meist plötzlich einsetzende Zustandsänderungen (der Muskelspannung, des Bewußtseins u. a.).

anfasen, eine Fläche an der Kante eines Werkstücks anbringen (»Brechen der Kante«); die gebrochene Kante ist die *Fase.*

Anfechtung, 1) *Recht:* die nachträgl. Beseitigung einer Willenserklärung, d. h. deren Rechtsfolgen. Willenserklärungen können wegen Irrtums, falscher Übermittlung, arglistiger Täuschung oder widerrechtl. Drohung angefochten werden (§ 119, 120, 123 BGB). Ein fristgerecht und wirksam angefochtenes Rechtsgeschäft gilt grundsätzlich von Anfang an nichtig. Bes. Regeln gelten für die A. des Testaments, der Annahme oder Ausschlagung der Erbschaft, der Ehe, der Ehelichkeit eines Kindes, der Vaterschaftsanerkennung sowie die A. von gerichtl. Entscheidungen und die A. im Konkursverfahren.

2) im *religiösen Sprachgebrauch* Bez. für die Neigung des Menschen zur Negierung Gottes; deckt sich in weiten Bereichen mit dem psycholog. und philos. Begriff der Angst.

Anfechtungsklage, Gestaltungsklage, mit der im Verwaltungsgerichtsverfahren die Aufhebung eines Verwaltungsaktes durch ein Verwaltungs-, Sozial- oder Finanzgericht begehrt wird.

Anfinsen, Christian Boehmer [engl. 'ænfinsən], *Monessen (Pa.) 26. 3. 1916, amerikan. Biochemiker. Erhielt 1972 für seine Entdeckungen über die Wirkungsweise der Enzyme und Strukturaufklärung der Ribonuklease (zus. mit S. Moore und W. Stein) den Nobelpreis für Chemie.

Christian Anfinsen

Anflugbefeuerung, Sichthilfe, die es dem Piloten ermöglichen soll, nachts oder bei ungünstigen Sichtverhältnissen die Landebahn sicher anfliegen zu können; besteht aus der Anflug-Grundlinienbefeuerung und der rechtwinklig zu dieser angeordneten Querbalkenbefeuerung.

Anfrage, 1) *Politik:* ↑parlamentarische Anfrage.

2) *Datenverarbeitung:* (engl. query) das Abrufen von in Datenbanken gespeicherten Informationen.

Angara, rechter Nebenfluß des Jenissei, einziger Abfluß des Baikalsees, 1779 km.

angeborener Auslösemechanismus ↑Auslösemechanismus.

Angebot, Gesamtheit der Güter (Waren und Dienstleistungen), die auf dem ↑Markt abgesetzt werden sollen.

Angehörige, Verwandte und Verschwägerte auf- und absteigender Linie, Adoptiv- und Pflegeeltern und -kinder, Verlobte, nichtehel. Kinder, Ehegatten und deren Geschwister, Geschwister und deren Ehegatten und zwar auch dann, wenn die Beziehung durch eine nichtehel. Geburt vermittelt wird und die Ehe, die die Beziehung begründet hat, geschieden ist. Im Strafprozeß haben A. ein Zeugnisverweigerungsrecht.

Angeklagter ↑Beschuldigter.

Angel, 1) *Bauwesen:* Zapfen an Tür- oder Fensterrahmen, auf den die Tür oder der Fensterflügel drehbar eingehängt wird.

2) *Sport:* Fischereigerät (↑Angelfischerei).

Ángel, Salto [span. 'salto 'aŋxɛl], Wasserfall in SO-Venezuela, im Bergland von Guayana, der 802 m tief herabstürzt.

Angela Merici [italien. 'andʒela me-'ri:tʃi] (Angela von Brescia, hl., *Desenzano del Garda 1. 3. 1474, † Brescia 27. 1. 1540, Stifterin der ↑Ursulinen. – Fest: 27. Januar.

Ángeles, Victoria de Los [span. 'aŋxeles], eigtl. V. Gómez Cima, verh. Magriñá, *Barcelona 1. 11. 1923, span. Sängerin (Sopran). Internat. Karriere als Opernsängerin.

Angeles, Los ↑Los Angeles (Calif.).

Angelfischerei, der (v. a. als Sport) mit Angel und Angelhaken betriebene Fischfang. Die *(Wurf-)Angel* besteht aus der elast. Rute, durch deren Leitringe die *Schnur* läuft. Die *Rolle* dient zum Auswerfen und zum Einholen der Schnur. Schnur und *Haken* sind durch das *Vorfach* (Vorfächer) lösbar verbunden.

Angelico, Fra [italien. fra an'dʒε:liko] (Beato Angelico), als Mönch Fra Giovanni, eigtl. Guido di Pietro, *Vicchio (Prov. Florenz) um 1400, † Rom 18. 2. 1455, italien. Maler. Dominikanermönch (ab 1420/22 in Fiesole, ab 1436 San Marco in Florenz); bed. Vertreter der Frührenaissance: kontemplative religiöse Szenen; Fresken für den Konvent von San Marco (1436–43), Kreuzabnahme (1437–40), Beweinung Christi (um 1448; beide San Marco, Museum).

Angeln, Landschaft in Schlesw.-Holst. zw. der Flensburger Förde im N und NO, der Ostsee im O, der Schlei im S.

Angeln, german. Volksstamm im Gebiet der Landschaft Angeln in Schleswig, erstmals im 1. Jh. n. Chr. von Tacitus erwähnt; zu den Elbgermanen gezählt.

Angelologie [griech.], die theolog. Lehre von den ↑Engeln.

Angelopoulos, Theo (Theodoros) [neugriech. εŋgε'lɔpulɔs], *Athen 27. 4. 1936, griech. Filmregisseur. – *Filme:* Die Wanderschauspieler (1975), Die Jäger (1977), Trilogie des Schweigens: Die Reise nach Kythera (1984), Der Bienenzüchter (1986), Landschaft im Nebel (1988), Der Blick des Odysseus (1995).

Angelsachsen, Bez. für die im 5./6. Jh. vom Festland auf die Brit. Inseln ausgewanderten german. Stämme der ↑Sachsen, ↑Angeln und ↑Jüten, die die einheim. Kelten verdrängten und sieben Klein-Kgr. gründeten; im 6./7. Jh. christianisiert und seit dem 9. Jh. unter Führung der Könige von Wessex geeint. 1066 von den Normannen unterworfen.

Angelus Domini [lat. »Engel des Herrn«], Gebet in der kath. Kirche, das morgens, mittags und abends zum sog. *Angelusläuten* gebetet wird.

Angelus Silesius, eigtl. Johann Scheffler, ≈Breslau 25. 12. 1624, † ebd. 9. 7. 1677, dt. Dichter. Arzt; 1653 Übertritt zum Katholizismus; 1661 Priester; schrieb »Geistreiche Sinn- und Schlußreime« (1657, erweitert u. d. T. »Cherubin. Wandersmann«, 1675), Kirchenlie-

Angel 2).
1 Schwimmer; **2** künstliche Fliege; **3** Angelhaken; **4**–**6** künstliche Spinnköder; **4** Blinker; **5** Devon; **6** Wobbler

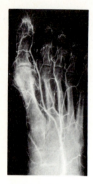

Angiographie.
Darstellung der
Arterien des Vorder-
fußes

Angers
Stadtwappen

Anglerfische.
Lophius piscatorius

der, Gedichte sowie theolog. Streitschriften.
Anger, zentraler, in Gemeindebesitz
befindl. Platz in ländl. Siedlungen.
Angerapp, Hauptquellfluß des Pregels,
in Ostpreußen.
Angerburg (poln. Węgorzewo), Stadt
in Ostpreußen, Polen, an der Angerapp,
10 500 E. Ruine der ehem. Deutschor-
densburg (1398 ff.). – Entwickelte sich
vor 1450 um eine Burg; ab 1571 Stadt.
Angerdorf, meist planmäßig angelegtes
Platzdorf, dessen Gehöfte einen großen,
für Gemeinschaftszwecke und als Ge-
meindeweide genutzten Platz umrah-
men.
angeregter Zustand, Zustand eines
[mikro]physikal. Systems (Atom, Molekül, Atomkern), der eine höhere Energie als der stationäre Grundzustand hat.
A. Z. haben im allg. nur eine sehr kurze
Lebensdauer und kehren unter Emission
von Photonen oder Gammaquanten in
den Grundzustand zurück.
Angermanland [schwed. ˌɔŋərman-
land], histor. Prov. im mittleren N-
Schweden.
Angers [frz. ãˈʒe], frz. Stadt an der
Maine, 141 000 E. Verwaltungssitz des
Dép. Maine-et-Loire, zwei Univ. (eine
kath.), Museen; vielfältige Industrie.
Kathedrale (12. und 13. Jh.), Abteikir-
che (12. und 15. Jh.); von einer Mauer
mit 17 Rundtürmen umgebenes Schloß
(1228–38). – A. ist die galloröm. civitas
Iuliomagus (auch *Andecavis, Andegavis*);
seit 372 Bischofsitz, seit dem 9. Jh.
Hauptsitz der Grafen von Anjou und ein
Mittelpunkt des Angevin. Reiches; ab
1473 unmittelbar unter der frz. Krone.
Angeschuldigter ↑Beschuldigter.
Angestellte, Bez. für eine uneinheitl.
Gruppe abhängig Beschäftigter. Eine

Abgrenzung zu der Gruppe der Arbeiter
ist in vielen Fällen nicht mehr möglich,
weil die bisher trennenden Merkmale
(monatl. Gehaltszahlung, überwiegend
geistige Arbeit u. a.) zunehmend an Bed.
verlieren. Abgrenzungsmerkmale enthalten v. a. das Sozialversicherungs- und
das Arbeitsrecht (Betriebsverfassungs-
Ges.). – Die berufsqualifikator. Breite
des A.begriffs reicht von un- und ange-
lernten Tätigkeiten (Parkwächter,
Pförtner u. a.) bis zu Spitzenpositionen
in der Wirtschaft (z. B. Vorstands-Vors.
eines Konzerns). – In den Ländern der
alten BR Deutschland wuchs der Anteil
der A. an der Erwerbstätigenzahl von
16 % (1950) bis auf 44,9 % (1991).
Angevinisches Reich [ãʒəˈvi:...], Bez.
für die Herrschaft des Hauses Anjou
in England und weiten Teilen W-
Frankreichs unter den englischen Königen Heinrich II., Richard I. Löwenherz
und Johann ohne Land (1154 bis
1204/06).
Angina [griech.-lat.], Entzündung des
↑lymphatischen Rachenrings mit Rötung im Rachenbereich (Halsentzün-
dung), Schwellung v. a. der Gaumen-
mandeln (Mandelentzündung, Tonsilli-
tis), schmerzhaftem Engegefühl im Hals
und Schluckbeschwerden.
Angina pectoris [lat.] (Stenokardie)
↑Herzkrankheiten.
Angiographie (Vasographie) [griech.],
röntgenolog. Darstellung der Blutgefäße nach Einspritzung von Kontrast-
mitteln in eine Vene oder Arterie.
Angiom [griech.] ↑Hämangiom, ↑Lym-
phangiom.
Angiotensin [griech./lat.], blutgefäß-
kontrahierendes, blutdrucksteigerndes
Gewebshormon.
Angkor, Ruinenstadt in Kambodscha,
230 km nnw. von Phnom Penh. – 889
n. Chr. bis 1431 Hauptstadt des Khmer-
reiches; die quadratisch angelegte Stadt
war umgeben von künstl. Seen (Be-
wässerungssystem). 893 entstand das
Heiligtum Phnom Bakheng und im
11.–13. Jh. mit dem Baphuong, dem
Shiva-Tempel Angkor Vat und dem
Reichstempel Bayon Hauptwerke der
Khmerarchitektur.
Anglaise [ãˈglɛːzə; frz. »engl. (Tanz)«],
Gesellschaftstanz des 17.–19. Jh., der
auch in die Instrumentalsuite übernommen wurde.

Angkor.
Angkor Vat (Ansicht von Westen)

Anglerfische (Seeteufel, Lophiidae), Fam. bis 1,5 m langer Armflosser, v. a. an den Küsten der tropischen und gemäßigten Zonen; Bodenfische mit sehr großem Kopf, großem, mit vielen spitzen Zähnen bewehrtem Maul; der vorderste, an der Spitze mit einem fleischigen Hautlappen versehene Stachelstrahl der Rückenflosse kann aktiv bewegt werden und dient dem Anlocken von Beute; im Mittelmeer und an der Atlantikküste Europas der *Angler* (Lophius piscatorius, bis 1,5 m lang, auf dem Markt als »Forellenstör«).

anglikanische Kirche (Kirche von England, Church of England), die engl. Staatskirche. Die a. K. und die aus ihr hervorgegangenen National- und Partikularkirchen (u. a. in den USA) bilden die *Anglikanische Kirchengemeinschaft.* Die a. K. entstand durch den Bruch Heinrichs VIII. (⚭ 1509–1547) mit Rom, den das Parlament 1534 nachvollzog, als es in der *Suprematsakte* den König als »Irdisches Oberhaupt der Kirche von England« anerkannte. Unter Eduard VI. (⚭ 1547 bis 1553) kam es zu Reformen im prot. Sinn. Im 19. Jh. entstand die kath. Züge bewahrende *High Church* (»Hochkirche«). Ihr stehen gegenüber: die gemäßigte liberale *Broad Church* und die *Low Church* (Evangelicals). Die a. K. gliedert sich in die beiden Kirchen-Prov. Canterbury und York mit insgesamt 43 Diözesen. Der Erzbischof von Canterbury führt den Titel »Primas von ganz England« und ist der Vors. der ↑Lambethkonferenzen. 1992 beschloß die Generalsynode der a. K., die Ordination von Frauen zuzulassen.

Anglistik, Wiss. von der engl. Sprache und der englischsprachigen Literatur. Die *Amerikanistik,* urspr. ein Teil der A.,

entwickelte sich seit den 1930er Jahren zu einem eigenen Fachgebiet.

Anglizismus [nlat.], sprachl. Entlehnung aus dem brit. Engl., z. B. Foul.

Angloamerika, das überwiegend englischsprachige Nordamerika (USA, Kanada).

Angloamerikaner, Amerikaner engl. Herkunft oder Abkunft.

anglophil [lat./griech.], englandfreundlich.

anglophob [lat./griech.], englandfeindlich.

Angola, Staat in Afrika, grenzt im N an Kongo, im N und NO an Zaire, im O an Sambia und im S an Namibia. An der Atlantikküste liegt bei 5° s. Br. die Exklave Cabi.

Staat und Recht: Präsidialrepublik; *Verfassung* von 1975 (zuletzt geändert

Angola

Angola

Fläche:	1 246 700 km²
Einwohner:	9,88 Mio.
Hauptstadt:	Luanda
Amtssprache:	Portugiesisch
Nationalfeiertag:	11. 11.
Währung:	1 Neuer Kwanza (NKz) = 100 Lwei (Lw)
Zeitzone:	MEZ

Angola

Staatsflagge

Staatswappen

Angorawolle

1970 1992 1970 1989
Bevölkerung Bruttosozial-
(in Mio.) produkt je E
(in US-$)

□ Stadt Land □

Bevölkerungsverteilung
1990

□ Industrie
□ Landwirtschaft
□ Dienstleistung

Bruttoinlandsprodukt
1990

Angoulême
Stadtwappen

1992). *Staatsoberhaupt* ist der direkt gewählte Staats-Präs., der zugleich oberster Inhaber der *Exekutive* ist. Die *Legislative* liegt bei der Volksversammlung (220 alle 4 Jahre gewählte Abg.). 1991 endete die Alleinherrschaft des marxist. Movimento Popular de Libertação de Angola (MPLA) mit der Zulassung weiterer *Parteien*, darunter União Nacional para Independência Total de Angola (UNITA) und Frente Nacional de Libertação de Angola (FNLA).
Landesnatur: A. ist weitgehend ein Hochland (in der Serra Moco 2619 m hoch), das mit steiler Randstufe zur Küstenzone abbricht. A. liegt im Bereich der wechselfeuchten Tropen. Feucht-(im N) und Trockensavannen beherrschen die Landschaft.
Bevölkerung: In A. leben etwa 120 Bantustämme. Rd. 50 % der Bevölkerung sind (v. a. kath.) Christen; traditionelle Religionen sind weit verbreitet.
Wirtschaft, Verkehr: Neben den traditionellen landwirtschaftl. Produkten ist Kaffee das wichtigste Agrar- und Exportprodukt. Reiche Bodenschätze ermöglichen die Ausfuhr von Rohöl, Diamanten und Eisenerz. Das Eisenbahnnetz hat eine Länge von 2950 km. Wichtigste Seehäfen sind Moçâmedes, Luanda, Lobito und Cabinda. Internat. ✈ bei Luanda.
Geschichte: Die Küste von A. wurde 1483 entdeckt; Ende des 16. Jh. begann Portugal, das Land militärisch zu besetzen, kontrollierte es aber erst Ende des 19. Jh. ganz. Nach dem 1. Weltkrieg erschloß Portugal A.; 1951 wurde A. Überseeprovinz. Ein 1961 begonnener bewaffneter Aufstand gegen Portugal wurde 1964 niedergeworfen; seitdem kam es wiederholt zu militär. Aktionen der angolan. Befreiungsbewegungen MPLA, FNLA und UNITA. 1975 erhielt A. seine erste Regierung mit schwarzer Mehrheit, an der alle drei Befreiungsbewegungen beteiligt waren. In den zw. diesen ausbrechenden militär. Auseinandersetzungen, während denen Portugal A. am 11. 11. 1975 in die Unabhängigkeit entließ, konnte sich mit sowjet. und kuban. Unterstützung die marxistisch orientierte MPLA gegen die prowestlich orientierten FNLA und UNITA durchsetzen. Mit der Begründung, dort gelegene

Stützpunkte der namib. Befreiungsorganisation SWAPO bekämpfen zu müssen, intervenierte auch Südafrika direkt auf angolan. Territorium in den Bürgerkrieg zw. der MPLA-Regierung und der UNITA. Nach diplomat. Bemühungen zog 1989 Südafrika seine Truppen aus A. ab und entließ Namibia in die volle Unabhängigkeit, die kuban. Truppen verließen zeitgleich Angola. Unter portugies. Vermittlung vereinbarten Staats-Präs. J. E. dos Santos und der Führer der UNITA, J. Savimbi, im Mai 1991 einen Waffenstillstand. Im Sept. 1992 fanden daraufhin unter UN-Kontrolle die ersten freien Präsidentschafts- und Parlamentswahlen statt, die die MPLA und Staats-Präs. dos Santos für sich entschieden; Savimbi und die UNITA erkannten dieses Ergebnis jedoch nicht an und nahmen den militär. Kampf wieder auf. 1994 kam es unter der Vermittlung der UN erneut zum Abschluß eines Friedensvertrages.
Angorawolle, 1) die Wolle aus dem Haar des Angorakaninchens, die mit Schafwolle oder Chemiefasern zu Strickgarn versponnen wird.
2) die Wolle aus dem Haar der Angoraziege: geschmeidig wie Naturseide, sehr fein und leicht, als *Mohair* im Handel.
Angosturabaum [nach Angostura, dem früheren Namen von Ciudad Bolívar] (Cuspabaum), Rautengewächs im nördl. S-Amerika und auf den Westind. Inseln; mit bitterer, u. a. mehrere Alkaloide, Chinolinderivate und ätherisches Öl enthaltender Rinde *(Angosturarinde),* die zur Herstellung appetit- und verdauungsanregender Mittel verwendet wird (früher auch als Chininersatz), u. a. für den Bitterlikör *Angostura* ⓦ.
Angoulême [frz. ãgu'lɛm], frz. Stadt nö. von Bordeaux, 50500 E. Ehem. Hauptstadt des Angoumois, heute Verwaltungssitz des Dép. Charente, Zentrum eines Weinbaugebiets. Kathedrale Saint-Pierre (12. Jh.; Typus der aquitan. Kuppelkirchen); Rathaus (19. Jh.). – Das galloroman. *Ecolisma (Iculisma)* wurde 508 fränkisch, gehört seit dem 7. Jh. zum Hzgt. Aquitanien, Hauptort der Gft. Angoulême; 1203 Stadtrecht.
Angriff, 1) *Völkerrecht:* die Androhung oder Anwendung von Gewalt durch einen Staat *(Angreifer, Aggressor)* gegenüber

einem anderen Staat mit dem Ziel, gegen dessen Willen einen bestehenden Zustand zu ändern. Der in Kriegsabsicht (mit militär. oder wirtschaftl. Mitteln) unternommene A. wird im Ggs. zur Repressalie oder Intervention als *Angriffskrieg* bezeichnet.

2) *Sport:* die stürmenden Spieler einer Mannschaft *(Angriffsspieler).*

Angry young men ['æŋgrɪ 'jʌŋ 'mɛn, engl. »zornige junge Männer«], Bez. für die jungen, sozialkritisch engagierten engl. Schriftsteller in den 1950er Jahren: u. a. J. Osborne (»Blick zurück im Zorn«, 1956), J. Arden, B. Behan, E. Bond, H. Pinter, K. Amis.

Angst, Affekt oder Gefühlszustand, der im Unterschied zur Furcht einer unbestimmten Lebensbedrohung entspricht. A. steht oft in Zusammenhang mit körperl. Erscheinungen wie Herzklopfen, Zittern, Schweißausbruch, Schlaflosigkeit oder momentaner geistiger Blockierung. Die A. ist ein Phänomen, das von situationsbedingten Zuständen unterschiedl. Intensität über ↑Neurosen bis zur existentiellen A. des menschl. Seins überhaupt reicht.

Ångström, Anders Jonas [schwed. ˌɔŋstrœm], *Lögdö (Västernorrland) 13. 8. 1814, †Uppsala 21. 6. 1874, schwed. Astronom und Physiker. Bedeutendster Erforscher des Sonnenspektrums und der Fraunhofer-Linien vor und nach der Entdeckung der Spektralanalyse.

Ångström (Ångström-Einheit) [schwed. ˌɔŋstrœm; nach A. J. Ångström], früher verwendete Einheit für die Lichtwellenlänge und die Atomradien, Einheitenzeichen Å (Å, ÅE, AE); 1 Å = 10^{-10} m = 0,1 nm.

Anguilla [engl. æŋ'gwɪlə], auch Schlangeninsel genannt, Insel der Kleinen Antillen, 96 km², 7 000 E. Verwaltungssitz The Valley.

Geschichte: 1650–1967 brit. Kolonie; formal 1967 bis 1980 (faktisch nur bis 1971) Bestandteil von Saint Christopher-Nevis-Anguilla, einem mit Großbrit. assoziierten Staat im Verband der Westindischen Assoziierten Staaten; seitdem als Einzelgebiet von Großbrit. abhängig mit innerer Autonomie.

Angus ['æŋgəs], früher Forfar, ehem. County in O-Schottland, nördlich des Firth of Tay; seit 1975 Teil der Tayside

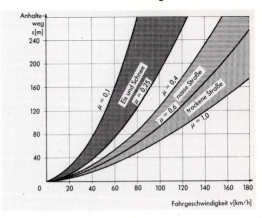

Region; wichtiges Agrargebiet (Fleischrinder der Aberdeen-Angus-Rasse).

Anhall, Bez. für den zeitlich verzögerten Anstieg der Lautstärke von Schallvorgängen insbes. in geschlossenen Räumen.

Anhalt, ehem. Gliedstaat des Dt. Reiches an der mittleren Elbe, unteren Saale und im Unterharz; 2 326 km², 432 000 E (1939).

Geschichte: Das Ft. A., Rest der askan. Herrschaft, wurde jahrhundertelang zersplittert durch Erbteilungen, die durch die Vereinigung des gesamten anhaltin. Besitzes 1570 vorübergehend ein Ende fanden. Doch entstanden schon 1603 die jüngeren Linien A.-Dessau, A.-Bernburg, A.-Köthen, A.-Zerbst und A.-Plötzkau. 1807 traten die noch bestehenden Teil-Ft. als Hzgt. dem Rheinbund bei und gerieten nach 1815 immer stärker unter preuß. Einfluß. Im 19. Jh. wirtschaftl. Aufschwung durch Braunkohle und Kaliabbau. 1918 Freistaat; stand 1933–45 mit Braunschweig unter einem Reichsstatthalter; 1945 Teil der Prov. (seit 1947 Land) Sachsen-A.; 1952 auf die Bezirke Halle und Magdeburg aufgeteilt; seit 1990 Teil von ↑Sachsen-Anhalt.

Anhalteweg, Fahrstrecke, die nach Erkennen einer Gefahr bis zum Stillstand des Fahrzeugs zurückgelegt wird; setzt sich zus. aus dem *Reaktionsweg* (die während der Zeitspanne zw. dem Erkennen der Gefahr und dem Bremsbeginn zurückgelegte Strecke) und dem *Bremsweg*

Anhalteweg. Diagramm zur Darstellung von Bremsweg + Reaktionsweg = Anhalteweg in Abhängigkeit von Geschwindigkeit und verschiedenen Kraftverschleißbeiwerten; dabei gilt Reaktionszeit + Ansprechzeit der Bremsen = etwa 1 Sekunde

Anhalt
Wappen des Herzogtums

Anhalt
Wappen des Freistaates

Anhydrit
(dichte Varietät)

Anjou
Wappen der Grafschaft

(die von Beginn der Bremsbetätigung bis zum Fahrzeugstillstand zurückgelegte Strecke).

Anhängerkupplung, Vorrichtung zur Verbindung des Anhängers mit dem Zugfahrzeug. Mehrachsige Anhänger besitzen eine *Deichsel* mit *Kupplungsöse,* die im *Kupplungsmaul* des Zugwagens mit dem *Kupplungsbolzen* spielfrei verriegelt wird. Die *Kugelkopfverbindung,* z. B. bei Wohnwagen und Sattelaufliegern, überträgt neben Zug- und Druckkräften auch Vertikalkräfte.

anheuern, Seeleute zum Dienst an Bord einstellen; ein Arbeitsverhältnis als Seemann eingehen. ↑Anmusterung.

Anhörung, svw. ↑Hearing.

Anhui, Prov. im östl. Mittelchina, 140 000 km², 52,29 Mio. E, Hauptstadt Hefei.

Anhydride, Verbindungen, die aus Säuren oder Basen durch Abspaltung von Wasser entstehen, sog. Säure-A. bzw. Basen-Anhydride.

Anhydrit [griech.], »wasserfreier Gips«, kristallwasserfreies Calciumsulfat, $CaSO_4$; farblose bis weiße, säulige Kristalle, in Salzlagerstätten; geht durch Wasseraufnahme in Gips über; Verwendung als Bindemittel.

Ani [türk. a'ni, 'ani], Ruinenstätte in der Türkei, bei Kars. Im 10./11. Jh. Hauptstadt der armenisch-georg. Dynastie der Bagratiden, 1045 von den Byzantinern, 1072 von den Seldschuken, 1239 von den Mongolen erobert. Stark befestigt (Zitadelle). Bed. Beispiele (z. T. 1319 durch Erdbeben stark zerstört) der armen. Sakralarchitektur: Kathedrale (989–1001), Gregorkirche Gagiks I. (1001–20), Apostelkirche (11. Jh.), Erlöserkirche (11. Jh.), Gregorkirche des Tigran Honenz (1215).

Anilin [arab.-frz.] (Aminobenzol, Phenylamin), das einfachste aromat. Amin; farblose, ölige Flüssigkeit, schwache Base; techn. wichtiger Rohstoff zur Herstellung von Arzneimitteln, synthet. Farbstoffen *(Anilinfarben)* und Anilinharzen; starkes Blut- und Nervengift.

Anilin NH_2

Anilinharze, aus Anilin und Formaldehyd hergestellte Duroplaste (↑Kunststoffe).

Anilinvergiftung (Anilismus), Vergiftung durch Einatmen oder Hautresorption (Berufskrankheit) oder orale Aufnahme von Anilin und Anilinderivaten; Anzeichen: rauschartige Zustände, Magen-Darm-Störungen, Blausucht, Schwindel, Schlaflosigkeit, Reizbarkeit.

animalisch [lat.], tierisch, kreatürlich; triebhaft.

Animateur [...'tø:r; lat.-frz.], im Tourismus Organisator von Urlaubsaktivitäten.

animato [italien.], musikal. Vortrags-Bez.: mit intensivem Ausdruck.

Animismus [lat.], **1)** in der *Religionswiss.* Glaube, daß die Dinge der Natur beseelt oder von Geistern belebt sind.

2) in der Geschichte der *Medizin* Lehre, die jedem Organ selbständige Lebenskraft zuschreibt.

3) okkultist. Theorie, die parapsycholog. Erscheinungen auf Kräfte lebender Personen zurückführt.

Animosität [lat.], voreingenommene Abneigung, Widerwille.

Anion ↑Ion.

anionenaktive Reaktion ↑grenzflächenaktive Stoffe.

Anis [griech.] ↑Bibernelle.

anisotopes Element [an-i...; griech./ lat.] (Reinelement), ein chem. Element, das in der Natur nur mit einem Isotop (bzw. Nuklid) vertreten ist, z. B. Beryllium, Fluor, Natrium, Aluminium, Phosphor, Mangan, Kobalt, Arsen, Jod, Cäsium, Gold und Wismut.

Anisotropie [an-i...; griech.], die Richtungsabhängigkeit der verschiedenen physikal. Eigenschaften eines Stoffes, z. B. Elastizität, Spaltbarkeit, Härte, elektrische Leitfähigkeit, Wärmeleitung und Lichtbrechung bei zahlr. Kristallen.

Anjou [frz. ã'ʒu], histor. Gebiet in W-Frankreich, von der oberen Loire durchflossen. – Im 9. Jh. entwickelte sich um Angers eine mächtige Gft.; gehörte 1154–1204 zu England.

Anjou [frz. ã'ʒu], Seitenlinien des frz. Königshauses der Kapetinger. Das *ältere Haus A.* (1246–1435) besaß zeitweise u. a. die Gft. Provence, Sizilien, das Kgr. Neapel, das *jüngere Haus A.* (1351–1481) die Provence und das Hzgt. Lothringen

Anjou-Plantagenet [engl. ãːʒuːplænˈtædʒɪnɪt], engl. Herrscherhaus, ↑Plantagenet.

Ankara, Hauptstadt der Türkei, im nördl. Inneranatolien, 2,6 Mio. E. Drei Univ., archäolog. Museum (u. a. hethit. Sammlungen), ethnolog. Museum; Nationalbibliothek, Theater. Sitz der Staatsregierung; Handelszentrum, Ind.-Standort, internat. ✈. Ruinen röm. Thermen und eines röm. Tempels; Zitadelle (7. [?] und 9. Jh.); in beherrschender Lage das Atatürk-Mausoleum (1944 und 1953).
Geschichte: Seit hethit. Zeit besiedelt; als *Galatia* im 3. Jh. v. Chr. Hauptstadt der kelt. Tektosagen. Gehörte als *Ankyra* im 2. und 1. Jh. v. Chr. nacheinander zu Rom, Pergamon, Pontus, Rom, 25 v. Chr. als *Sebaste Tectosagum* Hauptstadt der röm. Prov. Galatien. In spätröm. und byzantin. Zeit kirchl. Zentrum (Konzile 314 und 358). Im 7./8. Jh. Arabereinfälle, 1073 Eroberung durch die Seldschuken, im 13. Jh. durch die Mongolen; endgültig 1361 zum Osman. Reich; seit 1923 Hauptstadt der Türkei.
Anker [griech.-lat.], **1)** Haken aus Metall zum Festlegen von Schiffen (↑Ankereinrichtung).
2) Eisenteil zum Zusammenhalten von Bauteilen, wie Mauerwerk, Balken, Gewölbe.
3) bewegl. Körper eines elektromagnet. Gerätes, der von einem Magneten angezogen wird (Relais).
4) Teil einer elektr. Maschine, in dem durch ein Magnetfeld eine elektr. Spannung induziert wird.
5) bewegl. Teil zur Hemmung des Steigrades der Uhr, gesteuert von der Unruh.
Ankereinrichtung, Vorrichtungen zum Festlegen eines Schiffes mittels eines Ankers. Gebräuchl. Ankerformen: *Draggen* mit vier festen Flunken; *Stockanker* oder *Admiralitätsanker* mit zwei festen Flunken und losnehmbarem, quer zu den Flunken angeordnetem Stock; *Patentanker* mit klappbaren Flunken.
Ankerit [nach dem österr. Geologen Matthias Joseph Anker, *1771, † 1843] (Braunspat), dolomitähnl., sehr verbreitetes Mineral, $Ca(Mg,Fe)(CO_3)_2$; Dichte 2,9–3,8 g/cm³; Mohshärte 3,5.
Anklage (öffentl. Klage), die im *Strafprozeß* vor Gericht erhobene Anschuldigung gegen einen Tatverdächtigen. Die Staatsanwaltschaft erhebt die A. durch Einreichung einer Anklageschrift bei dem zuständigen Gericht. Die *Anklageerhebung* schließt das Ermittlungsverfahren durch die Staatsanwaltschaft ab.
Anklagegrundsatz (Anklageprinzip, Akkusationsprinzip), im Strafprozeßrecht das Prinzip, nach dem das Gericht ein Strafverfahren erst übernimmt, wenn es durch Anklage der Strafverfolgungsbehörde angerufen wird.
Ankreis, Kreis, der eine Dreiecksseite und die Verlängerungen der beiden anderen Seiten berührt. Der Mittelpunkt eines A. ergibt sich als Schnittpunkt der Winkelhalbierenden der entsprechenden Außenwinkel.
ankylo... [griech.], Bestimmungswort mit der Bedeutung »krumm, gekrümmt«.
Anlage, alle Bedingungsfaktoren, durch die der Endzustand einer noch in der Entwicklung befindl. Struktur vorherbestimmt wird; ihre Träger sind die Gene. ↑Erbanlage.
Anlagepapiere, Wertpapiere, die sich auf Grund geringfügig schwankender Kurse und sicheren Ertrags als Kapitalanlage eignen (z. B. festverzinsliche Wertpapiere).
Anlagevermögen, das am Abschlußstichtag zur dauernden Nutzung bestimmte Vermögen, das allgemein unterteilt wird in: 1. *Sach-A.* (*materielle* und *immaterielle Werte* (z. B. Grundstücke, Gebäude, Maschinen, Patente, Firmenwert); 2. *Finanz-A.* (z. B. Beteiligungen, langfristige Ausleihungen). Die Bewertung erfolgt zu den um angemessene Abschreibungen verminderten Anschaffungskosten oder Herstellungskosten.
Anlasser, 1) *Elektrotechnik:* elektr. Schalter in der Funktion eines regelbaren Vorwiderstands zum langsamen Inbetriebsetzen von Elektromotoren.
2) *Kfz-Technik:* (Starter) Durchdrehvorrichtung zum Anwerfen z. B. von Kfz-Motoren. Der elektr. A. ist ein batteriegespeister Hauptstrommotor, dessen Drehmoment während des Anlassens durch ein Ritzel auf den am Schwungrad des Verbrennungsmotors befindl. Zahnkranz übertragen wird.
Für Bootsmotoren, Rasenmäher u. a. verwendet man *Seilzugstarter;* das sich beim Ziehen von der Seiltrommel ab-

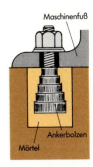

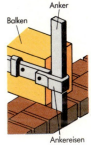

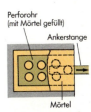

Anker 1).
Oben: Maschinenanker
♦ Mitte: Bauanker ♦
Unten: Felsanker
(Prinzip des Stahlbetonankers)

Anlaufmoment

Anna Stuart,
Königin von Groß-
britannien und Irland

spulende Seil versetzt die Kurbelwelle in Drehung. Bei Motorrädern werden häufig mechan. *Kickstarter* verwendet.

Anlaufmoment (Anlaufdrehmoment, Anzugsmoment, Anzugsdrehmoment), das Drehmoment bei Antriebsmaschinen, insbes. bei Elektromotoren, unmittelbar nach dem Einschalten.

Anlaut, erster Laut einer Silbe, eines Wortes.

Anleihen, langfristige Schuldverschreibungen mit fester Verzinsung und bestimmter Stückelung. A. werden von Staaten (Staats-A.), Gemeinden (Kommunal-A. oder Kommunalobligationen), Hypothekenbanken (Pfandbriefe) und Industrieunternehmen (Industrieobligationen) ausgegeben (emittiert). Stücke mit Beträgen unter 100 DM werden als *Baby-bonds* bezeichnet. A. können an der Börse gehandelt werden; ihr Kurs wird amtlich notiert.

Anlieger, Eigentümer oder Besitzer (Pächter, Mieter) eines Grundstücks, das an eine öffentl. Straße oder an einen öffentl. Wasserlauf angrenzt. Dem A. wird ein stärkerer Gebrauch des öffentl. Grundstücks zugestanden als jedem beliebigen Benutzer (sog. *Anliegergebrauch*). Er hat ein Recht auf freien Zugang zu seinem Grundstück, andererseits können ihm gewisse Pflichten, z. B. Räumen und Streuen der an sein Grundstück angrenzenden Gehwege, auferlegt werden.

anluven, beim Segeln den Winkel zw. Kurs und Windrichtung verkleinern.

Anmusterung, Einstellung eines Besatzungsmitglieds oder einer dienstzuleistenden Person an Bord eines Schiffes nach Abschluß eines Heuervertrags. Protokolliert in der *Musterrolle,* die dem Schiffer ausgehändigt wird, sowie im *Seefahrtsbuch,* das der Seemann vor Abschluß des Heuervertrags erhält.

Anna, nach altchristl. Legende Name der Mutter Marias und Frau des Joachim; als Heilige verehrt. – Fest: 26. Juli.

Anna, Name von Herrscherinnen:
England/Großbritannien: **1) Anna Boleyn** [engl. 'bʊlɪn], *1507 (?), † London 19. 5. 1536, Königin. Ab 1525 Geliebte, ab 1533 2. Gemahlin Heinrichs VIII., Mutter Elisabeths I.; wegen angebl. Ehebruchs 1536 verurteilt und enthauptet.

Anna Boleyn,
Königin von England

2) Anna Stuart [engl. 'stjʊət], *London 6. 2. 1665, † Kensington (heute zu London) 1. 8. 1714, Königin (ab 1702). Tochter Jakobs II.; verwandelte 1707 die Personalunion England-Schottland in eine Realunion (»Großbritannien«), stürzte 1711 Marlborough und bahnte damit der bis 1714 dauernden Toryherrschaft den Weg.
Frankreich: **3) Anna von Österreich,** *Valladolid 22. 9. 1601, † Paris 20. 1. 1666, Königin. Tochter Philipps III. von Spanien; ab 1615 ∞ mit Ludwig XIII. von Frankreich; während der Regentschaft für ihren unmündigen Sohn Ludwig XIV. (bis 1651) Stütze Mazarins gegen die Fronde.
Rußland: **4) Anna Iwanowna,** *Moskau 7. 2. 1693, † ebd. 28. 10. 1740, Zarin. 1730 unter Verzicht auf die absolute Zarengewalt vom Adel auf den Thron erhoben, stellte jedoch nach Regierungsantritt sofort die Autokratie wieder her; erfolgreiche Machtpolitik gegenüber Polen und der Türkei; regierte weitgehend durch ihren Günstling Biron.
Sachsen-Weimar-Eisenach: **5) Anna Amalia** (Amalie), *Wolfenbüttel 24. 10. 1739, † Weimar 10. 4. 1807, Herzogin. 1758–75 Regentin für ihren Sohn Karl August; berief C. M. Wieland als Prinzenerzieher; hatte entscheidenden Anteil am Aufstieg Weimars zum dt. Kulturmittelpunkt.

Annaba, alger. Hafen- und Ind.-Stadt, 348 000 E. – Im 12. Jh. v. Chr. von Phönikern gegr.; später *Hippo Regius* gen., bis zum Ende der Pun. Kriege Hauptstadt Numidiens; 431 n. Chr. von den Vandalen, Ende des 7. Jh. von den Arabern erobert.

Annaberg, mit 385 m höchste Erhebung Oberschlesiens (Basaltkuppe), Polen, mit Franziskanerkloster (Wallfahrtskirche).

Annaberg-Buchholz, Kreisstadt im mittleren Erzgebirge, Sachsen, 24 800 E. Erzgebirgsmuseum. Spätgot. Sankt-Annen-Kirche. – Annaberg wurde im Zusammenhang mit dem Silberbergbau 1496 gegründet.

Annäherungsschalter, elektr. Schalter, der z. B. beim Näherkommen von Personen oder Entfernen von Gegenständen durch die dadurch verursachte Änderung elektr. oder magnet. Felder Schaltvorgänge einleitet.

Annahme, im *Zivilrecht:* 1. das Einverstandensein mit dem Angebot (Antrag) eines anderen auf Abschluß eines Vertrages. Sie ist einseitige, grundsätzlich empfangsbedürftige Willenserklärung; 2. Entgegennahme einer geschuldeten oder einer anderen nicht geschuldeten Leistung an *Erfüllungs Statt* (Schuldverhältnis erlischt) oder *erfüllungshalber* (Schuldverhältnis bleibt bestehen, z. B. bei der A. eines Wechsels).

Annahme als Kind (Adoption), die Begründung eines Eltern-Kind-Verhältnisses ohne Rücksicht auf die biolog. Abstammung. Die Annahme eines minderjährigen Kindes erfordert dessen Einwilligung sowie diejenige seiner Eltern bzw. seines gesetzl. Vertreters und erfolgt auf Antrag des Annehmenden durch Beschluß des Vormundschaftsgerichtes. Der Annehmende muß nicht (mehr) kinderlos sein, muß jedoch i. d. R. das 25. Lebensjahr vollendet haben, das Kind muß mindestens acht Wochen alt sein. Das angenommene Kind hat die rechtl. (z. B. erbrechtl.) Stellung eines ehel. Kindes, erhält also den Familiennamen des (der) Annehmenden und tritt in uneingeschränkte rechtl. Beziehungen zu dessen (deren) Verwandten.

Annahmeverzug ↑Verzug.

Annalen [lat.], Aufzeichnungen geschichtl. Ereignisse, nach Jahren geordnet.

Annam, Landschaft an der O-Küste Hinterindiens, zw. dem Delta des Roten Flusses und dem Mekongdelta. – Die Einheit des 968 gegründeten annamit. Reiches konnte erst 1801 gesichert werden. Ende des 13. Jh. kam M. Polo als erster Europäer nach A.; Frankreich machte A. 1883/84 zum Protektorat. Es wurde mit Tonkin (1945) und Cochinchina (1949) zum neuen Staat Vietnam zusammengeschlossen.

Annamiten ↑Vietnamesen.

Annamitisch ↑Vietnamesisch.

Annapolis [engl. ə'næpəlis], Hauptstadt des Staates Maryland, USA, 50 km onö. von Washington, 33 200 E. State House (1772–79). – 1786 Tagungsort der *A. Convention,* die den Anstoß zur Vereinigung der USA gab.

Annapurna, Gebirgsmassiv im Himalaya, Z-Nepal, bis 8 091 m hoch (erstmals 1950 bestiegen).

Ann Arbor [engl. 'æn 'ɑ:bə], Stadt in SO-Michigan, USA, 108 000 E. Univ., Ind.-Forschungszentrum, Elektronikindustrie.

Anna selbdritt, künstler. Darstellung der hl. Anna mit Maria und dem Jesuskind als Dreiergruppe.

Annecy [frz. an'si], frz. Stadt am Lac d'Annecy, 55 000 E. Verwaltungssitz des Dép. Haute-Savoie; Herstellung von Schmuck, Rasierklingen und Glocken. Kathedrale (16. Jh.), ehem. bischöfl. Palais (18. Jh.); Schloß (12.–16. Jh.). – Von den Burgundern gegründet; ab 1367 Stadtrecht.

Annex [lat.], Anhängsel, Zubehör, Beilage, Anbau.

Annexion [lat.-frz.], im Völkerrecht die gewaltsame, widerrechtl. Einverleibung fremden Gebiets; **annektieren,** durch A. in Besitz bringen.

anno (Anno) [lat.], im Jahre; *Anno Domini [Jesu Christi],* Abk. A. D.: im Jahre des Herrn (n. Chr.).

Anno II., hl., *um 1010, † Siegburg 4. 12. 1075, Erzbischof von Köln (seit 1056). Ab 1056 mit Kaiserin Agnes Vormund Heinrichs IV., den er 1062 in Kaiserswerth in seine Gewalt brachte,

Annecy Stadtwappen

um die Reichsregierung allein zu führen, mußte diese aber 1063 an Adalbert von Bremen abgeben.

Annolied, Legende (878 Verse) zu Ehren Annos II., wahrscheinlich (zw. 1080 und 1085) von einem Geistlichen verfaßt. – Abb. S. 165.

Annonce [aˈnõ:sə; lat.-frz.], svw. ↑Anzeige.

Annone (Annona) [indian.], Gatt. der Annonengewächse mit etwa 120 Arten in den Tropen Amerikas und Afrikas; Bäume oder Sträucher mit meist ledrigen Blättern und großen, dicken, fleischigen Blüten; die Sammelfrüchte werden gegessen; u. a. *Chirimoya* (Rahmapfel; bis 20 cm große Frucht), *Zimtapfel* (Süßsack; apfelgroße Frucht).

Annone
(rechts aufgeschnitten)

Annonengewächse (Flaschenbaumgewächse, Annonaceae), Pflanzen-Fam. der Zweikeimblättrigen mit über 2000 Arten, v. a. in trop. Regenwäldern; Bäume, Sträucher oder Lianen; zahlr. Arten als Obst, Gewürze oder Öl liefernde Pflanzen wirtschaftlich wichtig.

Annuarium [lat.], Kalender, Jahrbuch.

annuell [lat.-frz.], einjährig (von Kräutern, deren Vegetationszeit ein Jahr beträgt und die dann absterben).

Annuität [lat.], Summe aus der jährl. Tilgungsquote und dem Jahreszins. Zu unterscheiden sind *gleichbleibende A.* (die jährl. Tilgungsquote steigt, da der Jahreszins auf die Restschuld sinkt), *fallende A.* (die Tilgungsquote bleibt konstant bei sinkendem Jahreszins), *steigende A.* (die Tilgungsquote nimmt noch stärker zu als im Falle gleichbleibender Annuität).

Annunzio, Gabriele D' ↑D'Annunzio, Gabriele.

Anode [griech.] ↑Elektroden.

Anodenkreis, Gesamtheit der Schaltelemente, die vom Anoden[gleich]strom

Jean Anouilh

einer Elektronenröhre durchflossen werden.

Anodenschlamm, schlammiger Rückstand von der Auflösung der Anode im Verlauf der Elektrolyse bei der Raffination von Metallen; enthält bes. Edelmetalle wie Silber, Gold und Platin.

anodische Oxidation, die an der Anode bei der ↑Elektrolyse auftretende Oxidation des Anodenmaterials; dient zur Herstellung von Schutzschichten auf Metallen, z. B. Eloxalverfahren.

Anökumene, die unbewohnte Welt (Polargebiete, Ödland u. a.).

Anomalie [griech.], Regelwidrigkeit; Abweichung vom Normalen, Mißbildung.

anonym [griech.], ungenannt; anonyme Werke *(Anonyma):* Werke mit unbekanntem Verfasser *(Anonymus).*

Anonyme Alkoholiker, Abk. AA, von ehem. Alkoholabhängigen 1935 in den USA gegr., heute weltweit verbreitete Selbsthilfeorganisation von Alkoholkranken. Aufgenommen wird nur, wer seine Abhängigkeit eingesteht; der einzelne jedoch bleibt anonym.

Anopheles [griech.], svw. ↑Malariamücken.

Anorak [eskimoisch], wasser- und winddichte Jacke mit Kapuze.

an Order ↑Orderklausel.

Anordnung, Verfügung oder Beschluß, bes. eines Gerichts oder einer Verwaltungsbehörde; als einstweilige A. eine vorläufige Gerichtsentscheidung.

Anorexie [an-o...; griech.], svw. Appetitlosigkeit.

anorganisch, zum unbelebten Bereich der Natur gehörend (↑Minerale).

anorganische Chemie ↑Chemie.

anormal, von der Norm abweichend.

A-Note, techn. Bewertung der Kürübung im Eiskunstlauf, Rollkunstlauf und Eistanz.

Anouilh, Jean [frz. aˈnuj], *Bordeaux 23. 6. 1910, † Lausanne 3. 10. 1987, frz. Dramatiker. Dramatisierte scharfsinnige psycholog. Konstruktionen mit geistreichen iron. Dialogen, bes. nach antiken Stoffen. – *Werke:* Eurydike (1942), Ball der Diebe (1942), Antigone (1946), Colombe (1951), Der arme Bitos ... (1956), Becket oder Die Ehre Gottes (1959), Seltsame Vögel (1977), Das Leben ist unerhört (Erinnerungen, 1987).

Anpassung, 1) *Biologie:* Einstellung des Organismus auf die jeweiligen Umweltbedingungen (Adapt[at]ion; in der Physiologie: Akkommodation).

2) *Elektrotechnik:* Betriebszustand bei elektr. Schaltungen, bei dem der elektr. Widerstand des Verbrauchers (Abschlußwiderstand) mit dem Innenwiderstand der verwendeten Spannungsquelle übereinstimmt; bei ohmschen Widerständen gibt die Spannungsquelle dann die größtmögliche Leistung ab *(Leistungsanpassung)*. Man erreicht eine A. durch sog. *Anpassungstransformatoren (Anpassungsübertrager)*. Um eine Reflexion elektr. Wellen am Ende einer Leitung zu vermeiden, führt man eine *A. nach dem Wellenwiderstand* durch.

Anrechnungszeiten (bis 1989 Ausfallzeiten), in der gesetzl. Rentenversicherung die einen Monat überschreitende Unterbrechung (u. a. durch Arbeitsunfähigkeit infolge Krankheit oder Unfall, durch den Bezug von Schlechtwettergeld oder durch Arbeitslosigkeit) einer rentenversicherungspflichtigen Beschäftigung, die bei der Rentenberechnung angerechnet wird. Die Zeiten der Schul- oder Fachschulausbildung und der Hochschulausbildung gelten ebenfalls als A.; hierfür werden maximal 84 Monate angerechnet, wenn die Wartezeit erfüllt und Halbdeckung gegeben ist.

Anregungsenergie, diejenige Energie, die zur Anregung eines gebundenen Teilchensystems (Molekül, Atom, Atomkern) aus seinem *Grundzustand* in einen bestimmten Energiezustand *(angeregter Zustand)* erforderlich ist.

Anregungsmittel, svw. ↑Analeptika.

Anreicherung, 1) *Chemie:* Konzentrierung eines Bestandteils eines Stoffgemisches.

2) *Kerntechnik:* die Erhöhung des Anteils eines bestimmten Isotops in einem als Isotopengemisch vorliegenden Element. Bes. wichtig ist die A. des natürl. Urans mit U 235 zur Versorgung von Kernreaktoren mit angereichertem Brennstoff; natürl. Uran enthält nur 0,7 % spaltbares U 235.

Ansatz, mathemat. Formulierung eines Problems (z. B. Textaufgabe) durch Aufstellen von geeigneten Gleichungen u. a.; auch probeweises Darstellen der gesuchten Lösung durch einen mathemat. Ausdruck, in dem unbestimmte Terme noch festgelegt werden müssen.

Ansbach, Kreisstadt an der Fränk. Rezat, Bayern, 38 200 E. Verwaltungssitz des Reg.-Bez. Mittelfranken; alle zwei Jahre Bachwoche; Elektro-, opt., feinmechan. Industrie. Ehem. Stiftskirche Sankt Gumbertus (1738 geweiht), Residenz (16.–18. Jh.), Hofgarten mit Orangerie (18. Jh.), ehem. markgräfliche Kanzlei (1594), Rathaus (1622/23). – 1385–1791 Residenz der fränk. Hohenzollern.

Ansbach
Stadtwappen

Ansbach-Bayreuth, ehem. fränk. Mark-Gft. im Besitz der Hohenzollern; Bayreuth fiel 1248, Ansbach 1331 an die Burggrafen von Nürnberg. Teilung in die Ft. Ansbach und Bayreuth 1473; Sekundogenitur der Hohenzollern bis zur Vereinigung mit Preußen (1791); 1810 bayrisch.

Anschauung, 1) *allg.:* grundsätzl. Meinung; auch sinnl., v. a. opt. Wahrnehmung.

2) *Philosophie:* die sinnl. Wahrnehmung (als Grundlage der Erkenntnis), aber auch die begriffl. Vorstellung von ↑Abstraktionen (z. B. von Raum und Zeit).

Anscheinsbeweis (Prima-facie-Beweis), Beweis des ersten Anscheins, nachdem v. a. im Zivilprozeß eine bestimmte feststehende Tatsache nach der allg. Lebenserfahrung als Ursache eines bestimmten typ. Geschehensablaufs unterstellt, d. h. als bewiesen angesehen wird (z. B. deutet das Fahren eines Autos an einen Baum auf Verschulden des Fahrers).

Anschlag, 1) *Jagd:* schußfertige Stellung des Schützen mit Gewehr oder Pistole. Je nach Körperhaltung unterscheidet man den liegenden, sitzenden, knienden, stehenden Anschlag.

2) ↑Attentat.

Anschlußbewegung, Bez. für Bestrebungen mit dem Ziel, Österreich an Deutschland anzugliedern. Die österr. Nationalvers. erklärte am 12. 11. 1918 Deutschösterreich zum Bestandteil der dt. Republik, aber im Friedensvertrag von Saint-Germain-en-Laye 1919 wurde der Anschluß untersagt. 1931 scheiterte ein dt.-österr. Zollunionsplan, den der Haager Gerichtshof für unzulässig erklärte. Der von Hitler erzwungene Anschluß am 12. 3. 1938 fand in Österreich zunächst Zustimmung

167

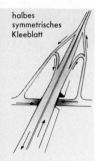

halbes
symmetrisches
Kleeblatt

dreiarmiger
Knotenpunkt

Rautenanschluß

Anschlußstellen

und bei den einstigen Alliierten Duldung. Im Staatsvertrag von 1955 wurde Österreich erneut zur polit. und wirtschaftl. Unabhängigkeit verpflichtet.

Anschlußstellen, im Straßenbau Bez. für in mehreren Ebenen geführte Verkehrsknoten zur Verbindung von kreuzungsfrei geführten Verkehrswegen (z. B. Autobahnen) mit dem übrigen Straßennetz.

Anschluß- und Benutzungszwang, die durch Gemeindesatzung aus Gründen des öffentl. Wohls den Gemeindebürgern auferlegte Pflicht zum Anschluß der im Gemeindegebiet liegenden Grundstücke an Wasserleitung, Kanalisation, Müllabfuhr usw. sowie zu deren Benutzung.

Anschlußwert, bei Verbrauchern elektr. Energie Maß für die maximale Leistungsnahme (Stromaufnahme). Der A. beträgt bei Haushaltsgeräten einige Watt bis einige kW, bei Industrieabnehmern bis zu mehreren tausend kW je Verbraucher.

Ansegisel, † vor 679, fränk. Adliger. Sohn des Bischofs Arnulf von Metz, wurde 632 Hausmeier König Sigiberts II. von Austrien; Vater Pippins des Mittleren; Stammvater der Karolinger.

Anselm von Canterbury [engl. ˈkæntəbəri], hl., *Aosta 1033, † Canterbury 21. 4. 1109, scholast. Philosoph und Theologe. Ab 1093 Erzbischof von Canterbury; versuchte, den christl. Glauben ohne die Autorität von Bibel und Kirche einsichtig zu machen (»credo ut intelligam«– »ich glaube, um zu erkennen«). Im »Proslogion« (1078) formuliert A. den ontolog. ↑Gottesbeweis. – Fest: 21. April.

Ansgar (Anscharius, Anskarius, Ansger), hl., *wahrscheinlich in der Nähe von Corbie um 801, † Bremen 3. 2. 865, Benediktiner, erster Erzbischof von Hamburg-Bremen (seit 832); missionierte in Dänemark und Schweden. – Fest: 3. Februar.

Anshan [...ʃ...], chin. Stadt in der Mandschurei, 1,2 Mio. E; Eisenerz- und Kohlelager; metallurg. Anlage.

Ansichtssendungen, Sendungen unbestellter oder bestellter Ware zur Ansicht ohne Kaufzwang.

Anspruch, das Recht, von einem anderen ein [bestimmtes] Tun, Dulden oder Unterlassen zu fordern (§ 194 BGB).

Anstalt des öffentlichen Rechts, öffentl.-rechtl. Verwaltungseinrichtung mit eigener Rechtspersönlichkeit (jurist. Person), die durch Gesetz oder auf Grund eines Gesetzes gegründet wird und bestimmte öffentl. Verwaltungsaufgaben unter Aufsicht des Staates erfüllt, z. B. Rundfunkanstalten.

Anstellwinkel, bei Flugzeugen der Winkel, den die Profilsehne des Tragflügels mit der Bewegungsrichtung (Anströmrichtung) bildet.

Anstiftung, ein Fall der Teilnahme an einer Straftat. Nach § 26 StGB wird als *Anstifter* gleich dem Täter bestraft, wer einen anderen vorsätzlich zu der von diesem vorsätzlich begangenen rechtswidrigen Handlung bestimmt hat.

ant..., Ant... ↑anti..., Anti...

Antagonismus [griech.], Gegensatz, entgegengesetzte Wirkungsweise.

Antagonist [griech.], 1) *allg.:* Gegner, Widersacher; Gegenspieler.
2) *Physiologie:* 1. einer von zwei gegeneinander wirkenden Muskeln; 2. Enzym, Hormon u. a., das die Wirkung eines anderen aufhebt.

Antakya, türk. Stadt 40 km südl. von İskenderun, 95 000 E. Hauptstadt des Verw.-Geb. Hatay; archäolog. Museum; Handelszentrum. Röm. Brücke, Habib Neccar-Moschee (umgebaute byzantin. Kirche). – Das antike *Antiochia* war Hauptstadt des Seleukidenreiches und größte Stadt des Orients (etwa 500 000 E). 64 v. Chr. römisch; seit dem 5. Jh. Sitz eines Patriarchen (↑Antiochia [Patriarchat]); ab 638 arabisch; 1098 bis 1268 Hauptstadt des Kreuzfahrer-Ft. Antiochia; ab 1516 osmanisch; 1918–39 beim frz. Protektorat Syrien; seit 1939 wieder türkisch.

Antalkidas, spartan. Feldherr. Handelte 387 v. Chr. mit dem pers. Großkönig Artaxerxes II. den Königsfrieden aus.

Antalya, türkische Hafenstadt am Mittelmeer, 258 000 E. Hauptstadt des Verw.-Geb. Antalya; archäolog. Museum; Handelszentrum; Fremdenverkehr.

Antananarivo, Hauptstadt Madagaskars, im zentralen Hochland der Insel, 1 200–1 450 m ü. M., 802 000 E. Univ., histor. Museum, Theater. Wirtschaftl. Zentrum des Landes; internat. ✈. – Im 17. Jh. gegründet.

Antarktis.
In der Paradiesbucht
an der Nordwestküste
der Antarktischen
Halbinsel

Antares [griech.], hellster Stern (α) im Sternbild Scorpius; ein roter Riese.

Antarktis, Land- und Meeresgebiete um den Südpol, der sich auf einer großen Landmasse, *Antarktika,* befindet. Antarktika ist 12,4 Mio. km² groß, einschließlich der Schelfeistafeln 13,9 Mio. km² und wird von einer bis 4 km mächtigen Inlandeisdecke bedeckt, aus der am Rand hohe Gebirge (bis 5140 m ü. M.) ragen. Nur etwa 350 000 km² sind eisfrei. An Bodenschätzen sind u. a. Erdöl, Kohle, Eisen-, Kupfer- und Nickelerze nachgewiesen. Es herrscht ein polares Wüstenklima (gemessen: −89,2 °C). Die A. ist das lebensfeindlichste Gebiet der Erde. Die Flora ist artenarm; charakterist. Tiere sind Pinguine, Robben, Albatrosse, Raubmöwen. Abgesehen von Forschungsstationen (seit Januar 1981 auch eine der BR Deutschland) ist die A. unbewohnt.

Antarktische Halbinsel, zw. Wedell- und Bellingshausenmeer gelegene Halbinsel der Westantarktis, etwa 1 200 km lang; dieser am weitesten nach N vorspringende Teil des antarkt. Kontinents wird von den 4 191 m hohen, eisfreien Antarktanden durchzogen, die eine Fortsetzung der Anden sind; z. T. noch tätige Vulkane.

Antarktisvertrag, multilaterales Abkommen zur Förderung der wiss. Forschung im Südpolargebiet und zur Sicherstellung der Nutzung dieses Gebietes für ausschließlich friedl. Zwecke; am 1. 12. 1959 in Washington von zwölf Staaten unterzeichnet (Argentinien, Australien, Belgien, Chile, Frankreich, Großbrit., Japan, Neuseeland, Norwegen, Südafrika, UdSSR, USA), nachträglich beigetreten sind Dänemark, Polen und die BR Deutschland (5. 2. 1979); (1991) 40 Mgl. Der A. trat am 23. 6. 1961 in Kraft und galt zunächst 30 Jahre. 1991 unterzeichneten die Mgl.-staaten ein Protokoll, das die Ausbeutung der Bodenschätze der Antarktis für die Dauer von 50 Jahren verbietet.

ante Christum (a. C. natum) [lat.], Abk. a. Chr. [n.], vor Christi [Geburt].

ante meridiem [...di-em; lat.], Abk. a. m., vormittags (0–12 Uhr); *post meridiem,* Abk. p. m., nachmittags (12–24 Uhr).

ante mortem, Abk. a. m., kurz vor dem Tod.

Antennen [lat.-italien.], **1)** *Nachrichtentechnik:* Vorrichtungen zum Abstrahlen *(Sendeantenne)* und zum Empfang *(Empfangsantenne)* elektromagnet. Wellen. Es gibt 2 große Gruppen von A., die *Linearstrahler,* das sind A., deren Länge gegenüber ihren Querabmessungen groß ist, und die *Aperturstrahler* (Flächenstrahler), bei denen die von einem Erreger ausgehende Strahlung durch Reflektoranordnungen in eine ebene Welle verwandelt und abgestrahlt wird. Ein typ. Linearstrahler ist eine aus zwei gleichlangen dünnen Leitern bestehende *Dipolantenne (Dipol).* Die einfachste Form eines Aperturstrahlers ist die symmetr. *Parabolantenne.* Ein metall. Rotationsparaboloid *(Reflektor)* wird von einem im Brennpunkt angebrachten Hornstrahler »ausgeleuchtet«. Für den Satellitenfunk verwendet man auf Erdefunkstellen

Antananarivo
Stadtwappen

Anselm von Canterbury

Antennenfische

Antennen 1). Rundstrahler (abgespannte Stabantenne)

ein Mehrspiegelsystem *(Cassegrain-Antenne)*. Aus dem Scheitelpunkt des Primärreflektors heraus wird ein konvexes Rotationshyperboloid (Sekundärreflektor) angestrahlt, in dessen einem Brennpunkt der Strahler angebracht ist, und dessen zweiter Brennpunkt mit dem Brennpunkt des Paraboloids zusammenfällt.

2) *Zoologie:* die paarigen, sehr verschiedenartig ausgebildeten Fühler am Kopf der Insekten, Krebstiere, Tausendfüßer und Stummelfüßer, insbes. Geruchs- und Tastsinnesorgane tragend.

Antennenfische (Fühlerfische, Antennariidae, auch Krötenfische), Fam. der Knochenfische mit etwa 75 Arten in den Meeren bes. der trop. und subtrop. Zonen. Die Brustflossen dienen zum Greifen und Festhalten.

Antennenweiche, Filteranordnung zum Anschluß von mehreren Antennen (z. B. für UKW, UHF, VHF) an ein Antennenkabel.

Antenor, attischer Bildhauer Ende des 6. Jh. v. Chr. Erhalten eine Kore (Athen, Akropolis) und Giebelskulpturen (Delphi). Hauptwerk: Bronzegruppe der Tyrannenmörder Harmodios und Aristogeiton (um 510 v. Chr.).

Antependium (Mrz. Antependien) [mittellat.], ein von der Mensa des Altars herabhängender Behang aus Edelmetallblechen oder aus Holz mit Malerei.

Antes, Horst, *Heppenheim (Bergstraße) 28. 10. 1936, dt. Maler. Rudimentäre, kurze, breite Figuren (»Kopffüßer«) auf engem Bildraum.

Antheil, George [engl. 'æntaɪl], *Trenton (N. J.) 8. 7. 1900, † New York 12. 2. 1959, amerikan. Komponist. Von Strawinski und dem Jazz beeinflußt; schrieb Bühnen-, Orchesterwerke, Kammer- und Filmmusik.

Anthem [engl. 'ænθəm], in England seit dem 16. Jh. gepflegte nichtliturg. Chormusik auf volkssprachl. (engl.) Bibeltexte.

Antheridium [griech.], Geschlechtsorgan der Algen, Moose und Farne, das männl. Keimzellen ausbildet.

Anthocyane [griech.], blaue, violette oder rote wasserlösl. Pflanzenfarbstoffe, deren Farbe durch den pH-Wert und Metallionen des Mediums beeinflußbar ist.

Anthologie [griech.], Auswahl von Gedichten oder Prosastücken.

Anthophyten [griech.], svw. Blütenpflanzen.

Anthracen (Anthrazen) [griech.], aromat. Kohlenwasserstoff (z. B. im Steinkohlenteer), oxidiert zu ↑Anthrachinon.

Anthrachinon [griech./indian.], blaßgelbes, wasserunlösl., kristallines Chinon; Ausgangsstoff für die Synthese der *Anthrachinonfarbstoffe* (↑Farbstoffe).

Anthrazit [griech.], hochwertige, gasarme ↑Kohle.

anthropo..., Anthropo... [griech.], Bestimmungswort in Zusammensetzungen mit der Bedeutung »Mensch...«.

anthropogen [griech.], vom Menschen verursacht.

Anthropogenese (Anthropogenie) [griech.], Lehre von der Entstehung des Menschen.

Anthropoiden (Anthropoidea) [griech.], svw. ↑Affen.

Anthropologie [griech.], 1) Lehre von den Eigenschaften und Verhaltensweisen des Menschen. Gegenüber früheren, meist theologisch oder metaphysisch begründeten Versuchen, das »Wesen« des Menschen zu bestimmen, versucht die A. seit dem 18. Jh., ihre Thesen wiss. abzusichern. Durch die »Entdeckung« der Autonomie der moral. Person (Kant) und des Menschen als des Urhebers seiner Geschichte (Hegel) wird der Mensch zum zentralen Gegenstand der Philosophie. Vorbereitet durch die Naturphilosophie F. W. J. Schellings und seiner Schüler sowie die Ärzte-A. der Romantik wird erst in der philosoph. A. des 20. Jh. unter Abwendung von fragwürdig gewordenen Geschichtstheorien (etwa seit dem 1. Weltkrieg) die Natur zum Richtpunkt bei der Suche nach den Konstanten des Menschseins. M. Scheler bestimmte die Eigenart der menschl. Leistung durch Vergleich seiner Organ- und Instinktausstattung und Umwelt mit der des Tieres. Für Scheler gilt als hervorstechendes Unterscheidungsmerkmal des Menschen vom Tier die »Weltoffenheit« und der »Geist«, der sie ermöglicht. Biologen führen die Sonderstellung des Menschen, die Entwicklung seines Verstandes und der Kultur auf die Unspezialisiertheit seiner Organe durch Fixierung auf vergleichs-

weise frühere stammesgeschichtl. Entwicklungsstadien zurück. A. Gehlen faßte diese Ergebnisse zusammen in dem Versuch, die kulturellen Leistungen des Menschen (Sprache, Technik, gesellschaftl. Institutionen usw.) als Organersatz oder -überbietung zu verstehen: Der Mensch ist ein »Mängelwesen«, das die Umwelt verändern muß, um zu überleben; er ist also von Natur aus ein »Kulturwesen«. – Die philosoph. A. übt auf Psychologie, Pädagogik, Soziologie, Medizin und Biologie nachhaltigen Einfluß aus.
2) die Wiss. vom Menschen sowie von den Verhaltensweisen des Menschen in seiner Umwelt. Schwerpunkte sind dabei einerseits die Erforschung der menschl. Evolution, andererseits das Studium von Wachstum und Konstitution, zum einen im individuellen Bereich, zum anderen unter Berücksichtigung von biologischen (z. B. Geschlecht) und soziologischen Gruppenbildungen (z. B. Sozialgruppen, Land-Stadt-Gruppen).

Anthropomorphen (Anthropomorphae) [griech.], svw. ↑Menschenaffen.

Anthropomorphismus [griech.], Übertragung menschl. Eigenschaften auf andere Wesen, bes. Götter.

Anthroposophie [griech.], Weltanschauungslehre, die R. Steiner nach seinem Bruch mit der ↑Theosophie 1913 begründete. Die A. sieht die Welt in einer stufenweisen Entwicklung, die der Mensch nachzuvollziehen hat, um »höhere« seel. Fähigkeiten zu entwickeln und »übersinnl.« Erkenntnisse zu erlangen; beeinflußt von christl., ind., gnost. und kabbalist. Gedanken. Beachtl. Einflüsse übt die A. mit den von der *Anthroposoph. Gesellschaft* ins Leben gerufenen »Freien Waldorfschulen« aus.

Anthropozentrismus [griech.], Weltanschauung, die den Menschen »in den Mittelpunkt« stellt, ihn zum Sinn und Ziel des Weltgeschehens macht.

Anthurium [griech.], svw. ↑Flamingoblume.

anti..., Anti..., ant..., Ant... [griech.], Vorsilbe mit der Bedeutung »gegen«.

Antiatlas, Gebirgszug in Marokko, am Rande der Sahara, bis 2531 m hoch.

antiautoritär, gegen autoritäre Normen und Verhaltensweisen, z. B. eine a. Erziehung.

Antibabypille (Anti-Baby-Pille) [...'be:bi...], in den 1950er Jahren in den USA entwickeltes und dort seit 1960 (in Deutschland seit 1962) vertriebenes Medikament in Pillenform zur hormonalen ↑Empfängnisverhütung bei Frauen.

Antibasen ↑Säure-Base-Theorie.

Antibes [frz. ã'tib], südfrz. Seebad und Hafen, sw. von Nizza, Dép. Alpes-Maritimes, 63200 E. Seewasseraquarium, Picasso-Sammlung, Blumenzucht. Château Grimaldi (16. Jh.; Turm 14. Jh.).

Antibiotika [griech.], niedermolekulare, von Mikroorganismen, v. a. von Schimmelpilzen (Penicillin, Griseofulvin), Strahlenpilzen (Tetracyclin, Chloramphenikol) und Bakterien (Bacitracin) gebildete Stoffwechselprodukte und ihre auf chem. Wege hergestellten Abwandlungsformen. – Die A. wirken durch antibakterielle Mechanismen (v. a. Stoffwechselstörungen) wachstumshemmend oder abtötend auf bestimmte krankheitserregende Mikroorganismen. Ein Antibiotikum kann spezifisch gegen einen oder unspezifisch gegen viele Erregerstämme *(Breitband-A.)* wirksam sein. Bei langfristiger Behandlung mit

Anthracen

Anthrachinon

Antigua Guatemala. Die Kirche La Merced gehört zu den schönsten Kirchen Zentralamerikas

Antiblockiersystem

A. entwickelt sich häufig eine spezif. Unempfindlichkeit oder Resistenz der Krankheitserreger gegen das betreffende Mittel. Bei manchen Menschen tritt im Verlauf der A.therapie eine allerg. Reaktion auf, die bei erneuter A.gabe durch einen ↑anaphylaktischen Schock zum Tod führen kann.

Antiblockiersystem, Abk. **ABS,** svw. ↑Bremsschlupfregler.

antichambrieren [zu frz. antichambre »Vorzimmer«], ein Gesuch, ein Anliegen durch wiederholte Vorsprachen (im »Vorzimmer«) durchzubringen versuchen.

Antichrist, aus dem NT übernommene Vorstellung von einem Gegenspieler Christi, dessen Auftreten zu Beginn der Endzeit und vor der Wiederkunft Christi erwartet wurde; gelegentlich mit einer geschichtl. Persönlichkeit identifiziert. – Der A. war vom ↑Muspilli bis in die Reformationszeit Thema zahlr. apokalypt. Dichtungen.

Antidepressiva [griech./lat.], Arzneimittel mit vorwiegend stimmungshebender und antriebssteigernder Wirkung zur Behandlung von körperl.-seel. Erschöpfungszuständen und Depressionen.

Antidiabetika [griech.], Mittel zur Behandlung der ↑Zuckerkrankheit.

Antidiarrhoika [griech.] (Stopfmittel), stopfende Arzneimittel, u. a. medizin. Kohle, zur Behandlung von Durchfällen.

Antifaschismus, urspr. Bez. für jede Art von Opposition gegen den italien. Faschismus, dann für den Widerstand gegen die faschist. Regime bis 1945 (↑Widerstandsbewegung) bzw. nach 1945 (als »Antifa-Bewegungen« mit dem Ziel, ehem. Anhänger der faschist. Herrschaftsform auszuschalten) gegen die (neo)faschist. Systeme und Bewegungen. Ideologisch ausgeweitet, wurde A. Bez. für eine kommunist. Doktrin, die zunächst eine »Einheitsfront von unten« in der Auseinandersetzung mit den faschist. wie den bürgerl. und sozialdemokrat. Parteien schaffen sollte, später in Zusammenarbeit mit letzteren gegen den Faschismus zugleich takt. Werkzeug zur kommunist. Machtübernahme war.

Antifer [frz. ãti'fɛːr], Erdöltiefwasserhafen der frz. Stadt Le Havre.

Anti-g-Anzug, Spezialanzug für Piloten und Raumfahrer; aufblasbare Luftkissen in den Beinteilen verhindern bei starker Beschleunigung in Richtung der Körperachse eine Blutansammlung in den Beinen und Blutleere im Kopf.

Antigen-Antikörper-Reaktion, eine Immunreaktion; die Bindung eines Antigens durch ein spezif. Immunglobulin als ↑Antikörper.

Antigene, Substanzen, die im Körper von Menschen und Tieren eine Immunreaktion hervorrufen (Immunantwort). Dies geschieht durch die Bildung von ↑Antikörpern gegen das Antigen oder durch das Verhalten bestimmter Zellen.

Antigone, Gestalt der griech. Mythologie. Tochter des Ödipus und der Iokaste. Begleitet ihren blinden Vater in die Verbannung. Nach dessen Tod nach Theben zurückgekehrt, bestattet sie gegen das Verbot ihres Onkels Kreon den Leichnam ihres Bruders Polyneikes; zur Strafe wird A. lebendig eingemauert. Dramat. Bearbeitungen des A.stoffes schufen u. a. Sophokles, Euripides, J. Anouilh. Neuere Opern von A. Honegger und C. Orff.

Antigonos I. Monophthalmos (»der Einäugige«), *vor 380, ✕ Ipsos (Inneranatolien) 301, König von Makedonien (seit 306). Einer der bedeutendsten ↑Diadochen.

Antigua Guatemala [span. an'tiɣua ɣuate'mala], Dep.-Hauptstadt in Guatemala, 18 000 E. Museen. Zahlr. prächtige Gebäude des 17./18.Jh. weisen auf die ehem. Bed. hin (Univ. 1660–1763). – Abb. S. 171.

Antigua und Barbuda [engl. æn'tiːgə, baː'buːdə], Staat im Bereich der Westind. Inseln, umfaßt die Inseln Antigua, Barbuda und Redonda.

Staat und Recht: Parlamentar. Monarchie; *Verfassung* von 1981. *Staatsoberhaupt* ist die brit. Königin, die durch einen einheim. Gouverneur vertreten wird. Die *Exekutive* liegt bei der Regierung, die der aus einem Zweikammerparlament, dem Senat (10 ernannte Mgl.) und dem auf 5 Jahre gewählten Repräsentantenhaus (17 Mgl.) bestehenden *Legislative* verantwortlich ist. Die wichtigsten *Parteien* sind Antigua Labour Party und United Progressive Party.

Landesnatur: Die unbewohnte Insel Redonda (2 km²) ist vulkan. Ursprungs,

Barbuda (161 km²) ist aus Kalken aufgebaut wie auch fast ganz Antigua (280 km²). Hier finden sich im SW der Insel vulkan. Gesteine, die deren höchste Erhebung (403 m ü. M.) bilden. Es herrscht trop. Klima (Regenzeit Mai–Nov.).

Bevölkerung: 94 % der E sind Nachkommen schwarzafrikan. Sklaven, 3,5 % Mulatten. Die meisten Bewohner gehören der anglikan. Kirche an.

Wirtschaft, Verkehr: Wichtigstes landwirtschaftl. Erzeugnis ist Baumwolle, daneben Gemüse und Obst. Der einst dominierende Zuckerrohranbau wurde 1972 aufgegeben; Hauptwirtschaftszweig ist heute der Fremdenverkehr. Das Straßennetz ist 960 km lang; internat. ✈ auf Antigua.

Geschichte: 1956 richtete die brit. Kolonialverwaltung für die Leeward Islands eine eigene Territorialverwaltung ein; das Territorium ging 1958 in der Westind. Föderation auf. Die Selbstverwaltungsverfassung, die A. u. B. 1960 zugestanden wurde, blieb auch nach Auflösung der Föderation 1962 in Kraft. 1967 wurden die Inseln mit Großbrit. assoziierter Staat Antigua Mgl. der Westind. Assoziierten Staaten. Am 1. 11. 1981 wurde A. u. B. ein selbständiger Staat innerhalb des Commonwealth.

antik [lat.], das klass. Altertum betreffend; auch svw. alt, altertümlich.

Antikathode, Bez. für die Anode einer Röntgenröhre.

Antike [lat.], Bez. für das griech.-röm. Altertum als histor. Epoche, die mit der frühgriech. Einwanderung in Hellas im 2. Jt. v. Chr. beginnt und die Geschichte der griech. Stadtstaaten und ihrer Kolonien (eigtl. griech. Geschichte) umfaßt, ferner die des Hellenismus (Alexanders d. Gr. und der Reiche seiner Nachfolger), der röm. Republik und des röm. Kaiserreiches (röm. Geschichte). Das Ende der A. wird unterschiedlich angesetzt; als Epochenjahr wurde u. a. vorgeschlagen: 324 n. Chr. (Beginn der Alleinherrschaft Konstantins d. Gr., endgültiger Sieg des Christentums), 395 (Tod Theodosius' d. Gr., Ende der Einheit des Röm. Reiches) und 476 (Ende des weström. Kaisertums). Da diese Epochenteilung als ungenügend empfunden wird, hat man von der Kunstge schichte den Begriff der *Spätantike* übernommen, die mit Diokletian beginnt (284) und deren Ende mit dem Tod Justinians (565) oder dem Einbruch der Araber (7. Jh.) angenommen wird.

Antiklinale [griech.] ↑Falte.

Antiklopfmittel, Zusätze zu Vergaserkraftstoffen zur Erhöhung der Oktanzahl und damit der Klopffestigkeit. A. sind v. a. Methanol, Benzol sowie metallorgan. Verbindungen (v. a. Bleialkyle) und Metallcarbonyle; hochwirksam ist *Bleitetraäthyl.* Die Verwendung bleihaltiger A. unterliegt dem Benzinbleigesetz. Kfz mit ↑Abgaskatalysator benötigen bleifreies Benzin.

Antikoagulantia (Antikoagulantien) [griech./lat.], die Blutgerinnung hemmende Substanzen, u. a. zur Vorbeugung gegen Thrombose und Embolie.

Antikominternpakt, Abkommen zwischen dem Deutschen Reich und Japan vom 25. 11. 1936 zur Bekämpfung der Komintern und Absicherung der beiderseitigen Politik gegenüber der Sowjetunion; Beitritte u. a. Italiens 1937, Mandschukuos, Ungarns und Spaniens 1939.

Antikommunismus, ablehnende Haltung gegenüber dem Kommunismus, auch militante geistig-polit. Gegnerschaft zum Kommunismus.

antikonzeptionelle Mittel [griech./lat./dt.] (Antikonzeptiva), svw. emp-

---

Antigua und Barbuda

Staatsflagge

Staatswappen

Antigua und Barbuda

Fläche:	442 km²
Einwohner:	66 000
Hauptstadt:	Saint John's
Amtssprache:	Englisch
Nationalfeiertag:	1. 11.
Währung:	1 Ostkarib. $(EC $) = 100 Cents
Zeitzone:	MEZ – 5 Std.

fängnisverhütende Mittel (↑Empfängnisverhütung).

Antimachiavell. Titelblatt der Göttinger Ausgabe von 1741

Antikörper, von Mensch und Tier im Serum als Reaktion auf das Eindringen von Antigenen in die Blutbahn gebildete Abwehrstoffe; sie reagieren mit dem Gift (Antigen), das zu ihrer Bildung geführt hat (Antigen-Antikörper-Reaktion); wichtige A. sind Agglutinine, Lysine und Alexine. ↑monoklonale Antikörper.

Antilibanon, Gebirge in Libanon und Syrien, über 100 km lang, im Tell Musa 2629 m hoch.

Antillen, Inselkette in Mittelamerika. Zu den *Großen A.* zählen Kuba, Hispaniola, Puerto Rico und Jamaika, zu den *Kleinen A.* die *Inseln unter dem Winde* (von Aruba bis zur Isla de Margarita) und die *Inseln über dem Winde* (von den Jungferninseln bis Trinidad). Im engl. Sprachgebrauch wird die Gruppe von den Jungferninseln bis Marie-Galante *Leeward Islands* gen., die Gruppe von Dominica bis Grenada *Windward Islands.*

Antimonit
(langsäulige Kristalle)

Antilopen [griech.], zusammenfassende Bez. für alle Unterfamilien der Horntiere mit Ausnahme der Rinder und der Ziegenartigen. Zu den A. zählen die Ducker, Böckchen, Waldböcke, Kuh-A., Pferdeböcke, Riedböcke, die Gazellenartigen und Saigaartigen.

Antimachiavell [...makia'vɛl], Name von Streitschriften gegen Machiavellis »Il principe«, bekannt v. a. die staatstheoret. Schrift des späteren preuß. Königs Friedrich II. (1740/41 anonym erschienen).

Antimaterie ↑Antiteilchen.

Antimon [mittellat.], chem. Symbol Sb, chem. Element aus der V. Hauptgruppe des Periodensystems der chem. Elemente (Halbmetall); Ordnungszahl 51; relative Atommasse 121,75. A. kommt in mehreren Modifikationen vor. Die gewöhnl., metallartige Modifikation, das *graue A.,* ist silberweiß und sehr spröde. Es hat eine Schmelztemperatur von 630,74°C und eine Siedetemperatur bei 1750°C; die Dichte beträgt 6,7 g/cm³. A. wird gewonnen aus den natürlich vorkommenden Oxiden und Sulfiden. In seinen Verbindungen tritt A. drei- und fünfwertig auf. – Wegen seiner Sprödigkeit wird das Metall normalerweise nur als härtender Bestandteil in Blei- und Zinnlegierungen verwendet (daher Letternmetall, Britanniametall). In seinen toxischen Eigenschaften steht A. dem Arsen nahe.

Antimonit [mittellat.] (Grauspießglanz, Antimonglanz, Stibnit), wichtiges Antimonerz, chem. Sb_2S_3; rhomb. Kristalle oder faserige, bleigraue Aggregate. Mohshärte 2; Dichte 4,6 bis 4,7 g/cm³.

Antineutrino, ein ↑Antiteilchen.

Antineutron, ein ↑Antiteilchen.

Antinomie [griech.], unaufhebbarer Widerspruch zwischen zwei Aussagen, die beide in sich begründet sind; bei Gesetzen durch richterl. Auslegung zu beseitigen.

Antiochia, Name hellenist. Städte; berühmt v. a. *A. am Orontes* (↑Antakya).

Antiochia, ein nach Antiochia am Orontes (↑Antakya) benanntes Patriarchat, das in der alten Kirche eine große theolog. und kirchenpolit. Rolle durch bed. Bischöfe und die *antiochenische Schule* (Theologenkreis des 4. und 5. Jh.) spielte. Bedingt durch Kirchenspaltungen führen diesen Patriarchentitel heute

Weißbart-Gnu

Rappenantilope

Impala

Ellipsenwasserbock

Zebra-Ducker

Redunca redunca

Saiga

Klippspringer

Kaama

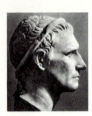

**Antiochos III.,
der Große**

die Häupter mehrerer orthodoxer und unierter Kirchen.

Antiochos III., der Große, *243/242 v. Chr., † bei Susa 187 v. Chr., König (seit 223). Stellte durch Niederwerfung von Aufständen die Herrschaft der Seleukiden in Kleinasien und Medien wieder her; großer Feldzug bis nach Indien (212–205); mußte nach Niederlagen gegen Rom im Frieden von Apameia 188 u. a. Kleinasien westlich des Taurus aufgeben.

Antioxidanzien (Antioxidantien), Oxidation verhindernde anorgan. oder organ. Zusätze zu sauerstoffempfindl. Stoffen (wie Mineralöle, Kautschuk, Kunststoffe); bes. wichtig in der Lebensmitteltechnik. A. sollen bei geringster Konzentration (unter 0,5 ‰) wirken und keine tox. Eigenschaften haben. Natürl. A. sind z. B. Tocopherol und Ascorbinsäure, synthet. A. sind z. B. Gallate.

Antipasti, italien. Bez. für Vorspeisen.

Antipater (Antipatros), *um 400, † 319, makedon. Feldherr und Staatsmann. Sicherte nach der Ermordung Philipps II. die Thronfolge Alexanders d. Gr.; schlug 331 und 322 Aufstände der Griechen nieder; ab 321 Reichsverweser.

Antipathie [griech.], Abneigung (im Ggs. zu Sympathie).

Antiphlogistika [griech.], svw. ↑entzündungshemmende Mittel.

Antiphon (Mrz. Antiphonen) [griech.], liturg. Wechselgesang im Vortrag von Psalmen und Hymnen.

Antiphonar (Antiphonale) [griech.], im MA liturg. Buch der lat. Kirche, das die Antiphonen und Responsorien zu

Messe und Stundengebet enthielt. Das heutige »Antiphonale … pro diurnis horis« (1912) enthält u. a. auch Psalmen, Hymnen und Gebete.

Antipoden [griech.], Bewohner von entgegengesetzten Orten der Erdkugel; übertragen: Menschen von entgegengesetzter Geisteshaltung.

Antiproton, ein ↑Antiteilchen.

Antipyretika [griech.], svw. ↑fiebersenkende Mittel.

Antiqua [lat.], Bez. für die heute allg. gebräuchl. Buchschrift. Die erste *Antiquaschrift* wurde aus der karoling. Minuskel und der röm. Kapitalis entwickelt (Ende des 15. Jh.); in Deutschland zunächst gebräuchlich bei lat., seit 1800 auch bei wiss. Texten, im Zeitungsdruck seit etwa 1930. ↑Fraktur.

Antiquariat [lat.], Handel mit seltenen alten bzw. gebrauchten Büchern. Die heutige Form des A. ist gegliedert in: das *bibliophile Antiquariat,* das außer antiquar. Büchern v. a. Erstdrucke, Handdrucke, Inkunabeln u. ä. vertreibt; das *wiss. Antiquariat,* das bes. für Wissenschaftler oder wiss. Bibliotheken bzw. Institute im Buchhandel nicht mehr erhältl. Bücher und Zeitschriften anbietet; das *moderne Antiquariat,* das Restauflagen oder Remittenden der Verlage verkauft.

antiquiert [lat.], nicht mehr zeitgemäß.

Antiquitäten [lat.], ältere Gegenstände, vorwiegend des Kunsthandwerks, auch Kunstgegenstände.

Antirakete ↑ABM (Militär).

Antireflexbelag ↑Vergütung.

Antisemitismus, Bez. für judenfeindl. Einstellungen und Bestrebungen. Der A. reicht bis in die jüd. Diaspora des Al-

ANTIQUA Antiqua
Renaissance-Antiqua (Mediaeval, Garamond-Antiqua)

ANTIQUA Antiqua
Klassizistische Antiqua, Bodoni

ANTIQUA Antiqua
Grotesk, Futura

ANTIQUA Antiqua
Kursive, Garamond-Kursive

ANTIQUA Antiqua
Neuzeitliche Antiqua, Palatino

Antiqua

tertums zurück, ist aber in christl. Kulturen bes. stark hervorgetreten. Bis ins 19. Jh. zielt er auf die konfessionelle und soziale Assimilation der jüd. Minderheit. Seitdem wendet er sich v. a. gegen die Bestrebungen zur rechtl. und gesellschaftl. Gleichstellung (↑Judenemanzipation). Der rass. A. gewann größeren Einfluß seit dem letzten Drittel des 19. Jh.; die zunächst von J. A. Graf von Gobineau entwickelte Lehre von der »Überlegenheit der arischen Rasse« wurde von E. Dühring, H. S. Chamberlain und P. de Lagarde zur pseudowiss. Grundlage des A. fortgebildet und gleichzeitig von antisemit. Agitatoren popularisiert. Während in W-Europa die polit. Bed. des A. beschränkt blieb, fand er in Deutschland, Österreich-Ungarn und O-Europa starke Verbreitung. Nach dem 1. Weltkrieg nahm der A., bes. in den extrem rechtsgerichteten, antiparlamentar. Kreisen an Umfang und Schärfe zu; er wurde zu einem Schlüssel zur Erklärung der sozialen und polit. Strukturkrise. Die hemmungslose antisemit. Agitation der 1920er Jahre stand im Widerspruch zu der fortschreitenden Assimilation des dt. Judentums. Der A. des Nationalsozialismus, einziger fester Bestandteil der nat.-soz. Ideologie und damit von großer Bedeutung für den Zusammenhalt der Bewegung, unterschied sich nur im Grad der Radikalität vom A. der Vorkriegszeit (↑Judentum, ↑Judenverfolgungen). Nach 1945 ist A. als kollektives Vorurteil keineswegs überwunden.

Antisepsis, Infektionsbekämpfung durch chem. Mittel (Antiseptika, z. B. Karbolsäure), bes. bei der Wundbehandlung; heute weitgehend durch ↑Aseptik abgelöst.

Antiserum, svw. ↑Heilserum.

Antisklavereiakte, von der 7. Völkerbundversammlung am 25. 9. 1926 beschlossene Konvention gegen Sklaverei, Sklavenhandel und Zwangsarbeit; 1956 von den UN erweitert.

Antispasmodika [griech.], krampflösende Mittel.

Antistatikmittel, Präparate, die die elektrostat. Aufladung von Kunststoffen (Folien, Schallplatten, synthet. Fasern u. a.) und damit die Anziehung von Staub verhindern sollen. Verwendung finden hydrophile oder grenzflächen-

aktive Stoffe, v. a. aber Phosphorsäureester, höhere Fettsäuren und Fettalkohole sowie Polyalkohole.

Antiteilchen, Bez. für die zu jedem Elementarteilchen existierenden »Gegen«-Teilchen, die in Masse, Lebensdauer, Spin und Isospin übereinstimmen, während andere Eigenschaften dem Betrag nach gleich sind, aber entgegengesetztes Vorzeichen haben, z. B. die Ladung. Paare von Teilchen und A. entstehen bei der Umwandlung von Energie in Masse (Paarerzeugung). Treffen ein Teilchen und dessen A. zusammen, so zerstrahlen sie in Energie (Paarvernichtung). Die bekanntesten A. sind *Positron* e^+, *Antiproton* $\bar{p}$, *Antineutron* $\bar{n}$ und *Antineutrino* $\bar{\nu}$, aus denen die *Antimaterie* besteht.

Antithese, Satz, der einem anderen, der These, entgegengesetzt wird.

Antitoxin [griech.], vom Körper gebildetes, zu den Immunstoffen gehörendes Gegengift gegen die von außen eingedrungenen Gifte, v. a. gegen Bakterien; wirksam jedoch nur, solange diese noch an den Körperzellen gebunden sind (↑Antikörper).

Antitrustbewegung [...trʌst...], Bewegung gegen wirtschaftl. Machtzusammenballung; entstand in den USA mit dem Verbot der offenen Monopolbildung 1873.

Antivitamine, Stoffe, die Vitamine inaktivieren, indem sie die Koenzyme wirkenden Vitaminkomponenten bestimmter Enzyme aus ihrer Bindung an das Apoenzym verdrängen.

Antizipation [lat.], **1)** *Literaturwissenschaft:* Vorwegnahme, bes. auch als Erzähltechnik.
2) *Musik:* die Vorwegnahme eines oder mehrerer Töne eines nachfolgenden Akkordes.

antizipieren [lat.], vorwegnehmen.

antizyklisch, in unregelmäßiger Folge wiederkehrend; gegen eine erwartete Abfolge gerichtet.

Antizyklone ↑Hochdruckgebiet.

Antofagasta, chilen. Regionshauptstadt im Großen Norden, Hafen an der Bahía Moreno, 205 000 E. Univ.; Theater. Fischfang und -verarbeitung; Werft; internat. ⚓.

Anton von Bourbon [frz. bur'bõ], *22. 4. 1518, ⚔ Les Andelys (bei Rouen) 17. 11. 1562, König von Navarra (ab 1555). Vater Heinrichs IV. von Frankreich; ab 1548 ⚭ mit Johanna von Albret. Hugenottenführer; trat 1560 wieder zum Katholizismus über; fiel im 1. Hugenottenkrieg.

Antonello da Messina, *Messina um 1430, † ebd. zw. 14. und 25. 2. 1479, italien. Maler. Vermittelte den venezian. Malern die altniederl. Harzölmalerei; schuf Altarbilder und Bildnisse.

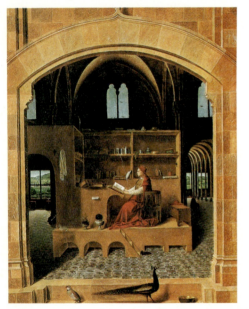

Antonello da Messina.
Der heilige Hieronymus im Gehäuse (um 1456)

Antonescu, Ion, *Pitești 14. 6. 1882, † Jilava (heute zu Bukarest) 1. 6. 1946 (hingerichtet), rumän. Marschall und Politiker. 1933 Generalstabschef des rumän. Heeres, 1940 Min.-Präs. mit uneingeschränkten Vollmachten; erzwang die Abdankung des Königs zugunsten von dessen Sohn und regierte zunächst mit der faschist. Eisernen Garde, nach deren mißglücktem Putschversuch (Jan. 1941) als Militärdiktator; vollzog den polit. und militär. Anschluß Rumäniens an die Achsenmächte; 1944 gestürzt.

Antoninus Pius, *Lanuvium (Latium) 19. 9. 86, † Lorium (bei Rom) 7. 3. 161, röm. Kaiser (ab 138). 138 von Hadrian durch Adoption zum Nachfolger ernannt, adoptierte auf dessen Wunsch die späteren Kaiser Mark Aurel und Lucius Verus; sicherte N-Britannien durch den Antoninuswall (um 142), Germanien und Rätien durch einen neuen, vorgeschobenen Limes (um 155).

Antonioni, Michelangelo, *Ferrara 29. 9. 1912, italien. Filmregisseur. Dreht realist.-pessimist., gesellschaftskrit. und pschycholog. Filme um die Entfremdung und Auflösung zwischenmenschl. Beziehungen, u. a. »Die Nacht« (1961), »Die rote Wüste« (1964), »Blow-up« (1965), »Zabriskie Point« (1970), »Beruf: Reporter« (1975), »Identifikation einer Frau« (1981).

Antonius, Marcus (Mark Anton), *um 82, † 1. 8. 30 (Selbstmord), röm. Feldherr und Staatsmann. Setzte sich als Volkstribun 50/49 für Cäsar ein, 44 mit Cäsar Konsul; geriet nach dessen Ermordung bald in Ggs. zum Senat und zu Oktavian (↑Augustus); bildete mit Oktavian und M. Aemilius Lepidus 43–33 das 2. Triumvirat. Bei Philippi (42) besiegte A. die Cäsarmörder Brutus und Cassius. Anschließend übernahm er den O des Reiches; traf 41 erstmals mit ↑Kleopatra VII. zusammen. 32 Konflikt zw. A. und Oktavian, dessen Feldherrn Agrippa A. in der Seeschlacht bei Aktium (31) unterlag.

Antonius der Große (A. Abt, A. der Einsiedler), hl., *Kome (heute Keman) in Mittelägypten 251/252, † in der ägypt. Wüste um 356, Einsiedler, Patriarc der Mönche. Sohn wohlhabender christl. Eltern, zog sich im Alter von etwa 20 Jahren in die Wüste zurück, wo sich Schüler um ihn sammelten. – Fest: 17. Januar.

Antonius von Padua, hl., eigtl. Fernando de Bulhões, *Lissabon 1195, † Arcella (heute zu Padua) 13. 6. 1231, Theologe und Prediger, Franziskaner. Franz von Assisi bestimmte ihn zum ersten Lehrer der Theologie in seinem Orden. 1946 zum Kirchenlehrer erklärt; gilt u. a. als Patron der Liebenden und Wiederbringer verlorener Gegenstände. – Fest: 13. Juni.

Antonius von Pforr, *Breisach am Rhein, † Rottenburg nach 1477, dt. Dichter. Seine Übertragung des ↑Pancatantra u. d. T. »Das Buch der Beispiele der alten Weisen« fand weite Verbreitung.

Antwerpen.
Der »Grote Markt«
mit Gildehäusern des
16. Jh.

Antonym [griech.], Wort von entgegengesetzter Bedeutung, z.B. »groß« im Verhältnis zu »klein«.

Antrag, 1) *Recht:* 1. im *Zivilrecht* die einseitige (empfangsbedürftige) Willenserklärung, mit der dem Erklärungsempfänger der Abschluß eines Vertrages angeboten wird; die bloße einseitige Annahme des A. genügt für das Zustandekommen des Vertrags; 2. das an Gericht oder Behörde gerichtete Begehren, mit dem eine bestimmte Tätigkeit, insbes. eine Entscheidung verlangt wird (z.B. Klageantrag). **2)** *parlamentar. A.:* Mittel zur Herbeiführung eines Beschlusses in einer gesetzgebenden Körperschaft; steht nach der Geschäftsordnung des Dt. Bundestages den Abgeordneten zu.

Antragsdelikte, Straftaten (z.B. Hausfriedensbruch, Beleidigung, leichte vorsätzl. und fahrlässige Körperverletzung), die nur auf Strafantrag des in seinen Rechten Verletzten behördl. verfolgt werden.

Antrieb, 1) *Technik:* der auf einen Körper übertragene Impuls, durch den der Bewegungszustand des Körpers gegen äußere Widerstände (v. a. Reibung) aufrechterhalten oder verändert (Beschleunigung oder Verzögerung) wird; i. w. S. auch eine A.- bzw. Kraftmaschine, ebenso die Art der Impuls- und Energieübertragung (Kraftübertragung). Weit verbreitete A.arten sind z.B.: der *elektr. A.* (durch Elektromotor), der *hydraul. A.* (durch Hydrauliköl u. ä.) und der *pneumat. A.* (durch Druckluft u. ä.).
2) *Psychologie:* Bez. für die Impulse, die zielgerichtet das Handeln dynamisieren und motivieren: Instinkte, Triebe, Wollen u. a.; die A. gelten nach herrschender Auffassung als wichtigste Grundlage des Verhaltens; sie treten meist in Begleitung von Emotionen (Affekten, Gefühlen, Stimmungen) auf.

Antriebsstörung, die Abweichung vom normalen Antriebsverlauf: *Antriebsarmut* als Folge konstitutionsbedingter vitaler oder krankheitsbedingter Schwäche der Antriebe, *Antriebshemmung (-blockierung)* z.B. bei Depression.

Antwerpen (frz. Anvers), Hauptstadt der gleichnamigen belg. Prov. (2867 km², 1,6 Mio. E), Hafenstadt an der Schelde, 473 000 E (Agglomeration 926 000 E). Drei Univ.; Oper, Museen, u. a. Königl. Museum der Schönen Künste. Handelszentrum (u. a. Diamantenbörse), Zentrum des Bank- und Versicherungswesens; internat. Umschlagplatz; Erdölraffinerien, petrochem. Ind., Werften. Got. Kathedrale (1352 ff., mit siebenschiffigem Langhaus), spät-got. Jakobskirche (1491 bis 1656, mit Grabkapelle der Familie Rubens). Rathaus (1561–65) und andere Häuser im Renaissancestil am Marktplatz; Steen (Teil der alten Burg). – 726 erstmals urkundlich erwähnt; 1291 Stadtrecht; 1315 Mgl. der Hanse; Mitte des 16. Jh. reichste

**Michelangelo
Antonioni**

Antwerpen
Stadtwappen

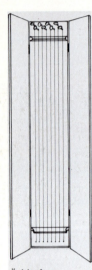

Äolsharfe
(schematische
Darstellung)

Ludwig Anzengruber

Handelsstadt Europas. Niedergang durch Auseinandersetzung zw. Spanien und den Niederlanden sowie Schließung der Schelde bis 1815.

Antwortzeit, Zeit, die eine Rechenanlage benötigt, um einen Auftrag zu bearbeiten. Setzt sich zusammen aus der *Wartezeit* (z. B. bei Mehrprogrammbetrieb) und der reinen Rechenzeit *(Bedienzeit).*

Anubis, altägypt. Totengott.

Anuradhapura, Stadt in Sri Lanka, 38 000 E. Verwaltungssitz der Nordzentralprovinz; buddhist. Wallfahrtsort. – Im 5. Jh. v. Chr. gegr., vom 3. Jh. v. Chr. bis zum 10. Jh. n. Chr. Hauptstadt des ersten buddhist. Reiches, heute Ruinenfeld. Bed. u. a. der Thuparama-Stupa (3. Jh. v. Chr.), der Ruanweli-Stupa (2. Jh. v. Chr.) und der Felsentempel Issurumuniya (3. Jh. v. Chr.) mit Reliefs.

Anurie [an-u...; griech.], fehlende Urinausscheidung durch Ausfall der Nierentätigkeit oder Verlegung der ableitenden Harnwege; führt zur lebensbedrohl. Urämie (↑Harnvergiftung).

Anus [lat.], svw. After.

Anvers [frz. ã've:r] ↑Antwerpen.

Anwaltskammer ↑Rechtsanwaltskammer.

Anwaltszwang, die Notwendigkeit, sich in bestimmten gerichtlichen Verfahren (Anwaltsprozesse) durch einen bei dem Prozeßgericht zugelassenen Rechtsanwalt vertreten zu lassen.

Anwari, Auhad od-Din Mohammed, *Badane oder Abiward, † Balkh (Afghanistan) zw. 1168 und 1170, pers. Dichter und Gelehrter. Hofdichter im Dienst der Seldschuken in Merw (heute Mary). Galt als einer der größten Astrologen seiner Zeit; schrieb Elegien und Satiren.

Anwartschaft, im *Zivilrecht* die rechtlich begründete, rein tatsächl. Aussicht auf einen zukünftigen Rechtserwerb. Als Anwartschaftsrecht bes. bedeutsam im Erb-, Sachen- und Grundstücksrecht.

Anweisung, 1) *Privatrecht:* Erklärung, durch die der Anweisende einen Dritten *(Angewiesener)* ermächtigt, für Rechnung des Anweisenden eine Leistung an den durch die A. Begünstigten *(A.empfänger)* zu erbringen, und durch die der A.empfänger gleichzeitig ermächtigt wird, die Leistung im eigenen Namen

beim Angewiesenen zu erheben (z. B. beim Scheck).
2) *Informatik:* (engl. statement) Teile eines Programms, die dessen Zustand durch Änderung der Werte von Variablen oder der Inhalte der Ein- oder Ausgabedateien oder durch die Änderung der Position in einem Programm bestimmen.

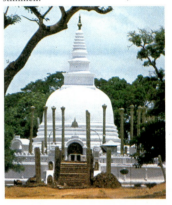

Anuradhapura. Thuparama-Stupa (3. Jh. v.Chr.); wiederholt umgebaut, im 19. Jh. restauriert

Anzahlung, beim Abzahlungsgeschäft die erste fällige Rate.

Anzeige, 1) (Annonce, Inserat) private, geschäftl. oder amtl. Bekanntmachung in einem Druckwerk (Zeitungen, Zeitschriften, Adreßbücher, Kalender, Kataloge u. a.).
2) *Recht:* svw. ↑Strafanzeige.

Anzeigepflicht, im *Zivil-* und im *öffentl. Recht* in zahlreichen Fällen bestehende Pflicht, dritten Personen oder einer Behörde von einem Sachverhalt Mitteilung zu machen; z. B. die Pflicht, Geburt und Tod eines Menschen dem Standesamt anzuzeigen. Im *Strafrecht* die Pflicht, drohende Verbrechen anzuzeigen.

anzeigepflichtige Krankheiten ↑meldepflichtige Krankheiten.

Anzengruber, Ludwig, *Wien 29. 11. 1839, † ebd. 10. 12. 1889, österr. Schriftsteller. Seine Volksstücke, u. a. »Der Meineidbauer« (1871), stehen in der Tradition des Wiener Volkstheaters, auch Romane, u. a. »Der Sternsteinhof« (1885).

Anzio, italien. Hafenstadt in Latium, südl. von Rom, 27 800 E. – A., das volsk. *Antium,* unterwarfen die Römer 338 v. Chr.; Geburtsort von Caligula und Nero.

Anzug, Herrenbekleidung (seit Mitte des 19. Jh.): Hose und Jacke oder dreiteilig mit Weste, Jacke ein- oder zweireihig.

Anzugsdrehmoment (Anzugsmoment), svw. ↑Anlaufmoment.

ANZUS-Pakt [engl. 'ænzəs], 1951 von Australien, **N**ew-**Z**ealand (Neuseeland) und den **US**A abgeschlossenes und 1952 in Kraft getretenes kollektives Sicherheitsbündnis im pazif. Raum. Wegen seiner Haltung in der Kernwaffenpolitik wurde Neuseeland 1986 aus dem Pakt ausgeschlossen.

a. o. (ao.), Abk. für **a**ußer**o**rdentlich.

AOK, Abk. für ↑**A**llgemeine **O**rtskrankenkasse.

Äolier (Äoler), griech. Stamm, v. a. in Thessalien, Böotien sowie auf der Peloponnes beheimatet; breitete sich zw. 1100 und 700 in NW-Kleinasien aus.

Äolische Inseln ↑Liparische Inseln.

Äolsharfe [nach Äolus] (Wind-, Wetterharfe), Saiteninstrument, bei dem verschiedene Obertöne der auf einen Grundton gestimmten Saiten durch Windeinwirkung zum Klingen gebracht werden.

Äolus, Gestalt der griech. Mythologie, Herrscher über die Winde.

Aomen, amtl. chin. Name in lat. Buchstaben für ↑Macao.

Äon [griech.], [unendlich] langer Zeitraum; Weltalter.

Aorist [griech.], Zeitform des Verbs (u. a. im Altind., Griech., Slaw.), die eine punktuelle Handlung ausdrückt.

Aorta [griech.] (Hauptschlagader), stärkste (beim Menschen bis 3 cm weite), sehr elastische Schlagader der Wirbeltiere, von der andere Arterien abzweigen. Die Geschwindigkeit des Blutstroms in der Aorta des Menschen beträgt 20–60 cm/s, die der Druckwelle (Pulswelle) 4–6 m/s. Der Blutdruck in der A. liegt zw. etwa 110 (diastolisch; rd. 14 000 Pa) und 160 mm Quecksilbersäule (systolisch; rd. 21 000 Pa). Die Aorta steigt vom linken Herzkammer aus zunächst kopfwärts, biegt dann um und verläuft im Körper abwärts. In der Biegung *(Aortenbogen)* entspringen

die Kopf-, Hals- und Armschlagadern. Durch ihre Elastizität mildert die Aorta die harten Druckstöße des vom Herzen angetriebenen Bluts. ↑Blutkreislauf.

Aorteninsuffizienz, Schließunfähigkeit der Aortenklappe (an der linken Herzkammer) mit verschiedengradigem Ausfall ihrer Ventilfunktion.

Aortenstenose, Verengung der Aortenklappen mit verschiedengradiger Verringerung ihrer Öffnungsweite während der Austreibungszeit des Herzens.

AOS, Abk. für engl. **A**lgebraic **O**perating **S**ystem (algebraisches Operationssystem), ein bei Taschenrechnern angewandtes Logiksystem der internen Operandenverarbeitung, welches sowohl die Klammerhierarchie als auch die Hierarchie unter den Operationen und Funktionen berücksichtigt.

Aosta, Hauptstadt der italien. Region Aostatal, an der Dora Baltea, 39 000 E. Hüttenwerk. Zahlreiche röm. Baudenkmäler, u. a. Stadtmauer, Brücke, Augustusbogen, Theater; got. Kathedrale (12./13. Jh.; Renaissancefassade). – Von Kaiser Augustus 25 v. Chr. als Militärkolonie gegründet *(Augusta Praetoria).*

Aostatal, autonome norditalien. Region im Alpental der Dora Baltea, 3 262 km², 117 000 E, Hauptstadt Aosta. – Das von kelt. Salassern be-

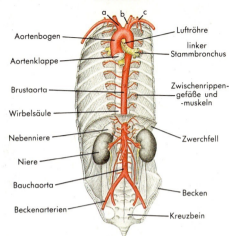

Aorta.
Aortenklappe (Verbindung zur linken Herzkammer), Aortenbogen und die in den Brust- und Bauchraum übergehende große Arterie mit ihren wichtigsten oberen Verzweigungen:
a Arterienstamm für rechte Arm- und Kopfseite, **b** Arterie für die linke Kopfseite, **c** linke Schlüsselbeinarterie

Bildbeschriftung: Aortenbogen, Aortenklappe, Brustaorta, Wirbelsäule, Nebenniere, Niere, Bauchaorta, Beckenarterien; Luftröhre, linker Stammbronchus, Zwischenrippengefäße und -muskeln, Zwerchfell, Becken, Kreuzbein

Aosta
Stadtwappen

Apachen.
Apachenhäuptling
Geronimo (*1829,
†1909) im Jahr 1898

Apatit.
Schematische Darstellungen der Kristallformen

Apatit
(Kristall)

wohnte A. wurde 25 v. Chr. von den Römern unterworfen; seit Ende des 6. Jh. unter fränk. Herrschaft. 1191 an Savoyen, 1860 an das Kgr. Italien.

AP [engl. 'eɪ'piː], Abk. für **A**ssociated **P**ress, amerikan. Nachrichtenagentur; gegr. 1848; Sitz New York.

Apachen [aˈpaxən, aˈpatʃən], Athapaskenstämme im SW der USA (v. a. Arizona und New Mexico) und in N-Mexiko; Jäger und Sammler; 1886 unterworfen; leben heute in Reservationen, v. a. als Viehzüchter oder Ackerbauern.

Apanage [apaˈnaːʒə; lat.-frz.], finanzielle Zuwendung größeren Stils, bes. an nichtregierende Mgl. eines Fürstenhauses.

apart [frz.], besonders, reizvoll, eigenartig.

Apartheid [afrikaans, eigtl. »Gesondertheit«], Bez. für die von der südafrikan. Regierung praktizierte und seit 1948 durch Gesetze institutionalisierte Politik der Rassentrennung zw. weißer und farbiger (Bantu, Mischlinge, Asiaten) Bevölkerung. Ihr Ziel war die »gesonderte Entwicklung« der verschiedenen ethn. Bevölkerungsteile, durch die das Herrschaftssystem der privilegierten weißen Minderheit gesichert bleiben sollte. Zur Durchsetzung der räuml. Trennung wurden sog. ↑Homelands geschaffen. Die große Zahl der in den Städten arbeitenden und lebenden Bantu erhielt dadurch den Status von Fremdarbeitern, deren Niederlassung außerhalb ihres Homelands befristet und jederzeit widerrufbar war. 1991 gab die südafrikan. Reg. ihre A.-Politik auf; im März 1992 billigte die weiße Bev. durch Volksabstimmung die Aufhebung der Apartheid.

Apartment [aˈpartmənt; engl. əˈpɑːtmənt], meist anspruchsvolle Kleinwohnung, oft in einem *Apartmenthaus*.

Apathie [griech.], Teilnahmslosigkeit, verminderte Gefühlsansprechbarkeit.

Apatit [griech.], farbloses, weißes, meist verfärbtes Mineral, sechseckige Kristalle bildend, chem. $Ca_5(Cl, F, OH)(PO_4)_3$, entsprechend als *Chlor-, Fluor-* oder *Hydroxylapatit* bezeichnet. Mohshärte 5, Dichte 3,18–3,21 g/cm³; wichtiger Rohstoff für die Phosphatgewinnung.

APEC, Abk. für **A**siatic **P**acific **E**conomic **C**ooperation, am 6. 11. 1989 in Canberra gegr. Forum für wirtschaftl. Zusammenarbeit im asiat.-pazif. Raum. Urspr. von zwölf Pazifikanrainerstaaten gebildet, umfaßte die APEC Ende 1993 17 Länder, darunter u. a. Australien, China, Japan und die USA.

Apeiron [griech.], zentraler Begriff der vorsokrat. griech. Philosophie: Das A. als Urmaterie gilt als unbegrenzt und garantiert ein endloses Werden in der Welt.

Apelles von Kolophon, griech. Maler der 2. Hälfte des 4. Jh. v. Chr. In der Antike hochgeschätzt, tätig am Hof Alexanders d. Gr.; kein Werk erhalten.

Apennin (Apenninen), Gebirge in Italien, bildet einen nach W geöffneten Bogen und reicht bei einer Länge von fast 1 500 km und einer durchschnittl. Breite von 100 km von den Ligur. Alpen im NW bis zur S-Spitze Kalabriens, im Corno Grande 2 912 m hoch.

Apenrade (dän. Åbenrå), dän. Stadt auf Jütland, 21 000 E., am inneren Ende der 12 km langen *Apenrader Förde*, Schul-, Handels- und Hafenstadt. – Nikolauskirche (13. Jh.), Rathaus (19. Jh.).

Aperçu [aperˈsy; frz.], geistreicher Ausspruch.

Aperitif [lat.-frz.], appetitanregendes alkohol. Getränk.

Aperturblende, Blende zur Begrenzung des Öffnungswinkels der zur opt. Abbildung beitragenden Strahlenbündel; bestimmt das Auflösungsvermögen z. B. von Lichtmikroskopen.

Apertursynthese, Beobachtungsverfahren der Radioastronomie mittels verschiebbarer Antennen, die – als Teilstücke eines großen Radioteleskops aufgefaßt – durch geeignetes Verschieben gegeneinander und durch Drehung ihrer Richtung nach und nach die Teleskopfläche »aufbauen«; die nacheinander eintreffenden Signale werden gespeichert und zu einem »Bild« zusammengesetzt.

Apfel, die Frucht der Arten des Apfelbaums, zählt zum Kernobst. Fünf pergamentartige Fruchtblätter schließen jeweils einen Samen (Apfelkern) ein und bilden in ihrer Gesamtheit das Kerngehäuse, das im oft sehr aromatisch schmeckenden Fruchtfleisch eingebettet liegt. Letzteres entsteht aus dem krugförmig auswachsenden Blütenstiel. Die Kulturorten enthalten pro 100 g

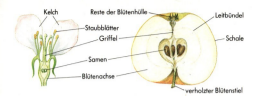

Kelch — Reste der Blütenhülle — Leitbündel
— Staubblätter
— Griffel — Schale
— Samen
— Blütenachse
— verholzter Blütenstiel

Apfel.
Blüte (links) und Frucht im Längsschnitt (rechts)

Apfel.
Cox Orange

eßbarem Anteil rd. 86 g Wasser, 0,3 g Eiweiß, 12 g Kohlenhydrate, 0,4 g Mineralstoffe, 0,25 g Fruchtsäuren und 12 mg Vitamin C.
Geschichte: In der griech. und nord. *Mythologie* spielt der A. als Symbol von Liebe und Fruchtbarkeit eine große Rolle. Im MA galt er (auf Grund der bibl. Erzählung vom Sündenfall) als Sinnbild des Sinnenreizes und der Erbsünde. Profan ist der A. als Reichs-A. Sinnbild der Weltherrschaft.

Apfelbaum (Malus), Gatt. der Rosengewächse mit etwa 25 Arten in der nördl. gemäßigten Zone; Bäume oder Sträucher mit ungeteilten oder scharf gesägten bis teilweise gelappten Blättern. Die fünfteiligen, zwittrigen Blüten sind weiß oder rosafarben und stehen in Blütenständen; Früchte ↑Apfel. Die bekanntesten Arten sind *Malus sylvestris* und *Malus pumila* (Süßapfelbaum); aus ihnen sind durch Auslese und Kreuzungen mit anderen A.arten die meisten europ. Kulturapfelsorten hervorgegangen. In Europa gibt es etwa 1 600 Sorten, auf der Erde annähernd 20 000.

Äpfelsäure (Hydroxybernsteinsäure), zweibasige Hydroxycarbonsäure; in unreifen Äpfeln, Stachelbeeren und anderen Früchten; ihre Salze und Ester sind die *Malate*. Ä. dient zum Konservieren von Lebensmitteln.

Apfelschimmel, Farbvariation des Hauspferdes, bei der die graue bis weiße Grundfärbung des Schimmels mit dunkleren Flecken *(Apfelung)* durchsetzt ist.

Apfelsine [niederl., eigtl. »Apfel aus China« (woher sie zuerst eingeführt wurde)], svw. ↑Orange.

Apfelwein, Obstwein aus dem Saft reifer Herbstäpfel.

Apfelwickler, etwa 1 cm langer und etwa 2 cm spannender, weltweit verbreiteter Kleinschmetterling. Die frisch geschlüpften Larven (Apfel-, Obstma-

den) dringen meist vom Stielansatz oder Kelch aus in die Früchte ein und fressen sich bis zum Kerngehäuse durch.

Aphasie [griech.], Sprechstörung oder Störung des Sprachverständnisses infolge örtlicher Erkrankung der Hirnrinde.

Aphonie [griech.], Verlust der Stimme; kann organisch oder psychisch bedingt sein.

Aphorismus [griech.], literar. Bez. für die zugespitzte Formulierung eines Gedankens. Meister des A. waren u. a. die frz. ↑Moralisten, im Dt. G. C. Lichtenberg, Goethe, Nietzsche; in Polen u. a. S. J. Lec.

Aphrodisiaka [griech., nach der Göttin Aphrodite], Mittel zur Anregung und Steigerung des Geschlechtstriebs.

Aphrodisias, antike Stadt in Westanatolien, 160 km sö. von İzmir, Türkei (Ruinenstätte von Geyre). Aphroditekult; gut erhalten aus dem 2. Jh. n. Chr. Thermen, Stadion und Theater; bed. Porträtstatuen.

Aphrodite, griech. Göttin oriental. Ursprungs, Herrin der sinnl. Liebe und der Schönheit, nach Homer Tochter des Zeus und der Titanin Dione, nach Hesiod aus dem Schaum (griech. aphrós) des Meeres geboren; Gattin des Hephaistos; Eros geht aus ihrer Verbindung mit Ares hervor; der griech. Aphrodite entspricht die röm. Venus. – Kaum griech. Originale erhalten, u. a. die Venus von Milo (A. von Melos, 2. Jh. v. Chr.), in Kopie u. a. die Mediceische Venus (2. Jh. v. Chr.). Seit der Renaissance wird Venus bevorzugtes Thema der Malerei (Botticelli, Giorgione, Tizian, L. Cranach d. Ä., Rubens, Velázquez, Ingres).

Aphthen [griech.], Ausschlag der Lippen und Mundschleimhaut in Form von linsenkorngroßen, rotumrandeten Geschwüren mit gelbl. Belag.

API, Abk. für ↑**A**ssociation **P**honétique **I**nternationale.

Aphrodite
von Melos, auch Venus von Milo, Marmor; 204 cm hoch (um 130/120 v. Chr.; Paris, Louvre)

Apia

Apollon.
Oben: Archaische
Statuette ◆ Unten:
Kasseler Apoll
(Kassel, Staatl. Kunst-
sammlungen)

Apia [engl. ɑ:'pi:ə], Hauptstadt von Westsamoa, auf Upolu, 36000 E. Handelszentrum, Hafen.

Apis, altägypt. Stiergott, galt als Erscheinungsform des Ptah.

Apitz, Bruno, *Leipzig 28. 4. 1900, † Berlin (Ost) 7. 4. 1979, dt. Schriftsteller. Im KZ Buchenwald inhaftiert; schrieb darüber den Roman »Nackt unter Wölfen« (1958; verfilmt 1962 von F. Beyer).

APL, Abk. für **A** **P**rogramming **L**anguage, 1962 in den USA entwickelte Programmiersprache für technischwiss. Anwendungen.

Aplanat [griech.], photograph. Objektiv, das hinsichtlich sphär. und chromat. Aberration korrigiert ist.

Aplomb [a'plõ:; frz.], Sicherheit im Auftreten, Nachdruck.

Apnoe [griech.], svw. ↑Atemstillstand.

Apo, aktiver Vulkan im S der Insel Mindanao, mit 2953 m höchster Berg der Philippinen; Naturschutzgebiet.

APO (Apo, ApO), Abk. für ↑außerparlamentarische **O**pposition.

apo..., Apo..., ap..., Ap... [griech.], Vorsilbe mit der Bed. »von – weg«, »ausgehend von«, »seit«, »nach«, »ent-«.

Apochromat [griech.], Objektiv, bei dem der chromat. Abbildungsfehler für drei Wellenlängen (rot, grün, blau) und die sphär. Abweichung für zwei Wellenlängen korrigiert ist.

apodiktisch [griech.], keinen Widerspruch duldend.

Apokalypse [griech.] ↑Apokalyptik.

Apokalypse des Johannes (Johannesapokalypse, Offenbarung Johannis, Geheime Offenbarung), Abk. Apk, das abschließende Buch des NT, bis zum 19. Jh. auf den Verfasser des *Johannesevangeliums* zurückgeführt. Theol. Ziel der A. d. J. ist es, die in den beginnenden Christenverfolgungen bedrängten Gläubigen durch den Ausblick auf die Wiederkehr Christi zu trösten und zugleich auf die diesem Ereignis vorausgehenden Greuel vorzubereiten.

Apokalyptik [griech.], eine im nachexil. Judentum entstandene religiöse Geistesströmung, die von etwa 200 v. Chr. bis in die frühchristl. Zeit reicht. – In Form von Weissagungen, Abschiedsreden, Testamenten, Träumen und Visionen (*Apokalypsen*) werden die göttl. Geheimnisse in reicher Bilder-

sprache verkündet. Die A. versucht häufig, den Zeitpunkt des Endes der bestehenden Welt auf verschiedene Weise (Zahlenspekulation) zu bestimmen.

Apokalyptische Reiter, vier Reiter, die in der Apokalypse des Johannes Pest, Krieg, Hungersnot und Tod versinnbildlichen. Berühmt ist das Blatt aus Dürers Holzschnittfolge »Die Apokalypse« (1498).

Apokryphen [griech.], eine Gattung religiöser Literatur, die nicht in den Kanon hl. Texte aufgenommen wurde.

Apolda, Kreisstadt nö. von Weimar, Thüringen, 26200 E. Glockengießerei (seit 1722).

apolitisch, unpolitisch, der Politik gegenüber interesselos.

Apollinaire, Guillaume [frz. apɔli'nɛ:r], eigtl. Wilhelm Apollinaris de Kostrowitski, *Rom 26. 8. 1880, † Paris 9. 11. 1918, frz. Schriftsteller. Als Lyriker (»Alkohol«, 1913; »Calligrammes«, hg. 1918), Erzähler (»Der gemordete Dichter«, 1916) und Dramatiker (»Les mamelles de Tirésias«, hg. 1918) wesentlich für die Literatur des ↑Surrealismus; befreundet u. a. mit Picasso, Braque, Matisse (»Die Malerei des Kubismus«, 1913).

apollinisch, nach dem griech. Gott ↑Apollon von Schelling, später Nietzsche formulierter Begriff für klar, harmonisch und ausgeglichen. Ggs. ↑dionysisch.

Apollo, 1) *griech. Mythologie:* ↑Apollon. **2)** *Astronomie:* Name eines Planetoiden. **3)** *Raumfahrt:* ↑Apollo-Programm.

Apollodoros aus Damaskus, Baumeister und Ingenieur des 2. Jh. n. Chr. Errichtete 102–105 die Donaubrücke am Eisernen Tor, 107–113 das Trajansforum in Rom.

Apollofalter (Parnassius), Gatt. ziemlich großer Tagschmetterlinge in den Gebirgen der Nordhalbkugel (v. a.

Apollofalter

Asiens); Flügel meist weißlich mit schwarzen Flecken; auf den Hinterflügeln häufig ein großer, runder, roter, schwarz umrandeter Fleck; in M-Europa drei (geschützte) Arten: *Apollo* im Mittelgebirge und in den Alpen; *Alpenapollo* in den Hochalpen; *Schwarzer Apollo* v. a. in Skandinavien und den Gebirgen M-Europas.

Apollon (lat. Apollo; Apoll), griech. Gott wahrscheinlich kleinasiat. Herkunft; galt als Sohn des Zeus und der Leto, Zwillingsbruder der Artemis; Verkörperung des griech. Ideals der strahlenden, »apollin.« Schönheit. A. vertritt Recht, Ordnung und Frieden, ihm untersteht u. a. das Orakel von Delphi. – Zahlreich sind die A.darstellungen in der bildenden Kunst: mit dem Bogen oder als Musenführer (»Musagetes«) mit der Leier; am berühmtesten die Plastik vom Westgiebel des Zeustempels von Olympia (jetzt im Museum ebd.) und der Apoll vom Belvedere (Vatikan. Sammlungen; röm. Kopie wohl nach dem Werk des Leochares). Von Praxiteles' A. Sauroktonos (»Eidechsentöter A.«) gibt es mehrere Kopien; weitere röm. Kopie: der Kasseler Apoll.

Apollonia, hl., Märtyrerin (unter Kaiser Decius) verehrte Jungfrau; gilt als Helferin gegen Kopf- und Zahnschmerzen. – Fest: 9. Februar.

Apollonios, griech. Bildhauer des 1. Jh. v. Chr. aus Athen. Schuf den berühmten »Torso vom Belvedere« (Vatikan. Sammlungen).

Apollonios von Rhodos, griech. Epiker und Gelehrter des 3. Jh. v. Chr. Erhalten nur sein Hauptwerk: »Argonautika« (4 Bücher).

Apollo-Programm, 1960 von der NASA bekanntgegebenes, 1968–72 im Anschluß an das Mercury-Programm und Gemini-Programm durchgeführtes Raumfahrtprogramm der USA mit den Hauptzielen: 1. bemannte Mondflüge; 2. erdnahe Orbitallabors und Orbitalobservatorien; 3. unbemannte Sonden zu Mars und Venus. – Das *Apollo-Raumfahrzeug* für die Mondflüge bestand aus dreisitziger Kommandoeinheit, Versorgungseinheit und Mondfähre für zwei Astronauten. Als Trägerrakete diente eine dreistufige Saturn V. – Es gab insgesamt 17 Flüge; *Apollo 1* bis *6:* unbemannte Testflüge; *Apollo 7* bis *10:* be-

mannte Flüge auf Erd- und Mondumlaufbahnen. *Apollo 11:* Start am 16. 7. 1969, Mondflug von N. A. Armstrong, Michael Collins (* 1930) und Edwin Eugene Aldrin (* 1930); am 20. 7. 1969 Landung der Mondfähre (»Eagle«) mit Armstrong und Aldrin als ersten Menschen auf dem Mond; Collins in der Kommandoeinheit (»Columbia«) auf Mondumlaufbahn; Aufstellung von Meßgeräten, Einsammeln von Gesteinsproben; Start vom Mond am 21. 7., Landung am 24. 7. im Pazifik. Die sechste und letzte Mondlandung erfolgte am 11. 12. 1972 *(Apollo 17).*

Apollo-Sojus-Mission, Bez. für den gemeinsamen Raumflug (17.–19. 7. 1975) eines bemannten amerikan. Raumfahrzeuges (Apollo 18) mit einem bemannten sowjet. Raumfahrzeug (Sojus 19).

Apologeten [griech.], **1)** *allg.:* nachdrückl. Verteidiger einer Lehre. **2)** *Literatur:* griech. Schriftsteller aus dem 2. und 3. Jh.; ihre Schriften verteidigen die Christen (als loyale Staatsbürger); **Apologetik** ↑Fundamentaltheologie.

Apologie [griech.], Verteidigung[srede].

Apophysen [griech.], Knochenfortsätze, die v. a. als Ansatzstellen für Muskeln dienen.

Apoplexie [griech.], svw. ↑Schlaganfall.

Aporie [griech.], Auswegslosigkeit; bes. die (in der Sache selbst liegende) Unlösbarkeit eines bestimmten philosoph. Problems.

Apostasie [griech.], im kath. Kirchenrecht Abfall vom Glauben; **Apostat,** Person, die A. begeht.

Apostata, Beiname des röm. Kaisers ↑Julian.

Apostel [griech.], die zwölf von Jesus zur Verkündung seiner Lehre ausgewählten Jünger: Petrus, Andreas, Jakobus d. Ä., Johannes, Philippus, Bartholomäus, Matthäus, Thomas, Jakobus d. J., Judas Thaddäus, Simon, Judas Ischariot und (nach dessen Verrat) Matthias; dann andere urchristl. Missionare, bes. Paulus.

Apostelgeschichte (lat. Acta [oder Actus] Apostolorum), Abk. Apg., von dem Evangelisten Lukas verfaßtes Buch des NT (Ende des 1. Jh.), das über die Taten der Apostel berichtet.

Guillaume Apollinaire

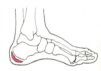

Apophyse (rote Fläche) am Fersenbein

Apotheke
(Apothekenzeichen)

Apostelkonzil, Zusammenkunft der Abgesandten der Christengemeinde Antiochias (Paulus, Barnabas u. a.) mit den »Aposteln und Ältesten« der jerusalemischen Urgemeinde (Jakobus, Petrus u. a.) 48 oder 49 n. Chr. in Jerusalem. Ergebnis war das *Aposteldekret,* in dem den »Heidenchristen« Antiochias, Syriens und Kilikiens mitgeteilt wurde, daß sie nicht zur Beobachtung des mosaischen Gesetzes verpflichtet seien.

a posteriori ↑a priori/a posteriori.

apostolisch, 1) unmittelbar von den Aposteln herrührend.
2) in der kath. Kirche auch: päpstlich.
Apostolische Majestät, Titel der ungar. Könige ab 1758.
Apostolischer Segen, päpstl. Segen: »Urbi et Orbi«, der Stadt [Rom] und der Welt gespendet.
Apostolischer Stuhl (Heiliger Stuhl, lat. Sedes Apostolica oder Sancta Sedes), Bez. für das Amt des Papstes, den Papst selbst als Inhaber, Träger des Amtes und die Hilfsorgane des Papstes. Der A. S. beansprucht völkerrechtl. Souveränität.
Apostolisches Glaubensbekenntnis, das den christl. Kirchen gemeinsame Glaubensbekenntnis.
Apostroph [griech.], Häkchen, das den Ausfall eines Lautes, einer Silbe kennzeichnet, z. B.: Mir geht's gut!
apostrophieren, 1) mit Apostroph versehen.
2) sich auf etwas beziehen; jemanden (ironisch) in einer bestimmten Eigenschaft herausstellen.
Apotheke [griech.], gewerbl. Unternehmen zur Herstellung und Abgabe von Arzneimitteln. Auf Grund gesetzl. Bestimmungen darf eine A. nur von einem approbierten Apotheker geführt werden. Nur die A. ist zur Abgabe sog. apothekenpflichtiger Arzneim. berechtigt. Die Abgabe rezeptpflichtiger Mittel erfolgt auf Verordnung des Arztes.
Apotheker [griech.], Person, die auf Grund ihrer Berufsausbildung und ihrer Approbation berechtigt ist, eine Apotheke zu leiten bzw. zu betreiben. Aufgaben der A. sind u. a. die Ausführung ärztl. Rezepte und die Abgabe von Arzneimitteln, für deren einwandfreie Beschaffenheit er verantwortlich ist.
Apothekerkammer, Standesvertretung der Apotheker; öffentl.-rechtl. Körperschaft mit Pflichtmitgliedschaft.

Apotheose [griech.], Verherrlichung; bes. die Vergöttlichung eines Herrschers; häufig dargestellt in Kunst und Literatur (bes. im barocken Schauspiel).
Appalachen, Gebirgssystem im O Nordamerikas, von Neufundland (Kanada) bis Alabama (USA) reichend, über 3 000 km lang, bis 600 km breit; Rumpfgebirge mit Mittelgebirgscharakter, bis 2 037 m hoch.
Apparat [lat.], **1)** Gesamtheit der zu einer Arbeit nötigen Hilfsmittel (z. B. wiss. A.); auch die Gesamtheit der für eine bestimmte Aufgabe, Institution benötigten Personen einschließlich der Hilfsmittel (z. B. Staats-, Verwaltungsapparat). ↑kritischer Apparat.
2) *Technik:* ein aus mehreren Bauelementen zusammengesetztes techn. Gerät.
Apparatschiks [russ.], abschätzige Bez. für Funktionäre.
Appartement [apartə'mã::; lat.-frz.], Zimmerflucht (in einem Hotel); auch gleichbedeutend mit ↑Apartment gebraucht.
appassionato [italien.], musikal. Vortrags-Bez.: leidenschaftlich, stürmisch.
Appeasement [engl. ə'pi:zmənt], Bez. für Beschwichtigungspolitik.
Appell [lat.], Anruf, Aufruf, Mahnruf; auch das Antreten von Soldaten zur Ausgabe von Befehlen und zur Überprüfung ihrer Ausführung.
Appellativ (Appellativum) [lat.], Substantiv, das eine Gattung gleichgearteter Dinge oder Lebewesen und zugleich jedes einzelne Ding oder Lebewesen dieser Gattung bezeichnet, z. B. Tisch, Mann, Pferd.
Appendikularien (Appendicularia) [lat.], mit etwa 60–70 Arten weltweit verbreitete Klasse glasklar durchsichtiger, im Meer lebender Manteltiere.
Appendix [lat.], **1)** *allg.:* Anhang (eines Buches).
2) *Anatomie:* Bez. für Anhangsgebilde an Organen; auch für *A. vermiformis,* den Wurmfortsatz des Blinddarms.
Appendizitis [lat.], Entzündung des Wurmfortsatzes (Appendix) des Blinddarms (↑Blinddarmentzündung).
Appenzell, 1) Hauptort des schweizer. Halbkantons Appenzell Innerrhoden, im Sittertal, 4 900 E. Musik- und Zaubermuseum; Fremdenverkehr. Pfarrkirche mit spätgot. Chor und klassizist.

Appenzell
Innerrhoden
Kantonswappen

Appenzell
Außerrhoden
Kantonswappen

Langhaus; Schloß (1563–70), Rathaus (1561–63). – 1061 erstmals erwähnt.

2) schweizer. Kt., umfaßt das nördl. Säntisgebiet und dessen Molassevorland, geteilt in die beiden Halbkantone *Appenzell Innerrhoden* (172 km², 14 500, meist kath. E, Hauptort Appenzell) und *Appenzell Außerrhoden* (243 km², 53 400, meist ev. E, Hauptort Herisau).

Geschichte: Inbesitznahme durch das Kloster Sankt Gallen im 11. Jh.; Einwanderung von Neusiedlern; das entstehende bäuerl. Gemeinwesen wurde 1411 zugewandter Ort, 1513 vollberechtigter 13. Ort der Eidgenossenschaft. 1595/97 in die Halbkantone aufgeteilt; administrativ getrennt, gelten sie jedoch verfassungsrechtlich als Einheit.

Apperzeption [lat.], im Unterschied zur ↑Perzeption Vorgang des bewußten, begriffl. Erfassens, Einordnens bestimmter Wahrnehmungen.

Appetenzverhalten [lat./dt.], in der *Verhaltensphysiologie* Bez. für eine Verhaltensweise, die eine Situation erzeugt, die zu einer triebbefriedigenden Endhandlung führt; z. B. das Umherschweifen hungriger Tiere, bevor sie Beute jagen.

Appetit [lat.], Verlangen, etwas (Bestimmtes) zu essen. A.losigkeit und A.steigerung können Zeichen für psychische und/oder physische Erkrankung sein. ↑Magersucht, ↑Fettsucht.

Appian (Appianos), griech. Geschichtsschreiber des 2. Jh. n. Chr. aus Alexandria. Schrieb in griech. Sprache eine röm. Geschichte in 24 Büchern (zehn erhalten, dazu Auszüge), die bis ins 2. Jh. n. Chr. reicht.

Appische Straße ↑Römerstraßen.

Appleton, Sir (ab 1941) Edward Victor [engl. 'æpltən], *Bradford 6. 9. 1892, † Edinburgh 21. 4. 1965, brit. Physiker. Bedeutende Forschungen über die Ionosphäre und ihren Aufbau, wofür er 1947 den Nobelpreis für Physik erhielt.

Applikation [lat.], 1) aufgenähte Verzierung.

2) Anwendung von Heilmitteln, -verfahren.

Appomattox [engl. æpə'mætəks], Stadt in Z-Virginia, USA, 1 400 E. Die Kapitulation der konföderierten Truppen unter General Lee 1865 in A. beendete den Sezessionskrieg.

apportieren [lat.], Gegenstände, erlegtes Wild herbeibringen (vom Hund).

Apposition [lat.] (Beifügung, Beisatz), ein substantiv. ↑Attribut, das im gleichen Kasus steht wie das Substantiv oder Pronomen, zu dem es gehört.

Appretur [frz.], svw. ↑Ausrüstung.

Approbation [lat.], 1) staatl. Zulassung *(Bestallung)* von Ärzten, Apothekern o. ä. **2)** *kath. Kirchenrecht:* Genehmigung durch die zuständige kirchl. Autorität.

approximativ [lat.], annähernd.

Aprikosenbaum (Marillenbaum, Prunus armeniaca), Steinobstart (Rosengewächs) aus Z- und O-Asien; etwa 5–10 m hoher Baum mit rötl. Rinde; Blätter kahl, glänzend, breit-eiförmig und (unvermittelt) zugespitzt, gekerbt und gesägt; Blüten weiß oder hellrosa, fast stiellos und schwach duftend. Die 4–8 cm dicken, rundl., samtig behaarten Früchte *(Aprikosen,* Marillen) enthalten 70–80 % Wasser, etwa 19 % Kohlenhydrate (bes. Zucker), 0,5–1 % Eiweiß, 1 % Fruchtsäuren sowie Mineralsalze und Vitamin A, B und C.

April (lat. Aprilis), seit der Kalenderreform Cäsars (45 v. Chr.) der 4. Monat des julian. Jahres mit 30 Tagen.

a priori/a posteriori [lat. »vom Früheren her/vom Späteren her«], Begriffspaar der Erkenntnistheorie: eine Erkenntnis *a priori* bedeutet: von aller Erfahrung losgelöst, allein auf den (log.) Operationen des ↑Verstandes gründend, dies im Unterschied zu der Erkenntnis *a posteriori:* auf Erfahrung, Wahrnehmung gründend.

apropos [apro'po:; frz.], übrigens, da wir gerade davon sprechen.

Apside ↑Apsis.

Apsiden [griech.], die beiden Punkte auf einer ellipt. Bahn eines Himmels-

Edward Victor Appleton

Aprikosenbaum.
Oben: Blüte und ganze Frucht ◆ Unten: Blätter und Frucht im Längsschnitt

Apsiden

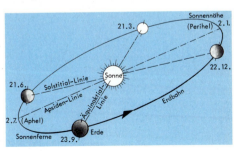

Apsis

Aquaplaning.
Oben: Bei einer Fahrgeschwindigkeit von 60 km/h wird das Wasser abgeleitet, der Bodenkontakt mit voller Reifenaufstandsfläche bleibt erhalten ◆ Unten: Bei einer Fahrgeschwindigkeit von 125 km/h schiebt sich ein Wasserkeil unter den Reifen, der Bodenkontakt geht verloren

körpers um einen anderen, für die die Entfernung zw. den Körpern am größten bzw. am kleinsten ist. Bei Doppelsternen heißen diese Punkte *Apastron* bzw. *Periastron,* bei Planetenbahnen *Aphel* bzw. *Perihel* und beim Mond und bei künstl. Satelliten *Apogäum* bzw. *Perigäum.*

Apsis (Apside) [griech.], nischenartiger Raumabschluß; schließt im Kirchenbau Langhaus oder Chorraum ab und ist, über einem halbkreisförmigen Grundriß errichtet, mit einer Halbkuppel überwölbt.

Apt, frz. Stadt in der Provence, Dép. Vaucluse, 11 500 E. Wallfahrtsort; Okkergewinnung. Ehem. roman. Kathedrale (12. Jh.); nahebei eine der besterhaltenen römischen Straßenbrücken (*Pont Julien,* 1. Jh. n. Chr.).

APT, Abk. für engl. **A**utomatic **P**rogramming for **T**ools (automat. Programmierung für Werkzeuge), in der *Datenverarbeitung* Programmiersprache zur Steuerung von computergesteuerten Werkzeugmaschinen (Numerikmaschinen).

Apuanische Alpen, vom Apennin abzweigender Gebirgsstock im NW der Toskana, bis 1 945 m hoch; Marmorbrüche (Verarbeitung in Carrara und Massa).

Apulejus, Lucius (L. Apuleius, Appuleius), *Madaura (N-Afrika) um 125, † um 180, röm. Schriftsteller. Sein Hauptwerk, der vollständig erhaltene Roman »Metamorphosen« (auch u. d. T. »Der goldene Esel« bekannt), enthält das Märchen von »Amor und Psyche«.

Apulien, Region und Großlandschaft in S-Italien, 19 348 km², 3,97 Mio. E, Hauptstadt Bari.
Geschichte: Seit dem 4. und 3. Jh. römisch; Mitte des 11. Jh. durch die Normannen erobert; 1130 Teil des Kgr. Sizilien; größte Blüte unter stauf. Herrschaft; seit 1282 beim Kgr. Neapel.

Aqua destillata [lat.], durch Destillation gereinigtes Wasser.

Aquädukt [lat.], oberird., auf Bogenbauten geführter Teil der röm. Wasserleitung; oft mehrgeschossige Bogenstellungen (z. B. Pont du Gard bei Nîmes).

Aquae Sextiae ↑Aix-en-Provence.

Aquamanile [mittellat.], Gießgefäß in Vorderasien (seit dem 2. Jt.), im islam. Bereich und im MA in Form von Tie-

ren. In der kath. Kirche zum Händewaschen während der Meßfeier.

Aquamarin [lat.], hellblaue bis meergrüne Abart des ↑Berylls.

Aquametrie [lat./griech.], chem. und physikal. Methoden zur Bestimmung des Wassergehalts in chem. Verbindungen, Kristallen, Lebensmitteln usw.

Aquanautik [lat./griech.], Forschungsbereich zur Erkundung der Möglichkeiten des Aufenthaltes von Menschen unter Wasser (u. a. im Hinblick auf die Ausnutzung von Meeresbodenschätzen).

Aquaplaning [engl.] (Wasserglätte), Schwimmen oder Gleiten des Reifens auf regennasser Fahrbahn. A. tritt auf, wenn der Reifen nicht mehr in der Lage ist, genügend Wasser durch sein Profil abzuleiten. Als Folge bildet sich ein Wasserkeil zw. Reifen und Straße, wodurch die Bodenhaftung vollständig aufgehoben werden kann.

Aquarellmalerei. Emil Nolde. »Reife Hagebutten« (Neukirchen, Stiftung Seebüll)

Aquarell [italien.], mit Aquarellfarben gemaltes Bild.

Aquarellfarben (Wasserfarben), lichtechte, feinstgemahlene, ungiftige Mineralpigmente (Cadmiumgelb, Berliner Blau, Ocker, Zinnober) mit wasserlösl. Bindemittel (Gummiarabikum).

Aquarellmalerei, Malerei mit ↑Aquarellfarben, die den Malgrund durchscheinen lassen; A. (auf Ton, Gipsputz) ist seit den alten Hochkulturen (z. B. Ägypten) bekannt. – Abb. S. 190.

Aquarium [lat.], Glas- oder Kunststoffbehälter zur Haltung von Wassertieren und -pflanzen. Aquarien finden als *Süßwasser-* und *Meerwasseraquarien* Verwendung. Unter den Süßwasseraquarien findet man *Kaltwasseraquarien* für Tiere aus nördl. Breiten und *Warmwasseraquarien* für trop. und subtrop. Süßwassertiere.

Aquarius [lat.] ↑Sternbilder (Übersicht).

Aquatinta [italien.], Verfahren des ↑Kupferstichs, bei dem die Zeichnung aus einer mit pulverisiertem Kolophonium und Asphaltlack präparierten Metallplatte herausgeätzt wird, wobei die Wirkung einer Tuschzeichnung erzielt wird.

Äquator [lat.], **1)** *Erdäquator:* größter Breitenkreis (Umfang 40076,592 km); die Ä.ebene teilt die Erde in die nördl. und südl. Halbkugel *(Hemisphäre).*

2) *Himmelsäquator:* Großkreis an der Sphäre in der Ebene des Erdäquators; teilt die Sphäre in den *nördl.* und *südl. Sternenhimmel.*

Äquatorialguinea [...ginea] (spanisch Guinea Ecuatorial), Staat in Afrika, grenzt im N an Kamerun, im O und S an Gabun. Außerdem gehören zu Ä. die Inseln Bioko (früher Fernando Póo), Pagalu, Corisco, Elobey Grande und Elobey Chico.

Staat und Recht: *Verfassung* von 1982 (1991 geändert). Staatsoberhaupt und oberster Inhaber der *Exekutivgewalt* ist der Präs.; Verfassungsorgane sind der Staatsrat (11 Mgl.), der Min.-Rat (Regierung) und ein Rat für wirtschaftl. und soziale Entwicklung; die Mgl. der Räte werden vom Präs. ernannt. Die *Legislative* liegt bei der Nationalversammlung (41 auf 5 Jahre gewählte Mgl.). Seit 1991 besteht ein Mehrparteiensystem.

Landesnatur: Der festländ. Landesteil (Region Mbini) hat eine breite Küstenebene, die nach O zu einem Bergland (bis 1200 m) ansteigt. Die Inseln im Golf von Guinea gehören zur Vulkankette der Kamerunlinie (bis 2850 m auf Bioko). Ä. besitzt äquatoriales Regenklima mit trop. Regenwald.

Bevölkerung: Ä. wird von verschiedenen Bantuvölkern bewohnt. 81% der Bevölkerung sind röm.-katholisch.

Äquatorialguinea

Fläche:	58051 km²
Einwohner:	369000
Hauptstadt:	Malabo
Amtssprache:	Spanisch
National-	
feiertag:	12. 10.
Währung:	1 CFA-Franc = 100 Centimes
Zeitzone:	MEZ

Wirtschaft, Verkehr: Land- und Forstwirtschaft stellen die Grundlagen der Wirtschaft dar. Kakao, tropische Hölzer und Kaffee werden exportiert. Es gibt keine Eisenbahn. Internat. ✈ bei Malabo.

Geschichte: Seit Beginn des 20. Jh. bildeten das heutige Mbini und das heutige Bioko die span. Kolonie *Territorios Españoles del Golfo de Guinea.* Seit 1959 Übersee-Prov., erhielten diese 1963 als Ä. innere Autonomie. Nach der Ausrufung der unabhängigen Republik Ä. 1968 kam es 1969 zu Unruhen, die zur Aufhebung der Verfassung (1973 neue Verfassung) führten und Präs. F. Macías Nguema die Errichtung eines Terrorregimes ermöglichten. 1979 wurde Macías Nguema durch Putsch gestürzt, der Oberste Militärrat unter T. O. Nguema Mbasogo übernahm die Macht. Mit der Verfassung von 1982 wurde das Präsidialsystem eingeführt. Zum 1. 1. 1985 wurde Ä. Mgl. der Franc-Zone. Bei den ersten Präsidentschaftswahlen seit dem Putsch von 1979 wurde 1989 Präs. Nguema Mbasogo im Amt bestätigt. Bei den Wahlen 1993 setzte sich die Regierungspartei, der Partido Democrático de Guinea Ecuatorial, durch.

Äquatorialguinea

Staatsflagge

Staatswappen

1970	1992	1970	1992
0,29	0,37		330

Bevölkerung (in Mio.) — Bruttosozialprodukt je E (in US-$)

□ Stadt — Land □

Bevölkerungsverteilung 1989
40% / 60%

■ Industrie
■ Landwirtschaft
□ Dienstleistung

Bruttoinlandsprodukt 1987
5% / 37% / 58%

Aquarellmalerei. August Macke. »Blick auf eine Moschee« (1914, Privatsammlung)

Corazon Cojuangco Aquino

und siegte bei den Präsidentschaftswahlen 1986 gegen den amtierenden Präs. F. Marcos; 1986–92 Präsidentin.

Äquinoktium [lat.], Tagundnachtgleiche; der Zeitpunkt, an dem die Sonne auf ihrer jährl. scheinbaren Bahn, der Ekliptik, den Himmelsäquator schneidet. Im *Frühlings-Äquinoktium (Frühlingsanfang,* um den 21. 3.) und *Herbst-Äquinoktium (Herbstanfang,* um den 23. 9.) sind für alle Orte auf der Erde Tag und Nacht gleich lang.

Aquisgranum (Aquisgrani) ↑Aachen.

Aquitanien, Region in SW-Frankreich, 41 308 km², 2,7 Mio. E, Hauptstadt Bordeaux.

Geschichte: A. ist benannt nach den iber. Volksstämmen der Aquitaner, ab etwa 71 v. Chr. röm.; 418 Kerngebiet des westgot. ↑Tolosanischen Reiches. Seit 507 von den Franken erobert; 827/828 wurden die Grafen von Poitou Herzöge von A., das 1128/52 zum ↑Angevinischen Reich kam. Der N fiel 1224 an die frz. Krone, das Restgebiet (Guyenne) wurde 1453 endgültig mit Frankreich vereinigt.

äquivalent [...va...], gleichwertig.

Äquivalent [...va...; lat.], **1)** *allg.:* gleichwertig Entsprechendes.

2) *Chemie:* 1. durch die Atom- oder Molekülmasse bestimmte Mengen von Atomen, Ionen oder Molekülen, die ohne Überschuß miteinander reagieren (↑Stöchiometrie). 2. ↑elektrochemisches Äquivalent

Äquivalentmasse [...va...], der Quotient aus der Atommasse und der Wertigkeit, mit der ein Element in einer bestimmten Verbindung auftritt. Die der Ä. entsprechende Menge in Gramm wird als *Grammäquivalent* oder *Val* bezeichnet.

Äquivalenz [...va...], **1)** Gleichwertigkeit; in der [mathemat.] *Logik* die Aussage $A \Leftrightarrow B$ (lies: *A* äquivalent *B*); sie gilt nur dann, wenn gilt: Aus A folgt B, und aus B folgt A.

2) *Mathematik:* svw. ↑Mächtigkeit.

3) *Physik:* die Gleichwertigkeit von Arbeit und Wärmeenergie, von Masse und Energie (↑Einstein-Gleichung), von träger und schwerer Masse.

Äquivalenzrelation [...va...], zweistellige Relation *R* in einer Menge *M,* die reflexiv, symmetrisch und transitiv ist. Elemente *x, y,* für die *xRy* gilt, heißen

Äquatortaufe ↑Linientaufe.

Aquavit [lat. aqua vitae »Lebenswasser«], v. a. mit Kümmel aromatisierter, heller Branntwein.

äqui..., Äqui... [lat.], Bestimmungswort in Zusammensetzungen mit der Bedeutung »gleich..., Gleich...«.

Aquila [lat.], **1)** *Astronomie:* ↑Sternbilder (Übersicht).

2) *Zoologie:* Greifvogelgattung (↑Adler).

Aquila, L' ↑L'Aquila.

Aquileja, italien. Stadt in Friaul=Julisch-Venetien, 9 km vom Golf von Triest entfernt, 3 300 E. Reste röm. Bauwerke, roman. Basilika (1021–1031) mit Mosaikfußboden (4. Jh.). – 181 v. Chr. als röm. Kolonie gegr. *(Aquileia);* bis zur Zerstörung durch Attila (452) Großstadt und bed. Handelsplatz; 1919 kam A. an Italien.

Aquin, Thomas von ↑Thomas von Aquin.

Aquino [-ˈki-], Corazon Cojuangco, *Manila 25. 1. 1933, philippin. Politikerin. Trat nach der Ermordung ihres Mannes, des Oppositionsführers *Benigno A.* (*1932, †1983), politisch hervor

äquivalent. Jede Ä. in einer Menge zerlegt diese in paarweise disjunkte Teilmengen *(Äquivalenzklassen).*

äquivok [...'vok; lat.], zwei-, mehrdeutig.

Ar, 1) *Chemie:* Symbol für ↑Argon.
2) *Meßwesen:* [frz.] Flächeneinheit, Einheitenzeichen a; $1\,a = 100\,m^2$.

Ära [lat.], **1)** Zeitabschnitt, (Amts-)Zeit; Zeitrechnung (z. B. christl. Ä.) von einem bestimmten Ereignis an.
2) *Geologie:* größte Zeiteinheit der Erdgeschichte.

Araber, urspr. Bez. für die semit. Stämme der Arab. Halbinsel, als Folge der Ausbreitung des Islam übertragen auf alle Menschen, die Arabisch als Muttersprache sprechen. Je nach Lebensraum und Wirtschaftsform waren die A. von alters her Nomaden (Beduinen), Bauern (Fellachen) mit hochentwickelter Bewässerungstechnik sowie Handwerker und v. a. Händler. Früh kam es zur Staatenbildung und Entwicklung von Handelsstädten an Karawanenstraßen und Küsten.

Arabeske [italien.-frz.], Ornament der Renaissance (sich gabelnde Ranken), entwickelt aus der Dekorationskunst der hellenist.-röm. Welt; illusionist. plast. Effekte; auch svw. ↑Maureske. In der *Musik* Stück (für Klavier) mit reichl. Figuration.

Arabien, im histor. und polit. Sinne gebrauchtes Synonym für Arab. Halbinsel. Anfang des 2. Jt. v. Chr. wanderten semit. Stämme ein. Im 1. Jt. bestanden im S mehrere selbständige Reiche, von denen ↑Saba das bedeutendste war. Um 300 n. Chr. bildete sich ein Großreich. Im 6. Jh. kam das Gebiet unter abessin., dann pers. Oberhoheit. Im 4. Jh. v. Chr. erstarkte im NW das Reich der Nabatäer (106 n. Chr. röm. Prov. *Arabia*). In nachchristl. Zeit entstanden im N arab. Fürstentümer. Mohammed unterwarf bis 632 ganz A., das aber im Kalifenreich nicht mehr das Kernland war. Alle arab. Küstenländer mit Ausnahme der S- und SO-Küste wurden im 16. Jh. von den Osmanen erobert. Die verbleibenden Staaten wurden im 19. Jh. brit. Protektorate bzw. enge Verbündete von Großbrit. und sind heute selbständige Staaten (Kuwait, Bahrain, Katar, Vereinigte Arabische Emirate, Oman, Jemen). In Zentral-A. kam es 1932 zur Gründung des Kgr. Saudi-Arabien, am nördl. Rand von A. zur Schaffung der Königreiche Transjordanien (heute Jordanien) und Irak.

Arabisch, eine der semit. Sprachen, zu deren sw. Gruppe sie gehört. Ihr Sprachraum war urspr. Arabien. Die moderne Schriftsprache hat Morphologie und Syntax des Korans beibehalten, aber einen Teil des veralteten Grundwortschatzes durch Neubildungen ersetzt. Dennoch erwies sich diese Schriftsprache den Forderungen der Technik und des modernen Lebens nicht gewachsen und muß sich daher vieler, hauptsächl. engl. oder frz. Fachwörter bedienen. Die arab. Dialekte teilen sich in fünf Hauptgruppen: 1. Halbinsel-Arabisch (im N, S und O der Arab. Halbinsel sowie auf Sansibar); 2. Irakisch; 3. Syrisch-Palästinensisch; 4. Ägyptisch-Sudanesisch; 5. Maghrebinisch. – Eine bes. Entwicklung weist das Maltesische auf.

Araber.
Beduinenfrau
aus Palmyra

Arabische Halbinsel, Halbinsel im SW Asiens, durch das Rote Meer von Afrika getrennt, eine sich nach O abdachende Hochscholle, deren Inneres etwa 1000 m hoch liegt, deren Ränder größere Höhen erreichen; der SW ist Hochgebirge, bis 3760 m hoch. Die A. H. hat – außer in den Hochgebirgen – trockenes Klima und ist größtenteils Wüste und Trockensteppe. Die Bevölkerung, meist Araber, lebt v. a. in den Randgebieten. In Oasen ist die Dattelpalme das Hauptanbauprodukt. Von größter wirtschaftl. Bed. sind die Erdölfunde am und im Pers. Golf. Im W liegen die hl. Städte des Islam, Mekka und Medina.

Arabeske
(aus einer pers. Handschrift, 2. Hälfte des 15. Jh.)

Arabische Liga, 1945 begr. Zusammenschluß arab. Staaten zunächst zur polit., seit 1950 (Sicherheitspakt) auch zur militär. und seit 1957 zur wirtschaftl. Zusammenarbeit. Gründungs-

Arabische Liga
Flagge

arabische Literatur

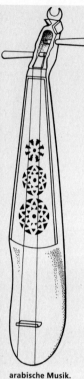

arabische Musik.
Rebab

mitglieder: Ägypten, Saudi-Arabien, Syrien, Jordanien, Irak, Libanon und die Arab. Republik Jemen. Zw. 1953 und 1977 erfolgten 15 weitere Beitritte, u. a. der PLO (1976); Ägyptens Mitgliedschaft wurde 1979 suspendiert (Rückkehr 1989). Ein geschlossenes Handeln der A. L. wird jedoch durch polit.-ideolog. Differenzen unter den arab. Staaten stark eingeschränkt.

arabische Literatur, die Literatur in arab. Sprache. Man unterscheidet fünf Epochen: 1. die altarab. oder vorislam. Epoche (um 475–622), 2. die Epoche der orthodoxen Kalifen und der Omaijaden (622 bis 749), 3. die Epoche der Abbasiden (750–1258), 4. die Epoche der Dekadenz (1258–1798), 5. die Epoche der modernen Renaissance (von 1798 bis heute). Obwohl die a. L. bis zum Ende des 5. Jh. n. Chr. zurückreicht, wurde sie erst seit Ende des 8. Jh. systematisch aufgezeichnet.

Poesie: Die ältesten Denkmäler sind die altarab. Gedichte, ↑Kassiden gen., darunter die der Sammlung »Muallakat«. Zu den bedeutendsten Dichtern gehören u. a. Imra al-Kais († um 540), Tarafa († um 569), Antara ibn-Schaddad († um 615), Nabigha († um 684). Mit dem Aufkommen des Islam trat die Poesie etwas in den Hintergrund. Eine neue Blüte erlangte sie am Hofe der Omaijaden (Achtal [† um 710], Djarir [† um 728], Farasdak [† um 728]). Neben die Kasside trat das ↑Ghasel (Omar ibn Abi Rabia [† 711]). Während der Herrschaft der Abbasiden wurde v. a. die anakreont. Trink- und Liebesdichtung gepflegt (Abu Nuwas [† 814?]). Als der bedeutendste arab. Dichter der Nachklassik gilt Mutanabbi († 955).

Prosa: Mit dem Islam entstand das erste Buch der arab. Prosa: der ↑Koran. Neue Zweige der arab. Wiss. verdanken ihm ihre Entstehung: Philologie, Religionswiss., Rechtswiss. mit Korankommentaren und Sammlungen der islam. Überlieferung (↑Hadith) sowie die Geschichtsschreibung. Sie wurde durch die Annalen des Persers Tabari († 923) um pers. Gedankengut erweitert. Erster moderner Historiker war Ibn Chaldun († 1406). Daneben entstanden bibliograph. Nachschlagewerke. Wichtig sind v. a. die Übersetzungen griech. Philosophen (Höhepunkt im 9. Jh.) sowie die

Werke über die »feine Bildung«. Djahis († 868 oder 869), der als Vater der modernen arab. Prosa gilt, und Ibn Kutaiba († 889) schrieben enzyklopäd. Werke. Das Interesse an fremden Ländern zeigte sich an den Reisebeschreibungen des 10. Jh., bed. sind u. a. Ibn Churdadhbeh († um 912), Masudi († 956), im 13. Jh. Ibn Djubair († 1217), im 14. Jh. Ibn Battuta († 1368/69 oder 1377). Das 10. Jh. fixierte schriftl. die jahrhundertelang nur mündlich überlieferten Erzählungen, so entstand insbes. die Sammlung ↑Tausendundeine Nacht.

Moderne Literatur: Zentren wurden Ägypten und der Libanon. Eine Übersetzertätigkeit ohnegleichen setzte ein. Das arab. Theater wurde begründet, der Roman hielt Einzug in die a. Literatur. Eine bes. Bereicherung erfuhr die a. L. durch die Entstehung der polit. Prosa. Seit dem 20. Jh. werden krit. Studien häufiger. Auch die Poesie löste sich nach und nach aus den Traditionen. In Ägypten ist v. a. Taha Husain (*1889, † 1973), im Libanon sind Michail Nuaima (*1889, † 1988), Said Akl (*1912) und Adonis (*1930) zu nennen.

arabische Mathematik, die im islam. Kulturbereich etwa vom Ende des 8. Jh. bis zum Anfang des 15. Jh. betriebene Zusammenfassung und Weiterentwicklung des mathemat. Wissens der Griechen, Ägypter, Inder und Perser. Im Ggs. zur griech. Mathematik betonte die a. M. rechner. Verfahrensweisen. In der *Arithmetik* führte Al-Charismi zu Beginn des 9. Jh. das Rechnen mit den aus Indien übernommenen Ziffern ein. Der binom. Lehrsatz und mit dessen Hilfe das Ziehen von Wurzeln wurde im 11. Jh. von ↑Nasir ad-Din at-Tusi behandelt. – Die *Algebra* erhielt ihren Namen durch Verballhornung des Titels von Al-Charismis Lehrbuch, in dem er auch den einfachen Dreisatz behandelte. In der *Trigonometrie* baute die a. M. auf der von den Griechen entwickelten Sehnentrigonometrie und auf der von den Indern entwickelten Halbsehnentrigonometrie auf. Von Al-Charismi stammt eine Sinustafel. Nasir ad-Din at-Tusi gab den ersten vollständigen und abgerundeten Aufbau des gesamten Systems der ebenen und sphär. Trigonometrie. Die *arabische Geometrie* knüpft in der Hauptsache an Euklids »Elemente« an. 1424 bestimmte Al-Kaschi die Kreiszahl π auf 17 Dezimalstellen genau. Bei Infinitesimalbetrachtungen erzielten die Araber des 10. und 11. Jh. mit der Exhaustionsmethode neue Ergebnisse bei Flächen und Volumenberechnungen.

arabische Musik. Die Geschichte der a. M. ist eng mit dem Aufkommen des Islam im 7. Jh. und mit der Blütezeit des islam. Weltreichs verbunden. Sie ist gekennzeichnet durch die Verschmelzung einst isolierter Länderstile. Ihre bedeutendste Zeit hatte sie vom 7. bis 13. Jh. Seit der Gründung Bagdads als Residenz des abbasid. Kalifats begann die Symbiose pers.-arab. Kultur. Bes. die Hofmusik der Kalifen wurde von der verfeinerten Kunsttradition der pers. Oberschicht bestimmt. Weitreichende Einflüsse gingen auch von der griech. Musiklehre aus. Die a. M. ist eine melodisch bestimmte Kunst. Als eigtl. originäre Leistung ist die Lehre des ↑Maqam anzusehen. Formen der religiösen Musik sind die Korankantillation, die Gebetsrufe des Ausrufers (Muezzin) auf den Minaretten der Moscheen, die spätere religiöse Hymnodik und die Sufi- und Derwischmusik der klösterl. Orden des Islam. Aus dem Hofzeremoniell entwickelte sich eine große zykl. Form, die Nauba, eine Vokal- oder Instrumentalsuite. Der Taqsim ist dagegen die instrumentale Darstellung eines Maqam. Die a. M. besitzt ein hochentwickeltes Instrumentarium. Der höf. und großbürgerl. Kunstmusik gehören die Großlaute Ud, die Zither Qanun, die mit Klöppeln geschlagene Zither Santur, das Streichinstrument Kamandja, die Langhalslaute Tanbur, die Flöte Naj und die Schellentrommel Daff an. Zur Fellachenmusik gehören die Doppelklarinetten Zummara und Arghul, die Vasentrommel Darabukka, das Streichinstrument Rabab. – Die klass. arab. Musik ist ihrer Natur nach Kammermusik, in der die Sololeistungen einzelner Künstler beherrschend sind.

Arabischer Kooperationsrat, durch Ägypten, Irak, Jordanien und die Arab. Republik Jemen 1989 gegr. Wirtschaftsgemeinschaft zur Schaffung eines gemeinsamen arab. Marktes; Sitz Amman.

Arabisches Becken, Meeresbecken im nw. Ind. Ozean, zw. Arab.-Ind. Rücken und Maledivenrücken, bis 5 875 m tief.

arabische Schrift, entwickelte sich seit dem 3.–4. Jh. aus der altsemit. Konsonantenschrift. Die a. S. wird von rechts nach links geschrieben; sie besteht aus 28 Konsonantenbuchstaben, die verschiedene Formen haben können, je nachdem, ob sie isoliert oder verbunden nach rechts, links oder nach beiden Seiten vorkommen; dazu kommen sechs Vokalzeichen, von denen drei mit Konsonantenzeichen identisch sind.

اِقْرَأْ وَرَبُّكَ الْأَكْرَمُ * الَّذِي عَلَّمَ بِالْقَلَمِ عَلَّمَ الْإِنْسَانَ مَا لَمْ يَعْلَمْ

Arabisches Meer, Teil des Ind. Ozeans zw. der Arab. Halbinsel und Indien, im NW Übergang in den Golf von Oman.

Arabisches Vollblut (Araber), Stammrasse aller warmblütigen Pferderassen; Reitpferd.

Arabische Wüste, Gebirgswüste in Ägypten, zw. dem Niltal und dem Roten Meer, bis 2 184 m hoch.

arabische Ziffern, urspr. ind. Zahlzeichen für die Zahlen eins bis neun und für die Null; im 13. Jh. von den Arabern nach Westeuropa vermittelt.

Arabistik [griech.], wiss. Erforschung der arab. Sprache und Literatur.

Aracaju [brasilian. araka'ʒu], Hauptstadt des brasilian. Staates Sergipe, nahe der Mündung des Rio Sergipe in den Atlantik, 293 000 E. Hafen.

Arachnida (Arachnoidea) [griech.], svw. ↑Spinnentiere.

Arad, Stadt in W-Rumänien, 188 000 E. Hauptstadt des Verw.-Geb. Arad; Staatsphilharmonie; Schwerpunkt der Textilindustrie. – 1335 erstmals erwähnt.

Arafat, Jasir, *Jerusalem (?) 27. 8. 1929, palästinens. Politiker. Urspr. Ingenieur; als Führer (seit 1967) der von ihm mitgegründeten palästinens. Kampforganisation ↑Fatah und des Vors. des Exekutivkomitees der PLO (ab 1969) mitverantwortlich für die internat. Terroranschläge der ↑Palästinensischen Befreiungsorganisation; ab 1989 formell Präs.

Jasir Arafat

Aragaz

Louis Aragon

des 1988 proklamierten unabhängigen Staates Palästina. Nach den militär. Niederlagen der PLO im Libanonkrieg bzw. des Irak im 2. Golfkrieg zeigte sich A. im Ggs. zu militanteren PLO-Gruppen gegenüber einer polit. Lösung des israel.-arab. Konflikts offener; für seine Bemühungen zu einer friedl. Beilegung des ↑Nahostkonflikts, die zu der Unterz. des Gaza-Jericho-Abkommens und des Autonomievertrages führten, erhielt A. 1994 zus. mit S. Peres und Y. Rabin den Friedensnobelpreis. 1996 wurde er zum Präs. des palästinens. Autonomierats gewählt.

Aragaz, Vulkan im Hochland von Armenien, 4090 m hoch, mit astrophysikal. Observatorium.

Aragon, Louis [frz. araˈgõ], *Paris 3. 10. 1897, † Paris 24. 12. 1982, frz. Schriftsteller. Mitbegründer der surrealist. Bewegung; ab 1927 Mgl. der KPF; Lyrik (u. a. »Elsa«, 1959), Romane (u. a. »Die wirkl. Welt«, Folge von vier Romanen, 1934–44; »Karwoche«, 1958), daneben Erzählungen sowie Essays.

Aragonien (Aragón), histor. Prov. (Region) in NO-Spanien, hat Anteil an den Pyrenäen (Pico de Aneto, 3404 m ü. M.), dem Ebrobecken und dem Iber. Randgebirge (bis 2313 m hoch). Trockenfeldbau in den Pyrenäentälern, im Becken um Zaragoza Bewässerungsfeldbau. Ein großer Teil von A. ist Weideland (wandernde Schafherden). Wintersport in den Pyrenäen.

Geschichte: Durch den 2. Punischen Krieg (218–201 v. Chr.) römisch; im 5. Jh. westgotisch; 713 arabisch, um 800 fränk. Gft.; im 11./12. Jh. vorübergehend zu Navarra, ab 1134 unabhängiges Kgr.; Zusammenschluß mit Katalonien (1137) und Valencia (1238); Aufstieg zur Großmacht im westl. Mittelmeer: Erwerb Siziliens (1282), Sardiniens (1323) und Neapels (1442). Die Vereinigung mit Kastilien 1479 schuf den spanischen Gesamtstaat. – Seit 1982 ist A. autonome Region.

Aragonit [nach Aragonien], Carbonatmineral, chem. $CaCO_3$; meist grau, gelblich oder farblos, in rhomb. Kristallen; Umwandlung in Calcit beim Erhitzen über 400°C. A. tritt u. a. als Sinterbildung heißer Quellen auf *(Sprudelstein, Erbsenstein).* – Mohshärte 3,5–4,0; Dichte 2,9–3,0 g/cm³.

Aragonit.
Oben: Drillingskristall ◆
Unten: ästiges
Aggregat (Eisenblüte)

Aral AG, dt. Handelsunternehmen für Mineralölerzeugnisse, Sitz Bochum; gegr. 1898; Hauptaktionär: VEBA-Konzern.

Aralie [...i-ə], **1)** (Aralia) Gatt. der Araliengewächse mit etwa 25 in Asien, Australien und N-Amerika weit verbreiteten Arten; Sträucher oder Kräuter, seltener Bäume; Zierpflanzen sind z. B. die bis 5 m hohe *Chinesische Aralie* und die etwa 2 m hohe *Stachelige Aralie.* **2)** ↑Zimmeraralie.

Araliengewächse [...i-ən...] (Efeugewächse, Araliaceae), Fam. zweikeimblättriger Pflanzen; 70 Gatt. mit etwa 700 Arten (in Deutschland nur der Gemeine Efeu); meist trop. Bäume oder Sträucher; bekannte Gatt.: Aralie, Efeu, Zimmeraralie.

Aralsee, abflußloser Salzsee östlich des Kasp. Meeres, 36,9 m ü. M., 33 600 km², gespeist vom Amudarja (der frühere Zufluß Syrdarja versickert bei normaler Wasserführung im Sand). Da diesen Flüssen große Wassermengen zur Bewässerung entnommen werden, sinkt der Spiegel des A. ab; die urspr. Fläche (64 100 km²) hat sich seit etwa 1960 um die Hälfte verringert, so daß der N-Teil des A. sich vom Hauptteil trennte; gleichzeitig ist der Salzgehalt stark angestiegen.

Aramäer, eine Gruppe westsemit. Nomadenstämme, die seit dem Ende des 2. Jt. v. Chr. aus dem Wüstengebiet westl. des Euphrat nach Syrien und Mesopotamien eindrangen; 626 v. Chr. begründete die A.dynastie der Chaldäer das neubabylon. Reich.

Aramäisch, Zweig der semit. Sprachen. Zunächst in Syrien nachweisbar, breitete es sich über den ganzen Vorderen Orient und weiter nach Osten aus. Bereits in assyr. Zeit war es eine internat. Sprache. Von den Achämeniden wurde das *Reichsaramäisch* zur offiziellen Sprache erhoben. Zum *Westaramäischen* gehörten u. a. das *Jüdisch-Palästinensische,* das das Hebräische als gesprochene Sprache verdrängte (es war die Sprache Jesu), und das *Samaritanische,* eine Sonderform des A. nach der religiösen und polit. Absonderung Samarias. Das A. des Zweistromlandes wird unter der Bez. *Ostaramäisch* zusammengefaßt. Es umfaßt: 1. das *Syrische;* 2. das *Aramäische des babylon. Talmuds;* 3. das *Mandäische;* 4. das *Ostsyrische,* das wie das Mandäische moderne Ausläufer hat.

Aran Inseln [engl. 'ærən], Inselkette an der NW-Küste Irlands, besteht aus drei bewohnten *(Inishmore, Inishmaan, Inisheer)* und einigen unbew. Inseln. Zahlr. prähistor. und frühchristl. Kulturdenkm..

Aranjuez [span. araŋ'xuεθ], span. Stadt am Tajo, 36000 E. Inmitten von Parkanlagen liegt der Palast Philipps II. (16. und 18. Jh.), die Sommerresidenz der span. Könige. – Im *Vertrag von Aranjuez* (1805) verbündete sich Spanien mit Napoleon I. gegen Großbritannien.

Aräometer [griech.] (Senkspindel, Senkwaage), einfaches Gerät zur Messung der Wichte (spezif. Gewicht) bzw. Dichte von Flüssigkeiten. Das A., ein geschlossener, röhrenförmiger Glaskörper, taucht um so tiefer in eine Flüssigkeit ein, je geringer deren Wichte bzw. Dichte ist.

Ararat, höchster Berg der Türkei, erloschener zweigipfliger Vulkan, nahe der Grenze gegen Iran und Armenien. Der *Große Ararat* ist 5165 m hoch und vergletschert, der *Kleine Ararat* ist 3925 m hoch.

Aras [indian.], Gruppe der größten lebenden Papageien (bis 1 m lang) mit etwa 17 Arten; v. a. in den Wäldern M-Amerikas, auch S-Brasiliens; Schnabel groß und kräftig, Schwanz lang, Augengegend und größere Flächen an den Kopfseiten nackt.

Aratos von Soloi (Arat), *Soloi (Kilikien) um 315, † 245, griech. Dichter. Sein Lehrgedicht »Phainomena« (Himmelserscheinungen) war durch Übersetzung ins Lat. weit verbreitet.

Araukaner, Indianervolk in Chile und N-Patagonien, uspr. Jäger und Sammler; übernahmen von den andinen Hochkulturen Ackerbau und Viehzucht, im 17. Jh. von den Spaniern das Pferd.

Araukarie [...i-ə] (Araucaria)·[nach der chilen. Prov. Arauco], Gatt. der Araukariengewächse mit etwa 15 Arten auf der Südhalbkugel; hohe Bäume mit quirlig stehenden Ästen und oft dachziegelartig übereinanderliegenden, spiralig angeordneten, schuppen- bis nadelförmigen Blättern; weibl. Blüten in eiförmigen oder kugeligen Kätzchen, die beim Reifen zu Zapfen auswachsen. Bekannt u. a.: *Chilefichte,* bis 45 m hoch, pyramidenförmig; *Zimmertanne* (Norfolktanne), bis 70 m hoch.

Giycerin
Dichte
1,26 g/cm³

Wasser
Dichte
1,0 g/cm³

Aräometer

Araukarie. Norfolktanne (Araucaria excelsa); älterer Seitentrieb (oben), junger Trieb mit Seitentrieben (unten)

Araukariengewächse (Araucariaceae), Fam. der Nadelhölzer mit rd. 35 Arten in zwei Gatt.; heute nur noch auf der Südhalbkugel.

Arausio ↑Orange.

Aravalli Range [ə'ra:vəlɪ 'reɪndʒ] (Arawalligebirge), Gebirgskette in NW-Indien, rd. 600 km lang, bis 1722 m hoch.

Arbeiterbewegung.
Frans Masereel. Mai-
festkarte »Erster Mai«
(Holzschnitt, 1925)

konstant, dann gilt für die Arbeit
$W:W=F \cdot s$. Die *Hubarbeit* W_h, die einen Körper der Masse m um die Höhe h
hebt, ist $W_h=mgh$ (g: Erdbeschleuni-
gung). Die *Beschleunigungsarbeit* W_a, die
einen Körper der Masse m aus der Ruhe
auf die Geschwindigkeit v beschleunigt,
ist: $W_a=\frac{1}{2} mv^2$. Zum Transport einer
Ladung Q im elektr. Feld mit der Poten-
tialdifferenz (Spannung) U muß die *elektrische Arbeit* $W_{el}=Q \cdot U$ verrichtet werden. Erfolgt dieser Ladungstransport in
der Zeit t, so bedeutet dies einen elektr.
Strom der Stärke $I=Q/t$. Damit erhält
man: $W_{el}=U \cdot I \cdot t$.

SI-Einheit der A. ist das Joule (J). Festlegung: 1 Joule (J) ist gleich der A., die
verrichtet wird, wenn der Angriffs-
punkt der Kraft 1 Newton (N) in Richtung der Kraft um 1 m verschoben wird:
$1 J = 0,239$ cal $= 1$ Nm $= 1$ kg $\cdot$ m$^2 \cdot$ s^{-2}
$= 1$ Ws $= 1$ VAs; $3\,600$ kJ $= 3\,600\,000$ Ws
$= 1$ kWh.

Arbeiter, i. w. S. jede Person, die eine
Arbeitsleistung erbringt, i. e. S. der
Lohn-A., der seine Arbeitskraft gegen
Entgelt zur Verfügung stellt und v. a.
ausführende, oft körperl. Arbeit verrichtet. In der BR Deutschland waren
1965 noch 48,6%, 1991 nur noch
38,9% der Erwerbstätigen Arbeiter.
Dagegen ist die Zahl der ↑Angestellten
ständig gestiegen.

Arbeiterbewegung, organisierte Bestrebungen der abhängigen Lohnarbei-
ter zur Verbesserung ihrer Lebensbedingungen. Die Verelendung der Arbeiterklasse führte seit Beginn des 19. Jh.
in Großbrit. zu Protestaktionen und
zu Zusammenschlüssen der Arbeiter
(↑Chartismus). In Deutschland gründete F. Lassalle 1863 den »Allg. Dt. Arbeiterverein«, 1869 entstand unter Führung von A. Bebel und W. Liebknecht
die »Sozialdemokrat. Arbeiterpartei«
(↑Sozialdemokratie); beide Organisationen vereinigten sich 1875 zur »Sozialist. Arbeiterpartei Deutschlands« (seit
1890 SPD). Zeitgleich entwickelte sich
seit 1868 eine dt. Gewerkschaftsbewe-
gung, teils auf marxist.-sozialist., teils
auf liberal-christl. Basis. 1864 wurde
unter dem Einfluß von Marx und Engels in London die Internat. Arbeiteras-
soziation geschaffen (↑Internationale,
↑Marxismus). Der 1. Weltkrieg führte
zur Auflösung der internat. und nat.

Arax (im Altertum Araxes), rechter
Nebenfluß der Kura, entspringt in
der Türkei, bildet im Mittellauf die
türk.-armen. und iran.-aserbaidschan.
Grenze, mündet in Aserbaidschan,
1 072 km lang.

Arbeit, 1) *Recht, Wirtschaft:* jede zielge-
richtete, bedürfnisbefriedigende und
planmäßige Tätigkeit, bei der geistige
und/oder körperl. Kräfte eingesetzt
werden. Steuerrechtlich wird unterschieden zw. *selbständiger Arbeit* (Tätigkeit, die in eigener Verantwortung und
auf eigene Rechnung erfolgt) und *un-
selbständiger Arbeit* (Tätigkeit, die auf
Rechnung eines Arbeitgebers erfolgt).
In der Wirtschaftstheorie wird A. neben
Kapital und Boden als einer der drei
↑Produktionsfaktoren verstanden.
2) *Physik:* physikal. Größe grundlegender Art. A. wird immer dann verrichtet,
wenn ein Körper entgegen einer auf ihn
wirkenden Kraft bewegt wird. Stimmen
Kraft- und Wegrichtung überein und ist
die Kraft F längs des gesamten Weges s

Einheit der sozialist. A.; seither bestand eine z. T. strenge Teilung in Kommunisten und Sozialisten bzw. Sozialdemokraten. Heute sind Arbeiterparteien und Gewerkschaften in den westl. parlamentar. Demokratien wie in den kommunist. Ländern überwiegend fest in das jeweilige wirtschaftl., soziale und polit. System integriert. Der Zusammenbruch der kommunist. Regime in M-, O- und SO-Europa 1989/91, die Auflösung der ehemals herrschenden kommunist. Parteien und die Formierung sozialist. bzw. sozialdemokrat. Parteien leitete eine theoret. Neuorientierung der internat. A. ein.

Arbeiterliteratur, i. w. S. alle soziale Dichtung, in deren Mittelpunkt die Lebensumstände der proletar. Schichten stehen (seit der Mitte des 19. Jh.), i. e. S. eine von Arbeitern selbst verfaßte Literatur mit dem Ziel, der Arbeiterklasse zu geistiger und polit. Selbstbesinnung zu verhelfen und Probleme und Ziele der Arbeiterbewegung darzustellen. Nach dem 1. Weltkrieg: u. a. G. Engelke, H. Lersch, A. Petzold sowie die Mgl. der Nylandgruppe (J. Winckler, J. Kneip, W. Vershofen). – 1961 entstand in Dortmund die »Gruppe 61« (M. von der Grün, E. Runge, G. Wallraff u. a.), von der sich 1970 der »Werkkreis Literatur der Arbeitswelt« abspaltete. In der DDR bestand der Versuch des ↑Bitterfelder Wegs.

Arbeiter-und-Soldaten-Räte, Vertretungen von Arbeitern und Soldaten, die sich v. a. zu Beginn des 20. Jh. bildeten und die Grundelemente des ↑Rätesystems entwickelten. In *Rußland* wurden in den Revolutionen von 1905 und 1917 Räte (russ. »sowjets«) als demokrat. Selbstverwaltungsorgane der Arbeiterschaft gebildet. Nach der bolschewist. Machtübernahme wurden die Räte, formal Grundlage der neuen Staatsordnung, faktisch durch die unumschränkte Einparteienherrschaft völlig entmachtet. – In *Deutschland* organisierten sich im Nov. 1918 auf der Basis der Betriebe und einzelner Truppenteile A.-u.-S.-R. als Träger der Revolution. Der Vollzugsrat (oberstes Revolutionsorgan) bestätigte den ↑Rat der Volksbeauftragten als eigtl. Regierung, dem eine Reichskonferenz aller A.-u.-S.-R. im Dez. 1918 offiziell die vollziehende und gesetzgebende Gewalt übertrug. 1919 wurden die Räteregierungen gewaltsam niedergeschlagen.

Arbeitervereine, der kulturellen und wirtschaftl. Förderung und Emanzipation der Arbeiterschaft dienende Organisationen. Nach brit. und schweizer. Anfängen entstanden dt. A. seit 1844; 1849 verboten, wurden sie seit etwa 1860 neu gebildet. Zunächst überwogen v. a. *Arbeiterbildungsvereine,* die oft die Gründungskeime polit. und gewerkschaftl. Aktivität wurden; sie wurden 1933 verboten. Die *Evangelischen Arbeitervereine* (gegr. ab 1882) verstanden sich als Organisation gegen Marxismus und Sozialdemokratie; sie gingen 1933 zwangsweise im Ev. Männerdienst auf und sind seit 1952 in der Ev. Arbeiterbewegung zusammengeschlossen. Die *Katholischen Arbeitervereine,* Mitte des 19. Jh. entstanden, erlangten größere Bedeutung erst Ende der 1860er Jahre im Gefolge des sozialen Wirkens von Ketteler. 1933 z. T. aufgelöst und nach 1945 neugegründet, wurden sie in der Kath. Arbeiterbewegung (seit 1968 Kath. Arbeitnehmer-Bewegung) zusammengeschlossen.

Arbeiterwohlfahrt e. V., Abk. **AWO,** Verband der freien Wohlfahrtspflege, Sitz Bonn; gegr. 1919, 1933–45 aufgelöst; arbeitet auf allen Gebieten der Sozial- und Jugendhilfe, seit 1959 auch der Entwicklungshilfe.

Arbeitgeber, jede natürl. oder jurist. Person, die einen anderen als Arbeitnehmer beschäftigt.

Arbeitgeberanteil, Beitragsanteil des Arbeitgebers zur Sozialversicherung der pflichtversicherten Arbeitnehmer (Renten-, Kranken-, Arbeitslosen-, Pflegeversicherung, 50% des Beitrags).

Arbeitgeberverbände, Vereinigungen der Arbeitgeber auf der Grundlage eines freiwilligen Zusammenschlusses in der Form eines privatrechtl. Vereins. In der BR Deutschland nach Branchen und regional organisiert, vertreten die A. als Tarifpartner der Gewerkschaften insbes. die sozialpolit. Belange ihrer Mgl. im Unterschied zu den wirtschaftspolit. Aufgaben der Wirtschaftsverbände. Die Zielsetzung der A. (Eigeninitiative, Selbstverantwortung, Privateigentum, Unternehmerfreiheit, zurückhaltende Lohnpolitik) schafft häufig Konflikt-

Arbeiterwohlfahrt e. V.

stoff gegenüber den Arbeitnehmervertretungen z. B. in den Fragen der Mitbestimmung und der Einkommens- bzw. Vermögensumverteilung.
Die Spitzenorganisation der A. in der BR Deutschland ist die *Bundesvereinigung der Deutschen Arbeitgeberverbände e. V. (BDA).* Ihre Hauptaufgabe ist die Wahrung gemeinsamer grundsätzl. sozialpolit. Belange. Internat. A. sind z. B. die »Internat. Arbeitgeberorganisation« (IOE) und der »Generalrat der Europ. Industrieverbände« (REI).

Arbeitnehmer, jede natürl. Person, die sich einer anderen Person (Arbeitgeber) meist gegen Entlohnung zur Leistung ganz bestimmter Dienste verpflichtet, unter Aufgabe der persönl. Selbständigkeit und bei Einordnung in den Betrieb und Unterordnung unter die Weisungsbefugnis des Arbeitgebers.

arbeitnehmerähnliche Personen, Personen, die in wirtschaftlich abhängiger Stellung für andere arbeiten, im Ggs. zu Arbeitnehmern aber ihre Unabhängigkeit bewahren (z. B. ein Teil der Handelsvertreter).

Arbeitnehmeranteil, Beitragsanteil des Arbeitnehmers zu seiner Sozialversicherung (Renten-, Kranken-, Arbeitslosen-, Pflegeversicherung, 50 % des Beitrags); wird bei Pflichtversicherten vom Arbeitgeber (↑Arbeitgeberanteil) vom Bruttolohn abgezogen und an die Versicherungen weitergeleitet.

Arbeitnehmererfindungen, patent- oder gebrauchsmusterfähige Erfindungen eines Arbeitnehmers. Eine *Diensterfindung* ist eine aus der Arbeit des Arbeitnehmers im Betrieb oder durch maßgebl. Mitwirkung des Betriebs entstandene Erfindung; kann vom Arbeitgeber gegen angem. Vergütung in Anspruch genommen werden. *Freie Erfindungen* sind alle sonstigen Erfindungen, die in den Arbeitsbereich des Betriebes fallen; sie sind dem Arbeitgeber zu angem. Bedingungen anzubieten.

Arbeitnehmerpauschalbetrag, im *Steuerrecht* der Betrag, der bei der Ermittlung der Einkünfte aus nichtselbständiger Arbeit vom Betrag der Einkünfte abgezogen wird. Der A. ersetzt seit der Steuerreform 1990 die Werbungskostenpauschale, den Weihnachtsfreibetrag und den Arbeitnehmerfreibetrag; Höhe 2 000 DM (1994).

Arbeitsamt, unterste Verwaltungsstelle der Bundesanstalt für Arbeit.

Arbeitsbeschaffungsmaßnahmen, Abk. **ABM,** Leistungen der Bundesanstalt für Arbeit nach dem Arbeitsförderungsgesetz zur Schaffung von Arbeitsplätzen. Arbeiten, die im öffentl. Interesse liegen, können durch Gewährung von Zuschüssen an deren Träger gefördert werden, wenn die Arbeiten sonst nicht oder erst später durchgeführt werden könnten und die Förderung arbeitsmarktpolitisch zweckmäßig erscheint. Bevorzugt zu fördern sind Arbeiten, durch die Dauerarbeitsplätze geschaffen werden.

Arbeitsbescheinigung, vom Arbeitgeber nach Beendigung eines Beschäftigungsverhältnisses auf Wunsch des Arbeitnehmers auszustellende Bescheinigung über Art und Dauer des Arbeitsverhältnisses, über die Höhe des Verdienstes und evtuelle Abfindungen sowie über den Grund des Ausscheidens.

Arbeitsbewertung, Teilgebiet der Arbeitswissenschaft, das eine objektive Erfassung der Anforderungen und Schwierigkeitsgrade eines bestimmten Arbeitsauftrages oder eines Arbeitsplatzes zum Ziel hat.

Arbeitsdiagramm (Arbeitsschaubild), graph. Darstellung eines von Kraft und Weg bzw. (bei thermodynam. Prozessen) von Druck und Volumen abhängigen physikal. Vorgangs mit diesen Größen als Ordinate und Abszisse.

Arbeitsdienst, freiwillig oder auf Grund gesetzl. Zwanges im Dienst der Allgemeinheit geleistete körperl. Arbeit ohne ein den übl. Lohnbedingungen entsprechendes Entgelt. In Deutschland gab es seit 1931 ein Gesetz über den *freiwilligen Arbeitsdienst* Jugendlicher; 1935 Schaffung des *Reichsarbeitsdienstes* (Abk. RAD; halbjährige Arbeitsdienstpflicht aller Deutschen zw. 18 und 25 Jahren); urspr. zur Bodenkultivierung eingesetzt; ab 1938 z. T. militärisch bestimmte Hilfsdienste.

Arbeitsdirektor, gleichberechtigtes Mgl. des zur gesetzl. Vertretung berufenen Organs in Gesellschaften, für die das Mitbestimmungsgesetz gilt; er kann vom Aufsichtsrat nicht gegen die Stimmen der Arbeitnehmervertreter bestellt werden.

Arbeitserlaubnis, spezielle Erlaubnis der Bundesanstalt für Arbeit, die ausländ. Arbeitnehmer für eine Arbeitsaufnahme in der BR Deutschland benötigen (ausgenommen Staatsangehörige der EU-Mitgliedsstaaten und heimatlose Ausländer).

Arbeitsförderungsgesetz, Abk. **AFG,** am 1. 7. 1969 in Kraft getretenes Bundesgesetz vom 25. 6. 1969 (mehrfach geändert), das die Aufgaben und Leistungen der Bundesanstalt für Arbeit und deren Finanzierung umfassend regelt.

Arbeitsfrieden, konfliktloser Zustand, den das kollektive Arbeitsrecht in zahlr. Fällen im Interesse eines geordneten Ablaufs der Wirtschaft gebietet. Eine *Friedenspflicht* herrscht für die Tarifvertragsparteien insbes. während der Laufzeit von Tarifverträgen.

Arbeitsgemeinschaft der öffentlich-rechtlichen Rundfunkanstalten der Bundesrepublik Deutschland, Abk. **ARD,** Organisation, zu der sich 1950 die nach 1945 errichteten, von staatl. Aufsicht unabhängigen und nicht subventionierten Länderrundfunkanstalten der BR Deutschland zusammenschlossen. ↑Fernsehen.

Arbeitsgerichtsbarkeit, Gerichtsbarkeit für Streitigkeiten, die sich aus dem Arbeitsleben ergeben. Die A. ist durch das *Arbeitsgerichtsgesetz* (ArbGG) geregelt. Die Gerichte der A. sind ausschließlich zuständig u. a. für bürgerl. Rechtsstreitigkeiten 1. aus dem Arbeitsverhältnis zw. Arbeitgebern und Arbeitnehmern; 2. unter Arbeitnehmern; 3. zw. Tarifvertragsparteien oder diesen und Dritten aus Tarifverträgen; 4. in zahlr. Fällen des Betriebsverfassungsgesetzes sowie 5. bei der Auseinandersetzung über die Tariffähigkeit einer Vereinigung. Die Gerichte der A. bestehen aus den Arbeitsgerichten, den Landesarbeitsgerichten (LAG) und dem Bundesarbeitsgericht (BAG). Soweit nicht der Vorsitzende allein entscheidet, nehmen an allen Gerichtsentscheidungen der A. ehrenamtl. Laienrichter teil.

Arbeitsgerichtsverfahren, Verfahren zur Geltendmachung und Durchsetzung von Rechten vor einem Gericht der Arbeitsgerichtsbarkeit. Die der mündl. Verhandlung vorausgehende *Güteverhandlung* bezweckt den Versuch einer Einigung zw. den Parteien. Diese können sich vor dem Arbeitsgericht durch Bevollmächtigte (von Arbeitgeber- oder Arbeitnehmerverbänden oder Rechtsanwälten) vertreten lassen. Die Verfahrenskosten hat die unterliegende Partei zu tragen (mit Ausnahme der in erster Instanz durch die Hinzuziehung eines Prozeßbevollmächtigten entstandenen Kosten). Vor dem Bundesarbeitsgericht herrscht Anwaltszwang.

Arbeitskampf, kollektive (Kampf-)Maßnahmen von Arbeitnehmern und Arbeitgebern, durch die eine der beteiligten Parteien zur Annahme gestellter Forderungen (nur im Hinblick auf Lohn- und Arbeitsbedingungen) gezwungen werden soll (Streik, Aussperrung, Boykott). Das Recht auf A. ist im Rahmen von Art. 9 Abs. 3 GG geschützt.

Arbeitslosengeld ↑Arbeitslosenversicherung.

Arbeitslosenhilfe, aus Steuermitteln finanziertes, beitragsfreies System für den Fall der Arbeitslosigkeit, das die ↑Arbeitslosenversicherung ergänzt; auch die von diesem System gewährte Leistung. Anspruch auf A. hat, wer den Anspruch auf Arbeitslosengeld erschöpft oder mangels hinreichend lan-

Arbeitsgemeinschaft der öffentlich-rechtlichen Rundfunkanstalten der Bundesrepublik Deutschland (ARD)

Arbeitsgerichtsbarkeit. Schematische Darstellung des Instanzenwegs

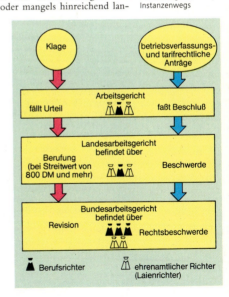

Arbeitslosenquote

ger beitragspflichtiger Beschäftigung gar nicht erworben hat und bedürftig ist. A. wird bis zum 65. Lebensjahr gewährt. A. wird vom Arbeitsamt ausgezahlt und beträgt für den Arbeitslosen mit mindestens einem Kind 58 % des ausgefallenen Nettoentgelts, sonst 56 %.

Arbeitslosenquote ↑Arbeitslosigkeit.
Arbeitslosenversicherung, Zweig der Sozialversicherung auf der Grundlage des Arbeitsförderungsgesetzes vom 25. 6. 1969. Pflichtversichert gegen die wirtschaftl. Folgen der Arbeitslosigkeit sind alle gegen Entgelt oder zu ihrer Berufsausbildung beschäftigten Arbeitnehmer, soweit die wöchentl. Arbeitszeit mehr als 18 Stunden beträgt. Finanziert wird die A. aus Beiträgen, die von Arbeitnehmern und Arbeitgebern in gleicher Höhe erhoben werden (1992 6,15 % des Bruttoarbeitsentgelts bis zur Beitragsbemessungsgrenze); die Beitragsbemessungsgrenze beträgt (1996) 8 000 DM (in den neuen Bundesländern 6 800 DM) im Monat. Bei Bedarf hat der Bund der Bundesanstalt für Arbeit Darlehen oder Zuschüsse zu gewähren. Hauptleistung der A. ist das *Arbeitslosengeld.* Anspruch darauf hat, wer vorübergehend nicht in einem Beschäftigungsverhältnis steht oder nur eine geringfügige Beschäftigung ausübt, der Arbeitsvermittlung zur Verfügung steht, die Anwartschaftszeit erfüllt (in den letzten drei Jahren 360 Kalendertage beschäftigt war), sich beim Arbeitsamt beschäftigungslos gemeldet und Arbeitslosengeld beantragt hat. Die Dauer der Gewährung (78–832 Tage) richtet sich nach der Dauer der Beschäftigung und dem Lebensalter. Weigert sich der Arbeitslose, eine zumutbare Arbeit anzunehmen oder an einer notwendigen Maßnahme zur berufl. Fortbildung oder Umschulung teilzunehmen, so ist das Arbeitslosengeld für acht Wochen zu versagen, ebenso, wenn er eine Arbeitsstelle ohne wichtigen Grund aufgibt. Das Arbeitslosengeld beträgt 68 % (bei Arbeitslosen ohne Kinder 63 %) des um die gesetzl. Abzüge verminderten durchschnittl. Arbeitsentgelts der letzten 60 Tage vor dem Ausscheiden des Arbeitnehmers. Während des Bezuges des Arbeitslosengeldes übernimmt die Bundesanstalt für Arbeit die Zahlung

der Kranken- und 68 % der Rentenversicherungsbeiträge. Weiter leistet die A. *Konkursausfallgeld* bei Zahlungsunfähigkeit des Arbeitgebers und erbringt Leistungen zur Erhaltung oder Schaffung von Arbeitsplätzen (*Kurzarbeitergeld* bei Arbeitsausfall wegen wirtschaftl. Ursachen oder eines unabwendbaren Ereignisses, *Winterausfallgeld* bei Arbeitsausfall im Baugewerbe aus witterungsbedingten Gründen in der Zeit vom 1. 11. bis 31. 3.). Ergänzt wird die A. durch die ↑Arbeitslosenhilfe.

Geschichte: 1879 führte der Dt. Buchdruckerverband eine Arbeitslosenunterstützung ein. 1918 verpflichtete eine Reichsverordnung die Gemeinden zur Erwerbslosenfürsorge. 1923 wurde ein Pflichtbeitrag der Arbeitgeber und Arbeitnehmer eingeführt. Am 16. 7. 1927 wurde die A. als reichseinheitl. Zwangsversicherung eingeführt, ihre Durchführung der Reichsanstalt für Arbeitsvermittlung und A. übertragen. 1952 wurde für die BR Deutschland die Bundesanstalt für Arbeitsvermittlung und A. errichtet (seit 1969 Bundesanstalt für Arbeit).

Arbeitslosigkeit, Zustand der vorübergehenden Beschäftigungslosigkeit von Personen, die berufsmäßig in der Hauptsache als Arbeitnehmer tätig sind. Nach dem Recht der BR Deutschland ist A. auch dann gegeben, wenn Arbeitnehmer nicht mehr als 20 Stunden wöchentlich arbeiten. Das Ausmaß der A. läßt sich in der *Arbeitslosenquote* (= Anteil der Arbeitslosen an der Gesamtzahl der Arbeitnehmer) ausdrücken.

Arbeitsmarkt, der ökonom. Ort, an dem das Angebot an und die Nachfrage nach Arbeitskräften zusammentreffen und zum Teil ausgeglichen werden. In der Bundesrepublik Deutschland hatten die Arbeitsämter bis 1994 das Monopol für die *Arbeitsvermittlung* (ausgenommen für leitende Angestellte); das Angebot ist hier gleich der Anzahl der registrierten Arbeitslosen und Arbeitssuchenden (ungekündigte stellungssuchende Arbeitnehmer), die Nachfrage gleich der Anzahl der gemeldeten offenen Stellen.

Arbeitsmedizin, Fachgebiet der Medizin, das sich mit der Wechselbeziehung zwischen Arbeit und Gesundheit befaßt.

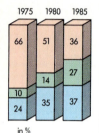

in %
☐ Arbeitslosengeld
☐ Arbeitslosenhilfe
☐ keine Leistungen

Arbeitslosenversicherung. Arbeitslose, die Arbeitslosengeld, Arbeitslosenhilfe oder keine Leistung erhalten, bezogen auf die Gesamtzahl der Arbeitslosen in Prozent

Arbeitsnorm, für einen bestimmten Arbeitsvorgang festgesetzte Leistungseinheit, bed. v. a. für die Ermittlung des Akkords. In Planwirtschaften allg. die vorgeschriebene Arbeitsleistung.

Arbeitsplatz, 1) der Ort, an dem eine Tätigkeit verrichtet wird, einschließlich der Einrichtung (Geräte, Möbel).

2) der Tätigkeitsbereich als Zusammenfassung der Funktionen eines Beschäftigten und der Anforderungen, die an ihn gestellt werden.

Arbeitsplatzkonzentration ↑MAK-Wert.

Arbeitsrecht, Teil des Rechts, der die Stellung der unselbständigen Arbeitnehmer regelt. Ein wichtiger Teil des A. ist das Recht des Arbeitsschutzes, zu dem v. a. das Arbeitszeitrecht, Frauen-, Mutter- und Jugendschutz gehören. Rechtsquellen sind v. a. Betriebsverfassungsgesetz, Arbeitsförderungsgesetz, das Tarifvertragsrecht sowie die zw. Arbeitgeber und Betriebsrat ausgehandelten Betriebsvereinbarungen.

Arbeitsschule, im Ggs. zur bloßen sog. »Lernschule« jede Schule, die die manuelle, körperl., fachl., prakt. oder auch die selbsttätige geistige Arbeit in ihren Unterricht einbezieht. Sie ist im wesentlichen ein Produkt der pädagog. Reformbestrebungen seit dem 19. Jahrhundert.

Arbeitsschutz, Gesamtheit sozialpolit. und techn. Maßnahmen zum Schutz des abhängig Arbeitenden gegen Schädigungen und Gefahren aus berufl. Tätigkeit. Zum A. gehören die Verhütung von Arbeitsunfällen und Berufskrankheiten, der Arbeitszeit-, Kinder-, Ju-

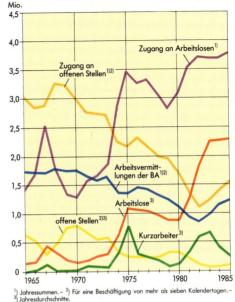

Arbeitslosigkeit. Bewegungen am Arbeitsmarkt in der Bundesrepublik Deutschland

1) Jahressummen. – 2) Für eine Beschäftigung von mehr als sieben Kalendertagen. – 3) Jahresdurchschnitte.

gendlichen-, Frauen- und Mutterschutz und der Schutz bei Lohnpfändung (sozialer A.).

Der A. entwickelte sich mit der staatl. Sozialpolitik als Folge der Industrialisierung. In Großbritannien wurde 1833 die Arbeit für Kinder unter 9 Jahren ver-

| **Arbeitsmarkt. Erwerbstätige, Arbeitslose, Kurzarbeiter und offene Stellen** | | | | | |
| (Jahresdurchschnitt) | | | | | |
Jahr	Erwerbstätige (in 1 000)	Arbeitslose (in 1 000)	Arbeitslosenquote (in %)	Kurzarbeiter (in 1 000)	offene Stellen (in 1 000)
1970	26 668	149	0,7	10	795
1974	26 565	582	2,6	292	315
1978	25 699	993	4,3	191	246
1982	25 632	1 833	7,5	606	105
1986	28 024	2 228	9,0	197	154
1990	28 495	1 883	7,2	56	314
1994[1]	28 620	2 480	8,0	267	246
1994[1]	–[2]	1 120	14,8	104	52

1) Stand Juni 1994 (getrennt nach alten [obere Zeile] und neuen [untere Zeile] Bundesländern). – 2) keine Angaben

boten, für 9–13- und 13–18jährige beschränkt. Eine ähnl. Entwicklung begann zw. 1839 und 1846 in Preußen, Frankreich, Österreich und in der Schweiz. 1891 wurde der A. durch das sog. A.gesetz wesentlich verbessert: Sonntagsruhe in der Ind.; begrenzte tägl. Arbeitszeit, 10 Stunden für Jugendliche, 11 Stunden für Frauen; Nachtarbeitsverbot für Jugendliche und Frauen. 1918 wurde der 8-Stunden-Tag u. a. in Deutschland und Österreich, 1919 in der Schweiz eingeführt.

Arbeitsspeicher, svw. ↑Hauptspeicher.

Arbeitsstudien, Sammelbegriff für Methoden zur Untersuchung von Arbeitsvorgängen. Verfahren: 1. *Arbeitsablaufstudien* untersuchen die Folge und den Zusammenhang von Arbeitsvorgängen; 2. *Arbeitszeitstudien* messen die für die einzelnen Arbeitsvorgänge benötigten Zeiten; 3. *Arbeitsplatzstudien* untersuchen die techn. Ausstattung der einzelnen Arbeitsplätze; 4. *Arbeitswertstudien* zielen auf die objektive Bewertung der Arbeitsplätze im Hinblick auf die Entlohnung.

Arbeitstakt (Arbeitshub), 3. Takt (Verbrennungs- und Antriebsphase) bei einem Viertaktmotor.

Arbeitsteilung, die Spezialisierung und Beschränkung einzelner oder ganzer Gruppen von Wirtschaftssubjekten auf bestimmte Tätigkeiten innerhalb des gesamtwirtschaftl. Produktionsprozesses. Die wesentl. Ausprägungen der Arbeitsteilung sind *Berufsdifferenzierung* und *Arbeitszerlegung* (Fließbandsystem). Wegen des vielfach mit ihr einhergehenden Verlustes der Beziehung des Arbeitenden zu seiner Arbeit spielt die A. eine große Rolle in den Theorien der ↑Entfremdung.

Arbeitsunfall, ein plötzlich eintretendes, den Arbeitnehmer körperlich schädigendes Ereignis, das mit seiner im Rahmen der gesetzl. ↑Unfallversicherung versicherten Tätigkeit in ursächl. Zusammenhang steht. Als A. gelten auch Unfälle auf dem Weg nach oder von der Arbeitsstätte (sog. *Wegeunfall*) und die Berufskrankheiten.

Arbeitsverhältnis, das personenrechtl. Verhältnis zw. Arbeitgeber und Arbeitnehmer, das beide (i. d. R. nach Abschluß eines Arbeitsvertrags) zu bestimmten Leistungen verpflichtet. Die Hauptpflichten aus dem A. sind: für den Arbeitnehmer die Leistung der versprochenen Arbeit, die Gehorsamspflicht und die Treuepflicht; für den Arbeitgeber die Pflicht, den Lohn sowie den bezahlten Urlaub zu gewähren, und die Fürsorgepflicht.

Arbeitsvermittlung ↑Arbeitsmarkt.

Arbeitsverweigerung, Unterlassung der Arbeitsleistung seitens des Arbeitnehmers, die zur fristlosen Kündigung führen kann.

Arbeitswertlehre, ökonom. Wertlehre, nach der sich der Wert eines Gutes nach der Menge der zur Produktion aufgewandten Arbeit bemißt; entwikkelt von A. Smith, weitergeführt von D. Ricardo und v. a. K. Marx.

Arbeitswertstudien ↑Arbeitsstudien.

Arbeitszeit, durch Tarifvertrag oder Betriebsvereinbarungen geregelte Zeit vom Beginn bis zum Ende der vom Arbeitnehmer zu erbringenden Arbeit. Unterschieden werden muß zw. tariflich festgelegter A., geleisteter A. (mit Überstunden) und bezahlter A. (Urlaub, Krankheit). Bei *gleitender A.* können bei einer festgelegten Kernzeit mit Anwesenheitspflicht Beginn und Ende der A. in einem bestimmten Rahmen (bei Einhaltung einer Gesamtstundenzahl) vom Arbeitnehmer selbst festgesetzt werden. Grundlegende Arbeitsschutzbestimmungen enthalten die *Arbeitszeitordnung* (AZO) vom 30. 4. 1938 (mehrfach geändert), das Mutterschutz-, Jugendschutz- und das Schwerbehindertengesetz.

Arber, Werner, * Gränichen (Aargau) 3. 7. 1929, schweizer. Mikrobiologe. Grundlegende Arbeiten zur Mikrobiologie und zur Molekularbiologie. 1978 Nobelpreis für Physiologie oder Medizin (zus. mit D. Nathans und H. O. Smith).

Arbitrage [arbiˈtraːʒə; lat.-frz.], Ausnutzung von Preis- und Kursunterschieden, die für die gleichen Handelsobjekte an verschiedenen Märkten zum gleichen Zeitpunkt bestehen.

arbiträr [lat.], nach Ermessen, willkürlich.

Arbitrium [lat.], Schiedsspruch, Gutachten.

Arboretum [lat.], Baumgarten; Sammelpflanzung verschiedener Hölzer zu Studienzwecken.

Werner Arber

Arboviren (Arborviren), Kurz-Bez. für engl. **arthropod borne** viruses (»von Arthropoden getragene Viren«), Gruppe großer Viren mit etwa 250 Arten bei Gliederfüßern; rufen bei warmblütigen Wirbeltieren (einschließl. Mensch) schwere Krankheiten hervor, die Übertragung erfolgt meist durch Stechmükken oder Zecken.

Arbuthnot, John [engl. ɑːˈbʌθnət], *Arbuthnot (Kincardineshire) 29. 4. 1667, † London 27. 2. 1735, schott. Schriftsteller. Arzt; Schöpfer der Figur des ↑John Bull.

arc, Funktionszeichen für ↑Arkus.

Arc, Jeanne d' ↑Jeanne d'Arc.

Arcachon [arkaˈʃõ], Seebad an der Dünenküste der Landes in SW-Frankreich, 13 300 E. Spielkasino; Austernzucht. Im SW die höchste Düne Europas (über 100 m hoch).

Arcadius (Arkadios, Arkadius), *in Spanien 377, † 1. 5. 408, erster oström. Kaiser nach der Reichsteilung von 395.

Arc de Triomphe [frz. arkdɔtriˈõːf] ↑Triumphbogen.

arch..., Arch... ↑archi..., Archi...

Archäbakterien, entwicklungsgeschichtlich eigenständige Gruppe von Bakterien, die sich von den echten Bakterien *(Eubakterien)* in wesentl. zellulären Merkmalen unterscheiden. Die Zellwand ist aus anderen Komponenten aufgebaut, die Bausteine der ribosomalen RNS sind anders angeordnet und zusammengesetzt und der Aufbau der RNS-Polymerase ist verschieden. Außerdem weisen die A. bes. Stoffwechselwege und Koenzyme auf. Zu den A. gehören drei Organismentypen: die Methan bildenden, die salzliebenden Halophilen und die wärmeliebenden, hitzeresistenten (bis 100 °C) Thermophilen.

Archaikum [griech.], das ältere System der Erdfrühzeit. ↑Geologie (Erdzeitalter, Übersicht).

archaisch [griech.], die Frühphase eines Stils (z. B. die der Klassik vorangehende Epoche der griech. Kunst) bzw. einer Kultur.

Archangelsk, russ. Gebietshauptstadt, an der Nördl. Dwina, 416 000 E. Hochschulen, Seefahrtschule, Holz-Ind., Werft, Fischkombinat; Hafen, Bahnendpunkt, ⚓. – 1553 durch Engländer gegründet.

Archäologie [griech.], Altertumskunde, untersucht die materialen Hinterlassenschaften der Vergangenheit, bes. von Hochkulturen. Die Grenze zur Vorgeschichte ist oft fließend. A. ist stets eng mit Philologie und Literaturwiss. der jeweiligen Kultur verflochten. Es gibt bibl., vorderasiat., frühchristl., mittelalterl., präkolumb. u. a. Archäologien. A. ohne Zusatz meint i. d. R. klassische A., deren Ziel die Erforschung der griech.-röm. Kultur und der anliegenden Randkulturen ist. Durch J. J. Winckelmann im 18. Jh. als Kunst- und Geisteswiss. etabliert, beeinflußte die vertiefte Kenntnis der Antike nachhaltig Kunst und Kultur Europas (dt. Klassik, Klassizismus). Seit dem 18. Jh. erfolgte die systemat. Untersuchung der Denkmäler (Ausgrabung von Herculaneum seit 1738, von Pompeji seit 1748; Aufnahme [Registrierung] der klass. Bauwerke Athens 1751–54, Ausgrabung in Vulci seit 1828 [Vasen]). 1829 wurde ein internat. Institut für archäolog. Korrespondenz in Rom gegründet, aus dem das heutige Deutsche Archäologische Institut in Rom erwuchs. Auffinden archäologischer Objekte, Datierung und Wiedergewinnung gestörter Zusammenhänge und Rekonstruktion des nur fragmentar. Erhaltenen sind die grundlegenden Aufgaben der archäolog. Forschung.

Archäometrie [griech.], Sammel-Bez. für Methoden und Verfahren zur Lokalisierung und Datierung (↑Altersbestimmung) archäolog. Materials. Lokalisierung von Fundstätten erfolgt heute mit Hilfe von Luftaufnahmen.

Archäopteryx [griech.], Gatt. ausgestorbener tauben- bis hühnergroßer Urvögel mit geringem Flugvermögen, von denen Abdrücke, auch Skelette in den obersten Juraschichten der Plattenkalke bei Solnhofen und Eichstätt gefunden wurden; durch Vereinigung von Vogelmerkmalen (z. B. Federn, Flügel) mit typ. Reptiliencharakteristika (z. B. Zähne, eine lange, aus 21 Wirbeln zusammengesetzte Schwanzwirbelsäule) ist der A. ein Bindeglied zw. Reptilien und Vögeln.

Arche [griech.], räuml. oder zeitl. Anfang; Herrschaft (erster Platz), Amt, Behörde, Herrschaftsbereich; Ursprung; Prinzip.

John Arbuthnot

Arche.
Kupferstich der »Arche Noah« aus einer Lutherbibel von 1703

Arche Noah, das nach 1. Mos. 6,14 ff. von Noah erbaute Schiff, worin er mit seiner Familie und einem Paar von jeder Tierart der Sintflut entrann.

Archetypus (Archetyp) [griech.], 1) *Philosophie:* das Urbild des Seienden. 2) *Psychologie:* bei C. G. Jung der Anteil am kollektiven Unbewußten des Menschen, der als urtüml. Leitbild auf den angesammelten Erfahrungen älterer Generationen gründet. Seine Bewußtmachung erfolgt in bes. Situationen wie Traum, Phantasie, Vision in Form von Symbolen.

archi..., Archi..., arch..., Arch... [griech.], Vorsilbe mit der Bedeutung »erster, oberster, Ober..., Haupt..., Ur..., Erz...«.

Archidiakon (Erzdiakon), bis ins 19. Jh. Leiter des Kollegiums der Diakone an der Bischofskirche, später Stellvertreter des Bischofs.

Archimandrit [griech.], Oberer eines ostkirchl. Klosters; heute auch Ehrentitel für verdiente Priester.

Archimedes, * Syrakus um 285 v. Chr., † ebd. 212, bedeutendster griech. Mathematiker und Physiker der Antike. Berechnete krummlinig begrenzte Flächen und das Volumen von Rotationskörpern; gab einen Näherungswert für die Zahl π an; entdeckte das Hebelge-

Archimedes

setz und das hydrostat. Grundgesetz (↑Archimedisches Prinzip); konstruierte zahlr. Maschinen wie z. B. Flaschenzug, Schraube und Wasserschnecke.

archimedische Körper [nach Archimedes] (halbregelmäßige Körper), Sammel-Bez. für die zehn geometr. Körper, deren Begrenzungsflächen im Unterschied zu den fünf platonischen Körpern regelmäßige Vielecke zweier verschiedener Arten sind, sowie für die drei Körper, die von je drei verschiedenen Vielecksarten begrenzt werden.

Archimedisches Prinzip. Der Auftrieb des eintauchenden Körpers K wird vom Gewicht G kompensiert

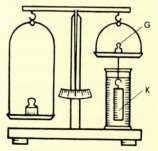

archimedische Schraube, svw. †ägyptische Schraube.

Archimedisches Prinzip [nach Archimedes], grundlegender Satz der Hydrostatik: Ein in eine Flüssigkeit eingetauchter Körper verliert scheinbar so viel von seiner Gewichtskraft, wie die von ihm verdrängte Flüssigkeit wiegt. Dieser scheinbare Gewichtsverlust wird als *[hydrostat.] Auftrieb* bezeichnet.

Archipel [griech.], svw. Inselgruppe.

Archipelagos, die Inselwelt im Ägäischen Meer.

Archipenko, Alexander, *Kiew 30. 5. 1887, †New York 25. 2. 1964, amerikan. Bildhauer ukrain. Herkunft. Übertrug kubist. und futurist. Prinzipien auf die Plastik.

Archipoeta, *zw. 1130 und 1140, lat. Dichter. Bed. mittellat. Vagantendichter; humorvolle, geistreiche Gedichte, u. a. Zech- und Bettellieder.

Architekt [griech.], Baufachmann, der Bauwerke entwirft, Baupläne ausarbeitet und deren Ausführung überwacht.

Architektenkammer, Standesvertretung der Architekten; eine öffentl.-rechtl. Körperschaft mit Pflichtmitgliedschaft.

Architektonik [griech.], strenger, geordneter Aufbau (eines Bauwerks, Körpers, einer Dichtung, Sinfonie usw.).

Architektur [griech.] †Baukunst, †moderne Architektur.

Architrav [italien.], in der Antike Epistyl (»das, was auf der Säule liegt«) genannt; unmittelbar auf den Säulen ruhender Querbalken.

Archiv [nlat.], **1)** Einrichtung zur systemat. Erfassung, Erhaltung und Betreuung rechtl., polit. und kulturellen Schrift-, Bild- oder Tonguts. Archivaliengattungen sind z. B. Urkunden, Akten, Briefe, Amtsbücher, Karten, Pläne, Zeitungen, Zeitschriften, Bild- oder Tonträger.
2) Einrichtung, die Materialien v. a. zur ständigen gewerbl. Nutzung erfaßt und verfügbar hält (Dokumentations-A.).

Archivolte [italien.], beim roman. und got. Portal abgesetzter (profilierter), oft mit Figuren oder Ornamenten verzierter Bogenlauf; Laibung des abgetreppten Rundbogens (Antike, Renaissance).

Archon, in der Antike Inhaber des höchsten Staatsamtes *(Archontat)* einer Reihe griech. Stadtstaaten. Im klass.

Athen amtierten neun Archonten jeweils für ein Jahr.

Arcimboldi, Giuseppe [italien. artʃimˈbɔldi], *Mailand um 1527, †ebd. 11. 7. 1593, italien. Maler. Malte v. a. allegor. Bilder, meist Köpfe, die aus realistisch gemaltem Obst und Gemüse, Büchern u. a. zusammengesetzt sind. – Abb. S. 206.

arco †coll'arco.

Arco, Georg Graf von, *Großgorschütz bei Ratibor 30. 8. 1869, †Berlin 5. 5. 1940, dt. Hochfrequenzingenieur. Pionierarbeit bei der Einführung der drahtlosen Telegrafie und Rundfunktechnik.

ARD, Abk. für †Arbeitsgemeinschaft der öffentlich-rechtlichen Rundfunkanstalten der Bundesrepublik Deutschland.

Ardabil [pers. ærdæˈbiːl], Stadt in NW-Iran, 222000 E. Wallfahrtsort der Schiiten; bed. Handelszentrum; Mausoleum des Scheichs Safi (†1334).

Ardèche [frz. arˈdɛʃ], rechter Nebenfluß der Rhone, in S-Frankreich, 120 km lang.

Ardenne, Manfred Baron von [arˈdɛn], *Hamburg 20. 1. 1907, dt. Physiker. Autodidakt; zahlr. Entwicklungen in Funk- und Fernsehtechnik, Elektronik,

Architrav

Archivolte

Alexander Archipenko.
Femme drapée, Bronze, Höhe 60 cm (1911; Paris, Musée National d'Art Moderne)

Giuseppe Arcimboldi.
Der Winter (1563)

Ardennen.
Flußschleife der Our im
nördlichen Luxemburg

Elektronenmikroskopie, angewandter Kernphysik; Leiter des Forschungsinstituts »M. v. A.« und Prof. in Dresden; Arbeiten zu einer Mehrschritt-Krebstherapie, die Wärmebehandlung und Chemotherapie vereinigt.

Ardennen (frz. Ardennes), westl. Fortsetzung des Rhein. Schiefergebirges in Belgien, Luxemburg und Frankreich ohne eindeutige Abgrenzung gegen die Eifel. Höchste Erhebung im Hohen Venn (Botrange 694 m).

Areal [lat.], Fläche, Bodenfläche; Verbreitungsgebiet, das von einer Art oder auch einer Gatt. oder Fam. der Pflanzen oder Tiere eingenommen wird.

Arecibo [span. are'siβo], Hafenstadt in Puerto Rico, 91 000 E. Radioteleskop (Durchmesser 305 m), Zucker- und Rumfabriken.

Arelat (mlat. regnum Arelatense »Reich von Arles«) ↑Burgund.

Arena [lat.], in der Antike Kampfbahn im Amphitheater, im Stadion und im Zirkus. Heute Sportplatz (mit Zuschauersitzen), Manege; übertragen: Schauplatz.

Arendt, 1) Erich, *Neuruppin 15. 4. 1903, † Berlin (Ost) 25. 9. 1984, dt. Lyriker. Mgl. der KPD; emigrierte 1933; ab 1950 in Berlin (Ost). Bed. Übersetzer lateinamerikan. Gegenwartslyrik. – *Werke:* Bergwindballade (Ged., 1952), Gesang der sieben Inseln (Ged., 1957), Ägäis (Ged., 1967).
2) Hannah, *Hannover 14. 10. 1906, † New York 4. 12. 1975, amerikan. Politikwissenschaftlerin dt. Herkunft. Emigrierte 1933 nach Frankreich, 1940 in die USA; wurde u. a. bekannt durch wegweisende Studien über den Totalitarismus (»Elemente und Ursprünge totalitärer Herrschaft«, 1951; »Eichmann ... Ein Bericht von der Banalität des Bösen«, 1963); schrieb ferner »Vita activa oder Vom tätigen Leben« (1958), »Über die Revolution« (1963).

Arene [Kw.], moderne Gruppen-Bez. für aromat. Kohlenwasserstoffe mit mindestens einem Benzolring.

Areole [lat.] ↑Kaktusgewächse.

Areopag [griech.], ältester und berühmtester Gerichtshof im alten Athen, auf dem Areshügel westlich der Akropolis.

Arequipa [span. are'kipa], peruan. Dep.hauptstadt auf der W-Abdachung der Anden, 592 000 E. Univ.; Handelszentrum eines Agrargebiets. Das Stadtbild wird bestimmt durch kolonialzeitl. Bauten.

Ares, in der griech. Mythologie der Gott des Krieges, Sohn des Zeus und der Hera, begleitet von seinen Söhnen *Phobos* (»Furcht«) und *Deimos* (»Schrecken«).

Aretino, Pietro, *Arezzo 20. 4. 1492, † Venedig 21. 10. 1556, italien. Dichter. Schrieb die Tragödie »L'Orazia« (1546), kultur- und zeitgeschichtlich interessante »Kurtisanengespräche« (1533–36) und Briefe (1537–57), Komödien, Schmähschriften.

Arezzo, italien. Prov.-Hauptstadt in der Toskana, sö. von Florenz, 92 000 E. Handel mit Agrarprodukten. Zahlr. Kirchen, u. a. Dom (14. und 16. Jh.), Santa Maria della Pieve (12. und 13. Jh.), San Francesco (1320 ff.), Reste eines röm. Amphitheaters. – In der Antike *Arretium,* bed. etrusk. Stadt; von Rom 225 v. Chr. eingenommen; im MA Stadtrepublik.

Argelander, Friedrich Wilhelm August, *Memel 22. 3. 1799, † Bonn 12. 2. 1875, dt. Astronom. Bed. ist sein als *Bonner Durchmusterung* bekanntes Verzeichnis und Kartenwerk von insges. 324 198 Sternen der nördl. Himmelskugel.

Argentinien (spanisch Argentina), Staat in S-Amerika, grenzt im W an Chile, im N an Bolivien und Paraguay, im NO an Brasilien, im O an Uruguay und den Atlantik.

Staat und Recht: Präsidiale Republik; *Verfassung* von 1853 (zuletzt 1994 geändert). *Staatsoberhaupt* ist der für 4 Jahre von einem Wahlmännerkollegium gewählte Präs., dem zur Ausübung der Exekutive ein Premierminister zur Seite gestellt ist. Die *Legislative* bildet der Kongreß, der aus Abg.-Haus (257 Mgl., für 4 Jahre gewählt) und Senat (48 Mgl., für 9 Jahre gewählt) besteht. Die wichtigsten *Parteien* sind die sozialliberale Unión Cívica Radical (UCR) und der peronist. Partido Justicialista (PJ).

Landesnatur: A. reicht von den Anden im W bis zum Atlantik im O. Die größte W–O-Erstreckung beträgt 1 577 km, die größte N–S-Erstreckung 3 694 km. A. gliedert sich in drei Landschaftsräume, das Flachland im N und O, das Tafel- und Schichtstufenland P-Patagoniens im S und die Anden mit den ihnen vorgelagerten Sierren. Die höchste Erhebung ist der Aconcagua mit 6 959 m. Beherrschende Großlandschaft ist die Pampa, eine flachgewellte baumlose Ebene im S des Flachlands. A. hat subtrop. bis gemäßigtes Klima; die südl. beiden Drittel des Landes liegen in einer

Trockenzone. Die Niederschläge nehmen von O nach W ab. In N-A. gibt es alle Vegetationsformen vom subtrop. Regenwald über Gras- und Parklandschaften, Trockenwald und Savanne bis zu Strauchformationen. Die Pampa ist ein vom Weidebetrieb beherrschtes Grasland. Die Anden sind bis 2 600 m bewaldet.

Argentinien

Fläche:	2 780 092 km²
Einwohner:	33,100 Mio.
Hauptstadt:	Buenos Aires
Amtssprache:	Spanisch
National-	
feiertag:	25. 5., 10. 6., 9. 7.
Währung:	1 Argentin. Peso (arg$) = 100 Centavos (c)
Zeitzone:	MEZ – 5 Std.

Bevölkerung: Von der urspr. indian. Bevölkerung leben nur Minderheiten, 90 % der Bevölkerung sind europ. Herkunft. 92 % sind Katholiken.

Wirtschaft, Verkehr: Im marktwirtschaftlich orientierten Schwellenland A. nahm der Staat wichtige Zweige (Bergbau, Transportwesen) unter seine Kontrolle. Defizitärer Staatshaushalt, hochgradige Inflation und hohe Auslandsschulden kennzeichneten die instabile wirtschaftl. Situation der 1980er Jahre. 82 % der landwirtschaftl. Nutzfläche sind Weideland. Es dominiert die Rinder- und Schafzucht. Angebaut werden u. a. Weizen, Mais, Baumwolle und Zuckerrohr. Wein- und Obstbau sind regional von Bedeutung. Auf dem industriellen Sektor sind Fahrzeug- und Karosseriebau sowie Textil-, Bekleidungs- und Nahrungsmittel-Ind. von Bedeutung. Die Erdöl- und Erdgasförderung wurde ausgebaut. Das auf Buenos Aires zentrierte Eisenbahnnetz hat eine Länge

Argentinien

Staatsflagge

Staatswappen

1970 1992 1970 1992
Bevölkerung (in Mio.) Bruttosozialprodukt je E (in US-$)

23,4   33,1   1651   6050

Stadt   Land

Bevölkerungsverteilung 1992

87%   13%

Industrie
Landwirtschaft
Dienstleistung

Bruttoinlandsprodukt 1992

63%   31%   6%

Argentinisches Becken

Oscar Arias Sánchez

$$
\begin{array}{l}
COOH \\
| \\
CH-NH_2 \\
| \\
(CH_2)_3 \\
| \\
NH \\
| \\
C=NH \\
| \\
NH_2
\end{array}
$$

Arginin

Århus
Stadtwappen

von 34 172 km. Zwei transandine Strecken haben Anschluß an das chilen. Eisenbahnnetz. Das Straßennetz ist 221 000 km lang. Wichtigste Häfen sind Buenos Aires, Rosario, La Plata. Wichtigste Verkehrsader ist der Paraná. Internat. ✈ bei Buenos Aires.
Geschichte: NW-A. wurde um 1480 dem Inkareich einverleibt. Nach der Entdeckung durch die Europäer ab 1516 wurde es Teil des span. Vize-Kgr. Peru (Schaffung des Vize-Kgr. Río de La Plata 1776). 1810 begann der Aufstand gegen die span. Herrschaft; 1816 wurde formell die Unabhängigkeit der »Vereinigten Prov. des Río de la Plata« erklärt. Im folgenden Bürgerkrieg gewannen 1825 die konservativen Föderalisten die Oberhand über die liberalen Zentralisten; ihr Anführer J. M. de Rosas errichtete als Diktator seit 1835 den argentin. Einheitsstaat. Nach Rosas' Sturz (1852) gab sich A. die formell noch gültige Verfassung von 1853. Nach weiteren inneren Wirren (bis 1880) wurde A. endgültig Bundesstaat. Um 1880 wurde Patagonien unterworfen, angegliedert und durch Europäer besiedelt, was den Untergang eines großen Teils der Indianer zur Folge hatte. Im Umsturz 1930 gewannen mit Hilfe des Militärs die konservativen Kräfte die Oberhand; 1943 übernahm das Militär selbst die Macht. 1946 wurde J. D. Perón zum Präs. gewählt. Seine mit diktator. Mitteln betriebene Politik des sozialen Ausgleichs, der Industrialisierung und der Nationalisierung der Wirtschaft führte in eine schwere finanzielle Krise. Perón wurde 1955 vom Militär gestürzt und verbannt. Nach dem erneuten Übergang zur Zivilregierung wurde im Okt. 1973 Perón wieder Präsident. Nach seinem Tod im Juli 1974 übernahm seine Witwe, Isabel Perón, die Präsidentschaft; 1976 wurde sie vom Militär gestürzt, dessen nachfolgende Herrschaft von schweren Menschenrechtsverletzungen geprägt war. Die Niederlage im Krieg gegen Großbrit. um die ↑Falkland Islands and Dependencies (1982) führte zum Rücktritt General F. Galtieris und trug zur Beendigung der Diktatur bei. Aus den Wahlen von 1983 ging R. R. Alfonsín (UCR) als Sieger hervor, der sich um die Festigung der Demokratie bemühte, die schwere Wirtschaftskrise

aber nicht bewältigen konnte. Zu seinem Nachfolger wurde im Mai 1989 der Peronist C. Menem gewählt, dessen strikt neoliberale Wirtschaftspolitik (u. a. Privatisierung staatl. Großunternehmen) Erfolge zeigte; mit einer Verfassungsänderung räumte sich Menem die Möglichkeit zu seiner Wiederwahl 1995 ein.

Argentinisches Becken, Meeresbecken im sw. Atlantik, bis 6 212 m tief.

Argentit [lat.] (Silberglanz), weiches, graues, kubisches Mineral, Ag_2S; in monokliner Form *Akanthit* genannt. Mohshärte 2, Dichte 7,3 g/cm³; wichtiges Silbererz.

Arghezi, Tudor [rumän. arˈgezi], eigtl. Ion N. Theodorescu, *Bukarest 21. 5. 1880, † ebd. 14. 7. 1967, rumän. Dichter. Bedeutendster rumän. Lyriker nach M. Eminescu; auch Romane, Novellen.

Arginin [wohl griech.], Abk. Arg, lebenswichtige Aminosäure; letztes Zwischenprodukt der biolog. Harnstoffsynthese.

Arglist, Anwendung unlauterer Mittel im Rechtsverkehr. Im *Zivilrecht* berechtigt eine *arglistige Täuschung* nach § 123 BGB zur Anfechtung einer Willenserklärung.

Argolis, Landschaft auf der nördl. Peloponnes, Hauptort Nafplion. Kernland der myken. Kultur.

Argolischer Golf, Golf der sw. Ägäis, an der O-Küste der Peloponnes.

Argon [griech.], chem. Symbol Ar, chem. Element aus der Gruppe der Edelgase im Periodensystem der chem. Elemente; Ordnungszahl 18, relative Atommasse 39,948. Das farb- und geruchlose Edelgas kommt zu 0,93 Volumenprozent in der Luft vor; Schmelztemperatur −189,2 °C, Siedetemperatur −185,7 °C. Dichte bei 0 °C und Normaldruck 1,7837 g/l. Als Füllgas für Leuchtröhren und Schutzgas bei Elektroschweißungen verwendet.

Argonauten, in der griech. Mythologie die Helden, die unter Führung Jasons ausziehen, das Goldene Vlies des Äetes, des Herrn von Aia (bzw. Kolchis), zu holen. Die Herausgabe des Vlieses knüpft Äetes an die Erfüllung zweier Aufgaben: Jason muß mit feuerschnaubenden Stieren pflügen und gegen Krieger kämpfen, die aus einer Saat von Drachenzähnen wachsen. Als der Held beide Aufgaben besteht, das Vlies aber dennoch nicht erhält, raubt er es und flieht mit Medea.

Argonnen (Argonnerwald), Bergland im O des Pariser Beckens, Frankreich, über 40 km lang, bis 20 km breit, bis 303 m hoch.

Argos, griech. Stadt auf der Peloponnes, 20 700 E. In der Antike bed. Stadtstaat, Hauptort der Argolis; in archaischer Zeit Machtausdehnung über die ganze östl. Peloponnes; Reste der myken. Burg und von griech.-röm. Bauwerken; berühmte Bildhauerschule im 5. Jh. v. Chr. (Polyklet).

Argot [ar'go:], frz. Bez. für ↑Rotwelsch; i. w. S. auch Bez. für ↑Jargon.

Argument [lat.], **1)** *allg.:* Beweisgrund, auf den sich eine Behauptung stützt. Die Beweisführung mit Hilfe von A. heißt *Argumentation.* **2)** *Mathematik:* Bez. für die unabhängige Variable einer ↑Funktion. Die Menge aller A.werte bildet den A.bereich der Funktion.

Argun, rechter Quellfluß des Amur, 1 620 km lang, davon 944 km Grenze zw. China und Rußland.

Argus, Gestalten der griech. Mythologie: 1. Sohn des Zeus und der Niobe, Gründer der nach ihm ben. Hauptstadt der Argolis. – 2. A. Panoptes (»der Allesseher«), dessen ganzer Körper mit Augen bedeckt ist, die er abwechselnd wach hält *(Argusaugen).*

Århus [dän. 'ɔ(:)rhus], dän. Stadt auf Jütland, 267 900 E. Univ., Freilichtmuseum; zahlr. Ind.-Betriebe, bed. Hafen. Roman. Domkirche (1201), Liebfrauenkirche (13.–15. Jh.; mit Kloster); Rathaus (1938–42). – Seit 948 Bischofssitz.

Ariadne, griech. Mythen- und Sagengestalt, Tochter des Königs Minos von Kreta, Helferin des Theseus, der nach seinem Kampf mit dem Minotauros durch ein ihm von A. übergebenes Wollknäuel *(Ariadnefaden)* aus dem Labyrinth herausfindet.

Ariane, im Auftrag der ESA entwickelte europ. Trägerrakete für den Start von Forschungs-, Kommunikations-, Navigations- und Wettersatelliten. Startplatz ist das frz. Raumfahrtzentrum in Kourou (Frz.-Guayana). Der erste operationelle Flug scheiterte im Sept. 1982, der zweite gelang im Juni 1983.

Arianismus, die Christologie des alexandrin. Priesters *Arius* (*um 260 [?], † 336). Nach ihr ist Christus mit Gott nicht wesensgleich, sondern nur dessen vornehmstes Geschöpf; 325 auf dem Konzil in Nizäa verurteilt, hielt sich bei Goten, Vandalen und Langobarden bis zum 6. Jh.

Arias Sánchez, Oscar [span. 'arias 'santʃes], *El Hogar 13. 9. 1941, costarican. Politiker. Entwickelte als Präs. Costa Ricas (1986–90) den nach ihm benannten Friedensplan zur Beendigung der Bürgerkriege in El Salvador und Nicaragua; erhielt hierfür 1987 den Friedensnobelpreis.

arid [lat. aridus], in der Klimatologie Bez. für Klimate, in denen die Verdunstung (V) stärker ist als der Niederschlag (N): V > N; *extremarid:* oft Jahre ohne Niederschlag; *semiarid:* im Jahresdurchschnitt V > N, in einigen Monaten jedoch N > V.

Arie [italien.], instrumental begleiteter Sologesang in Oper, Oratorium und Kantate mit in sich geschlossener Form, im 18. Jh. auch selbständiges, im allg. bravouröses Konzertstück *(Konzert-A.).* Die A. entwickelte sich um 1600 als Gegenpol zum deklamator. Sprechgesang des ↑Rezitativs. Für das 18. Jh. beherrschend wurde die dreiteilige *Da-capo-A.* Seit Glucks Opernreform wurde die A. wieder mehr dem dramat. Geschehen untergeordnet; bei R. Wagner und Verdi ist die Scheidung von Rezitativ und A. und die A. als festes Gefüge in der durchkomponierten Form der Oper aufgehoben.

Ariel [...i-ɛl; hebr.], in der jüd. Dämonologie Name eines Engels. In naturmag. Schriften des Spät-MA und der frühen Neuzeit Elementargeist.

Arier [Sanskrit arya »der Edle«], Bez. für die Angehörigen der Völker des indoiran. Zweiges der indogerman. Sprachfamilie; Indoarier sind historisch nachweisbar zuerst Mitte des 2. Jt. v. Chr. als die im Mitannireich Mesopotamiens staatstragende Adelsschicht. – Von der europ. Sprachwiss. des 19. Jh. wurden die zunächst rein sprachwiss. Begriffe A. und arisch zeitweise den Begriffen »Indogermanen, indogermanisch« gleichgesetzt, und sie drangen in Anthropologie und Rassenkunde ein, wo sie allmählich die Bedeutung »Angehörige

Ariane 4.
Nutzlastkapazitäten 2,5/4,2 t (geostationäre/erdnahe Bahn), mit gegenüber Ariane 3 verstärkter Startstufe

Nutzlast, (z. B. Satellit) | 3. Stufe, 1 Triebwerk | 2. Stufe, 1 Triebwerk | Startstufe, 6 Triebwerke

der nord. Rasse«, schließlich (in antisemit. Einengung) »Nichtjuden« bzw. »nichtjüdisch« annahmen.

Aries [...i-ɛs; lat.] (Widder) ↑Sternbilder (Übersicht).

Arioso [italien.], 1) kurzes Gesangsstück, das in seinem melod. Charakter näher beim Rezitativ, in der taktmäßigen Behandlung näher bei der Arie steht.

2) Vortrags-Bez., die arienhaften Ausdruck fordert.

Ariosto, Ludovico, * Reggio nell'Emilia 8. 9. 1474, † Ferrara 6. 7. 1533, italien. Dichter. Schrieb neben italien. und lat. Gedichten, Lustspielen nach lat. Muster, Satiren und Episteln das Epos in 40 Gesängen »Der rasende Roland« (1516, erweitert 1532); Vollender der italien. Renaissance.

Ariovist (lat. Ariovistus), † vor 54 v. Chr., Heerkönig der german. Sweben. Von Cäsar 58 zw. Belfort und Schlettstadt (wahrscheinlich bei Mülhausen) vernichtend geschlagen.

arische Sprachen, die indoar., iran. und Kafirsprachen (in NO-Afghanistan), die zusammen den ar. oder indoiran. Zweig der indogerman. Sprachen bilden. ↑Arier.

Arisierung, nat.-soz. Begriff für die schrittweise Verdrängung der Juden aus dem dt. Berufs- und Wirtschaftsleben während der nat.-soz. Diktatur.

Aristides der Gerechte (Aristeides), † 467 v. Chr. (?), athen. Politiker und Feldherr. Hatte entscheidenden Anteil an der Gründung des Attisch-Delischen Seebundes (477 v. Chr.).

Aristippos, * Kyrene (N-Afrika) um 435, † um 366, griech. Philosoph. Schüler des Sokrates; lehrte in Anlehnung an die Sophistik, die Erkenntnis beruhe allein auf subjektiven Empfindungen, das Gute sei Hedone (»Lust, Freude«) und als solche oberstes Ziel und Endzweck menschl. Handelns.

aristo..., Aristo... [griech.], in Zusammensetzungen: sehr gut, best...

Aristokrat [griech.], Angehöriger des Adels; auch übertragen: Mensch von vornehmer, zurückhaltender Lebensart.

Aristokratie [griech. »Herrschaft der Besten«], Bez. für die Staatsform, in der die Herrschaft im Besitz einer privilegierten sozialen Gruppe (Adel) ist, auch für diese Gruppe selbst.

Aristophanes, * Athen vor 445, † ebd. um 385, griech. Komödiendichter. Als Kritiker seiner Zeit bedeutendster Vertreter der att. Komödie (u. a. auch Tragödienparodien); von seinen etwa 45 Stücken sind elf erhalten, u. a. »Die Acharner« (425), »Die Ritter« (424), »Der Friede« (421), »Die Vögel« (414), »Lysistrate« (411), »Die Frösche« (405) und »Plutos« (388).

Aristoteles, * Stagira (Thrakien) 384, † bei Chalkis (auf Euböa) 322, griech. Philosoph (nach seinem Geburtsort auch der »Stagirit« gen.). 367–348/347 Mgl. der Akademie Platons; 342 Erzieher des späteren Alexander d. Gr.; lehrte um 335 im Lykeion in Athen; gründete etwa um die gleiche Zeit eine eigene Schule, den ↑Peripatos, ein naturwiss. Museum und eine Bibliothek. – Das Ziel der Philosophie des A. ist, die Welt des Alltags und die Vielfalt ihrer »Phänomene« (Erscheinungen) im Rahmen einer sie »erklärenden« Theorie und eines entsprechenden Systems von Aussagen zu verstehen. Hierzu entwickelt A. die *formale Logik,* deren Kernstück die ↑Syllogistik ist. Bei seiner Erklärung von Fakten durch Rückführung auf allg. Prinzipien (Axiome), aus denen dann umgekehrt wieder Einzelerkenntnisse hergeleitet werden können (Deduktion), bildet A. (in seiner »Metaphysik«) – für die abendländ. Philosophie richtungweisend – einen begriffl. Apparat mit Begriffspaaren wie Substanz – Akzidenz, Stoff – Form, Potenz – Akt, mit deren Hilfe er das zentrale Problem der griech. Philosophie zu lösen versucht, wie nämlich das Verhältnis des Vielen zum Einen, der wechselnden Mannigfaltigkeit der Erscheinungen (des Seienden) zum Sein zu bestimmen sei. Dazu kennzeichnet er das Werden, die Bewegung, das Geschehen als Verwirklichung einer Möglichkeit in der Erscheinung. So ist z. B. der Same (Stoff, Potenz) die *Möglichkeit,* die in der Pflanze (Form, Akt) ihre *Verwirklichung* findet. Was dabei jedes Ding wirklich ist bzw. wird, ist seine ↑Entelechie, die Zielbestimmung des an sich völlig unbestimmten Stoffes, die Materie. In Beantwortung der daraus entstehenden Frage nach der Ursache des Werdens führt A. alle Bewegung auf ein erstes, selbst unbewegtes Bewegendes zurück,

Aristoteles

Arizona
Flagge

auf die reine Form, den *unbewegten Beweger,* das vollkommene Sein, in dem jede Möglichkeit zugleich Wirklichkeit ist. – Von ebenso zentraler Bedeutung für das abendländ. Denken wie die Logik und die theoret. Philosophie ist seine prakt. Philosophie (Ethik, Politik) mit ihrer Lehre vom Maß als dem Mittleren zw. zwei Extremen. Hier bestimmt A. den Menschen als »gemeinschaftsbildendes Lebewesen«, dessen »Tüchtigkeiten« oder »Tugenden« nur in der Gemeinschaft, d. h. bei A. nur im Staat, verwirklicht werden können. – In die Kunsttheorie führte A. im Rahmen seiner poiet. Philosophie v. a. den Begriff der ↑Mimesis und der Zweckfreiheit ein. Von bes. Bedeutung für das europ. Drama bzw. die Dramentheorie war seine »Poetik«.

Aristotelismus, Sammel-Bez. für Übernahme, Aus- und Umbau des philosoph. Systems des Aristoteles oder einzelner Elemente seiner Philosophie. Der Einfluß der Philosophie des Aristoteles auf das christl.-europ., jüd. und islam.-arab. Geistesleben ist unüberschaubar. Ein großer Teil der von Aristoteles erstmals präzisierten Begriffe (z. B. Kategorie, Substanz, Potenz – Akt, Materie – Form, Abstraktion) sind fester Bestandteil der heutigen Umgangs- und Wiss.-Sprache. Viele wiss. Disziplinen wie Logik, Rhetorik, Ethik, Politik, Physik, Metaphysik, Ökonomie, Meteorologie, deren Bez. auf Aristoteles zurückgehen, sind in ihrer histor. Entwicklung in kaum prüfbarem Ausmaß von ihm beeinflußt.

Arithmetik [griech.], Teilgebiet der Mathematik, das sich mit den Zahlen und ihren Verknüpfungen nach bestimmten Rechengesetzen befaßt; im allg. werden keine Grenzwertbetrachtungen durchgeführt.

arithmetisches Mittel ↑Mittelwert.

ARI-Verfahren ↑Verkehrsfunk.

Arizona, Staat im SW der USA, in der intramontanen Zone der Kordilleren, 295 260 km², 3,83 Mio. E, Hauptstadt Phoenix. **Geschichte:** A. kam durch den Frieden von Guadalupe Hidalgo (1848) und durch den Gadsden-Kaufvertrag (1854) von Mexiko an die USA; 1863 Territorium; wurde 48. Gliedstaat der USA 1912.

Arkaden [italien.-frz.], Bogenreihe; einseitig offener Bogengang. In der röm. Baukunst oft mehrgeschossig (z. B. Kolosseum in Rom, Aquädukt von Nîmes). A. zw. zwei Räumen sind v. a. für den mittelalterl. Kirchenbau ein bed. Element der Raumgestaltung geworden.

Arkadien, gebirgige Landschaft auf der Peloponnes. – Seit ungefähr 550 v. Chr. unter spartan. Vorherrschaft bis zur Gründung des *Arkadischen Bundes* nach der Schlacht bei Leuktra (371 v. Chr.), der im 3. Jh. v. Chr. im Achäischen und im Ätol. Bund aufging. – In der Dichtung Schauplatz idyllischen Landlebens.

Arkadios, oström. Kaiser, ↑Arcadius.

Arkandisziplin [lat.], Geheimhaltung von Lehre und Kult einer Religionsgemeinschaft vor Außenstehenden.

Arkansas [ar'kanzas, engl. 'ɑ:kənsɔ:], Staat im S der USA, in der Mississippi- und Golfküstenebene, 137 755 km², 2,40 Mio. E, Hauptstadt Little Rock. **Geschichte:** Seit 1731 frz. Kronkolonie Louisiane; 1803 von den USA gekauft, 1819 Territorium, 1836 25. Gliedstaat der USA.

Arkansas River [engl. 'ɑ:kənsɔ: 'rɪvə], rechter Nebenfluß des Mississippi, mündet nördl. von Greenville, 2 334 km lang.

Arkebuse [frz.], Anfang des 15. Jh. entstandene schwere Handfeuerwaffe.

Arkona, Kap auf Rügen, mit Wällen einer slaw. Tempelburg.

Arktis [griech.] (Nordpolargebiet), die um den Nordpol liegenden Land- und Meeresgebiete; ehem. nach S abge-

Arkaden

Arkansas
Flagge

Arktis.
Blühender Alpenehrenpreis im Juli auf Ellesmere Island

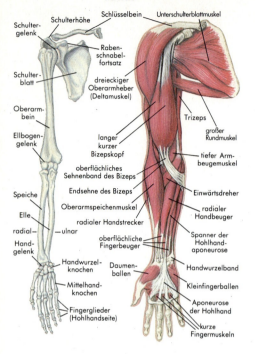

Arm.
Links: Skelett ♦ Rechts:
Muskeln und Sehnen

Armbrust

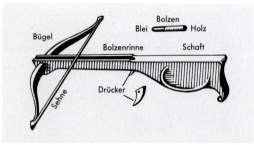

grenzt durch den nördl. Polarkreis, heute werden klimat. (10 °C-Juli-Isotherme) und vegetationsgeograph. Kriterien (nördl. Baumgrenze) herangezogen.

Arkus (Arcus) [lat.], Formelzeichen arc, Bogen bzw. Bogenmaß eines Winkels; auch Bez. für den (im Bogenmaß gemessenen) Polarwinkel in einem Polarkoordinatensystem, speziell für den Po-

larwinkel in der Gaußschen Zahlenebene.

Arlberg ↑Alpenpässe (Übersicht).

Arlecchino [italien. arle'ki:no], typ. kom. Figur der Commedia dell'arte; Vorbild des Harlekins.

Arles [frz. arl], frz. Stadt an der Rhone, Dép. Bouches-du-Rhône, 51 000 E. Marktzentrum für Camargue und Crau. Aus galloröm. Zeit stammen u. a. Amphitheater, Forum, Nekropole (Aliscamps). Kathedrale Saint-Trophime (11. und 12. Jh.) mit figurenreichem Hauptportal und Kreuzgang. – Griech. Gründung *(Theline)* im 6. Jh. v. Chr.; röm. Kolonie um 46 v. Chr. *(Arelate);* um 400 Erzbistum (bis 1801); 536 zum Fränk. Reich; 879 Haupt- und Krönungsstadt des Kgr. Burgund (Arelat); 1481 zu Frankreich.

Arlesheim, Bezirkshauptort im schweizer. Halbkanton Basel-Landschaft, südl. von Basel, 8 500 E. Barocke Domkirche (1680) mit Spiegelgewölbe, Schloß Birseck (13. Jh.). – Bei A. erkämpften 1499 die Schweizer gegen Maximilian I. ihre fakt. Unabhängigkeit vom Hl. Röm. Reich.

Arlington [engl. 'a:lıŋtən], County in N-Virginia, USA, am Potomac River, gegenüber von Washington, 174 000 E. Sitz des US-Verteidigungsministeriums. ✠ von Washington; Militärfriedhof *(Arlington National Cemetery).*

Arlt, Roberto, *Buenos Aires 2. 4. 1900, † ebd. 26. 6. 1942, argentin. Schriftsteller. Bittere gesellschaftskrit. Romane, u. a. »Die sieben Irren« (1929).

Arm, in der Anatomie Bez. für die paarig ausgebildeten Vordergliedmaße des Menschen und der Menschenaffen. Nach der Gliederung des Skeletts unterteilt man den Arm in Oberarm, Unterarm und ↑Hand: Der *Oberarm* (Brachium) besteht aus einem einzigen festen Röhrenknochen, dem Oberarmbein (Humerus) mit Kopf und Gelenkfläche zur Bewegung in der Gelenkgrube am Schulterblatt und einer Wölbung zur Einlenkung der beiden Knochen des Unterarms (Antebrachium) am Ellbogen. Der *Unterarm* setzt sich aus der *Elle* (Ulna, Cubitus), die mit dem Ellbogenfortsatz (Olecranon) über das untere Ende des Oberarms hinausragt und nur gebeugt und gestreckt werden kann, und der *Speiche* (Radius) zusammen, die sich außerdem um die Elle, am unteren Ende fast um 180°, drehen kann, wobei sie die Hand mitführt. Die Muskeln, die den Oberarm im Schultergelenk bewegen, entspringen an Brust, Rücken, Schlüsselbein und Schulterblatt. Die *Oberarmschlagader* (Arteria brachialis) verläuft an der Innenfläche des Oberarms bis zur Ellenbeuge, wo sie sich entsprechend den Unterarmknochen in zwei Endäste teilt.

Armada [lat.-span.], in Spanien bis Anfang des 18. Jh. allg. Bez. für die Streitkräfte zu Land und zu Wasser, später nur für die Kriegsflotte; i. e. S. die von Philipp II. 1588 gegen England ausgesandte Flotte, die »unüberwindliche A.« (130 Kriegsschiffe und 2630 Kanonen), die in drei Seeschlachten vor SW-England besiegt wurde.

Armagh [engl. ɑ:'mɑ:], Stadt in Nordirland, 13000 E. Sitz des Primas der Kirche von Irland; Marktzentrum. Bischofskathedrale (13. Jh.). – Im Ringwall Eamhain Macha bei A. seit etwa 300 v. Chr. wohl Sitz des Kgr. Ulster. A. entstand um das 443 vom hl. Patrick gegründete Kloster; 1566 und 1642 völlig zerstört.

Armagnac [frz. arma'ɲak], frz. Landschaft (ehem. Gft.) im südlichen Aquitanischen Becken. Weinbau, Branntweindestillerien *(Armagnac).*

Armand, Aven ↑Höhlen (Übersicht).
Armaturen [lat.], Ausrüstungsteile von techn. Anlagen (z. B. Meßgeräte, Absperr- oder Drosselorgane, Schalter, Regler).

Armbrust [volksetymolog. umgebildet aus mittellat. arbalista (zu lat. arcuballista »Bogenschleuder«)], aus dem Bogen entwickelte Schußwaffe (Bolzen, Pfeile, Stein- und Bleikugeln).

Armee [lat.-frz.], svw. Heer; i. e. S. militär. Verband für eine bestimmte Aufgabe unter einheitl. Oberbefehl; Großverband des Heeres.

Ärmelkanal (Der Kanal, engl. English Channel, frz. La Manche), die Verbindung des Atlant. Ozeans mit der Nordsee, eine Meeresstraße zw. der N-Küste Frankreichs und der S-Küste Englands. Der Ä., 32–240 km breit, erstreckt sich zw. Cornwall und der Bretagne bis zur Straße von Dover. Er weist die größte Verkehrsdichte aller internat. Seewege auf; seit 1994 besteht die Möglichkeit zur Unterquerung durch den ↑Eurotunnel.

Armenbibel ↑Biblia pauperum.

Armenien

Fläche:	29 800 km²
Einwohner:	3,489 Mio.
Hauptstadt:	Jerewan
Amtssprache:	Armenisch
National-	
feiertag:	28. 5.
Währung:	1 Dram = 100 Luma
Zeitzone:	MEZ + 3 Std.

Armenien, Staat in Transkaukasien, grenzt im N an Georgien, im O an Aserbaidschan, im S an Iran, im SW an die Autonome Rep. Naxçıvan (zu Aserbaidschan) und im W an die Türkei.
Staat und Recht: Republik; *Verfassung* der Armen. SSR. *Staatsoberhaupt* ist der für 5 Jahre direkt gewählte Präsident; die *Legislative* liegt beim Einkammerparlament (260 Abg.), die *Exekutive* wird von der Regierung unter Vors. des Min.-Präs. wahrgenommen. Mehrparteiensystem.
Landesnatur: Das Gebirgsland umfaßt Ketten des Kleinen Kaukasus im N sowie den nordöstl. Teil des Ararathochlandes (im Aragaz 4 090 m), das eigentl. Armen. Hochland um den Sewansee. In der subtrop. Zone gelegen, ist das Klima der Täler und Vorgebirge durch trockene, heiße Sommer und kalte, schneearme Winter gekennzeichnet; in den mittleren Höhenlagen ist es gemäßigt.
Bevölkerung: Die Bevölkerung besteht zu 93,3 % aus Armeniern, die als Christen der armen. Kirche angehören.
Wirtschaft, Verkehr: Neben dem Anbau von Wein, Obst, Gemüse und Tabak herrscht in der Landwirtschaft Schaf- und Ziegenzucht vor, etwa ein Drittel der landwirtschaftl. Nutzfläche

Armenien

Staatsflagge

Staatswappen

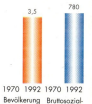

3,5		780	
1970	1992	1970	1992
Bevölkerung (in Mio.)		Bruttosozialprodukt je E (in US-$)	

☐ Stadt   Land ☐

68% / 32%

Bevölkerungsverteilung 1992

☐ Industrie
☐ Landwirtschaft
☐ Dienstleistung

46% / 20% / 34%

Bruttoinlandsprodukt 1992

Armenisch

Armfüßer.
Schalenschloß-
armfüßer

Armfüßer.
Schematische Längs-
schnitte durch einen
Schloßlosen Armfüßer
(links) und einen
Schalenschloßarmfü-
ßer (rechts); Bs Bauch-
schale, D Darmkanal,
Ma Mundarm (nicht
halbiert); Ms Mesozöl,
Öm Öffnungsmuskel,
Rs Rückenschale,
Sm Schließmuskel,
St Stiel, Stm Stiel-
muskel

ist Ackerland. In der Ind. überwiegt der Maschinenbau, gefolgt von der chem. und der Buntmetall-Ind. Das Verkehrsnetz umfaßt 830 km Eisenbahnlinien und 12 100 km Straßen. Internat. ⚓ in Jerewan.

Geschichte: Große Teile des armen. Hochlands wurden erstmals unter dem Reich Urartu (ab dem 9. Jh. v. Chr.) politisch zusammengefaßt. In dessen westl. und südl. Grenzgebiete wanderten im 7. Jh. die Armenier aus SO-Europa ein. Im 1. Jh. v. Chr. gehörte A. zum großarmen. Reich Tigranes' II., d. Gr. (um 94 bis um 54) aus dem Geschlecht der Artaxiden, ein Teil von A. (Klein-A. westlich des Euphrat) war ab 66 v. Chr. römisch; das verbleibende Groß-A. östlich des Euphrat wurde Pufferstaat zw. Rom und dem Partherreich bzw. Persien. Ab dem 7. Jh. n. Chr. arabisch, fiel W-A. Ende des 13. Jh. an das Osman. Reich. 1722 bzw. 1813/28 erfolgte die russ. Annexion von Teilen Transkaukasiens. Der größte Teil der in der Türkei lebenden Armenier wurde 1914/15 und in den 20er Jahren durch türk.-kurd. Massaker und Deportationen vernichtet. 1918–20 bestand die unabhängige Republik A.; 1923 erfolgte die türk. Annexion von Kars und Ardahan sowie die sowjet. Einverleibung des übrigen A. (ab 1936 Armen. SSR). Nach wachsenden Unabhängigkeitsbestrebungen erklärte A. am 21. 9. 1991 seine Unabhängigkeit und wurde Mgl. der GUS. 1991 entbrannte zw. A. und dem Nachbarland Aserbaidschan ein kriegerischer Konflikt um die mehrheitlich von Armeniern bewohnte aserbaidschan. Enklave †Bergkarabach, der trotz russ. Vermittlung eines Waffenstillstandab-

kommens (1994) nicht endgültig beigelegt werden konnte. Präsident L. Ter-Petrosjan wurde 1991 in den ersten freien Wahlen im Amt bestätigt, geriet jedoch auf Grund der äußerst schwierigen wirtschaftl. Situation stark unter Druck.

Armenisch, Zweig der indogerman. Sprachfamilie. Neben der Schriftsprache (klass. Altarmenisch), die vom 10. Jh. ab eine tote Sprache war, stand eine in Dialekte aufgespaltene Volkssprache, aus der seit dem 9. Jh. eine mittelarmen. Schriftsprache hervorging, die mit dem Kleinarmen. Reich wieder unterging (1375). Das 19. Jh. brachte zwei neue Schriftsprachen. Das Neuwestarmenische, das auf dem Dialekt von Konstantinopel beruht, wird im Westen, d. h. in der Türkei, in Syrien, Libanon, Ägypten, auf dem Balkan und sonst in Europa sowie in Amerika gebraucht; das Neuostarmenische ist die Sprache der Armenier.

armenische Kirche, 1) oriental. Nationalkirche von Armenien (»Armen.-apostol. Kirche«), Ende des 3. Jh. durch Gregor den Erleuchter (»Gregorian. Kirche«) begründet. Heute bestehen die Katholikate von Etschmiadsin (seit 1441) und Kilikien (seit 1293; Sitz Anthelias [Libanon]) und die Patriarchate von Jerusalem (seit 1311) und Konstantinopel (seit 1461; Sitz Istanbul). **2)** die Kirche der kath. gebliebenen bzw. 1439 mit Rom unierten Armenier, das »Patriarchat der kath. Armenier von Kilikien« (seit 1. Hälfte des 18. Jh.; Sitz Beirut).

Armer Konrad, Bauernbund im Bauernaufstand in Württemberg 1514, der sich gegen Herzog Ulrich von Württemberg bildete.

arme Seelen, nach kath. Lehre und in der Volkssage die Seelen der in Gnade verstorbenen Menschen, die noch im Fegefeuer geläutert werden.

Armflosser (Anglerfischartige, Lophiiformes), Ordnung der Knochenfische mit über 200 Arten in trop., subtrop. und gemäßigten Meeren; bekannte Fam. sind Anglerfische, Antennenfische.

Armfüßer (Brachiopoda), Klasse der Tentakelträger mit etwa 260 heute lebenden 0,1–8 cm großen, muschelähnl., mit Rücken- und Bauchschale versehe-

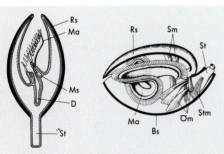

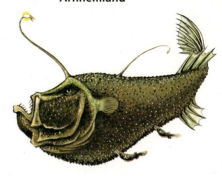

nen Arten im Meer, wo sie meist an Felsen oder am Boden festsitzen; seit dem Präkambrium bekannt.

Armierung [lat.-frz.] ↑Bewehrung.

Arminianer (Remonstranten), niederl. christl. Religionsgemeinschaft, begr. von Jacobus Arminius (*1560, † 1609), der sich gegen die kalvinistisch geprägte Staatskirche der Niederlande wandte.

Arminius (Armin, fälschlich Hermann), *wohl 16 v. Chr., † wohl 21 n. Chr., Cheruskerfürst. ∞ mit Thusnelda; röm. Bürger und Ritter; organisierte den Widerstand eines Teils der Germanenfürsten und vernichtete im Herbst 9 n. Chr. im Umkreis des Teutoburger Waldes (wohl bei Kalkriese am Rand des Wiehengebirges) ein röm. Heer von etwa 20 000 Mann unter Varus; bei einem Aufstand der Cherusker von Verwandten ermordet.

Armorika (Armorica, Aremorica), kelt. Bez. für die Bretagne und einen Teil der Normandie.

Armory Show [engl. 'ɑ:mərɪ 'ʃəʊ »Zeughausschau«], die erste umfassende Ausstellung moderner europ. und amerikan. Kunst in den USA (1913).

Armstrong [engl. 'ɑ:mstrɔŋ], 1) Louis Daniel (gen. »Satchmo« [engl. 'sætʃməʊ]), *New Orleans 4. 7. 1900, † New York 6. 7. 1971, amerikan. Jazztrompeter und -sänger. Bed. Vertreter des New-Orleans-Jazz; jahrzehntelang für sein Instrument schulebildend.
2) Neil [Alden], *bei Wapakoneta (Ohio) 5. 8. 1930, amerikan. Astronaut; als Kommandant der Mondfähre von Apollo 11 mit Edwin Eugene Aldrin (*1930) am 20. 7. 1969 auf dem Mond, den er als erster Mensch betrat.

Armut, wirtschaftl. Situation einer Person oder Gruppe (z. B. Familie), in der diese nicht aus eigener Kraft einen angemessenen, sich am jeweiligen Existenzminimum orientierenden Lebensunterhalt bestreiten kann *(objektive A.)* oder ihre materielle Lage als Mangel empfindet *(subjektive A.).* A. ist nicht nur ein Problem der industriell unzureichend entwickelten südl. Welthemisphäre (etwa 20% der gegenwärtigen Weltbevölkerung gelten als unterernährt bzw. hungern, etwa 50% leiden generell an Mangelernährung). In der BR Deutschland gilt als arm, wer über weniger als die Hälfte des durchschnittl. Pro-Kopf-Nettoeinkommens (1991: 1 628 DM monatlich) verfügt; dies traf 1992 auf etwa 4 Mio. Menschen zu.

Armutsbewegungen, die verschiedenen, religiös und sozial bedingten ordensähnl. Gemeinschaften, die aus der hochmittelalterl. Kirchenreform hervorgingen, deren Leitbild der »arme Christus« war.

Arnau, Frank, *Wien 9. 3. 1894, † München 11. 2. 1976, dt. Schriftsteller. Emigrierte 1933, lebte 1939–55 in Brasilien; schrieb v. a. Kriminalromane, u. a. »Nur tote Zeugen schweigen« (1959), auch Sachbücher.

Arndt, Ernst Moritz, *Groß Schoritz/ Rügen 26. 12. 1769, † Bonn 29. 1. 1860, dt. Schriftsteller und Publizist. 1805 Prof. für Geschichte in Greifswald; rief zum Kampf gegen Napoleon I. auf (»Geist der Zeit«; 4 Bde., 1806–18); ergriff u. a. mit den patriot. »Liedern für Teutsche« (1813) leidenschaftl. Partei für die nat. Sache. Prof. in Bonn 1818, 1820 suspendiert, 1840 rehabilitiert; Abg. der Frankfurter Nationalversammlung 1848/49 (rechtes Zentrum); forderte einen dt. Nationalstaat mit Erbkaisertum unter preuß. Führung.

Arnheim (amtl. Arnhem), niederl. Prov.-Hauptstadt östlich von Utrecht, 128 000 E. Freilichtmuseum (Reichsmuseum für Volkskunde); Ind.- und Handelszentrum. In der Grote Kerk (15. Jh.) Grabmal des Hzg. Karl von Egmond († 1538), Kirche Sint-Walburgis (1422 geweiht), Stadthaus (um 1540; heute Rathaus). – Abb. S. 216.

Arnhemland [engl. 'ɑ:nəmlænd], Halbinsel im Northern Territory Austra-

Armflosser.
Der zu den Tiefseeanglerfischen gehörende Riesenangler (Ceratias hollbolli) mit Zwergmännchen

Louis Armstrong

Neil Armstrong

Arnika

Arnheim
Stadtwappen

liens, zentraler Ort Darwin; Uranerzlagerstätten in Eingeborenenreservaten.

Arnika [Herkunft unsicher] (Wohlverleih, Arnica), Korbblütler-Gattung mit 32 Arten in den nördlichen gemäßigten Breiten. In M-Europa heimisch ist der *Bergwohlverleih* (Arnika i. e. S., Bergarnika), 30 bis 60 cm hoch, aromatisch duftend, v. a. auf kalkarmen Bergwiesen wachsend; Stengel mit Drüsenhaaren und ein oder drei orangegelben Blütenköpfchen.

Arnim, märk. Adelsgeschlecht: **1)** Achim von, eigtl. Ludwig Joachim von A., *Berlin 26. 1. 1781, † Wiepersdorf bei Jüterbog 21. 1. 1831, dt. Dichter. Gab 1806–08 zus. mit C. Brentano »Des Knaben Wunderhorn« heraus, eine Sammlung von etwa 600 frei bearbeiteten Volksliedern. 1811 heiratete er Bettina Brentano. Durch Rückbesinnung auf die dt. Geschichte, nat. und religiöse Vertiefung versuchte er an der Erneuerung des dt. Geistes mitzuwirken, u. a. durch die Romane »Armut, Reichtum, Schuld und Buße der Gräfin Dolores« (1810) und »Die Kronenwächter« (1817). Bed. sind die Novellen »Isabella von Ägypten« (1812), »Der tolle Invalide auf dem Fort Ratonneau« (1818) und »Die Majoratsherren« (1820).

Achim von Arnim

2) Bettina von, eigtl. Anna Elisabeth von A., geb. Brentano, *Frankfurt am Main 4. 4. 1785, † Berlin 20. 1. 1859, dt. Dichterin. Schwester von C. Brentano. 1811 heiratete sie Achim von A.; befreundet mit F. H. Jacobi, Tieck, Schleiermacher, den Brüdern J. und W. Grimm und Humboldt. »Goethe's Briefwechsel mit einem Kinde« (1835) ist eine sehr freie Umgestaltung einer Korrespondenz zw. ihr und Goethe voll schwärmer. Verehrung. »Dies Buch gehört dem König« (Brief-R., 1843) appelliert an den preuß. König, soziale Mißstände wie das Elend der schles. Weber zu beseitigen.

3) (Arnheim), Hans Georg von A.-Boitzenburg, *Boitzenburg 1583 (1581?), † Dresden 28. 4. 1641, Heerführer. 1626 »rechte Hand« Wallensteins; nach 1629 als überzeugter Lutheraner in kursächs. Dienst (bis 1635).

Bettina von Arnim

Arno, Fluß in Italien, entspringt im Etrusk. Apennin, mündet sw. von Pisa ins Ligur. Meer, 241 km lang.

Arnsberg
Stadtwappen

Arnold, Matthew [engl. ˈɑːnld], *Laleham (heute zu Staines) 24. 12. 1822, † Liverpool 15. 4. 1888, engl. Dichter und Kritiker. Humanist, wandte sich gegen den Materialismus seiner Zeit und die Enge des Viktorianismus; pädagog. Reformideen; prägte die Formel Dichtung sei Kritik oder Deutung des Lebens.

Arnolfo di Cambio [...ˈkambi̯o], *Colle di Val d'Elsa zw. 1240/45, † Florenz zw. 1302/10, italien. Baumeister und Bildhauer. Schüler von Nicola Pisano, tätig u. a. in Rom, ab 1296 in Florenz. Leiter der Dombauhütte; neuartige Verbindung von Zentralraum und Langhaus; von der 1587 abgebr. Fassade bed. Marmorplastik u. a. im Dommuseum.

Arnsberg, Stadt im nördl. Sauerland, NRW, 76100 E. Verwaltungssitz des Regierungsbezirks Arnsberg. Museen, u. a. Sauerland-Museum; Papier-, Metall-, Textil- und Holzindustrie. Got. Propsteikirche (12.–16. Jh.); Hirschberger Tor (1753), Rathaus (1710), Marktbrunnen (1779). – Sitz der *Grafen von Arnsberg* bzw. Werl; 1238 Stadtrecht.

Arnstadt, Kreisstadt an der Gera, Thüringen, 28500 E. Schloßmuseum mit Puppenhaus; Fernmeldewerk. Liebfrauenkirche (1180 bis 1330), barocke Bachkirche (17. Jh.). – 1266 Stadtrecht.

Arnulf von Kärnten, *um die Mitte des 9. Jh., † Regensburg 8. 12. 899, ostfränk. König (ab 887) und röm.-dt. Kaiser (ab 896). Sohn König Karlmanns; besiegte 891 die Normannen an der Dijle.

Arnulf von Metz, hl., *um 580, † Remiremont 18. 7. 640 (?), Bischof von Metz (614?–629). Regierte seit 622 unter König Dagobert I. mit dem Hausmeier Pippin das Ostfränk. Reich (Austrien); Stammvater der Karolinger *(Arnulfinger).* 629 ging er als Einsiedler in die Vogesen.

Arolsen, hess. Stadt im Waldecker Tafelland, 16000 E. Luftkurort. – Ehem. Residenzschloß (1713 bis 1728), nach Versailler Vorbild erbaut. – 1719 Stadtrecht; 1728–1918 Hauptstadt der Gft. Waldeck.

Aroma [griech.], Wohlgeruch und -geschmack meist pflanzl. Genußmittel, verursacht durch äther. Öle; würziger Duft; **aromatisch,** würzig, wohlriechend, wohlschmeckend.

Arnstadt.
Bachkirche; erbaut
1444, erneuert
1676–83

Aromastoffe, chem. Verbindungen, die im Mund-Nasen-Raum einen typ. Aromaeindruck hervorrufen. *Natürliche A.* sind in Lebensmittelrohstoffen enthalten oder entstehen während der Verarbeitung. *Naturidentische A.* haben denselben chem. Aufbau wie natürl., werden aber synthetisch hergestellt. *Künstliche Aromastoffe* kommen in der Natur nicht vor.

aromatische Verbindungen (Aromaten), Gruppe von weit mehr als 100 000 organ. Verbindungen, die sich von den aliphat. Verbindungen durch mehrere charakterist. Merkmale unterscheiden: sie haben einen ebenen ringförmigen Aufbau, enthalten mehrere, in Konjugation stehende Doppelbindungen, die das Auftreten von ↑Mesomerie ermöglichen, und zeigen unterschiedl. Reaktionsverhalten. Grundkörper aller a. V. ist das aus einem sechsgliedrigen Ring bestehende Benzol; es stellt das einfachste aromat. Ringsystem dar. Von ihm leiten sich zahlr. weitere Verbindungen ab, die mehrere sechsgliedrige aromat. Ringsysteme enthalten (z. B. Naphthalin, Anthracen); daneben sind auch Verbindungen mit fünf- und siebengliedrigen aromat. Ringsystemen bekannt. – Der Name der a. V. leitet sich von dem angenehm aromat. Geruch der ersten, vielfach aus Naturstoffen isolierten Verbindungen (wie Zimtsäure, Vanillin) ab. – A. V. sind weit verbreitet; sie bilden etwa $\frac{1}{3}$ aller bekannten organ. Verbindungen. Toluol, Xylole sind gute Lösemittel und dienen z. T. zur Herstellung von Farbstoffen, Kunststoffen und Sprengstoffen. Einige polyzykl. Aromaten, die sich beim Verschwelen organ. Substanzen bilden können, stehen im Verdacht, Krebs zu erregen.

Aronstab [griech./dt.] (Arum), Gatt. der Aronstabgewächse mit zwölf Arten in Europa und im Mittelmeergebiet; Stauden; die blumenblattlosen Blüten stehen an einem von einem tütenförmigen Hüllblatt umgebenen Kolben, die männl. über den weiblichen. Einzige Art in Deutschland ist der *Gefleckte Aronstab.*

Aronstabgewächse (Araceae), Fam. einkeimblättriger Pflanzen mit rd. 1 800 Arten in etwa 110 Gatt., v. a. in trop. und subtrop. Wäldern; meist Lianen mit

aromatische Verbindungen.
a Darstellung der delokalisierten π-Bindungen bei Benzol; **b** mesomere Grenzformen bei Benzol (oben) und Cyclodecapentaen (unten); **c** Darstellung des aromatischen Zustands bei Benzol und Cyclodecapentaen, symbolisiert durch Kreis oder Schleife im Formelbild

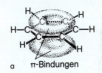

a π-Bindungen

b

c

Aronstabgewächse.
Fruchtstand (links) und
Pflanze (rechts) des
Gefleckten Aronstabes

Arras
Stadtwappen

Luftwurzeln oder großblättrige Pflanzen mit Erdsprossen oder Knollen. In Deutschland kommen nur drei Arten vor: Gefleckter Aronstab, Drachenwurz, Kalmus.

Arosa, schweizer. Kur- und Wintersportort sö. von Chur, Kt. Graubünden, 2800 E. Internat. Orgel- und Kammermusikwochen.

Arp, Hans (Jean), *Straßburg 16. 9. 1886, † Basel 7. 6. 1966, dt.-frz. Maler, Graphiker, Bildhauer und Dichter. 1916 Mitbegründer von Dada (Zürich; 1919/1920 Köln) und des Surrealismus in Paris; später Mgl. von Abstraction-Création. Mit seiner Frau Sophie Taeuber-Arp (*1889, † 1943; ∞ ab 1921) widmete er sich bes. dem Holzrelief und der Papiercollage. Ab 1930 entstand v.a. Vollplastik mit fließender Formgebung. Mit seinen »materialen Texten« nahm A. auch großen Einfluß auf die abstrakte Dichtung.

Árpád, † um 907, ungar. Fürst (ab etwa 886). Vereinigte die ungar. Stämme und führte sie aus dem Dnjestr-Pruth-Gebiet 896 in die Pannon. Ebene. Stammvater der ungar. Dynastie der *Arpaden.*

arpeggio [arˈpedʒo; italien.], musikal. Spielanweisung: »in der Art einer Harfe« zu spielen, d. h. die Töne eines Akkords nacheinander erklingen lassen.

Arrabal, Fernando, *Melilla 11. 8. 1932, span. Schriftsteller. Schreibt in frz. Sprache; seine z. T. schockierenden Dramen tragen Züge des surrealist. sowie des absurden Theaters; auch Romane, Gedichte, Essays, Filme. – *Werke:* Baal Babylon (R., 1959; 1971 von A. verfilmt), Guernica (Dr., 1960), Garten der Lüste (Dr., 1969), Der tausendjährige Krieg (Dr., 1972), Hohe Türme trifft der Blitz (R., 1983).

Arrak [arab.-frz.], Branntwein aus Reis, Melasse oder dem Saft der Blütenkolben der Kokospalme.

Arrangement [arãʒəˈmãː; frz.], Anordnung, Zusammenstellung, Übereinkommen, Vereinbarung. Bearbeitung eines Musikstücks für eine bestimmte Besetzung.

Arras, frz. Stadt an der Scarpe, 45 400 E. Hauptstadt des Dép. Pas-de-Calais; Zentrum der nord-frz. Woll-Ind.; Flußhafen. Wiederaufbau nach dem 1. Weltkrieg in fläm. Stil, u. a. die von Arkaden gesäumte Grande Place mit Giebelhäusern; Rathaus, Beffroi, klassizist. Kathedrale. – In der Römerzeit *Nemetocenna, Nemetacum* oder *Atrebatum;* 1237 Hauptstadt der Gft. Artois; im 5. Jh. und seit 1093/95 Bischofssitz. Der *Friede von Arras* (1579) leitete die endgültige Teilung der Niederlande ein.

Arrau, Claudio, *Chillán 6. 2. 1903, chilen. Pianist. Interpret klass. und romant. Klavierwerke.

Arrauschildkröte [indian./dt.], bis 75 cm lange Schildkröte, v. a. im Amazonas und Orinoko.

Arras.
Stadtzentrum mit dem zwischen der Grande Place (links) und der Place des Héros (rechts) gelegenen Rathaus (16. Jh) und Giebelhäusern des 17. Jh. mit Arkaden

Arrecife [span. arre'θife], Hauptort der Kanareninsel Lanzarote, 30 000 E. Hafen.

Arrest [mittellat.], 1) gerichtl. Verfahren der *ZPO*, das zur Sicherung der Zwangsvollstreckung wegen einer Geldforderung oder wegen eines Anspruchs stattfindet, der in eine Geldforderung übergehen kann. Die Anordnung des A. *(A.befehl)* schließt den *dingl. Arrest* ein, wenn zur Sicherung des Gläubigers die Zwangsvollstreckung in das Schuldnervermögen genügt, und den *persönl. Arrest,* wenn der dingl. A. zur Sicherung nicht ausreicht. Die *Vollziehung* des A. erfolgt durch Pfändung bzw. Eintragung einer *A.hypothek* oder Beschränkung der persönl. Freiheit des Schuldners (bes. durch Haft).
2) im *Konkursverfahren* wird durch den *offenen Arrest* allen Personen, die zur Konkursmasse etwas schuldig sind, aufgegeben, nichts an den Gemeinschuldner zu leisten.

Arretierung [mittellat.-frz.], mechan. Vorrichtung zum Feststellen bewegl. Geräteteile z. B. während eines Transports.

Arrhenius, Svante August [schwed. a're:niʊs], *Gut Wyk bei Uppsala 19. 2. 1859, † Stockholm 2. 10. 1927, schwed. Physikochemiker. Seine bedeutendste Leistung ist die Theorie der elektrolyt. Dissoziation, für die er 1903 den Nobelpreis für Chemie erhielt. Einen wichtigen Beitrag zur Reaktionskinetik leistete A. mit seiner empir. Ableitung der Temperaturabhängigkeit von Reaktionsgeschwindigkeiten *(Arrhenius-Gleichung)* und mit der Einführung des Begriffs Aktivierungsenergie.

Arrhythmie [griech.], 1) Unregelmäßigkeit im Ablauf eines rhythm. Vorgangs.
2) *Medizin:* unregelmäßige Herztätigkeit.

Arrian (Flavius Arrianus), *Nikomedia (Bithynien) um 95, † Athen um 175, griech. Schriftsteller. Sein Werk »Anabasis« (»Der Zug ins Landesinnere«) in sieben Büchern ist die wichtigste Quelle für den Indienzug Alexanders d. Gr.; Vorbild für A.s schlichten Stil ist Xenophon.

Arrondissement [frz. arõdısə'mã:], in Frankreich Verwaltungsbezirk bzw. Verwaltungseinheit in frz. Großstädten.

Arrow, Kenneth Joseph [engl. 'ærəʊ], *New York 23. 8. 1921, amerikan. Wirtschaftswissenschaftler. Prof. an der Stanford University und der Harvard University; bed. Arbeiten zur Wohlfahrtstheorie. 1972 Nobelpreis für Wirtschaftswissenschaften.

Kenneth Joseph Arrow

Ars [lat.], Kunst, Geschicklichkeit, Wissenschaft.

Arsen [griech.], chem. Symbol As, ein chem. Element aus der V. Hauptgruppe des Periodensystems der chem. Elemente; Ordnungszahl 33; relative Atommasse 74,92. Beständigste Form ist die *graue*, metall., kristalline Modifikation (Dichte 5,72 g/cm^3, Schmelztemperatur 817 °C unter 28 bar Druck, Sublimation bei 613 °C). Daneben gibt es eine unbeständige *gelbe*, nichtmetall. und eine *schwarze*, amorphe Modifikation; A. findet sich in Form von Sulfiden, Oxiden und Metallarseniden. A. verbrennt an der Luft zu Arsentrioxid, As_2O_3; durch konzentrierte Salpetersäure wird es zur A.säure, H_3AsO_4, durch verdünnte Salpetersäure, konzentrierte Schwefelsäure und auch starke, heiße Laugen zu *arseniger Säure*, H_3AsO_3, oxidiert. Die Salze der beiden Säuren, der *Arsensauerstoffsäuren*, werden als *Arsenate* bezeichnet. A. und seine Verbindungen sind sehr giftig; zum Nachweis des A. und seiner Verbindungen dient die †Marshsche Probe. A. wird zur Härtung von Bleilegierungen verwendet; arsenhaltige Schädlingsbekämpfungsmittel wurden inzwischen verboten.

Arsenal [arab.-italien.], Zeughaus; Geräte-, Waffenlager; Sammlung, Anhäufung.

Arsenate [griech.], Salze der Arsensauerstoffsäuren (†Arsen).

Arsenide [griech.], Verbindungen des Arsens mit Metallen, z. B. Kupferarsenid.

Arsenik [griech.] †Arsenoxide.

Arsenoxide [ar'sen-ɔ...], Verbindungen des Arsens mit Sauerstoff; *Arsentrioxid (Arsenik, Arsen(III)-oxid)*, As_2O_3, ist ein weißes, schwer wasserlösl. Pulver, sublimiert beim Erhitzen; Gewinnung durch Abrösten arsenhaltiger Erze als lockeres weißes Pulver *(Giftmehl)* oder als glasige Masse *(Arsenglas);* sehr giftig, tödl. Dosis bei 0,1 g. – *Arsenpentoxid (Arsen(V)-oxid)*, As_2O_5, bildet weiße, hygroskop. Massen.

Svante August Arrhenius

Arslan Tasch.
Sphinx mit Menschen-
kopf, Elfenbein,
Höhe 7,9 cm (2. Hälfte
9. Jh. v.Chr.)

Arsenspiegel ↑Marshsche Probe.
Arsenvergiftung, Vergiftung mit
Arsenverbindungen. Die *akute A.* (Arse-
nikvergiftung) führt zu Darmentzün-
dungen und Durchfällen, zu Lähmun-
gen des Zentralnervensystems (Atemzentrum) und Kollaps. Die *chron. A.,*
meist Berufskrankheit, wird durch fort-
gesetztes Einatmen (häufiger Verschlucken) von arsenhaltigem Dampf
oder Staub hervorgerufen (z. B. in der
Farben- und Glasindustrie).
Arsine [griech.] (arsenorganische Verbindungen), Alkyl- und Arylderivate
des Arsenwasserstoffs; sehr giftige, übelriechende, schleimhautreizende
Flüssigkeiten; Arsinchloride wurden im
Ersten Weltkrieg als Kampfstoffe eingesetzt.
Arslan Tasch, Arslan Taş [-ʃ], Ruinenhügel in N-Syrien, 20 km östl. von Kar-
kemisch, die ehem. assyr. Provinzstadt
Hadatu. Palast- und Tempelreste; Elfen-
beinschnitzereien syr.-ägypt. Stils.
Ars moriendi [lat. »Kunst des Ster-
bens«] (Sterbebüchlein), Erbauungs-
buch über das rechte Sterben, dt. um
1450 (Meister E. S.), niederl. um 1460.
Art, 1) *Biologie:* (Spezies) die einzige objektiv definierte Einheit im System der
Pflanzen und Tiere; umfaßt die Gesamtheit der Individuen, die in allen wesentlich erscheinenden Merkmalen miteinander übereinstimmen. Zu einer A.
gehören alle Individuen, die unter na-

türl. Bedingungen eine tatsächliche
oder potentielle Fortpflanzungsge-
meinschaft bilden.
2) *allg.:* (lat. species) nach der klass.
Definitionslehre die durch begriffl.
Zergliederung der übergeordneten Gattung (lat. genus) gewonnene Bestimmung eines Gegenstandsbereichs; z. B.
die A. »Mensch« aus der Gattung »Lebewesen«.
Artaud, Antonin [frz. ar'to], * Marseille
4. 9. 1896, † Ivry-sur-Seine (Hauts-de-
Seine) 4. 3. 1948, frz. Schriftsteller.
Seine Schrift »Das Manifest des Theaters der Grausamkeit« (1935) hatte großen Einfluß auf die Dramatiker der
Avantgarde nach dem 2. Weltkrieg;
schrieb Lyrik, ein Drama und v. a. Essays.
Artaxerxes (altpers. Artachschasa),
Name pers. Könige:
1) Artaxerxes I. Makrocheir (lat. Lon-
gimanus; »der mit der langen Hand«),
† 425, König (seit 464). Schloß 449 den
↑Kalliasfrieden.
2) Artaxerxes II. Mnemon (»der Erin-
nerungsreiche«), † um 359/358 v. Chr.,
König (seit 404). Sicherte die pers.
Herrschaft über Kleinasien und den
pers. Einfluß in Griechenland.
3) Artaxerxes III. (Ochos), † 338 (?; ermordet), König (seit 359). Festigte das
zerfallene pers. Reich; 343 Eroberung
Ägyptens.
Artbastard, Ergebnis einer durch den
Menschen absichtlich herbeigeführten
Artkreuzung; bei Tieren oft nicht fortpflanzungsfähig. *Bastardierungssperren*
unterbinden das Zustandekommen von
Artkreuzungen in freier Natur nahezu
völlig. Bekanntestes Beispiel: Pferde-
hengst × Eselstute ergibt Maulesel; Esel-
hengst × Pferdestute ergibt Maultier;
beide sind nicht fortpflanzungsfähig. –
Bei Pflanzen kann eine Fremdbestäubung zu lebensfähigen und sogar voll
fortpflanzungsfähigen A. *(Hybriden)*
führen.
Artbildung (Speziation), die Entstehung von zwei oder mehr Arten aus einer Stammart. Die A. beruht (zumindest im Tierreich) auf dem allmähl.
Wandel ganzer Populationen (nicht Ein-
zelindividuen). Bei der *allopatr. Artbildung* wird eine Stammart durch äußere
Einflüsse in zwei oder mehr geograph.
isolierte Gruppen (Populationen) aufge-

Antonin Artaud

teilt. Eine solche Trennung erfolgt meist durch klimat. Einflüsse (z. B. Eiszeit). Die räuml. getrennten Populationen entwickeln sich unabhängig voneinander gemäß ihren durch Mutationen erworbenen Veränderungen. Bei der (wiss. noch nicht vollständig geklärten) *sympatr. Artbildung* ist eine räuml. Isolation von Populationen nicht erforderlich. Für die Möglichkeit einer sympatr. A. spricht das Vorkommen zahlr., naher verwandter Arten (z. B. Fische) in einem großen See.

Art deco [ar'de:ko; Kurz-Bez. für frz. art décoratif] (Art déco), Bez. für die Kunst (eigtl. das Kunstgewerbe) der Jahre 1920–40 (v. a. in Frankreich).

Arte, Abk. für **A**ssociation **r**elative à la **T**élévision **e**uropéenne (»Vereinigung in Verbindung mit dem europ. Fernsehen«), 1992 gegr. dt.-frz. Fernsehsender mit Sitz in Straßburg.

Artefakt [lat.], **1)** *allg.:* das durch menschl. Können Geschaffene, Kunsterzeugnis.
2) *Vorgeschichte:* Werkzeug aus vorgeschichtl. Zeit, das menschl. Bearbeitung erkennen läßt.

Artel [russ. ar'tjelj], im *zarist. Rußland* freiwilliger genossenschaftl. Zusammenschluß ländl. Arbeitskräfte; danach in der *UdSSR* landwirtschaftl. Produktionsgenossenschaft innerhalb der Kolchosverfassung.

Artemis, die jungfräul. Jagdgöttin der Griechen. Tochter des Zeus und der Leto, Zwillingsschwester Apollons.

Artemision, Heiligtum bzw. Tempel der Artemis. Das *A. von Ephesus,* Mitte des 6. Jh. v. Chr. von Krösus gestiftet, galt als eines der Sieben Weltwunder.

Artenschutz, der durch verschiedene, v. a. behördl. Maßnahmen angestrebte Lebensschutz von Pflanzen und Tieren in der freien Natur. Grundlage ist das *Washingtoner Artenschutzübereinkommen* von 1973, in der BR Deutschland die Bundesartenschutzverordnung. Dadurch wird der gewerbsmäßige Handel mit Exemplaren gefährdeter Arten freilebender Tiere und Pflanzen (erfaßt z. B. in der sog. »Roten Liste«) verboten bzw. kontrolliert.

Arterien [...i-ən; griech.] (Schlagadern, Pulsadern), Blutgefäße des Menschen und der Wirbeltiere, die das Blut vom Herzen wegführen und nach allen Kör-

perteilen hinleiten. Die Wandung der A. ist aus drei Schichten aufgebaut. Die Schichten sind durch elast. Membranen voneinander getrennt. Durch den elast. Aufbau der A. wird der durch die Herzkontraktion hervorgerufene Druckstoß ausgeglichen und dadurch eine relativ kontinuierl. Fortleitung des rhythm. vom Herzen ausgeworfenen Blutes, auch während der Erschlaffungsphase des Herzens, erreicht. Die A. mit muskulöser Zwischenschicht ermöglichen durch aktive Verengung die Regulierung der Blutverteilung; sie finden sich an der Körperperipherie und in den einzelnen Organen. Die kleinsten A. *(Arteriolen)* spalten sich in die sog. Haargefäße auf. Diese weisen ebenfalls einen relativ hohen Anteil an glatter Muskulatur auf und führen die größten Änderungen ihres Querschnitts aus. Die Arteriolen sind damit die eigtl. Widerstandsgefäße des Blutstroms, die letztlich entscheiden, welche Menge Blut einem Organ zufließt.

Arterien.
Darstellung (Arteriographie) der Hauptoberschenkelarterie

Arterienverkalkung [...i-ən...], svw. ↑Arteriosklerose.

Arteriosklerose [griech.] (Atherosklerose, Arterienverkalkung), chronisch fortschreitende, degenerative Erkrankung v. a. der inneren Arterienwandschicht *(Intima).* Durch Eindringen von Blutplättchen in die Zellzwischenräume der innersten Gefäßwandschicht, gefolgt von lipoidhaltigen (=fettähnl.) Ablagerungen, entstehen sog. atheromatöse Veränderungen, die zum Zellun-

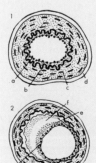

Arteriosklerose.
1 Querschnitt durch eine gesunde Arterie; **2** durch eine arteriosklerotisch veränderte Arterie; **a** Endothel (innere Gefäßwandzellen), **b** elastische Membran der inneren Schicht, **c** Ringmuskeln der mittleren Schicht, **d** Bindegewebe der äußeren Schicht, **e** bindegewebig verdickte Schicht, **f** Zerfallsherd der inneren Schicht mit Cholesterinablagerungen

Arteriosklerose.
Eröffnetes Gefäß-
präparat einer sich
teilenden, stark
arteriosklerotisch ver-
änderten Halsarterie

tergang und schließlich zu einer starken Vermehrung der Bindegewebsfasern in dieser Wandschicht führen *(Sklerose)*. Hierdurch verhärtet sich die Arterienwand und büßt ihre natürl. Elastizität ein. Herdförmige Ablagerungen, v. a. von Cholesterinkristallen *(Atherome)*, die auch in den Bereich der mittleren Gefäßwandschicht eindringen, lösen starke, entzündl. Reaktionen und weiteren Gewebszerfall aus. Schließlich kommt es zu Kalkablagerungen, die Herde brechen auf, und es entstehen Geschwüre, auf denen sich Blutgerinnsel niederschlagen. Der vollständige Verschluß einer Arterie, v. a. durch Thrombenbildung, führt zum Absterben des betroffenen Gewebes (Herzinfarkt [↑Herzkrankheiten], ↑Schlaganfall, ↑Brand). Risikofaktoren sind u. a. vornehmlich der Diabetes mellitus und der Bluthochdruck. Auch Krankheiten, die mit einer Erhöhung des Blutfett- und/oder des Blutcholesterinspiegels einhergehen, können eine schwere A. auslösen (so z. B. bestimmte Störungen des Fettstoffwechsels, manche Formen der Fettsucht, die Schilddrüsenunterfunktion sowie Arterienentzündung). – Äußere Risikofaktoren sind z. B. übermäßige Nahrungsaufnahme, Bewegungsarmut und gesteigerter Nikotinkonsum.

artesischer Brunnen [nach dem Artois], Brunnen, bei dem das Wasser infolge Überdrucks des Grundwassers selbständig aufsteigt.

Artes liberales [lat. »freie Künste«], in der röm. Antike die Kenntnisse bzw. Wiss., über die der freie Bürger verfügen sollte. In der Spätantike bildete sich für die Artes liberales ein fester Kanon

von sieben Fächern heraus: Grammatik, Rhetorik, Dialektik, Arithmetik, Geometrie, Astronomie, Musik. Die mathemat. Disziplinen (Arithmetik, Geometrie, Astronomie, Musik) wurden im *Quadrivium* (»Vierweg«) zusammengefaßt (erster Beleg bei Boethius, 5. Jh.), die grammat.-literar. Fächer (Dialektik, Grammatik, Rhetorik) im *Trivium* (»Dreiweg«). Der Hauptakzent lag auf der Rhetorik. Die Artes liberales wurden an den mittelalterl. Univ. in der Artistenfakultät gelehrt und übermittelten einführende Vorkenntnisse für die höheren Fakultäten (Theologie, Recht, Medizin).

Artgewicht, svw. ↑Wichte.

Arthritis [griech.] ↑Gelenkerkrankungen.

Arthritis urica [lat.], svw. ↑Gicht.

Arthrose ↑Gelenkerkrankungen.

artifiziell [lat.-frz.], künstlich, gekünstelt.

Artikel [lat.], **1)** *Sprachwissenschaft:* (Geschlechtswort) ein das Substantiv begleitendes Wort. Im Dt. hat der A. die Aufgabe, auf bestimmte *(der, die, das)* oder unbestimmte *(ein, eine, ein)* Wesen oder Dinge hinzudeuten, deren grammat. Geschlecht sowie Kasus und Numerus anzugeben.
2) *Publizistik:* Beitrag in einer Zeitung, Zeitschrift, einem Sammelwerk oder Lexikon.
3) *Theologie:* in der christl. Glaubenslehre der Abschnitt eines Glaubensbekenntnisses.
4) *Recht:* Abschnitt u. a. eines Vertrages, Gesetzes.
5) *Handel:* eine bestimmte Warenart.

Artikulation [lat.], **1)** *Phonetik:* das Hervorbringen eines (Sprach-)Lautes sowie die Gesamtheit der dazu erforderl. Stellungen und Bewegungen der *Artikulationsorgane* (Stimmbänder, Zunge, Lippen u. a.). Auch Bez. für die deutl. Aussprache und Gliederung des Gesprochenen.
2) *Musik:* die Bindung oder Trennung der Töne (z. B. legato, staccato).
3) *Zahnmedizin:* Stellung und Bewegungsablauf der Zahnreihen des Ober- und Unterkiefers.

artikulieren [lat.], **1)** Sprachlaute erzeugen.
2) bes. sorgfältig und deutlich aussprechen.

artesischer Brunnen (schematische Darstellung)

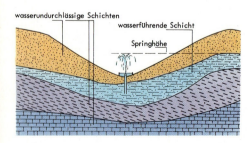

wasserundurchlässige Schichten

wasserführende Schicht

Springhöhe

3) Gedanken oder Gefühlen Ausdruck verleihen.

Artillerie [frz.], Bez. für die Gesamtheit der mit Geschützen und Raketen ausgerüsteten Truppe, die durch das Feuer ihrer Waffen die Kampftruppen unterstützt. Große Bed. erlangte die A. unter Napoleon I., der als erster den Wert des zusammengefaßten Feuers erkannte.

Artischocke [italien.], **1)** bis 2 m hoher, nur in Kultur (v. a. im Mittelmeergebiet) bekannter Korbblütler. Die bis 15 cm großen Blütenköpfe haben hellviolette, zwittrige Röhrenblüten und große, starre Hüllblätter, deren im Knospenzustand fleischig verdickter unterer Teil ebenso wie der fleischige Blütenhüllboden roh oder als Feingemüse gekocht gegessen wird. **2)** (Spanische A., Gemüse-A.), svw. ↑Kardone.

Artist [lat.-frz.], im Zirkus oder Varieté auftretender Geschicklichkeitskünstler.

Artmann, H[ans] C[arl], * Wien 12. 6. 1921, österr. Schriftsteller und Übersetzer. Wurde als Mgl. der »Wiener Gruppe« bekannt durch seine Wiener Dialektgedichte »med ana schwoazzn dintn« (1958) und verfaßte zahlr. weitere zeitkrit. artist. Sprachkunstwerke, u. a. »Im Schatten der Burenwurst« (Skizzen, 1984).

Artois [frz. ar'twa], histor. Gebiet in N-Frankreich. Wirtschaftl. Zentren sind Arras und Boulogne-sur-Mer. – Gehörte als Teil zur Prov. Belgica; im 5. Jh. von den Franken erobert; kam 863 an die Grafen von Flandern, 1180 zur frz. Krone; 1384 an die Herzöge von Burgund; 1477–1659/78 zu Österreich.

Artus (Arthur), sagenhafter britann. König, der mit den Rittern seiner Tafelrunde zum Mittelpunkt eines ausgedehnten Sagenkreises wurde. Der histor. A. könnte ein britann. Heerführer gewesen zu sein, der 537 im Kampf gegen die Angelsachsen gefallen sein soll. In der »Historia regum Britanniae« (um 1135) hat Geoffrey von Monmouth, der sich auf breton. Sagengut stützt, wurde A. vom kelt. Lokalhelden zum glanzvollen Herrscher von weltgeschichtl. Bed. erhoben. Der normann. Dichter Wace übertrug die »Historia« in frz. Verse (»Roman de Brut«, 1155); er berichtet als erster von der Tafelrunde auserwählter und vorbildl. Ritter. Auf dem Festland wurden urspr. selbständige Stoffe (Tristansage, Lanzelotstoff, Gralssage) integriert. Beginn und Höhepunkt des frz. A.romans sind die Werke des Chrétien de Troyes (Entstehungszeit etwa 1165–90): »Erec«, »Cligès«, »Lancelot«, »Yvain«, »Perceval«. Bei Chrétien und seinen Nachfolgern ist A. das große eth. Vorbild des Rittertums, passiver Mittelpunkt einer Schar tapferer Ritter, der Haupthelden der Romane. Die bedeutendsten Vertreter der dt. A.epik sind Hartmann von Aue (»Erec«, »Iwein«), Gottfried von Straßburg (»Tristan und Isolt«) und Wolfram von Eschenbach (»Parzival«, »Titurel«).

Aruba, Insel der Niederl. Antillen, 193 km², 62 300 E, Hauptort Oranjestad. Niederl. seit 1642; seit 1986 Teilautonomie, volle Unabhängigkeit für 1996 vorgesehen. Die Insel ist flach (165 m ü. M.) und sehr wasserarm.

Arunachal Pradesh [engl. ærʊ'nɑːtʃəl prəˈdeɪʃ], Gliedstaat in NO-Indien, 83 743 km², 864 000 E, Hauptstadt Itanagar.

Arusha [aˈruːʃa], Regionalhauptstadt in NO-Tansania, 55 000 E. Internat. Konferenzort; Forschungsinstitut zur Bekämpfung der Überträger von menschl., tier. und Pflanzenkrankheiten; Eisenbahnendpunkt, internat. ✵.

Arvalbrüder (lat. Fratres Arvales [»Saatfeldbrüder«]), altröm. Priesterkollegium.

Arve ↑Kiefer.

Arverner (lat. Arverni), bed. kelt. Volk in der heutigen Auvergne, Hauptstadt Augustonemetum (heute Clermont-Ferrand); der A. Vercingetorix war 52 v. Chr. Führer des gesamtgall. Aufstands gegen Cäsar.

Aryle [griech.], Sammel-Bez. der chem. Nomenklatur für die einwertigen Reste aromat. Kohlenwasserstoffe, z. B. Phenyl-Aryl.

Arylene [griech.], Sammel-Bez. der chem. Nomenklatur für zweiwertige Reste aromat. Kohlenwasserstoffe, z. B. Phenylen-Arylen.

Arzberg, Stadt im Fichtelgebirge, Bayern, 7 600 E. Porzellanherstellung (seit 1838).

Arzneibuch (Pharmakopöe), amtl. Vorschriftenbuch für die Zubereitung, Beschaffenheit, Aufbewahrung, Bevorratung, Prüfung und Abgabe von Arz-

Artischocke 1). Geschlossener (oben) und offener Blütenstand (unten)

König Artus. Kopf aus Sandstein, Ende 14. Jh. (Nürnberg, Germanisches Nationalmuseum)

Arzneimittel

Egid Quirin Asam.
Oberbau des Hochaltars der Klosterkirche in Rohr (Niederbayern), geweiht 1722

neien und ihren Grundstoffen durch den Apotheker.

Arzneimittel (Heilmittel, Medikament, Pharmakon), Stoffe zur Verhütung, Linderung und Beseitigung von Krankheiten, Beschwerden oder Körperschäden. Im Sinne des *Arzneimittelgesetzes* der BR Deutschland (vom 24. 8. 1976 [in Kraft seit 1. 1. 1978]) sind A. im wesentlichen Stoffe chem., pflanzl. oder tier. Ursprungs (u. a. auch aus Mikroorganismen, auch Viren, und deren Bestandteilen oder Stoffwechselprodukten), die durch Anwendung im oder am menschl. oder tier. Organismus dazu bestimmt sind: 1. die Beschaffenheit, Zustände oder Funktionen des Körpers (auch seel. Abläufe) erkennbar zu machen oder zu beeinflussen, 2. vom menschl. oder tier. Organismus erzeugte Wirkstoffe oder Körperflüssigkeiten zu ersetzen oder 3. Krankheitserreger, Parasiten und schädl. Stoffe unschädlich zu machen oder zu beseitigen. Die Herstellung von A. unterliegt staatl. Kontrolle. Für Eigenschaften, Herstellung, Prüfung, Wertbestimmung und Aufbewahrung der A. gelten die Vorschriften des Dt. Arzneibuches. Zum

Überblick aller inländ. A. schreibt das *Arzneimittelgesetz* die Registrierung im Spezialitätenregister des Bundesgesundheitsamtes vor. Alle A. unterliegen grundsätzlich der Kennzeichnungspflicht durch Angaben über Hersteller, Bezeichnung, Darreichungsform, Bestandteile, Verfallsdatum.

Arzneimittelnebenwirkungen, durch Behandlung mit Arzneimitteln hervorgerufene unerwünschte Nebenerscheinungen. Als *Arzneimittelkrankheiten* bezeichnet man durch Arzneimittel ausgelöste krankhafte Zustände, die mitunter auch nach Absetzen des Mittels weiter bestehenbleiben.

Arzt [griech.], Berufs-Bez. für Humanmediziner nach Erteilung der Approbation, die zur Führung dieser Bez. und zur Ausübung des A.berufs berechtigt. Die Ausbildung des A. ist in der BR Deutschland durch die Approbationsordnung i. d. F. vom 14. 7. 1987 gesetzlich festgelegt: Sie findet auf der Grundlage der Hochschulreife an den medizin. Fakultäten der wiss. Hochschulen statt und gliedert sich in einen vorklin. (bes. theoret.-naturwiss. Teil) mit ärztl. Vorprüfung und einen klin. Teil sowie ein prakt. Jahr in einem dafür zugelassenen Krankenhaus; nach Bestehen der Prüfungen erteilt der Staat eine befristete Berufserlaubnis als A., die Approbation wird erst nach einer anschließenden Praktikumszeit (*A. im Praktikum*; seit 1987: 18 Monate) erteilt. Neben der Erkennung und Behandlung bestehender Krankheiten *(kurative Medizin)* gehören auch Vorbeugungsmaßnahmen und die vorbeugende Gesundheitsberatung *(präventive Medizin)* sowie die Wiederherstellung des Wohlbefindens und der Leistungsfähigkeit Genesender *(Rehabilitation)* zum Aufgabenbereich des Arztes. Da der ärztl. Beruf seinem Wesen nach grundsätzlich frei ist, können Ärzte eine Behandlung ablehnen, soweit sie durch Gesetz oder Vertrag nicht dazu verpflichtet sind *(ärztl. Behandlungspflicht).* Im Notfall hat der A. jedoch die Pflicht, Erste Hilfe zu leisten. Begeht der A. einen *ärztl. Kunstfehler,* so kann er aus dem A.vertrag für entsprechenden Schadenersatz haftbar gemacht werden. Der A. hat die Pflicht, den Patienten über Natur und Behandlung seines Leidens aufzuklären. Die *ärztl. Schweige-*

pflicht legt dem A. und seinen Gehilfen auf, das ärztl. Berufsgeheimnis zu wahren.

Ärztekammern, Standesvertretung der Ärzte; durch Landesgesetze errichtete öffentl.-rechtl. Körperschaften, denen kraft Gesetzes alle Ärzte als Pflicht-Mgl. angehören. Die in jedem Bundesland bestehenden Landesärztekammern haben sich zur *Bundesärztekammer* (nichtrechtsfähiger Verein des Privatrechts) zusammengeschlossen.

As, 1) *Chemie:* Symbol für ↑Arsen.
2) *Musik:* Tonname für das um einen chromat. Halbton erniedrigte A.
3) *Physik:* Einheitenzeichen für ↑Amperesekunde.
4) *Meßwesen:* [lat.] in der röm. Antike allg. Bez. für das jeweils als Grundeinheit verwendete Maß (1 As = 1 Fuß bzw. 1 Morgen) oder Gewicht (1 As = 1 Pfund); auch Münzeinheit (urspr. 1 As = 1 Pfund Kupfer zu vermutlich 272,88 g); Untereinheit: die ↑Unze.
5) *Spiel:* [lat.-frz.] bei vielen Kartenspielen die Karte mit dem höchsten Zahlwert (bei deutschen Karten auch *Daus* genannt), bei Würfelspielen Bez. für die Eins.

Asa, König von Juda (wohl 908–878 v. Chr.). Setzte in seinem Land den Jahweglauben durch.

ASA [engl. ˈeɪ-esˈeɪ], von der **A**merican **S**tandards **A**ssociation festgelegte Einheit für die Lichtempfindlichkeit photograph. Materials (↑Empfindlichkeit).

Asad ↑Assad.

Asahi, Vulkan in Japan, mit 2290 m höchster Berg Hokkaidōs.

Asam, aus Rott am Inn stammende Familie dt. Maler, Stukkatoren und Baumeister. Die Brüder Cosmas Damian (* Benediktbeuern 28. 9. 1686, † München 10. 5. 1739) und Egid Quirin (* Tegernsee 1. 9. 1692, † Mannheim 29. 4. 1750) waren in Rom (Einfluß Berninis). Gemeinsame Ausstattung der Klosterkirche in Weltenburg (1716–36; Baumeister war C. D. A.), des Klosters Rohr (1717–25; Altar von E. Q. A.), des Freisinger Doms (1723/24), der Stiftskirche von Einsiedeln (1724–26), Sankt Emmerams in Regensburg (1731–33), der Johann-Nepomuk-Kirche in München (1733–46) in reinem Rokokostil.

Asama, aktiver Vulkan auf Z-Honshū, Japan, 2542 m hoch.

Asandeschwelle (Nordäquatorialschwelle), die nördliche Randschwelle des Kongobeckens, durchschnittlich 600 m ü. M., mit Inselbergen (bis 1500 m ü. M.).

Asarhaddon (akkad. Aschur-ach-iddina), assyr. König (680–669 v. Chr.). Festigte in Feldzügen im S und W (671 bis Ägypten) sein Reich.

Asbest [griech.], mineral. Faser aus Hornblende oder Serpentin, biegsam, widerstandsfähig gegen Hitze und schwache Säuren; Verwendung für [feuerfeste] Schutzkleidung, Isoliermaterial und zus. mit Zement (*A.zement*) für Bauelemente. A.stäube, die bei der Verarbeitung von A. entstehen, können bei längerfristigem Einatmen zur Staublungenerkrankung, z. T. auch zu Lungenkrebs führen (↑Asbestose). Techn. Richtkonzentration (TRK-Wert) 0,05 mg Feinstaub/m³. – Die Entwicklung von Alternativstoffen für A. hat gezeigt, daß ein echter Ersatz bisher nur durch Stoffkombinationen möglich ist.

Asbestose (Asbestlunge), durch Einatmen von Asbeststaub hervorgerufene Staublungenerkrankung mit Bindegewebsvermehrung in der Lunge (Lungenfibrose) und dadurch bedingter Lungenhärtung, die zu Atemfunktionsstörungen führen kann; neigt zu krebsiger Entartung (*Asbestkrebs*); zählt zu den Berufskrankheiten.

Asch, Schalom, * Kutno (Polen) 1. 1. 1880, † London 10. 7. 1957, jidd. Schriftsteller. Lebte v. a. in den USA und England; schrieb in hebr., jidd., auch dt. und engl. Sprache, u. a. die Romantrilogie »Vor der Sintflut« (1927–32).

Aschaffenburg, Stadt in der Untermain-Ebene, Bayern, 64 300 E. Verwaltungssitz des Landkreises Aschaffenburg. Museen; zahlr. Ind.-Betriebe; Hafen am Main. – Renaissanceschloß (1605–14), roman.-frühgot. Stiftskirche Sankt Peter und Alexander (12. bis 16. Jh.) mit Kreuzgang. Südl. von A. liegen Schloß und Park *Schönbusch*. – Stadtrecht zw. 1161 und 1173 bestätigt. Zweite Residenzstadt der Mainzer Erzbischöfe. 1816 an Bayern.

Aschanti ↑Ashanti.

Aschchabad, Hauptstadt Turkmenistans, in einer Oase nahe der iran. Grenze, 517 200 E. Univ., Akad. der

As 4).
Münze des Germanicus (Bronze, 1. Jh.)

Vorderseite

Rückseite

Asbest.
Oben: Hornblendeasbest ♦ Unten: Serpentinasbest

Aschaffenburg.
Schloß Johannisburg
(1605–14)

Wiss. (mit Institut für Wüstenforschung), Theater, Philharmonie; botan. Garten, Zoo. Maschinenbau- u. a. Ind. – Schon in der Bronzezeit besiedelt; Blüte unter den Parthern; mehrfach nach Erdbeben wieder aufgebaut.
Asche, 1) *Chemie:* anorgan. Rückstand bei der Verbrennung von organ. Stoffen. **2)** *Geologie:* (vulkan. A.) staubartiges bis sandiges vulkan. Lockermaterial.
Äschen (Thymallinae), Unterfamilie der Lachsfische mit fünf Arten in mäßig fließenden, klaren, kühlen, sauerstoffreichen Gewässern in Eurasien und N-Amerika; in Europa die *Europ. Äsche*, bis 50 cm langer, bis 2 kg schwerer Speisefisch.

Äschen.
Europäische Äsche
(Länge etwa 50 cm)

Aschermittwoch, in der kath. Kirche der Mittwoch vor dem ersten Fastensonntag; Beginn der Fastenzeit; am A. wird das sog. *Aschenkreuz* als Zeichen der Buße auf die Stirn gezeichnet.
Aschersleben, Kreisstadt im nö. Harzvorland, Sachsen-Anhalt, 32000 E. Institut für Phytopathologie; vielseitige Maschinenbau-Ind. Spätgot. Stephanikirche (1406–1506), Rathaus (16. Jh.); Reste der Stadtbefestigung.
Aschkenasim (Einz. Aschkenas) [hebr.], im AT Mgl. einer Völkerschaft im N Palästinas; seit dem MA Bez. für die mittel- und osteurop. Juden, deren Umgangssprache Jiddisch ist.

Aschoka ↑Ashoka.
Aschwaghoscha ↑Ashvaghosha.
Äschylus ['ɛ:ʃylʊs, 'ɛ:sçylʊs] ↑Aischylos.
ASCII ['aski], Abk. für engl. **A**merican **S**tandard **C**ode for **I**nformation **I**nterchange, verbreiteter, bes. auf Heim- und Personalcomputern verwendeter Code zur Darstellung von Ziffern, Buchstaben und Sonderzeichen; als 7-Bit-Code mit einem Zeichenvorrat von 128 Zeichen oder als 8-Bit-Code mit einem Zeichenvorrat von 256 Zeichen einschließlich Groß- und Kleinbuchstaben angelegt. Das im Byteformat (↑Byte) freie achte und neunte ↑Bit dient als Paritätsbit (↑Prüfbit).
Ascoli Piceno [italien. pi'tʃe:no], Prov.-Hauptstadt der italien. Prov. Ascoli Piceno, 52900 E. Archäolog. Museum; Textil-Ind., keram. Werkstätten. Röm. Brücke über den Tronto; Kirchen, Paläste, Häuser und Geschlechtertürme aus MA und Renaissance.
Ascoli Satriano, italien. Ort in Apulien, südl. von Foggia, 7300 E. – In der Nähe des antiken *Ausculum* besiegte 279 v. Chr. König Pyrrhus von Epirus die Römer.
Ascona, schweizer. Gemeinde am Lago Maggiore, Kt. Tessin, 4700 E. Fremdenverkehr. Spätgot. Kirche Santi Pietro e Paolo (1530–34), Kirche Santa Maria della Misericordia (1399–1442), Collegio Ponteficio Papio (1581 ff.).
Ascorbinsäure, svw. Vitamin C (↑Vitamine).
Asea Brown Boveri AG [- braʊn -], Abk. **ABB,** durch Zusammenschluß v. Allmänna Svenska Elektriska A. B. (ASEA) und Brown Boveri & Cie AG (BBC) 1988 entstandenes Unternehmen der Elektro- und Maschinenbauindustrie, an dem beide Gesellschaften mit je 50% beteiligt sind; Konzernzentrale: Zürich, dt. Tochtergesellschaft: Asea Brown Boveri AG, Mannheim.
ASEAN, Abk. für **A**ssociation of **S**outh **E**ast **A**sian **N**ations, 1967 gegr. Vereinigung südostasiat. Staaten (1995: Brunei, Indonesien, Malaysia, Philippinen, Singapur, Thailand, Vietnam) zur Förderung der wirtschaftl. und sozialen Entwicklung sowie der polit. Stabilität in Südostasien. 1992 wurde der langfristige Zusammenschluß zur Asiat. Freihandelsgemeinschaft (AFTA) beschlossen.

Asen [altnord.], in der german. Mythologie das gewaltigste der Göttergeschlechter mit Odin (Wodan) und Thor (Donar), Baldr, Zyr (Ziu) und Frigg (Frija, Frea).

Aseptik [griech.], keimfreie Wundbehandlung zur Verhütung einer Wundinfektion; dazu Keimfreimachung aller mit der Wunde in Berührung kommenden Gegenstände (Instrumente, Verbände, Nahtmaterial) durch Auskochen, Wasserdampfsterilisation, Einlegen in Alkohol und Desinfektion der Hände.

Aserbaidschan (aserbaidschanisch Azərbaycan), Staat in Transkaukasien, grenzt im NW an Georgien, im N an Rußland, im O an das Kasp. Meer, im S an Iran und im W an Armenien. Zu A. gehören Bergkarabach und Naxçıvan. **Staat und Recht:** Republik; *Verfassung* der Aserbaidschan. SSR. *Staatsoberhaupt* ist der direkt gewählte Präs.; die *Legislative* liegt beim Parlament (125 Abg.), die *Exekutive* bei der Reg. unter Vors. des Min.-Präsidenten. Mehr*parteien*system. **Landesnatur:** Kernland ist das nach W zum Armen. Hochland und zum Kaukasus hin ansteigende Steppentiefland entlang des Kasp. Meeres; daneben die Halbinsel Apscheron, der Haupt- und Seitenkamm des Großen Kaukasus (bis 4 466 m ü. M.) sowie Teile des Kleinen Kaukasus mit dem vulkan. Hochland von Karabach. In der subtrop. Zone gelegen, ist das Klima reliefbedingt unterschiedlich (von subtropisch feucht bis Halbwüstenklima). **Bevölkerung:** Die Bev. besteht zu über 80% aus mehrheitlich schiit. Aserbaidschanern (daneben v. a. Russen, Ukrainer, Armenier und Lesgier). **Wirtschaft, Verkehr:** Wichtigster Wirtschaftszweig ist die Erdgas- und Erdölförderung, die v. a. im Küstenbereich des Kasp. Meeres erfolgt. In der Industrie überwiegen Petrochemie, Eisen-, Stahl-, Aluminiumerzeugung, Maschinenbau, die traditionelle Baumwoll-, Seiden-, Teppich- sowie Nahrungs- und Genußmittelindustrie. Die Landwirtschaft wird v. a. geprägt durch den Anbau von Baumwolle, Weizen, Obst, Gemüse, Tabak und Wein (zumeist Bewässerungsfeldbau); daneben Fischfang, Schafzucht. Das Verkehrsnetz umfaßt 2070 km Eisenbahnlinien und 30 000 km Straßen, davon 28 200 km mit fester Decke. Internat. ⚓ in Baku.

Geschichte: Seit 643 war A. Teil des Kalifenreichs; im 16. Jh. zw. Osmanen und pers. Safawiden umstritten, gehörte A. seit 1603 zu Persien. Das nördl. A. fiel 1828 an Rußland. Das südl. A. blieb trotz russ. Besetzung (1909–17) und türk. Abtrennungsbestrebungen (1917–21) bei Persien bzw. Iran. Der russ. Teil wurde 1918 unabhängige Republik und war seit 1920 Teil der Sowjetunion, 1922–36 als Teil der Transkaukasischen Föderativen Sowjetrepublik, 1936–91 als Aserbaidschanische ASSR. Nach der Souveränitätserklärung vom 23. 9. 1989 und der Unabhängigkeitserklärung vom 30. 8. 1991 wurde A. (vorübergehend) Mgl. der GUS (Wiederbeitritt 1993). Ausgelöst v. a. durch den militär. Konflikt mit Armenien um ↑Bergkarabach, kam es in A. zu innenpolit. Unruhen und zum gewaltsamen Sturz der gewählten Regierung. Bei den Präsidentenwahlen von 1993 setzte sich der Altkommunist G. Alijew durch, dessen Partei »Neues Aserbaidschan« 1995 die ersten Parlamentswahlen gewann.

Aserbaidschanisch (Aseri), zu den ↑Turksprachen gehörende, in Aserbaidschan, Iran und Irak gesprochene Sprache. In Rußland bzw. in der UdSSR war

Aserbaidschan

Fläche:	86 600 km²
Einwohner:	7,283 Mio.
Hauptstadt:	Baku
Amtssprache:	Aserbaidschanisch
Nationalfeiertag:	28. 5.
Währung:	1 Manat = 100 Qäpik
Zeitzone:	MEZ + 3 Std.

Aserbaidschan

Staatsflagge

Staatswappen

7,3   740

1970 1992   1970 1992
Bevölkerung   Bruttosozial-
(in Mio.)   produkt je E
(in US-$)

☐ Stadt   Land ☐

53%   47%

Bevölkerungsverteilung
1992

☐ Industrie
☐ Landwirtschaft
☐ Dienstleistung

40%   29%

31%

Bruttoinlandsprodukt
1992

Ashanti.
Schminkdose aus
Messingblech

die Schrift bis 1929 arabisch, dann lateinisch; 1939 wurde die kyrillische Schrift eingeführt, die nach der Unabhängigkeit der Rep. Aserbaidschan 1991 faktisch durch eine lat. Schrift ersetzt wurde.

Asgard [altnord.], in der german. Mythologie Sitz der Asen.

Ashanti [aʃ...] (Aschanti), Volk der Sudaniden im zentralen S-Ghana, sprechen eine Kwasprache. Mutterrecht mit besonderer Stellung der Königinmutter, sakrales Königtum. Die Ashanti stellten früher bedeutende Goldblecharbeiten (Königsmasken, »goldener Stuhl« [Herrschaftssymbol]) sowie figürliche Gelbgußgewichte her. Das Reich der Ashanti (17.–19. Jh.) wurde in Kämpfen mit brit. Truppen seit 1872 besiegt.

Ashar-Moschee ↑Azhar-Moschee.

Ashkenazy, Vladimir [aʃkeʹnɑːzi], *Gorki 6. 7. 1937, russ. Pianist. Lebt seit 1973 in England; bed. Interpret v. a. der Werke Rachmaninows, Liszts, Prokofjews und Chopins.

Ashoka [...ʃ...] (Aschoka, Asoka), Kaiser der altind. Mauryadynastie (273/265–238/232 v. Chr.). Sein Großreich umfaßte fast den gesamten ind. Subkontinent mit Ausnahme einiger zentraler und südl. Gebiete sowie große Teile Afghanistans; Förderer des Buddhismus.

Ashqelon, Ind.- und Hafenstadt im S von Israel, 56000 E. Seebad. – 3 km sw. lag das alte *Askalon,* eine der fünf Städte der Philister (gegr. um 1200 v. Chr.). Die meisten Ruinen stammen aus röm. Zeit. (v. a. 1. Jh. v. Chr.–1. Jh. n. Chr.); 640 arab.; im 12./13. Jh. zw. Kreuzfahrern und Muslimen umkämpft; 1270 zerstört.

Ashvaghosha [aʃvaʹgoːʃa] (Aschwaghoscha), buddhist. ind. Dichter um 100 n. Chr.; Verfasser der beiden ältesten Kunstepen mit Stoffen aus der Buddhalegende in Sanskrit.

Asien, der mit 44,4 Mio. km² größte Erdteil. A. liegt zum größten Teil auf der N-Halbkugel, von Europa durch eine konventionelle Grenze getrennt (u. a. Gebirge und Fluß Ural). Mit Afrika ist A. durch die Meerenge von Suez verbunden. Politisch greifen Rußland und die Türkei auf Europa über, Indonesien auf Ozeanien. Die N–S-Erstreckung beträgt über 7000 km, die von O nach W über 9000 km. Der Wasserspiegel des Toten Meeres liegt bei 403 m u. M., der Mount Everest, höchster Berg der Erde, erreicht 8872 m ü. M. Die Flüsse entwässern zum Nordpolarmeer, Pazif. und Ind. Ozean bzw. deren Rand- und Nebenmeere. Binnenentwässerung findet sich im Tiefland von Turan (Aralsee), im Tarimbecken, in der Gobi u. a. Becken.

Gliederung: *Vorder-A.* (Südwest-A.) gliedert sich in die Hochländer von Anatolien (Kleinasien) und Iran, die eingefaßt werden vom Pont. Gebirge und Taurus bzw. Elburs- und Sagrosgebirge sowie die durch Mesopotamien und den Pers. Golf abgetrennte Arab. Halbinsel. *Zentral-A.* umfaßt das Hochland von Tibet, die Dsungarei, das Tarimbecken, die Mongolei mit der Gobi, umrahmt von Himalaya, Karakorum, Pamir, Tienschan, Westl. und Östl. Jajan sowie dem Großen Chingang. *Süd-A.* reicht vom Hochgebirgsrahmen im N über das Tiefland der großen Ströme und das Tafelland des Dekhan bis Ceylon. Unter *Südost-A.* versteht man Hinterindien, das durch Gebirge und Schwemmlandebenen geprägt wird, sowie die Inselwelt des Malaiischen Archipel. Als Begrenzung von *Ost-A.* gelten Großer Chingan, Gobi und die osttibet. Randketten. Außer China zählen dazu Taiwan, die Halbinsel Korea und die jap. Inseln. *Mittel-A.* umfaßt das turan. Tiefland, von Westsibir. Tiefland getrennt durch die Kasach. Schwelle. *Nord-A.* wird eingenommen vom Westsibir. Tiefland, dem Mittelsibir. Bergland und dem Ostsibir. Gebirgsland mit der Halbinsel Kamtschatka, dem Lenabecken und dem russ. Fernen Osten, dem die Insel Sachalin vorgelagert ist.

Klima: A. hat Anteil an allen Klimatypen der Erde von den Tropen bis zur Arktis. Bedingt durch die jahreszeitl. Luftdruckverteilung und die starke vertikale Gliederung des Erdteils herrscht in Inner-A. Kontinental-, in Süd- und Südost-A. Monsunklima. In Sibirien liegt der nördl. Kältepol der Erde mit Temperaturen von −70°C. Während die Steppen und Wüsten Arabiens und Inner-A. zu den niederschlagsärmsten Gebieten zählen, fällt in Assam die größte Regenmenge der Erde (Jahresmittel bis um 10 m).

Vladimir Ashkenazy

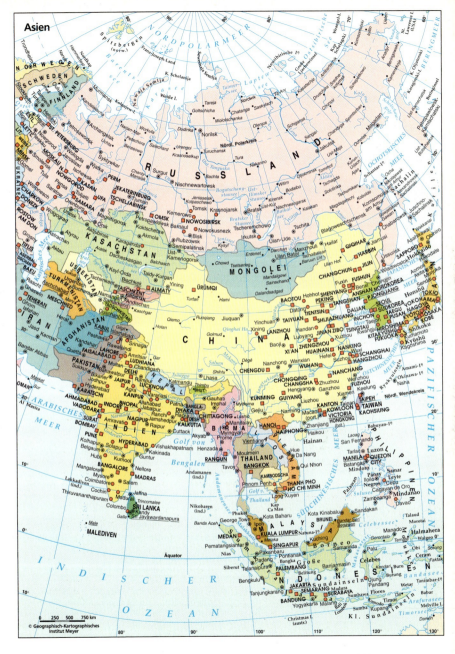

Asien

229

Asien

Asien. Staatliche Gliederung (Stand 1992)				
Land	km²	E (in 1 000)	E/km²	Hauptstadt
Afghanistan	652 090	19 062	29	Kabul
Armenien	29 800	3 489	117	Jerewan
Aserbaidschan	86 600	7 283	84	Baku
Bahrain	678	533	786	Menama
Bangladesh	143 998	119 288	828	Dhaka
Bhutan	47 000	1 612	34	Thimbu
Birma (Myanmar)	676 578	43 668	65	Rangun (Yangon)
Brunei	5 765	270	47	Bandar Seri Begawan
China	9 560 980	1 160 017	121	Peking
Georgien	69 700	5 471	78	Tiflis
Indien	3 287 590	879 548	268	Delhi
Indonesien	1 904 569	191 170	100	Jakarta
Irak	434 924	19 290	44	Bagdad
Iran	1 648 000	61 565	37	Teheran
Israel	20 770	5 131	247	Jerusalem
Japan	377 801	122 491	330	Tokio
Jemen	527 968	12 535	24	Sana
Jordanien	97 740	4 291	44	Amman
Kambodscha	181 035	8 774	48	Phnom Penh
Kasachstan	2 717 300	17 048	6	Almaty
Katar	11 000	453	41	Doha
Kirgistan	198 500	4 518	23	Bischkek
Korea (Demokrat. VR)	120 538	22 618	188	Pjongjang
Korea (Rep.)	99 016	44 163	446	Seoul
Kuwait	17 818	1 970	111	Kuwait
Laos	236 800	4 469	19	Vientiane
Libanon	10 452	2 838	273	Beirut

Vegetation: Im äußersten N sind Kältewüsten ausgebildet. Nach S folgen Tundra, der mit Sümpfen durchsetzte Nadelwaldgürtel der Taiga, eine im O gering, im W breiter ausgebildete Mischwaldzone, die in die Waldsteppe überleitet. Von Vorder-A. zieht sich bis in die Mandschurei (mit Ausnahme der Gebirge und Küsten) eine Trockenzone, die aus Steppen, Halbwüsten und Wüsten besteht. In den Gebirgen findet sich eine Höhenstufung der Vegetation, doch reichen Steppen und Wüsten oft bis in die alpine Stufe hinauf. In Vorderindien sind Savannen und Dornbuschsteppen verbreitet, nur an der Malabarküste, am Himalayafuß und am unteren Brahmaputra gibt es Feucht- und Berg- bzw. Monsunwälder. Südost-A. hat großen Anteil am trop. Regenwald, auf dem Festland auch an Feucht- und Trockensavannen sowie Hochgebirgsflora. Im Hochland von Tibet sind alpine Matten verbreitet, in China, abgesehen von den Wüsten und Halbwüsten, Waldgebiete, die von den Mischwäldern im N über Laub- und Bambuswald zum trop. Monsun- und Regenwald des S reichen.

Tierwelt: Im W geht die asiat. Fauna fließend in die europ. über, im O bestehen Verbindungen zur nordamerikan., auf den östl. Sundainseln zu Neuguineas Tierwelt. Auf A. beschränkt sind u. a. Koboldmaki, Rhesusaffe, Moschustier, Jak, Malaien- und Bambusbär. Der Orang-Utan kommt nur noch auf Borneo und Sumatra vor. Im Bestand gefährdet sind Halbesel, Königs-, Sumatra- und Javatiger, Ceylon-, Sumatra- und Malayaelefant.

Bevölkerung: Sie ist ethnisch sehr differenziert, gehört aber nur zwei Großrassen an: den Europiden und Mongoliden. Daneben leben Reste ursprüngl. Formen (Wedda, Ainu, Negritos). Man unterscheidet sechs große Kulturprovinzen unter dem Einfluß je einer

Asien. Staatliche Gliederung (Stand 1992; Fortsetzung)

Land	km²	E (in 1 000)	E/km²	Hauptstadt
Malaysia	329 749	18 792	57	Kuala Lumpur
Malediven	298	227	762	Malé
Mongolei	1 565 000	2 310	1	Ulan Bator
Nepal	147 181	20 577	146	Katmandu
Oman	212 457	1 637	8	Maskat
Pakistan	796 095	124 773	157	Islamabad
Philippinen	300 000	65 186	217	Manila
Rußland (asiat. Teil)	13 660 320	53 641	4	(Moskau)
Saudi-Arabien	220 000	15 922	7	Riad
Singapur	626	2 769	4 481	Singapur
Sri Lanka	65 610	17 666	269	Colombo
Syrien	185 180	13 276	72	Damaskus
Tadschikistan	143 100	5 587	39	Duschanbe
Taiwan	36 000	19 750	549	Taipeh
Thailand	513 115	56 129	109	Bangkok
Türkei	780 576	54 037	71	Ankara
Turkmenistan	488 100	3 861	8	Aschchabad
Usbekistan	447 400	21 453	48	Taschkent
Vereinigte Arab. Emirate	83 600	1 670	20	Abu Dhabi
Vietnam	331 689	69 485	209	Hanoi
Zypern	9 251	716	77	Nikosia
abhängige Gebiete				
von Großbritannien				
Hongkong	1 045	5 800	5 550	Victoria
von Portugal				
Macau	17	492	30 750	Macau

Hochkultur und mit je einer gemeinsamen Religion: die vorderasiat.-islam., ind.-hinduist., chin.-konfuzian., malaisch-islam., südostasiat.-südbuddhist. und die zentralasiat.-nordbuddhist. Kulturprovinz, dazu drei histor.-ethn. Regionen: Sibirien, Kaukasien, Mittelasien einschließlich des gesamten Kasachstans.

Geschichte: Bis ins 19. Jh. zerfiel A. in weitgehend unabhängige Kulturräume. Vorgeschichtl. Funde gibt es auf dem ganzen Kontinent.

Vorderasien: In Vorder-A. entstanden seit Mitte des 4. Jt. die Hochkulturen des Alten Orient (Sumer, Babylonien, Assyrien). Seit dem 6. Jh. v. Chr. vereinigten die Perser ganz Vorder-A. unter ihrer Herrschaft. Das pers. Reich wurde 334–327 von Alexander d. Gr. erobert. Das Vordringen Roms in Vorder-A. seit 200 wurde im 1. Jh. v. Chr. durch die Parther zum Stillstand gebracht. Der Islam stellte im 7. Jh. n. Chr. die polit. und kulturelle Einheit Vorder-A. wieder her. Der Niedergang des Kalifats von Bagdad begann bereits im 9. Jh. mit der Bildung selbständiger Dynastien in O-Iran und N-Mesopotamien. Die Mongoleneinfälle des 13./14. Jh. beseitigten endgültig die polit. Einheit der islam. Welt. Im 16. Jh. bildete sich ein neues Mächtegleichgewicht heraus. Den O mit Persien als Zentrum beherrschten die Safawiden (1502–1722); seit dem 18. Jh. verselbständigten sich Randgebiete (Afghanistan, Belutschistan, N-Khorasan). Im W dehnten die Osmanen ihr Reich von Kleinasien über Syrien, Palästina und Mesopotamien aus. *Indien:* In Indien endet die Vorgeschichte mit der Einwanderung der Arier (wohl 1200 v. Chr.). Von Indien, wo es nur zeitweise zur Bildung umfassender Großreiche kam, ging keine polit. Expansion aus; jedoch durchdrangen Hinduismus und Buddhismus ganz SO-, Z- und O-Asien. Seit dem 11. Jh.

geriet N-Indien unter islam. Herrschaft; S-Indien nahm eine unabhängige Entwicklung. Seit 1526 vereinigte das Mogulreich fast ganz Indien.

Südostasien: SO-Asien stand mit Ausnahme Annams in den ersten nachchristl. Jh. unter ind., im S von 1300–1600 unter islam. Kultureinfluß. Im heutigen Indonesien folgte dem Reich von Srivijaya (7.–13. Jh.) das Reich von Majapahit, das kurz vor dem Auftreten der Portugiesen zerfiel. Die seit 1428 souveränen Kaiser von Annam stießen längs der Küste des heutigen Vietnam nach S vor, eroberten bereits 1471 das Reich der Champa (gegr. im 7. Jh.) und erreichten im 18. Jh. das Mekongdelta. Im W entstand um 800 ein Khmerstaat (Zentrum Angkor). Ihm folgte 1250/60 der Thaistaat von Sukhotai, der 1350 von dem Thaistaat in Ayutthaya (Siam) unterworfen wurde. Im NW gründeten die mongol. Birmanen 1044 ihr Reich in Pagan (1287 zu China). Ein neues Reich (1347 gegr.) konnte erst nach langen Kämpfen 1531 bis 1544 ganz Birma erobern.

Stefan Askenase

Ost- und Zentralasien: Unter den asiat. Hochkulturen war die in O-Asien die zeitlich späteste. In China kam es im 2. Jt. zur ersten Reichsbildung. Das chin. Reich umfaßte zeitweise Korea, Teile SO-Asiens, die Himalayastaaten, Tibet, die Mongolei und O-Turkestan. Japan wurde erst im 4. Jh. n. Chr. politisch geeint. Von Z-Asien aus eroberten die Mongolen im 13. Jh. ein Weltreich, das seit 1260 in Teilreiche zerfiel.

Kolonisierung: Vom 16.–18. Jh. beschränkten sich die Europäer (zuerst Portugiesen, dann Niederländer, Engländer und Franzosen) in A. auf die Anlage von Stützpunkten. Erst Ende des 18. Jh. begannen sie, größere Gebiete in Besitz zu nehmen. Nach rund 100 Jahren war ganz A. von den europ. Mächten wirtschaftlich und großenteils auch politisch abhängig. Großbrit. beherrschte Ende des 19. Jh. Indien, Belutschistan, Birma, Singapur, N-Borneo und Hongkong. Frankreich eroberte in der 2. Hälfte des 19. Jh. Indochina. Rußland, das bis Mitte des 17. Jh. durch Sibirien an den Pazifik vorgestoßen war, nahm Persien N-Aserbaidschan (1813) und Armenien (1828), China die Amur-Prov. (1858/60) ab und unterwarf in

Z-Asien die turkmen. Khanate (1864–73). Japan gliederte Formosa (1894) und Korea (1910) seinem Reich ein. Die USA übernahmen 1898 die Philippinen von Spanien. Nur wenige Länder (Türkei, Persien, Afghanistan, Tibet, Thailand und China) konnten ihre polit. Selbständigkeit weitgehend wahren. Die Entkolonisation begann nach dem 2. Weltkrieg. Zahlr. asiat. Länder sahen sich nach Erlangung ihrer Unabhängigkeit mit enormen wirtschaftl. Problemen, einer anhaltenden Bevölkerungsexplosion (bes. China), einer Vielzahl ethnisch-religiöser Konflikte (u. a. Indien, Sri Lanka, Gebietsstreitigkeiten (z. B. zw. Indien und Pakistan um Kaschmir) und mit Bürgerkriegen (z. B. China 1945–49, Vietnam 1957–75, O-Pakistan [heute Bangladesh] 1971/72, Kambodscha 1970–75 und 1979–91, Libanon 1975–91) konfrontiert. Der europ. Einfluß in A. wurde durch das wachsende politisch-militär. Gewicht der USA zurückgedrängt (Anlage eines Netzes militär. Stützpunkte, Abschluß der Militärpakte SEATO, CENTO). Nach 1945 war A. wiederholt Schauplatz großer militär. Konflikte (Korea-Krieg, Vietnam-Krieg). In Vorder-A. führte die Bildung des Staates Israel (1948) zum ↑Nahostkonflikt, der sich in mehreren arabischisrael. Kriegen und im Terrorismus v. a. palästinensisch-arab. Gruppen entlud. Zu Beginn der 80er Jahre bildete sich ein Krisenherd im Pers. Golf heraus, wo es 1980–88 zu einem iranisch-irak. Krieg und 1991 zum Krieg zw. Irak und einer von den USA geführten internat. Militärallianz zur Befreiung des 1990 von irak. Truppen besetzten Kuwait kam (↑Golfkrieg). Im Unterschied zu Mittel- und O-Europa konnten sich auch nach 1989 in China (blutige Niederschlagung der Demokratiebewegung), Vietnam und N-Korea kommunist. Regime an der Macht halten, waren jedoch zu wirtschaftl. (bes. China) und z. T. polit. (Vietnam) Reformen gezwungen. Neben Japan wurden weitere asiat. Staaten während der 80er Jahre aufstrebende Wirtschaftsmächte, insbes. S-Korea, Taiwan, Singapur und Thailand. In den mit dem Zerfall der Sowjetunion 1991 entstandenen fünf unabhängigen zentralasiat. Republiken einer

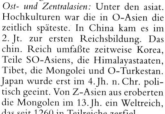

überwiegend muslim. Bevölkerung suchen v. a. die Türkei und Iran Einfluß zu gewinnen.

Asimov, Isaac [engl. ə'si:məv], *Petrowsk 2. 1. 1920, † New York 6. 4. 1992, amerikan. Biochemiker und Schriftsteller russ. Herkunft. Schrieb naturwiss. Abhandlungen und Sciencefiction.

Asi nehri (in der Antike Orontes, arab. Nahr el-Asi), Zufluß des Mittelmeeres im südl. Anatolien, entspringt im Libanon, durchfließt z. T. Syrien, etwa 440 km lang.

Asjut ↑Assiut.

Askalon, Ruinenstätte, ↑Ashqelon.

Askanier, Dynastie in N-Deutschland, ben. nach der Gft. Ascharien (d. h. Aschersleben). Die A. herrschten in Brandenburg (bis 1319), Sachsen-Wittenberg (bis 1422), Sachsen-Lauenburg (bis 1689) und Anhalt (bis 1918).

Askenase, Stefan, *Lemberg 10. 7. 1896, † Bonn 18. 10. 1985, belg. Pianist poln. Herkunft. Bed. als Chopin-Interpret.

Askese (Aszese) [griech.], religiös begründete Einschränkung oder völlige Enthaltung von bestimmten Speisen und Getränken, Wohnung, Schlaf, Kleidung und Besitz, vornehmlich zeitweiliger oder gänzl. Verzicht auf Geschlechtsverkehr.

Asketen (Aszeten) [griech.], Menschen, die Askese üben.

Asketik ↑Aszetik.

Asklepios, griech. Gott der Heilkunde, mit Schlange die sich um einen Stab windet, dargestellt; in Rom als *Äskulap* verehrt.

Askorbinsäure, svw. ↑Ascorbinsäure.

Äskulap ↑Asklepios.

Äskulapnatter [nach Äskulap (↑Asklepios)], bis 2 m lange, nicht giftige Natter, vorwiegend auf sonnigen, steinigen Wiesen der lichten Laubwälder M- und S-Europas sowie Kleinasiens.

Äskulapstab [nach Äskulap (↑Asklepios)], schlangenumwundener Stab, Symbol des ärztl. Standes.

Asmara, Hauptstadt von Eritrea, 350000 E. Univ., Handelszentrum (Kaffeeanbau); internat. ✈.

Äsop, legendärer griech. Fabeldichter aus Thrakien, der angeblich um die Mitte des 6. Jh. v. Chr. auf Samos lebte. Die Tierfabeln von Ä. gehen wahrscheinlich auf mündl. Überlieferung zurück. Gesammelt wurden sie erst um 300 v. Chr.; überliefert ist eine griech. Versbearbeitung des Babrios.

Asow, Stadt am unteren Don, Rußland, 76000 E. Werft, Fischkombinat, Hafen. Ruinen der griech. Stadt *Tanais* (gegr. im 3. Jh. v. Chr.); im 13. Jh. venezian. bzw. genues. Kolonie; 1471 von den Türken erobert; russ. seit 1696/1739.

Asowsches Meer, nördliches Nebenmeer des Schwarzen Meeres, 38000 km², bis 14,5 m tief, mit ihm durch die rd. 41 km lange, 4–15 km breite *Straße von Kertsch* verbunden.

Äskulapnatter

Asparagin [griech.], Abk. Asn, Amidderivat der Asparaginsäure; in Pflanzenkeimlingen und im Spargel vorkommend, wird durch das Enzym *Asparaginase* in Asparaginsäure und Ammoniak überführt.

Asparaginsäure (Aminobernsteinsäure), eine der wichtigsten Aminosäuren.

Asparagus [griech.], 1) svw. ↑Spargel. 2) volkstüml. Bez. für einige Spargelarten, die in der Gärtnerei als Schnittgrün verwendet werden.

Aspekt [lat.], 1) allg.: Anblick, Sehweise, Blickrichtung.
2) *Astronomie:* Bez. für bestimmte astronom. Konstellationen von Sonne, Mond und Planeten; bes. Bedeutung in der Astrologie.

Aspendos, Ruinenstätte bei Antalya, Türkei. Bedeutender Anziehungspunkt das römische Theater (2. Jh. n. Chr.); Aquädukt (2. Jh. n. Chr.). In der Antike *Eurymedon;* gehörte dem Attisch-Del. Seebund an. In byzantin. Zeit hieß A. *Primopolis.* – Abb. S. 234.

$$
\begin{array}{c}
COOH \\
| \\
CH-NH_2 \\
| \\
CH_2 \\
| \\
CO-NH_2
\end{array}
$$

Asparagin

$$
\begin{array}{c}
COOH \\
| \\
CH-NH_2 \\
| \\
CH_2 \\
| \\
COOH
\end{array}
$$

Asparaginsäure

Aspern

Aspendos.
Theater aus römischer Zeit mit mehrstöckiger Skene (2. Jh.)

Asseln.
Oben: Wasserassel (Bauchseite) ◆
Unten: Kellerassel (Rückenansicht)

3) *Medizin:* Einatmen fester oder flüssiger Stoffe.

Aspirin ⓦ [Kw.], Handelsname für ein schmerzstillendes und fiebersenkendes Mittel mit dem Wirkstoff Acetylsalicylsäure.

Aspisviper [griech./lat.], bis 75 cm lange, gedrungene, kurzschwänzige Schlange in M- und S-Europa (in Deutschland vereinzelt im südl. Schwarzwald); Biß für den Menschen gefährlicher als der einer Kreuzotter.

Assad, Hafis al- (Asad), *Djabla (bei Latakia) 1928, syr. General und Politiker. Nach Militärputsch (1970) Staatspräs. (seit 1971).

assai [italien.], in Verbindung mit musikal. Tempo-Bez.: ziemlich, *allegro a.*, *adagio assai.*

Assam, Staat in NO-Indien, grenzt an Bhutan und Bangladesh, 78 438 km², 22,414 Mio. E, Hauptstadt Dispur.

Asseln [lat.] (Isopoda), weltweit verbreitete Ordnung der Höheren Krebse mit etwa 4 000 Arten (1–3 cm, Riesentiefseeassel bis 27 cm groß) in Meeres- und Süßgewässern und auf dem Land; Körper meist schildförmig von oben nach unten abgeplattet; sieben Laufbeinpaare, die Hinterleibsbeinpaare tragen Kiemenorgane. Die befruchteten Eier entwickeln sich in einem Brutbeutel des Weibchens. Bekannt sind u. a. Wasserassel, Kellerassel, Mauerassel und Arten der Kugelasseln.

Asselspinnen (Pantopoda), weltweit verbreitete Klasse bis 2 cm körperlanger Gliederfüßer mit etwa 500 Arten in allen Meeren; Körper häufig stabförmig, mit einem Saugrüssel am Vorderende.

Assemblage [frz. asã'bla:ʒ], in der Regel ein Hochrelief, das aus der Kombination verschiedener Materialien resultiert. Die ersten A. schufen die Kubisten (als Erweiterung der Collage durch Objekte, »Fundstücke«).

Assembler [ə'sɛmblər], Bez. für eine maschinenorientierte Programmiersprache, in der die Befehle und Operanden durch leichter verständliche mnemotechn. Symbole dargestellt sind. Ein *Assemblierer* muß diese vor der Ausführung des Programms in den Binärcode der Maschinensprache übersetzen.

Assemblierer ↑Assembler.

Asser, Tobias Michael Carel, *Amsterdam 28. 4. 1838, †Den Haag 29. 7.

Aspern, Dorf auf dem Marchfeld (ab dem 11. Jh.), heute Teil von Wien. – In der *Schlacht von Aspern und Eßling* (21./22. 5. 1809) fügten die Österreicher Napoleon I. erstmals eine Niederlage zu.

Aspersion [lat.], in der Religionsgeschichte liturg. *Besprengung* mit geweihten Flüssigkeiten (z. B. Weihwasser).

Asphalt [griech.] (Erdharz, Erdpech), festes oder zähflüssiges Gemisch aus Bitumen und Mineralstoffen; *Natur-A.* entsteht durch Verdunsten leichtflüchtiger und durch Oxidation und Polymerisation schwerflüchtiger Bestandteile des Erdöls. A. ist ein Anzeichen für ehemalige oder noch vorhandene Erdöllager; Verwendung als Isolierschicht gegen Feuchtigkeit, als Dachbeläge (A. pappen), in der Elektrotechnik und bei der Lack- und Farbenherstellung, v. a. aber im Straßenbau.

asphärisch, nicht kugelförmig.

Asphyxie [griech.] (asphykt. Zustand), schwere, lebensbedrohende Atemstörung, bei der es zuerst zum Atemstillstand *(Apnoe),* dann aber infolge Aufhörens der Atemtätigkeit auch zum Herzstillstand kommt.

Aspik [frz.], Gallert aus Gelatine oder Kalbsknochen, in das Eier, Fisch, Fleisch oder Gemüsestückchen eingebettet werden.

Aspirant [lat.-frz.], Bewerber, Anwärter.

Aspirata [lat.], aspirierter (behauchter) Laut.

Aspiration [lat.], 1) *Phonetik:* (Behauchung) begleitender Hauch, der einem Laut nachfolgen kann.

2) *allg.:* Bestrebung, Hoffnung, Ehrgeiz.

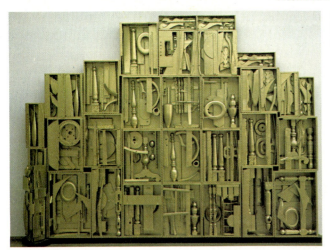

Hafis al-Assad

1913, niederl. Politiker. Delegierter bei den Haager Friedenskonferenzen von 1899 und 1907; Mitbegründer des »Institut de Droit International« (1873). 1911 Friedensnobelpreis.

Assertion [lat.], Feststellung, bestimmte Behauptung; **asserieren**, behaupten.

Asservat [lat.], (als Beweismittel) in amtl. Verwahrung genommener Gegenstand.

Assessor [lat.], früher Dienstbezeichnung für Richter und Beamte (auf Probe) im höheren Dienst. Heute wird die Bez. des Eingangsamtes mit dem Zusatz »z. A.« (zur Anstellung) geführt. – Die Bez. A. darf führen, wer die 2. jurist. Staatsprüfung bestanden hat.

Assignaten [lat.-frz.], das Papiergeld der Frz. Revolution; 1797 für ungültig erklärt.

Assimilac [lat.], allg. in Lebewesen durch Umwandlung körperfremder in körpereigene Stoffe entstehendes Produkt; z. B. Glykogen bei Tieren, Zucker und Stärke bei Pflanzen.

Assimilation [lat.], 1) *Stoffwechselphysiologie:* der Aufbau von körpereigenen Substanzen (Assimilaten) bei Organismen aus körperfremden Nahrungsstoffen unter Energieverbrauch (Ggs.: ↑Dissimilation), bes. die Biosynthese von Kohlenstoffverbindungen durch ↑Photosynthese oder ↑Chemosynthese. Von A. spricht man auch bei der Aufnahme von Stickstoff-, Schwefel- und Phosphorverbindungen durch Pflanzen. Der jährl. A.gewinn auf der Erde beträgt etwa 100 Mrd. t organ. Substanz. – Abb. S. 236.

2) *Soziologie und Ethnologie:* der soziale Prozeß der Angleichung von Menschen, die inmitten einer anderen ethn. oder rass. Gruppe leben. Wesentl. Merkmal ist neben der Übernahme der sozialen Wertsysteme und der Verhaltensweisen der umgebenden Gruppe der Verlust jegl. Gruppenbewußtseins bei der assimilierten Gruppe.

Assignate der Französischen Republik, ausgegeben am 10 Brumaire l'an 2me (31.10.1793)

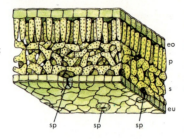

Assisi, italien. Stadt sö. von Perugia, Region Umbrien, 24 500 E. Wallfahrtsort. Hauptkloster des Franziskanerordens mit got. Doppelkirche (1228–53; Fresken). Vorhalle eines röm. Minervatempels (heute Fassade der Kirche Santa Maria sopra Minerva); roman. Dom (1571 umgestaltet), got. Kirche Santa Chiara (1257–65).

Assistent [lat.], **1)** †Hochschulassistent. **2)** Beruf mit Ausbildung an Berufsfachschulen oder entsprechenden Einrichtungen. Voraussetzung ist im allgemeinen mittlerer Bildungsabschluß.

Assistenz [lat.], Beistand, Mithilfe; **assistieren,** beistehen, helfen.

Assistenzarzt, angestellter oder beamteter Arzt mit abgeschlossener ärztl. Ausbildung, der in einer Krankenanstalt unter Leitung eines Chef- oder Oberarztes oder bei einem frei praktizierenden Arzt tätig ist.

Assiut (Asjut, Asyut), Gouvernementshauptstadt in Oberägypten, am Nil, 214 000 E. Univ., Kunsthandwerk. Nahebei Staudamm des Nils (833 m lang); sw. von A. altägypt. Totenstadt.

Asso, Abk. für **Asso**ziation revolutionärer bildender Künstler, Zusammenschluß (1928) der KPD angehörender und (seit 1930) mit ihr sympathisierender Künstler in zahlr. Ortsgruppen (Berlin, Dresden, Leipzig, Köln).

Association Phonétique Internationale [frz. asɔsjaˈsjõ fɔneˈtik ɛ̃tɛrnasjɔˈnal »Internat. phonet. Gesellschaft«], Abk. **API** (engl. IPA), 1886 gegr. internat. Gesellschaft mit Sitz in London, welche die Vereinheitlichung der Lautschrift in allen Ländern und Sprachen anstrebt.

Assonanz [lat.], Halbreim am Versende, bei dem sich nur die Vokale von der letzten betonten Silbe an decken: laben/klagen.

Assoziation [lat.-frz.], **1)** *allg.*: Vereinigung, Verbindung oder Gesellschaft zu gegenseitiger Unterstützung (z. B. eine Genossenschaft, ein Interessenverband). **2)** *Politik:* bündnisloser militär. und polit. Zusammenschluß; entsprechend der Anschluß von Staaten an Bündnisse. **3)** *Psychologie:* Begriff, der das Phänomen umschreibt, daß sich zwei oder mehrere, urspr. isolierte psych. Inhalte (*A.glieder,* z. B. Eindrücke, Gefühle, Ideen) derart miteinander verknüpfen, daß das Auftreten des einen A.gliedes die Aktivierung des anderen nach sich zieht oder zumindest begünstigt. Auf den *A.ketten,* die auf diese Weise entstehen können, beruht nach herrschender Auffassung die Leistung des Gedächtnisses. Die physiolog. Grundlage der A. bilden die *A.felder* der Großhirnrinde, die durch viele Bahnen mit anderen Rindenfeldern in Verbindung stehen. Die assoziative Verknüpfung erfolgt nach den *A.gesetzen;* das Zustandekommen der A. hängt vom Grad der Ähnlichkeit des Kontrastes, der räuml. und der zeitl. Nähe zw. den erlebten Inhalten ab. In der diagnost. Psychologie bediente sich S. Freud der *freien A.,* d. h. der unmittelbaren Äußerung nicht gelenkter, unwillkürl. Gedankeneinfälle des Patienten beim Hören von Wörtern, die mit dem Traum nur in losem Zusammenhang standen. C. G. Jung stützte sich seinerseits auf *gerichtete (kontrollierte) A.,* d. h. auf die Äußerungen unwillkürl. Einfälle des Patienten beim Hören von sog. Reizwörtern. **4)** *Chemie:* lockere, energiearme Zusammenlagerung mehrerer gleichartiger

Assuan. Blick vom wüstenhaften Westufer über den Nil auf die Stadt

Moleküle oder Ionen, die v. a. bei Flüssigkeiten oder Gasen vorkommt.

Assoziativgesetz, mathemat. Gesetz, das für eine Verknüpfung die Unabhängigkeit des Ergebnisses von der Klammersetzung, d. h. von der Reihenfolge, in der die Verknüpfung erfolgt, fordert; z. B. $a \cdot (b \cdot c) = (a \cdot b) \cdot c$ (A. der Multiplikation), $a + (b + c) = (a + b) + c$ (A. der Addition). Ein entsprechendes A. gilt in der mathemat. Logik z. B. für die log. Adjunktion: $(a \vee b) \vee c = a \vee (b \vee c)$.

Assoziierung, [lat.-frz.], vertragl. Zusammenschluß mehrerer Personen, Unternehmen oder Staaten zur Verfolgung bestimmter gemeinsamer Interessen.

ASSR, Abk. für **A**utonome **S**ozialistische **S**owjetrepublik (↑Sowjetunion).

Assuan, Gouvernementshauptstadt in Oberägypten, am Nil, 196000 E. Düngemittelfabrik, Wasserkraftwerke, Wintererholungsort. Auf dem W-Ufer des Nils ägypt. Fürstengräber, nördl. davon Ruinen des kopt. Simeonsklosters (Blüte 7./8.–13. Jh.) sowie das Aga-Khan-Mausoleum (1959). – 6 km südl. von A. befindet sich der *A.staudamm* (1902, 1912 und 1933), weitere 7 km südl. wurde 1960–70 der neue 151 m hohe und 1 km lange *A.hochdamm* erbaut. Der neue Stausee *(Nassersee)* ist 550 km lang und reicht bis in die Republik Sudan hinein.

Assur (akkad. Aschur), altoriental. Stadt am rechten Ufer des Tigris, heute der Ruinenhügel *Kalat Scherkat,* Irak. Seit dem 3. Jt. v. Chr. besiedelt, Ausgangspunkt und bis ins 9. Jh. v. Chr. Hauptstadt des nach A. benannten assyr. Reichs (ebenfalls als Assur bezeichnet). 614 v. Chr. von den Medern zerstört; Nachblüte unter den Parthern.

Assur (akkad. Aschur), Stadtgott von Assur und Reichsgott von Assyrien.

Assurbanipal (Sardanapal), assyr. König (668 bis etwa 627). Sohn des Asarhaddon; verlor 655 Ägypten, eroberte 648 Babylon, 639 Elam; schuf die Tontafelbibliothek in Ninive.

Assyrien, das Land um die Stadt Assur, heute N-Irak. Erste größere polit. Einheit (bis Syrien und an den Euphrat) unter Schamschi-adad I. (etwa 1745 bis 1712 v. Chr.); nach Oberherrschaft Babylons und der Hurriter Unabhängigkeit unter Assur-uballit I. (1353 bis 1318 v. Chr.); unter Tiglatpileser I. (1114 bis 1076) Vordringen bis zum Mittelmeer und zum Vansee; unter Adad-nerari II. (911–891; seit etwa 900 Babylonien unter assyr. Oberhoheit) und bes. Assurnasirpal II. (883–859; neue Residenz Kalach) Aufstieg zur Weltmacht; 722 Eroberung von Samaria durch Salmanassar V. (726–722), Sieg über Urartu unter Sargon II. (721–705; neue Residenz Dur-Scharrukin), 689 Zerstörung Babylons durch Sanherib (704–681; neue Residenz Ninive), 671 Eroberung Ägyptens durch Asarhaddon (680–669); letzte Reichseinheit unter Assurbanipal (668 bis etwa 627). 614 fiel Assur, 612 Ninive und Kalach unter dem Druck der Meder und Babylonier.

Assyrisch, in Assyrien gesprochener nördl. Dialekt des ↑Akkadischen, seit dem 1. Jt. v. Chr. offiziell ersetzt durch das Neubabylonische.

assyrische Kirche, Bez. für die Reste der alten nestorian. Kirche (↑Nestorianismus) in Ostsyrien. Ein großer Teil der a. K. schloß sich 1553 als *chaldäische Kirche* der kath. Kirche an.

assyrische Kunst ↑altmesopotamische Kunst.

assyrische Literatur ↑babylonische Literatur.

AStA, Abk. für Allgemeiner Studentenausschuß, ↑Studentenschaft.

Astaire, Fred [engl. əsˈtɛə], eigtl. Frederick Austerlitz, * Omaha (Nebr.) 10. 5. 1899, † Los Angeles 22. 6. 1987, amerikanischer Filmschauspieler. Tänzer und Sänger in Musik-, Revue- und Tanzfilmen, u. a. »Ich tanz' mich in dein Herz hinein«, 1935), in den 30er Jahren häufig mit Ginger Rogers (eigentlich Virginia Katherine McMath, * 1911, † 1995).

Fred Astaire

Astarte, im AT Aschtoret genannte kanaanäische Fruchtbarkeitsgöttin; in Babylonien entspricht ihr Ischtar.

Astat (Astatin) [griech.], chem. Symbol At, chem. Element aus der VII. Hauptgruppe des Periodensystems der chem. Elemente, Ordnungszahl 85. Ein radioaktives Nichtmetall. Das langlebigste Isotop At 210 hat eine Halbwertszeit von 8,3 Stunden. Das jodverwandte Element entsteht in der Natur durch radioaktiven Zerfall von Poloniumisotopen.

Aster [griech.], **1)** weltweit verbreitete Gatt. der Korbblütler mit etwa 500 Arten; überwiegend ausdauernde Halbsträucher. In Deutschland kommen fünf Arten vor: v. a. in den Alpen auf trockenen Wiesen und Felsen bis 2500 m Höhe die *Alpen-A.;* in den Alpen und süddt. Mittelgebirgen (mit violettblauen Zungenblüten und gelben Scheibenblüten); das *Alpenmaßliebchen* (mit rötl. oder weißen Zungenblüten in etwa

3 cm breiten Blütenköpfchen auf 10–40 cm hohen, blattlosen, flaumig weißbehaarten Stengeln); die *Berg-A.* (Zungenblüten meist blau-lila); auf Steppenhängen und Heidewiesen die *Gold-A.* (25–50 cm hoch, Röhrenblüten goldgelb); an den europ. Meeresküsten und auf salzhaltigen Böden des Binnenlandes wächst die 30–70 cm hohe *Salz-A.* – Gartenzierpflanzen sind die im Spätsommer und Herbst blühenden *Herbst-A.* (Stauden-A.), 50–150 cm hoch.

2) (Sommer-A.) volkstümliche Bez. für die zahlreichen, im Sommer blühenden Sorten (z. B. hohe Schnitt-A., niedrige Zwerg-A.) einer nicht zu der Gattung Aster gehörenden, in China und Japan heimischen Korbblütlerart.

3) (Winter-A., Chrysantheme) ↑Wucherblume.

Asterix, Titel einer von René Goscinny (* 1926, † 1977) und Albert Uderzo (* 1927) getexteten und gezeichneten frz. Comicserie; erscheint seit 1959, in dt. Sprache seit 1967 (auch Zeichentrickfilme). – Als Titelfigur läßt der gewitzte A. mit seinem nationalbewußten gall. Stamm (v. a. Obelix, Miraculix, Majestix und Hund Idefix) unter Zuhilfenahme eines übermenschl. Kräfte verleihenden Zaubertranks die Eroberungsversuche der Römer immer wieder scheitern.

Aster 1). Alpenmaßliebchen

Asteroiden [griech.], die kleinen Planeten unseres Sonnensystems; die ↑Planetoiden.

Asthenie [griech.], Schwäche, Kräfteverfall.

Astheniker [griech.] ↑Körperbautypen.

Asthenosphäre [griech.], im Schalenbau der Erde der Bereich zw. rd. 100 und 250 km Tiefe, auf dem die Erdkruste »schwimmt«.

Ästhet [griech.], Freund des Schönen, empfindsamer Mensch.

Ästhetik [griech.], Wiss., die allg. Probleme der Kunst und i. e. S. des Schönen (Erhabenen, Häßlichen, Tragischen, Komischen usw.) behandelt. Sie untersucht sowohl die Bedingungen der Konstruktion von Kunstwerken, die Strukturen des ästhet. Gegenstandes in Kunst und Natur, das Verhältnis von Kunst und Wirklichkeit als auch die Bedingungen und Formen der ästhet. Rezeption durch den einzelnen wie durch die Gesellschaft. – Neben der Ä. als philos. Disziplin (1750 von A. G. Baumgarten begründet) konstituierte sich im 19. Jh. die Ä. auch als empir. Einzelwissenschaft. Als *Ästhetizismus* bez. man eine Haltung, die dem Ästhetischen Vorrang vor anderen Werten einräumt, oft verbunden mit der Einschränkung oder Verneinung herrschender religiöser und eth. Anschauungen. Vertreter des Ä. in neuerer Zeit sind u. a. O. Wilde, C. Baudelaire, M. Proust, der frühe F. Nietzsche, der junge H. von Hofmannsthal, S. George, G. D'Annunzio.

Asthma [griech.], anfallsweise auftretende Atemnot, Kurzatmigkeit, für die rasche Atemzüge, verlängerte Ausatmung und hochgradige Atemnot charakteristisch sind; vor dem 40. Lebensjahr meist in Form von *Bronchial-A.* auftretend. Bei der Entstehung spielen allerg. Reaktionsweisen (z. B. Blumen- und Gräserpollen, Arzneimittel, Staub u. a.), psych. Störungen (v. a. bei sensiblen und ängstl. Kindern) und Infektionen der Luftwege eine Rolle. Nach dem 50. Lebensjahr tritt das *Herz-A.* in den Vordergrund. Die Atemnot wird durch Lungenstauung infolge zeitweiliger Mehrbelastung der geschwächten linken Herzkammer verursacht. I. w. S. versteht man unter Herz-A. alle Zustände von anfallsweise auftretendem Lufthunger bei Herzkranken.

Asti, italien. Prov.hauptstadt in Piemont, am Tanaro, 77 000 E. Museen, Gemäldegalerie; Handel mit Trüffeln und Schaumwein (»A. spumante«). Zahlr. mittelalterl. Geschlechtertürme, Paläste und Kirchen. – In der Antike *Hasta (Asta),* im MA bedeutendste Stadt Piemonts.

Asti
Stadtwappen

Astigmatismus [griech.], in der *Medizin* Stabsichtigkeit, Sehstörung infolge krankhafter Veränderung der Hornhautkrümmung.

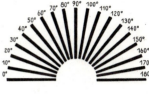

Astigmatismus.
Von einem gesunden Auge (oben) und von einem kurzsichtigen astigmatischen Auge (unten) gesehene Strahlenfigur

Astilbe [griech.] (Scheingeißbart, Prachtspiere), Gatt. der Steinbrechgewächse mit etwa 35 Arten in Asien und im östl. N-Amerika; die weißen oder rötl. Blüten stehen in großen Rispen; viele Arten sind beliebte Zierstauden.

Aston, Francis William [engl. ˈæstən], *Harborne (Birmingham) 1. 9. 1877, † Cambridge 20. 11. 1945, brit. Chemiker. 1919 erfand er den Massenspektrographen. Hierfür 1922 Nobelpreis für Chemie.

Astor, Johann Jakob [ˈastɔr, engl. ˈæstə], *Walldorf bei Heidelberg 17. 7. 1763, † New York 29. 3. 1848, amerikan. Großkaufmann dt. Herkunft. Wanderte 1783 nach Amerika aus; organisierte den Pelzhandel von den Großen Seen zum Pazif. Ozean und von da über Hawaii nach China und Japan; erwarb ein großes Vermögen durch Bodenspekulation, v. a. in New York.

Francis William Aston

Astra, Bez. für direktstrahlende Fernseh- und Rundfunksatelliten der privaten Gesellschaft Société Européenne des Satellites in Luxemburg. Die durch die

Astrachan
Historisches Stadt-
wappen

Astrologie.
Titelholzschnitt von
Erhard Schön in
Leonhard Reynmanns
Nativitätkalender von
1515, Nürnberg; erster
Kreis (von außen nach
innen): Bedeutung der
zwölf Himmelshäuser
(z. B. siebtes Haus =
Ehe); zweiter Kreis: die
zwölf Tierkreiszeichen,
beginnend mit Widder,
endend mit Fisch;
dritter Kreis: die sieben
damals bekannten
Planeten

A.-Satelliten übertragenen Programme können über Satellitenantennen empfangen werden und gelangen auf diesem Wege entweder direkt oder durch Einspeisung über Kabelnetze zum Endverbraucher.

Astrachan, Gebietshauptstadt an der unteren Wolga, Rußland, 487 000 E. Hochschulen, Theater, Philharmonie; Werft; fischverarbeitende Industrie; Wolgahafen. Bed. sind der Kreml (1580) und die Uspenski-Kathedrale (1700–17). – Bed. Warenumschlagplatz; im 15. Jh. Sitz des tatar. Khanats Astrachan, 1554 zum Moskauer Reich; im 18. Jh. Haupthafen der russ. Flotte im Bereich des Kasp. Meeres; im 19. Jh. wichtigster Transithafen im russ.-asiat. Handel.

astral [griech.], die Gestirne betreffend.
Astralleib (Ätherleib), in unterschiedl. (religiösen, philosoph. u. a.) Weltdeutungssystemen die Gestalt der zu den Sternen entrückten Seelen; in der Anthroposophie der äther. gedachte Träger des Lebens im Körper des Menschen; im Okkultismus ein dem ird. Leib innewohnender übersinnl. Zweitkörper.

astro..., Astro... [griech.], Bestimmungswort in Zusammensetzungen mit der Bedeutung »stern..., Stern...«.
Astrolabium [griech.], historisch astronomisches Meß- und Beobachtungsgerät, das gleichzeitig als Sternenuhr diente.
Astrologie [griech.], Sterndeutung; Versuch, das Geschehen auf der Erde und das Schicksal des Menschen aus bestimmten Konstellationen der Gestirne zu deuten und vorherzusagen (im *Horoskop*), da zw. Sternenwelt und ird. Vorgängen eine erfaßbare geregelte Beziehung bestehe. Grundlage bilden den Planeten zugeschriebene »Wesenskräfte« (z. B. Mars: Aktivität). Den zwölf Abschnitten (Tierkreiszeichen) bzw. Sternbildern des Tierkreises wird eine je eigene Wirkung als »Haus« zugeschrieben. Darüber hinaus hat jeder Planet an einem bestimmten Punkt des Tierkreises seine stärkste Wirkung, die *Erhöhung* (exaltatio), und im entgegengesetzten Punkt seine schwächste Wirkung, die *Erniedrigung* (deiectio). – Wichtig für ein Horoskop ist der im Augenblick und am Ort des Ereignisses (z. B. der Geburt) aufsteigende Punkt der Ekliptik, der sog. *Aszendent*, der die Wirkung der »Häuser« bestimmt. Bestimmte Winkel der geozentr. Planetenkonstellation *(Aspekte)* verursachen eine Verstärkung, Abschwächung oder Aufhebung der Wirkung.
Geschichte: Im Zusammenhang mit der babylon. Astralmythologie entstand eine *Planeten-A.* als Kunst der Priester, aus sphär. Erscheinungen und der Konstellation der Planeten göttl. Willen herauszulesen. Mit dieser Planeten-A. wurde um 150 v. Chr. unter hellenist. Einfluß die bereits um 2100 v. Chr. in Ägypten entstandene *Tierkreis-A.* (jeder Planet hat ein Tag- und ein Nachthaus (Tierkreiszeichen) von jeweils bes. starker Wirkung, z. B. Merkur: Jungfrau/Fische, Venus: Waage/Stier) verbunden. Ihre endgültige systemat. Verknüpfung erfolgte durch Ptolemäus (nach 160 n. Chr.). Dieses System stellte in Spätantike und MA eine durch philosoph. und physikal. Anschauungen gestützte Weltanschauung dar, die als universale Wiss. auch andere Wiss. beeinflußte, bes. Alchimie, Medizin, Theologie und Philosophie.

Astron<u>au</u>t [griech.], Teilnehmer an einem Raumfahrtunternehmen; in der UdSSR und ihren Nachfolgestaaten als *Kosmonaut* bezeichnet.

Astronavigati<u>o</u>n, Standort- und Kursbestimmung unter Verwendung von Meßdaten angepeilter Himmelskörper.

Astron<u>o</u>m [griech.], Sternen-, Himmelskundiger bzw. -forscher; wiss. Beruf; meist Tätigkeit an einer Sternwarte; auch Astrophysiker genannt.

Astronom<u>ie</u> [griech.], Bez. für alle Zweige der Naturwissenschaften, die sich mit der Erforschung des Universums beschäftigen. Die eigtl. Forschungsmethode der A. ist die Beobachtung und Analyse der aus dem Weltraum kommenden elektromagnet. Strahlung. Daneben haben sich durch die Einbeziehung der auf die Erde einfallenden Teilchenstrahlen und durch den Weltraumflug neue Forschungsmöglichkeiten ergeben. Bis in die Mitte des 19. Jh. galt das Interesse fast ausschließlich der Messung der Richtung der von den Gestirnen kommenden Strahlung. Dieser Bereich wird heute als *klassische* oder *fundamentale Astronomie* bezeichnet. Danach wurden insbes. auch Quantität und Qualität der Strahlung gemessen *(Astrophysik)*. Durch Kombination verschiedener Messungen konnten für einzelne Sterne die sog. *Zustandsgrößen* (Leuchtkraft, Oberflächentemperatur, Radius, Masse, Rotationsgeschwindigkeit, chem. Zusammensetzung u. a.) abgeleitet werden. Photometr. und spektroskop. Messungen bildeten die Grundlage für statist. Untersuchungen im Rahmen der *Stellarstatistik,* bei denen die Sterne als Elemente statist. Mengen behandelt und (in der *Stellardynamik*) ihre Bewegung innerhalb von Sternansammlungen untersucht werden. Um 1920 erkannte man, daß es sich bei den Spiralnebeln um extragalakt., d. h. außerhalb unseres Milchstraßensystems liegende Sternsysteme handelt. Der A. war es somit möglich, wesentl. Bereiche des Universums zu überblicken. Fragen der Kosmologie rückten aus einem spekulativen in einen an Hand der Natur nachprüfbaren Bereich der Forschung. Selbst Fragen nach der Entstehung des Universums (Kosmogonie) und dessen zukünftige Entwicklung können auf diese Weise behandelt werden.

Die Vielfalt der Objekte astronom. Forschung erfordert viele spezielle Beobachtungsmethoden und Verfahren. Aus diesem Grunde spricht man von *Sonnen-* und *Planetenphysik,* von *Stellar-A.,* von *galakt.* und *extragalakt. Forschung.* Für die meisten elektromagnet. Wellenlängen ist die Erdatmosphäre prakt. undurchlässig, mit Ausnahme zweier Bereiche: in der Umgebung des sichtbaren Lichts und im Bereich der Radiofrequenzstrahlung. Man spricht daher von zwei »Fenstern der Durchlässigkeit«. Durch diese kann die entsprechende Strahlung der Himmelskörper beobachtet werden; dementsprechend spricht man von *opt. A.* und von *Radio-A.* Mit Hilfe der Radio-A. kann der Bau unseres Milchstraßensystems über fast seine gesamte Ausdehnung untersucht werden, ferner sind ihr solche Objekte zugänglich, die im Radiofrequenzbereich wesentlich stärker strahlen als im opt. Bereich (Quasare, Pulsare). – Durch Aussenden von Radiostrahlungsimpulsen und Empfang des Echos und mit Methoden der Radio-A. Vermessungen im Sonnensystem möglich *(Radar-A.).* – Mit der Entwicklung der Raketen- und Raumfahrttechnik ist die A. aus den erdgebundenen Bereichen herausgetreten in eine *extra-*

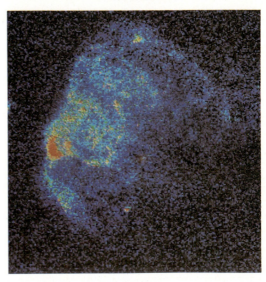

Astronomie.
Links oben: die Sonne mit einer Protuberanz, Aufnahme von Skylab ◆ Links unten: Saturn, Aufnahme von Voyager 2 im Juli 1981 ◆ Rechts oben: Kugelsternhaufen M 13 im Sternbild Herkules ◆ Rechts Mitte: Spiralgalaxie NGC 6946 im Sternbild Jagdhunde ◆ Rechts unten: Aufnahme des Andromedanebels mit dem 100-m-Radioteleskop in Effelsberg im 1-cm-Wellenlängenbereich ◆ Links: Röntgenbild des Supernovaüberrestes Puppis A, Aufnahme von Exosat ◆ Rechts: der Crabnebel (M1, NGC 1952) im Sternbild Stier, Musterbeispiel für einen Supernovaüberrest

astronomische Einheit

Miguel Ángel Asturias

terrestr. Forschung. Mit Ballons, Raketen und Satelliten kann außerhalb der den Ausblick begrenzenden Atmosphäre das gesamte elektromagnet. Wellenspektrum beobachtet werden. Ähnlich wie bei der Radio-A. werden dadurch nicht nur neue Erkenntnisse über bekannte Himmelskörper gewonnen, sondern auch bis dahin unbekannte Objekte entdeckt. So wurde durch Beobachtungen der *Röntgen-A.* auf die Existenz sog. ↑schwarzer Löcher geschlossen, wurden mit der *Infrarot-A.* neue Galaxien entdeckt. – Die *Neutrino-A.* versucht durch Messung der von der Sonne kommenden Neutrinostrahlung, Rückschlüsse zu ziehen auf die auf der Sonne stattfindenden Kernreaktionen. Computer ermöglichen die rechner. Behandlung und Lösung von Problemen der *theoretischen Astronomie* bzw. *Astrophysik* oder von Problemen der Himmelsmechanik bzw. Bahnbestimmung, die sich durch die Raumfahrt stellten.

astronomische Einheit (Sonnenweite), Einheitenzeichen AE, internat. auch AU (**a**stronomical **u**nit), das Entfernungsmaß im Sonnensystem; fundamentale Größe der Astronomie, definiert als die mittlere Entfernung Erde–Sonne (1 AE = 149,600 Mio. km).

astronomische Koordinatensysteme, Koordinatensysteme zur Festlegung von Sternörtern.

astronomische Tafeln ↑Ephemeriden.

astronomische Zeichen, Symbole der Planeten und ihrer Konstellationen (Aspekte), der Tierkreiszeichen, Mondphasen sowie bestimmter Punkte auf der Ekliptik.

Astrophotometrie, Messung der Strahlung und scheinbaren Helligkeit von Himmelskörpern unter Einsatz visueller, photograph., photo- und thermoelektr. Methoden.

Astrophysik, Teilgebiet der Astronomie; erforscht Aufbau, physikal. Zustand sowie Entwicklung von Himmelskörpern.

Astrospektroskopie, Bestimmung der Temperatur, der chem. Zusammensetzung und der Bewegungsvorgänge von Himmelskörpern mit Hilfe der Spektralanalyse.

Ästuar [lat.] (Trichtermündung), durch Ebbe und Flut erweiterte Flußmündung.

Asturias, Miguel Ángel, *Guatemala 19. 10. 1899, † Madrid 9. 6. 1974, guatemaltek. Schriftsteller. Sein Werk wurzelt in den kulturellen Traditionen und Mythen der Maya; seine Romane leben von starkem polit. Engagement (»Der Herr Präsident«, 1946; »Die Maismänner«, 1949; »Bananentrilogie«: »Sturm«, 1950; »Der grüne Papst«, 1954; »Die Augen der Begrabenen«, 1960); 1967 Nobelpreis für Literatur.

Himmelskörper	Wochentag	Metall	Tierkreis	
☉ Sonne	Sonntag	Gold	♈ Widder	♎ Waage
☿ Merkur	Mittwoch	Quecksilber	♉ Stier	♏ Skorpion
♀ Venus	Freitag	Kupfer	♊ Zwillinge	♐ Schütze
♁ Erde		Antimon	♋ Krebs	♑ Steinbock
☾ Mond	Montag	Silber	♌ Löwe	♒ Wassermann
♂ Mars	Dienstag	Eisen	♍ Jungfrau	♓ Fische
♃ Jupiter	Donnerstag	Zinn		
♄ Saturn	Samstag	Blei	**Aspekt**	**Mondphase**
♅ Uranus			☌ Konjunktion	● Neumond
♆ Neptun			◻ Quadratur	☽ erstes Viertel
♇ Pluto			☍ Opposition	○ Vollmond
				☾ letztes Viertel

astronomische Zeichen. (Wochentage und Metalle sind symbolische Zuordnungen der Alchimie)

Asturien, histor. Prov. (Region) in N-Spanien, Hochgebirgsland südlich des Golfs von Biscaya, in den Picos de Europa bis 2648 m hoch. Mittelpunkt reicher Kohlelagerstätten ist Oviedo. Zentren der Schwer-Ind. sind Avilés, Mieres und Gijón.
Geschichte: Urspr. von keltiber. Asturiern bewohnt; 25–19 von den Römern unterworfen; 584 zum westgot. Reich; 711 arabisch, aber nie ganz unterworfen, 718/722 Ausgangspunkt der Reconquista; christl. Kgr. (seit 925 Kgr. León); seit 1230 zum Kgr. Kastilien. – 1982 erhielt A. ein Autonomiestatut.
ASU, Abk. für **A**bgas**s**ond**eru**ntersuchung, ↑Abgasuntersuchung.
Asunción [span. asun'sjon], Hauptstadt Paraguays, am Paraguay, 105 m ü. M., 608 000 E. Zwei Univ., landwirtsch. Hochschule, Museen. Wichtigstes Handelszentrum des Landes; Hafen, internat. ⚓. Das Stadtbild beherrschen die Bauten, die 1844–70 nach teilweisem Abriß der Altstadt nach europ. Vorbildern errichtet wurden, u. a. Regierungsgebäude (Kopie des Louvre), klassizist. Kathedrale. – Im 16. Jh. span. Kolonisationszentrum.
Asyl [griech.], Heim zur vorübergehenden Aufnahme von Obdachlosen und Hilfsbedürftigen; Zufluchtsort.
Asylrecht, der rechtl. Anspruch eines aus polit., rass., religiösen oder anderen Gründen Verfolgten auf Aufnahme in einem Zufluchtsort. Schon in frühen kulturellen Entwicklungsstufen finden sich A.formen im religiösen Bereich. In der griech. und röm. Antike war jeder den Göttern geweihte Ort Freistatt; seit Konstantin I., d. Gr., wurde das A. auf Kirchen, Klöster u. a. übertragen. – In der BR Deutschland genießen politisch Verfolgte gemäß Art. 16a GG Asyl. Angesichts einer großen Zahl jährl. Asylbewerber (1992: 438 000) bei sehr niedrigen Anerkennungsquoten (unter 5 %) wurden durch Gesetz vom 28. 6. 1993 Bestimmungen getroffen, um den Zustrom zu vermindern und unberechtigte Asylbewerber rascher abschieben zu können.
Asymmetrie, Mangel an Symmetrie, Ungleichmäßigkeit.
asymmetrisches Kohlenstoffatom, Kohlenstoffatom in organ. Verbindungen, dessen vier Valenzen durch vier verschiedene Reste abgesättigt sind. Verbindungen, die ein a. K. enthalten, sind optisch aktiv (D- und L-Milchsäure).
Asymptote [griech.], allgemein eine Gerade, der sich eine Kurve beliebig nähert, ohne sie jedoch (im Endlichen) zu berühren.
asynchron, nicht mit gleicher Geschwindigkeit; entgegenlaufend, nicht gleichzeitig.
Asynchronmotor, Wechsel- oder Drehstrommotor, dessen Drehzahl unabhängig von der Netzfrequenz regelbar ist.

$$H-\overset{COOH}{\underset{CH_3}{C^*}}-OH$$

D-Milchsäure

$$HO-\overset{COOH}{\underset{CH_3}{C^*}}-H$$

L-Milchsäure

asymmetrisches Kohlenstoffatom. D- und L-Milchsäure als Antipoden

Atacama. Salzpfannen in den Hochbecken der wüstenhaften Puna de Atacama

Atemschutzgeräte.
Schematische Darstellung der Atemluftwege bei einer Vollmaske

Sprechmembran
Steuerventil
Innenmaske
Doppeldichtrahmen
Einatemluft
Einatemventil
Ausatemluft
Ausatemventil

Asyndeton

Asyndeton [griech.], die Reihung gleichgeordneter Wörter, Satzglieder oder Sätze, die ohne Konjunktionen, d. h. unmittelbar, verbunden sind.

Aszendent [lat.], **1)** *Astronomie:* Aufgangspunkt eines Gestirns bzw. Gestirn im Aufgang.
2) *Genealogie:* Vorfahre (Ahne) einer Person. Ggs.: Deszendent. **Aszendenz,** Verwandtschaft in aufsteigender Linie. Ggs.: Deszendenz.

Aszese ↑Askese.

Aszetik (Asketik) [griech.], Lehre von der Askese und theol. Disziplin vom Streben nach der christl. Vollkommenheit.

At, chem. Symbol für ↑Astat.

AT (A. T.), Abk. für **A**ltes **T**estament.

Atacama, Wüstengebiet im nördl. Chile. Hinter der nur 2–3 km breiten Küstenebene steigt die Küstenkordillere bis über 2 000 m ü. M. an; es folgt eine über 700 km lange, in 800–1 000 m ü. M. gelegene Beckenzone, die eigtl. A.; in die anschließende Hochkordillere (bis über 6 000 m ü. M.) ist eine Längssenke eingebettet (mit Salztonebenen). – Abb. S. 243.

Atacamagraben, Tiefseegraben im Pazifik, unmittelbar vor der zentralen Küste Südamerikas, bis 8 066 m tief.

Atahualpa [span. ata'ualpa], † Cajamarca (Peru) 29. 8. 1533, 13. (letzter) Herrscher des Inkareichs. 1532 von den Spaniern unter F. Pizarro gefangengenommen; trotz Zahlung eines hohen Lösegeldes hingerichtet (erwürgt).

Ataman, Bez. für den freigewählten, mit militär. und ziviler Befehlsgewalt ausgestatteten Führer der Kosaken.

Ataraxie [griech.], Unerschütterlichkeit angesichts unerklärter Naturphänomene; i. w. S. bei Epikur, den Skeptikern und in der Stoa Freiheit von Ängsten, Leidenschaftslosigkeit.

Atatürk ↑Kemal Atatürk.

Atavismus [lat.], bei einem Lebewesen Bez. für das Auftreten von Merkmalen entfernter Vorfahren, beim Menschen etwa die fellartige Ausbildung der Körperbehaarung.

Ataxie [griech.], Störung des geordneten Ablaufs und der Koordination von Muskelbewegungen. Die A. beruht auf organ. Veränderungen des Kleinhirns *(cerebellare A.)* oder Rückenmarks *(spinale A.);* in schweren Fällen Artikulation und Bewegung wie Betrunkene.

Atbara, rechter Nebenfluß des Nil, entspringt in Äthiopien, mündet bei der sudanes. Stadt Atbara, 1 120 km lang; liefert bei Hochwasser 22% des Nilwassers.

Ate, in der griech. Mythologie die Personifikation der »Verblendung«.

Atelier [atəli'e:; frz.], Arbeitsraum eines Künstlers, Maßschneiders, Photographen; Raum, Gebäude für Filmaufnahmen; auch Bez. für einen atelierähnl. Wohnraum.

Atem, der Luftstrom, der beim Ausatmen aus den Lungen entweicht (↑Atmung).

Atemfilter, in Atemschutzgeräten eingebauter Filtereinsatz, der durch Siebwirkung, Adsorption oder chem. Bindung schädl. Bestandteile aus der einzuatmenden Luft zurückhält; Filtermaterial: Zellstoff, Papier oder Watte (gegen Schwebstoffe), Aktivkohle (gegen organ. Dämpfe) und bestimmte Chemikalien (v. a. gegen anorgan. Gase und Dämpfe).

Atemlähmung, lebensgefährlicher Zustand bei erheblicher Verminderung der Atemtätigkeit oder bei Atemstillstand; erfordert sofortige künstliche Beatmung.

Atemnot (Dyspnoe), mit dem subjektiven Gefühl der Kurzatmigkeit und Beklemmung verbundene Atemstörung. Objektiv liegt eine erschwerte oder (im Verhältnis zum Bedarf und zur erzielten Ventilation) vermehrte Arbeitsleistung der Atemmuskulatur zugrunde.

a tempo [italien.], musikal. Aufführungsanweisung, das Anfangstempo wieder aufzunehmen.

Atemschutzgeräte, Arbeits- und/oder Rettungsgeräte zum Schutz oder zur Aufrechterhaltung der Atmung; werden beim Auftreten oder Vorhandensein giftiger Gase, Schwebstoffe oder bei Sauerstoffmangel in der Umgebungsluft eingesetzt.

Atemstillstand (Apnoe), Aussetzen der spontanen Atemtätigkeit infolge Verletzung bzw. Lähmung des Atemzentrums oder infolge Verlegung der Atemwege mit anschließender zentraler Lähmung. Einzige Hilfe ist die sofortige Atemspende.

Atemwege, svw. ↑Luftwege.

Atemwurzeln, bei trop. Sumpfpflanzen senkrecht nach oben wachsende Seiten-

Sprechmembran
Steuerventil
Innenmaske
Doppeldichtrahmen
Einatemventil
Einatemluft
Ausatemluft
Ausatemventil

Atemschutzgeräte. Schematische Darstellung der Atemluftwege bei einer Vollmaske

wurzeln, die über den Boden oder das Wasser in die Luft ragen und der Atmung dienen.

Atemwurzeln. Die senkrecht nach oben wachsenden, über das Wasser hinausragenden Atemwurzeln der Mangrovepflanzen

Atemzentrum (Atmungszentrum), bei Wirbeltieren (einschließlich Mensch) nervöses Zentrum im Bereich des verlängerten Marks, das die Atembewegungen auslöst und deren geordneten Ablauf regelt. Das A. ist streng genommen kein einheitl. Zentrum, sondern liegt weit verteilt im verlängerten Mark, im Hirnstamm und im Rückenmark. Die Steuerung von Ein- und Ausatmung erfolgt getrennt und wird u. a. vom Kohlendioxidpartialdruck im Blut und vom Dehnungszustand der Lungenbläschen beeinflußt. Ausfall des A. infolge Vergiftung oder Sauerstoffmangels führt zur Erstickung mit (weiterer) Sauerstoffverarmung und Kohlendioxidanhäufung in Blut und Geweben.

Äthan [griech.] (fachsprachl. Ethan), C_2H_6, einfacher, gesättigter Kohlenwasserstoff (Alkan); farbloses, geruchloses Gas; wichtiger Ausgangsstoff für viele Synthesen.

Äthanal [griech.], svw. ↑Acetaldehyd.

Athanasios, hl., *Alexandria um 295, † ebd. 2. 5. 373, griech. Kirchenlehrer, Patriarch von Alexandria. Gegner des Arianismus und Verteidiger des Bekenntnisses von Nizäa. – Fest: 2. Mai.

Äthanol [griech./arab.] (Äthylalkohol, Weingeist, fachsprachlich Ethanol, umgangssprachlich Alkohol), C_2H_5OH, chem. Verbindung aus der Gruppe der ↑Alkohole; farblose, angenehm riechende, brennend schmeckende Flüssigkeit. Dichte 0,789 g/cm³; Siedetemperatur 78,3°C; unbegrenzt mit Wasser mischbar; berauschende Wirkung auf das Zentralnervensystem; Herstellung durch alkoholische Gärung aus kohlenhydrathaltigen Rohstoffen.

Athapasken (Athabasken), weit verbreitete indian. Sprachfamilie. Man unterscheidet: *Nördl. A.* (in NW-Kanada und Alaska; Athapasken i. e. S.), *Pazif. A.* (in SW-Oregon und NW-Kalifornien), *Südl. A.* (in Arizona, New Mexico und Texas).

Atharvaveda ↑Veda.

Atheismus [griech.], in der Neuzeit (16./17. Jh.) aufgekommene Bez. verschiedener Meinungen, die auf die Behauptung der Existenz eines Absoluten, bestimmter offizieller Götter oder eines persönl., insbes. des christl. Gottes verzichten oder diese Existenz negieren sowie für die Weigerung, ein »transzendentes«, d. h. ein von der der menschl. Erfahrung zugängl. Welt verschiedenes Wesen anzunehmen.

Athen (altgriech. Athenai, neugriech. Athínä), Hauptstadt Griechenlands und des Verw.-Geb. Attika, 5 km vom Meer entfernt in einer von Bergen umgebenen Ebene gelegen, 886 000 E, städt. Agglomeration (einschließlich Piräus) 3,03 Mio. E. Sitz des Oberhauptes der griech.-orth. Staatskirche; Univ., TH, Nationalbibliothek, archäolog. Institute, Nationaltheater, Museen. Handelszentrum des Landes mit vielen Ind.betrieben; internat. ✈.

Stadtbild: Ältester Teil der Stadt ist die ↑Akropolis. In hellenist. Zeit entstand die Halle des Attalos II. von Pergamon (heute Agoramuseum), in röm. Zeit das Odeion. Östlich der Agora Gebäude des röm. Markts, ein Kaiserforum mit Bibliothek sowie ein Theater (heute wieder verwendet). Außerhalb lag seit dem 7. Jh. v. Chr. der Hauptfriedhof (Kerameikos). Aus byzantinischer Zeit sind Kirchen erhalten, u. a. Kleine Metropolis (11. Jh.). Im 19. Jh. Ausbau in klassizistischer Stil, u. a. Altes Schloß (1834–38; heute Parlament), Univ. (1837–42), Metropolitankirche (1842–62). 1896 bis 1906 wurde das Stadion für die Olymp. Spiele auf dem alten Grundriß errichtet.

Äthan

Äthanol

Athen
Stadtwappen

Äthen

Geschichte: In jahrhundertelangem Prozeß der Vereinigung Attikas zum Stadtstaat (Polis) geworden; Entwicklung von der Monarchie zur Demokratie (Grundlagen v. a. im 6. Jh. v. Chr. geschaffen); kulturelle Glanzzeit im 5. Jh.; nach den Perserkriegen (490–448 v. Chr.) Aufstieg zur Vormacht der Griechen; Niedergang im Peloponnes. Krieg (431–404); 86 v. Chr. von Sulla erobert; bei der Teilung des Röm. Reiches kam A. zum Byzantin. Reich; nach der Schließung der Akademie (529 n. Chr.) durch Justinian I. allg. Verfall. 1456 osmanisch *(Setine)*, im Türkenkrieg 1687/88 von den Osmanen in Brand gesetzt; nach dem Unabhängigkeitskrieg seit 1834 Hauptstadt Griechenlands.

Äthen [griech.], svw. ↑Äthylen.

Athena (Athene, Pallas Athena), in der griech. Mythologie die Lieblingstochter des Zeus; sie entsprang mit Helm und Brustpanzer dem väterl. Haupt, dem Sitz des göttl. Denkens und weisen Rates. A. fördert die sinnvolle Arbeit des Friedens; Kunst und Wiss. stehen unter ihrem Schutz. Als jungfräul. Kriegerin unterstützt sie den besonnenen Kampf. Ihr zu Ehren wurden in Athen alle vier Jahre die *Panathenäen* (mit Prozession und Wettspielen) begangen. – Berühmte Standbilder stammten von Phidias, v. a. die Athena Parthenos auf der Akropolis.

Athenagoras I., eigtl. Aristoklis Spiru, *Tsaraplana (Nomos Epirus) 25. 3. 1886, † Istanbul 6. 7. 1972, griech.-orth. Theologe, ökumen. Patriarch von Konstantinopel (seit 1948). Förderer des Dialogs zw. den christl. Kirchen.

Athenäum [griech.], Heiligtum bzw. Tempel der griech. Göttin Athena; auch Name für verschiedene Unterrichtsanstalten (z. B. italien. *Ateneo* »Universität«).

Äther [griech.], **1)** (Lichtäther, Weltäther) urspr. die hell »strahlende«, als bes. fein und rein angesehene Himmelsluft über der dichteren erdnahen Luftschicht (Empedokles). In der Naturphilosophie des Aristoteles das fünfte, himml. Element, das im Ggs. zu den vier ird. Elementen Erde, Wasser, Luft, Feuer als unwandelbar, von Anfang an vorhanden und unvergänglich sowie als eigenschaftslos angesehen wurde. In der neuzeitl. Physik (beginnend mit R. Descartes und C. Huygens) diente die Ä. als hypothet. Medium, das die Vermittlung von Fernwirkungen, insbes. von Gravitationskräften, und die Ausbreitung von Licht erklären sollte. Erst der Michelson-Versuch (1881) und seine korrekte Interpretation durch A. Einstein (1905) brachten die Ä.hypothese zu Fall.
2) *Chemie:* (fachsprachlich Ether) organ. Verbindungen der allg. Formel R_1–O–R_2; dabei können die beiden Alkyl- oder Arylreste R_1 und R_2 gleich oder verschieden sein; Lösungsmittel für Fette und Öle; Inhalationsnarkotika (Propyl-Ä., Diäthyl-Ä.).

ätherisch, himmlisch, zart; vergeistigt.

Äthiopien. Hochlandweide in der Regenzeit in der Provinz Schoa

ätherische Öle, flüchtige, pflanzl. Öle mit oft angenehmem Geruch, u. a. für Parfüms u. a. Kosmetika, Spirituosen und Arzneimittel.

Ätherleib, svw. ↑Astralleib.

Atherom [griech.] (Grützbeutel), erbs- bis hühnereigroße Haut- bzw. Unterhautgeschwulst.

Äthiopide [nlat.], Mischrasse aus Negriden und Europiden, v. a. in NO-Afrika.

Äthiopien (amharisch Ityopia), Staat in Afrika, grenzt im W an Sudan, im S an Kenia, im SO und O an Somalia, im NO an Djibouti und Eritrea.

Staat und Recht: Republik; *Verfassung* von 1994. *Staatsoberhaupt* ist der Staats-Präs.; die *Exekutive* steht unter der Leitung des Min.-Präsidenten. Die *Legislative* bildet das Parlament (548 Abg.). Bestimmende polit. Kraft ist die Revolutionäre Demokratische Front des Äthiopischen Volkes (EPRDF), die Dachorganisation mehrerer polit. Gruppen.

Landesnatur: Der Kernraum von Ä. ist ein bis 4 620 m aufragendes Hochland, das von trockenen Tiefländern umgeben wird. Es wird zentral von SW nach NO vom Abessina Graben durchzogen, der sich trichterförmig als Danakiltiefland zum Roten Meer hin öffnet. Seit der Abspaltung der ehem. Prov. Eritrea verfügt Ä. über keinen Zugang zum Roten Meer mehr. In die Hochländer haben sich die Flüsse in tiefen, cañonartigen Tälern eingeschnitten. Ä. hat trop. Klima mit geringen jahreszeitl. Temperaturunterschieden. Die Hauptregenzeit ist von Juni bis September. In Gebieten mit hohem Niederschlag gedeihen Feuchtwälder, sonst sind Trockenwald und Savanne charakteristisch. Im Hochland sind angepflanzte Eukalypten typisch.

Bevölkerung: Die Bevölkerung setzt sich zusammen aus den semit. Amhara (15 %) und Tigre (20 %), etwa 40 % Galla und anderen. Über 55 % der E sind Christen, etwa 35 % Muslime.

Wirtschaft, Verkehr: Wirtschaftlich wichtigstes Agrarprodukt ist der Kaffee. Weit verbreitet ist der Anbau von Getreide sowie Schaf- und Ziegenhaltung. Der Bergbau spielt eine Rolle, die Ind. ist nahezu unbedeutend. 90 % der Betriebe befinden sich in Addis Abeba.

Exportiert werden Kaffee und Häute. Das Straßennetz ist 37 871 km lang, die Länge des Eisenbahnnetzes beträgt 1 000 km. Internat. ✈ bei Addis Abeba.

Geschichte: Die Stadt Aksum, im 1. Jh. n. Chr. erstmals erwähnt, wurde von eingewanderten südarab. Stämmen gegr.; das Reich von Aksum, Blütezeit im 4. Jh. (Annahme des Christentums), geriet durch das Aufkommen des Islam in die Isolierung und ging im 10. Jh. unter. Ab Ende des 13. Jh. (Reich von Amhara) verlagerte sich der polit. Schwerpunkt nach S. Hier bildete sich zunächst das Reich von Schoa heraus (Blütezeit 14./15. Jh.); seit Mitte des 16. Jh. war Gondar im N Zentrum des Reiches, das Ende des 18. Jh. zerfiel. Die Grundlagen zum modernen Ä. (früher auch *Abessinien* gen.) wurden von Menilek II. (✉ 1889–1913) gelegt, der mit italien. Unterstützung zum Kaiser erhoben wurde. Sein Sieg über die Italiener bei Adua (1896) sicherte die Unabhängigkeit des Reiches, das er nach SO, S und W ausdehnte. 1974 übernahm das Militär die Macht, Kaiser Haile Selassie I. (✉ 1930–74) wurde abgesetzt, die Monarchie 1975 abgeschafft. Das Programm der Militärregierung vom April 1976 verkündete als Ziel eine »Demokrat. VR« unter proletar. Führung. Ab 1974 herrschte Bürgerkrieg in der Prov. Eritrea, wo die Eritreische Befreiungsfront

Äthiopien

Staatsflagge

Äthiopien	
Fläche:	1 104 500 km²
Einwohner:	49,881 Mio.
Hauptstadt:	Addis Abeba
Amtssprache:	Amharisch
Nationalfeiertag:	12.9.
Währung:	1 Birr (Br) = 100 Cents (ct.)
Zeitzone:	MEZ + 2 Std.

Staatswappen

1970 1992   1970 1992
Bevölkerung   Bruttosozial-
(in Mio.)   produkt je E
              (in US-$)

☐ Stadt   Land ☐

13%

87%

Bevölkerungsverteilung 1992

☐ Industrie
☐ Landwirtschaft
☐ Dienstleistung

13%   39%

48%

Bruttoinlandsprodukt 1992

Äthylen

die Unabhängigkeit der Prov. erstrebte. In dem von Somalia beanspruchten Gebiet Ogaden verteidigten 1977/78 äthiop. Truppen die Integrität des Landes gegen die Westsomal. Befreiungsfront. 1991 trat Staats-Präs. M. Haile Mariam angesichts der sich abzeichnenden militär. Niederlage im Bürgerkrieg zurück und floh nach Simbabwe; wenige Tage später brach das Militärregime zusammen. Neuer Ordnungsfaktor wurde die von der tigrischen Volksgruppe dominierte EPRDF unter M. Zenawi. Im Juli 1991 wurde eine Übergangsregierung gebildet, die u. a. Regionalwahlen durchführte. 1993 spaltete sich nach einer Volksabstimmung die Provinz ↑Eritrea unter Zustimmung der äthiop. Reg. ab und bildete einen selbständigen Staat. Die Wahlen zur verfassunggebenden Versammlung im Juni 1994 gewann die EPRDF; eine neue Verfassung wurde im Dezember 1994 angenommen. Die ersten freien Wahlen in Ä. konnte die EPRDF im Mai 1995 für sich entscheiden.

äthiopische Kirche (früher abessinische Kirche), oriental. Nationalkirche (seit dem 4. Jh.) monophysit. Prägung (↑Monophysitismus), bis 1974 Staatskirche Äthiopiens; 2 Patriarchate (Sitz Kairo und Addis Abeba).

Athletiker [griech.] ↑Körperbautypen.

Athos, 1) Mönchsrepublik auf der gleichnamigen Halbinsel (griech. Hagion Oros »Heiliger Berg«, neugriech. Ajion Oros; der östlichsten Halbinsel der Chalkidike, Griechenland, 340 km², 20 größere und zahlr. kleinere Klöster auf dem Berg Athos, 1500 E. Seit der Mitte des 9. Jh. gab es Einsiedler auf dem Athos, in den 2. Hälfte des 10. Jh. Einführung des ↑Koinobitentums; Gründung weiterer Großklöster; Ende des 14. Jh. Beginn der Epoche der ↑idiorrhythmischen Klöster. Sultane und später die russ. Zaren waren Gönner der A.klöster. Die Verfassung aus dem Jahr 1783 gilt in wesentl. Zügen noch heute. 1912 übernahm Griechenland das Patronat über die Republik. 1926 wurde A. zum griech. Territorium erklärt. – Das älteste der A.klöster ist die 963 gegr. *Große Lavra (Megisti Lavra)*. Ihre Kirche (1004 vollendet; spätere Erweiterungen: Schiff, Narthex) ist die schönste der A.kirchen. Das Kloster besitzt eine wertvolle Bibliothek (v. a. über 2000 Handschriften). 2) Berg, an der Spitze der gleichnamigen griech. Halbinsel, 2033 m hoch.

Äthylalkohol, svw. ↑Äthanol.

Äthylen [griech.] (Äthen, fachsprachlich Ethylen), ungesättigter Kohlenwasserstoff, einfachster Vertreter der ↑Alkene; farbloses, süßl. riechendes, narkotisierend wirkendes Gas; wichtiger Ausgangsstoff für die Synthese von Äthanol, Äthylenoxid, Polyäthylen.

Ätiologie [griech.], 1) *Medizin:* die Lehre von den Krankheitsursachen. 2) *Religionswissenschaft* und *Mythenforschung:* ein Mythos, der die Begründung einer Erscheinung, eines Brauchs oder eines Namens dient.

Atlakviða [...viða; altnord.] (Atli-Lied), zu den ältesten Eddaliedern zählendes Heldenlied vom Zug der Burgunderkönige Gunnar und Högni an den Hof Atlis (Etzels), von ihrem Tod und der Rache ihrer Schwester Gudrun; gehört zu den Quellen des »Nibelungenliedes«.

Atlant [griech.], bei den Römern auch *Telamon* gen., architekton. Stütze in Gestalt einer männl. Figur; ben. nach dem Riesen ↑Atlas.

Atlanta [engl. ət'læntə], Hauptstadt des Staates Georgia, USA, am Fuß der Blue Ridge, 394000 E. Vier Univ., Kongreß-, Handels- und Verkehrszentrum von Georgia; Nahrungsmittel-, Konsumgüter- und Leicht-Ind.; internat. ✈. Austragungsort der Olymp. Sommerspiele 1996.

Atlantik ↑Atlantischer Ozean.

Atlantikcharta, am 14. 8. 1941 von Churchill und Roosevelt beschlossene Grundsatzerklärung, die u. a. Verzicht auf Annexionen, Anerkennung des Selbstbestimmungsrechts der Völker, Freiheit der Meere, vollständige Entmilitarisierung aller Aggressorstaaten vorsah; wurde zu einem der Grunddokumente der UN.

Atlantikwall, Bez. für die 1942–44 errichteten dt. Befestigungsanlagen an der frz., belg. und niederl. Küste.

Atlantis, sagenhafter, angeblich im Atlant. Ozean westlich von Gibraltar gelegener Inselstaat, der nach einem Erdbeben im Meer versunken sein soll.

Atlantischer Ozean (Atlantik), mit 106,6 Mio. km² (einschließlich der Nebenmeere) zweitgrößter Ozean, trennt die Neue von der Alten Welt. Die Grenze zum Pazifik bildet im N die Beringstraße, im S die kürzeste Verbindung zw. Kap Hoorn–Süd-Shetland-Inseln–Antarkt. Halbinsel. Als Grenze zum Ind. Ozean gilt der Meridian von Kap Agulhas. Die mittlere Tiefe beträgt 3 293 m, die größte 9 219 m (im Puerto-Rico-Graben). Der A. O. hat eine S-förmige Gestalt und wird durch den *Mittelatlant. Rücken* in zwei Längsbecken geteilt, diese wiederum durch Querschwellen in mehrere Tiefseebecken. Mit dem Windsystem hängen die Meeresströmungen zusammen; es gibt zwei große Kreisläufe: Golfstrom nördl., Südäquatorialstrom südl. des Äquators. Der A. O. ist ein wichtiger Verkehrsträger, v. a. im Gütertransport. Außerdem bed. Küsten- und Hochseefischerei, Salz- und Magnesiumgewinnung, Entsalzungsanlagen (Trink- und Brauchwasser), Off-shore-Bohrungen (Erdöl und Erdgas im Schelfbereich), Diamantengewinnung vor der SW-Küste Afrikas.

Atlas, Faltengebirgssystem in NW-Afrika. An der marokkan. Mittelmeerküste liegt der bis 2 456 m hohe *Rif-A.,* in Z-Marokko der bis 3 343 m hohe *Mittlere A.,* das größte Wasser- und Waldreservoir des Landes. Südl. von ihm erstreckt sich 700 km lang der *Hohe A.,* im Djebel Toubkal 4 165 m hoch. Der bis 2 308 m hohe *Tell-A.* nimmt den ganzen N von Algerien ein mit Ausläufern in Marokko und Tunesien. Die südlichste Kette ist der *Sahara-A.,* der im O *(Aurès)* 2 328 m hoch ist. Zwischen Tell- und Sahara-A. liegt das *Hochland der Schotts,* ein in meist abflußlose Becken gegliedertes Hochplateau in Algerien.

Atlas, 1) [griech.] *Kartographie:* systemat. Sammlung von geographischen und/oder thematischen Karten, häufig auch mit Bild- und Textteilen.

2) [arab.] *(Satin) Textilkunde:* Sammel-Bez. für Gewebe in Atlasbindung.

3) [griech.] *Zoologie:* der erste Halswirbel bei höheren Wirbeltieren, der den Kopf trägt.

4) *griech. Mythologie:* Titan, Bruder des Prometheus. Auf seinen Schultern ruhen die Säulen, »die Erde und Himmel auseinander halten«.

Atlasbindung (Satinbindung), Grundbindung bei Geweben; einseitige, dichte, glatte Gewebe, entweder mit Kett- oder Schußeffekt; bei der fünfbindigen *Schuß-A.* verläuft der Schuß über vier Kettfäden und unter einem Kettfaden, bei der entsprechenden *Kett-A.* über einem Kettfaden, dann unter vier Kettfäden.

Atlasspinner ↑Augenspinner.

Atli-Lied ↑Atlakviða.

atm, Einheitenzeichen für die nichtgesetzl. Druckeinheit physikal. ↑Atmosphäre.

Atman [Sanskrit], Zentralbegriff der ind. Philosophie; bezeichnet speziell die geistige Essenz (die »Seele«) des Menschen (Lebenskraft, Bewußtsein, Erkenntnis).

Atmosphäre [griech.], **1)** *Einheiten:* nichtgesetzl. Einheit des ↑Druckes, die durch die Einheit Bar (bar) und die SI-Einheit Pascal (Pa) ersetzt wurde. Man unterscheidet *physikalische A.* (Einheitenzeichen atm) und *technische A.* (Einheitenzeichen at): 1 atm = 101 325 Pa = 1,01325 bar; 1 at = 98 066,5 Pa = 0,980665 bar.

2) gasförmige Hülle eines Himmelskörpers, speziell die Lufthülle der Erde. Die Erd-A. besteht in der Nähe der Erdoberfläche aus Stickstoff (78,09 Vol.-%), Sauerstoff (20,95 Vol.-%), Argon (0,93 Vol.-%), Kohlendioxid (0,03 Vol.-%). Bis in rd. 20 km Höhe ist Wasserdampf enthalten (bis 4 Vol.-%; wichtig v. a. für das Wettergeschehen). Von Bedeutung ist weiterhin Ozon (*Ozonschicht;* zw. 20–50 km Höhe), da es den größten Teil der lebensfeindl. Ultraviolettstrahlung der Sonne absorbiert (↑Ozon). Einer Schädigung der Ozonschicht (Ozonloch), etwa durch Fluorchlorkohlenwasserstoffe, kommt v. a. wegen der biolog. Auswirkungen (z. B. Zunahme von Hautkrebserkrankungen) große Bedeutung zu.

Temperaturverlauf in der A.: Die untere Schicht *(Troposphäre)* ist durch eine Temperaturabnahme mit zunehmender Höhe gekennzeichnet. In dieser im Mittel 11 km hohen Schicht laufen alle Wetterprozesse ab. Es folgt die *Tropopause* in einer Höhe von 8 km (über den Polen) bzw. 18 km (über dem Äquator) mit Temperaturen von −50 °C bzw. −90 °C. In der *Stratosphäre* zeigt sich eine starke

Atlas 3).
1. und 2. Halswirbel (Atlas und Axis), verbunden durch Kreuzband und Flügelbänder, die am oberen und unteren Kopf-Halswirbel-Gelenk ansetzen. **a** Deckmembran (durchtrennt), **b** Gelenkkapsel des oberen Kopf-Halswirbel-Gelenks, **c** hinterer Atlasbogen, **d** Kreuzband, **e** Flügelbänder, **f** Hinterhauptsloch

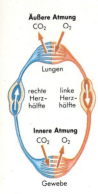

Äußere Atmung
CO_2 O_2

Lungen

rechte Herzhälfte   linke Herzhälfte

Innere Atmung
CO_2 O_2

Gewebe

Atmung.
Beziehung zwischen Blutkreislauf und Atmung (schematisch)

Atmung.
Luftfassungsvermögen der Lungen bei jugendlichen und älteren Männern

Anreicherung von Ozon (1–15 mg je kg Luft), das aus Sauerstoff durch die Einwirkung der Ultraviolettstrahlung der Sonne gebildet wird. Die Temperatur bleibt bis in 20 km Höhe nahezu konstant *(Isothermie)* und erreicht ein Maximum von 0 °C und darüber in etwa 50 km Höhe. Hier liegt die *Stratopause,* die die Stratosphäre gegen die Mesosphäre abgrenzt. In der *Mesosphäre* erfolgt wieder ein Rückgang der Temperatur bis zu etwa –80 °C in rd. 80 km Höhe, an der Obergrenze der Mesosphäre, der *Mesopause.* In der sich anschließenden *Thermosphäre* erreicht die Temperatur in rd. 200 km Höhe Werte in der Größenordnung von 1 000 °C. Die Obergrenze der Thermosphäre legt man im allg. in 500 km Höhe fest. Die darüberliegende *Exosphäre (Dissipationssphäre)* bildet den Übergang der Erd-A. zum interplanetar. Raum. – Unter Berücksichtigung des Ionisierungszustandes der Luft kann die A. auch in eine *Neutrosphäre* (bis etwa 80 km) und eine *Ionosphäre* (bis in etwa 1 000–2 000 km) unterteilt werden. Im Ggs. zu den elektr. neutralen Gasteilchen der Neutrosphäre sind die atmosphär. Gase in der Ionosphäre durch die Sonnenstrahlung teilweise ionisiert, es bilden sich mehrere Schichten, die Radiowellen sehr gut reflektieren und erst dadurch einen weltweiten Funkverkehr bes. im Kurzwellenbereich ermöglichen.
Strahlung und Wärmehaushalt: Die Energiequelle für alle in der A. ablaufenden Prozesse ist die Sonne. An der Obergrenze der Erd-A. trifft eine Strahlung ein, deren Energie rd. 4,8 MJ bzw. $1\frac{1}{3}$ kWh pro Quadratmeter und Stunde beträgt *(Solarkonstante).* Beim Durchgang

durch die A. wird die Sonnenstrahlung geschwächt: 1. durch Absorption durch Ozon, Kohlendioxid und Wasserdampf; 2. durch Reflexion an gröberen Teilchen in der A., v. a. den Dunstpartikeln, und an Wolken; 3. durch diffuse Streuung an Molekülen der Luft, wobei der kurzwellige Teil des Sonnenspektrums (blauer Bereich) weitaus stärker gestreut wird als der langwellige (roter Bereich); die blaue Farbe des Himmels und die gelbroten Farben der Dämmerung beruhen auf diffuser Streuung. Den Erdboden erreichen nur knapp 50 % der an der Grenze der A. auftreffenden Sonnenstrahlung.
Atmosphärische Zirkulation: Auf Grund der unterschiedl. Erwärmung der Erde durch die Sonneneinstrahlung und der daraus resultierenden unterschiedl. Luftdruckverteilung kommt es zu Luftströmungen, die unter der Einwirkung der Erdrotation (Coriolis-Kraft) zu einer komplizierten atmosphär. Zirkulation führen. Unter dem Einfluß weiterer Faktoren entsteht das sog. planetar. Luftdruck- und Windsystem.
AT-Motor, svw. ↑Austauschmotor.
Atmung, Gasaustausch der Lebewesen mit ihrer Umwelt *(äußere A.)* und Energie liefernder Stoffwechselprozeß in den Zellen *(innere A.).* Allg. versteht man unter A. die äußere A. *(Respiration),* bei der Sauerstoff vom Organismus aufgen. und Kohlendioxid abgegeben wird. Dieser Gasaustausch erfolgt durch bes. *Atmungsorgane* (z. B. Lunge, Kiemen, Tracheen) oder ausschl. (bei niederen Tieren) bzw. zu einem geringen Teil (beim Menschen zu 1 %) durch die Haut.
Die Sauerstoffaufnahme beim Menschen erfolgt durch die Nase oder den Mund über die Luftröhre und das Bronchialsystem in der Lunge, die durch Pumpbewegungen ein Druckgefälle erzeugt, wodurch es zur Einatmung *(Inspiration)* bzw. zur Ausatmung *(Exspiration)* kommt. Man unterscheidet die *Rippen-A.* (Kostal-A.), bei der sich die zw. den Rippen befindl. Interkostalmuskeln zusammenziehen und die Rippen heben und so den Brustkorb vergrößern, und die *Zwerchfell-A.* (Abdominal-A.), bei der das Zwerchfell bei der Einatmung tiefertritt und so den Brustraum auf Kosten des Bauchraums nach unten erweitert. Der Gasaustausch von Sauerstoff

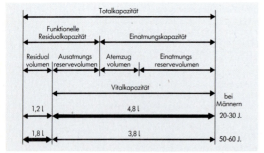

Totalkapazität

Funktionelle Residualkapazität   Einatmungskapazität

Residualvolumen | Ausatmungsreservevolumen | Atemzugvolumen | Einatmungsreservevolumen

Vitalkapazität

		bei Männern
1,2 l	4,8 l	20–30 J.
1,8 l	3,8 l	50–60 J.

(der im Blut gelöst bzw. an Hämoglobin gebunden wird) gegen Kohlendioxid (das ausgeatmet wird) vollzieht sich in den etwa 300–450 Mio. Lungenbläschen und den Lungenkapillaren. Die gesamte für den Austausch zur Verfügung stehende atmende Oberfläche beträgt etwa 80–120 m². Der Sauerstoff diffundiert aus den mit Luft angefüllten Bläschen durch die feuchte Membran der Lungenbläschen in das Blut, das in Haargefäßen an der Bläschenwand vorbeifließt. Der Sauerstoff wird im Blut an das Hämoglobin (Hb) gebunden, was dem Blut eine hellrote Farbe verleiht (arterielles Blut). Das mit Sauerstoff beladene Blut verläßt die Lunge über die Lungenvene und erreicht über das Herz und das Arteriensystem die Körperzellen. In ihnen läuft die innere A. unter Energiegewinn und Entstehung des Stoffwechselprodukts Kohlendioxid ab. Umgekehrt transportiert das Hämoglobin z. T. auch das Kohlendioxid zurück zur Lunge, in der es abgeatmet wird. Das vornehmlich im ↑Zitronensäurezyklus entstehende Kohlendioxid ist hierbei am Eiweißanteil des Hämoglobins gebunden. Die Hauptmenge des Kohlendioxids wird jedoch als Hydrogencarbonat im Blutplasma transportiert. Das »verbrauchte« (venöse) Blut enthält aber immer noch etwa 14 % Sauerstoff, der im Notfall genutzt werden kann. Pro Atemzug werden von einem gesunden Erwachsenen etwa 0,5 l Luft bewegt *(Atemvolumen).* Dieses Volumen kann bei intensiver A. auf 2,5 l (Atemvolumen + Einatmungsreservevolumen) erhöht werden. Bei ruhiger Ausatmung verbleiben noch etwa 2 l Luft in der Lunge, wovon bei maximaler Ausatmung noch etwa 1,3 l ausgeatmet werden können (Ausatmungsreservevolumen). Die als maximales Atmungsvolumen *(Vitalkapazität)* bezeichnete Luftmenge, die zw. völliger Einatmung und völliger Ausatmung bewegt wird, beträgt etwa 4,5 l. Als Restluft *(Restvolumen, etwa 1,2 l)* wird die ständig in den Lungenbläschen verbleibende Luftmenge bezeichnet, die nur beim Lungenkollaps entweicht. Die Zahl der Atemzüge pro Minute *(Atemfrequenz)* hängt vom Alter, von der Größe und der Konstitution ab; sie beträgt beim Erwachsenen etwa 10–15.

Die *innere A.* ist der Teil des Atmungsgeschehens, der sich auf die biochem. Nutzung des aufgenommenen Sauerstoffs durch die Körperzellen (daher auch *Zell-A.*) bezieht. Es ist der katabol. Stoffwechsel, der hauptsächlich aus der ↑Atmungskette, dem Zitronensäurezyklus sowie der ↑Glykolyse besteht.
In den einzelnen *Tiergruppen* gibt es verschiedene Möglichkeiten der äußeren Atmung. Tieren mit flachem, langem Körper (z. B. Fadenwürmer, Strudelwürmer) genügt der Gasaustausch durch die Haut. Bei Gliederfüßern, Spinnentieren, Stummelfüßern, Tausendfüßern und Insekten sind schon bes. Atmungsorgane, die Tracheen, ausgebildet. Viele Wassertiere atmen durch Kiemen. Säugetiere haben als Atmungsorgane Lungen ausgebildet. Für die äußere A. haben die autotrophen, höheren *Pflanzen* in meist allen Organen Hohlraumsysteme (Durchlüftungsgewebe), die mit Ein- und Austrittsöffnungen (z. B. Spaltöffnungen) verbunden sind. Auch Atem- und Luftwurzeln dienen der Sauerstoffaufnahme und Kohlendioxidabgabe. Die innere A. zur Energiegewinnung kann unter Sauerstoffaufnahme *(aerobe Zell-A.)* oder ohne Luftsauerstoff, z. B. bei manchen Bakterien *(anaerobe Zell-A.* oder Gärung), stattfinden.
Atmungskette, Kette von enzymat. Redoxreaktionen, aus denen die lebenden Zellen, die Sauerstoff zum Leben benötigen, den größten Teil der von ihnen benötigten Energie gewinnen. In der in den Mitochondrien lokalisierten A. wird der Wasserstoff zu Wasser oxidiert. Die A. wird deshalb auch *biolog.* Oxidation genannt. Diese Reaktion ist zugleich die Veratmung organ. Stoffe im Zitronensäurezyklus zu Kohlendioxid, das dann abgeatmet wird, gekoppelt. Die Bedeutung der A. liegt darin, daß die auf den einzelnen Stufen durch Oxidation frei werdende Energie in Form von Adenosintriphosphat (ATP) gespeichert werden kann. Dieser Prozeß wird als *oxidative Phosphorylierung (A.phosphorylierung)* bezeichnet. Dabei werden pro Mol H_2O 52 kcal (= 218 kJ) frei, die zur Bildung von 3 Mol Adenosintriphosphat (ATP) aus Adenosindiphosphat (ADP) und anorgan. Phosphat verwendet werden.

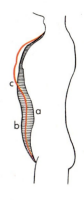

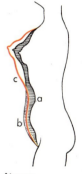

Atmung.
Oben: Bauchatmung ◆
Unten: Brustatmung:
a angestrengte Ausatmung; **b** gewöhnliche Einatmung;
c angestrengte Einatmung

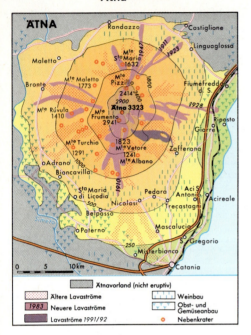

ÄTNA

Randazzo · Castiglione

Maletto · Linguaglossa

M^te Sta Maria 1632 · 1911 · 1923

Bronte · M^te Maletto 1773 · M^te Pizzillo · Fiumefreddo d.S.

2414 · 2900 · 1928

M^te Rúvula 1410 · M^te Frumento 2941 · Ätna 3323 · Riposto · Giarre

M^te Turchio 1291 · 1823 · M^te Vetore 1241 · Zafferana · M^te Albano

Adrano · Biancavilla · 1910

Sta María di Licodia · Pedara · Aci S. Antonio · Acireale

Nicolosi · Trecastagni

Belpasso · Mascalucia

Paternò · S. Gregorio

Misterbianco · Catania

Simeto

0 · 5 · 10 km

Ätnavorland (nicht eruptiv)	
Ältere Lavaströme	Weinbau
1983 Neuere Lavaströme	Obst- und Gemüseanbau
Lavaströme 1991/92	Nebenkrater

Ätna.
Der größte Vulkan
Europas (3369 m ü. M.)
an der Ostküste Siziliens

Ätna, mit 3323 m höchster Vulkan Europas, in NO-Sizilien, mit zahlr. kleinen Nebenvulkanen und häufigen Ausbrüchen. Observatorium.

Ätolien, Landschaft im westl. M-Griechenland. Gelangte erst durch den Ätol. Bund zu polit. Bedeutung; 189 v. Chr. von den Römern unterworfen; gehörte dann zum Byzantin. Reich; Mitte des 15. Jh. zum Osman. Reich.

Ätolischer Bund, polit. Zusammenschluß der Einwohner Ätoliens, ab 367 v. Chr. nachweisbar; entwickelte sich erst in der Diadochenzeit zu einem wichtigen Faktor in der griech. Geschichte; in ständigem Ggs. zum Achäischen Bund sowie zu Makedonien; 189 zur Anerkennung der röm. Oberhoheit gezwungen.

Atoll [Malayalam-engl.], aus Riffkranz und Lagune bestehende Koralleninsel.

Atom [griech.], kleinste, mit chem. Mitteln nicht weiter zerlegbare Einheit eines chem. Elements, die auf Grund ihrer Struktur – ein fast die gesamte Masse des A. enthaltender, positiv geladener *A.kern* ist von einer aus Elektronen bestehenden *A.hülle* umgeben – für die physikal. und chem. Eigenschaften des betreffenden Elements verantwortlich ist. Alle Atome eines chem. Elements haben dieselben chem. Eigenschaften, wobei urspr. diese Eigenschaften zusammen mit der relativen Atommasse die Einordnung in das Periodensystem der chem. Elemente festlegten. Es gibt also ebensoviele verschiedene *A.arten,* wie es chem. Elemente gibt. Die Zugehörigkeit eines A. zu einem bestimmten chem. Element wird durch die Anzahl seiner Elektronen in der A.hülle bzw. durch die gleich große Zahl der Protonen im Kern, die *Protonen-* oder *Kernladungszahl,* bestimmt. Diese Zahl ist zugleich die *Ordnungszahl* des Elements. Durch Zusammenschluß von A. entstehen die Moleküle, die kleinsten Einheiten einer chem. Verbindung. Fast zu jeder A.art gehören mehrere Sorten von A. unterschiedl. Masse. Diese *A.sorten* bilden die *Isotope* des betreffenden Elements; die A.kerne dieser Isotope haben übereinstimmende Protonenzahl, aber unterschiedl. viele Neutronen *(Neutronenzahl).* Die Summe aus Protonen- und Neutronenzahl ergibt die *Massenzahl,* wobei mit steigender Ordnungszahl die Neutronenzahl mehr und mehr überwiegt (bei Uran U 238 sind es 146 Neutronen gegenüber 92 Protonen). In einem Grammatom (bzw. Mol) sind bei allen Elementen $N_A = 6,022045 \cdot 10^{23}$ A. enthalten *(Avogadro-Zahl).* Die Masse eines A. *(absolute Atommasse)* beträgt beim leichtesten Isotop (^{1}H) des Wasserstoffs $1,67343 \cdot 10^{-24}$ g, alle übrigen A.massen erhält man durch Multiplikation der jeweiligen relativen Atommasse bzw. der Isotopenmasse mit der vereinheitlichten atomaren Masseneinheit $u = 1,6605655 \cdot 10^{-24}$ g. Der Kerndurchmesser liegt in der Größenordnung von 10^{-14} m ($= 0,00001$ nm), derjenige des gesamten A. zw. $0,08$ und $0,3$ nm (Im Vergleich hierzu: Die Wellenlänge des sichtbaren Lichts liegt zw. 400 und 800 nm).

energie und den Schutz gegen ihre Gefahren« vom 23. 12. 1959 für die BR Deutschland (i. d. F. vom 15. 7. 1985); enthält Vorschriften im Hinblick auf die bes. Gefahren, die von Kernbrennstoffen (spaltbarem Material) ausgehen können. Einfuhr, Ausfuhr, Beförderung, Verwahrung, Besitz und Bearbeitung von Kernbrennstoffen, Errichtung von Anlagen zur Erzeugung oder zur Spaltung von Kernbrennstoffen und zur Beseitigung radioaktiver Abfälle sind genehmigungspflichtig gemäß den Bestimmungen der Atomrechtl. Verfahrensordnung vom 31. 3. 1982.

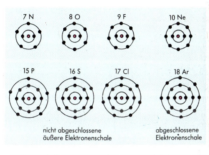 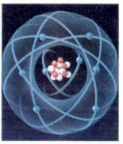

Atommodell. Links: Bohrsches Atommodell des aus einem Proton (p) und einem Elektron (e) bestehenden Wasserstoffatoms, Abstände der Quantenbahnen des Grundzustandes ($n = 1$) und der angeregten Zustände ($n = 2, 3, ...$) vom Kern nicht maßstabgerecht ◆ Rechts: Elektronenübergänge (Quantensprünge) durch Energiezufuhr oder -abgabe bei Absorption oder Emission von Licht definierter Frequenz (hier Linien der Balmer-Serie des Wasserstoffspektrums)

atomar [griech.], 1) *allg.:* die Atome und Elementarteilchen bzw. die Mikrophysik betreffend.
2) *Politik:* die Kernwaffen (Atomwaffen) oder Kernenergieanlagen betreffend.
atomares Patt, Begriff, mit dem seit Ende der 1950er Jahre das nukleare Rüstungsgleichgewicht der USA und der UdSSR gekennzeichnet wurde.
Atombindung ↑chemische Bindung.
Atombombe ↑ABC-Waffen.
Atomenergie, häufig verwendete Bez. für die aus den Atomkernen durch Kernreaktionen – bes. in Kernreaktoren – gewonnene Energie (↑Kernenergie, ↑Kernreaktor).
Atomgesetz, Kurz-Bez. für das »Gesetz über die friedl. Verwendung der Kern-

Atomgewicht, veraltet für ↑Atommasse.
atomisieren [griech.], 1) in Atome auflösen, völlig zerkleinern; vernichten.
2) einen Flüssigkeitsstrom in sehr kleine Tröpfchen zerstäuben.
Atomismus (Atomistik) [griech.], naturphilosoph. Richtung, die behauptet, die Materie sei aus kleinsten, unveränderl., unteilbaren Teilchen, den Atomen, zusammengesetzt und das Naturgeschehen müsse aus den Eigenschaften der Atome bzw. deren Bewegung erklärt werden. Der A. wurde in der Philosophiegeschichte seit Leukipp immer wieder und in unterschiedl. Weise aufgegriffen. Seine überragende Bedeutung gewann er jedoch in der modernen

Atomkraftwerk

Naturwissenschaft, die ihn in der kinet. Gastheorie, in der Chemie und schließlich in der Elektrizitätslehre zur Erklärung beobachteter Phänomene heranzieht. Damit kündigt sich auch das Ende des A. im klass. Sinne an: Nun sind die Bausteine der seit dem Ende des 19. Jh. als teilbar erkannten »Atome« Gegenstand der modernen Forschung.

Atomkraftwerk ↑Kraftwerke, ↑Kernreaktor.

Atommasse, 1) (absolute Atommasse) die Masse eines einzelnen Atoms. Internat. Einheit der Masse für die Angabe von Teilchenmassen ist die *atomare Masseneinheit,* der 12. Teil der Masse des Kohlenstoffnuklids ^{12}C, Einheitenzeichen u;
2) (relative Atommasse) die Verhältniszahl, die angibt, wievielmal die Masse eines bestimmten Atoms größer ist als die eines Standard- oder Bezugsatoms (^{12}C mit der relativen A. 12,0000).

Atommodell, in Anlehnung an experimentelle Befunde entwickeltes Bild (Schema) vom Atom und seinem Aufbau, mit dem sich das Verhalten und die Eigenschaften der Atome zumindest näherungsweise beschreiben und physikal. deuten lassen. – Das *Rutherford-A.* stellt das Atom als kugelförmiges Gebilde dar, das aus einem Kern und einer Hülle besteht. Im Kern konzentriert sich die gesamte positive Ladung und nahezu die gesamte Masse des Atoms. Um den Kern bewegen sich fast masselose, negativ geladene Elektronen in Abständen von maximal 10^{-10} m. In ihrer Gesamtheit bilden die Elektronen die *Atomhülle.* Auf die Energiezustände der Hüllenelektronen geht erstmals das *Bohr-A.* ein. N. Bohr nahm an, daß sich die Elektronen nur auf ganz bestimmten, durch eine Quantenbedingung ausgezeichneten Kreisbahnen, den sog. *stationären* oder *erlaubten Bahnen* oder *Quantenbahnen,* ohne Energieverlust bewegen können. Der Übergang von einer Quantenbahn auf eine andere, der sog. *Elektronen-* oder *Quantensprung,* erfolgt dabei immer unter Absorption oder Emission eines Energie- oder Strahlungsquants. Dieses Modell erklärt u. a. das Linienspektrum des Wasserstoffs. Im *Bohr-Sommerfeld-A.* werden zusätzl. Ellipsenbahnen der Elektronen zugelassen. Der Energiezustand der Elektronen in der Hülle wird durch insgesamt *vier* Quantenzahlen beschrieben *(Haupt-, Neben-, Magnet- und Spinquantenzahl).* Dieses Modell erklärt Gesetzmäßigkeiten der Röntgenspektren und ermöglicht die Deutung der Systematik des Periodensystems der chem. Elemente, die Bohr 1921 vornahm. Er faßte dazu alle Energiestufen eines Elektrons mit der gleichen Hauptquantenzahl zu Elektronenschalen (Hauptschalen) zusammen. Die Nebenquantenzahl unterteilt eine Hauptschale in Unterschalen, charakterisiert also die Elektronenzustände innerhalb einer Hauptschale. In diesem *Schalenmodell* besetzen die Elektronen einzeln die verschiedenen Energiezustände in der durch eine Zunahme der Energiewerte gegebenen Reihenfolge. Auch das Bohr-Sommerfeld-A. hat Schwächen, v. a. die Quantenbedingungen und die Quantensprünge stehen mit den Grundvorstellungen der klass. Physik im Widerspruch. Die logische Konsequenz ist, die physikalisch nicht meßbaren Größen Elektronenbahn, Elektronenort und Bahngeschwindigkeit aufzugeben. Eine in dieser Hinsicht grundlegende Erkenntnis ist in der von W. Heisenberg 1927 aufgestellten *Unschärfebeziehung* enthalten, nach der es unmöglich ist, Ort und Impuls eines Elektrons gleichzeitig genau anzugeben. Die auf dieser Unschärfebeziehung basierende *Quantenmechanik* ermöglicht es, die Verhältnisse in der Elektronenhülle im Prinzip exakt zu berechnen. Die *quantenmechanische A.* werden mit den Methoden der *Wellenmechanik* berechnet. Im *wellenmechanischen A. (Schrödinger-A.)* wird davon ausgegangen, daß einem Elektron eine Materiewelle zugeordnet ist. Im Feld eines Atomkerns sind für solche stehenden Elektronenwellen nur ganz bestimmte Schwingungszustände möglich, die bestimmten Energiestufen entsprechen. Folglich kann ein Elektron je nach Energie verschiedene geometr. Formen annehmen. Das Verhalten der dreidimensionalen stehenden Elektronenwellen kann durch eine von E. Schrödinger 1926 aufgestellte Gleichung *(Schrödinger-Gleichung)* beschrieben werden. Diese Differentialgleichung verbindet eine abstrakte Funktion ψ, die sogenannte *Wellenfunktion* des Elektrons, mit seiner Energie und den Raumkoordinaten. Mit der Schrödinger-Gleichung können über bestimmte Eigenschaften des Elektrons Wahrscheinlichkeitsaussagen gemacht werden. Nach dem Schrödinger-Modell umschließt im Wasserstoffatom das Elektron den Kern als kugelförmiges Gebilde. Diese Elektronenkugel ist nicht scharf begrenzt; sie ähnelt vielmehr einer Wolke, die innen bes. dicht ist und nach außen hin dünner wird, bis schließlich nichts mehr von ihr zu bemerken ist. Man spricht deshalb auch von einer *Elektronenwolke* oder *Ladungswolke*. Genaugenommen ist ein in einer Atomhülle befindl. Elektron nicht selbst als dreidimensionale Welle aufzufassen, an Stelle der stehenden dreidimensionalen Elektronenwellen kommen vielmehr wahrscheinl. Aufenthaltsräume der Elektronen, die sog. *Wahrscheinlichkeitsräume* oder *Orbitale*, in die Modellvorstellung. Diese stimmen in Form und Struktur mit den Elektronenwellen (Ladungswolken) überein. So befindet sich das Elektron des Wasserstoffatoms im Grundzustand in einem kugelförmigen Orbital. Die Orbitale sind ein wichtiges Hilfsmittel bei der anschaul. Darstellung chem. Bindungen. – Abb. S. 253.

Atommüll, umgangssprachl. Bez. für radioaktive Abfälle (↑radioaktiver Abfall).

Atomphysik, die Physik der Atome, Ionen und Moleküle und aller von ihnen verursachten physikal. Erscheinungen. Heute versteht man unter A. im allg. die Physik der Elektronenhülle und der in ihr ablaufenden Vorgänge. Die Physik der Atomkerne bezeichnet man als Kernphysik.

Atomreaktor, svw. ↑Kernreaktor.

Atomspektroskopie, Teilgebiet der Spektroskopie, welches sich mit allen Arten von Emissions- und Absorptionsphänomenen bei Atomen beschäftigt, z. B. Atomabsorptionsspektroskopie, Atomemissionsspektroskopie und Atomfluoreszenzspektroskopie.

Atomteststoppabkommen, am 5. 8. 1963 in Moskau von den USA, Großbrit. und der UdSSR abgeschlossener Vertrag über das Verbot von Kernwaffenversuchen in der Atmosphäre, im Weltraum und unter Wasser. Am 30. 3. 1976 trat ein Vertrag zw. den USA und

der UdSSR in Kraft, in dem sich beide Mächte verpflichteten, unterird. Kernwaffenversuche mit einer Sprengkraft von mehr als 150 kt TNT zu unterlassen.

Atomuhr (Moleküluhr), eine zur Zeit- und Frequenzmessung mit höchster Genauigkeit verwendete Hochfrequenzapparatur, bei der die bekannte Resonanzfrequenz bestimmter Atom- oder Molekülschwingungen als Vergleichsmaß dient, z. B. 9 192 631 770 Hz eines Hyperfeinstrukturübergangs im Cäsiumatom (Cs 133) bei der *Cäsiumuhr* (Ungenauigkeit von ±0,3 s in 10 000 Jahren).

Atomwaffen, svw. Kernwaffen, ↑ABC-Waffen.

Atomwaffensperrvertrag, Kurz-Bez. für den am 1. 7. 1968 in Washington, London und Moskau von den Vertretern der Regierungen der drei über Kernwaffen verfügenden Staaten USA, Großbrit. und UdSSR unterzeichneten »Vertrag über die Nichtverbreitung von Kernwaffen«. Eine große Anzahl weiterer Staaten schloß sich der Unterzeichnung an (auch die BR Deutschland). Der Vertrag trat am 5. 3. 1970 in Kraft. 1995 wurde er unbefristet verlängert.

Aton, im alten Ägypten zunächst die Sonnenscheibe als natürl. Erscheinung, dann von Echnaton als alleiniger, monotheistisch zu verehrender Gott verkündigt.

Aton

atonale Musik, seit dem beginnenden 20. Jh. Musik, die nicht mehr auf dem Prinzip der ↑Tonalität beruht; erstmals vollgültig ausgeprägt in den fünf George-Liedern op. 3 (1907/08) von A. Webern und in den drei Klavierstücken op. 11 (1909) von A. Schönberg. Anfang der 1920er Jahre verfestigte sich die sog. freie Atonalität zur Methode der ↑Zwölftontechnik.

Atonie [griech.], Abschwächung bzw. Aufhebung der Dauerspannung (Tonus), die normalerweise im (menschl. und tier.) Gewebe, v. a. in Muskulatur und muskulösen Hohlorganen (Blutgefäße, Magen, Gallenblase, Gebärmutter), besteht.

à tout prix [frz. atu'pri], um jeden Preis.

ATP, Abk. für **A**denosin**t**ri**p**hosphat (↑Adenosinphosphate).

Atreus, Gestalt der griech. Mythologie; Bruder des Thyestes; Gemahl der Ae-

Atriden

Richard Attenborough

rope; König von Mykene. Als Thyestes Aerope verführt, wird er von A. vertrieben, Aerope ins Meer gestürzt. A. wird von Thyestes' Sohn Ägisthus erschlagen.

Atriden, in der griech. Mythologie Agamemnon und Menelaos, die Söhne des ↑Atreus.

Atrium [lat.], 1) im röm. Haus in der Mitte nach oben offene Halle (Innenhof); die Dachöffnung ist von Säulen gestützt, im Fußboden befindet sich ein eingelassenes Bassin (zum Auffangen des Regenwassers).
2) Vorhof eines röm. Heiligtums, dann der altchristl. Basilika. Das moderne *Atriumhaus* ist ein eingeschossiger Haustyp mit Wohnhof.

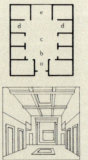

Atrium 1).
Oben: Grundriß eines altrömischen Hauses; **a** Fauces (Eingang), **b** Atrium, **c** Impluvium (Regenwassersammelbecken), **d** Alae (Seitenräume), **e** Tablinum (Empfangs- und Wohnraum) ◆ Unten: Schematische Darstellung einer Ansicht dieses Atriums

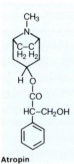

Atropin

Atrophie [griech.], Rückbildung eines Organs oder Gewebes; z. B. starke Abmagerung infolge chron. Ernährungsstörungen und anderer zehrender Krankheiten; örtl. Schwund von Organen, Geweben, Zellen, wobei Gewebsstrukturen und Organaufbau erhalten bleiben.

Atropin [griech.], giftiges Alkaloid, das v. a. in Nachtschattengewächsen (Tollkirsche, Bilsenkraut, Stechapfel) auftritt; wird in der Pharmakotherapie eingesetzt.

Atropinvergiftung, Vergiftung mit atropinhaltigen Arzneimitteln oder mit Tollkirschen (3–15 Beeren der Tollkirsche wirken tödlich), die Atropin und Scopolamin enthalten.

ATS [engl. eiti:'es; Abk. für engl. **applications technology satellite** »Satellit für angewandte Technologie«], Bezeichnung für eine Serie von geostationären Forschungssatelliten der USA (seit 1966). Aufgaben: Übertragung von Hörfunk- und Fernsehsendungen wissenschaftliche Experimente, Relaissender und Navigationshilfe für Flugzeuge und Schiffe.

Attaché [ata'ʃeː; frz.], Rang-Bez. für die Eingangsstufe im diplomat. Dienst bzw. für Diplomaten, den Auslandsvertretungen für bes. Fachaufgaben zugewiesen sind (Militär-, Handels-, Kultur-, Presseattaché).

Attahöhle ↑Höhlen (Übersicht).

Attenborough, Sir (seit 1976) Richard [engl. 'ætnbrə], *Cambridge 29. 8. 1923, brit. Filmregisseur. Drehte u. a. »Gandhi« (1982), »A Chorus Line« (1985), »Schrei nach Freiheit« (1988), »Chaplin« (1993).

Attendorn, Stadt im südl. Sauerland, NRW, 22900 E. Metallverarbeitende Ind.; nahebei die Attahöhle. Pfarrkirche (14. Jh.), Altes Rathaus (14. Jh.; heute Heimatmuseum) mit Staffelgiebeln und Arkadenhalle.

Attentat [lat.-frz.], Anschlag auf das Leben polit. Gegner oder anderer Personen des öffentl. Lebens.

Atterberg, Kurt Magnus [schwed. ˌatərbærj], *Göteborg 12. 12. 1887, † Stockholm 15. 2. 1974, schwed. Komponist. Schuf spätromant. Opern, Sinfonien, Kammermusik.

Atterbom, Per Daniel Amadeus [schwed. ˌatərbum], *Åsbo (Östergötland) 19. 1. 1790, † Stockholm 21. 7. 1855, schwed. Dichter. Hauptvertreter der schwed. Romantik (»Die Insel der Glückseligkeit«, Dr., 1824–27); auch naturphilos. Lyrik.

Attergau, Landschaft in Oberösterreich, im südl. Hausruckviertel.

Attersee (Kammersee), mit 45,9 km² größter See des Salzkammerguts, erstreckt sich von den Kalkalpen bis ins Alpenvorland, bis 171 m tief.

Attest [lat.], Gutachten, Zeugnis; schriftl. ärztl. Bescheinigung; **attestieren,** bescheinigen.

Attich ↑Holunder.

Attika, Halbinsel des östl. M-Griechenland, zw. Saron. Golf im W und Petal. Golf im O; ein Hügelland mit kahlen

Gebirgsstöcken und fruchtbaren Ebenen. – Seit Entstehung der ganz A. umfassenden athen. Herrschaft (10.–8. Jh.) ältestes kulturell geschlossenes Gebiet des griech. Festlands.

Attika [griech.], halbhoher Aufsatz über dem Hauptgesims eines Bauwerks; in der Renaissance oft zur Verdeckung des Daches. Die barocke Baukunst schuf ein eigenes *Attikageschoß*.

Attila, † 453 (ermordet?), König der Hunnen (seit 434). Zwang Ostrom durch Raubzüge zur Erhöhung der Tributleistungen; verwüstete nach antihunn. Politik Westroms ab 450 den N Galliens, wurde aber 451 von Aetius auf den Katalaun. Feldern geschlagen; von Papst Leo I. 452 vor Rom zur Umkehr aus Italien bewogen; lebte in Sagen und Liedern (Atli, Etzel) fort.

attisch [griech.], 1) auf die griech. Landschaft Attika, bes. auf Athen bezüglich.
2) fein, elegant, witzig.

Attischer Seebund, die Vereinigung der Insel- und Küstenstädte des Ägäischen Meeres durch Athen im 5. und 4. Jh. v. Chr. Der *1. A. S. (Delisch-Attischer Seebund)* wurde 477 v. Chr. gegr., urspr. zur Vertreibung der Perser aus der Ägäis; entwickelte sich nach 449 zum Machtinstrument athen. Politik, bestand bis zum Ende des Peloponnes. Krieges (404 v. Chr.). Der *2. A. S.* (378–354) sollte v. a. ein Gegengewicht gegen spartan. Vormachtbestrebungen sein.

Attitüde [lat.-frz.], Pose, gekünstelte körperl. Haltung oder Geste, die eine innere Haltung oder Einstellung zum Ausdruck bringt; [innere] Haltung oder Einstellung.

Atto... [skand.] ↑Vorsatzzeichen.

Attorney [engl. ɔ'tɔːnɪ], im *engl. Recht* allg. der Vertreter, Bevollmächtigte, Beauftragte in geschäftl. Dingen, im *Recht der USA* der Rechtsanwalt.

Attrappe [frz.], [täuschend ähnl.] Nachbildung eines Gegenstandes.

Attrappenversuch, Methode der Verhaltensforschung, wobei Tieren anstelle von bestimmten Objekten (Geschlechtspartner, Feinde) künstl., oft stark vereinfachte Attrappen geboten werden zur Feststellung, welcher Reiz eine bestimmte Verhaltensreaktion auslöst.

Attribut [lat.], 1) *Sprachwissenschaft:* Beifügung, einem Substantiv, Adjektiv oder Adverb beigefügte nähere Bestimmung.
2) *bildende Kunst:* eine kennzeichnende Beigabe; entnommen meist der Mythologie (z. B. Eule der Athena) oder der Legende (Heiligenattribute).

Atum, ägypt. Urgott und Weltschöpfer; später meist als Erscheinungsform des Sonnengottes Re angesehen.

Atwood, Margaret Eleanor [engl. 'ætwʊd], *Ottawa 18. 11. 1939, kanad. Schriftstellerin. Schreibt v. a. Romane (»Die eßbare Frau«, 1969; »Der Report der Magd«, 1985, verfilmt 1990 u. d. T. »Die Geschichte der Dienerin« von V. Schlöndorff; »Katzenauge«, 1989) und Kurzgeschichten (»Unter Glas«, 1977).

Ätzen [zu ahd. ezzen »verzehren lassen«], Verfahren, um mit Hilfe chem. Lösungsvorgänge (Anlösen) Oberflächen von Körpern partiell und gezielt zu entfernen. Anwendungen: Aufklärung kristalliner Strukturen in Kristallographie und Metallkunde; Herstellung von Druckplatten und -walzen in der Reproduktionstechnik; Erzielen von Mustern auf Glasoberflächen; Entfernung unerwünschter Hautbestandteile (Warzen oder Pickel); auch in der Mikroelektronik bzw. Halbleitertechnologie angewendet.

Ätzmittel (Kaustika), chem. Stoffe (Säuren, Alkalien, Schwermetallsalze), die wegen ihrer ätzenden Wirkung als Mittel zur Zerstörung krankhaften Gewebes angewandt werden.

Ätznatron, svw. ↑Natriumhydroxid.

Atzung, Nahrung, Speise; Speisung; in der *Jägersprache* Futter oder Köder für Raubvögel.

Au, chem. Symbol für ↑Gold (lat. **au**rum).

AU, Abk. für ↑**A**bgas**u**ntersuchung.

Aub, Max [span. aup], *Paris 2. 6. 1903, † Mexiko 23. 7. 1972, span. Schriftsteller dt.-frz. Abkunft. Schrieb u. a. die Romantrilogie über den Span. Bürgerkrieg »El laberinto mágico« (1943–51, dt. Teilausgabe 1962 u. d. T. »Die bitteren Träume«).

Aubade [frz. o'bad] (Aube), in der Trouvèrelyrik Bez. für das ↑Tagelied.

Auber, Daniel François Esprit [frz. o'bɛːr], *Caen 29. 1. 1782, † Paris 12. oder 13. 5. 1871, frz. Komponist. Schuf

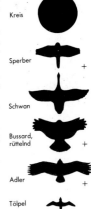

Kreis

Sperber

Schwan

Bussard, rüttelnd

Adler

Tölpel

Falke im Angriff

Falke im Gleitflug

Bussard in großer Höhe

Ente

Bussard, rüttelnd in großer Höhe

Attrappenversuche. Attrappen, mit denen Konrad Lorenz und Nikolaas Tinbergen verschiedene Vogelarten auf ihr Verhalten gegenüber fliegenden Raubvögeln prüften, wobei die angekreuzten Nachbildungen Fluchtreaktionen auslösten

Aubergine

Daniel François
Esprit Auber

Aubergine

Wystan Hugh Auden

mehr als 40 Opern, u. a. »Die Stumme von Portici« (1828), »Fra Diavolo« (1830), »Manon Lescaut« (1856).

Aubergine [oberˈʒiːnə; arab.-frz.] (Eierfrucht), dunkelviolette bis weißl., ei- bis gurkenf., etwa 10–30 cm lange, bis 1 kg schwere Frucht eines in Indien heim. Nachtschattengewächses; als Gemüse gedünstet, gebraten oder gekocht.

Aubigné, Théodore Agrippa d' [frz. obiˈɲe], *Saint-Maury bei Pons 8. 2. 1552, † Château du Crest (Gemeinde Jussy bei Genf) 29. 4. 1630, frz. Schriftsteller. Kalvinist; bed. v. a. sein religiös-polit. satir. Epos »Les tragiques« (1616).

Aubusson [frz. obyˈsõ], frz. Stadt in der Marche, Dép. Creuse, 6 200 E. Histor. Zentrum der frz. Bildteppichkunst. Teppichwirkereien. – Urkundlich im 10. Jh. belegt.

a. u. c., Abk. für ab urbe condita (↑Zeitrechnung).

Auckland [engl. ˈɔːklənd], Stadt auf einer Landenge der Nordinsel von Neuseeland; 865 000 E (städt. Agglomeration). Museum für Transport und Technologie, Melanes. Missionsmuseum. Bed. Ind.-Zentrum und größter Hafen des Landes; internat. ✈. – Gegr. 1840 als erste von Europäern errichtete Siedlung in Neuseeland; Hauptstadt bis 1865.

Auden, Wystan Hugh [engl. ɔːdn], *York 21. 2. 1907, † Wien 28. 9. 1973, engl. Dichter. Ab 1935 ∞ mit Erika Mann; ab 1946 amerikan. Staatsbürger. In den 1930er Jahren Wortführer einer linksintellektuellen Dichtergruppe; schrieb v. a. Lyrik und philosoph. Dichtungen (dt. »Das Zeitalter der Angst«, 1947); auch Opernlibretti, u. a. für H. W. Henze.

Audi AG, dt. Automobilunternehmen, Sitz Neckarsulm; seit 1964 100 %ige Tochtergesellschaft der Volkswagenwerk AG.

audiatur et altera pars [lat. »gehört werde auch der andere Teil«], Grundsatz des röm. Zivilprozeßrechts, nach dem auch der Prozeßgegner zu hören ist.

Audiberti, Jacques [frz. odiberˈti], *Antibes 25. 3. 1899, † Paris 10. 7. 1965, frz. Schriftsteller. Begann mit symbolist. Lyrik, schrieb dann Romane, nach 1945 v. a. surrealist. und burleske Dramen (»Der Lauf des Bösen«, 1947; »Quoat-Quoat«, 1948; »Der Glapioneffekt«, 1959).

Audienz. [lat.], feierl. Empfang bei kirchl. oder polit. Würdenträgern.

Audimeter [lat./griech.], Registriergerät an Hörfunk- und Fernsehempfängern zur Ermittlung der Einschaltquote.

Audiometer [lat./griech.] (Akumeter, Hörschwellenmeßgerät), elektroakust. Gerät zur Prüfung des Gehörs; enthält einen Tonfrequenzgenerator für Töne zw. 20 Hz und 20 kHz. Verschiedene Prüftöne werden zunächst ganz leise eingestellt, dann verstärkt, bis sie der Prüfling wahrnimmt. Die hierdurch ermittelten Schwellenwerte werden nach Tonhöhe (Frequenz) und Lautstärke in ein Diagramm eingetragen und ergeben das sog. *Audiogramm* (Hörschwellenkurve).

audiovisuelle Medien [lat.], zusammenfassende Bez. für Informationsträger und opt.-auditive Kommunikationssysteme wie Schallplatte, Tonband, Diapositiv, Film, Bildplatte, Mikro-

Aubussonteppiche. Fragment eines gewirkten Bildteppichs (17. Jh.; Paris, Musée des Arts Décoratifs)

fiche, Videokassette bes. für den Einsatz im Lehr- und Lernbereich.

Auditorium [lat.], zuhörende Versammlung, Zuhörerschaft; Raum einer Versammlung, Hörsaal. *Auditorium maximum,* der größte Hörsaal einer Universität.

Audubon, John James [engl. 'ɔ:dəbɔn], *Les Cayes (Haiti) 26. 4. 1785, † New York 27. 1. 1851, amerikanischer ornitholog. Zeichner. Erforschte v. a. die Vogelwelt Nordamerikas; stellte die Vögel kunstvoll auf farbigen Kupferstichen dar.

Auenwald (Auwald), Pflanzengesellschaft (Weiden, Pappeln, Grauerlen, Eichen, Ulmen, Stieleichen) im Bereich der Uferregion von Gewässern (v. a. Flüssen), die sich an den Schilfgürtel anschließt.

Auerbach, Berthold, eigtl. Moses Baruch, *Nordstetten bei Horb am Neckar 28. 2. 1812, † Cannes 8. 2. 1882, dt. Erzähler. Trat für liberale Ideen und die Emanzipation der Juden ein; schrieb die »Schwarzwälder Dorfgeschichten« (1843–54) und den Roman »Barfüßele« (1856).

Auerbachs Keller, alter Weinkeller in der Grimmaischen Straße in Leipzig. Der Sage nach soll Faust dort 1525 auf einem gefüllten Faß die Treppe hinaufgeritten sein.

Auerhuhn †Rauhfußhühner.

Auerochse †Rinder.

Auersperg, Krainer Adelsgeschlecht, 1220 erstmals erwähnt; bed: **1)** Adolf Fürst, Herzog von Gottschee, *21. 7. 1821, † Schloß Goldegg (Niederösterreich) 5. 1. 1885, österr. Politiker. 1871–79 österr. Min.-Präs.; führte eine liberale Wahlreform durch (direkte Wahl des Reichsrats).
2) Anton Alexander Graf von, österr. Dichter, †Grün, Anastasius.

Auerstedt, Gem. in Thüringen, 613 E. Bekannt durch die Doppelschlacht von †Jena und Auerstedt (1806).

Auer von Welsbach, Carl Frhr. von (seit 1901), *Wien 1. 9. 1858, † Schloß Welsbach bei Mölbling (Kärnten) 4. 8. 1929, österr. Chemiker. Entdeckte mehrere Elemente: 1885 Neodym, Praseodym, 1905–1907 Ytterbium und Lutetium; entwickelte das Gasglühlicht (Auerlicht) und die erste Metallglühfadenlampe (Osmiumlampe).

auf Abruf, Handelsklausel, die besagt, daß der Käufer bestimmte Teilmengen einer Gütermenge abrufen kann.

Aufbereitung, mechan. oder chem. Behandlung von Rohstoffen zur Abscheidung unerwünschter Bestandteile; wichtigste Verfahren: *Magnet[ab]scheidung:* Trennung von Mineralgemischen nach den unterschiedl. magnetischen Eigenschaften. *Flotation (Schwimmaufbereitung):* Mineralteilchen aus zerkleinertem Erz werden von feinsten Luftblasen emporgetragen und als Schaum entfernt. *Schwertrübeverfahren (Sink-Schwimm-Verfahren):* Trennung auf Grund verschiedener spezif. Gewichte des aufzubereitenden Erzgemisches. *Hydrozyklon:* Materialtrennung durch Fliehkraftwirkung. Die A. der Uranerze ist in der Kerntechnik ein Teil des †Brennstoffkreislaufs.

Aufbewahrungspflicht, im Steuer- und Handelsrecht die Pflicht des Kaufmanns, Handelsbücher, Inventare, Bilanzen zehn Jahre, empfangene Handelsbriefe und Belege für Buchungen sechs Jahre aufzubewahren.

Aufenthaltsbewilligung, in der Schweiz das für Ausländer von kantonalen Behörden erteilte Recht, länger als drei Monate auf Schweizer Boden zu verweilen.

Aufenthaltsgenehmigung, die nach dem Ausländergesetz vom 9. 7. 1990 erforderl. behördl. Genehmigung für Ausländer zum Aufenthalt in der BR Deutschland. Die A. wird erteilt, soweit keine Versagungsgründe vorliegen, als *Aufenthaltserlaubnis* (Aufenthalt wird ohne Bindung an einen Aufenthaltszweck erlaubt), als *Aufenthaltsberechtigung* (räumlich und zeitlich unbeschränkt, kann mit Auflagen und Bedingungen verbunden werden), *Aufenthaltsbewilligung* (für vorübergehenden Aufenthalt für längstens zwei Jahre) oder *Aufenthaltsbefugnis* (wenn aus völkerrechtl. oder dringenden humanitären Gründen oder zur Wahrung von polit. Interessen der Aufenthalt erlaubt werden soll und die Erteilung einer Aufenthaltserlaubnis ausgeschlossen ist oder Versagungsgründe vorliegen). Die Staatsangehörigen von EU-Staaten, die nach Europarecht Freizügigkeit genießen, erhalten die besondere Aufenthaltserlaubnis-EU.

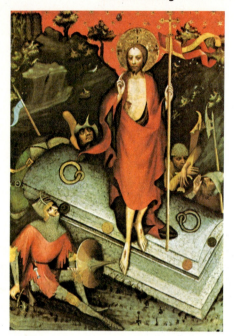

Auferstehung. Meister von Wittingau. Auferstehung Christi, Tafel des Altars der Augustinerklosterkirche Sankt Ägidius in Wittingau (Trebon) (um 1380; Prag, Nationalgalerie)

rung an unbekannte Beteiligte, Rechte oder Ansprüche innerhalb bestimmter Frist zur Vermeidung von Rechtsnachteilen anzumelden (z. B. bei Nachlässen).

2) im *kath. Kirchenrecht* die öffentl. Bekanntmachung einer beabsichtigten Eheschließung oder Weiheerteilung. Die *ev. Kirchen* behielten das Ehe-A. als Aufruf zur Fürbitte für die Verlobten bei.

3) *Militärwesen:* die Heranziehung der Wehrfähigen. In der *Schweiz* allg. der Befehl, zur Erfüllung der militär. Dienstpflicht einzurücken.

Aufgeld, svw. ↑Agio.

Aufgußtierchen, svw. ↑Infusorien.

Aufklärung, 1) Epochen-Bez. für die im wesentlichen vom Bürgertum getragene Emanzipationsbewegung, die die europ. Gesellschaften zw. dem Ende des 17. und dem Ende des 18. Jh. von den Autoritätsansprüchen der Kirchen, der absoluten Monarchie und der Scholastik zu befreien suchte.

Auferstehung, in der Religionsgeschichte die Vorstellung, daß am Weltende (↑Eschatologie) alle verstorbenen Menschen mit Leib und Seele zu neuem, nicht mehr endendem Leben auferstehen. Im Christentum ist diese Vorstellung als *A. des Fleisches* Bestandteil des Glaubensbekenntnisses. Sie hat in der A. Christi bereits begonnen.

Aufforstung, die Anlage von Waldbeständen auf unbewaldeten Flächen.

Aufführungsrecht, das ausschließl. Recht des Urhebers, ein Werk der Musik durch persönl. Darbietung (auch durch Bildschirm, Lautsprecher u. ä.) öffentlich zu Gehör zu bringen oder ein Werk öffentlich bühnenmäßig darzustellen. Das A. ist vererblich; es erlischt 70 Jahre nach dem Tode des Urhebers.

Aufgalopp, Galopp der am Rennen teilnehmenden Pferde zum Startplatz.

Aufgebot, 1) im *Eheschließungsrecht* durch öffentl. Aushang des Standesbeamten erfolgender Hinweis auf eine beabsichtigte Eheschließung. Im *Zivilprozeßrecht* die öffentl. gerichtl. Auffor-

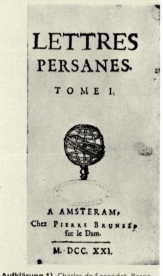

Aufklärung 1). Charles de Secondat, Baron de la Brède et de Montesquieu, Titelblatt zu »Lettres Persanes«, 1721

Grundüberzeugung der A. ist, daß die autonome menschl. Vernunft die einzige und letzte Instanz ist, die über Methoden, Wahrheit und Irrtum jeder Erkenntnis ebenso entscheidet wie über die Normen des eth., polit., sozialen Handelns. Ihr Instrument ist die Kritik; wesentlich war die Forderung nach Freiheit der Meinungsäußerung und Toleranz gegenüber anderen Meinungen. Mit dem Glauben an die Vernunft verband sich der Glaube an den unbegrenzten Fortschritt. Das die A. kennzeichnende starke Interesse an Fragen der Erziehung folgt unmittelbar aus ihrer gesellschaftsverändernden Absicht. Ausgangspunkt der A.bewegung ist die Lösung des Denkens aus den Bindungen der tradierten, auf Offenbarungswahrheiten gegründeten christl. Religion und Theologie und dem durch das Christentum theol.-metaphys. begründeten Weltbild. Die Kritik der A. führt auf fast allen Gebieten der Wiss. zu bed. Neuansätzen. Die *Philosophie* richtet ihr Interesse v. a. auf die Erkenntnistheorie, die hier erstmals zur Erkenntniskritik wird und sich so von der klass. Metaphysik abwendet. Die philosoph. Diskussion ist geprägt von der Auseinandersetzung zw. Empirismus (v. a. in England) und Rationalismus (v. a. in Frankreich), d. h. um den Zusammenhang von Erfahrung und Vernunft. Hauptvertreter des Empirismus sind F. Bacon, T. Hobbes, J. Locke, D. Hume, des Rationalismus R. Descartes, N. Malebranche, P. Bayle, Voltaire und die Enzyklopädisten. In Deutschland gewinnt die A. ihr Profil durch I. Kant, dessen krit. Philosophie nicht nur zum Höhepunkt der Epoche wurde, sondern zu den großen Werken der Philosophiegeschichte überhaupt zählt. – In der *Theologie* beginnt die noch heute weitergeführte Auseinandersetzung zw. Vernunft und Offenbarung. In der *Geschichts-Wiss.* wird die Universalgeschichte zum Programm erhoben, um den durch die menschl. Vernunft bewirkten Fortschritt zu erfassen. *Rechts-Wiss.* und *Rechtsphilosophie* begründen ein modernes Völkerrecht, in dem sie das individuelle Glücksstreben des Menschen zur Grundlage eines harmon. Zusammenlebens der Völker machen. In der *Pädagogik* kommt es zu einer »Re-

volutionierung« des Erziehungswesens mit hohem eth. Anspruch im Sinne einer humanen Erziehung bzw. einer natürl. Entwicklung von Gefühl und Vernunft in einem geordneten Freiheitsraum. Bed. Vertreter der *Literatur* sind u. a. J. Milton, J. Gay, D. Defoe, J. Swift, H. Fielding, L. Sterne (in England), A. R. Lesage, D. Diderot, Voltaire (in Frankreich), C. M. Wieland, J. C. Gottsched und v. a. G. E. Lessing (in Deutschland).
2) (sexuelle A.) ↑Sexualerziehung.
3) *Militärwesen:* Erkundung der militär. Situation v. a. des Feindes; erfolgt v. a. aus der Luft, mit nachrichtentechn. (u. a. elektron.) Mitteln. Satelliten und durch Spähtrupps.
Aufklärungspflicht ↑richterliche Aufklärungspflicht.
Aufladung, 1) *Elektrotechnik:* (elektr. A., elektrostat. A.) Vorhandensein von positiver *oder* negativer Ladung im Überschuß (durch Elektronenabgabe bzw. -aufnahme) als Folge von Reibung bei Isolatoren (Glas, Bernstein) oder elektrisch isolierten Körpern.
2) *Maschinenbau:* (Laden) bei Verbrennungskraftmaschinen das Vorverdichten der Ansaugluft und damit des Kraft-

Auflage

stoff-Luft-Gemischs zum Zweck der Leistungssteigerung. Bei der *mechan. A.* wird ein Verdichter (z. B. Rootsgebläse) von der Kurbelwelle mechan. angetrieben. Bei der *Abgasturbo-A.* treiben die Abgase eine Turbine an, die mit dem Turbolader auf einer Welle sitzt.

Auflage, 1) *Recht:* 1. im *Zivilrecht* die jemandem in Verbindung mit einer Zuwendung auferlegte Verpflichtung zu einem Tun oder Unterlassen, z. B. bei der Schenkung und im Erbrecht; 2. im *öffentl. Recht* Nebenbestimmung zu einem begünstigenden Verwaltungsakt (z. B. bei einer Baugenehmigung); 3. im *Strafverfahrensrecht* kann das Gericht dem Verurteilten A. erteilen (z. B. Zahlung eines Geldbetrages an eine gemeinnützige Einrichtung).
2) *Verlagswesen:* die Gesamtzahl der auf einmal hergestellten Exemplare eines Buches, einer Zeitung oder Zeitschrift.

Auflager, Stützkörper aus Stein, Stahl, Stahlbeton zum Tragen von Bauteilen und zur Aufnahme und Übertragung von Kräften und Momenten in den Unterbau.

Auflassung ↑Eigentumsübertragung.

Auflaufbremse ↑Bremse.

Auflösung, in der *Harmonielehre* die Fortschreitung von einem dissonanten Akkord zu einem konsonanten sowie hauptsächlich von einer Dominante zur Tonika.

Auflösungsvermögen, Maß für die Fähigkeit eines opt. Gerätes oder photograph. Aufnahmematerials, zwei sehr nahe beieinander liegende Gegenstandspunkte noch als deutl. voneinander unterscheidb. Bildpunkte abzubilden.

Auflösungszeichen, in der *musikal. Notation* das Zeichen (♮), mit dem die Geltung von ↑Vorzeichen (Kreuz [♯] oder B [♭]) aufgehoben wird.

Aufrechnung, wechselseitige Tilgung zweier sich gegenüberstehender Forderungen durch Verrechnung; beide Forderungen müssen gegenseitig, gleichartig, gültig und fällig sein.

Aufriß, durch senkrechte Parallelprojektion auf eine vertikale Ebene entstehende Abbildung eines Körpers.

Aufruf (engl. call), in der *Informatik* die Verwendung einer Prozedur (Unterprogramm) oder einer Funktion an einer beliebigen Stelle im Programm. Nach Ausführung der Prozedur wird die Abarbeitung des Programms unmittelbar nach der Aufrufstelle, d. h. mit der Anweisung der Rückkehradresse fortgeführt.

Aufschaukeln, Größerwerden der Amplitude einer Schwingung unter dem Einfluß einer period. Kraft.

aufschiebende Wirkung, im *Recht* die den Eintritt der Rechtskraft einer gerichtl. Entscheidung oder der Unanfechtbarkeit eines Verwaltungsaktes hinauszögernde Wirkung des eingelegten Rechtsbehelfs.

Aufschotterung, Ablagerung von Geröllen durch fließende Gewässer.

Aufschwung, im *Konjunkturverlauf* die Phase, die durch ein relativ kräftiges Produktionswachstum, einen Rückgang der Arbeitslosigkeit und relativ geringe Preissteigerungsraten gekennzeichnet ist.

Aufsicht, im *Recht* Kontrolle über die Verwaltungstätigkeit nachgeordneter Verwaltungseinheiten bzw. bestimmter Gewerbezweige (Bank-A., Versicherungs-A., Gewerbe-A.).

Aufsichtspflicht, im *Zivilrecht* die Pflicht zur Beaufsichtigung Minderjähriger oder wegen ihres geistigen oder körperl. Zustandes bes. Beaufsichtigung Bedürftiger (Betreuungspflicht). Bei Verletzung der A. ist grundsätzlich die Aufsichtsperson (Eltern, Vormund, Lehrer, Ausbilder) ersatzpflichtig.

Aufsichtsrat, gesetzlich vorgeschriebenes Organ der Aktiengesellschaft, der Kommanditgesellschaft auf Aktien und der Genossenschaften. Wichtigste Aufgaben: Bestellung des Vorstandes, Überwachung der Geschäftsführung und Prüfung der Bücher.

Aufstachelung zum Rassenhaß, Herstellung, Verbreitung und Bezug von Schriften, die Gewalt verherrlichen oder zum Rassenhaß aufstacheln; mit Freiheits- oder Geldstrafe bedroht.

Aufstand, gewaltsame Auflehnung mit dem Ziel, eine Änderung der sozialen oder/und polit. Zustände durchzusetzen bzw. eine Regierung zu stürzen.

Aufstieg (sozialer A.) ↑Mobilität.

Aufstockung ↑Kapitalerhöhung.

auftakeln, auf einem Schiff die Takelage (Mast, Segel, Tauwerk) befestigen.

Auftakt, 1) *Musik:* der leichte Taktteil, der in die erste Zählzeit eines Volltakts führt.

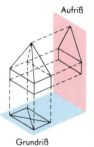

Aufriß

Grundriß

Aufriß

Auftakt 1). Johannes Brahms, 4. Sinfonie e-moll op. 98 (1884/85)

2) *Metrik:* Bez. für eine oder mehrere unbetonte Silben vor der ersten Hebung.

Auftauboden, der Teil des Dauerfrostbodens, der im Sommer auftaut.

Auftrag, 1) *Recht:* nach dem BGB ein Vertrag, durch den der Beauftragte sich verpflichtet, ein ihm von dem Auftraggeber übertragenes Geschäft unentgeltl. für diesen zu besorgen. Aufwendungen, die der Beauftragte für erforderlich halten durfte, sind zu ersetzen.

2) *Informatik:* svw. ↑Job.

Auftragsverwaltung, die Verwaltung von Angelegenheiten *(Auftragsangelegenheiten)* eines Trägers öffentl. Verwaltung durch einen anderen Träger öffentl. Verwaltung im Auftrag des ersteren. Die Länder der BR Deutschland führen gewisse Bundesgesetze im Auftrag des Bundes aus, z. B. die Verwaltung der Bundesautobahnen und Bundesstraßen. A. im Kommunalrecht ist die Verwaltung von bestimmten Angelegenheiten des Landes durch die Gemeinden, z. B. des Standesamtswesens.

Auftrieb, 1) (hydrostat. Auftrieb) ↑Archimedisches Prinzip.

2) (dynam. A.), die Kraft, die auf einen von einer Flüssigkeit *(hydrodynam. A.)* oder einem Gas *(aerodynam. A.)* umströmten Körper senkrecht zur Anströmrichtung einwirkt.

Auftriebswasser, kaltes Tiefenwasser der Ozeane, das an die Oberfläche aufsteigt; Gebiete mit A. zeichnen sich durch häufigen Nebel sowie Plankton- und Fischreichtum aus.

Aufwand (Aufwendungen), die von einem Unternehmen im Verlauf einer Abrechnungsperiode verbrauchten Güter und Dienstleistungen, die in der Gewinn-und-Verlust-Rechnung zur Ermittlung des Periodenergebnisses dem ↑Ertrag gegenübergestellt werden.

Aufwandsentschädigung, (steuerfreie oder beschränkt steuerpflichtige) Vergütung für Aufwendungen, die durch die Berufsausübung veranlaßt sind.

Aufwandsteuern ↑Verbrauchsteuern.

Aufwärtskompatibilität, in der *Informatik* die Eigenschaft von Computersystemen und Betriebssystemen, Programme ausführen zu können, die auf älteren oder kleineren Modellen der gleichen Serie oder mit älteren Versionen entwickelt wurden.

Aufwendungen, im *Steuerrecht* Bez. für außergewöhnl. Belastungen, Betriebsausgaben, Sonderausgaben und Werbungskosten.

Aufwertung, Erhöhung des Außenwertes (Herabsetzung der Parität) einer Währung in einem System fester oder stufenflexibler Wechselkurse.

Aufwind, aufwärts gerichtete Luftströmung; u. a. bei starker Sonneneinstrahlung über erhitztem Gelände, in Gewitterwolken, durch nach oben abgelenkte Luftströmungen (an Berghängen, Hügeln, Dünen) und vor Kaltfronten.

Aufzinsung, Verfahren der Zinseszinsrechnung zur Ermittlung des Zeit- oder Endwertes eines Kapitals K_n aus einem gegebenen Anfangskapital K_0 bei einem Aufzinsungsfaktor $q = 1 + p/100$ (p Zinsfuß) und einer Laufzeit von n Jahren: $K_n = K_0 \cdot q^n$.

Aufzug, 1) im *Drama* svw. Akt.

2) ↑Fördermittel für Personen und Lasten.

Auge, 1) *allg.:* Lichtsinnesorgan bei Tieren und Menschen. Über die ↑Sehfarbstoffe enthaltenden ↑Sehzellen werden den Lichtreize wahrgenommen und somit Informationen über die Umwelt vermittelt (↑Lichtsinn). Flagellaten verfügen über die einfachsten Sehorganellen. Eine Verdickung der Geißelbasis enthält die Sehfarbstoffe, mit denen Licht wahrgenommen werden kann. Der rote *A.fleck (Stigma)* beschattet bei der Drehung des Organismus die Geißelbasis und ermöglicht so ein Richtungssehen. Die einfachsten Sehorgane der Mehrzeller sind einzelne Sehzellen, die einen Sehfarbstoff enthalten (z. B. beim Regenwurm). Einige

Auge

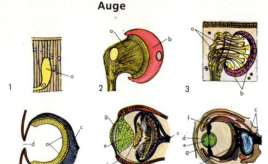

Auge 1). Entwicklung der Lichtsinnesorgane der Tiere (schematische Darstellung); gemeinsame Bezeichnungen: a Sinneszelle; b Pigmentzellen; c Nervenzelle oder Nervenfortsatz der Sinneszelle; d Sehlochpupille; e Linse; f Regenbogenhaut (Iris); g Hornhaut (Cornea); h Punktauge (Ocellus), i Cornealinse; k Kristallkegel. **1** Lichtsinneszelle in der Haut des Regenwurms; **2** Sehzelle mit becherförmiger Pigmentzelle (Pigmentbecher-Ocellus) und **3** mehrzelliger Pigmentbecher-Ocellus (unter der Haut gelegen) eines Strudelwurms (Planarie); **4** Kameraauge eines niederen Tintenfisches (Nautilus); **5** Auge aus dem Mantelrand der Kammuschel (Pecten) mit doppeltem System von Sinneszellen; **6** Auge eines höheren Tintenfisches (Sepia); Bau dem des Wirbeltierauges in vieler Hinsicht ähnlich, Beispiel für konvergente Entwicklung; **7** Kopf einer Biene (Drohne) mit Facettenaugen und Ocellen; **8** Stirnauge (Ocellus) einer Fliege (Helophilus); **9** Bau eines Facettenauges des Insekts (schematische Darstellung, rechts ein Stück herausgeschnitten)

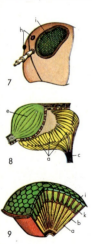

Schnecken besitzen *Gruben-A. (Napfaugen):* In einer grubenförmigen Einsenkung der Haut liegt eine Schicht Sehzellen. Diese Netzhaut ist nach hinten durch Pigment abgeschirmt. Eine Weiterentwicklung stellt das *Loch-A. (Lochkameraauge)* dar, das nach dem Prinzip der Lochkamera arbeitet: Auf der Netzhaut entsteht ein umgekehrtes Bild. Bei manchen Schnecken hat sich der Hohlraum zu einer Blase geschlossen und wird von der Oberhaut bedeckt *(Blasen-A.).* Erst die Weiterentwicklung zum *Linsen-A.* mit regelbarem Lichteinfall ermöglichte scharfes Bildsehen auch bei wenig Licht. Insekten besitzen ↑Facettenaugen. – Hat ein A. mehrere Sehzellen, die sich in ihrer Empfindlichkeit in verschiedenen Wellenlängenbereichen unterscheiden, können Farben wahrgenommen werden (↑Farbensehen). Wenn sich die Sehfelder paarig angelegter A. überschneiden *(binokulares Sehen),* werden verschieden weit entfernte Gegenstände auf verschiedenen Stellen der Netzhaut beider Augen abgebildet. Aus der Lage der erregten Netzhautstellen kann die Entfernung des Gegenstandes durch das Gehirn erfaßt werden *(Entfernungssehen).* – Bewirkt die Bewegung eines Objektes eine raumzeitl. Verschiebung des opt. Musters auf der Netzhaut, so kann diese Verschiebung nach Richtung und Geschwindigkeit ausgewertet werden *(Bewegungssehen).*

Das *menschl. Auge* hat einen Durchmesser von etwa 24 mm. Der kugelige *Augapfel* ist in die *Augenhöhle* eingebettet, die von Stirnbein, Jochbein und Oberkieferknochen gebildet wird. Er umschließt die mit Kammerwasser gefüllte vordere und hintere *Augenkammer* sowie den *Glaskörper.* Der Augapfel wird von der Lederhaut, Aderhaut und Netzhaut ausgekleidet. Die aus derbem Bindegewebe bestehende *Lederhaut* bildet die äußerste Schicht. Sie geht im vorderen Teil des A. in die durchsichtige *Hornhaut* über. Die Hornhaut richtet als Sammellinse die Lichtfülle, die die Augenoberfläche trifft, nach innen und hilft, sie zu ordnen, so daß auf der Netzhaut ein scharfes Bild entstehen kann. Auf die Lederhaut folgt nach innen die gut durchblutete *Aderhaut.* Pigmente in bzw. vor der Aderhaut absorbieren das Licht, das die Netzhaut durchdringt. An die Aderhaut schließt sich nach innen zu die *Netzhaut (Retina)* an, von der die einfallenden Lichtreize aufgenommen und die entsprechenden Erregungen über den Sehnerv zum Gehirn weitergeleitet werden. Die vordere Augenkammer wird hinten durch die ringförmige *Regenbogenhaut (Iris)* begrenzt. Sie gibt dem A. durch eingelagerte Pigmente die charakterist. Färbung und absorbiert außerhalb der Sehöffnung einfallendes Licht. Die Regenbogenhaut liegt der Augenlinse auf und umgrenzt die *Pupille,* die die Sehöffnung darstellt. Hinter Pupille und Regenbogenhaut liegt die *Linse.* Sie ist aus Schichten unterschiedl. Brechkraft aufgebaut und wird von einer durchsichtigen, elast. Membran umschlossen; ihre Wölbung (und damit Brechkraft) kann durch den *Ziliarmuskel* verändert werden; so ist Nah- und Fernsehen *(Akkommodation)* möglich. Hornhaut, Linse, vordere Augenkammer und Glaskörper bilden den *bildentwerfenden (dioptrischen) Apparat* des Auges. Das von diesem entworfene Bild wird von der Netzhaut

aufgenommen und in Nervenimpulse umgewandelt. In der Netzhaut liegen die farbempfindl. *Zapfen* und die hell-dunkelempfindl. *Stäbchen*. Die Stäbchen sind etwa 10 000mal lichtempfindlicher als die Zapfen. Am dichtesten liegen die Zapfen in der *Sehgrube,* die inmitten des sog. *gelben Flecks* liegt. Der gelbe Fleck ist daher als Ort der besten Auflösung (und Farbunterscheidung) die Zone der größten Sehschärfe. In der menschl. Netzhaut liegen etwa 125 Mio. Sehzellen, dabei etwa 20mal mehr Stäbchen als Zapfen. – Die linsenseitig gelegenen Fortsätze der Netzhautganglienzellen vereinigen sich zum *Sehnerv,* der nahe dem Netzhautzentrum die Netzhaut durchdringt und nach hinten aus dem A. austritt. An dieser Stelle, dem sog. *blinden Fleck,* enthält die Netzhaut keine Sehzellen, so daß eine Lichtempfindung fehlt. Die von den beiden Augen wegführenden Nerven laufen ins Gehirn und bilden an der Basis des Zwischenhirns die x-förmige *Sehnervenkreuzung,* in der sich die Nervenfasern teilweise überkreuzen. Dadurch können die verschiedenen Bilder, die von beiden Augen stammen, im Gehirn »übereinanderprojiziert« werden, so daß es zu einer Vorstellung der räuml. Tiefe und der dreidimensionalen Gestalt eines Gegenstandes kommt *(stereoskopisches Sehen).* Dem Schutz und der Pflege des A. dienen die *Augenlider.* An ihren Rändern tragen sie nach außen gebogenen *Wimpern.* An der Innenkante liegen die *Meibomschen Drüsen,* die die Lider einfetten und damit zum vollkommenen Lidschluß beitragen. Gleichzeitig hindert ihr Sekret die Tränenflüssigkeit, den Lidrand zu überspülen. Die Tränenflüssigkeit wird von der Tränendrüse abgesondert und durch den Lidschlag auf den gesamten Augapfel verteilt. Die nicht zur Feuchthaltung des Augapfels gebrauchte Tränenflüssigkeit wird über Tränen-Nasen-Gang in die Nasenhöhle abgeleitet. Die auf dem Hautwulst zw. Oberlid und Stirn wachsenden *Augenbrauen* schützen die A. vor Blendung, Staub, Schweiß. – Abb. S. 267.
2) *Botanik:* noch fest geschlossene pflanzl. Seitenknospe, die nur unter bestimmten Umständen (z. B. bei Verletzung der Pflanze) austreibt; wichtig bei Stecklingsvermehrung.

Auge 1).
Schnitt durch die Augenhöhle (schematische Darstellung)

3) *Spiel:* in Würfel- und Kartenspielen sowie beim Domino Angabe des Wertes.
4) *Meteorologie:* beim Hurrikan das Zentrum (Durchmesser bis 20 km), in dem nahezu Windstille herrscht.
Augendiagnose (Irisdiagnose), wiss. umstrittenes Verfahren zur Erkennung von Organkrankheiten aus der Beschaffenheit der Regenbogenhaut (Iris).
Augendruck (Augeninnendruck, intraokularer Druck), der im Innern des Augapfels herrschende Überdruck von 16 bis 29 mbar (12 bis 22 mm Hg) gegenüber dem herrschenden Außendruck. Der A. wird vom Zwischenhirn aus reguliert. Erhöhung des A. durch Abflußbehinderung des Kammerwassers im Kammerwinkel führt zum Glaukom (grüner Star).
Augenfalter (Satyridae), mit etwa 2 000 Arten weltweit verbreitete Fam. mittelgroßer bis kleiner Tagfalter. Die meist braunen Flügel zeigen ober- und unterseits einzelne oder mehrere Augenflecke, die in einer Reihe nahe den Flügelrändern angeordnet sind. In M-Europa kommen u. a. vor: *Braunauge* (etwa 5 cm spannend, dunkelbraun), *Mohrenfalter* (3–5 cm spannend, z. B. der *Waldteufel*), *Ochsenauge* (4–5 cm spannend).
Augenfleck, 1) häufig runder, unterschiedlich gezeichneter Fleck, v. a. auf Schmetterlingsflügeln.
2) (Stigma) ↑Auge.
Augenheilkunde (Ophtalmologie), Fachgebiet der Medizin, das sich mit der Erkennung und Behandlung der Augenkrankheiten befaßt.

Augsburg 1)
Stadtwappen

Augenhintergrund, bei Augenspiegelung sichtbarer hinterer Teil der inneren Augapfelwand. Erkennbar sind ein Teil der Netzhaut, ein Teil der Aderhaut, der gelbe Fleck und die Aus- bzw. Eintrittsstelle der Sehnervenfasern (blinder Fleck); charakterist. Veränderungen des A. geben diagnostisch wichtige Hinweise.

Augenkrankheiten, angeborene oder erworbene Erkrankungen des Auges und seiner Hilfsorgane. *Angeborene A.* sind meist Erbkrankheiten, z. B. bestimmte Aderhaut- und Netzhautdefekte. Die Anlage zu einer Übersichtigkeit oder Kurzsichtigkeit ist zwar ebenfalls vererbl., tritt jedoch erst in späteren Jahren in Erscheinung. Angeborene A. können seltener auch durch direkte Ansteckung von der Mutter auf das Kind im Mutterleib übergehen, so z. B. die Augensyphilis. *Erworbene A.* entstehen durch Verletzungen, Fremdkörper, Erkältung, Infektion, Ernährungsstörungen und Allgemeinkrankheiten, bes. durch solche, die das Gefäßsystem betreffen. Erworbene A. können weiter durch Alterserscheinungen, durch Strahlenschäden oder Verbrennungen bedingt sein.

Augenleuchten, das Aufleuchten der Pupille bei vielen Tieren (z. B. Katzen, Nachtaffen) infolge Lichtreflexion an einer stark reflektierenden Zellschicht hinter der Netzhaut.

Augenschein, Form der Beweisaufnahme im Prozeß durch sinnl. Wahrnehmung jeder Art (hören, sehen, fühlen usw.); in jeder Verfahrensordnung vorgesehen.

Augenspinner.
Atlasspinner
(Spannweite fast
25 cm)

Augenspinner (Pfauenspinner, Nachtpfauenaugen, Saturniidae), Fam. bis 25 cm spannender, v. a. nachts fliegender Schmetterlinge mit etwa 900 Arten bes. in den trop. und subtrop. Gebieten; Flügel häufig bunt gefärbt. Die meisten Arten zeigen in der Flügelmitte einen schuppenlosen Augenfleck. Bekannte Arten: *Atlasspinner* (bis 25 cm spannend, in Indien), *Großes, Mittleres* und *Kleines Nachtpfauenauge* (6–14 cm spannend, in M-Europa).

Augentripper, akute Bindehautentzündung infolge Infektion mit Gonokokken; kommt bei Neugeborenen durch Ansteckung im Geburtsweg vor, wenn die Mutter tripperkrank ist; Vorbeugung: Einträufeln einer Penicillinlösung in den Augenbindehautsack.

Augentrost, v. a. auf der Nordhalbkugel verbreitete Gatt. der Rachenblütler mit etwa 200 Arten meist kleiner Halbschmarotzer; Blüten meist weiß, violett oder gelb gezeichnet. In Deutschland sind auf Wiesen und an Waldrändern verbreitet der *Aufrechte A.* mit 20–40 cm hohen Blütenstengeln und der *Gemeine A.* (Wiesenaugentrost), 5–25 cm hoch.

Augenzittern (Nystagmus), schon in Ruhestellung bestehende Zitterbewegung der Augäpfel, häufig horizontal; wird bei Augenbewegung verstärkt; angeboren oder bei bestimmten Erkrankungen (multiple Sklerose, Erkrankungen des Kleinhirns).

Augias, Gestalt der griech. Mythologie; herdenreicher König von Elis. Die Reinigung seiner verschmutzten Ställe ist die 6. Arbeit des †Herakles.

Augier, Émile [frz. oˈʒje], *Valence (Drôme) 17. 9. 1820, † Croissy-sur-Seine (Yvelines) 25. 10. 1889, frz. Dramatiker. Mit A. Dumas d. J. Begründer des frz. Sittenstücks; Mgl. der Académie française.

Augite [griech.] (Pyroxene), Gruppe gesteinsbildender Minerale in magmat. und metamorphen Gesteinen; *monokline A.* sind: gemeiner Augit (CaMgSi$_2$O$_6$), Diopsid, Jadeit, Ägirin und Spodumen, *rhomb. A.* sind: Bronzit, Enstatit und Hypersthen.

Augment [lat.], Vorsilbe, die dem Verbstamm zur Kennzeichnung der Vergangenheit vorgesetzt wird.

Augsburg, 1) Stadt an der Mündung der Wertach in den Lech, Bayern, 258 300 E. Verwaltungssitz des Reg.-Bez. Schwaben und des Landkreises Augsburg; Univ., Hoch- und Fachschulen, Dt. Barockgalerie, Museen, Mozartgedenkstätte; Theater; botan. Garten, Zoo; Maschinenbau, Textil- und Elektro-Ind., Fahrzeug- und Luftfahrzeugbau.

Stadtbild: Zahlr. bed. Kirchen, u. a. roman.-got. Dom (11.–15. Jh.), ehem. Benediktinerstiftskirche Sankt Ulrich und Afra (1475 ff.), angebaut die ev. Sankt-Ulrichs-Kirche (1458, umgebaut 1710), Sankt-Anna-Kirche (15.–18. Jh., mit Grabkapelle der Fugger im Stil der Frührenaissance); Renaissancerathaus (1615–20 von E. Holl; 1944 ausgebrannt, das Äußere wiederhergestellt); Zeughaus (1602–07); Reste der Stadtbefestigung, u. a. das Rote Tor (1622); Fuggerei (im 16. Jh. errichtete Siedlung für arme Bürger, mit Museum).

Geschichte: 15 v. Chr.–14/16 n. Chr. röm. Legionslager am linken Wertachufer; unter Kaiser Tiberius Gründung der Zivilstadt *Augusta Vindelicum (Vindelicorum,* nach den kelt. Vindelikern) zw. Wertach und Lech; Hauptstadt der Prov. Raetia et Vindelicia (4. Jh. Raetia secunda). Wichtigste Keimzelle der mittelalterl. Stadt wurde um den 807 geweihten Dom. 1156 Stadtrechtsurkunde Friedrichs I. Barbarossa; 1316 Reichsstadt. Im 14.–16. Jh. verschafften Gewerbe, Kunstgewerbe und Fernhandel der Stadt Weltgeltung (Fugger, Welser). Stätte der Reichstage 1518, 1530, 1548 und 1555; 1534 Einführung der Reformation; im Schmalkald. Krieg durch Karl V. 1547/48 unterworfen; fiel 1806 an Bayern.

2) Bistum (wohl seit dem 4. Jh.).

Augsburger Bekenntnis (Augsburgisches Bekenntnis, lat. Confessio Augustana), von P. Melanchthon für den Reichstag zu Augsburg 1530 verfaßte Schrift, die zur wichtigsten Bekenntnisschrift der reformator. Kirche wurde. Sie gliedert sich in zwei Teile: 21 Artikel unter der Überschrift »Artikel des Glaubens und der Lehre« und sieben Artikel über die abgestellten Mißbräuche. Das A. B. fand als Lehrnorm der luth. Landeskirchen sehr schnell Anerkennung und war seit 1535 für alle neu aufzunehmenden Bundesglieder verbindlich. Für die Zugehörigkeit zum Lutherischen Weltbund ist die Bindung an das unveränderte A. B. notwendig.

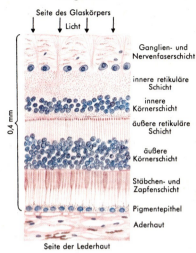

Seite des Glaskörpers

Licht

Ganglien- und Nervenfaserschicht

innere retikuläre Schicht

innere Körnerschicht

äußere retikuläre Schicht

äußere Körnerschicht

Stäbchen- und Zapfenschicht

Pigmentepithel

Aderhaut

0,4 mm

Seite der Lederhaut

Auge 1). Schnitt durch die Netzhaut (schematische Darstellung)

Augsburger Religionsfriede, ein Grundgesetz des Hl. Röm. Reiches, 1555 zur Beilegung der Religionskämpfe verkündet. Den Anhängern des Augsburger Bekenntnisses wurde Frieden und Besitz (nach dem Stand von 1552) gesichert. Doch galt die grundsätzlich freie Wahl der Konfession ohne Rechtsnachteil nur für die weltl. Reichsstände und die reichsunmittelbare Ritterschaft, die über die Religion ihrer Untertanen entschieden (»cuius regio, eius religio«); geistl. Reichsfürsten verloren bei Konfessionswechsel kirchl. Amt und Reichslehen.

Augst, schweizer. Dorf östl. von Basel, Kt. Basel-Landschaft, 900 E. Römermuseum; Ruinen der Römerstadt. – A. entstand aus der röm. Kolonie *Augusta Raurica* (nach den kelt. Raurikern benannt), gegr. 44 v. Chr.; Blütezeit im 2. Jh.; im 3. Jh. von Alemannen zerstört; um 300 Errichtung des Legionslagers Castrum Rauracense *(= Kaiseraugst).*

Augstein, Rudolf, *Hannover 5. 11. 1923, dt. Publizist. Seit 1946 Hg. des Nachrichtenmagazins »Der Spiegel«, dessen speziellen journalist. Stil nach angelsächs. Vorbild er maßgeblich prägte.

Auguren [lat.], Priesterkollegium im alten Rom, das die ↑Auspizien überwachte.

Augentrost. Gemeiner Augentrost

August

August II., der Starke

Augustus

August, Name von Herrschern:
Polen: **1) August I.,** König †Sigismund II. August.
Polen-Sachsen: **2) August II., der Starke,** *Dresden 12. 5. 1670, † Warschau 1. 2. 1733, König von Polen (1697–1706, seit 1709), als Friedrich A. I. Kurfürst von Sachsen (seit 1694). Trat 1697 zum Katholizismus über, um König von Polen zu werden; mußte 1706 nach schweren Niederlagen im Nord. Krieg zugunsten von Stanislaus Leszczyński auf die Krone Polens verzichten, gewann sie mit russ. Hilfe nach Karls XII. Niederlage 1709 zurück.
Sachsen: **3) August,** *Freiberg 31. 7. 1526, † Dresden 12. 2. 1586, Kurfürst (seit 1553). Verfolgte eine an den Kaiser angelehnte Neutralitätspolitik; stand bis 1574 hinter Melanchthons Anhängern; mit der Annahme der Konkordienformel von 1577 setzte sich in Kursachsen die luth. Orthodoxie durch; erzielte große Erfolge bei der wirtschaftl. Entwicklung seines Landes (z. B. Leipziger Messe).

August, der 8. Monat des Jahres mit 31 Tagen; im Jahr der Reform des Julian. Kalenders (8 v. Chr.) zu Ehren des Kaisers Augustus so benannt.

Augusta [lat. »die Erhabene«], Titel der röm. Kaiserinnen.

Augusta, in röm. Zeit Name oder Beiname von Städten, die auf eine Koloniegründung oder -erweiterung unter Augustus zurückgehen; u. a. *A. Raurica,* heute †Augst; *A. Suessionum,* heute †Soissons; *A. Taurinorum,* heute †Turin; *A. Treverorum,* heute †Trier; *A. Vindelicum,* heute †Augsburg.

Augustin, Ernst, *Hirschberg i. Rsgb. (Riesengebirge) 31. 10. 1927, dt. Schriftsteller. Schrieb u. a. die Romane »Der Kopf« (1962), »Mamma« (1970), »Raumlicht: Der Fall der Evelyne B.« (1976), »Der amerikan. Traum« (1989).

Augustiner, zusammenfassende Bez. für zahlreiche (männl. und weibl.) kath. Klostergenossenschaften, die nach der wohl auf Augustinus zurückgehenden Augustinusregel (A.-Regel) leben. Zu den A. zählen die *A.-Chorherren,* die *A.-Eremiten.* – Bed. dt. A. waren Luther, Abraham a Sancta Clara, G. Mendel.

Augustinus, Aurelius, hl., *Tagaste (Numidien) 13. 11. 354, † Hippo Regius (heute Annaba) 28. 8. 430, abend-länd. Kirchenvater. Lehrer der Rhetorik in Tagaste, Karthago, Rom und Mailand; von seiner Mutter (Monika, Monnika) christlich erzogen; trennte sich 385 von seiner Lebensgefährtin, mit der er einen Sohn hatte. Vom Christentum zunächst enttäuscht, wandte er sich dem Manichäismus, später der akadem. Skepsis zu. In Mailand begegnete er Ambrosius, der ihn 387 taufte. 396 wurde er Bischof von Hippo. – Für A. ist Gott absolute Wahrheit, nach der der Mensch verlangt, freie Person, unergründlich in seinen Weisungen. Die Seele des Menschen ist durch göttl. Erleuchtung zur Erkenntnis befähigt, wobei die sinnenhaften Eindrücke anregend wirken. Das geschichtsphilos. Modell, das A. in »De civitate Dei« (Gottesstaat, 413–426) entwickelt, ist gekennzeichnet durch den Ggs. und den Kampf zw. der Civitas Dei (Reich Gottes) und der Civitas terrena (Reich der Welt). Die Weltgeschichte wird als Abfolge von heilsgeschichtl. Perioden mit einem sich verschärfenden Kampf zw. den beiden »Reichen« mit dem Ziel der Trennung im göttl. Endgericht gesehen. – Fest: 28. August.

Augustus, urspr. Gaius Octavius, *Rom (?) 23. 9. 63 v. Chr., † Nola bei Neapel 19. 8. 14 n. Chr., röm. Kaiser. Großneffe Cäsars, der ihn testamentarisch adoptierte (danach Annahme des Namens Gaius Iulius Caesar, ab 40 v. Chr. Imperator Caesar Divi filius). 27 v. Chr. erhielt er den Titel A.; den Namen Octavianus (Oktavian), der ihm für die Zeit vor 27 beigelegt wird, hat er persönlich nicht geführt. Sein Auftreten als Cäsars Erbe brachte ihn in Ggs. zu M. †Antonius (Mutinens. Krieg, April 43). 43–33 mit Antonius und Lepidus 2. Triumvirat; 42 mit Antonius Sieg über die Cäsarmörder bei Philippi, 36 mit Agrippa Sieg über Sextus Pompejus bei Mylai und Naulochos; alleiniger Machthaber nach dem Seesieg von Aktium (31) und der Einnahme Alexandrias (30; Selbstmord von Antonius und Kleopatra VII. von Ägypten). 27 Verleihung des Ehrennamens A. und Übertragung der wichtigsten Prov. durch den Senat (Entwicklung zum †Prinzipat). Durch Kriege in Spanien (26–19) sowie an Rhein und Donau (16–9 v. Chr., 4–9 n. Chr.; Feldherren waren seine Stiefsöhne Drusus und Tiberius) bemühte sich A. um Konsolidierung und Abrundung des Reichs. Die Elbegrenze wurde wegen der Niederlage des Varus (9 n. Chr.) nicht erreicht. Seine lange Friedensherrschaft *(Pax Augusta)* brachte Wohlstand für Italien und die Provinzen und schenkte dem Reich eine neue Epoche glanzvollen Aufschwungs *(Augusteisches Zeitalter).*

Augustus [lat. »der Erhabene«], röm. Kaisertitel ab 27 v. Chr.; bezeichnete seit Hadrian den regierenden Kaiser im Unterschied zum designierten Nachfolger bzw. untergeordneten Mitregenten (Caesar).

Augustusburg, Stadt im Erzgebirge, Sachsen, 3 000 E. Bed. Schloß (1567–73; heute mit Museen, u. a. Zweitakt-Motorrad-Museum).

Auktion [lat.], die ↑Versteigerung.

Aula [griech.-lat.], **1)** Hof des griech. Hauses (röm. ↑Atrium).

2) Palast der röm. Kaiserzeit.

3) Festsaal in Schulen und Universitäten.

Aulis (neugriech. Avlis), böot. Ort an der engsten Stelle des Golfes von Euböa, Griechenland, gegenüber von Chalkis. In der Antike hatte A. ein bed. Heiligtum der Artemis (Tempel ausgegraben).

Aulos [griech.], antikes griech. Blasinstrument mit doppeltem oder einfachem Rohrblatt und einer Röhre aus Schilf, Holz oder Bronze; meist paarweise (Mrz. Auloi) gespielt.

Aung San Suu Kyi [-'dʒi], *Rangun 1945, birman. Politikerin. Tochter von General Aung San (*1915, † 1947 [ermordet]), der die birman. Unabhängigkeit gegen die Briten durchsetzte; lebte bis 1988 im Ausland; begründete 1988 trotz Verbots der Militärregierung die »Nationale Liga für Demokratie« mit, die bei den Wahlen 1990 einen von der Militärregierung nicht anerkannten Wahlsieg errang; 1989–95 inhaftiert, erhielt sie für ihren gewaltfreien Einsatz für Demokratie und Menschenrechte 1991 den Friedensnobelpreis.

au pair [frz. o'pɛːr »zum gleichen (Wert)«], Leistung gegen Leistung (ohne Bezahlung); *Au-pair-Mädchen,* Mädchen, die gegen Unterkunft, Verpflegung und Taschengeld im Ausland als Haushaltshilfe arbeiten, um eine Fremdsprache zu erlernen.

Aura [lat.], in der *Medizin* Vorzeichen, Vorgefühl von nur wenigen Sekunden Dauer beim Herannahen eines [epilept.] Anfalls.

Aurangabad, ind. Stadt onö. von Bombay, Maharashtra, 299 000 E. Univ.; Textil-Ind., ⚒. Ruinen von Palästen und Mausoleen aus dem 17. Jh., Mausoleum der Lieblingsfrau Aurangsebs (⚰ 1658–1707; eine Replik des Taj Mahal).

Aurbacher, Ludwig, *Türkheim 26. 8. 1784, †München 25. 5. 1847, dt. Volksschriftsteller. Brachte das »Volksbüchlein« (1827–29) mit der »Geschichte von den Sieben Schwaben« heraus.

Aurelian (Lucius Domitius Aurelianus), *in Dakien oder Sirmium (Pannonien, heute Sremska Mitrovica) 9. 9. 214, † bei Byzanz 275 (ermordet), röm. Kaiser (seit 270). Anfängl. Niederlagen gegen die Germanen führten zur Aufgabe Dakiens und veranlaßten die Befestigung Roms durch die *Aurelianische Mauer.* 272 Zerschlagung des Reichs von Palmyra.

Aurelische Straße ↑Römerstraßen.

Aurelius, Marcus ↑Mark Aurel.

Aureole [lat.], atmosphär. Leuchterscheinung in Form eines weiß leuchtenden Kranzes um Sonne oder Mond; oft auch als *Hof* bezeichnet. Entsteht durch Beugung des Lichts an Wassertröpfchen oder Eiskristallen in der Atmosphäre.

Aureus [lat.], röm. Goldmünze, erstmals um 216 v. Chr. geprägt.

Aurangabad.
Mausoleum der Lieblingsfrau des Großmoguls Aurangseb, eine Nachbildung des Taj Mahal (1679)

Aulos

Auric

Auric, Georges [frz. ɔ'rik], *Lodève (Hérault) 15. 2. 1899, † Paris 23. 7. 1983, frz. Komponist. Mitbegründer der Gruppe der »Six«; komponierte Instrumental- und Vokalwerke (auf Texte von Cocteau, Nerval, Ronsard, Aragon), Ballette (für Diaghilews »Ballets Russes«) und Opern (»Phèdre«, 1950) sowie zahlr. Filmmusiken (»Orphée«).

Auriga [lat.] ↑Sternbilder (Übersicht).

Aurignacien [frz. ɔrɪnja'sjɛ̃:], nach einer Höhle nahe dem südwestfrz. Ort Aurignac (Dép. Haute-Garonne) ben. Kulturperiode des Jungpaläolithikums, in der sich erste Werke darstellender Kunst (bes. Kleinplastik) und die ältesten Zeugnisse für das Auftreten der heutigen Menschheit *(Aurignac-Mensch)* finden.
Das A. entstand wahrscheinlich im östl. M-Europa spätestens um 30 000 v. Chr. und dauerte 10 000 bis 15 000 Jahre.

Aurikel ↑Primel.

Aurillac [frz. ɔri'jak], frz. Stadt in der Auvergne, 33 500 E. Verwaltungssitz des Dép. Cantal; kunsthistor. und naturgeschichtl. Museum; bed. Vieh- und Käsemarkt. Kirche Notre-Dame-des-Neiges (16. Jh.) mit »Schwarzer Madonna«.

Aurobindo [oro...] (Sri A. Ghosh), *Kalkutta 15. 8. 1872, † Pondicherry 5. 12. 1950, ind. Philosoph. Versuchte eine Synthese von ind. und abendländ. Gedankengut (»Integraler Joga«), durch die mit Hilfe von Meditation eine Höherentwicklung (»Evolution«) und Vergeistigung (»Spiritualisierung«) des Menschengeschlechts erreicht werden soll.

Aurora, röm. Göttin der Morgenröte.

Aurorafalter [nach der röm. Göttin Aurora], Gatt. der Weißlinge mit mehreren Arten in Eurasien und N-Amerika; in M-Europa zwei Arten.

Aurorafalter

Ausbeutung (Exploitation), **1)** die Ausnutzung und Verwertung von Rohstoffvorkommen, Wasser- und Windkräften, Wild- und Fischbeständen u. a. natürl. Hilfsquellen.
2) mißbräuchliches Ausnutzen von Arbeitskräften durch Anwendung wirtschaftl. Macht oder phys. Gewalt.
3) in der *marxist. Lehre* die Aneignung der Mehrarbeit, des Mehrprodukts oder des Mehrwerts.

Ausbildungsberufe, nach dem Berufsbildungsgesetz vom 14. 8. 1969 staatlich anerkannte Berufe, für die Ausbildungsordnungen (Rechtsverordnungen) erlassen worden sind. Die *Ausbildungsordnung* legt u. a. fest: 1. Bez. des Ausbildungsberufs; 2. Ausbildungsdauer; 3. Fertigkeiten und Kenntnisse, die Gegenstand der Berufsausbildung sind (Ausbildungsberufsbild); 4. Ausbildungsberufsrahmenplan; 5. Prüfungsanforderungen.

Ausbildungsförderung, Geldleistungen öffentl.-rechtl. Gemeinwesen zur Förderung der allg. und berufl. Bildung. Sie betrifft 1. die Ausbildung an bestimmten schul. Einrichtungen sowie an Hochschulen und 2. Maßnahmen der berufl. Bildung. Die A. für den schul. Bereich und für den Besuch von Hochschulen (A. i. e. S.) regelt das *Bundesausbildungsförderungsgesetz* (BAföG); die Förderung der ↑beruflichen Bildung richtet sich nach den Bestimmungen des Arbeitsförderungsgesetzes (AFG).

Ausbürgerung, Entziehung der Staatsangehörigkeit [gegen den Willen des Betroffenen], z. B. bei Landesverrat. — Nach Art. 16 Abs. 1 GG ist die Entziehung der dt. Staatsangehörigkeit in der BR Deutschland unzulässig.

Auschwitz (poln. Oświęcim), Stadt in Polen, westlich von Krakau, 46 000 E. — A. war im 14./15. Jh. Residenz einer schles. Teillinie der Piasten; 1772 zu Österreich, 1919 zu Polen. 1940 richtete die SS bei A. ein Konzentrationslager ein und erweiterte es 1941 zum Vernichtungslager, v. a. für Juden. Bis 1945 kamen in A. 2,5–4 Mio. Menschen um.

ausdauernd (perennierend), in der *Botanik* alljährlich und zeitlich unbegrenzt (Ggs.: ein- oder mehrjährig) austreibend und meist auch fruchtend.

Ausdehnung, Eigenschaft aller sinnlich wahrnehmbaren Gegenstände; Raumerfüllung von Körpern. In der *Physik* und *Technik* bedeutet A. auch die Längen- oder Volumenänderung von Körpern bei Änderung der Temperatur. In der Kosmologie bezeichnet man mit *A*. *(Expansion) des Weltalls* die auf Grund der beobachteten Rotverschiebung des Lichtes ferner Galaxien angenommene zeitlich fortschreitende Vergrößerung des Weltalls.

Ausdehnungsgefäß, offenes (d. h. Überlauf) oder geschlossenes Gefäß zur Aufnahme der in flüssigkeitsgefüllten Behältern oder Leitungen (z. B. Warm- oder Heißwasserheizungen) durch die Wärmeausdehnung hervorgerufenen Flüssigkeitsvolumenzunahme.

Ausdruck, 1) *allg.:* ausgedruckte Daten auf einem ↑Drucker.

2) *Informatik:* Verarbeitungsvorschrift, deren Ausführung einen Wert liefert; ein arithmet. *A.* liefert einen Zahlenwert, ein *logischer A.* den Wert *true* (»wahr«) oder den Wert *false* (»falsch«).

3) *Psychologie:* das Sichtbarwerden seel. Zustände oder Vorgänge in körperl. Erscheinungen, Verhaltensweisen, Handlungen und in Resultaten menschl. Tätigkeit.

Ausdünstung, Abgabe von Wasserdampf, Kohlendioxid und anderen flüchtigen Stoffen durch Lunge, Haut, Schweiß- und Talgdrüsen. Beim Menschen werden (v. a. zur Wärmeregelung) täglich im Durchschnitt etwa 0,8 l Wasser durch die Haut und 0,5 l durch die Lungen abgegeben.

Auseinandersetzung, Aufteilung des Vermögens einer Personengemeinschaft zu oder nach deren Auflösung, z. B. bei Aufteilung von Erbgut.

auserwähltes Volk, Bez. für das Volk Israel, begründet in dem Bund, den Jahwe mit Israel schloß. Die christl. Gemeinde bezieht auf Grund des Kommens Jesu die Erwählung auf sich.

Ausfällen, das Überführen eines gelösten Stoffes in Kristalle, Flocken oder Tröpfchen durch Zusatz geeigneter Chemikalien.

Ausfallzeiten ↑Anrechnungszeiten.

Ausfertigung, 1) im *Gesetzgebungsverfahren* der BR Deutschland die unterschriftl. Vollziehung des Gesetzestextes durch den Bundespräs. vor der Verkündung, bedarf der Gegenzeichnung durch Kanzler oder Minister.

2) im *öffentl. Recht* die zum Ersatz der Urschrift in gesetzlich vorgeschriebener Form gefertigte Abschrift eines amtl. Schriftstücks (z. B. Urteil).

Ausfluß (Fluor genitalis), in der *Medizin* vermehrte weiße bis rotbraune Absonderung aus den weibl. Geschlechtsorganen.

Ausfuhr, svw. ↑Export.

Ausführungsgesetze (Durchführungsgesetze), Bez. für Gesetze, die Einzelheiten zu anderen Gesetzen enthalten.

Ausgabe (engl. output), in der *Datenverarbeitung* der Vorgang, durch den eine Rechenanlage Programme oder errechnete Daten an Peripheriegeräte übergibt. Die wichtigsten *Ausgabegeräte* sind

Auschwitz.
Selektion auf der Rampe von Auschwitz-Birkenau nach Ankunft eines Eisenbahntransports aus einem jüdischen Ghetto; im Hintergrund das Lagertor; Photo vom Sommer 1942

Ausgrabung eines frühkeltischen Grabes in Hochdorf: **1** Freilegen des Hügels (sichtbar ist der mit Steinen befestigte Hügelfuß); **2** Freilegen der Bronzeschalen mit dem Staubsauger; **3** Numerieren der Bruchstellen, um das Zusammenfügen zu erleichtern; **4** vorsichtiges Freilegen der Funde zur Dokumentation und Bergung (man erkennt die völlige Zertrümmerung der meisten Funde); **5** das Totenbett in Fundlage; **6** das restaurierte Totenbett (Länge 2,75 m)

das ↑Datensichtgerät und der ↑Drukker.
Ausgabekurs ↑Emissionskurs.
Ausgangsleistung, die an den Ausgangsklemmen z. B. eines Verstärkers abnehmbare und in einem nachgeschalteten Verbraucher (z. B. Lautsprecher) umsetzbare Leistung.

Ausgedinge, svw. ↑Altenteil.
Ausgleich, 1) im österr. Recht svw. ↑Vergleich.
2) (österr.-ungar. A.) Abmachungen zur staatsrechtlichen Umwandlung des Gesamtstaats Österreich in die »Österreichisch-Ungarische Monarchie« (↑Österreich-Ungarn) 1867.

Ausgleichsabgaben, steuerartige Sonderabgaben, die zweckgebunden meist als Sondervermögen außerhalb der öffentlichen Haushalte verwaltet werden. A. dienen der Durchsetzung sozialpolitischer (z. B. Schwerbehindertenabgabe) oder wirtschaftl. (z. B. Kohlepfennig) Ziele.

Ausgleichsgetriebe, svw. ↑Differentialgetriebe.

Ausgleichsposten, Saldo eines Kontos, einer Bilanz oder einer Gewinn-und-Verlust-Rechnung.

Ausgleichsrechnung ↑Fehlerrechnung.

Ausgrabung, das Freilegen von Überresten der Vergangenheit zur archäolog., prähistor. und paläontolog. Forschung. Erste A. in der Renaissance (Raffael in Rom) mit dem Zweck, antike Monumente kennenzulernen. Auf Einzelstücke gerichtete A. (wie noch heute bei strafbaren heiml. Raubgrabungen) wich erst im 19. Jh. wiss. A.methoden, bes. der Schichtenbeobachtung zur Klärung histor. Abfolgen, der Sicherung des kulturhistor. Zusammenhangs der Funde sowie der ↑Altersbestimmung. Notgrabungen dienen der Rettung bedrohter Altertümer.

Aushärtung, therm. oder katalyt. Prozeß bei der Verarbeitung härtbarer Kunstharze (Duroplaste), die dabei eine räumlich vernetzte Struktur annehmen und beim Erwärmen, im Ggs. zu den Thermoplasten, nicht wieder verformt werden können.

aushebern, Magensaft bzw. Mageninhalt durch Ansaugung über einen durch Mund und Speiseröhre in den Magen eingeführten Schlauch entnehmen.

Aushilfe, nur vorübergehend beschäftigte Arbeitskraft. Der allg. Kündigungsschutz gilt nicht für Beschäftigungen unter drei Monaten.

Auskehlung, flach- oder halbrunde, rinnenförmige Vertiefung (Hohlkehle).

Ausklammerung, Satzweise, bei der Satzteile oder Nebensätze nach dem schließenden Prädikat oder Prädikatsteil stehen.

Auskleidung (Futter, Zustellung), Belag aus feuerfesten Steinen u. a. auf den Innenwänden von Öfen, Gießpfannen.

Auskolkung, kesselförmige Vertiefung im Gestein, verursacht durch fließendes Wasser.

Auskragung, aus der Baufluchtlinie vorspringendes oder die Unterstützung überragendes Bau- oder Konstruktionsteil (z. B. Stockwerk, Erker).

Auskultation [lat.] (Abhorchen), Abhörung von Körpergeräuschen (v. a. Herz, Lunge, Blutgefäße, Darm) mit dem Ohr oder dem ↑Stethoskop (zur Diagnose von Erkrankungen innerer Organe).

Auskunftei, Unternehmen, das gewerbsmäßig Auskünfte über private oder geschäftl. Verhältnisse anderer, insbes. über deren Kreditwürdigkeit erteilt.

Auskunftspflicht, die einer Person auferlegte Verpflichtung, einer anderen Person Auskunft über bestimmte Angelegenheiten zu geben. Die A. kann sowohl Einzelpersonen als auch Gesellschaften und Behörden treffen.

Auskunftsverweigerungsrecht, das Recht des Zeugen, auf bestimmte Fragen die Antwort zu verweigern, z. B. wenn er durch eine Antwort sich selbst oder nahe Angehörige belastet.

Ausland, Bez. für das von einem Staat aus gesehen nicht zu seinem Hoheitsbereich (Inland) gehörende Territorium einschließlich der hohen See.

Rose Ausländer

Ausländer, Rose, *Czernowitz (heute Tschernowzy, Ukraine) 11. 5. 1901, † Düsseldorf 3. 1. 1988, Lyrikerin. Lebte 1941–44 versteckt im Ghetto von Czernowitz; ab 1946 in den USA, ab 1965 in Düsseldorf; schrieb in dt., z. T. auch in engl. Sprache, u. a. »Mutterland« (1978), »Ich spiele noch« (1987).

Ausländer, Personen, die nicht die inländ. Staatsangehörigkeit besitzen, also ausländ. Staatsangehörige oder Staaten-

Auskragung

Ausländerrecht

lose. *Heimatlose A.* sind in Deutschland den Inländern weitgehend gleichgestellt.

Ausländerrecht, alle Rechtsvorschriften, die Ausländer einem nur für sie (nicht auch für Inländer) geltenden Sonderrecht unterwerfen. *Allg. A.:* Für die Rechtsstellung der Ausländer von allg. Bedeutung sind: 1. das Ausländergesetz von 1990; danach bedarf grundsätzlich jeder Ausländer zum Aufenthalt in der BR Deutschland einer behördl. ↑Aufenthaltsgenehmigung. Der aufgenommene Ausländer kann bei Verstoß gegen Belange der Allgemeinheit ausgewiesen und zwangsweise abgeschoben werden; 2. das Reichs- und Staatsangehörigkeitsgesetz von 1913. *Besonderes A.:* 1. Im bürgerl. Recht richten sich der Personenstand (Name, Abstammung, Familienstand), die Geschäfts-, Ehe- und Testierfähigkeit, das Scheidungsrecht und das Erbrecht von Ausländern grundsätzlich nach deren Heimatrecht; 2. Zur Aufnahme einer Beschäftigung als [unselbständiger] Arbeitnehmer ist, sofern kein Gastarbeitnehmerabkommen geschlossen wurde, eine ↑Arbeitserlaubnis der Bundesanstalt für Arbeit erforderlich. In der Sozialversicherung stehen die ausländ. den dt. Arbeitnehmern weitgehend gleich. – Die Regeln des allg. und bes. A. finden [ganz oder teilweise] keine Anwendung auf: 1. exterritoriale Personen; 2. Angehörige von EU-Staaten; 3. Angehörige der NATO-Streitkräfte; 4. Flüchtlinge im Sinne der Genfer Konvention; 5. heimatlose Ausländer.

ausländische Arbeitnehmer, Bez. für Personen, die in einem Land arbeiten, dessen Staatsangehörigkeit sie nicht besitzen; i. e. S. Arbeitsemigranten aus i. d. R. industriell unterentwickelten Ländern (mit unzureichenden Beschäftigungsmöglichkeiten) in Ind.-Länder, in denen Arbeitskräftemangel insbes. für arbeitsintensive, häufig geringe Qualifikation erfordernde und schlecht bezahlte Tätigkeiten besteht; auch Gastarbeitnehmer (Gastarbeiter; in der Schweiz auch Fremdarbeiter) genannt. Kulturelle Heimatprägung sowie gesellschaftl. Isolierung und Benachteiligung der a. A. sind Ursachen sozialer Spannungen und Konflikte, die v. a. in industriellen Ballungsräumen auftreten, wo a. A. bis zu 30% der erwerbstätigen Bevölkerung stellen. – In der BR Deutschland benötigen a. A. eine ↑Aufenthaltsgenehmigung und, soweit sie nicht Staatsangehörige von EU-Staaten sind, eine ↑Arbeitserlaubnis. Auf die Arbeitsverhältnisse der a. A. finden die allg. Vorschriften des Arbeitsrechts Anwendung.

Auslandshandelskammern (Außenhandelskammern), freiwillige Zusammenschlüsse dt. und ausländ. Kaufleute, Unternehmungen und Organisationen, die sich der Pflege und Förderung des Wirtschaftsverkehrs zw. der BR Deutschland und dem jeweiligen Partnerland widmen.

Auslandsschulen, von einem Staat außerhalb seines Hoheitsgebiets unterhaltene oder finanziell unterstützte Schulen. Die *dt. Schulen im Ausland* sind i. d. R. Privatschulen.

Auslandsvermögen, die Forderungen einer Volkswirtschaft bzw. eines Wirtschaftssubjektes gegenüber dem Ausland, bestehend aus Grundstücken und Gebäuden, Maschinen und Anlagen sowie aus Rechten und Beteiligungen.

Ausläufer (Stolo), ober- oder unterird. Seitensproß bei Pflanzen; dient (nach Bewurzelung) der vegetativen Fortpflanzung.

Auslaugung ↑Extraktion.

Auslaut, Laut oder Laute am Ende einer Silbe, eines Wortes, eines Satzes.

Ausleger, im *Bootsbau* Rohrgestell zur Riemenauflage bzw. ein stützender Schwimmkörper beim *Auslegerboot,* der ein Kentern des Boots verhindert.

Auslegung, 1) *Rechtswissenschaft:* die Ermittlung des Sinnes von Gesetzen und Willenserklärungen. Verträge sind so auszulegen, wie Treu und Glauben mit Rücksicht auf die Verkehrssitte (wie es allgemein üblich ist) es erfordern. **2)** A. von Texten ↑Hermeneutik, ↑Interpretation.

Auslese (Selektion), **1)** *Biologie:* wichtiger Faktor der Evolution (↑Darwinismus), der in der Natur *(natürl. A.)* und in der Züchtung *(künstl. A.)* eine unterschiedlich starke und nicht zufallsmäßige Vermehrung von unterschiedlich gut angepaßten Individuen bewirkt. **2)** *Weinherstellung:* ein Wein, der aus vollreifen oder von Edelfäule befallenen ausgelesenen Beeren bereitet wird; wird in Ungarn und im österr. Burgenland *Ausbruch* genannt. ↑Beerenauslese, ↑Trockenbeerenauslese.

Auslieferung, im *Völkerrecht* amtl. Überstellung einer Person an eine ausländ. Staatsgewalt zum Zwecke der Strafverfolgung oder -vollstreckung; Form der zwischenstaatl. Rechtshilfe. Zur A. ist ein Staat nur verpflichtet, wenn ein entsprechender A.vertrag besteht.

Auslieger ↑Zeugenberg.

Auslobung, das öffentlich bekanntgemachte, einseitige, bindende Versprechen einer Belohnung für die Vornahme einer Handlung, z. B. für die Aufklärung einer strafbaren Handlung.

Auslösemechanismus, Abk. **AM,** in der *Verhaltensphysiologie* ein Mechanismus, der auf bestimmte Reize der Umwelt (Schlüsselreize) anspricht und die diesen Reizen zugehörige Verhaltensreaktion in Gang setzt. Man unterscheidet den *angeborenen A.* (Abk. AAM), der im Verlauf der stammesgeschichtl. Entwicklung einer Tierart entstanden und im Erbgut fixiert ist, vom *erworbenen A.* (Abk. EAM), der erst durch Lernprozesse erworben werden muß.

Auslöser (Signale), in der Verhaltensphysiologie spezielle Schlüsselreize, die beim Empfänger eine bestimmte Reaktion auslösen.

Ausnahmezustand, durch schwere Naturkatastrophen oder polit. Ereignisse (militär. Angriff von außen, Aufstand im Innern) verursachter, die Existenz des Staates bedrohender ↑Notstand, zu dessen Bewältigung die Rechtsordnung außerordentl. Vollmachten für die Staatsorgane bereithält, um eine Konzentration aller Kräfte zu ermöglichen.

Auspizien [lat.], von den Auguren überwachter Brauch der Römer, durch Beobachtung der Vögel den Willen der Götter zu erforschen.

Auspuffanlage (Auspuff), Gesamtheit der die Abgase vom Zylinder ins Freie führenden und das Auspuffgeräusch dämpfenden Bauteile einer Verbrennungskraftmaschine, bestehend aus *Auspuffkrümmer* (Übergangsstück von den Zylindern zur Rohrleitung), *Auspuffleitung* oder *-rohr* und Abgasschalldämpfer *(Auspufftopf)* sowie einem ↑Abgaskatalysator bei Kfz mit Benzinmotor.

Auslegerboot aus Südjava, Indonesien

Ausrufezeichen (Ausrufungszeichen), 1) Satzzeichen, das den lebhaften Ton des Schreibers deutlich macht und hinter Ausrufen, Aufforderungen oder Wünschen steht.

2) *Mathematik:* ↑Fakultät.

Ausrüstung (Appretur), in der *Textiltechnik* Bez. für abschließende Bearbeitungsgänge an gewebter oder gewirkter Stückware. Dazu zählt: Waschen, Dämpfen, Fixieren, Kalandern, Rauhen, Imprägnieren, knitterarme A., knitterfreie A., schmutzablösende oder schmutzabweisende A., Bügelfrei-A., Pflegeleicht-Ausrüstung.

Aussage, in der *Logik* ein Behauptungssatz (↑Urteil). Ein sprachl. Ausdruck läßt sich als A. charakterisieren durch das Verfahren, mit dem er behauptet oder bestritten werden kann *(dialogdefinite A.).* Erlaubt die Argumentation eine Gewinnstrategie für den Behauptenden, so gilt die A., d. h., die A. ist wahr; erlaubt sie eine Gewinnstrategie für den Bestreitenden, so ist die A. ungültig bzw. falsch. In speziellen Fällen, insbes. bei den einfachen A. der Alltagssprachen, ist es entscheidbar, ob die Aussage wahr oder falsch ist *(wertdefinite Aussage).*

Aussagegenehmigung, im öffentl. Recht die für Richter, Beamte und andere Personen des öffentl. Dienstes erforderl. Genehmigung des Dienstvorgesetzten, über Umstände auszusagen, auf die sich ihre Pflicht zur Amtsverschwiegenheit bezieht.

Aussagepflicht

Aussagepflicht, die öffentl.-rechtl. höchstpersönl. (durch einen anderen nicht erfüllbare) Verpflichtung, wahrheitsgemäß und ohne etwas zu verschweigen über Name, Alter, Beruf, Wohnort *[zur Person]* und über irgendwelche Wahrnehmungen *[zur Sache]* Auskunft zu geben. Die A. besteht: 1. nur vor Gericht (Richter, Rechtspfleger) und den parlamentar. Untersuchungsausschüssen; 2. grundsätzlich nur für Zeugen, nicht für Beschuldigte im Strafverfahren.

Aussagesatz, Satz, der einen Sachverhalt einfach berichtend wiedergibt.

Aussatz, svw. ↑Lepra.

Ausschabung (Auskratzung, Abrasion, Kürettage), Eingriff mit einer Kürette (Instrument nach Art eines scharfen chirurg. Löffels) zum Entnehmen von Hautproben aus der Gebärmutter oder zur Entfernung des Inhalts der Gebärmutter.

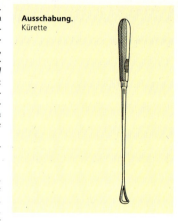

Ausschabung.
Kürette

Ausschlagung, im *Erbrecht* die Willenserklärung des Erben oder Vermächtnisnehmers, durch die dieser seine Rechtsstellung aufgibt.

Ausschließung, im *Prozeßrecht* das Verbot für Gerichts- oder Amtspersonen, an einem gerichtl. Verfahren mitzuwirken.

Ausschlußfrist, im *Recht* eine Frist, deren Ablauf zur Folge hat, daß ein innerhalb der Frist nicht gewahrtes Recht erlischt.

Ausschreibung, 1) *Recht:* 1. öffentl. Aufforderung zur Einreichung von Angeboten bei der Vergabe von Aufträgen der öffentl. Hand; 2. offizielle Bekanntgabe freier [Beamten]planstellen mit der Aufforderung zur Bewerbung. **2)** *Sport:* Bekanntgabe des Termins eines Wettkampfes.

Ausschuß, 1) *allg.:* eine aus einem größeren Organ gewählte Arbeitsgruppe zur Beratung und auch zur Erledigung bestimmter Aufgaben, die das größere Organ in seiner Gesamtheit nicht wahrnehmen kann. In den parlamentar. Ausschüssen des Dt. Bundestages werden die aus dem Plenum zugewiesenen Beratungsgegenstände oder Gesetzesvorlagen überarbeitet und Kompromisse zw. den Parteien ausgehandelt. Es gibt ständige Ausschüsse für festliegende Sachgebiete (z. B. Finanz-A.), Sonderausschüsse, die der Bundestag je nach Bedarf einsetzen kann, Untersuchungsausschüsse, die zur Nachprüfung von Mißständen und Fehlern der Exekutive dienen, den Richterwahl-Ausschuß sowie den Vermittlungs-Ausschuß, der bei strittigen Gesetzesvorlagen zw. Bundestag und Bundesrat vermittelt. Ihre Besetzung erfolgt durch die Fraktionen. **2)** *Technik:* mit Fehlern behaftete, unbrauchbare Werkstoffe, Werkstücke oder Fertigprodukte.

Ausschütteln, Herausziehen eines gelösten Stoffes aus einer Lösung durch wiederholtes Schütteln mit einem reinen Lösungsmittel, das sich mit dem urspr. Lösungsmittel nicht oder nur wenig mischt. Die Trennung der beiden flüssigen Phasen erfolgt im Scheidetrichter. Häufigstes Verfahren ist das A. mit Äther *(Ausäthern).*

Außenbeitrag, Saldo der konsolidierten Handels- und Dienstleistungsbilanz (Waren- und Dienstleistungsexporte minus Waren- und Dienstleistungsimporte).

Außenbordmotor, Sonderbauart eines außenseitig meist am Heck befestigten Bootsmotors (meist Zweitakt-Ottomotor).

Außenelektronen (Valenzelektronen), die in der äußersten Elektronenschale eines Atoms befindl. Elektronen; verantwortlich u. a. für die chem. (Valenz) und physikal. Eigenschaften (Leitfähigkeit).

Außenhandel, grenzüberschreitender Warenverkehr (Einfuhr und Ausfuhr). Ggs. ↑Binnenhandel.

Außenhandelsstatistik, statist. Darstellung des grenzüberschreitenden Warenverkehrs mit dem Ausland. Der A. liegen die Ein- und Ausfuhrmeldungen der Im- und Exporteure zugrunde.

Außenpolitik, die Gesamtheit jener staatl. Vorgänge, die sich direkt auf das Verhältnis zu anderen Staaten beziehen. Bilaterale außenpolit. Beziehungen betreffen einen, multilaterale mehrere Partner. Das außenpolit. Handeln eines Staates ist u. a. bestimmt durch seine geograph. Lage (Größe, Bodenschätze, Grenzverlauf), seine technolog. und wirtschaftl. Möglichkeiten sowie durch seine innenpolit. Verfassung. Die Methoden der A. umfassen sowohl friedl. Verhandeln wie aggressive Interventionspolitik. Hauptaufgabe der A. ist heute die internat. Friedenssicherung. Träger auswärtiger Gewalt ist traditionell die Exekutive, in der BR Deutschland die Bundesregierung. Dem Bundes-Min. des Auswärtigen stehen zur Durchführung seiner Aufgaben das Auswärtige Amt und dessen Auslandsvertretungen (Botschaften und Konsulate) zur Verfügung.

Außenseiter, 1) *Sport:* Wettkampfteilnehmer, dessen Gewinnchancen gering sind.
2) *Soziologie:* (Outsider) Bez. für Personen bzw. Personengruppen, deren Verhalten weitgehend von den Normen und Verhaltenserwartungen der Gesellschaft abweicht.

Außenstände ↑Forderungen.
Außensteuerrecht ↑Doppelbesteuerung.
Außenwelt ↑Innenwelt.
Außenwinkel, von einer Vielecksseite und der Verlängerung einer benachbarten Seite gebildeter Winkel; A. und zugehöriger Innenwinkel ergänzen sich zu 180°. Die Summe der A. eines Vielecks beträgt 360°.
Außenwirtschaft, Gesamtheit aller grenzüberschreitenden ökonom. Transaktionen, wie sie in der Zahlungsbilanz ausgewiesen werden. Dazu gehören der Außenhandel, der Dienstleistungsverkehr, der internat. Kapitalverkehr, der Devisenverkehr und die Übertragungen zw. In- und Ausländern.

außenwirtschaftliches Gleichgewicht (Zahlungsbilanzgleichgewicht), Zustand, in dem die Währungsreserven auf Grund autonomer Transaktionen unverändert bleiben. Das a. G. ist eines der im ↑magischen Viereck definierten ökonom. Ziele, zu deren Erreichung in der BR Deutschland das sog. ↑Stabilitätsgesetz dienen soll.

Außenwirtschaftspolitik, Gesamtheit aller staatl. Maßnahmen, die gewollt und direkt auf die Außenwirtschaft einwirken. Die A. umfaßt ordnungs- und prozeßpolit. Akte. Die Ordnungspolitik schafft den Rahmen für die wirtschaftl. Beziehungen mit dem Ausland, die Prozeßpolitik greift gezielt in den Wirtschaftsprozeß ein. 1. *Ordnungspolit. Systeme:* Die *liberale A.* wendet die Grundsätze einer freien Marktwirtschaft auf die Wirtschaftsbeziehungen mit dem Ausland an; bei der *monopolist. A.* laufen alle Ein- und Ausfuhren über staatl. Monopolstellen. Das dritte System der A., die *gelenkte Außenwirtschaft,* entspricht der sozialen Marktwirtschaft. In diesem System wird ein gesetzl. Rahmen geschaffen, dessen Konstruktion an den wirtschaftspolit. Zielen der staatl. Planträger orientiert ist. 2. *Instrumente der Prozeßpolitik:* Gegenstand der *Mengenpolitik* ist die Festsetzung (Kontingentierung) der Einfuhr- und Ausfuhrmengen. Bei der *Preispolitik* werden importierte Güter belastet durch Einfuhrsteuern, Ausgleichsabgaben und Zölle; exportierte Güter werden entlastet durch Steuervergütungen, Subventionen und Prämien. Das gebräuchl. Mittel der *Währungspolitik* ist die Wechselkursänderung. Die Herabsetzung des Wechselkurses (Abwertung) wirkt exportfördernd und importhemmend, die Aufwertung umgekehrt.

Außenzölle, Ein- und Ausfuhrzölle, die von allen Mgl. einer Zollunion oder Wirtschaftsgemeinschaft einheitlich auf den Warenaustausch mit Drittländern erhoben werden.

Äußere Hebriden ↑Hebriden.
außereheliche Kinder ↑nichteheliche Kinder.
außergewöhnliche Belastungen, abzugsfähige Aufwendungen nach dem Einkommensteuergesetz. Die Aufwendungen müssen dem Steuerpflichtigen aus rechtl., tatsächl. oder sittl. Gründen

zwangsläufig erwachsen (z. B. für Berufsausbildung, bei Krankheit).

außerparlamentarische Opposition, Abk. **APO,** nach 1966 in der BR Deutschland entstandene, locker organisierte polit. Bewegung v. a. von Studenten und Jugendlichen, die unter Führung des Sozialist. Dt. Studentenbundes (SDS) mit provokativen, z. T. militanten Protestaktionen polit. und gesellschaftl. Reformen durchzusetzen suchte. Im Streit um Hochschulreform, Pressekonzentration und Notstandsgesetze sowie vor dem Hintergrund der Großen Koalition auf Regierungsebene sahen sich die meist sozialist.-marxist. ausgerichteten, antiautoritären Kräfte der APO durch die parlamentar. Opposition nicht vertreten; ihr Protest richtete sich zudem gegen das militär. Engagement der USA im Vietnamkrieg. Ihren Höhepunkt erreichten die Aktionen der APO in den durch den Mordanschlag auf R. Dutschke ausgelösten Osterunruhen und in der Enteignet-Springer-Kampagne 1968.

außersinnliche Wahrnehmung (Paragnosie), Sammelbez. für Wahrnehmungen, die ohne erkennbare Reizung der natürl. Sinnesorgane zustande kommen sollen; dabei handelt es sich um anschaul.-konkrete Bilder oder diffuse Identifikationserlebnisse, für deren Entstehen eine bes., von allen natürl. Fähigkeiten unterschiedene Fähigkeit angenommen wird (↑Psifunktion). A. W., wie Telepathie, Wahrtraum, Zweites Gesicht u. a., werden von der Parapsychologie untersucht; für ihr Auftreten gibt es keine wiss. befriedigende Erklärung.

Aussetzung eines Verfahrens, der in allen Verfahrensordnungen vorgesehene Stillstand eines gerichtl. Verfahrens, der vom Gericht auf Grund zahlreicher Bestimmungen angeordnet werden kann.

Aussiedler ↑Vertriebene.

Aussiedlung, Verlegung eines landwirtschaftl. Betriebes aus geschlossener, i. d. R. beengter Ortslage in die freie Feldmark. Der Neubau moderner Wohn- und Wirtschaftsgebäude (Aussiedlerhof) soll zusammen mit der engeren Verbindung von Hof und Betriebsfläche ein rationelleres Wirtschaften ermöglichen.

Aussig (tschech. Ústí nad Labem), Hauptstadt des Nordböhm. Gebiets, Tschech. Rep., an der Elbe, 90 200 E. Chem., Porzellan- und Glas-Ind.; Hafen. – In und bei A. Gräberfelder der Lausitzer Kultur. Die E von A. spielten eine bed. Rolle in der deutschböhm. Nationalbewegung 1848.

Aussonderung, im *Konkurs*- bzw. *Vergleichsverfahren* das Herauslösen eines Gegenstandes aus der der Befriedigung der Gesamtheit der Gläubiger dienenden Konkurs- oder Vergleichsmasse. Hierzu gehört insbes. das *Eigentum;* der Eigentümer einer bewegl. Sache kann von dem Konkursverwalter deren Herausgabe verlangen.

Aussperrung, Kampfmaßnahme der Arbeitgeber im Arbeitskampf. Durch die A. werden alle oder eine größere Anzahl von Arbeitnehmern eines Betriebes oder einer Berufssparte unter Fortfall der Lohnzahlung von der Arbeit ausgeschlossen. A. stehen als Arbeitskampfmaßnahmen unter dem Gebot der

Aussig
Stadtwappen

Aussterben.
Graph. Darstellung des Zusammenhangs von Bevölkerungszunahme und Zahl der ausgestorbenen Tierarten

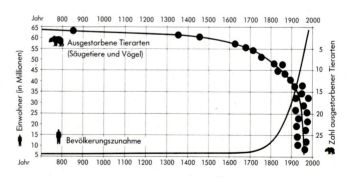

Verhältnismäßigkeit. Sie haben im allg. suspendierende Wirkung, was bedeutet, daß die Arbeitsverhältnisse nach Beendigung des Arbeitskampfes wiederaufleben.

Ausstand ↑Streik.

Ausstattung, im *Familienrecht* dasjenige, was einem Kind mit Rücksicht auf dessen Verheiratung oder auf die Erlangung oder Aufrechterhaltung einer selbständigen Lebensstellung von den Eltern zugewendet wird. Ein gesetzl. Anspruch besteht nicht.

Ausstellung, der Information und Werbung dienende Veranstaltung, auf der wirtschaftl., techn. oder künstler. Erzeugnisse zur Schau gestellt oder histor. Epochen, Entwicklungen oder Projekte dokumentiert werden.

Aussterben, das Verschwinden von Arten, Gattungen und Stämmen der Lebewesen im Laufe der stammesgeschichtl. Entwicklung. Das A. und die Neubildung von Stammeslinien waren im Verlauf der Erdgeschichte Schwankungen unterworfen. Umstritten sind die Ursachen des A.: Sie werden z. T. in kosm. Katastrophen (Kollision der Erde mit einem Kometen), z. T. in Klimaschwankungen als Folge der Kontinentalverschiebung vermutet; für das A. vieler Großtiere in der Eis- und Nacheiszeit (u. a. Mammut, Riesenfaultiere, Riesenstraußvögel von Madagaskar, Moas von Neuseeland) ist z. T. der Mensch verantwortlich. In der Gegenwart sind zahlr. Tier- und Pflanzenarten durch Vernichtung ihrer Lebensräume bzw. durch Umweltverschmutzung vom A. bedroht.

Aussteuer (Mitgift), Zuwendung der Eltern bei der Verheiratung einer Tochter zur Einrichtung des ehel. Hausstandes.

Aussteuerung, Signalspannung am Eingang u. a. eines Verstärkers, Tonbandgeräts. Innerhalb des *A.bereichs* besteht ein streng linearer Zusammenhang zw. Eingangs- und Ausgangssignal. Bei zu großer A. treten Verzerrungen auf (der Verstärker wird übersteuert). *A.anzeige* durch Anzeigeröhre (mag. Auge oder Band) oder Zeigerinstrument (VU-Meter). Bei *automat. A.* erfolgt die Regelung des Eingangssignals auf elektron. Weg. Bei *Voll-A.* wird gerade noch unverzerrt verstärkt.

Quagga (Länge 2 m)

Moa (Höhe 3–3,5 m)

Riesenalk (Höhe 0,9 m)

Stellersche Seekuh (Länge 8–10 m)

Aussterben. Auswahl ausgestorbener Tiere

Austarieren, bei einer Wägung das Ausgleichen des Leergewichts *(Tara)*.

Austastsignal, Abk. A-Signal, in der *Fernsehtechnik* Bez. für den vom Sender zwischen den Bildsignalen zweier aufeinander folgender Zeilen *(Horizontal-A., HA-Signal)* bzw. zwischen Ende und Beginn der Bildsignale zweier Halbbilder *(Vertikal-A., VA-Signal)* ausgesendeten Impuls (mit einem oberhalb des Schwarzwertes liegenden Helligkeitspegel, sog. *Austastwert),* durch den das Kamerasignal für eine kurze Zeitspanne *([Zeilen-]Austastlücke)* kurz vor bis kurz nach dem Zeilen- bzw. Halbbildwechsel dunkel getastet wird; innerhalb dieser Zeitspanne wird das Synchronsignal gesendet, das den Strahlrücklauf in der Empfängerbildröhre auslöst. Durch diese *Austastung* bleibt der Zeilen- bzw. Bildrücklauf unsichtbar. Beim Farbfernsehen werden während der Austastlücken Farbsynchron- oder Identifikationssignale ausgesendet.

Austauschmotor

Jane Austen

Austern.
Auster nach Entfernen der linken Schalen-klappe (Tier liegt auf der rechten, flacheren Schalenhälfte): a linker Mantel; b Ausström-öffnung; c Herz mit Herzbeutel; d ange-schnittene Basis der linken Kieme; e Schließmuskel; f rechtes inneres Kiemenblatt; g Mantel-nerv; h rechter Mantel-rand; i äußerer und innerer Mundlappen; j Zerebralganglion; k Ligament; l Mund; m Magen; n Ge-schlechtsdrüsen

Während der Vertikalaustastung können auch Prüfzeilensignale gesendet werden. Zusätzlich kann man in den Austastlücken digital codierte Informationen unterbringen (z. B. zur Übertragung von Videotext).

Austauschmotor (AT-Motor), fabrikmäßig überholter und teilweise aus neuwertigen Teilen bestehender Ersatzmotor.

Austen, Jane [engl. 'ɔstɪn], *Steventon (Hampshire) 16. 12. 1775, †Winchester 18. 7. 1817, engl. Schriftstellerin. Schilderte in ihren Romanen, u. a. »Stolz und Vorurteil« (1813), »Emma« (1815), »Die Abtei von Northanger« (1818), »Anne Elliot« (hg. 1818), mit feiner Ironie die oft selbstgerechte Welt des gehobenen engl. Landadels und Mittelstands.

Austerlitz (tschech. Slavkov u Brna), Stadt 20 km osö. von Brünn, Tschech. Rep., 6 300 E. – Bei Austerlitz fand am 2. 12. 1805 die *Dreikaiserschlacht* zw. den Armeen Napoleons I., Kaiser Franz' II. und des Zaren Alexander I. statt.

Austern [griech.-niederl.] (Ostreidae), Fam. der Muscheln in gemäßigten und warmen Meeren, Schalen dick, rundlich bis langgestreckt, ungleichklappig; Oberfläche meist blättrig, die linke Schale am Untergrund festgekittet. Die A. leben meist im Flachwasser (wenige Meter Tiefe), nicht selten in Massenansiedlungen *(A.bänke);* sie werden oft künstlich in *A.parks* auf planiertem Flachgrund gezüchtet. An europ. Küsten kommt die *Europ. A.* und die *Portugies. A.* vor.

Austernfischer (Haematopodidae), Fam. bis 50 cm langer Watvögel an fast allen Meeresküsten mit spießartig verlängertem, seitlich zusammengedrücktem Schnabel, mit dem sie Muschelschalen öffnen.

Austernfischer

Austernseitling (Austernpilz, Muschelpilz), meist in Büscheln an Stämmen und Stümpfen von Buchen und Pappeln wachsender, auf totem Holz kultivierbarer Porling mit Lamellen und grauem, unten weißem Hut; jung ein schmackhafter Speisepilz.

Austernseitling

Austin [engl. 'ɔːstɪn], Hauptstadt des Staates Texas, USA, am Colorado River, 465 200 E. Sitz eines kath. Bischofs; zwei Univ.; landwirtschaftl. Handelszentrum; Elektronik-, Motoren- u. a. Industrie. – 1839 gegründet (planmäßig angelegt).

Australasiatisches Mittelmeer, inselreiches Nebenmeer des Pazif. Ozeans, zw. Südostasien und Australien, 9,08 Mio. km².

Australian Capital Territory [engl. ɔs'treɪljən 'kæpɪtl 'terɪtərɪ] (Abk. A. C. T.), vom Austral. Bund unmittelbar verwaltetes Territorium, 2 400 km², 293 000 E; umfaßt Canberra und die Marinebasis Jervis Bay.

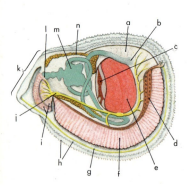

Australien, der mit 7,7 Mio. km² kleinste Erdteil. Die N–S-Erstreckung beträgt 3 300 km, die von O nach W 4 500 km. Der tiefste Punkt liegt bei 12 m u. M. (Eyresee), der höchste in den Austral. Alpen (Mount Kosciusko 2 223 m ü. M.). Die Küsten sind schwach gegliedert, nur im N und S greifen Buchten z. T. tief ins Landesinnere. Vor der NO-Küste liegt das 2 000 km lange Große Barriereriff; Tasmanien wird durch die Bass-Straße abgetrennt.

Gliederung: Das westaustral. Tafelland nimmt fast den halben Erdteil ein. Es besteht aus Rumpfflächen, überragt von Inselbergen (u. a. Ayers Rock) und Gebirgen (u. a. Musgrave und Macdonnell Ranges, Hamersley Range). Nach O folgt das mittelaustral. Tiefland, das vom Carpentariagolf bis zur S-Küste reicht. Ebenfalls von N nach S erstrecken sich die Ostaustral. Kordilleren. Sie haben Mittelgebirgscharakter; die höchsten Teile (Snowy Mountains) zeigen Spuren eiszeitl. Vergletscherung. A. ist arm an Oberflächenwasser. Zahlr. Flüsse fließen nur periodisch und münden in Salzseen des abflußlosen Inneren (Outback). Das wichtigste Flußsystem bildet der Murray mit seinen Nebenflüssen.

Klima: Im N und NO ist es tropischheiß und sommerfeucht; im SO warmgemäßigt, immerfeucht; im Landesinneren herrscht sommerheißes, winterkühles Trockenklima.

Vegetation: Dem Klima entsprechend findet sich trop. Regenwald an der NO-Küste, der nach W in Eukalyptussavanne übergeht. Im Outback gibt es v. a. Dornbuschformationen, Grassteppe und Salzbusch sowie Wüsten.

Tierwelt: In A. entwickelte sich eine eigenständige Fauna dank der erdgeschichtl. Isolation des Kontinents: v. a. Beuteltiere (Känguruh, Koala, Wombat), Kloakentiere (Ameisenigel, Schnabeltier), Vögel (Emu, Lachender Hans, Leierschwanz) sowie Reptilien (Giftschlangen, Warane). – Zu Bevölkerung, Wirtschaft, Verkehr und Geschichte ↑Australien (Staat).

Australien (amtlich Australischer Bund, amtlich englisch Commonwealth of Australia), Bundesstaat, der das Festland des Kontinentes ↑Australien, die

Australien

Fläche:	7 713 364 km²
Einwohner:	17,596 Mio.
Hauptstadt:	Canberra
Amtssprache:	Englisch
National-	
feiertag:	26. 1..
Währung:	1 Austral. Dollar ($A)=100 Cents (c)
Zeitzone:	MEZ + 7, 8 und 9 Std. (von W nach O)

Insel Tasmanien und kleinere Inselgruppen vor den Küsten umfaßt; er liegt zw. dem Indischen und dem Pazifischen Ozean und ist, abgesehen von dem Inselstaat Neuseeland im SO, nur über den Malaiischen Archipel im N anderen Staaten benachbart.

Staat und Recht: Bundesstaatl. parlamentar. Monarchie; *Verfassung* von 1901 (verfassungsmäßige Bindung an Großbrit. seit 1986 faktisch beseitigt). *Staatsoberhaupt* ist die brit. Königin, vertreten durch den von ihr ernannten Generalgouverneur. Die *Exekutive* übt der vom Generalgouverneur zum Premier-Min. berufene Führer der Parlamentsmehrheit mit seinem Kabinett aus. Die *Legislative* liegt beim Zweikammerparlament (Senat mit 76 auf 6 Jahre ernannten Mgl.; Repräsentantenhaus mit 148 für 3 Jahre gewählten Abg.). Regierungs*partei* ist seit 1983 die sozialdemokratisch orientierte Australian Labor Party, in der Opposition stehen die konservativ ausgerichteten Liberal Party und National Party.

Landesnatur: ↑Australien (Kontinent).

Bevölkerung: Rd. 95 % der Bevölkerung sind brit. Herkunft. Die rd. 260 000 Ureinwohner (Aborigines, ↑Australier) leben v. a. im N und im Zentrum, z. T. in Reservaten. ²/₃ des Erdteils sind äußerst dünn besiedelt, über 90 % der Gesamtbevölkerung le-

Staatsflagge

Staatswappen

1970 1992   1970 1992
Bevölkerung   Bruttosozial-
(in Mio.)   produkt je E (in US-$)

17,6   17260
12,6   6522

☐ Stadt   Land ☐

15%
85%

Bevölkerungsverteilung 1992

☐ Industrie
☐ Landwirtschaft
☐ Dienstleistung

30%   67%
3%

Bruttoinlandsprodukt 1992

Australien

ben im SO südlich der Linie New-castle–Adelaide. Es überwiegen christl. Religionsgemeinschaften (Anglikaner, Katholiken, Methodisten, Presbyterianer u. a.).

Wirtschaft, Verkehr: Schwerpunkt der Landwirtschaft ist Schaf- und Rinderzucht, da sich der größte Teil von A. nur für extensive Weidewirtschaft eignet. Im SO wird Weizen angebaut sowie Obst und Reben, längs der Küste v. a. Zuckerrohr. Dank des Reichtums an Bodenschätzen (Bauxit, Eisen-, Kupfer-, Blei-, Zink- und Nik-kelerze sowie Uran, Kohle, Erdöl, Schmucksteine) hat der Bergbau und die Ind. nach dem 2. Weltkrieg großen Aufschwung genommen. Ausgeführt werden Agrar- und Bergbauprodukte. Das Eisenbahnnetz hat eine Gesamtlänge von rd. 39 251 km, das Straßennetz von 840 000 km. Große Bedeutung hat der Schiffs- (Melbourne, Sydney, Freemantle) und Flugverkehr (Sydney, Melbourne, Adelaide).

Geschichte: Portugiesen erreichten A. wohl schon im 16. Jh. Erst J. Cook entdeckte 1770 die austral. O-Küste. Briten erforschten 1800 die noch unbekannten Küsten. Die Besiedlung von A. erfolgte ausschließlich von Großbrit. aus. An der austral. O-Küste wurden ab 1788 Sträflingskolonien angelegt; ab 1793 wanderten auch freie Siedler ein

(Einführung der Schafzucht). Zunächst wurden die südl. O-Küste und Tasmanien erforscht und besiedelt; in W-Australien entstanden die ersten Sträflingskolonien 1829, in S-Australien 1836. 1851 lösten Goldfunde eine große Einwanderungswelle aus. 1850 erhielten die Kolonien New South Wales, Victoria, Tasmania und South Australia eine fast uneingeschränkte Autonomie mit parlamentar.-demokrat. Verfassung, Queensland 1859, Western Australia 1890. Der staatl. Zusammenschluß der austral. Kolonien kam 1901 mit der Gründung des Austral. Bundes zustande. Die Teilnahme am 1. Weltkrieg an der Seite Großbrit. wirkte sich am folgenreichsten für A. durch den kriegsbedingten Aufbau einer leistungsfähigen eigenen Ind. aus. A. wurde Signatarmacht der Pariser Vorortverträge, trat als Voll-Mgl. in den Völkerbund ein und erhielt das Mandat über bisher dt. Kolonialgebiete; die brit. Empirekonferenzen bestätigten formell die von den Dominions erreichte Unabhängigkeit vom Mutterland. Im 2. Weltkrieg, in dem sich A. vollends zum Ind.staat wandelte, stand das Land in vorderster Front gegen Japan. Nach dem Verlust nahezu aller außeraustral. Positionen der Alliierten war A. zunächst letzter Rückhalt, dann Operationsbasis für die Gegenoffensive gegen Japan. Die Regierung der Labor

Australien.
Stirling-Range-Nationalpark nördlich von Albany, Südwestaustralien

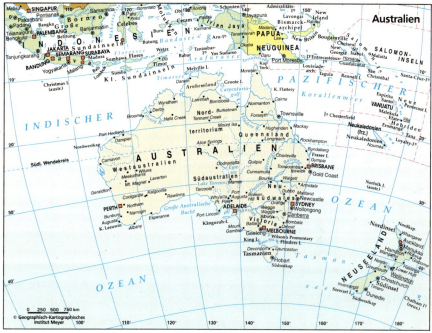

Party seit 1972 normalisierte die Beziehungen zur VR China; sie wurde 1975 von einer konservativen Koalition von Liberal Party und National Party unter J. M. Fraser abgelöst (1977 und 1980 bestätigt). Innenpolit. Schwierigkeiten wie hohe Arbeitslosigkeit, hohe Inflationsrate u. a. führten bei vorgezogenen Wahlen 1983 zu einem Sieg der Labor Party unter R. J. L. Hawke (bestätigt 1987 und 1990); 1991 wurde Hawke von P. Keating abgelöst, dessen Regierung die Wahlen von 1993 gewinnen konnte.

Australier, 1) die Bewohner Australiens.
2) die Ureinwohner (engl. Aborigines, Aboriginals) Australiens, rassisch zu den Australiden gehörend; urspr. Wildbeuter; wichtigste Waffen waren Speer, Speerschleuder, Parierschild sowie Keule (z. T. auch der Bumerang). Kleinste traditionelle gesellschaftl. Einheit ist die Horde, die mit den anderen Horden gleicher Sprache einen Stamm bildet. Weit verbreitet sind bzw. waren Totemismus und Initiation sowie mag. Kultpraktiken, um Jagdglück oder die Vermehrung des Wildes zu erreichen. Nur wenige A. leben noch in ihrer traditionellen Kultur.

Austrasien ↑Austrien.
Austreibung ↑Geburt.
Austria, lat. Name für Österreich.
Austrian Airlines [engl. ˈɔstrɪən ˈɛəlaɪnz], Abk. **AUA,** österr. Luftverkehrs-AG, Sitz Wien.
Austriazismus, österreichische Spracheigentümlichkeit, z. B. *Paradeiser* für *Tomate.*
Austrien (Austrasien) [»Ostreich«], Bez. für den östl. Reichsteil bzw. das östl. Teilreich des merowing. Fränk. Reiches.
austroasiatische Sprachen, Sprachengruppe mit einem urspr. zusammenhängenden Verbreitungsgebiet von NW-Indien bis zum Südchinesischen Meer. Bed. Gruppen sind die Mon-Khmer-Sprachen in Hinterindien und die Munda-Sprachen auf dem Indischen Subkontinent.

Austrofaschismus

Austrofaschismus, Bez. für eine österr. polit. Bewegung seit 1918, die sich auf den rechten Flügel der Heimwehren stützte; vom italien. Faschismus beeinflußt.

Austromarxismus, Bez. für die von der österr. Sozialdemokratie vor und nach dem 1. Weltkrieg entwickelte Sonderform des Marxismus, die ein den bes. Verhältnissen des Vielvölkerstaates angepaßtes evolutionäres Konzept vertrat.

Austronesier, Gruppe von Völkern, die austrones. Sprachen sprechen (Indonesier, Melanesier, Mikronesier, Polynesier).

austronesische Sprachen, Sprachengruppe, die von Madagaskar bis zur Osterinsel und nach Hawaii verbreitet ist. Gegliedert in die Gruppen der indones.-malaiischen, der polynes. und der melanes. Sprachen.

Austroslawismus, Bez. für die nat.-konservativen völk. Bestrebungen der Slawen, v. a. der Tschechen, in der Habsburgermonarchie (ab Mitte des 19. Jh.).

Ausverkauf, Warenverkauf zu herabgesetzten Preisen bei Aufgabe des gesamten Geschäftsbetriebes *(Totalausverkauf)*, einer Zweigniederlassung oder des Handels mit einer bestimmten Warengattung.

Auswanderung, freiwillige Aufgabe des Wohnsitzes im Heimatstaat durch Einzelpersonen, um sich dauernd oder für längere Zeit (mindestens ein Jahr) im Ausland niederzulassen. Als historisch bedeutsam ist A. in Europa erst seit dem 16. Jh. feststellbar, seit dem 19. Jh. statistisch zureichend erfaßt.

auswärtige Angelegenheiten, Beziehungen eines Staates zu anderen Staaten und zu internat. Organisationen; a. A. sind insbes. die Entsendung staatl. Repräsentanten ins Ausland und der Empfang ausländ. Repräsentanten, der Abschluß völkerrechtl. Verträge, die Betreuung eigener Staatsangehöriger im Ausland.

Auswärtiges Amt, Abk. **AA,** Bez. des für die auswärtigen Beziehungen zuständigen Ministeriums in der BR Deutschland.

Ausweispflicht, Pflicht aller in der BR Deutschland lebenden und der Meldepflicht unterliegenden Personen über 16 Jahre, einen Personalausweis oder einen Paß zu besitzen und ihn auf Verlangen einer Behörde vorzulegen.

Ausweisung, im Ausländerrecht Aufforderung zum Verlassen des Staatsgebiets, die gegenüber Ausländern ausgesprochen werden kann, die sich berechtigt im Geltungsbereich des Ausländergesetzes aufhalten; darf in der BR Deutschland nur bei Vorliegen bestimmter Gründe (z. B. bei Gefährdung der freiheitl. demokrat. Grundordnung oder der Sicherheit der BR Deutschland) ausgesprochen werden. Ausgewiesene sind zu unverzügl. Ausreise verpflichtet. Sofern sie dieser Pflicht nicht nachkommen, erfolgt ihre Abschiebung.

Auswuchten, Beseitigung einer an einem Drehkörper vorhandenen *Unwucht* (ungleichmäßige Massenverteilung in bezug auf die Drehachse). Beim *stat. A.* wird nur die exzentr. Lage des Schwerpunktes gegenüber der Drehachse beseitigt. Beim *dynam. A.* wird die abweichende Richtung der Hauptträgheitsachse von der Drehachse durch *Ausgleichsgewichte* oder *-bohrungen* korrigiert. Kfz-Reifen werden durch Bleigewichte am Felgenrand ausgewuchtet. Größe und Lage der auszugleichenden Unwucht werden mittels Auswuchtmaschinen festgestellt.

Auswurf (Sputum), Absonderung von Sekreten aus der Mundhöhle, den Luftwegen, der Lunge, dem Nasen-Rachen-Raum und den Nasennebenhöhlen.

Auswürflinge, bei Vulkanausbrüchen ausgeworfene Gesteinsbrocken, z. B. Lapilli, Bombe.

Auszehrung (Abzehrung, Kachexie), mit allg. Schwäche verbundener starker Kräfteverfall bei schweren chron. Krankheiten.

Auszubildender (bis zum Erlaß des Berufsbildungsgesetzes [BBiG] 1969 Lehrling), Abk. Azubi, Jugendlicher oder Erwachsener, der einen Ausbildungsberuf in Wirtschaftsbetrieben von Handwerk und Industrie, im öffentl. Dienst, freien Berufen, Landwirtschaft oder Haushalten erlernt. Neben der betriebl. Berufsbildung tritt Berufsschulunterricht (»duales System«). Das Berufsausbildungsverhältnis (Lehre, Lehrverhältnis) wird durch schriftl. Vertrag begründet; der Mindestinhalt und welche eventuellen Vereinbarungen im Vertrag nichtig sind, ist im BBiG geregelt. Dem A. dürfen nur Verrichtungen übertragen werden, die dem Ausbildungszweck dienen und den körperl. Kräften des A. angemessen sind; der Ausbildende (Lehrherr) hat für eine planmäßige, zeitlich und sachlich gegliederte betriebl. Ausbildung zu sorgen. Eine Freistellung zur Teilnahme am Berufsschulunterricht ist bis zur Vollendung des 18. Lebensjahres zwingend (weitergehende Regelungen z. T. in Tarifen). Die Vergütung wird in tarifl. Vereinbarungen geregelt. Die Ausbildungsdauer ist in der Ausbildungsordnung (↑Ausbildungsberufe) festgelegt (2–3 ¹/₂ Jahre, z. T. Stufenausbildung). Der Abschluß erfolgt durch die Gesellen-, Facharbeiter- oder Kaufmannsgehilfenprüfung.

Auszug, in der *Pharmazie* svw. ↑Extrakt.

Autarkie [griech.], 1) *Ethik:* die Selbstgenügsamkeit von einzelnen oder Gruppen gegenüber ihrer Umwelt. 2) in der Praxis nicht vorkommender Zustand einer *Volkswirtschaft,* die nicht am internat. Güter-, Faktor- und Dienstleistungsaustausch teilnimmt.

authentisch [griech.], vom Verfasser stammend, eigenhändig geschrieben; echt, glaubwürdig.

Autismus, Bez. für psychot. (meist schizophrene) Persönlichkeitsstörungen, die durch extreme Selbstbezogenheit und Insichgekehrtheit sowie durch phantastisch-traumhaftes, affektiv-impulsives Denken und Sprechen gekennzeichnet sind. – Als kindl. Verhaltensstörung *(frühkindlicher A.)* die völlige oder weitgehende Unfähigkeit, gefühlsmäßige Beziehungen zu anderen Menschen aufzunehmen; gilt heute als angeboren.

Auto, Kurz-Bez. für Automobil, svw. ↑Kraftwagen.

Auto [lat.-span.], 1) meist einaktiges geistl. Schauspiel des span. Theaters, aufgeführt an den Festtagen des Kirchenjahres. Seit Mitte des 16. Jh. entwickelte sich das einaktige allegor. *A. sacramental,* das am Fronleichnamstag auf Bühnenwagen (Carros) zur Erklärung und Verherrlichung der Eucharistie aufgeführt wurde. Seine Blüte hatte es bei Lope F. de Vega Carpio, Tirso de Molina und Calderón de la Barca.

2) in Spanien und Portugal feierl., religiöse und gerichtl. Handlung.

auto..., **Auto...** [griech.], Bestimmungswort in Zusammensetzungen mit der Bedeutung »selbst..., Selbst...«.

Autoaggressionskrankheiten (Autoimmunkrankheiten, Autoimmunopathien), Krankheiten, die auf einer Fehlsteuerung im Abwehrsystem des Organismus beruhen (die Abwehr richtet sich hier anstatt gegen körperfremde gegen körpereigene Stoffe *[Autoaggression]*).

Autobahnen, Schnellstraßen mit mehreren Fahrspuren und getrennten Fahrbahnen, die nur für Kfz von einer bestimmten Mindestgeschwindigkeit an (in der BR Deutschland 60 km/h) zugelassen sind; plankreuzungsfrei und ohne Ortsdurchfahrten trassiert; mit generellem Halte-, Wende- und Rückfahrverbot.

Das dt. *Autobahnnetz* umfaßt (1992) 10 955 km. Österreich besitzt (1991) A. mit einer Gesamtlänge von 1 405 km, das Netz der schweizer. A. (Nationalstraßen) hat (1991) eine Länge von 1 502 km.

Zu den Vorläufern der A. zählt die Berliner Renn- und Versuchsstrecke Avus (erbaut 1913–21). Die erste nur für den Kraftverkehr bestimmte Verkehrsstrecke Bonn–Köln wurde 1932 eröffnet. 1935 wurde der Abschnitt Frankfurt am Main–Darmstadt im Zuge der geplanten Reichs-A. Hansestädte–Frankfurt–Basel (HaFraBa) dem Verkehr übergeben.

Autobiographie, die literar. Darstellung des eigenen Lebens.

autochthon [griech.], alteingesessen, eingeboren, bodenständig; am Fundort entstanden (von Lebewesen und Gesteinen gesagt).

Autodafé [lat.-portugies.], öffentl. Verkündung und Vollstreckung eines von einem Inquisitionsgericht gefällten Urteils (Freispruch oder Tod durch Verbrennen).

Autodidakt [griech.], jemand, der sich ein bestimmtes Wissen ausschließlich durch Selbstunterricht angeeignet hat.

Autoerotik (Autoerotismus), Form des erotisch-sexuellen Verhaltens, das Lust am eigenen Körper, d. h. Trieberfüllung ohne Partnerbezug, zu gewinnen sucht (z. B. durch Masturbation).

285

Autofahrer-Rundfunk-Information, Abk. **ARI,** ↑Verkehrsfunk.

autogen, ursprünglich, selbsttätig, von selbst oder aus sich selbst entstehend.

autogenes Training [ˈtreːnɪŋ], Bez. für eine psychotherapeut. Methode der »konzentrativen Selbstentspannung«. Auf autosuggestivem bzw. autohypnot. Wege sollen durch stufenweise erlernbare Konzentrationsübungen auch die sonst nicht willkürlich beeinflußbaren Körperfunktionen und Körperempfindungen (z. B. Herzschlagfolge, Körperwärmeempfindung) verändert werden können, und zwar zum Zweck der Umschaltung von Körpergefühlen, des Ausgleichs von Spannungszuständen, der Lösung von Verkrampfungen, Linderung oder Beseitigung von Schmerzen, Schlafstörungen u. a.; auch Mittel zur Selbsterziehung.

Autogramm [griech.], eigenhändig geschriebener Name (einer bekannten Persönlichkeit).

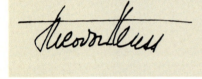

Autogramm
von Theodor Heuss

Autograph [griech.], vom Verfasser eigenhändig geschriebenes Schriftstück (heute auch authent. maschinenschriftl. Text), Manuskript.

Autographie [griech.], Druckverfahren, das über eine Vorlage (A.tinte auf Papier) auf Zink- oder Steinplatten umdruckt und wie die Lithographie arbeitet.

Autoimmunkrankheiten, svw. ↑Autoaggressionskrankheiten.

Autointoxikation, Selbstvergiftung des Organismus durch im Körper bei krankhaften Prozessen entstandene Stoffwechselprodukte, v. a. bei schweren Leber- oder Nierenkrankheiten.

Autokatalyse, chem. Vorgang, bei dem die neuentstehende Substanz selbst die Rolle des reaktionsbeschleunigenden Katalysators übernimmt.

Autokephalie [griech.], die Stellung einer orth. Nationalkirche mit eigener Jurisdiktionsgewalt unter dem Ehrenprimat von Konstantinopel.

Autokino, Freilichtkino auf parkplatzähnl. Gelände mit Großleinwand und Lautsprechern für die Autoinsassen.

Autoklav [lat.-frz.], druckfester, heizbarer Behälter für chem. Reaktionen unter erhöhtem Druck; zum Sterilisieren von. u. a. Lebensmitteln, Operationsgeräten, Nährböden.

Autokratie [griech.], Oberbegriff für alle Regierungsformen, in denen die uneingeschränkte Staatsgewalt in der Hand eines einzelnen Herrschers *(Autokrat)* liegt.

Autolyse [griech.], enzymatisch bedingte Selbstauflösung oder Selbstverdauung von Körpergewebe.

Automat [griech.], Vorrichtung, die vorbestimmte Handlungen nach einem Auslöseimpuls selbständig und zwangsläufig, unter Umständen auch überwacht und geregelt, auf mechan., elektr., hydraul., pneumat. Wege ablaufen läßt, z. B. *Waren-A.,* die nach Entsperrung durch Münzeinwurf Waren *(Getränke-A., Zigaretten-A.* u. a.) abgeben, *Münzfernsprecher, Spiel-A., Musikboxen.* Bes. Bedeutung kommt dem A. als Werkzeugmaschine zu (z. B. Dreh-, Fräs-, Bohr-, Schleif-A.). – In der *Kybernetik* wird auch jedes System, das Informationen aufnimmt, selbständig verarbeitet und abgibt, als A. bezeichnet.

Automatik [griech.], **1)** Vorrichtung, die einen durch bestimmte Auslöseimpulse eingeleiteten techn. Vorgang steuert und regelt und ihn automatisch ablaufen läßt; auch Bez. für den Vorgang der Selbststeuerung.
2) *Kraftfahrzeugtechnik:* svw. automatisches Getriebe (↑Getriebe).

Automation [griech.], svw. Automatisierung, auch der durch diese erreichte Zustand.

automatisch, selbsttätig, selbstregelnd, zwangsläufig.

automatischer Anrufbeantworter, Zusatzeinrichtung bei Fernsprechanlagen. 1. als Ansagegerät für Kurzmitteilungen an den Anrufer, gesprochen z. B. auf ein Endlos-Tonband, oder 2. in Kombination mit einem Sprachaufzeichnungsgerät (Tonbandgerät) für Mitteilungen des Anrufers.

automatische Waffen ↑Maschinenwaffen.

Automatisierung [griech.] (Automation), die Organisation techn. Vorgänge in einer Weise, daß der Mensch weder ständig noch in einem erzwungenen Rhythmus für ihren Ablauf unmittelbar tätig werden muß: Alle Prozesse (einschließlich ihrer Steuerung und Regelung) erfolgen selbsttätig. – I. e. S. versteht man unter A. die Umstellung eines manuellen Arbeitsablaufes auf automat. Betrieb. Durch die A. wird menschl. Arbeit eingespart oder qualitativ verbessert, der Mensch selbst physisch entlastet. Der Grad der A. hängt von dem techn. Entwicklungsstand, von der zu fertigenden Stückzahl und der ökonom. Zweckmäßigkeit ab.

Automatismen [griech.], in der *Biologie* Bez. für spontan ablaufende Vorgänge und Bewegungsabläufe (bei Organismen), die auf Grund von Stoffwechselprozessen zustande kommen und nicht vom Bewußtsein oder Willen beeinflußt werden. Die A. sind entweder angeboren (z. B. Herzschlag, Atmung, Instinkthandlungen), oder sie stellen erlernte Handlungsweisen dar (z. B. Gehen, Laufen). Die meisten A. werden

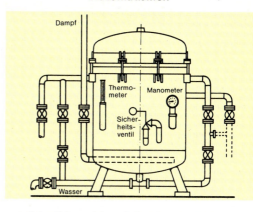

Autoklav. Dampfbeheizter Autoklav mit Druckwasserkühlung

zusätzlich reflektorisch beeinflußt (z. B. Erhöhung des Herzschlags). Oft laufen die A. rhythmisch ab, wobei der Rhythmus seinen Ursprung in einem *Automatiezentrum* hat. Solche als *Autorhythmien* bezeichnete A. sind störanfällig und können durch veränderte physiologische Bedingungen stark beeinflußt werden.

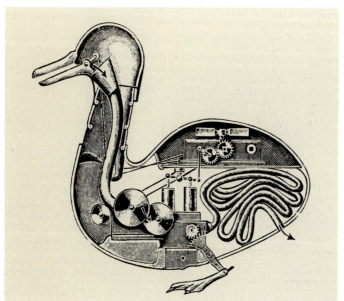

Automat. Künstliche Ente von Jacques de Vaucanson; um 1740

Automobil

Automobilclubs.
Oben: Automobilclub
von Deutschland ◆
Unten: Allgemeiner
Deutscher Automobil-
club

Automobil, svw. ↑Kraftwagen.

Automobilclubs, Vereinigungen von Kraftfahrern u. a. zur Ausübung des Motorsports, zur Durchsetzung verkehrspolit. Maßnahmen im Straßenverkehr, zur Verkehrserziehung, Pannenhilfe; z. T. sind A. Versicherungen und Reisebüros angegliedert. Bed. A. sind *Auto Club Europa* (ACE, 1966 gegr. für Mgl. des DGB), *Allg. Dt. Automobilclub* (ADAC, 1903 gegr.), *Automobilclub von Deutschland* (AvD, 1899 gegr., 1948 neu gegr.), *Automobil-Club der Schweiz* (ACS, 1898 gegr.) und *Österr. Automobil-, Motorrad- und Touring Club* (ÖAMTC, 1946 gegr.).

Automobilsport ↑Motorsport.

autonom [griech.], selbständig, unabhängig, nach eigenen Gesetzen lebend; speziell in der *Biologie* svw. nicht willkürlich beeinflußbar, durch innere Ursachen erfolgend.

Autonome Republik, in einigen Nachfolgestaaten der UdSSR existierende, nach dem Nationalitätenmerkmal gebildete Verwaltungseinheiten (eigensprachige Verwaltung, Schule und Presse); bis 1991 als *Autonome Sozialistische Sowjetrepublik* (Abk. ASSR) bezeichnet.

autonomes Nervensystem, svw. ↑vegetatives Nervensystem.

Autonomie [griech.], im *Recht* die Befugnis zur selbständigen Regelung der eigenen [Rechts]verhältnisse (z. B. Tarif-A.). Im *polit. Bereich* bezeichnet A. das Recht eines Staatswesens auf Selbstorganisation (Souveränität) oder kennzeichnet die rechtl. Stellung von Gliedstaaten in einem föderativen Staatsverband (Bundesstaat).

Autopilot, svw. ↑Flugregler.

Autopsie [griech.], in der *Medizin* die Leichenöffnung (↑Obduktion, ↑Sektion).

Autor [lat.], Urheber, Verfasser eines Werkes der Literatur, der bildenden Kunst, der Photographie oder der Musik (auch ↑Urheberrecht).

Autoradiographie, Methode zum Nachweis der lokalen Verteilung radioaktiver Nuklide, die auf der Schwärzung von speziellen Photoplatten durch deren radioaktive Strahlung beruht. Findet breite Anwendung in Medizin, Mineralogie, Biologie (↑Indikatormethode) und Chemie (↑Aktivierungsanalyse).

Autoreisezug, Reisezug aus Schnellzugwagen und Autotransportwagen; spezielle Verladebahnhöfe, Buchungspflicht.

Autorhythmie [griech.] ↑Automatismen.

Autorisation [lat.], Ermächtigung, Vollmacht.

autoritär [lat.-frz.], 1) *sozialpsycholog.* Fachausdruck zur Beschreibung einer Persönlichkeitsstruktur, die durch einen persönl. Macht- oder Überwertigkeitsanspruch gegenüber anderen charakterisiert ist.
2) in der *Geschichts-* und *Politikwissenschaft* Bez. für alle Regierungsformen, die den polit. Machtanspruch auf einen einzelnen Machtträger (Einzelperson, Komitee oder Partei) monopolisieren, ohne eine Kontrolle der Exekutive zuzulassen; z. B. Militärdiktaturen.

Autorität [lat.], in der *Soziologie* die soziale Relation, in der Personen und Institutionen innerhalb bestimmter Gruppenordnungen eine Führungs- oder Vorbildrolle übernehmen.

autoritativ [lat.], auf Autorität beruhend, maßgebend, entscheidend.

Auto sacramental ↑Auto (geistl. Spiel).

Autotransfusion (Eigenblutübertragung), 1) Notmaßnahme, v. a. bei großen Blutverlusten, zur Verringerung der Blutmenge im peripheren Kreislauf durch Hochlegen und Abbinden der Arme und Beine (Zusammendrängung der Blutmenge zum kleinen Kreislauf hin).
2) Übertragung eigenen Blutes, z. B. als Reizkörperbehandlung oder als Zuführung von Blut, das in größeren Mengen in Körperhöhlen (z. B. in der Bauchhöhle) vorgefunden wurde, ins Gefäßsystem. ↑Eigenblutbehandlung.

autotroph [griech.], sich selbständig ernährend, d. h. nicht auf organ. Stoffe angewiesen, sondern fähig, anorgan. Substanzen in körpereigene organ. Substanzen umzusetzen; von Pflanzen gesagt; Ggs. ↑heterotroph.

Autovakzine (Eigenimpfstoffe), Impfstoffe (Vakzine) aus antigenem Material, das aus dem Organismus des Patienten selbst, z. B. aus Eiterherden, stammt und diesem nach entsprechender Abschwächung bzw. Verarbeitung wieder injiziert wird.

Autoxidation (Autooxidation), Oxidation eines Stoffes durch molekularen Sauerstoff, die nur durch katalyt. Mitwirkung sauerstoffreicher Verbindungen des gleichen oder eines anderen Stoffes möglich ist.

Autun [frz. o'tœ̃], frz. Stadt in Burgund, Dép. Saône-et-Loire, 23 000 E. Museen; Handelszentrum. – Ruinen eines röm. Theaters, eines Amphitheaters, des »Janustempels«, von zwei röm. Stadttoren; Kathedrale Saint-Lazare. – Das röm. *Augustodunum*, Ende des 1. Jh. v. Chr. gegr., löste Bibracte als Hauptort der Äduer ab; spätestens ab 3. Jh. Bischofssitz.

Auvergne [frz. o'vɛrɲ], Landschaft (Region) in M-Frankreich, im Zentralmassiv bis 1 886 m hoch, 26 013 km², 1,32 Mio. E, Hauptstadt Clermont-Ferrand.

Geschichte: Von den Römern ben. nach den kelt. Arvernern; 475 westgotisch; 507 fränkisch; Lehnshoheit der frz. Krone über die A. ab 1189.

Auwald, svw. ↑Auenwald.

Auxerre [frz. o'sɛːr], frz. Stadt an der Yonne, 41 000 E. Verwaltungssitz des Dép. Yonne; Museen; Fayencenmanufaktur. Kathedrale (13.–16. Jh.) mit roman. Krypta (11. Jh.). – Vom 4. Jh. bis 1802 Bischofssitz.

Auxine [griech.] (Wuchsstoffe), organ. Verbindungen, die das Pflanzenwachstum fördern (↑Pflanzenhormone).

Aval [italien.-frz.], Bürgschaft, insbes. als Wechselbürgschaft; beim *A.kredit* (Bürgschaftskredit) stellt die Bank nicht Geld zur Verfügung, sondern verspricht, für den Kunden zu zahlen, wenn dieser seinen Verpflichtungen nicht nachkommt.

Avalanche-Effekt [frz. ava'lã:ʃ »Lawine«], bei Halbleitern (z. B. Avalanche- oder Referenzdioden) die lawinenartige Erhöhung der Ladungsträgerzahl an einer Sperrschicht auf Grund einer in Sperrichtung anliegenden Spannung.

Avalon (Avallon), in der kelt. Mythologie Ort, wo die verstorbenen Könige und Helden weilen (»Gefilde der Seligen«).

Avance [frz. a'vãːs], Vorsprung, Gewinn, Vorteil; Entgegenkommen.

Avantgarde [frz. a'vã:gard(ə)], die Vorkämpfer einer geistigen Entwicklung, bes. in Literatur oder Kunst.

Avaren, asiat. Nomadenvolk, ↑Awaren.

Avaricum, antike Stadt, ↑Bourges.

Ave [lat.], »sei gegrüßt«.

Avebury [engl. 'eɪvbərɪ, 'eɪbərɪ], Ort in der Gft. Wiltshire mit spätneolithisch-frühbronzezeitl. Kultstätten, die zu den eindrucksvollsten megalith. Anlagen in Europa gehören.

Aveiro [portugies. ɐ'vɐiru], portugies. Hafenstadt südl. von Porto, 29 000 E. Univ.; Fischerei, Seesalzgewinnung. Kathedrale (1464).

Avellaneda [span. aβeja'neða], argentin. Hafenstadt im Bereich von Groß-Buenos-Aires, 330 000 E. Größte Ind.-Stadt des Landes; Hafen.

Ave-Maria [lat. »Gegrüßet seist du, Maria«], Mariengebet der nichtprot. Kirchen, der »Englische Gruß« nach Luk. 1,28 und 1,42.

Avempace [avɛm'pa:tse] (arab. Ibn Badjdja), *Zaragoza Ende des 11. Jh., † Fes um 1138, islam. Philosoph, Mathematiker, Arzt, Musiktheoretiker. Hauptüberlieferer des ↑Aristotelismus im islam. Spanien.

Avenches [frz. a'vã:ʃ], schweizer. Bezirkshauptort im Kt. Waadt, nw. von Freiburg, 2 200 E. Die antike Ringmauer (5,6 km), das röm. Theater, Amphitheater sowie die mittelalterl. Stadtbefestigung sind z. T. erhalten. – Hauptort der kelt. Helvetier; wohl 73/74 röm. Kolonie *Aventicum;* 1536 bernisch, seit 1803 zum Kt. Waadt.

Aventin (Aventinus mons), einer der sieben Hügel Roms.

Aventiure [avɛn'tyːrə; altfrz.-mhd.], in der mhd. Literatur Bez. für ritterl. Bewährungsproben: Kämpfe u. a. mit Rittern, Drachen; auch Bez. für Handlungsabschnitt (z. B. im »Nibelungenlied«).

Aventurin (Avanturin) [roman.], Quarzvarietät, Schmuckstein.

Avenue [avə'nyː; lat.-frz.], städt. Prachtstraße.

Averroes [a'vɛroɛs] (arab. Ibn Ruschd), *Córdoba 1126, † ebd. 11. 12. 1198, arab. Philosoph, Theologe, Jurist und Mediziner. Verfaßte bed. Kommentare zu Aristoteles; lehrte die Ewigkeit der Welt und eine Einheit Gottes gegen die christl. Trinitätslehre *(Averroismus).*

Avers ['a:fərs], oberster Talabschnitt des Averser Rheins, eines rechten Neben-

COOH
|
CH₂

**Indolyl-
essigsäure**

Auxine

Aventurin

Amedeo Avogadro

Avignon
Stadtwappen

flusses des Hinterrheins, Schweiz. Von den Weilern ist *Juf* (2126 m ü. M.) die höchstgelegene Dauersiedlung Europas.
Avers [lat.-frz.], Vorderseite einer Münze oder Medaille. ↑Revers.
Aversion [lat. »das Sichabwenden«], gefühlsmäßige Abneigung, Widerwille.
Aversionstherapie, Form der Verhaltenstherapie, bei der unangenehme Reize eingesetzt werden, um unerwünschtes Verhalten zu verringern oder zu beseitigen; wird bei Erwachsenen u. a. zur Behandlung von Übergewicht, Rauchen, Alkoholismus, Exhibitionismus, bei Kindern u. a. bei Daumenlutschen, Bettnässen und Zornanfällen angewendet.
Aves [lat.], svw. ↑Vögel.
Avesta (Awesta; mittelpers. Apastak), die Sammlung der hl. Schriften des ↑Parsismus; in altiran. Sprache, dem Avestischen, zunächst nur mündlich tradiert und im 5. Jh. in der eigens dafür geschaffenen *A.schrift* aufgezeichnet. Das urspr. A. enthielt 21 *Nasks* (»Sträuße«, d. h. Bücher), ging jedoch während der islam. Eroberung Persiens weitgehend verloren; später durch einen mittelpers. Kommentar (»zand«) zum sog. *Zend-A.* ergänzt.
Avicenna [...'tsɛna] (arab. Ibn Sina), *Afschana bei Buchara um 980, † Hamadan 1037, pers. Philosoph und Arzt. Entwickelte in drei großen philos. Werken den Aristotelismus, speziell in seiner neuplaton. Fassung, weiter. Sein medizin. Handbuch »Kanon der Medizin« löste die Klostermedizin des lat. Westens durch wiss. Verfahren ab und war 700 Jahre lang bis zum Beginn moderner Medizin unbestrittene Autorität.
Avignon [frz. aviˈɲõ], frz. Stadt an der Mündung der Durance in die Rhone, 92000 E. Verwaltungssitz des Dép. Vaucluse; Museen, Festspiele. Handelszentrum, Flußhafen. Brücke (1177–85; 1669 bis auf vier Bögen zerstört), Stadtmauer (14. Jh.), festungsartiger Palast der Päpste (14. Jh.), roman. Kathedrale (12. Jh.). – 49 v. Chr. römisch; seit dem 5. Jh. Bistum, 1475–1801 und seit 1822 Erzbistum. 1309–76 Residenz der Päpste, päpstl. Univ. (1303–1791). 1797 französisch.
Avignonisches Exil [aviˈɲo...], in der Kirchengeschichte die Zeit von 1309 bis 1376, als die Päpste in Avignon residierten (↑Papsttum).
Ávila, Teresa de ↑Theresia von Ávila.
Ávila, span. Prov.-Hauptstadt in der Nordmeseta, 44600 E. Zentrum eines Agrargebiets. Mittelalterl. Befestigungsanlagen und Paläste; Kathedrale (Baubeginn nach 1091), roman. Kirche San Vicente (12.–13. Jh.), spätgot. Dominikanerkloster Santo Tomás (1482 ff.). – Seit 63 n. Chr. Bischofssitz; zeitweilig Residenz des kastil. Königshauses.

Avicenna.
Ausschnitt aus dem Titelblatt des »Kanun fi attibb« (15. Jh.; Bologna, Universitätsbibliothek)

Julius Axelrod

Avis [a'vi:(s); frz.], Nachricht, Ankündigung; allg. im Sinne einer Vorankündigung gebraucht.
avisieren [frz.], ankündigen.
a vista [italien. »bei Sicht«], Abk. a. v., bei Vorlage zahlbar (von einem Wechsel gesagt).

AWACS [engl. 'eɪwɛks], Abk. für **A**irborne early **w**arning **a**nd **c**ontrol **s**ystem (»fliegendes Frühwarn- und Kontrollsystem«), Bez. für ein in den USA entwickeltes militär., luftgestütztes (fliegendes) Frühwarn- und Einsatzführungssystem; Reichweite rd. 500 km in 9000 m Höhe.

Axel-Paulsen-Sprung.
Schematische Darstellung der Sprungphasen des einfachen Axel

Avocado [indian.-span.], Lorbeergewächs in M- und im nördl. S-Amerika, allg. in den Tropen, auch in S-Spanien und Israel angebaut; bis 20 m hoher, immergrüner Baum; Beerenfrüchte *(A. birne)* etwa faustgroß, birnenförmig, dunkelgrün bis braunrot, mit großem, bitterem Kern; Fruchtfleisch zucker- und sehr ölhaltig; wird gezuckert, gesalzen oder gepfeffert gegessen.
Avogadro, Amedeo, Graf von Quaregna und Ceretto, *Turin 9. 8. 1776, † ebd. 9. 7. 1856, italien. Physiker und Chemiker. Untersuchte u. a. die spezif. Wärme von Gasen, Flüssigkeiten und Festkörpern und die Atom- und Molvolumina chem. Substanzen.
Avogadro-Konstante [nach A. Avogadro], die Anzahl N_A der in einem Mol eines Stoffes enthaltenen Atome bzw. Moleküle: $N_A = 6,022045 \cdot 10^{23}$ mol^{-1}; oft als *Avogadrosche Zahl*, in der dt. Fachliteratur auch als *Loschmidt-Konstante* bezeichnet.
Avogadrosches Gesetz (Avogadrosche Regel) [nach A. Avogadro], physikal. Gesetzmäßigkeit: Gleiche Volumina idealer Gase enthalten bei gleicher Temperatur und gleichem Druck die gleiche Anzahl von Molekülen.
Avon [engl. 'eɪvən, 'ævən], **1)** (Upper Avon), linker Nebenfluß des Severn (England), mündet bei Tewkesbury, 155 km lang.
2) (Lower Avon), Fluß in SW-England, mündet bei Avonmouth in den Bristolkanal, 121 km lang.
Avus, Abk. für **A**utomobil-**V**erkehrs- und **Ü**bungs**s**traße, ↑Autobahnen.

Awaren (Avaren), asiat. Nomadenvolk, anthropologisch stark gemischt (mongolide neben europiden Typen), urspr. wohl in W-Turkestan ansässig. Von den Türken verdrängt, zogen sie im 6. Jh. n. Chr. nach W, besiegten im Bund mit den Langobarden die Gepiden (567) in Ungarn (Pannonien) und ließen sich an Donau und Theiß nieder, wo sie ein eigenes Reich errichteten, das nach der Niederlage (791–803) gegen Karl d. Gr. verfiel.
Awarisch ↑kaukasische Sprachen.
Awesta ↑Avesta.
AWO, Abk. für ↑**A**rbeiter**wo**hlfahrt e. V.
Axel-Paulsen-Sprung [nach dem norweg. Eiskunstläufer Axel R. Paulsen, *1855, † 1938], Kurz-Bez. Axel, im *Eis- und Rollkunstlauf* ein Sprung vorwärts von der Außenkante des linken Fußes; in der Luft werden die Arme ruckartig an den Körper gerissen, ehe der Läufer nach einer Umdrehung rückwärts laufend mit der Außenkante des rechten Fußes wieder auf dem Eis aufsetzt. Der Doppelaxel wird mit zwei, der dreifache Axel mit drei Umdrehungen gesprungen.
Axelrod, Julius [engl. 'æksəlrɔd], *New York 30. 5. 1912, amerikan. Neurochemiker. Arbeitete über die Bildung, Lagerung, Freisetzung und den Abbau von Adrenalin und Noradrenalin; Nobelpreis für Physiologie oder Medizin 1970 (zus. mit U. S. von Euler-Chelpin und B. Katz).
Axel Springer Verlag AG, dt. Medienkonzern, Sitz (seit 1967) Berlin; 1945 durch A. C. Springer gegr.; überregio-

Avocado.
Oben: Zweig mit Frucht ◆ Unten: Frucht im Längsschnitt

Azalee

nale (u. a. »Bild«, »Die Welt«, »Hamburger Abendblatt«) und regionale Tageszeitungen, Programmzeitschriften (u. a. »Hörzu«), Unterhaltungs- und Fachzeitschriften; Großdruckereien; Beteiligungen an Buchverlagen (u. a. Ullstein Langen Müller) und Privatfernsehgesellschaften (u. a. SAT 1).

Axenstraße, Alpenstraße über dem O-Ufer des Vierwaldstätter Sees, Schweiz.

axial [lat.], in Achsenrichtung, auf die Achse bezüglich.

Axiallager ↑Wälzlager.

Axiom [griech.], in (der griech.) Philosophie (Aristoteles) und Mathematik (Euklid) ein Grundsatz, der unmittelbar einleuchtet *(axiomat. Evidenz)* und seinerseits nicht weiter zu begründen ist; in diesem Sinn gilt das A. allg. als ein Satz, der weder beweisbar ist noch eines Beweises bedarf.

Axiometer [griech.], Ruderlagenanzeiger auf Schiffen.

Axjonow, Wassili Pawlowitsch, *Kasan 20. 8. 1932, russ. Schriftsteller. 1981 aus der Sowjetunion ausgebürgert, lebt seitdem in den USA; schrieb u. a. »Apfelsinen aus Marokko« (R., 1963), »Die Liebe zur Elektrizität« (R., 1971), »Die Insel Krim« (R., 1981).

Axon [griech.], svw. Nervenfaser (↑Nervenzelle).

Axonometrie [griech.], Darstellung räuml. Gebilde in der Ebene durch Parallelprojektion.

Axt, Werkzeug, bestehend aus einem keilförmigen Stahlblatt mit Schneide und Öse (Haube, Haus) zum Einstecken des hölzernen Stiels (Holm, Helm). Im Ggs. zum *Beil* (mit breiterer Schneide und kürzerem Stiel) wird die A. beidhändig geführt.

Ayacucho [span. aja'kutʃo], peruan. Dep.-Hauptstadt 320 km osö. von Lima, 79 800 E. Univ., ethnolog.-archäolog. Museum; Handelszentrum. Kolonialspan. Stadtbild mit über 30 Kirchen.

Ayatollah ↑Ajatollah.

Aydın [türk. 'aidɪn], türk. Stadt 90 km sö. von İzmir, 74 000 E. Handelszentrum, Tabakverarbeitung. Oberhalb von A. liegen die Ruinen des antiken *Tralles.*

Aymé, Marcel [André] [frz. ɛ'me], *Joigny (Yonne) 29. 3. 1902, † Paris 14. 10.

1967, frz. Schriftsteller. Schrieb derbhumorist. Romane (»Die grüne Stute«, 1933), auch Tiermärchen und die Komödie »Die Mondvögel« (1955).

Ayutthaya, Prov.-Hauptstadt in Thailand, 60 km nördl. von Bangkok, 52 000 E. Marktort, Flußhafen. Überreste des alten Ayutthaya sind u. a. der Tempel Vat Phra Ram (um 1369), Vat Phra Mahathat (um 1374), Vat Sri Sanpet (15. Jh.; mit drei großen Stupas), Vat Rajaburana (1424). – Ab 1350 Hauptstadt Siams; 1767 von den Birmanen zerstört.

Azaleen [griech.], Bez. v. a. für die als Topf- und Gartenpflanzen kultivierten, aus Ostasien stammenden Alpenrosen.

Azhar-Moschee [...z...] (Ashar-Moschee), Moschee in Kairo, verbunden mit einer Hochschule für Theologie und islam. Recht (um 1000 gegr.); bed. Hochschule der sunnit. Islam.

Azidose [lat.] (Acidose, Blutübersäuerung), Verschiebung des biolog. Säure-Basen-Gleichgewichtes in Blut und Geweben nach der sauren (azidot.) Seite; bei der *respirator. (atmungsbedingten) A.* besteht Überschuß von Kohlendioxid, z. B. bei verschiedenen Lungenkrankheiten; die anderen *metabolisch* en A. entstehen z. B. beim Versagen der Säureausscheidung durch die Niere oder kommen medikamentös durch Gaben von Ammonium- oder Calciumchlorid, durch den Verlust von alkal. Darmsaft bei Durchfällen zustande.

Azilien [azili'ɛ̃:; frz.], nach Funden bei Le Mas-d'Azil (Dép. Ariège) benannte jungpaläolith.-mesolith. Kultur (S-Frankreich, span. Küste).

Azimut [arab.], in der *Astronomie* der Bogen des Horizonts zw. dem Vertikalkreis eines Gestirns und dem Südpunkt, gezählt über Westen, Norden, Osten von 0° bis 360°.

Azimutalprojektion ↑Kartennetzentwurf.

Aznavour, Charles [frz. azna'vu:r], eigtl. Varenagh Aznavourian, *Paris 22. 5. 1924, frz. Schauspieler und Sänger armen. Abkunft. Komponierte und textete zahlr. Chansons; spielte u. a. in dem Film »Die Phantome des Hutmachers« (1982).

Azo- [griech.-frz.], Bez. der chem. Nomenklatur für die Atomgruppierung −N=N−.

H₃C—

Chamazulen, 7-Äthyl-1,4-dimethyl-azulen

Azulene

Azofarbstoffe, synthet. Farbstoffe, die Azogruppen, $-N=N-$, enthalten. Sie werden durch ↑Diazotierung und anschließende *Azokupplung* als Säure-, Dispersions-, Entwicklungs-, Direkt- und Reaktivfarbstoffe hergestellt.

Azoikum [griech.], ältester Abschnitt der Erdgeschichte, ohne Spuren von Lebewesen.

Azoren, autonome portugies. Inselgruppe vulkan. Ursprungs, sitzt dem Mittelatlant. Rücken auf, 2 314 km², bis 2 355 m hoch (im Pico Alto auf Pico), 245 000 E. Neun Inseln sind bewohnt; intensive agrar. Nutzung, Fremdenverkehr; US-Luftwaffenstützpunkt auf Terceira. – Um 1427 durch die Portugiesen entdeckt und ab 1432 besiedelt; 1980 Autonomiestatut.

Azorenhoch, im Gebiet der Azoren fast immer anzutreffendes Hochdruckgebiet, Teil des subtrop. Hochdruckgürtels; für das Wetter in Europa von großer Bedeutung.

Azorín [span. aθo'rin], eigtl. José Martínez Ruiz, *Monóvar bei Elche 11. 6. 1874, † Madrid 2. 3. 1967, span. Schriftsteller. Verfasser bed. essayistischer Schriften (»Auf den Spuren Don Quijotes«, 1905); auch Romane und Dramen.

Azteken, Indianervolk (Eigenname: Mexica) aus der Gruppe der Nahua-Völker, das zur Zeit der span. Eroberung weite Gebiete Mexikos beherrschte. Ihre Sprache, das Nahuatl, wird heute noch von den ↑Nahua gesprochen, die einen Teil der mexikan. Bevölkerung bilden.

Gesellschaft, Kultur und Religion: An der Spitze der Gesellschaft stand der in der Spätzeit fast absolute Herrscher; Offiziere und Beamte entstammten der Adelsschicht. Die Masse der Azteken waren Feldbauern, Händler und Handwerker; v. a. das Kunsthandwerk stand auf hoher Stufe. Die A. entwickelten eine Bilderschrift und eine auf astronom. Beobachtungen fußenden Kalender. Sie bauten Pyramiden, von Tempeln gekrönt. Den Göttern, bes. dem Sonnen- und Kriegsgott *Huitzilopochtli,* wurden Menschenopfer in großer Zahl dargebracht. Zu ihren eigenen Gottheiten übernahmen die A. auch Götter benachbarter oder früherer Kulturen, so von den Tolteken den *Quetzalcoatl;* die-

Azteken. Federschild mit Darstellung eines Koyoten

ser sollte dereinst aus dem Osten wiederkehren, so daß er zunächst mit den eindringenden Weißen identifiziert werden konnte.

Geschichte: Die A. wanderten im 13. Jh. n. Chr. in das Hochtal von Mexiko ein. Um 1325 gründeten sie ihre spätere Hauptstadt Tenochtitlán (die heutige Stadt Mexiko). Innerhalb von 100 Jahren erkämpften sie die Vormachtstellung in Z-Mexiko. Das aztek. Reich umfaßte bei der Landung von H. Cortés (1519) ein Gebiet, das vom Atlant. Ozean bis nach S-Mexiko und Guatemala reichte; es endete mit der Eroberung Tenochtitláns und der Gefangennahme des letzten Herrschers, Cuauhtémoc (13. 8. 1521).

Azuero, Península de [span. pe'ninsula ðe a'suero], Halbinsel im Pazifischen Ozean, begrenzt den Golf von Panama im W.; Hauptviehzuchtgebiet Panamas.

Azulejos [aθu'lɛxɔs; span.], bemalte, urspr. blaue Fayenceplatten für Innen- und Außenverkleidungen auf der Iber. Halbinsel.

Azulene [span.], blaue bis violette aromat. Verbindungen in pflanzl. äther. Ölen; entzündungshemmende Wirkung; z. B. das *Chamazulen* der Kamillenblüte oder der Scharfgabe.

Azteken. Basaltstatue der Göttin Coatlicue

Bb

B, 1) der zweite Buchstabe des Alphabets, im Griech. β (Beta).
2) (b) in der *Musik* Bez. für die durch b-Vorzeichnung erniedrigte 7. Stufe der Grundtonleiter C-Dur.
3) chem. Symbol für ↑Bor.
4) Abk. für ↑Bel.
Ba, chem. Symbol für ↑Barium.
B. A. [engl. 'bi:'ei], Abk. für **B**achelor of **A**rts (↑Bakkalaureus).
Baader, Franz von, *München 27. 3. 1765, † ebd. 23. 5. 1841, dt. kath. Theologe und Philosoph. Gewann mit seinem auf Gott bezogenen Erkenntnis- und Willensprinzip Einfluß u. a. auf die Naturphilosophie Schellings.
Baal (akkad. Bel), Bez. vieler syr.-palästin. Götter, v. a. Name des kanaanäischen Wettergotts. Lokale B.kulte gab es in Syrien, Phönikien und Palästina; ihnen v. a. galt der Kampf der altisraelit. Propheten des AT.
Baalbek, libanes. Stadt am W-Fuß des Antilibanon, 20 000 E. Dt. Ausgrabungen legten die Reste bed. röm. Tempel frei. Seit 1955 internat. Festspiele in den Ruinen. – In hellenist. Zeit *Heliopolis;* größte Blüte im 1.–3. Jh. n. Chr.; 673 von den Arabern erobert; 1260 von Mongolen zerstört.
Baar, in 700–800 m ü. M. zw. Schwarzwald und Schwäb. Alb liegende Hochfläche (Gäulandschaft).
Baarn, niederl. Gemeinde osö. von Amsterdam, 25 000 E. Botan. Garten; königl. Schlösser Soestdijk und Drakestein.
Baas [niederl.], *Seemannssprache:* Meister, Aufseher, Vermittler; *Heuer-B.,* Matrosenanwerber; *Schlaf-B.,* Logiswirt für Matrosen.
Baath-Partei ↑Bath-Partei.
BAB, Abk. für **B**undesautobahn.
Babel, Issaak Emmanuilowitsch [russ. 'babɪlj], *Odessa 13. 7. 1894, † (erschossen) 27. 1. 1940, russ. Schriftsteller. Schrieb »Die Reiterarmee« (En., 1926; dt. zuerst u. d. T. »Budjonnys Reiterarmee«); 1939 Verhaftung, 1957 rehabilitiert.
Babel, bibl. (hebr.) Name von ↑Babylon.
Bab el-Mandeb ↑Aden, Golf von.

Babelsberg, Ortsteil von Potsdam.
Babenberger, ostfränk., in männl. Linie 1246 ausgestorbenes Adelsgeschlecht; u. a. 976–1156 Markgrafen, 1156–1246 Hzg. der bayr. Ostmark (das spätere Österreich); errichteten eine vorbildliche Landesherrschaft.
Babesien (Babesia) [nach dem rumän. Pathologen Victor Babeş, *1854, † 1926], Gatt. 2–7 μm großer Protozoen, die in Säugetieren parasitieren. Die meist rundl. Einzeller dringen in die roten Blutkörperchen ein und verursachen dadurch verschiedene, u. a. durch Blutharnen gekennzeichnete Tierkrankheiten, die sog. *Babesiosen,* z. B. ↑Texasfieber. Die B. werden durch Zecken übertragen.
Babeuf, François Noël, gen. Gracchus B. [frz. ba'bœf], *Saint-Quentin 23. 11. 1760, † (hingerichtet) Vendôme 28. 5. 1797, frz. Revolutionär. Entwickelte sozialrevolutionäre Ideen (»Republik der Gleichen«), die auf den europ. Kommunismus wirkten.
Babi Jar, Schlucht im Norden Kiews, Ukraine, in der 1941 33 771 jüd. Männer, Frauen und Kinder von Angehörigen eines dt. Polizeibataillons ermordet wurden.
Babinski-Reflex, von dem frz. Neurologen Joseph Babinski (*1857, † 1932) entdeckter krankhafter Reflex: Beim Bestreichen des seitl. Fußsohlenrandes mit einem harten Gegenstand biegt sich die Großzehe nach oben; Zeichen für eine Schädigung der Pyramidenbahn.
Babismus, religiöse, aus dem schiit. Islam hervorgegangene Bewegung, 1844 in Iran von Saijid Ali Mohammed (*1819 [?], † 1859; gen. *Bab*) begründet. Seine Anhänger wurden in Iran blutig verfolgt oder vertrieben. Der B. lebt in der ↑Bahai-Religion fort.
Babits, Mihály [ungar. 'bɔbitʃ], *Szekszárd 26. 11. 1883, † Budapest 4. 8. 1941, ungar. Dichter. Verfaßte neben Gedankenlyrik Romane (u. a. »Halálfiai« [Söhne des Todes], 1927), Novellen, Essays.
Babuine [frz.] ↑Paviane.
Babur, *14. 2. 1483, † Agra 26. 12. 1530, ind. Herrscher. Nachkomme Dschingis-Khans und Timurs; Gründer des ind. Mogulreiches.
Baby ['be:bi, 'beɪbi; engl.], Säugling; saloppes Kosewort für Liebling.

Baby-bonds [engl. 'beɪbɪˌbɔndz] ↑Anleihen.

Babyjahr ['beːbi..., 'beɪbɪ...] ↑Rentenversicherung.

Babylon (hebr. Babel), Ruinenstadt im mittleren Irak, am alten Euphratlauf. Stieg unter Hammurapi um 1700 v. Chr. zum polit. und kulturellen Zentrum der vorderasiat. Welt auf; nach Zerstörung durch den Assyrerkönig Sanherib (689) neue Blütezeit im neubabylon. Reich der Chaldäer (626–539). Ausgrabungen 1899–1917 unter dem dt. Archäologen Robert Koldewey (* 1855, † 1925) legten die beiden neubabylon. Stadtteile frei (in Berlin, Museumsinsel), das nördl. Ischtartor, ebenso die Thronsaalfassade der S-Burg Nebukadnezars II., in der die »Hängenden Gärten der Semiramis« vermutet werden.

Babylonien, histor. Landschaft um den Unterlauf von Euphrat und Tigris (heute S-Irak bis etwa Bagdad); seit etwa 3000 v. Chr. Entstehung und Blüte bed. Städte der ↑Sumerer; um 2350 1. sumer. Großreich, gefolgt vom 1. semit. Großreich des Sargon von Akkad (um 2235–2094 v. Chr.); um 2047–1940 v. Chr. letztes sumer. Reich der 3. Dynastie von Ur; Großreich Hammurapis von Babylon (☒ 1728–1686); nach 1531 bis um 1155 Kassitenherrschaft; ab dem 10./9. Jh. unter assyr. Oberhoheit; Gründung des neubabylon. Reiches durch den Chaldäer Nabopolassar (☒ 626–605), das Nebukadnezar II. (☒ 605–562) bis nach S-Palästina ausdehnte (597 Eroberung, 587 Zerstörung Jerusalems und Deportation der Bevölkerung); die Eroberung Babylons (539) durch den Perserkönig Kyros II., d. Gr., machte der großen Zeit von B. ein Ende.

babylonisch-assyrische Religion, die Religion der Semiten Mesopotamiens. Im *Götterglauben* kannten sie eine kosm. Dreiheit, die der Himmelsgott Anu, Enlil, der Herr der Erde, und Ea, der Herr der Gewässer, bildeten, eine astrale Dreiheit, die aus dem Mondgott Sin, Schamasch, dem Sonnengott, und Ischtar, der Herrin des Morgen- und Abendsterns (auch Liebesgöttin) bestand. Die Babylonier setzten Marduk, den Stadtgott von Babylon, an die Spitze des Pantheons, die Assyrer Assur, den Gott ihrer Hauptstadt und ihres Rei-

ches. Im *Kult* trat die religiös bed. Stellung des Königtums hervor. *Wahrsagekunst* und *Beschwörungen* nahmen im tägl. Leben einen hervorragenden Platz ein. Die babylon. Mythen (Weltschöpfung, Sintflut) haben auf viele vorderasiat. Völker, auch auf die Juden, gewirkt.

Babylonische Gefangenschaft, svw. ↑Babylonisches Exil.

babylonische Kunst ↑altmesopotamische Kunst.

babylonische Literatur, die in sumer. und akkad. (v. a. babylon.) Sprache in Keilschrift geschriebene Literatur des alten Mesopotamien (schriftlich ab etwa 2000 v. Chr.). Gegen 1800 v. Chr. begann die akkad. Bearbeitung und Neufassung sumer. Dichtungen. In der Kassitenzeit (etwa 15.–12. Jh.) wurde die überlieferte Literatur in den Tempelbibliotheken Babyloniens systematisch gesammelt und zu Tafelserien zusammengefaßt, die in den neuassyr. Bibliotheken (v. a. Ninive) kanon. Geltung erlangten. – Mythen und Epen (z. B. um Schöpfung und Flut [»Atrachasis«]) gehören zum ältesten Bestand. Um Stadtkönige der frühdynast. Zeit (2800–2400) rankten sich sumer. Erzählungen, von denen eine Gruppe z. B. später im »Gilgamesch-Epos« zusammengefaßt wurde. Die Assyrer kannten v. a. polit. Literatur. Histor. Berichte gab es bereits in altsumer. königl. Bauinschriften und sog. Chroniken. Eine nur assyr. Gattung sind die Königsannalen. Zu den Lehrgedichten gehören babylon. Weltschöpfungsepos »Enuma elisch« und Streitgespräche. Sprichwörtersammlungen, Fabeln und Dichtungen liegen in kunstreicher Sprache vor.

babylonisch-assyrische Religion. Anbetung der Göttin Ischtar (Darstellung auf einem Rollsiegel des 8. Jh. v. Chr.)

Issaak Emmanuilowitsch Babel

Babylonischer Turm

Den größten Teil der Keilschriften bildet die religiöse Literatur i. e. S.: Neben Götterhymnen, Königshymnen, Gebeten, Klageliedern (Litaneien) die Beschwörungstexte.

Babylonischer Turm (Turm zu Babel), nach 1. Mos. 11 ein Bauwerk, das die Menschen aus Überheblichkeit bis zur Höhe des Himmels errichten wollten, dessen Vollendung Jahwe durch Verwirrung der Sprache seiner Erbauer verhinderte (Erklärungsversuch für die Entstehung der unterschiedl. Sprachen). Urbild des B. T. ist der Tempelturm Etemenanki des Mardukheiligtums (Esagila) von Babylon.

Babylonisches Exil (Babylonische Gefangenschaft), Zwangsverschleppung des größten Teils der Juden nach Babylon 597 und 587 v. Chr.; ab 538 durften die Juden in Schüben zurückwandern.

Babysitter [engl. ˈbeɪbɪsɪtə, ...zɪtə], Person, die kleine Kinder bei gelegentl. Abwesenheit der Eltern beaufsichtigt.

Bacchanalien [bax...; griech.-lat.], aus den Festen zu Ehren des Gottes Bacchus (Dionysos) im griech. Unteritalien entstandene geheime Feste kult. Vereinigungen mit rauschhaften, sexuellen Exzessen.

Bacchantinnen [bax...; griech.-lat.], Begleiterinnen des Gottes ↑Dionysos.

bacchantisch [bax...; griech.-lat.], ausgelassen, trunken, überschäumend.

Bacchelli, Riccardo [italien. bakˈkɛlli], *Bologna 19. 4. 1891, † Monza 8. 10. 1985, italien. Schriftsteller. Gedichte, Dramen, Novellen und v. a. [histor.] Romane. Bed. die Romantrilogie »Die Mühle am Po« (1938–40).

Bacchus [ˈbaxʊs] ↑Dionysos.

Bach, dt. Musikerfamilie des 17. und 18. Jh. Bed. Vertreter:

1) Carl Philipp Emanuel, *Weimar 8. 3. 1714, † Hamburg 14. 12. 1788, Komponist. Zweiter Sohn und Schüler von Johann Sebastian B.; 1741 Kammercembalist des Kronprinzen Friedrich von Preußen, 1768 Musikdirektor der fünf Hauptkirchen in Hamburg. Vertreter des empfindsamen Stils und des musikal. Sturm und Drang; schrieb u. a. 200 Klavierkompositionen, 50 Klavierkonzerte, 19 Sinfonien, geistl. und weltl. Kantaten.

2) Johann Christian, *Leipzig 5. 9. 1735, † London 1. 1. 1782, Komponist. Jüngster Sohn und Schüler von Johann Sebastian B.; ging 1756 nach Italien (1760 Organist am Mailänder Dom), 1762 als Opernkomponist nach London (»Mailänder oder Londoner Bach«). Seine Werke (u. a. 11 Opern, 90 Sinfonien, 40 Klavierkonzerte und zahlr. kammermusikal. Werke) verbinden italien. und frz. Elemente und folgen dem Zeitstil des Lieblich-Angenehmen.

Johann Sebastian Bach

3) Johann Sebastian, *Eisenach 21. 3. 1685, † Leipzig 28. 7. 1750, Komponist. Sohn des Eisenacher Ratsmusikers Johann Ambrosius B. (*1645, † 1695). B. war Stipendiat der Lüneburger Michaelisschule, 1703 Musiker u. Organist in Arnstadt, 1707 in Mühlhausen i. Thür., wo er im selben Jahr seine Cousine Maria Barbara B. (*1684, † 1720) heiratete. 1708 wurde er Organist und Kammermusiker am Hof der Hzg. von Sachsen-Weimar, sechs Jahre später auch Konzertmeister. 1717 ging er als Hofkapellmeister nach Köthen, wo er nach dem Tode seiner ersten Frau 1721 Anna Magdalena Wilcken (*1701, † 1760) heiratete. Ab 1723 war er »Director musices« und Thomaskantor in Leipzig.

Sein Werk ist Gipfel und Abschluß jener älteren musikgeschichtl. Epoche, die den Begriff der »absoluten Musik« noch nicht kannte, sondern von der Funktion der Musik im öffentl., kirchl. und geselligen Leben ausging. Gattungen, wie Konzert, Suite, Toccata, Orgelchoral, Kantate, Passion, die B. auf Höhepunkte geführt hat, dienten den realen

Bedürfnissen beim Gottesdienst, Staatsakt oder Vergnügen. Auch die kammermusikal. und kontrapunkt. [Studien]werke sind letztlich funktionale Musik im Dienste der Theologie, die mit der Anwendung naturgegebener und gestalteter Ordnung Gott als den Schöpfer von Ordnung preisen wollen. Vor dem Hintergrund solcher Vorstellungen entwickelt B. traditionelle Kompositionselemente weiter: Cantus firmus, Kontrapunktik, Zahlensymbolik und die musikal. Ausdeutung der zu vertonenden Texte. Erst seit seiner Wiederentdeckung (seit Ende des 18. Jh.) setzte sich die Erkenntnis durch, daß er trotz seiner in Tradition und Funktion gebundenen Musik Werke geschaffen hat, die aus ihrer zeitgeschichtl. Bezogenheit heraustreten und den Rang höchster Vollendung erreichen.

Werke: Orchesterwerke: 6 Brandenburg. Konzerte, 6 Konzerte für 1–3 Violinen, 4 Ouvertüren, Konzerte für 1–4 Klaviere. – *Kammermusik:* 6 Violinsonaten, 3 Sonaten und 3 Partiten für Violine solo, 6 Suiten für Violoncello, 3 Gambensonaten, Flötensonaten. – *Klaviermusik:* Zweistimmige Inventionen, Dreistimmige Sinfonien, Klavierstücke für Friedemann und Anna Magdalena B., Frz. Suiten, Engl. Suiten, 2 Teile Wohltemperiertes Klavier (1722 und 1744), 6 Sonaten für Pedalcembalo oder Orgel (nach 1727), 4 Teile Klavierübungen (u. a. 6 Partiten, Italien. Konzert, Goldbergvariationen), Musikal. Opfer (1747), Kunst der Fuge (1749/50). *Orgelwerke:* freie Orgelwerke, etwa 50 Präludien und Fugen, Toccaten, Fantasien, Passacaglien, Orgelchoräle, u. a. Partita über »Sei gegrüßet, Jesu gütig«, Orgelbüchlein, Achtzehn Choräle, Katechismus-Choräle (aus dem 3. Teil der Klavierübung, 1739), Kanon. Veränderungen über »Vom Himmel hoch«, 6 Schüblersche Choräle.

Vokalwerke (etwa 230 erhalten): 192 Kirchenkantaten, etwa 30 weltl. Kantaten, 7 Motetten, Magnificat (1723), Johannespassion (1724), Matthäuspassion (1729), Markuspassion (1731, verschollen), Weihnachtsoratorium (1734), h-Moll-Messe (1724 bis um 1747).

4) Wilhelm Friedemann, * Weimar 22. 11. 1710, † Berlin 1. 7. 1784, Organist und Komponist. Ältester Sohn von

Johann Sebastian B.; 1733 Organist in Dresden, 1746–64 in Halle. Seine Werke – bes. bed. ist die Klavier- und Kammermusik (u. a. Sonaten, Fantasien, Klavierkonzerte, Fugen für Klavier oder Orgel, Triosonaten) – werden dem musikal. Sturm und Drang zugeordnet.

Bacharach, Stadt am Rhein, Rheinl.-Pf., 2 400 E. Weinbau und -handel. Romanisch-frühgot. Sankt-Peters-Kirche, got. Wernerkapelle (ab 1293). Über B. die Burgruine Stahleck (heute Jugendherberge); Reste der Stadtbefestigung (14. Jh.).

Bache, weibl. Wildschwein.

Bachmann, Ingeborg, * Klagenfurt 25. 6. 1926, † Rom 17. 10. 1973, österr. Lyrikerin. Mgl. der »Gruppe 47«, die ihren ersten Gedichtband, »Die gestundete Zeit« (1953), auszeichnete; lebte u. a. in Rom; schrieb auch Hörspiele, Erzählungen, Libretti für H. W. Henze, Essays. 1964 Georg-Büchner-Preis. – *Weitere Werke:* Zikaden (Hsp., 1955), Anrufung des Großen Bären (Ged., 1956), Der gute Gott von Manhattan (Hsp., 1958), Das dreißigste Jahr (En., 1961), Malina (R., 1971).

Ingeborg Bachmann

Bachofen, Johann Jakob, * Basel 22. 12. 1815, † ebd. 25. 11. 1887, schweizer. Rechtshistoriker und Anthropologe. 1841 Prof.; beeinflußte mit der These, daß historisch das Matriarchat der patriarchal. Familienverfassung vorausgegangen sei (»Das Mutterrecht«, 1861), die moderne Sozialanthropologie und Ethnologie.

Bachstelze ↑Stelzen.

Bachtaran, (bis 1986 Kermanschah), Stadt im Sagrosgebirge, Iran, 560 500 E. Handelszentrum; Erdölraffinerie.

Bacillus ↑Bazillen.

Backbord [niederdt.], linke Schiffsseite (vom Heck aus gesehen).

Backe, svw. ↑Wange.

Backen, das Garen eines Teiges bei trockener Hitze im Backofen (Zubereitung von Brot, Kuchen, Gebäck). *Teigbereitung:* Das Mehl samt Zutaten wird zu einem Teig (Wassergehalt 40–50 %) durchgemischt; Brotteige bestehen meist nur aus Mehl, Wasser und Salz, während Teige für Feingebäck mit Milch, Fett, Zucker, Eiern u. a. zubereitet werden. *Teiglockerung* durch Kohlendioxidentwicklung im Teig vor dem B.

Backsteinbau. Fassade (um 1430) und Süd-
flügel (um 1480) des Tangermünder Rathauses

(»Gehenlassen des Teiges«) und beim B.
im Ofen. Treibmittel: Hefen, Sauerteig,
Backpulver oder Hirschhornsalz.
Backenfutter, Vorrichtung zum Ein-
spannen eines Werkstücks in Werkzeugmaschinen.
Backfisch, halbwüchsiges Mädchen.
Backgammon [engl. bæk'gæmən], altes, in England bereits im MA verbreitetes Würfelspiel; in Frankreich *Tricktrack,*
in Deutschland *Puff.*
Background [engl. 'bækgraʊnd »Hintergrund«], **1)** im *Jazz* Bez. für den
Klanghintergrund des Ensembles, vor
dem der Solist improvisiert.
2) beim *Film* Bez. für eine Filmprojek-
tion oder ein stark vergrößertes Photo
als Hintergrundkulisse.
3) im übertragenen Sinn Bez. für [gei-
stige] Herkunft, [finanzieller] Hintergrund; Milieu; Berufserfahrung und
-kenntnisse.
Backhaus, Wilhelm, *Leipzig 26. 3.
1884, † Villach 5. 7. 1969, dt. Pianist.
Bed. v. a. als Beethoven- und Brahms-
Interpret.

Backnang, Stadt an der Murr, Bad.-
Württ., 31 900 E. Zentrum des dt. Ger-
bereigewerbes. Romanisch-got. Stadtkirche, Rathaus (17./18. Jh.).
Backofen, Anlage zum Backen von
Brot, Brötchen, Feingebäck u. a.; Be-
heizung früher mit Holz und Kohle,
heute mit Dampf, Gas, Heizöl, elektr.
Energie, Heißluft, Infrarot- und Mikro-
wellenstrahlung; Arbeitsprinzip absatz-
weise oder fortlaufend. Gebräuchl.
Stein-B. sind der *deutsche B.* (mit direkter
Holzbeheizung) und der *Kanal-B.* (mit
indirekter Heizung). Bei *Stahl-B.* um-
strömen heiße Verbrennungsgase die
stählerne Backkammer. In *Dampf-B.*
dienen dampfbeheizte Rohre, in *Elek-
tro-B.* elektr. Heizstäbe als Wärme-
quelle. Großbäckereien und Brotfabri-
ken arbeiten z. B. mit *Netzbandöfen,*
wobei das Backgut auf Förderbändern
verschiedene Temperaturzonen des B.
durchläuft (kontinuierl. Betrieb), oder
mit *Etagenöfen* mit mehreren Backräu-
men übereinander.
Backoffen (Backofen), Hans, *Sulzbach
(wahrscheinlich bei Aschaffenburg) zw.
1470 und 1475, † Mainz 21. 9. 1519, dt.
Bildhauer. Schuf die spätgot. Grabmäler

im Mainzer Dom für die Erzbischöfe Berthold von Henneberg († 1504), Jacob von Liebenstein († 1508) und Uriel von Gemmingen († 1514).

Backpulver, zur Teiglockerung dienende Stoffgemische, die Kohlendioxid beim Backen abspalten.

Backsteinbau, im Mauersteinverband aus Mauerziegeln (Backsteinen) hergestellter Bau, der entweder roh belassen bzw. mit glasierten Ziegeln verkleidet oder verputzt wird. – Bauten mit gebrannten Ziegeln sind seit dem 3. Jt. belegt (Uruk, Harappakultur), ebenfalls Zinnglasur (↑Fayence). Der B. ist bei Etruskern und den Römern häufig (mit Steinplatten verkleidet), dann im ganzen byzantin. Einflußbereich (Ravenna, Kiew). Im MA in der Lombardei, in den nördl. Niederlanden, Dänemark und bes. in Norddeutschland, wo er sich zur (norddt.) *Backsteingotik* entwickelte (Bad Doberan, Chorin, Lübeck, Ratzeburg, Stralsund, Schwerin, Danzig, Tangermünde). Der B. wurde im 19. Jh. (K. F. Schinkel) und 20. Jh. wieder aufgegriffen (P. Behrens).

Bacon [engl. 'beɪkən], **1)** Francis, Viscount Saint Albans (seit 1620), * London 22. 1. 1561, † Highgate bei London 9. 4. 1626, engl. Philosoph, Schriftsteller und Politiker. In seinem wiss. Werk begründete B. die Notwendigkeit einer rational geplanten *Empirie,* die den Zufall bei der Vermehrung der wiss. Erkenntnisse ausschalten sollte.
2) Francis, * Dublin 28. 10. 1909, † Madrid 28. 4. 1992, engl. Maler. Seine Themen sind der im Raumkäfig gefangene Mensch und die Deformierung des beschädigten Menschen.
3) Roger, * in oder bei Ilchester (Somerset) um 1214/19, † Oxford (?) um 1292, engl. Theologe und Naturphilosoph. Lehrte 1241–46 in Paris aristotel. Naturphilosophie; galt als »doctor mirabilis« (bewundernswürdiger Lehrer) der mittelalterl. Erfahrungswissenschaft.

Bacon [engl. 'beɪkən], leicht durchwachsener, gesalzener, angeräucherter Speck.

Bad, 1) Kurz-Bez. für einen staatl. anerkannten Kurort.
2) neben dem *Reinigungsbad* (Wannenbad) dienen die medizin. Bäder und das Baden in Heilquellen therapeut. Zwekken. Allgemeinen gesundheitl. Wert ha-

ben auch das Luft- und bedingt das Sonnenbad, das Heißluft- und Dampfbad sowie das Bad (Baden und Schwimmen) in Flüssen, Seen, im Meer oder im Schwimmbad.

Badajoz [span. baða'xɔθ], span. Prov.-Hauptstadt am Guadiana, 126 300 E. Zentrum des Guadianabeckens. Reste der maur. Stadtmauer, Kathedrale (1258 ff.), Brücke von 1596.

Badari, Al, bed. neolith. Gräberfeld im mittleren Ägypten, 10 km südlich von Abu Tig (um 4000 v. Chr.).

Bad Aussee, österr. Marktgemeinde sö. von Salzburg, Steiermark, 5 000 E. Solbad, Glaubersalzquelle. Pfarrkirche (13., 15. und 17. Jh.), Heiliggeistkapelle (14. Jh.).

Bad Bentheim, Stadt im südl. Emsland, Ndsachs., 14 400 E. Thermalsole- und Schwefelheilbad, Spielbank. Größte Schloßanlage Niedersachens, im Schloß das Kruzifix »Hergott von B.« (wohl 12. Jh.).

Bad Bergzabern, Stadt am W-Rand des Oberrhein. Tieflandes, Rheinl.-Pf., 6 200 E. Kneipp- und heilklimat. Kurort. Schloß (16. Jh.), Renaissancehäuser.

Bad Berleburg, Stadt, Luft- und Kneippkurort am Rothaargebirge, NRW, 20 700 E. Schloß (13. bis 18. Jh.).

Bad Blankenburg, Stadt und Luftkurort im Schwarzatal, Thür., 10 000 E. Fröbelmuseum; Ruine Greifenstein (13. und 14. Jh.). – 1837 gründete F. Fröbel hier den ersten Kindergarten.

Bad Boll, Ortsteil von ↑Boll.

Bad Buchau, Stadt am Federseeried, Bad.-Württ., 4 000 E. Federseemuseum; Moorheilbad. Klassizist. Stadtpfarrkirche (1773 ff.).

Bad Cannstatt ↑Stuttgart.

Bad Doberan, Kreisstadt im nördl. Mecklenburg, Meckl.-Vorp., 12 500 E. Eisenhaltige Quellen, Moorbad; nahebei das älteste dt. Ostseebad *Heiligendamm* (gegr. 1793). Hochgot. Klosterkirche (bed. Backsteinbau, 1294 bis 1368). – Beim Zisterzienserkloster Doberan (gegr. 1171) entwickelte sich nach 1218 ein Markt; Stadtrecht 1879.

Bad Dürkheim, Kreisstadt am Abfall der Haardt, Rheinl.-Pf., 15 400 E. Naturkundliches Museum der Pfalz; Weinbau, Arsensolquelle; Spielbank. Stadtpfarrkirche mit 3 Chören (14. Jh.), klas-

Francis Bacon

sizist. Kirche Sankt Ludwig (1828). Im Ortsteil *Ungstein* Ruinen eines röm. Landgutes mit 2 Traubentretbecken im Kelterhaus. Auf dem Kästenberg ein kelt. Ringwall (sog. *Heidenmauer*), z. T. zerstört durch den röm. Steinbruch *Kriemhildenstuhl.* – Seit 1360 Stadt genannt; der Michelsmarkt (erstmals 1417 nachweisbar) ist als »Wurstmarkt« erhalten geblieben.

Bad Dürrheim, Stadt und Solbad auf der Baar, Bad.-Württ., 10 500 E. Schwäbisch-alemann. Narrenmuseum.

Bad Ems, Stadt und Staatsbad an der Lahn, Rheinl.-Pf., 9 800 E. Verwaltungssitz des Rhein-Lahn-Kreises; Mineralheilbad. Romanische Pfarrkirche (12. Jh.), spätklassizist. Stadtbild.

Baden, 1) niederösterr. Bezirkshauptstadt, ssw. von Wien, 24 000 E. Rheuma-Forschungsinstitut, Schwefelthermalquellen. Spätgot. Stadtpfarrkirche (1477), klassizist. Hofkirche, Dreifaltigkeitssäule (1714–18); Rathaus (1815). – Als *Aquae* bereits in röm. Zeit vielbesuchter Badeort; 869 karoling. Pfalz; 1480 Stadt.

2) Bezirkshauptort im schweizer. Kt. Aargau, nw. von Zürich, 15 700 E. Schwefel-Kochsalz-Quellen. Reste eines röm. Theaters; urspr. got., klassizist. erneuerte Pfarrkirche, Rathaus (Ende 15. Jh.; 1706 erweitert), spätgot. Landvogteischloß (1487–89), Ruinen der Burg Stein. – Röm. Bad *Aquae Helveticae.* Seit 1291 habsburgisch, 1415 von den eidgenöss. Orten erobert.

3) histor. Land am Oberrhein, heute Teil von Baden-Württemberg. – Die Zähringer, seit 1112 Markgrafen von B., besaßen im 12. Jh. u. a. die Gft. im Breisgau und in der Ortenau. Gebietszuwachs und eine straffe Verwaltung machten B. im 15. Jh. zu einem bed. Staat am Oberrhein. Durch die Teilung 1535 entstanden die beiden Kleinstaaten der kath. Linie Baden-Baden und der ev. Linie Baden-Durlach. Karl Friedrich (⚭ 1738/46–1811) vereinigte 1771 die Markgft. wieder. Das Großhzgt. B. (seit 1806) erhielt eine neue Regierungs- und Verwaltungsorganisation und 1810 das Bad. Landrecht nach frz. Vorbild. Im April und Sept. 1848 kam es zu Aufständen (F. Hecker, G. Struve) und im Mai 1849 zur Revolution, die von preuß. Truppen niederge-

Baden
(bei Wien)
Stadtwappen

Baron Robert Stephenson Smyth Baden-Powell

Baden-Württemberg
Landeswappen

schlagen wurde. Im Herbst 1945 erfolgte die amerikan. Anordnung der Bildung von Württemberg-B.; der S konstituierte sich als Land Baden. Nach der Volksabstimmung vom 6. 12. 1951 ging B. am 25. 4. 1952 in Bad.-Württ. auf.

Baden-Baden, Stadt an der Oos, im nördl. Schwarzwald, Bad.-Württ., 51 900 E. Hauptquartier der frz. NATO-Truppen in der BR Deutschland; alljährlich internat. Rennwoche in Iffezheim; Thermalquellen, Spielbank. Pfarrkirche Unserer Lieben Frau, über röm. Thermen 1453–77 errichtet; Schloß Hohenbaden (12.–15. Jh.). Neues Schloß mit spätgotischen Teilen, an der O-Seite ein Renaissancepalast (1573–75) Zisterzienserinnenabtei Lichtental (1245 gegr.) mit einer Kirche (14. und 15. Jh.) über roman. Fundamenten. – Im 1. Jh. n. Chr. röm. Bad *Aquae (Aquae Aureliae),* durch die Alemannen im 3. Jh. zerstört. Unterhalb der Burg Hohenbaden entwickelte sich eine Siedlung Baden, seit dem frühen 14. Jh. Badeort, bis 1700 Residenz der bad. Markgrafen. Im 19. Jh. internat. Badeort; seit 1931 Baden-Baden.

Baden-Powell, Robert Stephenson Smyth, Baron [engl. ˈbeɪdnˈpəʊɛl], *London 22. 2. 1857, † Nyeri (Kenia) 8. 1. 1941, brit. General. Gründete die Jugendorganisation der Boy-Scouts (1907/08); Leiter der internat. Pfadfinderorganisation.

Badenweiler, Gemeinde am W-Rand des S-Schwarzwalds, Bad.-Württ., 3 500 E. Thermalquellen; im Kurpark Reste einer römischen Badanlage, Belvedere (1811) und Badhaus (1851–53).

Baden-Württemberg, Bundesland im SW der BR Deutschland, 35 751 km², 9,89 Mio. E, Hauptstadt Stuttgart. B.-W. hat im W Anteil am Oberrhein. Tiefland, dessen O-Rand vom Schwarzwald (Feldberg 1 493 m) und Kraichgau gesäumt wird sowie vom Odenwald, dessen südl. Teil badisch ist. Nach O folgen die Gäulandschaften. Sie sind, wie auch die Schwäb. Waldberge, Teil des südwestdt. Schichtstufenlandes mit dessen markantester Stufe, der Schwäb. Alb (Lemberg 1 015 m). Südlich der Donau hat B.-W. Anteil am Alpenvorland und Bodensee. Rd. 45 % der Bevölkerung sind kath., 41 % ev., B.-W. verfügt über neun Universitäten.

Baden-Baden.
Blick auf die im Talkessel der Oos eingebettete Stadt; in der Bildmitte die Pfarrkirche Sankt Peter und Paul (13. Jh., 1453–77 ausgebaut)

Die Landwirtschaft zeichnet sich durch Sonderkulturen aus: u. a. Weinreben, Tabak, Spargel, Hopfen, Obst; bed. Milchviehhaltung, v. a. im Allgäu. Trotz geringer Bodenschätze (Steinsalz, Erdöl) finden sich hochentwickelte Industrien in den Räumen Stuttgart, Mannheim–Karlsruhe, Ulm und Heilbronn; außerdem regionale Spezialisierungen, u. a. die traditionelle Uhrenfabrikation im S-Schwarzwald, die Schmuck-Ind. in Pforzheim. Wegen Waldreichtum, zahlr. Heilquellen und Wintersportmöglichkeiten ist der Fremdenverkehr von großer Bedeutung.

Geschichte: 1945–47 ließen die Besatzungsmächte auf dem Gebiet von Baden und Württemberg die Länder Württemberg-Baden (US-Zone) sowie Württemberg-Hohenzollern und (S-)Baden (frz. Zone) errichten. Eine am 6. 12. 1951 abgehaltene Volksabstimmung brachte 69,7 % für den Südweststaat (in S-Baden 62,2 % für das alte Land). Die im März 1952 gewählte Verfassunggebende Landesversammlung von B.-W. wählte R. Maier (FDP) zum Min.-Präs. und schuf die Verfassung vom 11. 11. 1953; Min.-Präs. waren: seit 1953 G. Müller (CDU), seit 1958 K. G. Kiesinger, seit 1966 H. Filbinger, seit 1978 L. Späth und seit 1991 E. Teufel (seit 1992 in einer Regierungskoalition mit der SPD).

Bäderkunde, svw. ↑Balneologie.
Bad Frankenhausen/Kyffhäuser, Stadt am Kyffhäuser, Sa.-Anh., 9 100 E. Kindersolbad. Barocke Kirchen (1701 bzw. 1750), Schloß (17. Jh.), Fachwerkhäuser, Bauernkriegsgedenkstätte mit Panoramagemälde von W. Tübke; nahebei die Barbarossahöhle.
Bad Freienwalde/Oder, Kreisstadt am W-Rand des Oderbruchs, Brandenburg, 11 200 E. Oderlandmuseum; Eisen- und Moorheilbad. – 1364 Stadt.
Bad Friedrichshall, Stadt an der Mündung von Kocher und Jagst in den Nekkar, Bad.-Württ., 12 000 E. Salzbergwerk; Kindersolbad.
Bad Füssing, Gemeinde am Inn, Bayern, 5 500 E. Schwefelhaltige Thermalquelle.
Bad Gandersheim, Stadt im sw. Harzvorland, Ndsachs., 11 500 E. Mineralquellen; jährl. Domfestspiele. Münster (1060–90; ehem. Stiftskirche), Michaelskapelle (12. Jh.), Renaissancerathaus.
Badgastein, größtes österr. Heilbad, Bundesland Salzburg, 5 600 E. Forschungsinstitut für Balneologie; 18 radonhaltige Thermalquellen; Spielkasino. Heilstollen im Ortsteil *Böckstein.* – Die Entwicklung zum Weltbad begann mit dem Bau des Hauses Meran (1828) durch Erzhzg. Johann.
Bad Godesberg ↑Bonn.
Bad Grund (Harz), Stadt im westlichen Harz, Ndsachs., 3 000 E. Moor- und

Bad Hall

Solbad, Erzbergbau; nahebei die Iberger Tropfsteinhöhle.

Bad Hall, oberösterr. Marktgemeinde südl. von Linz, 4100 E. Institut für Jodforschung. Stärkste Jod-Brom-Solquellen M-Europas.

Bad Harzburg, Stadt am N-Rand des Harzes, Ndsachs., 24000 E. Akademie für Führungskräfte der Wirtschaft; Thermalsole und Schwefelquelle.

Bad Hersfeld, hess. Stadt, Staatsbad an der Fulda, 30300 E. Verwaltungssitz des Landkreises Hersfeld-Rotenburg; Mineral- und Moorbäder; jährl. Festspiele in der Stiftsruine; Elektro-, Maschinenbau- u.a. Industrie. Königspfalz (11. Jh.), Stiftskirche (Ruine einer sal. Basilika, 1037/38), Rathaus (Weserrenaissance, 1597); Stadtmauern, Steinhäuser und Fachwerkhäuser (15.–18.Jh.). – Nach 769 gründete Erzbischof Lullus von Mainz die Benediktinerabtei, bei der eine Siedlung entstand (seit 1170 als Stadt bezeichnet).

Bad Homburg v. d. Höhe (vor der Höhe), hess. Stadt, Staatsbad am Taunus, 51800 E. Verwaltungssitz des Hochtaunuskreises; Sitz mehrerer Bundesbehörden, Schloßmuseum, Spielbank. Sol- und Stahlbad. Friedrichsburg (1680–95), Schloßkapelle (1758 umgestaltet), Brunnen-Kursaal, heute Spielkasino (1838). – 2 km nw. auf dem Bleibiskopf Ringwall der Urnenfelderkultur; Besiedlung in röm. und in fränk. Zeit; kurmäßiger Gebrauch der Brunnen seit 1834, Errichtung einer Spielbank 1841.

Bad Honnef, Stadt am Rhein und am Fuß des Siebengebirges, NRW, 22700 E. Mineralheilbad. Spätgot. Pfarrkirche (um 1500).

Badings, Henk, *Bandung (Java) 17. 1. 1907, † Maarheeze (Prov. Nordbrabant) 26. 6. 1987, niederl. Komponist. Entwicklung von einer spezif. niederl. gefärbten Nachromantik bis zur Komposition elektron. Musik.

Bad Ischl [ˈɪʃəl], oberösterr. Stadt, Heilbad im Salzkammergut, 13000 E. Geolog. Forschungsanstalt der Österr. Salinen; Sole, Glaubersalz- und Schwefelquellen. Ehem. Villa Kaiser Franz Josephs I., im Biedermeierstil.

Bad Karlshafen, hess. Stadt an der Mündung der Diemel in die Weser, 4200 E. Dt. Hugenottenmuseum; Solbad. Bed. barocke Stadtanlage mit Hafen. Nahebei die Ruine Krukenburg.

Bad Kissingen, bayr. Staatsbad an der Fränk. Saale, 21300 E. Verwaltungssitz des Landkreises Bad Kissingen; Mineral- und Moorbäder. Kurhaus (1738 und 19. Jh.); frühklassizistische Stadtpfarrkirche (1772 ff.).

Bad Kösen, Stadt an der Saale, Sa.-Anh., 6300 E. Solbad mit Gradierwerk (seit 1780); Puppenfabrik (ehem. Käthe Kruse).

Bad Kreuznach, Kreisstadt und Heilbad an der Nahe, Rheinl.-Pf., 41100 E. Museum; Maschinen-, Apparate-, Wohnwagenbau; Radon-Solbad. Nahebrücke (1311) mit Brückenhäusern; frühgot. ehem. Karmeliterkirche (Weihe 1308). – Röm. Siedlung; in fränk. Zeit gerichtl., administrativer und kirchl. Mittelpunkt mit einer Pfalz, um 1235 Stadtrechte.

Bad Laasphe [...fə], Stadt im Wittgensteiner Land, NRW, 14300 E; Metall- und holzverarbeitende Ind.; Kneipp-Heilbad. – Roman. Pfarrkirche (um 1200); Schloß Wittgenstein (v. a. 17. und 18.Jh.).

Badlands [engl. ˈbædlændz; nach der Landschaft B. in South Dakota, USA], Gelände, das durch zahlr. Schluchten, Rinnen und Furchen zerschnitten und in steilwandige Kämme und Kuppen sowie kegel- und säulenartige Formen aufgelöst ist.

Bad Langensalza, Kreisstadt an Salza und Unstrut, Thür., 16500 E. Schwefelbad. Spätgot. Marktkirche (15. Jh.), Rathaus (18. Jh.), Fachwerkhäuser; weitgehend erhaltene mittelalterl. Stadtbefestigung. – Nach der *Schlacht bei Langensalza* (1866) kapitulierte die hannoversche Armee vor preuß. Truppen.

Bad Lauchstädt, Stadt bei Merseburg, Sa.-Anh., 5000 E. Kohlensaure Quelle. Klassizist. Theater (1802; nach Plänen von Goethe), histor. Kuranlagen, barocke Pfarrkirche (1684).

Bad Liebenstein, Stadt am S-Rand des Thüringer Waldes, Thür., 8500 E. Sauerbrunnen, bed. Herzbad. Burgruine Liebenstein mit got. Palas.

Bad Mergentheim, Stadt im Taubertal, Bad.-Württ., 21600 E. Glauber- und Bittersalzquellen. Am Marktplatz Wohnbauten des 17. und 18.Jh. sowie Rathaus (1564); ehem. Deutschordensschloß (16. Jh.), Schloßkirche (18. Jh.), Stadtpfarrkirche Sankt Johannes (um 1300–1607).

Badminton [engl. 'bædmɪntən; nach Badminton (Gloucester), wo das Spiel erstmals nach festen Regeln ausgetragen wurde], Wettkampfform des Federballspiels; gespielt wird auf einem 13,40 m langen und 5,18 m (im Doppel 6,10 m) breiten, durch ein 1,55 m hohes Netz in zwei Hälften geteiltes Spielfeld mit ei-

haus (1908/09). – Funde der Urnenfelderkultur (11. Jh. v. Chr.) deuten auf frühe Salzgewinnung (für das 1. Jh. v. Chr. belegt).

Bad Neuenahr-Ahrweiler, Kreisstadt im unteren Ahrtal, Rheinl.-Pf., 25 200 E. Ahrweiler ist Mittelpunkt des Weinbaus und -handels, Bad Neuenahr des Kurbetriebs (Mineralwasser und kohlensaure Thermalquellen); Spielbank.

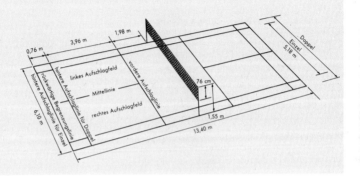

Badminton. Spielfeld

nem 4.7 bis 5,5 g schweren Ball (ein Kork mit einem Durchmesser von 2,5 bis 2,8 cm, in den 14 bis 16 Federn eingelassen sind), der mit leichten Schlägern geschlagen werden muß, ohne daß er auf den Boden fällt.

Bad Münster am Stein-Ebernburg, Stadt an der Mündung der Alsenz in die Nahe, Rheinl.-Pf., 3 500 E. Radon-, Thermalsole.

Bad Münstereifel, Stadt am N-Rand der Eifel, NRW, 14 700 E. Kneippkurort; beim Ortsteil *Effelsberg* und auf dem 435 m hohen Stockert 100- bzw. 25-m-Radioteleskope. Pfarrkirche (ehem. Stiftskirche; 12. Jh.), Rathaus (15. Jh.); Fachwerkhäuser, Stadtbefestigung (13./14. Jh.).

Bad Muskau, Stadt an der Lausitzer Neiße, Brandenburg, 5 000 E. Eisenvitriolquelle, Moorbäder, Kneippkuren; Landschaftspark (1815–45 von H. Fürst von Pückler-Muskau angelegt).

Bad Nauheim, hess. Stadt, Staatsbad am Abfall des Taunus zur Wetterau, 28 600 E. Salzmuseum, Forschungsinstitute, Herzheilbad. Jugendstil-Kur-

Bad Oeynhausen ['ø:nhauzən], Stadt und Staatsbad im Ravensberger Land, an der Werre, NRW, 46 900 E. Dt. Märchen- und Wesersagenmuseum, Spielbank; Thermalsole.

Badoglio, Pietro [italien, ba'dɔʎʎo], *Grazzano Monferrato bei Alessandria (heute Grazzano Badoglio) 28. 9. 1871, † ebd. 1. 11. 1956, italien. Marschall (ab 1926). Chef des Gesamtgeneralstabs (1939/40); nach Mussolinis Sturz 1943 Regierungschef bis 1944; schloß am 3. 9. 1943 einen separaten Waffenstillstand mit den Alliierten.

Bad Oldesloe ['ɔldəslo:], Kreisstadt an der Mündung der Beste in die Trave, Schlesw.-Holst., 21 200 E. Landmaschinenbau; ehem. Salzgewinnung.

Bad Orb, hess. Stadt im Spessart, 8 300 E. Spessart-Museum; Sol- und Moorbad. Martinskirche (14./15. Jh.; nach Brand 1984 wiederaufgebaut), z. T. erhaltene Stadtmauer. – Stadt seit 1242.

Bad Pyrmont ['pyrmɔnt], Stadt und Staatsbad im Weserbergland, Ndsachs., 22 100 E. Eisen- und Kochsalzquellen, Moorbäder.

Bad Reichenhall, Kreisstadt und Staatsbad an der Saalach, Bayern, 17500 E. Solquellen, Badetorfanwendungen, Kneippkuren; Salzgewinnung. Münsterkirche Sankt Zeno (1512–20 erneuert); roman. Pfarrkirche Sankt Nikolaus (1181); Alte Saline (1836–51). – Reihengräber des 7. Jh. mit Grabbeigaben.

Bad Reinerz (poln. Duszniki Zdrój), Stadt im Glatzer Bergland, Polen, 15400 E. Heilquellen; jährl. Chopin-Festspiele.

Badrinath, hinduist. Wallfahrtsort im indischen Gliedstaat Uttar Pradesh.

Bad Säckingen, Stadt am Hochrhein, Bad.-Württ., 14800 E. Hochrheinmuseum, Victor-von-Scheffel-Gedenkstätte; Mineralheilbad. Got. Münster Sankt Fridolin (umgebaut 1678–1703; karoling. Krypta).

Bad Salzuflen, Stadt nö. von Bielefeld, NRW, 54000 E. Forschungsinstitute; Thermal-, Solquellen.

Bad Salzungen, Kreisstadt an der Werra, Thür., 21100 E. Solheilbad. Spätbarockes Rathaus (1790).

Bad Sankt Leonhard im Lavanttal, österr. Stadt in Kärnten, 5100 E. Schwefelquelle. Got. Stadtpfarrkirche (14. Jh.) mit bed. Ausstattung.

Bad Schandau, Stadt an der Elbe, Sa., 4500 E. Eisenhaltige Quelle, Touristenzentrum im Elbsandsteingebirge.

Bad Schussenried, Stadt ssö. des Federsees, Bad.-Württ., 7700 E. Moorheilbad. Ehem. Klosterkirche (12. Jh., mit spätgot. Chor; barockisiert); Klostergebäude (16. und 18. Jh.); im Ortsteil *Steinhausen* barocke Wallfahrtskirche (1727–33).

Bad Schwalbach, hess. Kreisstadt, Staatsbad im Taunus, 9500 E. Stahl- und Moorbad.

Bad Schwartau, Stadt im Vorortbereich von Lübeck, Schlesw.-Holst., 20200 E. Marmeladen- und Süßwarenfabrik; Jodsol- und Moorheilbad.

Bad Segeberg, Kreisstadt am Großen Segeberger See, Schlesw.-Holst., 13300 E. Solquelle; jährl. Karl-May-Freilichtspiele. Backsteinkirche Sankt Marien (um 1156).

Bad Sooden-Allendorf, hess. Stadt an der Werra, 9600 E. Solbad. Reste der Stadtmauer (13. Jh.); im Ortsteil Sooden Stadttor (1704/05), ehem. Salzamt (1782).

Bad Tölz, Kreisstadt am Oberlauf der Isar, Bayern, 13600 E. Jodbad, heilklimat. Kurort. Wintersport.

Bad Vilbel [...'fil...], hess. Stadt an der Nidda, 26000 E. Mineralheilbad; Wohnvorort von Frankfurt am Main.

Bad Waldsee, Stadt in Oberschwaben, Bad.-Württ., 14300 E. Moorbad und Kneippkurort. Wasserburg (1550), Stadtpfarrkirche Sankt Peter (1479; barockisiert).

Bad Wildungen, hess. Stadt, Staatsbad am Kellerwald, 15200 E. Mineralquellen. Got. Stadtkirche (14. Jh.); Schloß (17. und 18. Jh.), Fachwerkhäuser (16.–18. Jh.).

Bad Wimpfen, Stadt am Neckar, Bad.-Württ., 5800 E. Solbad. In der Talstadt Stiftskirche Sankt Peter und Paul (10.–13. Jh.). Spätgot. Stadtpfarrkirche der Bergstadt (1516 vollendet); ehem. Dominikanerklosterkirche (13. Jh.); Hohenstaufentor (um 1200), dann Steinhaus; Fachwerkhäuser. – Zwei Siedlungskerne: *Wimpfen im Tal* ging aus einem röm. Limeskastell hervor; *Wimpfen am Berg* ist eine Gründung der Staufer, um 1200 Anlage einer Pfalz und der Stadt.

Bad Wörishofen, Stadt im Wertachtal, Bayern, 13000 E. Kneipp-Museum; ältester Kneippkurort Deutschlands; 1920 erhielt die Ortschaft die Bez. »Bad«.

Bad Wurzach, Stadt in Oberschwaben, Bad.-Württ., 11700 E. Moorbad. Klassizist. Pfarrkirche (1775–77); Neues Schloß (1723–28) mit zweiläufigem Treppenhaus.

Bad Zwischenahn, Gemeinde am Zwischenahner Meer, Ndsachs., 24600 E. Freilichtmuseum »Ammerländer Bauernhaus«; Moorbad, Spielbank. Sankt Johanniskirche (12./13. Jh.).

Baeck, Leo [bɛk], *Lissa (Posen) 23. 5. 1873, † London 2. 11. 1956, jüd. Theologe dt. Herkunft. Ab 1912 Rabbiner in Berlin und Dozent an der »Hochschule für die Wiss. des Judentums«; 1943 Deportation nach Theresienstadt; ab 1945 in London; v. a. um Wiederaufnahme des christl.-jüd. Dialogs bemüht.

Baedeker, Karl, dt. Verlag für Reisehandbücher, gegr. von Karl Baedeker (*1801, †1859) 1827 in Koblenz; 1984 vom Verlag Langenscheidt übernommen.

Leo Baeck

Baer, Karl Ernst Ritter von [bɛːr], *Gut Piep bei Järvamaa (Estland) 28. 2. 1792, † Dorpat 28. 3. 1876, balt. Naturforscher. Prof. in Königsberg; gilt als Begründer der modernen Entwicklungsgeschichte.

Baeyer, Adolf Ritter von (ab 1885) ['baɪər], *Berlin 31. 10. 1835, † Starnberg 20. 8. 1917, dt. Chemiker. B. gelang 1878 die erste Vollsynthese des Indigos; 1905 Nobelpreis für Chemie.

Baez, Joan [engl. 'baɪəz], *New York 9. 1. 1941, amerikan. Sängerin und Gitarristin. Interpretin der Folkmusik.

Baffin, William [engl. 'bæfin], *1584, † Hormos 23. 1. 1622, engl. Seefahrer. Entdeckte auf der Suche nach der Nordwestpassage (1612–16) u. a. das nach ihm benannte Baffinmeer.

Baffinland [engl. 'bæfin...], mit 507 451 km² größte Insel des Kanad.-Arkt. Archipels, bis 2 591 m hoch, Hauptort *Frobisher Bay* (2 000 E, ⚓).

Baffinmeer [engl. 'bæfin...], Teil des N-Atlantiks, zw. dem Kanad.-Arkt. Archipel und Grönland.

BAföG, Abk. für **B**undes**a**usbildungs**f**örderungs**g**esetz, ↑Ausbildungsförderung.

Bagage [ba'gaːʒə; frz.], **1)** Gepäck, Troß.
2) umgangssprachlich für Gesindel, Pack.

Bagatelle [italien.-frz.], **1)** unbedeutende Kleinigkeit, Geringfügigkeit.
2) kurzes Instrumentalstück.

Bagatellsachen, im Strafprozeßrecht Bez. für geringfügige Delikte (Ordnungswidrigkeiten und Vergehen), bei denen die Staatsanwaltschaft das Verfahren einstellen kann.

Bagdad, Hauptstadt des Irak, am Tigris, 3,8 Mio. E (städt. Agglomeration). Verwaltungs-, Wirtschafts- und Kulturzentrum des Landes; Sitz des Patriarchen [von Babylonien] der chaldäischen Kirche; zwei Univ.; Nationalbibliothek; internat. ⚓. Abbasidenpalast (13. Jh.); zahlr. Moscheen und Medresen; modernes Geschäftszentrum an Stelle der Altstadt; 1991 starke Zerstörungen durch den Golfkrieg. – Vom Kalifen Mansur 762 als Hauptstadt *(Medinet as-Salaam)* seines Reiches gegr.; kulturelles und wirtschaftl. Zentrum des Islam im 10. und 11. Jh.; seit 1920 Hauptstadt des Irak.

Bagdadbahn, Eisenbahnlinie von Konya (Türkei) nach Bagdad; 1903 unter maßgebl. dt. Beteiligung begonnen, was von Großbrit. und Rußland als Bedrohung ihrer Einflußsphären angesehen wurde; 1940 fertiggestellt.

Bagdadpakt, 1955 abgeschlossenes Bündnis zw. der Türkei und dem Irak; nach Beitritt Großbrit., Pakistans und Irans 1955, indirektem Teilbeitritt der USA 1959 und dem formellen Austritt des Irak 1959 zur *Central Treaty Organization* (CENTO) umgewandelt (1979 aufgelöst).

Bagger, Hartmut, *Braunsberg (Ostpreußen) 17. 7. 1938, dt. Offizier. Seit 1995 Generalinspekteur der Bundeswehr.

Bagger [niederl.], meist fahrbares Gerät zur Gewinnung, zum Laden und/oder Transportieren von Erd- oder Geröllmassen, Sand, Kies, Kohle; *Trocken-B.* arbeiten an Land oder im Tagebau, *Naß-* oder *Schwimm-B.* werden in Schiffskörper eingebaut. *Eimerketten-B.* arbeiten mit Schürfeimern an einer umlaufenden Kette, *Löffel-B.* mit einem Grabegefäß an einem schwenkbaren Ausleger; *Universal-B.* werden als Mobilbagger mit hydraul. Kraftübertragung (mit Rad-

Joan Baez

Bagger

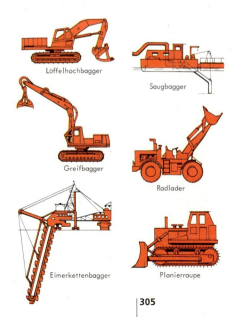

Löffelhochbagger

Saugbagger

Greifbagger

Radlader

Eimerkettenbagger

Planierraupe

Baguette

oder Raupenfahrwerk) gebaut. *Schaufelrad-B.* mit Raupenfahrwerk tragen mittels Schaufelrad an einem Ausleger Bodenmaterial ab, das über Förderbänder abtransportiert wird.

Baguette [ba'gɛt; frz.], **1)** frz. Stangenweißbrot.

2) Schliffform bes. bei Diamanten mit rechteckiger Tafel.

Bahai-Religion (Bahaismus), aus dem Babismus hervorgegangene Religionsgemeinschaft, 1863 von Baha Ullah (* 1817, † 1892) in Bagdad begründet. Die B.-R., die außer den Werken des Bab und des Baha Ullah v. a. den Koran, aber auch die hl. Schriften der anderen Weltreligionen als Glaubensquellen anerkennt, lehrt einen transzendenten Gott und erstrebt ein neues Zeitalter des Friedens; Haus der Andacht im Ortsteil Langenhain von Hofheim am Taunus. – In Iran werden die Anhänger der B.-R. seit Bestehen der Islam. Republik (1979) verfolgt und z. T. hingerichtet.

Bahamas, Staat im Bereich der Westind. Inseln.

Staat und Recht: Parlamentar. Monarchie im Commonwealth; *Verfassung* von 1973. Staatsoberhaupt ist die brit. Königin, vertreten durch einen Generalgouverneur; die *Exekutive* bildet der Premier-Min. und sein Kabinett; die *Legis-*

lative besteht aus dem Zweikammerparlament (Abg.-Haus, 49 auf fünf Jahre gewählte Mgl.; Senat, 16 ernannte Mgl.).

Landesnatur: Die aus 700 Inseln und rd. 2 400 Riffen (Cays) bestehenden Bahamainseln erstrecken sich von Florida aus über rd. 1 000 km in sö. Richtung. Die aus Korallenkalken aufgebauten, flachen Inseln sitzen untermeerischen Bänken auf. Die größten Inseln sind: Andros (5957 km²), Inagua Island, Grand Bahama und Abaco Island. Mildes ozean. Klima, das durch den Golfstrom (im Sommer) und durch den NO-Passat (im Winter) geprägt wird. Savannen und Kiefernwälder bestimmen das Landschaftsbild.

Bevölkerung: Die Bevölkerung, von der 85 % Nachkommen ehem. afrikan. Sklaven sind, lebt auf 22 Inseln.

Wirtschaft, Verkehr: Landwirtschaft und Fischerei dienen überw. der Selbstversorgung. Die Industrie umfaßt v. a. Kleinbetriebe der Nahrungs- und Genußmittel-, Textil- und Baustoffbranche. Wichtigster Wirtschaftszweig ist der Fremdenverkehr. Auf Grund der weitgehenden Steuerfreiheit entwickelten sich die B. zu einem der wichtigsten internat. Finanzplätze. Auf den größeren Inseln gibt es ausgebaute Straßen. Wichtigste Häfen sind Nassau und Freeport; internat. ✈ in Nassau und Freeport.

Geschichte: Am 12. 10. 1492 landete Kolumbus auf einer der Bahamainseln (wohl San Salvador); ab 1648 Einwanderung brit. Siedlergruppen; 1718 brit. Kronkolonie; 1782 von den Spaniern erobert, 1783 wieder brit.; 1964 Verfassung mit erweiterter Autonomie, 1973 volle Unabhängigkeit als parlamentar. Monarchie im Commonwealth.

Bahasa Indonesia (indones. Sprache), seit 1945 die zu den indones.-malaiischen Sprachen gehörende offizielle Sprache Indonesiens. Die B. I. entwickelte sich aus dem Malaiischen.

Baha Ullah ↑Bahai-Religion.

Bahia [ba'ia], Gliedstaat in Brasilien, an der mittleren Ostküste, 561 026 km², 11,802 Mio. E, Hauptstadt Salvador.

Bahn, Sammel-Bez. für schienengebundene oder seilgeführte Verkehrsmittel, z. B. Eisenbahn, Alwegbahn, Schwebebahn und Seilbahn.

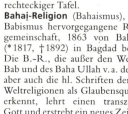

BahnCard, von jedermann käuflich zu erwerbende Berechtigungskarte, gegen deren Vorlage ein Jahr lang Halbpreisfahrscheine für das Netz der Dt. Bahn AG gelöst und benützt werden können.

Bahnengolf, aus dem Golf entwickelte, mit Ball und Schläger auf eindeutig abgegrenzten oder genormten Bahnen betriebene Sportart. Sportlich anerkannt sind fünf Spielarten (Minigolf, Miniaturgolf, Cobigolf, Sterngolf, Kleingolf).

Bahnhof, Verkehrs- und Betriebsanlage der Eisenbahn, i. w. S. auch anderer öffentl. Verkehrsmittel (Bus, Straßenbahn, S- und U-Bahn).

Im Empfangsgebäude des *Personen-B.* sind Schalter für Fahrkartenausgabe, Reisegepäck- und Expreßgutabfertigung sowie Warteräume untergebracht, daneben Serviceeinrichtungen für Reisende, Auskunft, Bankschalter, Kioske, B.-Mission. Die Reisezüge halten an *Bahnsteigen* (Richtlänge 400 m, bis zu 0,76 m über Gleisniveau). Zum Be- und Entladen der Post- und Packwagen dienen *Gepäckbahnsteige.*

Nach Lage des Empfangsgebäudes zur Gleisanlage unterscheidet man *Kopf*- bzw. *Sack-B., Anschluß-B., Insel-B., Kreuzungs-B.* und *Keilbahnhöfe.* Der Güterumschlag von Straßen- auf Schienenfahrzeuge erfolgt im *Güter-B., Rangier-B.* dienen zum Zusammenstellen, Auflösen oder Umgruppieren von Güterzügen. Auf *Container-B.* erfolgt das Umsetzen von Transportbehältern (Container) mit Hilfe von schienengebundenen oder mobilen Portalkränen.

Bahnhofsmission, von konfessionellen Verbänden getragene karitative Einrichtung zur Betreuung Reisender.

Bahnpolizei †Bundesgrenzschutz.

Bahr, 1) Egon, *Treffurt 18. 3. 1922, dt. Politiker (SPD). Arbeitete an der Neukonzeption der dt. Ostpolitik mit (»Wandel durch Annäherung«); 1972–90 MdB; Bundes-Min. für bes. Aufgaben 1972–74, für wirtschaftl. Zusammenarbeit 1974–76; 1976–81 Bundesgeschäftsführer der SPD; 1984–94 Direktor des Instituts für Friedensforschung und Sicherheitspolitik an der Univ. Hamburg.
2) Hermann, *Linz 19. 7. 1863, † München 15. 1. 1934, österr. Schriftsteller. Regisseur bei M. Reinhardt in Berlin, Dramaturg am Wiener Burgtheater;

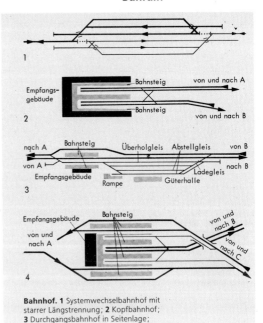

Bahnhof. 1 Systemwechselbahnhof mit starrer Längstrennung; **2** Kopfbahnhof; **3** Durchgangsbahnhof in Seitenlage; **4** vereinigter Kopf- und Durchgangsbahnhof

schrieb psycholog. Dramen (Gesellschaftskomödien); auch Essays, Romane, Autobiographie.

Bähr, George, *Fürstenwalde bei Dippoldiswalde 15. 3. 1666, † Dresden 16. 3. 1738, dt. Baumeister. Erbauer der Frauenkirche (1726–43) in Dresden (seit 1945 Ruine); 1994 begann offiziell der Wiederaufbau der Kirche.

Bahrain, Staat im Persischen Golf, umfaßt 33 Inseln, die größten sind Bahrain (578 km²) und Hawar (41 km²).
Staat und Recht: Ft. (Emirat); *Verfassung* von 1973 (außer Kraft seit 1975); *Staatsoberhaupt* und oberster Inhaber der *Exekutive* ist der Emir, der mittels Kabinett als absoluter Monarch regiert. Als *Legislative* besteht ein Konsultativorgan mit 30 Mgl. (durch den Monarchen auf vier Jahre ernannt) seit Jan. 1993. *Parteien* sind verboten.
Landesnatur: Die Inselgruppe ist im N von einem Korallenriff umgeben. Die Küsten sind flach. Im S finden sich große Salztonebenen. B. hat Wüsten-

klima, das durch die Insellage gemildert ist. Kaum Niederschlag. Die Wasserversorgung erfolgt durch artesische Brunnen und durch Meerwasserentsalzung. **Bevölkerung:** 68 % der Bevölkerung sind Bahraini. 85 % sind Muslime, 7 % Christen.

Bahrain

Staatsflagge

Staatswappen

	0,53		6910
0,21		3996	

1970 1992   1970 1991
Bevölkerung   Bruttosozial-
(in Mio.)   produkt je E
      (in US-$)

☐ Stadt   Land ☐

17%
83%

Bevölkerungsverteilung
1992

☐ Industrie
☐ Landwirtschaft
☐ Dienstleistung

39%   60%
1%

Bruttoinlandsprodukt
1991

Bahrain

Fläche: 678 km²
Einwohner: 533000
Hauptstadt: Menama
Amtssprache: Arabisch
**National-
feiertag:** 16. 12.
Währung: 1 Bahrain Dinar (BD) =
       1000 Fils
Zeitzone: MEZ + 3 Std.

Wirtschaft, Verkehr: Künstl. Bewässerung ermöglicht Oasenwirtschaft. Rückgrat der Wirtschaft ist das Erdölfeld auf der Insel Bahrain (abnehmende Fördermengen). Zunehmende Bedeutung hat B. als Banken- und Dienstleistungszentrum. Wichtigster Hafen ist Mina Sulman; internat. ✈ auf Muharrak.

Geschichte: In altorientalischer Zeit Tilmun (Dilmun, »Land des Paradieses«) genannt; in der Spätantike vom Perserreich (4.–7. Jh.), im MA vom Kalifat (seit 634) abhängig; bald nach 1514 portugiesische Kolonie, 1602 von Persien erobert, Ende des 18. Jh. unabhängig, seit dem 19. Jh. enge Bindung an Großbritannien; 1935–58 wichtigster britischer Stützpunkt im Persischen Golf; seit 1971 unabhängig, seit 1975 absolute Monarchie.

Bahr el-Abiad ↑Weißer Nil.

Bahr el-Djebel ↑Weißer Nil.

Bahr Erguig [frz. barɛrˈgig], Nebenlauf des ↑Schari.

Bai [niederl.], Meeresbucht.

Baia Mare, Hauptstadt des rumän. Verw.-Geb. Maramureș, 131 000 E. Zentrum der NE-Metallurgie; Bergbauzentrum. Got. Stephansturm (1347–15. Jh.).

Baibars I., *um 1229, † Damaskus 1277, ägypt. Sultan der bahrit. Mamelucken (seit 1260). Beseitigte die Herrschaft der Aijubiden in Syrien; eroberte 1263–71 zahlr. Kreuzfahrerfestungen (1268 Zerstörung Antiochias).

Baiern (Bajuwaren, Bayern), german. Stamm, der sich im 5. und 6. Jh. aus versch., nach Bayern eingewanderten Bevölkerungsgruppen (u. a. Elbgermanen, Alemannen) herausbildete (um 550 erstmals gen.); namengebend wurden die urspr. aus Böhmen stammenden elbgerman. »Boiovarii«; im 7./8. Jh. Christianisierung. ↑Bayern.

Baikal-Amur-Magistrale (BAM), Eisenbahnlinie nördl. der Transsib, 3 100 km lang, im Sept. 1984 fertiggestellt, dient der Erschließung Sibiriens.

Baikalsee, tiefster See der Erde, in S-Sibirien, 31 500 km², 1 620 m tief, von hohen Gebirgen umgeben; zahlr. Zuflüsse, Abfluß ist die Angara. Fischreich; Restfauna aus dem Tertiär.

Bairisch, oberdt. Mundart, ↑deutsche Mundarten.

Baiser [bɛˈzeː; lat.-frz.], Schaumgebäck aus geschlagenem Eiweiß und Zucker.

Baisse [ˈbɛːsə; frz.], Zustand sinkender oder niedriger Kurse an der Börse. – Ggs. ↑Hausse.

Bajadere [spätlat.-portugies.-frz.], ind. Tempeltänzerin, oft zugleich Tempelprostituierte.

Bajasid (türk. Bayezit; Bajesid), Name osman. Sultane:
1) Bajasid I. Yıldırım (»der Blitz«), *1354(?), † Akşehir 8. 3. 1403, Sultan (seit 1389). Sohn Murads I.; dehnte die osman. Herrschaft über Bulgarien und die Walachei aus und drang bis auf die Peloponnes vor. Unterlag 1402 den Mongolen unter Timur und starb in Gefangenschaft.
2) Bajasid II. Wali (türk. Veli; »der Heilige«), *Demotika (heute Didymoticchon) 1448(?), † bei Demotika 26. 5. 1512, Sultan (seit 1481). Sohn Mohammeds II.; erfolgreiche Feldzüge gegen Bosnien und die Moldau; erste Einfälle in Österreich und Siebenbürgen.

Bajer, Frederik, *Vester Egede 21. 4. 1837, † Kopenhagen 22. 1. 1922, dän. Politiker. Gründete 1891 das Internat. Friedensbüro in Bern, dessen Präs. bis 1907; Friedensnobelpreis 1908 (mit K.P. Arnoldson).

Bajonett [frz.; nach dem Herstellungsort Bayonne], auf den Gewehrlauf aufgesetzte Stoßwaffe.

Bajonettverschluß, leicht lösbare Verbindung von Rohren, Hülsen u. a.; beide Teile werden durch Ineinanderstecken und gegenseitiges Verdrehen verbunden. Verwendung z. B. bei Kameras mit Wechselobjektiven, bei Kfz-Glühlampen, Feuerwehrschläuchen.

Bajuwaren, älterer Name der ↑Baiern.

Bake [niederdt.], ein weithin erkennbares Orientierungs-, Begrenzungs-, Ankündigungs- oder Markierungszeichen; im *Straßenverkehr: Warn-B.* vor schienengleichen Übergängen; in der *Schiffahrt* als *Leucht-* oder *Richtfeuer-B.*; in der *Luftfahrt* als *Leucht-B.* mit Leuchtfeuer oder als *Funk-B.* mit Funkfeuer.

Baker [engl. 'beɪkə], **1)** Chesney (»Chet«), *Yale (Okla.) 23. 12. 1929, † Amsterdam 13. 5. 1988, amerikan. Jazzmusiker (Trompeter, Sänger). Vertreter des Cool Jazz und des West-Coast-Jazz.

2) Janet, verheiratete Shelley, *Hatfield (Yorkshire) 21. 8. 1933, engl. Sängerin (Mezzosopran). Konzert-, Lied- und Opernsängerin.

3) Josephine, *Saint Louis (Mo.) 3. 6. 1906, † Paris 12. 4. 1975, frz. Tänzerin und Sängerin. Wurde 1925 berühmt durch ihre Auftritte mit der Tanzgruppe »Black birds« in Paris; auch Chansonsängerin.

Bakkalaureus (Baccalaureus) [mittellat.], seit dem 13. Jh. niedrigster akadem. Grad der Artistenfakultät. In Großbrit. und den USA sind die niedrigsten akadem. Grade noch heute *Bachelor-Grade* (Bachelor of Arts [Abk. B. A.], of Science usw.), in Deutschland bestehen erste Ansätze zur Wiedereinführung des B. als akadem. Grad nach Absolvierung des Grundstudiums.

Bakkarat [...'ra; frz.], Kartenglücksspiel, in der Öffentlichkeit (mit Ausnahme von Kasinos und Spielbanken) verboten.

Bakschisch [pers.], Geschenk, Almosen; Trinkgeld, Bestechungsgeld.

bakteriell [griech.], Bakterien betreffend, durch Bakterien hervorgerufen.

Bakterien [griech.], einzellige Mikroorganismen (nachweisbar seit $2\frac{1}{2}$ bis 3 Milliarden Jahren), die zus. mit den Blaualgen und Archaebakterien als ↑Prokaryonten den eukaryont. Pflanzen und Tieren gegenüberstehen. Sie haben gewöhnlich eine mittlere Größe von 0,5 bis 5 μm. Das Zellinnere der B. weist nur eine geringe Differenzierung auf: Das Kernmaterial bildet einen feinfibrillären Körper (keinen Zellkern) von unregelmäßiger Gestalt. Die DNS ist in der Zelle ringförmig aufgewickelt. Die Zellen haben keine Organellen; verschiedene Einschlüsse sind jedoch sichtbar. Viele B. sind begeißelt; manche tragen feine haarartige Bildungen. Die *Vermehrung* der B. erfolgt stets durch Querteilung; die Teilungsgeschwindigkeit (Generationszeit) beträgt etwa 15 (minimal 9) bis 40 Minuten (maximal viele Stunden). Ein Austausch genet. Information ist möglich. Die *Systematik* kennt bisher rd. 3000 Arten. In der *Physiologie* zeigen die B. eine außerordentl. Vielfalt. Die Energiegewinnung erfolgt *organotroph* (durch Oxidation organ. Moleküle), *chemolithotroph* (durch Oxidation anorgan. Moleküle) oder *photoautotroph* (aus Licht). Manche B. benötigen Sauerstoff zum Leben *(aerobe B.),* andere leben ganz oder teilweise ohne Sauer-

Bake.
Leuchtbake

Bakterien

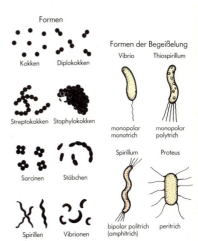

Formen

Kokken Diplokokken

Streptokokken Staphylokokken

Sarcinen Stäbchen

Spirillen Vibrionen

Formen der Begeißelung

Vibrio Thiospirillum

monopolar monotrich monopolar polytrich

Spirillum Proteus

bipolar politrich (amphitrich) peritrich

Bakteriologie

Michail Alexandrowitsch Bakunin

stoff (obligate bzw. fakultative *anaerobe B.*). Die letzteren gewinnen ihre Energie ausschließlich oder z. T. durch Gärung.

Die B. bewohnen in großer Zahl den Boden, die Gewässer und den Luftraum. Oft sind sie lebensnotwendige Symbionten bei Mensch, Tier und Pflanze (z. B. Darmbakterien), seltener extra- oder intrazelluläre Parasiten. – In der Natur spielen die B. eine wichtige Rolle als Primärproduzenten (Synthese von organ. Stoffen aus Kohlendioxid und Luftstickstoff), ferner in den Kohlenstoff-, Stickstoff- und Schwefel-Kreisläufen und Energieumsatz (z. B. bei der Humusbildung). – Die B. können als Erreger von Infektionskrankheiten für den Menschen (Pest, Cholera, Typhus, Lepra, Tuberkulose, Syphilis, Tripper, Meningitis, Lungenentzündung u. a., auch Verursacher von Lebensmittelvergiftungen wie Salmonellose und Botulismus), für Tiere und Pflanzen gefährlich werden. – *Wirtschaftl. Bedeutung* haben sie für die Lebens- und Futtermittelkonservierung, in der Milchwirtschaft (Herstellung von Käse, Joghurt), in der Ind. (Herstellung von Antibiotika, Vitamin B_{12}, Aminosäuren u. a., heute auch mit Methoden der Bio- und Gentechnologie), ferner bei der Abwasseraufbereitung (Belebtschlamm).

Geschichte: B. wurden erstmals 1676 von A. van Leeuwenhoek unter seinem selbstgebauten Mikroskop beobachtet. 1874 wies G. H. A. Hansen mit dem Lepraerreger zum erstenmal ein Bakterium nach, das eine spezifische Krankheit verursacht.

Bakteriologie [griech.], Bakterienkunde, ein Teilgebiet der Mikrobiologie; Lehre von den Bakterien, ihrer systemat. Einteilung, ihrer Lebensbedingungen, ihrer Züchtung, ihrer Nützlichkeit oder Schädlichkeit und ihrer Bekämpfung.

bakteriologische Waffen ↑ABC-Waffen.

Bakteriophagen [griech. »Bakterienfresser«] (Phagen), 20–70 nm große Viren, die Bakterien befallen und unter eigener Vermehrung auflösen. Die Erbsubstanz der meisten B. ist DNS. Die Vermehrung erfolgt in Bakterien, wo ihre Erbsubstanz eine völlige Umsteue-

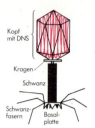

Bakteriophagen. Schematischer Aufbau eines T-2-Phagen

rung des Bakterienstoffwechsels bewirkt. B. sind kugelförmig bis stiftförmig. Die besterforschten B. sind die sog. *T-Phagen.* Sie sind in einen sechseckigen Kopf, einen Schwanz, an dessen Ende sich eine Endplatte befindet, und sechs lange, von der Endplatte ausgehende, geknickte Fäden gegliedert. B. sind wie Bakterien in der Natur überall verbreitet. In der Medizin ist es bis heute noch nicht gelungen, B. in einem größeren Ausmaß gegen krankheitserregende Bakterien einzusetzen.

Bakteriosen [griech.], durch Bakterien verursachte Krankheiten.

bakterizid [griech./lat.], bakterienvernichtend, keimtötend.

Baktrien, historische Landschaft im Nordosten des alten Iran, Hauptstadt Baktra (heute Balkh); im 3. Jh. v. Chr. Gründung des gräkobaktrischen (hellenobaktrischen) Reichs (um 180 v. Chr. dann Erweiterung bis nach Vorderindien).

Baku, Hauptstadt von Aserbaidschan, an der Südküste der Halbinsel Apscheron, 1,1 Mio. E. Universität, Hochschulen, Akademie der Wissenschaften. Zentrum der Erdölindustrie; bed. Industrie- und Hafenstadt. Eisenbahnfähre über das Kasp. Meer. Minarett von Synyk-Kala (1078–79), Stadtmauer mit zahlr. Türmen (13. Jh.), Großer Khanspalast (14.–15. Jh.), Türbe der Khane von Schirwan (um 1435). – Bereits in der Bronzezeit besiedelt; zw. 6. und 7. Jh. n. Chr. Entwicklung zur Stadt, wirtschaftl. und kultureller Mittelpunkt des Ft. Schirwan. 1722 nahm Peter I. die Stadt ein, 1735 wieder persisch; nach 1806 endgültig russisch. 1871 wurde mit der Ausbeutung der Erdölfelder begonnen.

Baku Stadtwappen

Bakunin, Michail Alexandrowitsch, *Prjamuchino (Gebiet Twer) 30. 5. 1814, † Bern 1. 7. 1876, russ. Revolutionär. Wegen aktiver Beteiligung am Dresdner Aufstand 1849 zum Tode verurteilt, 1851 an Rußland ausgeliefert; floh 1861 aus der sibir. Verbannung nach London, beteiligte sich u. a. an der Gründung der 1. Internationale (1864; 1872 ausgeschlossen); Vorkämpfer eines kollektivist., revolutionären Anarchismus.

Balakirew, Mili Alexejewitsch, *Nischni Nowgorod 2. 1. 1837, † Petersburg 29. 5. 1910, russ. Komponist. Mgl. der »Gruppe der 5«; komponierte zwei Sinfonien, zwei Ouvertüren, eine Orchestersuite, zwei Klavierkonzerte, Klavierwerke und Lieder.

Balalaika [russ.], volkstüml. russ. Zupfinstrument mit meist dreieckigem Schallkörper.

Balance [frz. ba'lã:s(ə)], Gleichgewicht; **balancieren,** das Gleichgewicht halten.

Balance of power [engl. 'bæləns əv 'pauə] ↑Gleichgewicht.

Balanchine, George [engl. 'bælənt∫i:n], eigtl. Georgi Melitinowitsch Balantschiwadse, *Petersburg 22. 1. 1904, † New York 30. 4. 1983, amerikan. Choreograph russ. Herkunft. 1924 Ballettmeister und Choreograph an Diaghilews »Ballets Russes«; ging 1933 in die USA, gründete 1948 das New York City Ballet; entwickelte einen neoklass. Ballettstil.

Balanitis [griech.], oberflächl. Eichelentzündung und, meistens damit einhergehend, Entzündung des inneren Vorhautblattes am männl. Glied *(Balanoposthitis).*

Balaton [ungar. 'bɔlɔtɔn] ↑Plattensee.

Balboa, Vasco Núñez de, *Jerez de los Caballeros (Estremadura) um 1475, † Acla (Panama) Jan. 1519 (enthauptet), span. Konquistador und Entdecker. Erreichte am 29. 9. 1513 über den Isthmus von Panama den Pazifik, den er Südsee nannte.

Balch, Emily Greene [engl. bɔ:lt∫], *Jamaica Plain (Mass.) 8. 1. 1867, † Cambridge (Mass.) 9. 1. 1961, amerikan. Sozialpolitikerin. Mitbegründerin von »The Women's International League for Peace and Freedom«; erhielt 1946 zus. mit John R. Mott den Friedensnobelpreis.

Balchaschsee, abflußloser See im SO Kasachstans, 17 500–22 000 km², geteilt durch eine starke Einengung (im W-Teil Süßwasser, der O-Teil ist salzhaltig).

Baldachin [italien.], 1) Prunkhimmel aus kostbarem Stoff über Altar, Thron, Bett, auch Zierdach aus Stein, seltener Holz (an der Rückwand befestigt). 2) Traghimmel bei Prozessionen.

Baldower [Rotwelsch], Auskundschafter, Anführer bei Diebesunternehmungen.

Baldr ['baldər] (Baldur), in der nord. Mythologie Sohn Wodans und Friggs, Gott des Lichtes und der Fruchtbarkeit. Da das Schicksal der Götter von B. abhängt, nimmt Frigg allen Wesen und Dingen einen Eid ab, B. nicht zu verletzen. Loki gibt den nicht vereidigten Mistelzweig dem blinden Hödr, der B. damit tötet. Mit seinem Tod beginnt die Götterdämmerung.

Baldrian [mittellat.] (Valeriana), Gatt. der Baldriangewächse mit über 200 Arten auf der Nordhalbkugel und in S-Amerika; Kräuter, Sträucher und Lianen. Am wichtigsten ist der *Gemeine B.* (Valeriana officinalis); wird über 1 m hoch, aus der Wurzel werden *B.tropfen* und Tabletten als Beruhigungs- und Schlafmittel gewonnen.

Baldriangewächse (Valerianaceae) Pflanzenfam. mit 13 Gatt. und etwa 360 Arten auf der Nordhalbkugel und in S-Amerika (v. a. in den Anden). Die bekanntesten Gatt. sind Baldrian, Feldsalat, Spornblume.

Balduin, Name von Herrschern: *Jerusalem:* **1) Balduin I.,** Graf von Boulogne, *1058, † bei El-Arisch 2. 4. 1118, König. 1098 Graf von Edessa, nach dem Tod seines Bruders Gottfried von Bouillon 1100 König des Kreuzfahrerstaats Jerusalem.

Trier: **2) Balduin von Luxemburg,** *1285, † Trier 21. 1. 1354, Kurfürst (seit 1307). Bewirkte 1308 die Wahl seines Bruders Heinrich (VII.) zum dt. König; unterstützte 1314 die Wahl Ludwigs des Bayern, war führend am Kurverein von Rhense (1338) beteiligt; betrieb 1346 die Wahl seines Großneffen Karl (IV.).

Baldung, Hans, gen. Grien, *Schwäbisch Gmünd 1484 oder 1485, † Straßburg Sept. 1545, dt. Maler, Zeichner

Balalaika

Baldrian.
Gemeiner Baldrian

Hans Baldung.
genannt Grien. »Zwei Wetterhexen« (1523; Frankfurt am Main, Städelsches Kunstinstitut)

und Graphiker. Geselle Dürers; 1509 Bürger von Straßburg; Hochaltar im Freiburger Münster (1512–16) mit in Bildauffassung und Inhalten deutl. Zügen der Renaissance; nach 1530 manierist. Züge; Holzschnitte, Bildnisse.

Baldur ↑Baldr.

Baldwin [engl. 'bɔːldwɪn], **1)** James, *New York 2. 8. 1924, † Saint-Paul-de-Vence (Alpes-Maritimes) 1. 12. 1987, amerikanischer Schriftsteller. Setzte sich besonders mit der Rassenproblematik in den USA auseinander; schrieb u. a. »Gehe hin und verkünde es vom Berge« (R., 1953), »Hundert Jahre Freiheit ohne Gleichberechtigung« (Essays, 1963), »Beale street blues« (R., 1974), »Zum Greifen nah« (R., 1979), »Das Gesicht der Macht bleibt weiß« (Essays, 1985).
2) Stanley, Earl B. of Bewdley (seit 1937), *Bewdley (Worcester) 3. 8. 1867, † Stourport on Severn (Worcester) 14. 12. 1947, brit. konservativer Politiker. Trug 1922 mit zum Sturz Lloyd Georges bei; Premier-Min. 1923/24, 1924–29 und 1935–37.

Balearen, Inselgruppe im westl. Mittelmeer, span. Prov. (5 014 km²), umfaßt Mallorca, Menorca, Cabrera, die *Pityu-*sen* (Ibiza, Formentera) sowie zahlr. Felseilande, Verwaltungssitz Palma de Mallorca. Mediterranes Klima; Fremdenverkehr.
Geschichte: Von der bronze- und eisenzeitl. B.kultur zeugen die Talayots, massive Türme. Vom 6. Jh. bis 201 v. Chr. unter der Herrschaft Karthagos, 123 v. Chr. von Rom erobert; seit dem 8./9. Jh. arabisch; 1262 zunächst selbständiges Kgr. Mallorca, 1344/49 mit Aragonien vereinigt. – 1983 Autonomiestatut.

Balfour, Arthur James, Earl of B. (seit 1922) [engl. 'bælfə], *Whittingehame (East Lothian) 25. 7. 1848, † Woking (Surrey) 19. 3. 1930, brit. konservativer Politiker. Leitete als Premier-Min. (1902–07) 1904 die außenpolit. Neuorientierung Großbrit. durch den Abschluß der Entente cordiale mit Frankreich ein; 1915 Marine-, 1916–19 Außen-Min.; sicherte 1917 Lord Rothschild brit. Hilfe für die Gründung einer nat. Heimstätte der Juden in Palästina zu *(B.-Deklaration);* definierte 1926 den seither gültigen Status der Dominions im Begriff »Commonwealth of Nations«.

Balg, das abgezogene Fell von Hasen, Kaninchen, Haarraubwild (ausgenommen Bär und Dachs), Kleinsäugetieren und das abgezogene Federkleid der Vögel.

Balgengerät (Balgennaheinstellgerät), Zusatzvorrichtung an Kameras, mit deren Hilfe der Abstand zw. Objektiv und Film vergrößert werden kann (v. a. für die Makrophotographie).

Balhorn (Ballhorn), Johann, † 1573, dt. Buchdrucker. Druckte in Lübeck zahlr. Werke der Reformation. Auf B. wird »verballhornen« zurückgeführt (nach einer fehlerhaften Ausgabe des lüb. Rechts).

Bali, eine der Kleinen Sundainseln, Indonesien, bildet zus. mit einigen Inseln eine Prov., 5 561 km², 1,9 Mio. E, Hauptstadt Denpasar. Im NO liegen zahlr. Vulkane, u. a. der Agung (3 142 m). Die islam. Bevölkerung lebt überwiegend an der N-Küste, die hinduist. im klima- und bodenbegünstigten S. Reisanbau auf häufig terrassenförmig angeordneten, bewässerbaren Feldern. – Die *Kultur* der Balinesen zeigt noch heute hindujavan. Einflüsse.

Balingen, Stadt an der Eyach, Bad.-Württ., 32 200 E. Verwaltungssitz des Zollernalbkreises. Stadtkirche (15. Jh.), Zollernschlößchen (15. Jh.; heute Heimat- und Waagenmuseum).

Balistraße, 3–20 km breite Meeresstraße zw. Java und Bali.

Balkan, 1) Kurz-Bez. für ↑Balkanhalbinsel.

2) aus mehreren parallelen Ketten bestehendes Gebirge in Bulgarien, über 600 km lang, zw. 30 und 50 km breit, im Botew 2 376 m hoch.

Balkangrippe (Balkanfieber) ↑Q-Fieber.

Balkanhalbinsel, ins Mittelmeer ragende Halbinsel SO-Europas, umfaßt Griechenland, Albanien, Bulgarien, die europ. Teile der Türkei, Makedonien, Serbien, Montenegro, Bosnien und Herzegowina und Teile von Kroatien und Slowenien. Die Linie Save–Donau gilt als N-Grenze.

Balkankriege, die militär. Auseinandersetzungen zw. den christl. Balkanstaaten und dem Osman. Reich. Im *Ersten B. (Okt. 1912 bis Mai 1913)* kämpfte der Balkanbund (Serbien, Bulgarien, Griechenland, Montenegro) gegen die Türkei, um Makedonien aufzuteilen. Er führte 1913 zur Schaffung eines unabhängigen Albaniens; die Türkei mußte ihre europ. Besitzungen zum größten Teil aufgeben. Der Streit um die Aufteilung Makedoniens führte zum *Zweiten B.* Bulgarien griff am 29. 6. 1913 seine bisherigen Verbündeten an; seine Armee wurde jedoch aus Makedonien vertrieben. Im Frieden von Bukarest (10. 8. 1913) mußte Bulgarien die südl. Dobrudscha an Rumänien und einen Großteil der vorherigen Gewinne (das nördl. Makedonien an Serbien und die ägäische Küste an Griechenland) abtreten; die Türkei behielt Adrianopel.

Balken, insbes. auf Biegung beanspruchtes, stabförmiges Bauelement (Träger); Material: Holz, Stahlbeton.

Balkencode [...ko:t] (Strichcode, engl. bar code), zur Datenerfassung auf opt. Weg (↑Scanner) geeigneter Code. Anwendungsmöglichkeiten: direkte Eingabe von Computerprogrammen, Dokumentation, Buchausleihe in Bibliotheken, Lagerkontrolle, Artikelnummern von Waren.

Balkenschröter ↑Hirschkäfer.

Balkh, Oase in N-Afghanistan, 386 m ü. M.; liegt in den Ruinen des alten *Baktra,* der Hauptstadt Baktriens; später Ort eines buddhist. Wallfahrtsheiligtums und Sitz eines nestorian. Erzbischofs.

Balkon [bal'kõ:, bal'ko:n; italien.-frz.], Vorbau, der frei auf Auskragungen, Balken- oder Trägervorsprüngen ruht; zuerst im Festungsbau. Wichtiges Element der Fassadengestaltung (seit dem Barock), als Erweiterung des Wohnbereichs, auch im Innenraum (Theater u. ä.).

Ball, Hugo, *Pirmasens 22. 2. 1886, † Gentilino bei Lugano 14. 9. 1927, dt. Dichter und Kulturkritiker. Begann als Dramaturg; emigrierte 1915 mit Emmy Hennings (*1885, †1948), die er 1920 heiratete (E. Ball-Hennings), in die

Arthur James Balfour

Hugo Ball

Balearen.
Kap Formentor,
Mallorca

Ballade

Schweiz; führender Dadaist in Zürich (1916/17) mit Programmschrift, provozierenden Manifesten und »Lautgedichten«.

Ballade [lat.; eigtl. »Tanzlied«], urspr. in den roman. Literaturen des MA das stroph. *Tanzlied* provenzal. Herkunft mit Kehrreim, gesungen zum Reihen- und Kettentanz (mit Refrain), das formal von den Troubadours weiterentwickelt wurde. Die kunstvoll geformte B. fand ihren Höhepunkt in Frankreich im 14. und 15. Jh. (u. a. bei F. Villon). Mit der Ausbreitung der ritterl. Kultur gelangte der höf. Reihen- und Kettentanz nach Deutschland, England-Schottland und Skandinavien. Hier wurde die lyr. Form des Tanzliedes mit episch-dramat. Inhalten gefüllt. Es entstand die B. als (gesungenes) *Erzähllied*, das als *Volks-B.* weite Verbreitung fand. – Die systematische *Sammlung der alten Volks-B.* erfolgte im letzten Drittel des 18. Jh. (in England T. Percy, »Reliques of ancient English poetry«, 1765; in Deutschland J. G. von Herder, »Volkslieder«, 1778/79). Diese Sammlungen gaben den Anstoß zur Entstehung der neuzeitl. (dt.) *Kunst-B.* Sie wurde bes. von L. C. H. Hölty, G. A. Bürger (»Lenore«, 1774), Goethe (»Erlkönig«, »Die Braut von Korinth«), Schiller (»Der Taucher«, »Die Bürgschaft«), dann von E. Mörike, A. von Droste-Hülshoff, L. Uhland, T. Fontane, C. F. Meyer, B. von Münchhausen, L. von Strauß und Torney und A. Miegel gepflegt. An die Form des Bänkelsangs knüpfte B. Brecht an; er wurde zum Schöpfer der polit. Ballade, in der dt. Literatur nach 1945 den Platz der histor. B. einnimmt (W. Biermann, P. Hacks, G. Kunert, C. Reinig u. a.).

Ballad-opera [engl. ˈbæləd.ɔpərə], bes. in der 1. Hälfte des 18. Jh. gepflegte engl. Form des Singspiels, bestehend aus gesprochenen Dialogen und Liedern. Berühmteste B.-o. ist »Die Bettleroper« (1728) von J. Gay und J. C. Pepusch.

Ballast [niederdt.], schwere, aber geringwertige Last *(tote Last);* Gewichtsausgleich bei gewissen Belastungszuständen, bedingt tiefere Schwerpunktslage und damit günstigere Schwimmlage (erhöhter Tiefgang, z. B. bei Segelbooten) oder geringeren Auftrieb (z. B. bei Freiballons).

Ballaststoffe, vom Menschen infolge fehlender Enzyme nicht oder nur teilweise verwertbare Nahrungsbestandteile. Zu den B. zählen v. a. Zellulose, Pektine und Lignin. B. sind notwendig zur Anregung der Darmperistaltik und zur Förderung der Absonderung von Verdauungssäften. Bes. reich an B. sind Vollkornprodukte, Gemüse und Obst.

Ballenstedt, Stadt am NO-Rand des Unterharzes, Sa.-Anh., 10 000 E. Die Burg B. war urspr. Stammsitz der Askanier.

Ballerina [italien.], Ballettänzerin.

Ballets Russes [frz. balɛˈrʏs], berühmte, von S. Diaghilew gegründete Ballettkompanie (1909–29).

Ballett. »Don Quichote«, getanzt von Rudolf Nurejew und Lucette Aldous, choreographiert von Nurejew (1973)

Ballett [italien.], Bez. für eine szen. und choreograph. Komposition wie auch für die Truppe, die diese Komposition vorträgt, dann auch für den künstler. Bühnentanz. 1581 wurde in Paris das erste abendfüllende B. aufgeführt. Die Blütezeit des B. begann unter Ludwig XIV. in Frankreich. Seine endgültige Gestalt nahm das B. in der Romantik an. Der Spitzentanz setzte sich durch. Einen neuen Höhepunkt erlebte das B. in Petersburg v. a. dank der spätromantischen Ballette Tschaikowskis (u. a. »Schwanensee«). Die russische Tradition setzte sich am Bolschoi-Theater fort. Eine weitere Neubelebung in West-Europa brachte S. Diaghilew, der 1909 erstmals mit seinen »Ballets Russes« in Paris auftrat. Alle neuen großen B.kompanien

David Baltimore

wurden von ehemaligen Mitgliedern der »Ballets Russes« geschaffen, so das engl. Royal Ballet (Vorbild u. a. für das B. in Stuttgart unter J. Cranko und M. Haydée) von N. de Valois; das New York City Ballet von G. Balanchine (zus. mit M. Graham Vorbild aller jüngeren amerikan. Choreographen); das B. der Pariser Oper unter S. Lifar. Von den vielfältigen B.typen und ihren Vertretern in neuerer Zeit sind v. a. folgende hervorzuheben: das Handlungs-B. (J. Neumeier), die B.-Oper (F. Ashton, L. Massine), das durchchoreographierte Musical (J. Robbins), das B.-Theater (M. Béjart), das konzertante B. (G. Balanchine, H. van Manen), das Bewegungstheater (P. Bausch) und das experimentelle B. (W. Forsythe).

Ballhausplatz, Platz in Wien mit dem Gebäude des österr. Bundeskanzleramts und dem Bundesministerium für Auswärtige Angelegenheiten; auch Bez. für das Außenministerium.

Ballistik [griech.], die Lehre vom Verhalten und von der Bewegung geworfener, geschossener und auch (bei Raketen) durch Rückstoß angetr. Körper.

ballistische Kurve ↑Geschoßbahn.

Ballon [baˈlɔŋ; frz.], **1)** aus leichtem Material (B.stoff, Gummi) hergestellter Hohlkörper mit einer Gasfüllung, die spezifisch leichter als die umgebende Luft ist, z. B. Wasserstoff oder Helium beim *Gas-B.* oder Heißluft beim *Heißluft-B.* Ist das Eigengewicht des B. gleich dem stat. Auftrieb, dann schwebt er, ist es kleiner, dann steigt er. Der *Frei-B.* ist im Ggs. zu dem mit Seilen am Boden verankerten *Fessel-B.* ein Luftfahrzeug, das von der Luftströmung weggetragen wird. Der die Mannschaft aufnehmende B.korb hängt über Korbleinen an einem Netz, das den B.körper größtenteils umhüllt. **2)** bauchiger Glasbehälter mit kurzem Hals.

Ballotade [frz.], Sprung des Pferdes in der Hohen Schule.

Ballungsgebiet, svw. ↑Agglomeration.

Balneologie [griech.], Bäderkunde.

Bal paré [frz. balpaˈre], bes. festl. Ball.

Balsa [span.], ein leichtes indian. Wasserfahrzeug (meist aus gebündelten Binsen) mit viereckigem Segel; schon bei den Inkas bekannt, heute hauptsächlich auf dem Titicacasee.

Balsabaum (Balsa), Gatt. der Wollbaumgewächse mit nur wenigen Arten im trop. S- und M-Amerika (einschließlich der Westind. Inseln); raschwüchsige Bäume.

Balsam [hebr.], Linderung, Labsal.

Balsame [hebr.], angenehm riechende, flüssige bis harzige Sekrete aus den Stämmen von Balsambaumgewächsen und Balsampflanzen, im allg. Lösungen von Harzen in Terpentinöl und anderen äther. Ölen. Verwendung u. a. in der Parfüm-Ind. und in der Medizin als Zusätze zu Kosmetika und Salben, in der Mikroskopiertechnik auch als Einschluß mikroskop. Präparate (v. a. Kanadabalsam).

Balsamo, Giuseppe ↑Cagliostro, Alessandro Graf von.

Balsampflanzen, 1) allg. Bez. für Pflanzen, die ↑Balsame liefern (z. B. Myrrhenstrauch, Benzoebaum, Kanaribaum, Kopaivabaum). **2)** (Terebinthales) Pflanzenordnung, die vorwiegend Holzgewächse der Tropen und Subtropen umfaßt. Zahlreiche Fam. zeichnen sich durch das Vorhandensein von Öldrüsen, Ölzellen oder Harzgängen aus und liefern Balsame, Öle, auch Drogen und Gewürze.

Balten, indogermanische Völkergruppe: Prußen (Altpreußen), Letten und Litauer.

Baltikum [mittellat.], seit Ende des 19. Jh. Bez. für die histor. Landschaften Livland, Estland und Kurland als Prov. des Russ. Reiches, später Bez. für das Gebiet der balt. Staaten Lettland und Estland, vielfach auch unter Einbeziehung Litauens.

Baltimore, David [engl. ˈbɔːltɪmɔː], *New York 7. 3. 1938, amerikan. Mikrobiologe. Bed. Arbeiten auf dem Gebiet der Krebsforschung; 1975 Nobelpreis für Physiologie oder Medizin (zus. mit R. Dulbecco und H. M. Temin).

Baltimore [engl. ˈbɔːltɪmɔː], Stadt in N-Maryland, 60 km nö. von Washington. 763 000 E. Univ.; einer der bedeutendsten Häfen der USA; metallverarbeitende Industrie; ⚓. – 1776/77 Tagungsort des 2. Kontinentalkongresses.

Baltischer Höhenrücken (Balt. Landrücken), das Küstengebiet der südl. Ostsee umrahmender Höhenzug, bis zu 200 km breit, im S vom Thorn-Eberswalder Urstromtal begrenzt; eine End-

Gasventil
Gasraum
Windfang
Luftsack
Steuersack
Korb
Fesselseil

Ballon.
Fesselballon

und Grundmoränenlandschaft mit zahlr. Seen.

Baltischer Schild, Festlandskern aus präkambr. Gesteinen, umfaßt O-Skandinavien, Finnland und die Halbinsel Kola.

baltische Sprachen, Zweig der indogerman. Sprachfamilie mit den Sprachen Litauisch, Lettisch (Ostbaltisch) und dem ausgestorbenen Altpreußisch (Westbaltisch; die Sprache der Prußen).

Baltrum, kleinste der Ostfries. Inseln, zw. Norderney und Langeoog, Ndsachs., 9 km², Hauptort Baltrum (820 E; Nordseeheilbad).

Balustrade [italien.-frz.], Brüstung oder Geländer mit *Balustern* (kleine, meist gedrungene, stark profilierte Säulen).

Balz, das Paarungsvorspiel bei Vögeln und Fischen. Die B. besteht aus komplizierten Handlungsketten, wobei die verschiedensten B.signale ausgegeben werden (opt., chem., akust. und taktile Auslöser).

Balzac, Honoré de [frz. bal'zak], * Tours 20. 5. 1799, † Paris 18. 8. 1850, frz. Schriftsteller. Sein Hauptwerk ist der Romanzyklus »Die menschl. Komödie« (1829–54), ein großangelegtes Werk, das mit 91 Romanen und Novellen nur ²/₃ des geplanten Umfangs erreichte. Bekannt wurden daraus v. a. »Das Chagrinleder« (1831), »Die Frau von 30 Jahren« (1831–44) und »Glanz und Elend der Kurtisanen« (1839–47). Bed. erlangten auch »Die tolldreisten Geschichten« (1832–37).

BAM ↑Baikal-Amur-Magistrale.

Bamako, Hauptstadt der Republik Mali, am Niger, 330 m ü. M., 646 000 E. Hochschulen und Forschungsinstitute, Nationalmuseum, botan. Garten, Zoo. Wirtschaftszentrum des Landes, Nigerhafen, internat. ✈. – 1650 gegründet.

Bamberg, 1) Stadt an der Regnitz, Bayern, 70 600 E. Univ., Priesterseminar, Astronom. Institut und Sternwarte, Museen, Theater, Sinfonieorchester. U. a. Textil- und Elektroindustrie. Das Stadtbild beherrscht der ↑Bamberger Dom. Zahlreiche Kirchen, u. a. Sankt Michael (1117–21) mit spätgotischem Chor und Barockfassade, gotische Obere Pfarrkirche (14. Jh.), barocke Sankt-Martins-Kirche (17. Jh.). Alte Hofhaltung auf dem Domberg (1571–76

als Bischofssitz erbaut); Neue Residenz (1605–1703); zw. zwei Brücken steht das barocke Alte Rathaus (im 18. Jh. umgestaltet); zahlr. barocke Bürgerhäuser. – Fiel 973 als Schenkung Kaiser Ottos II. an Hzg. Heinrich II. von Bayern; Bistum und Domschule verliehen B. im 11./12. Jh. große polit. und geistige Bedeutung; 1648 Gründung der Akademie (1773–1802 Univ.). **2)** ehem. Bistum und Hochstift; gegr. 1007 von Kaiser Heinrich II., mit weitreichenden Grundherrschaften zw. Kärnten und der Wetterau ausgestattet; polit. und, mit dem Kloster Michelsberg, auch geistiger Mittelpunkt des Reiches. 1803 an Kurbayern; 1817 als Erzbistum neu errichtet.

Bamberger Dom, ein Hauptdenkmal der spätroman. und frühgot. Kunst; nach Brand des von Heinrich II. errichteten Vorläuferbaus 1185 ff. erbaut (Weihe 1237); roman. Ostbau, nach W zunehmend got. Stil; bed. Plastik um 1230: *Bamberger Reiter,* Ecclesia und Synagoge, Maria und Elisabeth, Tympanon; Grabmäler (Friedrich von Hohenlohe; Kaiserpaar Heinrich II. und Kunigunde von T. Riemenschneider), Marienaltar von V. Stoß.

Bambusbär (Großer Panda) ↑Pandas.

Bambusgewächse (Bambusaceae), Fam. meist trop. und subtrop. Gräser, etwa 200 (ausdauernde) Arten, die z. T. waldartige Bestände bilden. Der stammartige Halm verholzt, ist knotig und hohl, von unten bis oben gleich dick und verzweigt sich erst nach der Spitze zu.

Bamian, Ort in Afghanistan, im Hindukusch, 2500 E. – Vom 2.–7. Jh. buddhist. Klostersiedlung (Höhlenkloster in einer etwa 60 m hohen Felswand).

Bamingui [frz. bamɪŋ'gi] ↑Schari.

Bamm, Peter, eigtl. Curt Emmrich, * Hochneukirch bei Grevenbroich 20. 10. 1897, † Zollikon 30. 3. 1975, dt. Schriftsteller. Arzt; schrieb u. a. »Die unsichtbare Flagge« (1952).

Ban [serbokroat.], u. a. Bez. für die Befehlshaber der südl. ungar. Grenzmarken (Banate), 1868–1918 für den kroat.-slawon.-dalmatin. Landeschef.

banal [frz.], alltäglich, geistlos.

Banane [afrikan.-portugies.], die bis etwa 20 cm lange, gelbschalige Frucht der ↑Bananenstaude.

Balustrade

Honoré de Balzac
(Daguerreotypie von Félix Nadar; 1842)

Bananengewächse (Musaceae), trop. und subtrop. Fam. einkeimblättriger Pflanzen mit 6 Gatt. und etwa 220 Arten.

Bananenstaude (Banane, Pisang), Bez. für verschiedene trop. Pflanzen aus der Fam. Bananengewächse; große Stauden; Blätter bis etwa 3,5 m lang und 0,5 m breit, meist vom Wind zerschlitzt. Die Blüten stehen meist zu mehreren in Doppelreihen mit großen, meist rostroten Deckblättern in Blütenständen. Die Früchte mehrerer Arten sind als *Bananen* genießbar, v. a. die *Obstbanane* und die *Mehl-* oder *Kochbanane* (bis 50 cm lang, armdick, wird nur gekocht oder gebraten in den Anbauländern verwendet), beide mit hohem Kalorien- und Vitamingehalt und reich an Mineralien. Aus den Blattscheiden der *Faserbanane* (Hanfbanane) von den Philippinen wird die Manilafaser gewonnen.

Bananenstecker, einpolige elektr. Steckverbindung.

Banat, histor. Landschaft zw. Maros, Theiß, Donau und Temes-Cerna-Furche, in Rumänien, Serbien und Ungarn. Das Gebiet des B. gehörte in der Römerzeit zur Prov. Dakien, ab etwa 1028 zu Ungarn; 1718 österr., Besiedlung durch die Banater Schwaben; 1742–1842 Einrichtung der Banater Militärgrenze; 1848/49–60 österr. Kronland; nach dem 1. Weltkrieg fiel der W (bis auf den äußersten NW) an Jugoslawien, der (größere) O an Rumänien.

Banater Schwaben, Bez. für die im 18. Jh. im Banat angesiedelten Deutschen (1985: 175000).

Banause [griech.], Mensch ohne Kunstverständnis und ohne feineren Lebensstil.

Banchieri, Adriano [italien. baŋˈkiɛːri], *Bologna 3. 9. 1568, † ebd. 1634, italien. Komponist und Musiktheoretiker. Seine Kompositionen (u. a. »Concerti ecclesiastici«, 1595, Messen, Motetten, Madrigale) sind frühe Beispiele der Generalbaßpraxis.

Band, 1) *allg.:* das einzelne Buch, insbes. als Teil einer mehrbändigen Ausgabe.
2) *Bautechnik:* ↑Scharnier.
3) *Nachrichtentechnik:* Bez. für einen Frequenz- oder Wellenlängenbereich (z. B. 49 m-Band).

4) *Anatomie:* (Ligament, Ligamentum) aus Bindegewebe bestehende, strang- oder plattenförmige Verbindung zw. Skelettelementen des Körpers.
5) [engl. bænd] im Jazz Gruppe von Musikern.

Bandagen [banˈdaːʒən; frz.], Verbände aus elast. oder halbsteifen Materialien (Leinen, Stoff, Leder).

Bandainseln, indones. Inselgruppe der S-Molukken, im NO der Bandasee, etwa 180 km², Hauptort und -hafen ist *Bandaneira* auf Bandaneira. Bed. Muskatnußproduktion.

Bandaranaike, Sirimawo, *Balangoda auf Sri Lanka 17. 4. 1916, Politikerin in Sri Lanka. Übernahm an Stelle ihres 1959 ermordeten Mannes Solomon B. (*1899; Premier-Min. seit 1956) die Führung der sozialist. Freiheitspartei; 1960–65, 1970–77 und seit 1994 Premierministerin.

Bandar Seri Begawan, Hauptstadt von Brunei, 58000 E. Nationalmuseum, Hafen; internat. ✈.

Bandasee, tiefster Teil des Australasiat. Mittelmeeres.

Bandbreite, 1) *Nachrichtentechnik:* die Differenz zw. größter und kleinster Frequenz in einem zusammenhängenden Frequenzbereich.
2) *Währungspolitik:* der Spielraum innerhalb der Grenzen, zw. denen die Währungskurse schwanken können.

Bande, 1) Bez. für eine Gruppe mit meist wenigen Mgl., die sich durch besondere, von den allg. gesellschaftl. Normen abweichendes, oft kriminelles Gruppenverhalten auszeichnen (z. B. jugendliche Diebesbande).
2) elast. Umrandung der Billardtafel; Holzeinfassung u. a. der Reitbahn, der Kegelbahn und des Eishockeyspielfeldes.

Bandello, Matteo, *Castelnuovo Scrivia um 1485, †Bazens (Lot-et-Garonne) 13. 9. 1561, italien. Schriftsteller. 1550–55 Bischof von Agen; verfaßte 214 »Novellen« (1554–73).

Banderilla […ˈrilja; span.], mit Bändern, Fähnchen u. a. geschmückter, mit Widerhaken versehener Spieß, den im Stierkampf der *Banderillero* dem Stier in den Nacken stößt.

Banderole [frz.], Steuerzeichen in Form eines Papierbandes, bes. für Tabakwaren.

Bananenstaude. Staude mit Blüte und beginnender Fruchtbildung (oben)

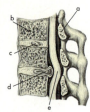

Bandscheibe.
Obere Bildhälfte:
normale Bandscheibe;
untere Bildhälfte:
Bandscheibenvorfall;
a Wirbelbogen (durch-
trennt); b Wirbel-
körper; c Kern der
Bandscheibe; d Vorfall;
e verdrängtes Rücken-
mark

Bänderton, geschichteter Ton, abgela-
gert in Schmelzwasserbecken vor Gletschern. Je eine helle und eine dunkle
Schicht *(Warwe)* sind das Sedimen-
tationsergebnis eines Jahres und ermöglichen eine Altersbestimmung durch
Auszählen.

Bandgenerator (Van-de-Graaff-Gene-
rator), von dem amerikan. Physiker
R. Van de Graaff 1931 entwickelte Gerät zur Erzeugung von Gleichspannun-
gen bis zu einigen Mio. Volt; Verwendung in der Kernphysik zur elektrostat.
Beschleunigung schwerer geladener
Teilchen.

Banditen [italien.], zunächst Bez. für
Menschen, die durch den über sie verhängten Bann außerhalb des Gesetzes
standen, dann Bez. der bes. in Italien
z. T. für polit. Zwecke gedungenen ge-
werbsmäßigen Verbrecher, im 17. Jh. dt.
Lehnwort mit der Bedeutung »Straßen-
räuber, Gauner«.

bandkeramische Kultur (Bandkeramik), nach der bänderartigen Orna-
mentik ihrer Tongefäße ben. älteste
neolith. Kultur M-Europas (Ende 5. Jt.
bis Ende 4. Jt.).

**bandkeramische
Kultur.**
Gefäße der jüngeren
Bandkeramik aus
Rheindürkheim (oben)
und Worms

Bandoneon (Bandonion) [nach dem dt.
Erfinder H. Band, * 1821, † 1860], ein
um 1845 erstmals gebautes Harmonikainstrument mit bis zu 200 Tönen;
Einzeltöne auch auf der Baßseite.

Bandscheibe (Zwischenwirbelscheibe),
elastische, knorpelige Scheibe zw. je
zwei Wirbeln der Wirbelsäule; mit den
Wirbelkörpern fest verbunden, dient
dem Druckausgleich.

Bandscheibenvorfall (Bandscheiben-
prolaps), Vorfall einer Zwischenwirbelscheibe in den Wirbelkanal; am häufig-

sten im Bereich der unteren Lendenwir-
belsäule.

Bandschleifmaschine, Schleifmaschine
mit einem endlosen, meist über Rollen
geführten Schleifband.

Bandung, indones. Prov.-Hauptstadt in
W-Java, 1,5 Mio. E. Univ., Forschungsinstitute, Handels- und Ind.zentrum.
– Auf der *B.konferenz* (1955) vereinbarten
29 afrikan. und asiat. Staaten (u. a. VR
China) kulturelle und wirtschaftl. Zusammenarbeit.

Bandura [griech.-russ.], russ. Lauten-
instrument mit ovalem Korpus, 6–8
Melodiesaiten und zu 40 weiteren
unverkürzbaren Freisaiten.

Bandwürmer (Cestoda), Klasse der
Plattwürmer mit über 2 000, etwa 5 mm
bis über 15 m langen Arten; flachge-
drückt, meist in ein Vorderende *(Scolex)*
mit Haftorganen und (je nach Art) in 3
bis über 4 000, durch Querfurchen ge-
teilte Abschnitte *(Proglottiden)* gegliedert, die von einer Sprossungszone hinter dem Vorderende gebildet werden,
stark heranwachsen und sich am Hinter-
ende nach und nach ablösen; meist
in jeder Proglottide ein vollständiges,
zwittriges Geschlechtssystem; ohne
Mundöffnung und Darm, Nahrungs-
stoffe werden osmotisch durch die
Körperwand aufgenommen; mit ausgeprägtem Wirtswechsel: erwachsen ausschließlich Darmparasiten, meist in
Wirbeltieren (Endwirt), Larven in
den verschiedensten Organen auch von
Wirbellosen (Zwischenwirt). – Für
den Menschen gefährlich sind v. a.
der Schweinebandwurm, Rinderband-
wurm, Fischbandwurm und der Blasen-
wurm. Der Entzug von Nahrung ist für
den Wirtsorganismus weniger schädlich
als die giftigen Exkretstoffe, die der Pa-
rasit ausscheidet und die zu einem Abbau des roten Blutfarbstoffes bis zu einer
Anämie führen können.

Bandy [engl. 'bændɪ], dem Eishockey
ähnl. Spiel mit einem Ball (6 cm Durchmesser, 58–62 g schwer) zw. zwei
Mannschaften zu je 11 Mann.

Banff National Park [engl. 'bæmf
'næʃənəl 'pɑːk], kanad. Nationalpark in
den Rocky Mountains, 6 640 km^2; Zentren sind *Banff* und *Lake Louise.*

Bang, Herman Joachim, * Asserballe
(auf Alsen) 20. 4. 1857, † Ogden (Utah)
29. 1. 1912, dän. Schriftsteller. Vertreter

Bandwürmer.
1 Schweineband-
wurm; **2** Kopf; **3** Ei;
4 Finne; **5** reifes Glied

des dän. Impressionismus, v. a. Novellen; auch autobiograph. Romane (»Die Vaterlandslosen«, 1906).

Bangalore [engl. bæŋgəˈlɔː], Hauptstadt des ind. Gliedstaates Karnataka, auf dem Hochland von Dekhan, 2,56 Mio. E. Univ.; Handels- und Wirtschaftszentrum.

Bangemann, Martin, *Wanzleben 15. 11. 1934, dt. Politiker (FDP). Rechtsanwalt; 1972–80 und 1984–89 MdB; 1973–84 und seit 1989 MdEP; 1974/75 Generalsekretär der FDP, 1984–88 Partei-Vors.; seit 1989 EU-Kommissar.

Bangka (Banka), indones. Insel in der Javasee, auf dem Sundaschelf östlich von Sumatra, 11 915 km², Hauptort Pangkalpinang. Bed. Zinnerzbergbau.

Bangkok (Krung Thep), Hauptstadt Thailands am Menam, 5,9 Mio. E. Zwei Univ., medizin. Hochschule, wiss. Gesellschaften und Forschungseinrichtungen; mehrere Theater; Nationalmuseum. Wichtigstes Handels- und Industriezentrum des Landes; Hafen; internat. ✈. Königl. Palast (19. Jh.; in europäisch-siames. Mischstil), Tempel Wat Phra Keo (1785 im klass. siames. Stil) und Wat Pho (1789–1801; mit 45 m großer, liegender

Buddhafigur), Pagoden. – Nach der Zerstörung der alten Hauptstadt Ayutthaya (1767) ab 1782 erbaute neue Hauptstadt der Könige von Siam.

Bang-Krankheit [nach dem dän. Tierarzt Bernhard Bang, *1848, † 1932], fieberhafte Infektionskrankheit des Menschen, verursacht durch das Bakterium Brucella abortus, das bei Kühen und anderen Tieren zum seuchenhaften Verwerfen führt. – Die Infektion erfolgt durch direkte Übertragung vom Tier oder durch den Genuß von infizierter Milch; u. a. Milz- und Leberschwellung, Muskelschmerzen; anzeigepflichtig.

Bangladesh

Fläche:	143 998 km²
Einwohner:	119,288 Mio.
Hauptstadt:	Dhaka
Amtssprache:	Bengali
National-	
feiertag:	26. 3.
Währung:	1 Taka (Tk.) = 100 Poisha (ps.)
Zeitzone:	MEZ + 5 Std.

Bangladesch (Bangladesch), Staat in S-Asien, grenzt im W, N und O an Indien, im SO an Birma, im S an den Ind. Ozean.

Staat und Recht: Präsidialrepublik; *Verfassung* von 1972 (letzte Änderungen 1991). *Staatsoberhaupt* und Inhaber der *Exekutive* ist der Staats-Präs.; Organ der *Legislative* ist die Nationalversammlung (300 für fünf Jahre gewählte sowie 30 von den 300 Mgl. hinzugewählte weibl. Abg.). *Parteien:* Awami-Liga, Jatiya Party, Bangladesh Nationalist Party.

Landesnatur: B. ist überwiegend Tiefland (Schwemmlandebene) am unteren Ganges und Brahmaputra. Nur im O

Bandung
Stadtwappen

Bangladesh

Staatsflagge

Staatswappen

```
        119,3              220

71,5                            81

1970 1992    1970 1992
Bevölkerung  Bruttosozial-
(in Mio.)    produkt je E
             (in US-$)
```

☐ Stadt   Land ☐

18%
82%

Bevölkerungsverteilung
1992

☐ Industrie
☐ Landwirtschaft
☐ Dienstleistung

17%
34%   49%

Bruttoinlandsprodukt
1992

Banjo.
Tenorbanjo

Banjul
Stadtwappen

und SO erheben sich Bergzüge. Es herrscht subtrop.-trop. Monsunklima. **Bevölkerung:** 98% der Bevölkerung sind Bengalen. B. ist eines der dichtest bevölkerten Länder der Erde, mit Zuwachsraten von jährlich 3%. Wirtschafts- und Sozialstruktur sind diesem Wachstum nicht angepaßt. Der Islam ist Staatsreligion.

Wirtschaft, Verkehr: Rückgrat der Wirtschaft ist die Landwirtschaft. Dringendste Aufgabe ist die Ertragssteigerung bei den Hauptanbauprodukten Reis und Weizen. Hauptexporterzeugnis ist Jute. Die Erzeugung tier. Produkte zur Ernährung der Bevölkerung ist unzureichend. Neben einem Stahlwerk und einer Erdölraffinerie findet sich baumwollverarbeitende und Nahrungsmittelindustrie. Das Eisenbahnnetz ist 2791 km, das Straßennetz 11 000 km lang. Wichtigste Seehäfen sind Chittagong und Khulna. Internat. ✈ in Dhaka und Chittagong.

Geschichte: 1970/71 entschied sich die überwiegende Mehrheit der Wahlberechtigten O-Pakistans für das Autonomieprogramm der Awami-Liga unter Scheich Mujibur Rahman, der am 26. 3. 1971 die unabhängige VR B. ausrief; nach einem Bürgerkrieg und einem ind.-pakistan. Krieg bildete er im Jan. 1972 ein Kabinett. Im Aug. 1975 wurde er mit seiner Familie und zahlr. Anhängern von putschenden Truppen ermordet. Das Land wurde unter Kriegsrecht gestellt. 1978 wurde Zia ur-Rahman zum Präs. gewählt, der zur Zivilregierung zurückkehrte. Im April 1979 wurde das Kriegsrecht aufgehoben. Zia ur-Rahman fiel 1981 einem Attentat zum Opfer. Nach einem erneuten Militärputsch 1982 wurde das Kriegsrecht verhängt (bis 1986) und die Verfassung außer Kraft gesetzt. Im Okt. 1986 wurde der bisherige Kriegsrechtsadministrator und Staats-Präs. Husain Mohammed Ershad als Staats-Präs. in einer Volkswahl bestätigt. Die Parlamentswahlen 1988 gewann die Jatiya Party Präs. Ershads, der nach Protesten gegen sein Regime Anfang Dez. 1990 zurücktrat. Die Parlamentswahlen vom Februar 1991 gewann die Bangladesh Nationalist Party unter der Führung von Khaleda Zia, die als erste Frau im März 1991 das Amt des Min.-Präs. im

islam. B. antrat. Mit der im Sept. 1991 in Kraft getretenen Verfassung kehrte B. zur parlamentar. Demokratie zurück; neuer Staats-Präs. wurde Abdur Rahman Biswas. Seit Beginn der 1990er Jahre ist das polit. Klima durch zunehmenden islam. Fundamentalismus geprägt .

Bangui [frz. baŋ'gi], Hauptstadt der Zentralafrikan. Republik, am Ubangi, 340 000 E. Univ., Diamantenbörse. In B. ist fast die gesamte Industrie des Landes konzentriert. Flußhafen; internat. ✈.

Banja Luka, Stadt in Bosnien-Herzegowina, 183 000 E. Univ.; Handelszentrum; Braunkohlentagebau. − Erstmals 1494 genannt.

Banjo ['bɛndʒo; engl.], fünf- bis neunsaitige Schlaggitarre; hat einen langen Hals und einen tamburinartigen Schallkörper.

Banjul, Hauptstadt von Gambia, am linken Ufer der Gambiamündung, 44 500 E. Wirtschaftszentrum des Landes; Hafen; internat. ✈. − 1816 gegründet (gen. Bathurst).

Bank, 1) Sitzmöbel für mehrere Personen.

2) *Geologie:* feste Gesteinsschicht, die von Schichtfugen begrenzt wird.

3) *Geomorphologie:* Untiefe in fließendem Gewässer, auch Erhebung des Meeresbodens bis nahe unter den Meeresspiegel.

4) *Wirtschaft:* ↑Banken.

Bankakzept, ein auf eine Bank gezogener und von dieser akzeptierter Wechsel.

Bankausweis, von einer Notenbank meist wöchentlich (daher auch *Wochenausweis*) veröffentlichte Bilanz.

Bankbuchhaltung, Buchhaltung der Kreditinstitute; nimmt im Bankbetrieb eine zentrale Stellung ein, da sämtl. Geschäftsvorfälle am gleichen Tag verbucht sein müssen.

Bank deutscher Länder, Abk. **BdL,** am 1. 3. 1948 geschaffene unabhängige Notenbank für die brit., amerikan. und frz. Besatzungszone. Am 1. 8. 1957 wurde die BdL mit den Landeszentralbanken zur Deutschen Bundesbank verschmolzen.

Bänkelsang [nach der Bank, auf der die Bänkelsänger standen], Vortrag von ↑Moritaten. Verbreitet auf den Jahrmärkten des 17.–19. Jh. Der B. hatte bis in die neueste Zeit Einfluß auf Dichtung (Ballade) und Kleinkunst (Kabarett).

Banken (Kreditinstitute), Unternehmen für Geldanlage und Finanzierung und zur Durchführung des bargeldlosen Zahlungsverkehrs. Das dt. Bankwesen ist durch das sog. *Universalbanksystem* gekennzeichnet, d. h., B. können alle Arten von Bankgeschäften mit Ausnahme des Notenemissions-, Pfandbrief- und Hypothekengeschäftes durchführen. Bankgeschäfte sind im einzelnen: die Annahme fremder Gelder als Einlagen *(Einlagengeschäft)*; die Gewährung von Gelddarlehen und Akzeptkrediten *(Kreditgeschäft)*; der Ankauf von Wechseln und Schecks *(Diskontgeschäft)*; die Anschaffung und die Veräußerung von Wertpapieren für andere *(Effektengeschäft)* und die Verwahrung derselben *(Depotgeschäft)*; die Anlage von eingelegtem Geld im eigenen Namen für gemeinschaftliche Rechnung der Einleger *(Investmentgeschäft)*; die Übernahme von Bürgschaften, Garantien und sonstigen Gewährleistungen für andere *(Garantiegeschäft)*; die Durchführung des bargeldlosen Zahlungsverkehrs und des Abrechnungsverkehrs *(Girogeschäft)*. Innerhalb des Kreditgeschäfts unterscheidet man zw. *Aktivgeschäften,* bei denen die Bank Kreditgeber ist, und *Passivgeschäften,* bei denen die Bank Kreditnehmer ist.

Das B.system in der *BR Deutschland* besteht aus dem Zentralbanksektor (Dt. Bundesbank und Landeszentralbanken) und den Geschäftsbanken. Zu den *Kreditbanken* gehören die Groß-B., die Staats-, Regional- und Lokal-B. (mit räumlich begrenztem Geschäftsbereich), die Privat-B. und die Spezial-, Haus- und Branchenbanken. Zu den *Kreditinstituten des Sparkassenwesens* gehören die öffentl.-rechtl. und die freien Sparkassen, die Girozentralen und die Dt. Girozentrale – Dt. Kommunalbank. Die *Kreditinstitute des Genossenschaftswesens* umfassen die gewerbl. (Volks-B.) und die ländl. Kreditgenossenschaften (Spar- und Darlehenskassen). Die *Realkreditinstitute* gewähren vorwiegend langfristige Kredite an Private oder Kommunen gegen bes. Sicherheiten. Die Mittel beschaffen sie sich durch die

Ausgabe von Pfandbriefen und Kommunalobligationen. *Kreditinstitute mit Sonderaufgaben* erfüllen selbstgewählte oder ihnen vom Staat zugewiesene Aufgaben (z. B. die Lastenausgleichsbank). Zentralnotenbank in *Österreich* ist die *Österr. Nationalbank.* Das österr. Geschäftsbankensystem setzt sich wie folgt zusammen: *Aktien-B.* (Groß-B. und bed. Regional-B.); *Privat-B.; Sparkassen; Landeshypothekenanstalten* (öffentl.-rechtl., von den einzelnen Bundesländern geschaffene Realkreditzinsinstitute); gewerbl. und ländl. *Kreditgenossenschaften.*

Zentrales Noteninstitut in der *Schweiz* ist die *Schweizerische Nationalbank.* Die Schweizer B. haben vorwiegend Universalbankcharakter. Folgende B.gruppen sind zu unterscheiden: Groß-B., Kantonal-B., Lokal-B., Sparkassen, Darlehenskassen und übrige Banken. Darüber hinaus gibt es eine Reihe von Privatbankiers, die sich vorwiegend mit dem Wertpapiergeschäft und der Vermögensverwaltung befassen.

Internationale Geldinstitute wurden errichtet, um u. a. die Zusammenarbeit der einzelnen Noten-B. zu fördern, den internat. Zahlungs- und Verrechnungsverkehr zu erleichtern, zur Sicherung der Währungsstabilität beizutragen und die Investitionstätigkeit insbes. beim Wiederaufbau kriegszerstörter Gebiete und in Entwicklungsländern zu fördern. Die wichtigsten internationalen Geldinstitute sind: Bank für Internat. Zahlungsausgleich (BIZ), Internat. Währungsfonds (IWF), Europ. Investitionsbank (EIB), Internat. Bank für Wiederaufbau und Entwicklung (Weltbank), Europ. Bank für Wiederaufbau und Entwicklung.

Geschichte: Ein bargeldloser Zahlungsverkehr ist bereits für das Ägypten des Alten Reiches nachgewiesen. Im antiken Griechenland übten zuerst Priester vielfach bankierähnl. Funktionen aus, indem sie Einlagen zur Aufbewahrung entgegennahmen und gegen Entgelt Darlehen gewährten. Im antiken Rom gab es bereits Berufsbankiers. Als Ursprung der modernen europ. Bank wird allgemein die Geschäftätigkeit der Geldwechsler des mittelalterl. Italien angesehen. Aus diesem Geldwechselgeschäft entwickelte sich bald ein Depositen- und Wechselgeschäft sowie ein Giroverkehr. – Die erste moderne Kreditbank war die 1694 gegr. Bank von England. Zum Teil auf Initiative der im 18. und bes. im 19. Jh. zu internat. Bedeutung und Macht gekommenen Privatbankiers (z. B. Rothschild) kam es zur Gründung von Aktienbanken. Wegen der bes. wirtschaftl. Bedeutung des Bankwesens wurde im 20. Jh. zunehmend eine staatl. ↑Bankenaufsicht eingeführt, in Deutschland v. a. nach der Bankkrise 1931.

Bankenaufsicht, staatliche Beaufsichtigung der Kreditinstitute; in der BR Deutschland durchgeführt durch das Bundesaufsichtsamt für das Kreditwesen (BAK). Ziel ist es, die Gläubiger der Kreditinstitute vor Verlusten zu schützen und die Ordnung und Funktionsfähigkeit des Kreditwesens zu gewährleisten.

Bankert [eigtl. »auf der Schlafbank der Magd gezeugtes Kind«], umgangssprachlich veraltend für unehel. Kind; landschaftlich Schimpfwort für ungezogenes Kind.

Bankett 1) [italien.] Festmahl, Festessen; urspr. Bez. für die bei einem festl. Diner um die Tafel herum aufgestellten kleinen Beisetztische; im 15./16. Jh. auf das gesamte Festmahl übertragen.
2) [frz.] unbefestigter Seitenstreifen einer Straße.

Bank für Gemeinwirtschaft AG, Abk. **BfG,** Kreditinstitut für Bankgeschäfte; Sitz Frankfurt am Main; entstand 1958 durch Verschmelzung mehrerer regionaler Gemeinwirtschaftsbanken; urspr. in Gewerkschaftsbesitz, seit 1986/87 mehrheitlich im Besitz der Aachener und Münchener Versicherungsgruppe.

Bank für Internationalen Zahlungsausgleich, Abk. **BIZ,** internat. Bank, Sitz Basel, gegr. 1930. Zweck der BIZ ist es, die Zusammenarbeit der Zentralbanken zu fördern, neue Möglichkeiten für internat. Finanzgeschäfte zu schaffen und als Treuhänder oder Agent bei internat. Zahlungsgeschäften zu wirken.

Bankgeheimnis, Verpflichtung der Bank, keine Auskünfte über die Konten und alle ihr aus der Geschäftsverbindung bekanntgewordenen Tatsachen zu geben. Das B. umfaßt mit der Geheimhaltungspflicht auch das Recht, Auskünfte zu verweigern.

Banking [engl. 'bæŋkɪŋ], Bankwesen, Bankverkehr, Bankgeschäfte.

Bankleitzahlen, Abk. **BLZ,** achtstellige Schlüsselzahlen zur numer. Kennzeichnung der Bankstellen. Die ersten drei Ziffern kennzeichnen den für das Institut zuständigen LZB-Bankplatz; Stelle vier bezeichnet die Bankengruppe; Stelle fünf und sechs bestimmen den Ort der Niederlassung; die letzten beiden Ziffern kennzeichnen innerbetriebl. Triebe.

Banknote, von einer Notenbank ausgegebener Geldschein, der auf einen runden Betrag lautet; einziges unbeschränktes gesetzl. Zahlungsmittel (im Ggs. zu ↑Münzen).

Bankozettel, erstes österr. Papiergeld, wurde 1762 eingeführt.

Bankrate, aus dem engl. Sprachgebrauch übernommene Bez. für Diskontsatz.

Bankrott (Bankerott) [italien.], Zahlungsunfähigkeit eines Schuldners gegenüber seinen Gläubigern. *Betrügerischer Bankrott* liegt vor, wenn ein in Konkurs geratener Schuldner die Konkursmasse absichtlich zum Nachteil seiner Gläubiger verringert, *einfacher Bankrott,* wenn der Schuldner durch übermäßigen persönl. Aufwand oder unkaufmänn. Verhalten den Konkurs herbeigeführt hat.

Bank von England (Bank of England), Zentralnotenbank Großbrit., Sitz London; gegr. 1694 als Privatbank. Im Lauf des 18. Jh. übernahm sie die Verwaltung der Staatsschulden und später auch die Führung der Staatskasse. 1834 wurden

Bankleitzahlen

Ortsnummer Bezirksnummer Clearing-Bezirk	Banken- gruppe	Standort einer Bankniederlassung mit Girokonto bei der Bundesbank[1]		
6 70		**7 00**		**10**
zuständiger Bankplatz und Bankbezirk		Kontonummer bei der Bundesbank		bankinterne Numerierung von Filialen und Zweigstellen ohne Girokonto bei der Bundesbank
Clearing-Gebiet nach Rechenzentren der Bundesbank: 1–7				

[1] Bei Niederlassungen am Bankplatz grundsätzlich zweimal die Zahl 0; bei mehreren Instituten derselben Bankengruppe Durchnumerierung von 00 bis 99.

die Banknoten der B. v. E. gesetzl. Zahlungsmittel; 1928 erhielt die B. v. E. das alleinige Notenprivileg; 1946 verstaatlicht.

Bank von Frankreich (Banque de France), Zentralnotenbank Frankreichs, Sitz Paris; gegr. 1800 auf Veranlassung von Napoleon I. als private AG. 1848 erhielt sie das alleinige Notenprivileg für ganz Frankreich; 1946 verstaatlicht.

Bann, 1) im dt. MA die königl. Regierungsgewalt *(Königsbann),* die u. a. in *Heerbann* (Einberufung des Heeres), *Friedensbann* (Königsschutz für bestimmte Personen oder Sachen) und *Blutbann* (Ausübung der peinl. Gerichtsbarkeit) zerfiel; als B. wurde auch das entsprechende Ge- und Verbot sowie die auf deren Nichtbefolgung hin verhängte Strafe (B.buße, Verbannung) bezeichnet.

2) im *kath. Kirchenrecht* ↑Exkommunikation.

Banner [frz.], Fahne, die durch eine waagerecht hängende Querstange mit dem Fahnenschaft verbunden ist.

Bannforsten (Bannwald), Waldgebiete, die dem ausschließl. Jagdrecht des Königs oder eines von ihm Privilegierten unterstanden.

Bannmeile, 1) im MA Gebiet von einer Meile um eine Stadt, innerhalb dessen dem städt. Gewerbe keine Konkurrenz gemacht werden durfte.

2) in den sog. B.gesetzen genau umschriebenes Gebiet um den Sitz der Gesetzgebungsorgane des Bundes und der Länder sowie des Bundesverfassungsgerichts (sog. *befriedeter Bannkreis).* Innerhalb des befriedeten Bannkreises sind öffentliche Versammlungen unter freiem Himmel und Aufzüge mit Ausnahme von religiösen Veranstaltungen und Volksfesten verboten.

Banting, Sir (ab 1934) Frederick Grant [engl. 'bæntɪŋ], *Alliston (Ontario, Kanada) 14. 11. 1891, † Musgrave Harbour (Neufundland) 21. 2. 1941 (Flugzeugabsturz), kanad. Mediziner. Entdeckte 1921 gemeinsam mit C. H. Best das Insulin; 1923 Nobelpreis für Physiologie oder Medizin (zusammen mit J. Macleod).

Bantu, 1) Bez. der großen Gruppe von Stämmen und Völkern in Afrika, die Bantusprachen sprechen und überwiegend zu den Bantuiden gehören.

Bantu. Zauberfigur mit Medizin-Spiegelkästchen vom Volk der Kongo (Wien, Museum für Völkerkunde)

2) [afrikan.] afrikan. Sprachengruppe. Die Zahl der B.sprachen Sprechenden beträgt ungefähr 90 Millionen. Bekannte B.sprachen sind u. a. die Swahili-, Zulu-, Hererosprache.

Banyanbaum [Hindi/dt.], Bez. für einige südasiat. Feigenbaumarten mit mächtigem Wuchs, hauptsächlich für den *[Bengalischen] Banyanbaum:* immergrün, Höhe 20–30 m, Krone weit ausladend.

Banz, ehemalige Benediktinerabtei, gehört zu Staffelstein (Landkreis Lichtenfels, Bayern), liegt über dem rechten Mainufer. J. L. Dientzenhofer erbaute 1698 ff. Konvent und Altbau, J. Dientzenhofer 1710 bis 1719 die Klosterkirche mit mächtiger Doppelturmfassade; der Wirtschaftshof entstand nach 1750 unter beratender Mitwirkung von B. Neumann.

Baotou, chin. Stadt in der Autonomen Region Innere Mongolei, im Tal des Hwangho, 956 000 E., Zentrum der Eisen- und Stahlindustrie, Verarbeitung landwirtschaftl. Produkte (Zuckerraffinerie).

BAP [kölnisch »Vater«], 1976 um Wolfgang Niedecken (*1951) entstandene Rockmusikgruppe, die politisch engagierte Texte in Kölner Mundart vorträgt.

Frederick Grant Banting

Barbados

Staatsflagge

Staatswappen

1970 1992 | 1970 1992
Bevölkerung | Bruttosozial-
(in Mio.) | produkt je E
 | (in US-$)

0,24 0,26 6540 1482

□ Stadt   □ Land

45% 55%

Bevölkerungsverteilung
1990

□ Industrie
□ Landwirtschaft
□ Dienstleistung

18% 5% 77%

Bruttoinlandsprodukt
1990

Barbados

Fläche:	430 km²
Einwohner:	259 000
Hauptstadt:	Bridgetown
Amtssprache:	Englisch
National-	
feiertag:	30. 11.
Währung:	1 Barbados-Dollar (BDS $) = 100 Cents (c)
Zeitzone:	MEZ – 5 Std.

Baptisten [griech.], ehem. Spottname für eine aus dem engl. Puritanismus im 17. Jh. entstandene Gemeindebewegung mit Erwachsenentaufe; v. a. in den USA verbreitet. Alleinige Richtschnur für Glaube, Gemeindeordnung und Leben ist die Bibel.

Baptisterium [griech.], seit dem 3. Jh. sowohl Taufbecken als auch Taufkirche (Anbau oder Nebenbau einer Kirche; bis ins 12. bzw. in Italien bis ins 15. Jh. errichtet).

Bar, Hafenstadt an der montenegrin. Adriaküste, 6 700 E. Eisenbahnendpunkt, Fähre nach Bari (Italien). 4 km östlich die Vorläufersiedlung *Stari Bar* mit den Ruinen (11.–16. Jh.) von *Antibari.*

Bar [griech.], physikal. Einheit des Drucks; Einheitenzeichen *bar.* 1 bar = 10^5 Pa (Pascal) ≈ 1 at (Atmosphäre) bzw. 1 mbar = 1 hPa.

Bär (Großer B. und Kleiner B.) ↑Sternbilder (Übersicht).

Bárány, Róbert ['baːraːni], *Wien 22. 4. 1876, † Uppsala 8. 4. 1936, österr. Mediziner ungar. Abstammung. Erarbeitete neue diagnost. und chirurg. Methoden in der Ohrenheilkunde; 1914 Nobelpreis für Physiologie oder Medizin.

Barbados [barˈbaːdɔs, engl. bɑːrˈbeɪdɔs], Staat im Bereich der Westind. Inseln, umfaßt die gleichnamige Insel.

Staat und Recht: Parlamentarische Monarchie im Commonwealth; *Verfassung* von 1966. Staatsoberhaupt ist die brit ische Königin, vertreten durch einen Generalgouverneur; die *Exekutive* bildet das Kabinett unter dem Premier-Min.; *Legislative* ist das Zweikammerparlament (Senat mit 21 ernannten Mgl. und Abg.-Haus mit auf fünf Jahre gewählten 24 Abg.). *Parteien:* Barbados Labour Party, Democratic Labour Party.

Landesnatur: B. ist die östlichste Insel der Kleinen Antillen; sie besteht aus einer flachen Tafel verkarsteter Korallenkalke und wird von Korallenriffen umsäumt. Das Klima ist trop.-ozeanisch.

Bevölkerung: 80% der Bevölkerung sind Schwarze, 16% Mulatten, 4% Weiße. Stärkste der rd. 90 christl. Glaubensgemeinschaften sind die Anglikaner.

Wirtschaft, Verkehr: Die Wirtschaft ist durch die Zuckerrohrmonokultur geprägt. Wichtigste Ind.-Betriebe sind Zucker- und Sirupfabriken sowie Rumdestillen. Erdgas- und Erdölförderung. Erdölraffinerie in Bridgetown. B. verfügt über ein gut ausgebautes Straßennetz von 1 350 km Länge. Wichtigster Hafen ist Bridgetown. Internat. ✈ ist Seawell Airport.

Geschichte: Zu Beginn des 16. Jh. von Spaniern entdeckt, die dabei Aruakindianer als Sklaven verschleppten. Seit dem 17. Jh. von Engländern besiedelt; seit 1652 bis ins 19. Jh. brit. Kronkolonie, 1958–61/62 Mgl. der Westind. Föderation; erhielt 1966 die volle Unabhängigkeit.

Barbar [griech.], bei den Griechen jeder nicht Griechisch Sprechende; seit den Perserkriegen mit der Vorstellung des Ungebildeten, Rohen und Grausamen verbunden. Davon abgeleitet heute die Bedeutung: roher, ungesitteter und ungebildeter Mensch, Wüstling, Rohling.

Barbara, hl., historisch nicht faßbare Märtyrerin; zählt zu den 14 Nothelfern. An ihrem Gedenktag (4. Dez.) schneidet man Zweige von Obstbäumen, bes. Kirschbäumen, und stellt sie als sog. *Barbarazweige* in Wasser, damit sie zu Weihnachten blühen mögen.

Barbarakraut (Barbenkraut), meist gelb blühende Gatt. der Kreuzblütler mit zwölf Arten in Europa (bes. Mittelmeergebiet), Asien und N-Amerika; das *Echte B.* (Winterkresse) ist in Deutschland ein verbreitetes Unkraut.

Barbari, Iacopo de' (Jakob Walch), *Venedig zw. 1440 und 1450, † Brüssel (?) vor 1516, italien. Maler und Kupferstecher. Bis 1500 in Venedig, dann tätig v. a. an dt. Fürstenhöfen (Vermittlung der Renaissance).

Barbarossa [italien. »Rotbart«], Beiname Kaiser ↑Friedrichs I.

Barbarossa (Fall B.), Deckname des dt. Feldzugplans gegen die UdSSR im 2. Weltkrieg.

Barbarossahöhle ↑Höhlen (Übersicht).

Barbe [lat.] (Flußbarbe), bis 90 cm langer und 8,5 kg schwerer Karpfenfisch in M- und O-Europa; langgestreckt, schlank, mit vier Barteln an der Oberlippe; Speisefisch.

Barbecue ['bɑːbɪkjuː; indian.-span.-amerikan.], Gartenfest, bei dem Fleisch am Spieß oder auf dem Rost gebraten wird. Auch der beim Braten verwendete Rost sowie das geröstete Fleisch.

Barben, Bez. für eine sehr artenreiche Gruppe der Karpfenfische; mit weiter Verbreitung in den Süßgewässern Eurasiens und Afrikas.

Barbe

Barbenregion, zw. Äschenregion und Brachsenregion gelegener Flußabschnitt; in M-Europa finden sich neben der Barbe als Leitfisch v. a. der Flußbarsch und Karpfenfische wie Rotauge, Rotfeder und Rapfen.

Barber, Samuel [engl. 'bɑːbə], *West Chester (Pa.) 9. 3. 1910, † New York 23. 1. 1981, amerikan. Komponist. Schrieb Orchester- und Kammermusik sowie zwei Opern (»Vanessa«, 1958, »Anthony and Cleopatra«, 1966).

Barbey d'Aurevilly, Jules Amédée [frz. barbedɔrvi'ji], *Saint-Sauveur-le-Vicomte (Manche) 2. 11. 1808, † Paris 23. 4. 1889, frz. Schriftsteller. Vom Bö-

sen faszinierter erster Vertreter des psycholog. christl. Romans. – *Werke:* Die Gebannte (R., 1854), Die Teuflischen (Novellen, 1874).

Barbier [roman.], scherzhaft für Herrenfriseur (»Bartscherer«).

Barbitursäure [Kw.] (Hexahydropyrimidin-2,4,6-trion), cycl. Harnstoffabkömmling (Ureid), der in Keto- und Enolform auftritt. Von medizinischer Bedeutung sind die unter Verwendung von C-mono- oder C-disubstituierten Malonsäureestern und Harnstoff (auch N-substituierten Harnstoffderivaten oder Thioharnstoff) hergestellten B.derivate, die *Barbiturate* (bzw. *Thiobarbiturate*). Diese haben im Ggs. zur unsubstituierten B. beruhigende, einschläfernde und narkot. Wirkung. Bei unkontrollierter Einnahme barbiturathaltiger Mittel besteht Suchtgefahr.

Barbizon, Schule von [frz. barbi'zõ], frz. Malerschule des 19. Jh., benannt nach dem Dorf *Barbizon* am Rand des Waldes von Fontainebleau, etwa 50 km sö. von Paris. Hier ließen sich 1847 T. Rousseau, 1849 J. F. Millet nieder, dazu stießen u. a. C. F. Daubigny, J. Dupré, C. Troyon, C. Corot (gelegentlich). Die S. v. B. begründete in der frz. Malerei die »intime Landschaft«, die schlichte und stimmungserfüllte Darstellung eines Naturausschnitts.

Bärblinge (Danioninae), Unter-Fam. 1,5–200 cm langer, meist recht bunter Karpfenfische.

Barbuda ↑Antigua und Barbuda.

Barbusse, Henri [frz. bar'bys], *Asnières bei Paris 17. 5. 1873, † Moskau 30. 8. 1935, frz. Schriftsteller. Sein Kriegsbuch »Das Feuer« (R., 1916) schildert Brutalität und Sinnlosigkeit des Krieges.

Barcelona [bartse'loːna; katalan. barse-'lona; span. barθe'lona], nordostspan. Hafenstadt am Mittelmeer, 1,68 Mio. E.

Bär.
Sterne des Großen Wagens im Sternbild Großer Bär. (oben) und des Kleinen Wagens im Kleinen B. (unten)

Barbarakraut.
Echtes Barbarakraut

Barbitursäure

Barcelona. Antonio Gaudí. »Templo de la Sagrada Familia« (1884 ff., noch unvollendet)

Barcelona
Stadtwappen

Brigitte Bardot

Kultureller Mittelpunkt Kataloniens; Verwaltungssitz einer Prov.; zwei Univ.; zahlreiche Museen. Bed. Handels- und Umschlagplatz, führendes Ind.-Zentrum des Landes; internat. ✈. **Stadtbild:** Kathedrale (1298–1448; katalan. Gotik) mit Kreuzgang, vorroman. Kirche San Pedro de las Puellas (10. Jh.), roman. Kirche San Pablo del Campo (10. Jh., 1120 ausgebaut), »Templo de la Sagrada Familia« (1884 von A. Gaudí begonnen; unvollendet); Rathaus (14. Jh., Hauptfassade 1847), Börse (1763 umgestaltet), Casa Milá (1905–10 von A. Gaudí). **Geschichte:** Schon in vorröm. Zeit gegr., 415 von den Westgoten, 717/718 von den Arabern erobert, 801 von den Franken unter Ludwig dem Frommen rückerobert; wurde Hauptstadt der Span. Mark, aus der im 9./10. Jh. die unabhängige Gft. B. hervorging (1137 an Aragonien); Schauplatz des sozialist.-anarchist. Aufstandes von 1909; im Span. Bürgerkrieg (1936–39) als Hauptstadt der autonomen Katalonien auf seiten der Republik; 1992 Austragungsort der Olymp. Sommerspiele.

Barchent [arab.], dichtes Gewebe aus Baum- oder Zellwolle.
Bardeen, John [engl. bɑː'diːn], *Madison (Wis.) 23. 5. 1908, † Boston (Mass.) 30. 1. 1991, amerikan. Physiker. Arbeiten zur Theorie der Supraleitung, Entdeckung des Transistoreffekts (zus. mit W. H. Brattain und W. Shockley); Nobelpreis für Physik 1956 (zus. mit W. H. Brattain und W. Shockley) und 1972 (zus. mit L. N. Cooper und J. R. Schrieffer).
Barden [kelt.], kelt. Sänger und Dichter. Sie begleiteten ihre Kampf- und Preislieder auf dem »crwth«, einem leierartigen Instrument.
Bardendichtung, lyr.-ep. Gedichte dt. Dichter aus der Zeit 1766–75, die im Sinne altgerman. Skalden bzw. der ↑Barden dichten wollten (H. W. Gerstenberg, F. G. Klopstock, K. F. Kretschmann, J. Möser, J. E. Schlegel).
Bardot, Brigitte [frz. bar'do], *Paris 28. 9. 1934, frz. Filmschauspielerin. Wurde zum typbildenden frz. Filmstar ihrer Zeit; von R. Vadim entdeckt, mit ihm in 1. Ehe ∞; spielte u. a. in »Und immer lockt das Weib« (1956), »Die Wahrheit« (1960), »Privatleben« (1961), »Viva Maria« (1965).
Bardowick, Flecken u. Samtgemeinde nördlich von Lüneburg, Ndsachs., 4400 E. Got. dreischiffiger Dom (vor 1380 bis Ende des 15. Jh.). – 782 (?) erstmals erwähnt.
Bären (Ursidae), Raubtier-Fam. mit etwa acht Arten in Europa, Asien und Amerika; Körperlänge etwa 1 m bis nahezu 3 m, Weibchen kleiner als Männchen; Körper massig, Beine relativ kurz und sehr kräftig, Schwanz sehr kurz und kaum sichtbar; Augen und Ohren klein, Fell meist lang und zottig; Sohlengänger; Allesfresser; in kalten Gebieten öfter unterbrochene Winterruhe; Tragzeit etwa 6–9 Monate, Neugeborene sehr klein (etwa 230–450 Gramm schwer). Zu den B. gehören Braunbär, Höhlenbär, Schwarzbär, Eisbär, Brillenbär, Malaienbär, Kragenbär und Lippenbär. – Die ↑Kleinbären bilden eine eigene Familie.
Barenboim, Daniel, *Buenos Aires 15. 11. 1942, israel. Pianist und Dirigent. V. a. Mozart- und Beethoven-Interpret; wurde 1975 Chefdirigent des Orchestre de Paris, 1987–89 musikal.

Braunbär

Brillenbär

Malaienbär

Eisbär

Grizzlybär

Kragenbär

und künstler. Direktor der Pariser Oper, 1991 des Chicago Symphony Orchestra; seit 1992 künstler. Leiter der Dt. Staatsoper Berlin.

Bärenhöhle ↑Höhlen (Übersicht).

Bärenhüter ↑Sternbilder (Übersicht).

Bärenklau, 1) (Acanthus) Gatt. der Akanthusgewächse mit etwa 30 Arten, v. a. Steppen- und Wüstenpflanzen Afrikas, Asiens und des Mittelmeergebietes; z. T. Zierpflanzen.
2) (Herkuleskraut) Gatt. der Doldengewächse mit etwa 60 Arten in Eurasien und N-Amerika; in Deutschland am häufigsten ist der *Wiesenbärenklau,* eine bis 1,5 m hohe Staude.

Bärenreiter-Verlag, 1923 in Augsburg von Karl Vötterle (* 1903, † 1975) gegr. Musikverlag, seit 1927 Sitz Kassel, u. a. Gesamtausgaben (J. S. Bach, H. Berlioz, C. W. Gluck, G. F. Händel, W. A. Mozart, F. Schubert, H. Schütz).

Bärenrobbe ↑Pelzrobben.

Bärenschote ↑Tragant.

Bärenspinner (Arctiidae), weltweit verbreitete, fast 8 000 Arten umfassende Schmetterlings-Fam.; meist leuchtend bunt; Flügelspannweite unter 1 cm bis über 10 cm. In M-Europa etwa 50 Arten, z. B. *Brauner Bär* (etwa 6,5 cm spannend), *Purpurbär* (etwa 4,5 cm spannend) und *Weißer Bär* (Webebär; etwa 3 cm spannend).

Bärentatze (Hahnenkamm), korallenartig verzweigter Speisepilz aus der Gruppe der Ziegenbärte; gerötete Zweigspitzen; bes. unter Buchen wachsend.

Bärentraube, Gatt. der Heidekrautgewächse mit etwa 40 Arten auf der N-Hemisphäre; in Deutschland u. a. die *Immergrüne Bärentraube* (Achelkraut), 20–60 cm hoher Strauch mit roten, mehligen Früchten; in Kiefernwäldern, Heiden und in den Alpen.

Barentsinsel ↑Spitzbergen.

Barentskooperation, am 11. 1. 1993 in Kirkenes (Norwegen) von Rußland, Finnland, Norwegen und Schweden geschlossene formelle Vereinbarung über die Zusammenarbeit im Gebiet der nordpolaren Barentssee (Umweltschutz, Ausbeutung von Bodenschätzen).

Barentssee, Teil des Nordpolarmeeres, zwischen der N-Küste Europas, Spitzbergen, Franz-Joseph-Land und Nowaja Semlja.

Barentsz, Willem [niederl. 'ba:rənts], * auf Terschelling um 1550, † vor Nowaja Semlja 20. 6. 1597, niederl. Entdecker (Spitzbergen 1596) und Kartograph. Gelangte 1594 bis zur O-Küste von Nowaja Semlja; starb beim Versuch, bewohntes Festland zu erreichen.

Barett [mittellat.], flache Kopfbedeckung, erhalten in Amtstrachten.

Barfüßerorden, Bez. für jene Ordensgemeinschaften, deren Mitglieder barfüßig in Sandalen gehen (Franziskaner, reformierte [»unbeschuhte«] Karmeliten u. a.).

Barge Carrier [engl. 'bɑ:dʒ 'kærɪə] ↑Behälterschiff.

Bargello [italien. bar'dʒɛllo], ehem. Palast (13. Jh.) des Podesta von Florenz, 1574–1859 Sitz der Gerichtsbehörde, heute Nationalmuseum (Skulpturen).

Bari, Hauptstadt der italien. Region Apulien, am Adriat. Meer, 358 900 E. Univ.; nach Neapel wichtigstes wirtschaftl. Zentrum Süditaliens; jährl. Messe; Hafen, Fähren nach Kroatien; ✠. Stauf. Kastell (1233–40), roman. Kathedrale (nach 1156); Basilika San Nicola (um 1087–1196). – In der Antike *Barium.* 1071 von den Normannen erobert, 1156 fast ganz zerstört. Unter den Staufern große wirtschaftl., strateg. und kulturelle Bedeutung.

Bariton [griech.-italien.], musikalische Stimmlagen-Bez. für den Bereich zw. Tenor und Baß (Umfang A–e^1/g^1).

Barium [griech.], chem. Symbol Ba, chem. Element aus der II. Hauptgruppe des Periodensystems, der chem. Elemente (Erdalkalimetalle); Ordnungszahl 56, Atommasse 137,33; dehnbar, sehr reaktionsfähig; in der Natur gebunden in Form des Minerals Baryt (Bariumsulfat).

Bark [niederl.], drei- oder viermastiges ↑Segelschiff, bei dem der hintere Mast Gaffeltakelung hat.

Barkarole [italien.], Lied venezian. Gondolieri.

Barkasse ↑Boot.

Barkla, Charles Glover [engl. 'bɑ:klə], * Widnes (Lancashire) 7. 6. 1877, † Edinburgh 23. 10. 1944, brit. Physiker. Begründete zus. mit H. Moseley die Röntgenspektroskopie; erhielt den Nobelpreis für Physik 1917.

Bar Kochba [hebr. »der Sternensohn«], Beiname des Simon ben Kosiba,

Bari
Stadtwappen

Charles Glover Barkla

✕Bethar (bei Jerusalem) 135 n. Chr., jüd. Freiheitskämpfer. Führer des jüd. Aufstandes gegen die Römer 132.

Barlaam und Josaphat (Barlaam und Joasaph), Volksbuch des MA; verchristlichte Darstellung der Buddhalegende.

Barlach, Ernst, *Wedel (Holstein) 2. 1. 1870, † Rostock 24. 10. 1938, dt. Bildhauer, Graphiker und Dichter. Thema seiner expressionist. Plastik ist der – oft in existentieller Not – von einer höheren Wirklichkeit angerührte Menschentyp. Seinen nach Gipsmodellen geschaffenen Holzarbeiten oder Bronzegüssen liegt eine Blockform zugrunde, die in eine große Bewegungskurve aufgelöst wird, bes. bei den »Mantelfiguren«. *Literarisch* wird B. dem Expressionismus zugerechnet (Dramen: »Der tote Tag«, 1912; »Der arme Vetter«, 1918; »Der blaue Boll«, 1926).

Bärlapp (Lycopodium), Gattung der Bärlappgewächse mit etwa 400 weltweit verbreiteten Arten (etwa acht Arten in Europa); krautige, immergrüne Pflanzen ohne sekundäres Dickenwachstum; bekannte Art *Keulen-B.* (Hexenkraut, Schlangenmoos), im trockenen Nadel- und Mischwald; geschützt.

Bärlappe (Lycopsida), Klasse der Farnpflanzen mit den Ordnungen Bärlapppflanzen, Moosfarne, Brachsenkräuter und den ausschließlich fossilen Urbärlappen, ferner den Schuppenbäumen. Die B. sind gekennzeichnet durch gabelig verzweigte Sprosse und nadelförmige Blätter. Heute krautige Pflanzen, die fossilen Arten waren dagegen z. T. baumförmig (Schuppen-, Siegelbäume) und bildeten im Karbon Wälder, aus denen sich durch ↑Inkohlung zum großen Teil die heutigen Steinkohlenvorkommen bildeten.

Barletta, italien. Hafenstadt in Apulien, 85 800 E. Küstenfischerei, Fremdenverkehr. Roman.-got. Dom (um 1150 begonnen), frühgot. Basilika San Sepolcro (13. Jh.), davor der sog. Koloß von B. (bronzene Panzerstatue eines röm. Kaisers); normann.-stauf. Kastell (im 13. Jh. erweitert), frühgot. – 15 km westlich das Schlachtfeld von ↑Cannae.

Barlog, Boleslaw, *Breslau 28. 3. 1906, dt. Regisseur. 1945–72 Intendant und Regisseur der Staatl. Schauspielbühnen Berlins.

Ernst Barlach. Singender Mann, Bronze (1930)

Ernst Barlach. Selbstbildnis

Barmen ↑Wuppertal.

Barmer Bekenntnissynode ↑Bekennende Kirche.

Barmer Ersatzkasse, Abk. **BEK,** gesetzl. Krankenkasse, 1884 errichtet, Sitz Wuppertal-Barmen.

Barmer Theologische Erklärung ↑Bekennende Kirche.

Barmherzige Brüder, Name mehrerer Orden und Kongregationen der katholischen Kirche, die Krankenpflege betreiben.

Barmherzige Schwestern, Schwesternkongregationen der kath. Kirche; in der Kranken- und Armenpflege tätig.

Bar-Mizwa [hebr. »Sohn des Gebots«], bezeichnet im jüd. Jungen, der das 13. Lebensjahr vollendet hat; 2. den Akt der Einführung des Jungen in die jüd. Glaubensgemeinschaft. – Eine entsprechende Feier (*Bat-Mizwa,* »Tochter des Gebots«) wird im Reformjudentum in Anlehnung an die prot. Konfirmation auch bei zwölfjährigen Mädchen durchgeführt.

Barnabas, Begleiter des Paulus auf dessen 1. Missionsreise.

Barnard [engl. 'bɑːnəd], Christiaan N[eethling], *Beaufort West (Kapprovinz) 8. 11. 1922, südafrikan. Chirurg. Führte am 3. 12. 1967 die erste erfolgreiche Herztransplantation am Menschen durch.

Barnevelt, Johan van [niederl. 'bɑrnəvɛlt], ↑Oldenbarnevelt, Johan van.

Bärlapp. Pflanze und Sporen (links) des Keulenbärlapp (Höhe bis 15 cm)

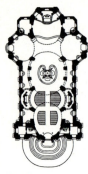

Barock. Annibale Carracci. »Venus und
Anchises« (Fresko im Palazzo Farnese, Rom;
1596–1600)

Barnim, Moränenlandschaft nö. von
Berlin.

barock, im Stile des Barocks; üppig,
verschnörkelt, überladen.

Barock [italien.-frz.; zu portugies. bar-
roco »unregelmäßig«], auf Renaissance
und Manierismus folgender europ.
Kunststil (hauptsächlich 17. und
1. Hälfte des 18. Jh.). – Der Literarhisto-
riker Fritz Strich (* 1882, † 1963) übertrug den Begriff B. auf die Literatur. Das
literar. B. endet etwa ab dem 2. Jahr-
zehnt des 18. Jh. In der Musik (ab Ende
des 16. Jh.) wird um 1750 eine Zäsur gesetzt. – Das B.zeitalter entfaltet eine
Kultur der Gegensätze: Absolutist.
Prachtentfaltung steht menschl. Todes-
erfahrung in Krieg und Verfolgung gegenüber; die erd. Welt erweist sich als
Trug und Schein, Wirklichkeit kommt
allein dem Jenseits zu. Im Motiv des
Welttheaters vereinen sich Weltlust und
Weltflucht: Himml. Mächte greifen in
das »Spiel des Lebens« ein, versinnbildlichen die Vergänglichkeit der darge-
stellten weltl. Herrlichkeit. Sie rufen
den Tod in Erinnerung (»Memento
mori«) und sind Ausdruck menschl. Er-
lösungssehnsucht und Ewigkeitshoffnung.

Bildende Kunst: Erst ab Mitte des
19. Jh. wurden in der Kunstgeschichte
Bewegtheit, Betonung der Kraft und
Spannung sowie malerische Gestaltung
der Innenräume als Grundprinzipien
der barocken Architektur, die zudem
durch eine Unterordnung der Teile
unter das Ganze gekennzeichnet ist,
wahrgenommen. Der einheitl., dynam.
Raum des B. ist geschlossen und offen
zugleich. Dem illusionist. barocken
Raumkonzept dienen Grundriß, Stuk-
katur und Plastik wie Deckenmalerei.
Auch im Einzelwerk wird diese raum-
hafte Auffassung deutlich, myst. Ent-
rückung ist bevorzugtes Bildthema.
Grundsätzlich wird der Mensch kraft-
voll und schön dargestellt (Rubens),
Ausdruck des Selbstbewußtseins des
Zeitalters der Weltentdeckungen. Un-
übersehbar ist ein theatral. Zug. Er
gründet in der Vorstellung von der
Bühne des Lebens; der kurze Auftritt
auf ihr ist ein barocker Topos. Die ständige Gegenwärtigkeit des Todes steht
auch hinter der verschlüsselten Vanitas-
symbolik der Malerei oder der religiösen
Porträtkunst eines Rembrandt.

Die künstler. Gesamtentwicklung in
Architektur, Malerei und Plastik setzt in
Rom ein. Die Hochstufe umfaßt seit
etwa 1630 ganz Italien, Ende des 17. Jh.
tritt Rom gegenüber Neapel, Piemont,
Venedig zurück. In den Niederlanden
und Spanien erblüht eine realist. Malerei. Die span. (Churriguerismus) und
engl. (Palladianismus) Bauart breitet
sich auch in S- und N-Amerika aus.
Nach 1680 wird der B. durch die Habs-
burger zum Reichsstil und auch in Ost-

europa (Böhmen, Polen, Rußland) entfaltet sich Barockes. Der Beitrag Frankreichs ist ein klass. Stil in Baukunst (Palastbau) wie Malerei (Landschaft) sowie in der Spätphase die Dekorationskunst (neben England). Der Spätstil gipfelte in Deutschland im südd. Kircheninnenraum.

Literatur: Der literar. B.begriff benennt 1. jene nat. Grenzen sprengende Erscheinung, die sich im polit., sozialen und kulturellen Umfeld des Jesuitenordens und der Gegenreformation in der 2. Hälfte des 16. Jh. in Spanien ausbildet und durch die Vermittlung Italiens epochale Bedeutung im Europa (und Lateinamerika) des 16. und 17. Jh. gewinnt; 2. solche Literaturen oder literar. Formen, die bestimmte, mit B.begriff und -vorstellung verbundene Merkmale aufweisen. In den roman. Ländern entwickelt sich der literar. B. und begleitet auch entgegengesetzte Strömungen wie die Klassik in Frankreich. Reichtum und Erneuerungskraft des literar. B. in *Spanien* bezeugen so verschiedene Autoren wie M. de Cervantes, F. Gómez de Quevedo, M. Alemán, Lope de Vega, P. Calderón und B. Gracián. *Italien* hat mit T. Tasso und G. Marino seine herausragendsten Vertreter vorzuweisen. Die Gestaltung barocker Thematik in der Literatur *Frankreichs* beginnt um 1580 mit M. de Montaigne und endet um 1665 mit J. Racine und Molière. In diesem Zeitraum sind Lyrik und Drama (P. Corneille u. a.) vom Genie des B. geprägt. Den Beginn der B.literatur in *Deutschland* markiert das »Buch von der Dt. Poeterey« (1624) von M. Opitz. Ein bed. dt. Beitrag zum B. ist die Lyrik. An erster Stelle steht das Lied. Religiöse Lyrik dichten J. Rist, P. Gerhardt, Opitz, S. Dach, P. Fleming, A. Gryphius, F. Spee von Langenfeld, Angelus Silesius u. a., das weltl. Lied hat seine Zentren in Leipzig und Königsberg (S. Dach). Daneben wird v. a. das Sonett gepflegt. Gryphius steht an der Spitze der dt. B.tragödie. Bed. als Romanautoren sind u. a. J. J. C. von Grimmelshausen, H. A. von Zigler und Kliphausen, C. Weise, C. Reuter.

Musik: Für die B.musik sind zwei Merkmale durchgängig charakteristisch: Der ↑Generalbaß und das Concerto-Prinzip (das Zusammenwirken gegensätzl. Klangträger). Man hat die Epoche daher auch das Generalbaßzeitalter oder die Zeit des konzertierenden Stils genannt. Während die Mehrchörigkeit der ↑venezianischen Schule (ab etwa 1560) unmittelbar aus der frankofläm. Schule hervorging, bedeutet die Monodie (instrumental begleiteter Sologesang, aufgekommen in Florenz um 1600) einen Neubeginn. Auf der Grundlage dieses neuen, sprach- und affektbezogenen Sologesangs entstand die Oper als repräsentative Gattung der B.musik, daneben Oratorium, Kantate, geistliches Konzert und Sololied. Auch das instrumentale Musizieren wird weitgehend von dem Kontrast solist. führender Oberstimmen zum selbständigen Baßfundament bestimmt. Auf nahezu allen musikal. Gebieten blieb Italien bis ins 18. Jh. hinein führend, wenngleich sich in anderen Ländern eigenständige Entwicklungen abzeichneten. Aus der farbenreichen Vielfalt früh- und hochbarocken Musizierens bildeten sich zum Spätbarock hin feste, oft schematisiere Gattungs- und Formtypen: in der Vokalmusik aus dem frei fließenden Sprachgesang der Monodie die Extremformen Rezitativ und Arie, in der Instrumentalmusik aus wechselndem Gruppenmusizieren das Concerto grosso, aus improvisiert zusammengestellten Tanzformen die Suite, aus dem freien Ricercar die strenge Fuge. Der harmonische Zusammenhang wird zunehmend bestimmt durch die Dur-Moll-Tonalität, in der alle Akkorde aufeinander beziehbar sind, der rhythm. Impuls vom modernen Takt mit seinen abgestuften Schwerpunkten. Der kompositor. Einheitsablauf innerhalb eines Stückes spiegelt die ästhet. Grundforderung nach der Einheit des Affekts. Gattungsübergreifend bilden sich abgegrenzte funktionsbestimmte Stilbereiche aus, so der Kirchen-, der Kammer- und der Theaterstil.

baroklin [griech.], in der *Meteorologie* Bez. für jede Schichtung der Atmosphäre, in der die Flächen gleichen Drucks gegen die gleicher Dichte geneigt sind (Ggs. *barotrop*).

Barometer, Gerät zur Messung des Luftdruckes. Bei *Flüssigkeitsbarometern* wird der stat. Druck einer Flüssigkeitssäule (z. B. Quecksilber im *Quecksilber-*

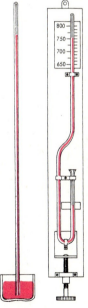

Barometer.
Schematische Darstellungen eines Gefäß- (links) und eines Heberbarometer (rechts)

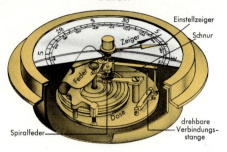

Baron

Barometer.
Schematische Darstellung eines Aneroidbarometers

barometer), die dem Luftdruck das Gleichgewicht hält, gemessen; bei den *Aneroidbarometern* ist die elast. Verformung von metall. Hohlkörpern *(Vidie-Dose)* ein Maß für den Luftdruck; bei *Siedebarometern (Hypsometern)* wird der Luftdruck durch die Bestimmung der Siedetemperatur von Flüssigkeiten (meist Wasser) gemessen. Den als sog. *Barogramm* aufgezeichneten zeitl. Verlauf des Luftdrucks liefert der *Barograph,* ein B. mit Schreibvorrichtung.

Baron [ba'ro:n, frz. ba'rõ, engl. 'bærən; german.-frz.], in *Frankreich* seit dem 13. Jh. niederer Adelstitel, in *England* heute niedrigster Titel des Hochadels; in *Deutschland* Ende des 16. Jh. aus Frankreich übernommene Anrede für einen Freiherrn (*Baronin:* Freifrau; *Baronesse:* Freiin); auch Adelstitel in *Rußland.*

Baronet [engl. 'bærənɪt], engl. Adelstitel seit 1611; zw. »baron« und »knight« (Ritter) stehend.

Barorezeptoren, *Medizin:* Ganglienzellen, die als Pressorezeptoren und Volumenrezeptoren der Regelung des Blutdrucks dienen.

barotrop ↑baroklin.

Barrakudas [span.], svw. ↑Pfeilhechte.

Barranquilla [span. barraŋ'kija], Hauptstadt des kolumbian. Dep. Atlántico, Hafen am Río Magdalena, 897 000 E. Zwei Univ., bed. Ind., internat. ✈.

Barras, Paul Vicomte de, * Fox-Amphoux (Var) 30. 6. 1755, † Chaillot bei Paris 29. 1. 1829, frz. Politiker. Als Oberbefehlshaber in Paris an Robespierres Sturz maßgeblich beteiligt (1794); verschaffte als führendes Mgl. des Direktoriums Napoléon Bonaparte den Oberbefehl in Italien; 1799 gestürzt.

Barras [vielleicht zu jidd. baras »Fladenbrot« oder nach Vicomte de ↑Barras], in der Soldatensprache für: Kommiß, Heerwesen, Militär; urspr. (während der Napoleon. Kriege): Kommißbrot.

Barrault, Jean-Louis [frz. ba'ro], * Le Vésinet (Yvelines) 8. 9. 1910, † Paris 22. 1. 1994, frz. Schauspieler, Regisseur und Theaterleiter. Ab 1946 ⚭ mit Madeleine Renaud; spielte auch in zahlr. Filmen (»Kinder des Olymp«, 1945).

Barre [frz.], Sand- oder Schlammbank im Meer vor Flußmündungen.

Barreiro [portugies. bɐ'rreiru], portugies. Hafenstadt gegenüber von Lissabon, 58 000 E. Zentrum der chem. Ind., Schiffbau.

Barrel ['bærəl; engl. »Faß, Tonne«], in Großbrit. und in den USA verwendetes Hohlmaß. Großbrit.: 1 B. = 36 Imperial gallons = 163,5645 dm³; USA: *Petroleumbarrel* für Erdöl, Benzin u. a.; 1 ptr. barrel = 42 gallons = 158,87 dm³.

Barren [frz.], **1)** in verschiedener Weise geformtes (heute meist flache Quader), unbearbeitetes Metall (v. a. Edelmetall). **2)** *Turngerät* mit zwei durch Stützen gehaltenen, parallel verlaufenden Holmen (Holzstangen), die auch auf unterschiedl. Höhe eingestellt werden können *(Stufenbarren).*

Barrès, Maurice [frz. ba'rɛs], * Charmes bei Épinal 17. 9. 1862, † Neuilly-sur-Seine 4. 12. 1923, frz. Schriftsteller. Vertreter der Revancheidee, Antisemit; gelangte als Literat vom ästhet. und aristokrat. Kult des Ich zum Nationalismus und Traditionalismus; schrieb Romane, Essays (»Vom Blute, von der Wollust und vom Tode«, 1894) und Tagebücher.

Barrett Browning, Elizabeth [engl 'bærət 'braʊnɪŋ] ↑Browning, Elizabeth Barrett.

Barriere [frz.], Schranke, Schlagbaum.

Barrikade [frz.; zu barrique »Faß« (mit dem oft Barrikaden errichtet werden)], behelfsmäßige Sperre zur Verteidigung von engen Stellen, Hohlwegen, Brükken, auch Straßen (Straßensperre).

Barrister ['bɛrɪstər; engl. 'bærɪstə; zu bar »Schranke« (des Gerichts)], in der engl. Rechtspraxis ein Anwalt, der zur mündl. Verhandlung vor den Gerichten zugelassen ist.

Barsche (Echte B., Percidae), Fam. der Barschartigen im Süßwasser der gemäßigten Breiten N-Amerikas und Eurasiens; Kopf meist groß, mit tief gespaltener Mundöffnung.

Barschfische. Flußbarsch

Barschel, Uwe, * Glienicke (Landkreis Oranienburg) 13. 5. 1944, † Genf 11. 10. 1987 (Selbstmord?), dt. Politiker (CDU). Jurist, Politologe; 1982–87 Min.-Präs. von Schleswig-Holstein. Seine persönl. Verantwortung für die sog. B.-Affäre (Verleumdungskampagne gegen B. Engholm), von ihm in Abrede gestellt, wurde von einem Untersuchungsausschuß des schleswig.-holstein. Landtags festgestellt.

Barschfische (Percoidei), Unterordnung der Barschartigen mit über 90 Familien; im Meer und Brack- und Süßwasser weltweit verbreitet, jedoch überwiegend in trop. und subtrop. Breiten.

Barsoi [russ.] ↑Windhunde.

Barsortiment, Buchhandelsbetrieb zw. Verlag und Buchhandlung.

Bart, 1) auffallende Haarbildung in der unteren Gesichtshälfte des Mannes (bei einigen Menschenrassen weniger ausgebildet), auch bei manchen Säugetieren (Affen, auch Huftiere). – Seit vorgeschichtl. Zeit wird der B. gepflegt; je nach Stand und Mode trug der Mann – abgesehen von Zeiten der B.losigkeit – *Voll-B., Backen-B., Koteletten, Kinn-B., Spitz-B., Fliege* oder *Knebel* (auf dem Kinn), meist kombiniert mit *Schnurr-B.* (auf der Oberlippe), in Form vom schmalen Bärtchen über den *Zwiebel-B.* bis zur »Bürste«. Es gab auch künstliche Bärte (in Ägypten Standeszeichen, teils wurde der B. auch gekräuselt (im altmesopotam. Kulturbereich).

2) *Technik:* (Schlüsselbart) das geschweifte oder mit Nuten versehene Ende eines Schlüssels.

Barteln, zipflige, lappige oder fadenförmige Anhänge in Nähe des Mundes bei vielen Fischen (z. B. Welsen).

Barten, von der Oberhaut des Gaumens gebildete Hornplatten, die vom Gaumen der Bartenwale in die Mundhöhle herabhängen; in je einer Längsreihe zu etwa 130–400 an beiden Oberkieferhälften; dienen als Seihvorrichtung bei der Nahrungsaufnahme.

Bartenwale (Mystacoceti, Mysticeti), Unterordnung der Wale mit zwölf, etwa 5 bis über 30 m langen Arten in allen Meeren; Gestalt fischähnlich, mit oder ohne Rückenfinne.

Bartflechten (Usneaceae), Fam. der Flechten mit rd. 780 Arten in zehn Gatt.; mit strauchig aufrechtem oder bartförmig von Bäumen herabhängendem Thallus.

Bartgras, mehrere nahe verwandte Gatt. der Süßgräser mit einblütigen Ährchen; einheimisch, v. a. auf sandigen Böden, ist das 0,6–1 m hohe *Gemeine B.*

Barth, 1) Heinrich, * Hamburg 16. 2. 1821, † Berlin 25. 11. 1865, dt. Afrikareisender. Bereiste 1845–47 afrikan. und vorderasiat. Küstenländer des Mittelmeers; erforschte 1850–55 u. a. den Aïr und den Niger bis Timbuktu; sammelte histor. und linguist. Material über die Sudanvölker.

2) Karl, * Basel 10. 5. 1886, † ebd. 10. 12. 1968, schweizer. ref. Theologe. Prof. in Göttingen, Münster, Bonn und Basel. Mitbegründer der ↑dialektischen Theologie, die Gott als den ganz anderen sieht, der nur im Glaubensvollzug und in der Offenbarung Christi erfahrbar wird. Unter seinem Einfluß kam es zum Widerstand der ↑Bekennenden Kirche gegen den Nationalsozialismus. – *Werke:* Der Römerbrief (1919), Die kirchl. Dogmatik, I, 1–IV, 4 (1932–67).

Karl Barth

Bartholinsche Drüsen [nach dem dän. Anatomen Caut Bartholin, * 1655, † 1738], zwei etwa erbsgroße, beiderseits des Scheideneingangs gelegene, auf der Innenseite der kleinen Schamlippen mündende Drüsen, die bei geschlechtl. Erregung Schleim absondern.

Bartholomäus, einer der zwölf Apostel; gilt in der kath. Kirche als Heiliger. – Fest: 24. August.

Bartholomäus, aus der Bibel übernommener männl. Vorname aramäischen Ursprungs.

Bartholomäusnacht (Pariser Bluthochzeit), die Nacht zum 24. 8. (Bartholomäustag) 1572, in der Admiral Co-

Bartvögel.
Tukanbartvogel
(Länge bis 21 cm)

Béla Bartók

Cecilia Bartoli

ligny und andere Anführer der Hugenotten, die anläßlich der Hochzeit Heinrichs von Navarra mit Margarete von Valois in Paris versammelt waren, mit Tausenden von Glaubensgenossen auf Befehl Katharinas von Medici ermordet wurden (in Paris mindestens 3000, auf dem Lande wohl 10000).

Barthou, Louis [frz. bar'tu], *Oloron-Sainte-Marie bei Pau 25. 8. 1862, † (ermordet mit Alexander I. von Jugoslawien) Marseille 9. 10. 1934, frz. Politiker. Min.-Präs. 1913; bemühte sich als Außen-Min. 1934 um diplomat. Isolierung des NS-Regimes.

Bärtierchen (Tardigrada), zu den Gliedertieren zählender Unterstamm mit rd. 200, etwa 0,1–1 mm langen Arten, v. a. in regelmäßig austrocknenden Moospolstern.

Bartók, Béla ['bartɔk, ungar. 'bɔrtoːk], *Nagyszentmiklós (heute Sînnicolau Mare, Rumänien) 25. 3. 1881, † New York 26. 9. 1945, ungar. Komponist und Pianist. Als Pianist Konzertreisen durch Europa und die USA; ab Mitte der 1920er Jahre als Komponist von internat. Ruf; emigrierte 1940 in die USA. Seine frühen Werke, die Oper »Herzog Blaubarts Burg« (1911), die Ballette »Der holzgeschnitzte Prinz« (1914/16) und »Der wunderbare Mandarin« (1918/19) sowie sechs Streichquartette, stießen als avancierte Werke der Neuen Musik zunächst auf Widerstand. Mit Z. Kodály befaßte sich B. mit der Sammlung und Auswertung von Volksmusik, deren charakterist. Rhythmen und Skalen (nicht die Melodien) zur Quelle des eigenen Schaffens wurden. Sein Gesamtwerk umfaßt Orchestermusik, Konzerte, Kammermusik, Bühnenwerke, Klaviermusik und Vokalmusik.

Bartoli, Cecilia, *Rom 4. 6. 1966, italien. Sängerin (Sopran). V. a. Mozart- und Rossini-Interpretin.

Bartolini, Luigi, *Cupramontana (Prov. Ancona) 8. 2. 1892, † Rom 16. 5. 1963, italien. Schriftsteller. Schriften zu Kunst und Literatur, Romane, u. a. »Fahrraddiebe« (1946, erweitert 1948; Vorlage zu V. De Sicas Film); auch Radierungen.

Bartolomeo, Fra, eigtl. Bartolomeo (Baccio) della Porta, *Florenz 28. 3. 1472, † Pian di Mugnone 6. 10. 1517, italien. Maler. Trat 1500 ins Dominikanerkloster San Marco (Florenz) ein; 1508 in Venedig, 1514 in Rom (Einfluß Michelangelos und Raffaels).

Barton, Derek Harold Richard [engl. bɑːtn], *Gravesend (Kent) 8. 9. 1918, brit. Chemiker. Stellte als erster gesetzmäßige Zusammenhänge zw. den Konformationen und der Reaktivität organ. Verbindungen fest; erhielt für seine stereochem. Untersuchungen zus. mit O. Hassel den Nobelpreis für Chemie 1969.

Bartvögel (Capitonidae), Familie der Spechtartigen mit rund 75, etwa 10 bis über 20 cm großen Arten in den Tropen S- und M-Amerikas, Afrikas und Asiens.

Baruch, Gefährte und Schreiber des Propheten †Jeremia.

Bärwinde, Gatt. der Windengewächse mit etwa 25 Arten in Europa, Asien und Äthiopien; 4 m hoch windende Stauden mit meist großen, trichterförmigen Blüten.

bary..., Bary... [griech.], Bestimmungswort in Zusammensetzungen mit der Bed. »schwer..., Schwer...«.

Baryonen [griech.], Sammel-Bez. für Neutronen, Protonen und Hyperonen.

Baryt [zu griech. barýs »schwer«] (Schwerspat), in reinem Zustand farbloses Mineral, chem. $BaSO_4$; Mohshärte 3–3,5, Dichte 4,3–4,7 g/cm^3. Verwendet wird der B. für weiße Malerfarben.

baryzentrisch, auf den Schwerpunkt bezogen.

Barzel, Rainer, *Braunsberg (Ostpreußen) 20. 6. 1924, dt. Politiker (CDU). 1962/63 Bundes-Min. für gesamtdt. Fragen; 1964–73 Vors. der CDU/CSU-Fraktion im Bundestag; unterlag 1972 als Kanzlerkandidat beim konstruktiven Mißtrauensvotum gegen W. Brandt; 1971–73 Vors. der CDU; 1982/83 Bundes-Min. für innerdt. Beziehungen; 1983/84 Bundestagspräsident.

basal [griech.], unten; an der Basis, Grundfläche gelegen.

Basaliom [griech.], bösartiger Hauttumor; bildet keine Metastasen, breitet sich in seiner Umgebung aus und dringt immer tiefer in die Haut ein; meist im Gesicht.

Basalt [zu lat. basaltes von griech. básanos »Probierstein«], Gruppe dunkler, junger Ergußgesteine, Hauptbestandteile Plagioklas, Augit und Olivin; häufig säulenförmige Absonderung, senkrecht zur Abkühlungsfläche.

Basaltemperatur (Aufwachtemperatur), morgendl. Körpertemperatur, die unmittelbar vor dem Aufstehen gemessen wird; die Messung der B. dient der Bestimmung des Eisprungs (↑Empfängnisverhütung).

Basar [pers.], 1) (arab. Suk) Geschäfts- und Gewerbestraße bzw. -viertel in oriental. Städten.

2) im europ.-nordamerikan. Bereich früher Bez. für ein Warenhaus, heute auch für den Verkauf von Waren auf Wohltätigkeitsveranstaltungen.

Baschkiren, Turkvolk im S-Ural, bes. in Baschkortostan, Rußland; urspr. nomad. Viehzüchter, wohl schon im 10. Jh. islamisiert; gehörten zur Goldenen Horde.

Baschkortostan, autonome Republik innerhalb Rußlands, im südl. Ural, 143 600 km², 3,98 Mio. E, Hauptstadt Ufa. – 1919–91 Baschkir. ASSR.

Base, veraltete, in S-Deutschland noch übliche Bez. für ↑Kusine, in der Schweiz auch für Tante.

Baseball ['be:sbɔ:l; engl. 'beɪsbɔ:l], amerikan. Schlagballspiel; wird auf einem 175 m langen und 125 m breiten Feld gespielt (darin das auf der Spitze stehende B.quadrat, 27,45 m × 27,45 m, in der Mitte das erhöhte Wurfmal); zwei Mannschaften (Schlagpartei und Fang- bzw. Feldpartei) mit je neun Mann.

Basedow, Johannes Bernhard ['ba:zədo], eigtl. Johann Berend Bassedau, ≈ Hamburg 11. 9. 1724, † Magdeburg 25. 7. 1790, dt. Pädagoge. Hauptvertreter des Philanthropismus, errichtete 1774 in Des-sau eine Erziehungsanstalt (»Philanthropin«). Seine praxisbezogene Erziehung hatte die »Glückseligkeit« des einzelnen und dessen »Gemeinnützigkeit« zum Ziel.

Basedow-Krankheit ['ba'zədo-], zuerst 1840 von dem dt. Arzt Karl von Basedow (*1799, † 1854) beschriebene Form der Schilddrüsenüberfunktion mit krankhaft gesteigerter Tätigkeit der gesamten Schilddrüse und vermehrter Hormonabgabe; tritt bevorzugt im 3.–4. Lebensjahrzehnt bei Frauen auf. Symptome: u. a. zunehmende Nervosität, Abnahme der Leistungsfähigkeit, Wärmeempfindlichkeit, Gewichtsabnahme, ständiges Angstgefühl, Glotzaugen, Kropf und Herzjagen.

Basel, 1) Hauptstadt des schweizer. Halbkantons B.-Stadt, am Rhein, am Dreiländereck zw. der Schweiz, Frankreich und Deutschland, 178 400 E., Univ. (gegr. 1460), Sitz wiss. Gesellschaften; Museen (u. a. Kunstsammlung); Theater; jährl. Mustermesse; Zoo; traditionelle Fastnacht. Bed. chem.-pharmazeut. Ind.; Endpunkt der Großschiffahrt auf dem Rhein; internat. ✈ B.-Mülhausen (auf frz. Gebiet).

Stadtbild: Münster (im 14. und 15. Jh. im got. Stil erneuert), Barfüßer- oder Franziskanerkirche (14. Jh.; heute Histor. Museum); Rathaus (16. Jh.; erweitert), zahlr. Zunfthäuser (Spätgotik, Renaissance, Barock), Brunnen und Stadttore.

Geschichte: Kelt. Oppidum, dann röm. Militärlager *Basilea (Basilia),* 374 erstmals erwähnt; 917/918 Zerstörung durch die Ungarn; im 14. Jh. Beginn der Emanzipation der Bürger von der bischöfl. Herrschaft durch Erwerb von Hoheitsrechten, um 1450 Sieg der Zünfte im Kampf zw. Bischof und Bürgertum; 1501 Aufnahme in die Eidgenossenschaft; 1529 Einführung der Reformation; 1803 Entstehung des Kantons B. (1832/33 Teilung in die Halbkantone B.-Stadt und B.-Landschaft). 2) Bistum, in röm. Zeit in Augusta Raurica (heute Augst, bei der Stadt B.) gegr., im 7. Jh. nach B. verlegt; seit 1828 exemt; Sitz Solothurn.

Baselitz, Georg, eigtl. Hans-Georg Kern, *Deutschbaselitz (Kreis Kamenz) 23. 1. 1938, dt. Maler und Graphiker. Vertreter des Neoexpressionismus; breitflächige, pastose Malweise auf großen Leinwänden, ausgefüllt von einzelnen menschl. Figuren; Motive seit 1969 auf den Kopf gestellt; seit 1980 auch Holzplastik.

Basel-Landschaft (Basel-Land), Halbkanton in der NW-Schweiz, 428 km², 233 200 E, Hauptstadt Liestal.

Basel-Stadt, nordschweizer. Halbkanton, mit 37 km² kleinster Kt. der Schweiz, 196 600 E, Hauptstadt Basel.

Basen [griech.], alle Verbindungen, die mit Säuren durch ↑Neutralisation Salze bilden bzw. in wäßriger Lösung H-Io-

Baryt.
Oben: helle, gestreckte Kristalle ♦ Mitte: blättrige, braune Kristalle ♦ Unten: dichter Schwerspat

Basel
Stadtwappen

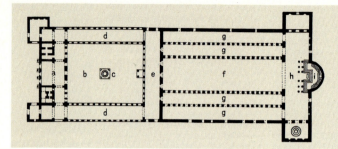

Basilika.
Grundriß der frühchristlichen Basilika Sankt Peter in Rom; a Antiportikus; b äußerer Vorhof (Atrium); c Reinigungsbrunnen; d Gang (Peristyl); e innere Vorhalle (Narthex); f Mittelschiff; g Seitenschiffe; h Querschiff; i Apsis mit Bischofsstuhl (Cathedra)

Count Basie

Basilienkraut.
Basilikum
(Höhe bis 40 cm)

nen aufnehmen, z. B. Natriumhydroxid (NaOH). B. färben rotes Lackmuspapier blau (Ggs. ↑Säuren).

BASF AG (bis 1973: **B**adische **A**nilin- & **S**oda-**F**abrik AG), deutsches Chemieunternehmen, Sitz Ludwigshafen am Rhein; 1865 in Mannheim gegr.; gehörte 1925–45 zur I. G. Farbenindustrie AG.

BASIC ['beɪsɪk; Abk. von engl. **b**eginner's **a**ll purpose **s**ymbolic **i**nstruction **c**ode], Programmiersprache v. a. für direkte Eingabe in eine Rechenanlage; Anwendung v. a. im techn. und wiss. Bereich.

Basic English [engl. 'beɪsɪk 'ɪŋglɪʃ »Grundenglisch«] (Kurzform: Basic), vereinfachte Form der engl. Sprache, 1930 von C. K. Ogden (*1889, †1957) geschaffen.

Basie, William (gen. Count) [engl. 'beɪsɪ], *Red Bank (N. J.) 21. 8. 1904, †Hollywood (Fla.) 26. 4. 1984, amerikan. Jazzpianist. Leiter einer berühmten Big-Band der Swing-Ära.

basieren [griech.], auf etwas beruhen, fußen, sich auf etwas gründen, stützen.

Basile, Giambattista, *Neapel 1575, †Giugliano in Campania (bei Neapel) 23. 2. 1632, italien. Dichter. Bed. Märchen (hg. 1634–36, 1674 u. d. T. »Pentamerone«).

Basileios [bazi'laɪɔs, ba'zi:laɪɔs], Name byzant. Kaiser der makedon. Dynastie:

1) Basileios I. Makedon (»der Makedonier«), *um 812, †29. 8. 886, Kaiser (seit 867). Erweiterte das byzantin. Reichsgebiet; erwarb sich große Verdienste durch den Versuch der bereinigten Sammlung der überkommenen Gesetze.

2) Basileios II. Bulgaroktonos (»Bulgarentöter«), *um 956, †15. 12. 1025, Kaiser (seit 976). Erwarb im Krieg mit den Bulgaren die gesamte Balkanhalbinsel wieder zurück (1018); Rückeroberung weiterer Gebiete Syriens; hatte entscheidenden Anteil an der Christianisierung Rußlands (Ende des 10. Jh.).

Basilicata, Region in S-Italien, 9992 km², 592 000 E, Hauptstadt Potenza.

Basilienkraut [griech./dt.], Gattung der Lippenblütler mit etwa 60 Arten, v. a. in den Tropen; Kräuter und Halbsträucher; in M-Europa die *Basilie* (Basilienkraut, Basilikum), eine 20 bis 40 cm hohe Gewürz-, Heil- und Zierpflanze.

Basilika [griech.-lat.; »Königshalle«], ein zuerst in Rom nachweisbarer Gebäudetypus. Die *römische B.* war v. a. Markt- und Gerichtsgebäude, oft mehrschiffig, mit Apsis und Portikus an den Schmalseiten. Die *Palast-B.* der röm. Kaiserpaläste war Thronsaal. Im *christl. Kirchenbau* in frühchristl. Zeit war die B. eine Kirche mit breiterem Mittel- und zwei Seitenschiffen. Das Mittelschiff überragt die Pultdächer der Seitenschiffe, seine Obermauern haben Fenster (Lichtgaden), meist im O durch Apsis abgeschlossen, im W Eingang mit Vorhof (Atrium) oder Halle (Narthex). Im MA wird das Querhaus die Regel, an der Durchdringung von Mittel- und Querschiff entsteht die Vierung (mit Vierungsturm). Ein- und Zweiturmfassaden im W akzentuieren den Eingang. Der Altarraum wird nach O erweitert (damit die Apsis nach O verschoben), im 14. Jh. Verlegung des Chors aus der Vierung in diesen Altarraum.

Basilikum [griech.] ↑Basilienkraut.

Basilisk [zu griech. basilískos »kleiner König«], phantast. Fabelwesen: Hahn mit Eidechsen- oder Schlangenschwanz. Sein Blick galt als tödlich.

Basilisken [griech.], Gatt. der Leguane im trop. Amerika; bis etwa 80 cm lange Echsen mit Hautkämmen über Schwanz und Rücken und mit Hautlappen am Kopf; u. a. der *Helmbasilisk* (Terrarientier).

Basilius der Große, hl., * Caesarea Mazaca um 330, † ebd. 1. 1. 379, griech. Kirchenlehrer, Bischof von Caesarea Mazaca; wurde 370 Bischof und Metropolit von Kappadokien. – Fest: 2. Jan. (kath. Kirche), 1. und 20. Jan. (Ostkirchen).

Basis [griech.], **1)** *allg.:* svw. Grundlage, Ausgangspunkt, Ausgangslinie, Bezugslinie.

2) *Halbleiterphysik:* ↑Transistor.

3) *Mathematik:* 1. Grundzahl einer Potenz, Grundzahl des Logarithmus; 2. die Grundseite einer geometr. Figur, Grundfläche eines geometr. Körpers; 3. ein System von *n* linear unabhängigen Vektoren, den sog. *Basisvektoren* eines *n*-dimensionalen Vektorraumes *V*, mit denen sich alle Vektoren eindeutig als Linearkombination darstellen lassen.

Basiseinheiten ↑Einheit.

Basiswinkel, die der Basis eines gleichschenkligen Dreiecks anliegenden Dreieckswinkel; B. sind einander gleich.

Basizität [griech.], Maß für die Konzentration der Hydroxidionen einer Lösung (↑pH-Wert); allg. Bez. für die Fähigkeit eines Stoffes, Protonen (H⁺) zu binden.

Basken (span. Vascos, frz. basques; Eigen-Bez. Euskaldunak), vorindogerman. Volk in den W-Pyrenäen und im Baskenland (Frankreich und Spanien).

Baskenland (bask. Euzkadi), autonome nordspan. Region am Golf von Biskaya mit eigener wirtschaftl. Struktur, Sprache, Kultur und eigenem Volkstum. Das bask. Siedlungsgebiet, von den Römern *Vasconia* gen., dehnte sich im 6. Jh. auf die Gascogne aus und war später weitgehend identisch mit dem im 10. Jh. entstandenen Kgr. Navarra. In Spanien sucht die ↑ETA seit den 1960er Jahren auch durch Einsatz terrorist. Mittel die Unabhängigkeit des B. zu erreichen. Seit 1979 besteht ein bask. Autonomiestatut, seit 1980 eine bask. Regionalregierung.

Baskenmütze, urspr. bask. schirmlose Wollfilzmütze.

Basketball [engl.], von zwei Mannschaften (je fünf Spieler und bis zu sieben Auswechselspieler) durchgeführtes Ballspiel. Ziel ist es, einen Hohlball (Umfang zw. 75 und 78 cm, Gewicht zw. 600 und 650 g) so oft wie möglich in den an den Schmalseiten des Spielfeldes (meist 26 × 14 m) in 3,05 m Höhe an einem Spielbrett (1,20 × 1,80 m) angebrachten gegner. »Korb« (ein Eisenring, an dem ein unten offenes Netz befestigt ist) zu werfen. Ein Spiel, das von zwei gleichberechtigten Schiedsrichtern geleitet wird, dauert 2 × 20 Minuten (reine Spielzeit). Bei Punktegleichstand nach regulärer Spielzeit wird so lange um je fünf Minuten verlängert, bis nach Ablauf einer Verlängerung eine Mann-

Basketball. Schematische Darstellung des Korbständers (oben) und des Korbbretts (unten)

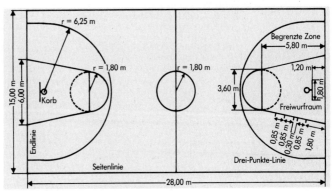

Bassetthorn

**Nikolaj Gennadije-
witsch Bassow**

schaft mit mindestens einem Punkt führt. Feldkörbe (Treffer aus dem Spiel) zählen zwei Punkte, Distanztreffer (Treffer, die von außerhalb der 6,25 m um die Korbmitte gezogenen Drei-Punkte-Linie erzielt werden) drei Punkte, jeder verwandelte Freiwurf (verhängt nach Fouls gegen einen Spieler, der einen Korbwurf ausführt, nach Unsportlichkeiten [»techn. Foul«], absichtl. Fouls und Fouls, die von einer in einer Halbzeit bereits mit sieben Fouls belasteten Mannschaft begangen werden) einen Punkt. Nach der Ballannahme darf ein Spieler nur zwei »Schritte« (Bodenkontakte) machen, danach muß er entweder (einhändig) dribbeln oder den Ball abspielen. Der im Ballbesitz befindl. Spieler darf den Ball – außer beim Dribbeln – nur fünf Sekunden halten; die ballbesitzende Mannschaft muß den Ball innerhalb von zehn Sekunden aus der eigenen Spielhälfte herausspielen und innerhalb von 30 Sekunden einen Korbwurf unternehmen.

Baskisch, die Sprache der Basken, gesprochen am Golf von Biskaya beiderseits der Pyrenäen. Der Ursprung der Sprache ist ungeklärt; seit 1975 als span. Regionalsprache (Kulturveranstaltungen, lokale Verwaltung, Wahlfach in Schulen) zugelassen.

Basler Friede, 1795 zw. der frz. Republik und Preußen geschlossener Friede, der dem revolutionären Frankreich u. a. die fakt. völkerrechtl. Anerkennung brachte und die europ. Koalition entscheidend schwächte; Preußen verlor seine linksrhein. Territorien.

Basler Konzil (Konzil Basel-Ferrara-Florenz), das 17. der ökumen. Konzile (1431–49); Aufgaben: 1. Bekämpfung der Hussiten; 2. Frieden unter den christl. Fürsten; 3. Reform der Kirche. 1433 wurde den Hussiten *(Prager/Basler Kompaktaten)* der Laienkelch zugestanden; 1439 (nach Verlegung des Konzils nach Florenz) vorübergehende Union mit den Ostkirchen.

basophil [griech.], **1)** *Medizin* und *Biologie:* mit bas. Farbstoffen leicht färbbar; Eigenschaft bestimmter Gewebe, Zellen oder Zellteile.
2) *Chemie:* zur Reaktion mit Basen neigend (z. B. Säuren).
Basra, irakische Hafenstadt am Schatt el-Arab, 617 000 E. Univ.; Handelszentrum; Erdölraffinerie; internat. ✈. – Im mittelalterl. Europa als *Balsora* oder *Bassora* bekannt; 638 von Arabern gegründet, Höhepunkt städt. Entwicklung im 8./9. Jahrhundert.

Baß [italien.], musikal. Stimmlagen-Bez. (Umfang E–d¹/f¹) für die tiefe Männerstimme; auch Bez. für die die Harmonie tragende Stimme einer Komposition.

Baßanhebung, in der Elektroakustik die Verstärkung tiefer Tonfrequenzen, wodurch die schwächere Abstrahlung tiefer Töne durch den Lautsprecher ausgeglichen wird.

Basseterre [frz. bas'tɛːr], Hauptstadt von Saint Kitts und Nevis an der SW-Küste der Insel Saint Christopher, 16 000 E. Hafen, ✈. – 1627 gegründet.

Bassets [frz. ba'sɛ], aus Bracken gezüchtete frz. Jagdhunde.

Bassetthorn, Altklarinette in F.

Basso continuo [italien. »ununterbrochener Baß«], Abk. B. c., ↑Generalbaß.

Bassow, Nikolaj Gennadijewitsch, *Usman bei Woronesch 14. 12. 1922, russ. Physiker. Trug wesentlich zur Entwicklung von Maser und Laser bei. Nobelpreis für Physik 1964 zus. mit A. M. Prochorow und C. Townes.

Bass-Straße [engl. bæs], 200–250 km breite Meeresstraße zw. dem austral. Festland und Tasmanien; Erdölförderung.

Baßtölpel ↑Tölpel.

Bast, 1) *Botanik:* ↑Rinde.
2) *Gartenbau:* (Binde-B.), Bindematerial hauptsächlich aus Blattfasern der Raphiapalme.
3) (Flocken-B.), aus Flachs- oder Hanffasern gewonnener pflanzl. Faserstoff.
4) *Textilkunde:* (Seiden-B.) ↑Seide.
5) *weidmänn.* Begriff für die Haut des noch wachsenden Gehörns bzw. Geweihs, die in getrocknetem Zustand von dem Tier »abgefegt« wird.

Bastard [frz.], **1)** *Botanik:* (Hybride), bei Pflanzen und Tieren das aus einer ↑Bastardierung hervorgegangene Tochterindividuum.
2) *allg.:* veraltete Bez. für illegitime Nachkommen.

Bastarda [frz.-italien.], im 14. Jh. entstandene Mischschrift aus der spätmittelalterl. Kursive und der got. Buchschrift; im 15. Jh. zahlr. B.druckschriften.

Bastardierung [frz.], Kreuzung zw. erbmäßig unterschiedl. Partnern, v. a. zw. verschiedenen Unterarten bzw. Rassen oder Arten.

Bastet, ägypt. Göttin der Freude und Liebe, in Menschengestalt mit Katzenkopf oder ganz als Katze dargestellt.

Bastia [italien. bas'ti:a, frz. bas'tja], Hafenstadt auf Korsika, 52 000 E. Verwaltungssitz des frz. Dép. Haute-Corse.

Bastian, Adolf, * Bremen 26. 6. 1826, † Port of Spain (Trinidad) 2. 9. 1905, dt. Völkerkundler. Begründer der modernen Völkerkunde.

Bastille [frz. bas'tij], ehem. achttürmige Festung in Paris; seit dem 17. Jh. Staatsgefängnis; am 14. 7. (frz. Nationalfeiertag) 1789 als Symbol des königl. Despotismus erstürmt (Beginn der Frz. Revolution).

Bastonade [frz.], im Orient Prügelstrafe auf die Fußsohlen und den Rücken.

Bastseide, nicht entbastete Rohseide.

Basutoland ↑Lesotho.

BAT, Abk. für **B**undes-**A**ngestelltentarifvertrag.

Bataille, Georges [frz. ba'ta:j], * Billom bei Clermont-Ferrand 10. 9. 1897, † Paris 9. 7. 1962, frz. Schriftsteller. Zentrales Thema sind Essays und Romane ist das Verhältnis von (sexuellen) Tabus und ihren Überschreitungen.

Batak, altmalaiischer Volksstamm in N-Sumatra, Pfahlbauten, bed. Kunstgewerbe; eigenes Schriftsystem.

Batalha [portugies. bɐ'taʎɐ, »Schlacht«], portugies. Dorf bei Leiria, 7 600 E. 1388 nach der Schlacht von Aljubarrota (1385) von König Johann I. von Portugal gegr. Kloster (Santa Maria da Victória), bed. got. Anlage (u. a. Portal der unvollendeten Kapellen im spätgot. Emanuelstil); königl. Grablege.

Batate [indian.-span.] (Süßkartoffel), Windengewächsart; Stengel meist niederliegend; die Wurzeln entwickeln sich zu spindelförmigen, rettichartigen, gelbl. bis rötl., 1–2 kg schweren, süßschmeckenden Wurzelknollen; Anbau in allen Tropenländern (dort Kartoffelersatz).

Batava Castra (Batavis) ↑Passau.

Bataver [ba'ta:vɔr, 'ba:tavɔr], german. Volksstamm; 69/70 vergebl. Aufstand gegen die Römer.

Batavia ↑Jakarta.

Batavische Republik [nach Batavia, dem lat. Namen der Niederlande], 1795–1806 Name der von Frankreich abhängigen Republik der Vereinigten Niederlande.

Bath [engl. bɑ:θ], engl. Heilbad in der Gft. Avon, 80 000 E. Univ., jährl. Musikfest. Reste von Tempeln und Thermen des röm. *Aquae Sulis;* planmäßige Stadterweiterung im 18. Jh. in georgianisch-klassizist. Stil.

batho..., Batho... (bathy..., Bathy...) [griech.], Vorsilbe mit der Bed. »Tiefen...«.

Bath-Partei (Baath-Partei), 1942 gegründete, in Irak und Syrien herrschende arab. Partei, die den föderativen Zusammenschluß der arab. Staaten auf sozialist. Grundlage anstrebt.

Bathseba (Bathscheba, in der Vulgata Bethsabee), bibl. Gestalt, Frau des ↑Uria, die von König David verführt und später geheiratet wurde; Mutter Salomons.

Bathyscaph (Bathyscaphe, Bathyskaph), Tiefseetauchgerät für Forschungszwecke. J. Piccard und Don Walsh (* 1931) erreichten 1960 mit dem B. »Trieste« im Marianengraben (Pazif. Ozean) rd. 10 900 m (»Trieste-Tiefe«).

Bathysphäre, 1) tiefste Schicht des Weltmeeres.
2) *Technik:* Bez. für stählerne Tauchkugel.

Batik [malaiisch], aus SO-Asien stammendes Stoffärbeverfahren, bei dem durch Wachsauftrag, der das Einfärben der eingewachsten Stellen verhindert, ein Muster erzeugt wird. Eine Sonderform ist die Abbindetechnik.

Batik.
Wayang-Figuren und Ornamente, Stoffarbeit aus Java (19./20. Jh.)

Batist

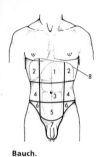

Bauch.
Schematische Einteilung der Bauchgegend in Abschnitte:
1 Oberbauchgegend;
2 Hypochondrien;
3 Mittelbauchgegend;
4 Flanken; 5 Unterbauchgegend;
6 Leistengegend;
7 Schamgegend;
8 Zwerchfell (Grenze zwischen Brustraum und Bauchraum)

Batist [frz.; wahrscheinlich nach dem Leinweber Jean Baptiste aus Cambrai (13. Jh.)], feinfädige, dichtgewebte, leichte Gewebe aus Baumwolle, Leinen, Zellwolle, Seide (Toile) oder Chemiefasern.

Batman [engl. 'bætmən »Fledermausmann«], Superheld einer 1937 begründeten Comicserie; auch Hörfunkserien sowie Verfilmungen.

Bat-Mizwa ↑Bar-Mizwa.

Baton Rouge [engl. 'bætn'ru:ʒ], Hauptstadt des Staats Louisiana, USA, am Mississippi, 219500 E. Zwei Univ.; petrochem. Ind., Hafen. Verkehrsknotenpunkt, ✶. Old State Capitol (1847–50; neugot.), State Capitol (1931/32).

Batschka, Tiefland zw. Donau und Theiß (Serbien, geringer Gebietsteil in Ungarn).

Battelle Memorial Institute [engl. bə'tɛl mɪ'mɔːrɪəl 'ɪnstɪtjuːt], eine von dem amerikan. Industriellen Gordon Battelle (* 1883, † 1923) gestiftete, 1929 gegr. Einrichtung für Vertragsforschung u. a. für Physik und Chemie, der Metallurgie und Werkstoffkunde; Sitz: Columbus (Ohio). Seit 1953 besteht in der BR Deutschland das Battelle-Institut e. V. in Frankfurt am Main.

Battenberg, seit 1858 Titel der morganat. Nachkommen des Prinzen Alexander von Hessen (* 1823, † 1888). *Ludwig Alexander von B.* (* 1854, † 1921), brit. Admiral und 1912–14 Erster Seelord, nahm 1917 den Namen *Mountbatten* an (für sich und alle in Großbrit. naturalisierten Mgl. des Hauses).

Battenbergaffäre, polit. Spannung in den 1880er Jahren wegen des Plans einer Heirat von Alexander von Battenberg, 1879–86 Fürst von Bulgarien, mit der preuß. Prinzessin Viktoria; mit Rücksicht auf Rußland von Bismarck vereitelt.

Batterie [frz.], 1) *Technik:* Zusammenschaltung gleichartiger techn. Geräte, Industrieeinrichtungen; i. e. S. die Zusammenschaltung mehrerer elektrochem. Elemente (Akkumulatoren, Trockenelemente).
2) *Militärwesen:* der Kompanie entsprechende Einheit bei der Artillerie und der Flugabwehrtruppe.

Batu Khan, *um 1205, † Sarai 1255, Mongolenfürst. Enkel Dschingis-Khans; überrannte 1237–40 ganz Rußland, 1241/42 weite Teile Polens, Schlesiens und Ungarns; errichtete das Khanat der Goldenen Horde.

Batumi, Hauptstadt der Adschar. Republik, Georgien, am Schwarzen Meer, 130000 E. PH; botan. Garten, Sanatorien; erdölverarbeitende Industrie, Hafen.

BAT-Wert [BAT: Abk. für **b**iologische **A**rbeitsstofft**t**oleranz], für den Umgang mit chem. Arbeitsstoffen ermittelte höchstzulässige Menge, die nach dem jeweiligen Stand des Wissens im allg. die Gesundheit des Beschäftigten nicht beeinträchtigt. BAT-Werte werden als Konzentrationen, Bildungs- oder Ausscheidungsraten angegeben und für Blut und/oder Harn aufgestellt. ↑MAK-Wert.

Batzen, im 15./16. Jh. in der Schweiz und in Süddeutschland geprägte Münze; 1 B. = 4 Kreuzer.

Bau, 1) *allg.:* Gebäude, Baustelle; Gestalt, Gefüge. Im *Jagdwesen* unterird. Wohnung von Röhrenwild (Dachs, Fuchs, Kaninchen, Hamster, Biber).
2) *Soldatensprache:* svw. Arrest[zelle].

Bauabnahme, bei genehmigungspflichtigen baul. Anlagen die Überprüfung durch die Bauaufsichtsbehörde, ob die Anlage entsprechend der Baugenehmigung und den öffentl.-rechtl. Vorschriften errichtet oder geändert wurde.

Bauaufsicht, die den Bauaufsichtsbehörden *(Baupolizei)* obliegende Aufgabe, bei der Errichtung, der Änderung, dem Abbruch und der Unterhaltung baul. Anlagen darüber zu wachen, daß die öffentl.-rechtl. Vorschriften eingehalten werden.

Bauch (Abdomen, Unterleib), weicher, nicht von den Rippen geschützter, ventraler Abschnitt der hinteren bzw. unteren Rumpfregion bei Wirbeltieren und beim Menschen. Der B. wird beim Menschen oben durch das Zwerchfell, unten durch den Beckenboden, vorn und seitlich durch die B.decken abgeschlossen und enthält in seinem Innern, der B.höhle, die Verdauungs-, Harn- und inneren Geschlechtsorgane, ferner Leber, Milz und B.speicheldrüse. Die B.organe und die innere B.wand sind von einer dünnen, serösen Haut, dem B.fell bedeckt. – Die B.muskeln, wesentl. Bestandteil der B.decken, beugen den Rumpf und dienen bei verstärkter

Atemtätigkeit (auch beim Niesen und Husten) der aktiven bzw. plötzl. Ausatmung.

Bauchfell (Peritonaeum, Peritonäum, Peritoneum), seröse Membran, die mit einem äußeren Blatt die Innenwand der Bauchhöhle und, in direkter Fortsetzung, mit einem inneren Blatt die verschiedenen Baucheingeweide einkleidet. Zw. den beiden B.blättern befindet sich die spaltförmige, mit einer geringen Menge seröser Flüssigkeit gefüllte *B.höhle (Peritonäalhöhle)*. Die im Bauchraum befindl. Anteile des Verdauungskanals sind zum größten Teil vollständig mit B. ausgekleidet. Jene Falten des B., die von der hinteren Bauchwand in doppelter Lage zu den vom B. bedeckten Eingeweiden ziehen, nennt man *Gekröse (Mesenterium)*.

Bauchfellentzündung (Peritonitis), durch offene Bauchdeckenverletzung oder Entzündung eines Bauchorgans verursachte bzw. über die Lymph-, seltener über die Blutbahn fortgeleitete bakterielle Entzündung des Bauchfells.

Bauchhöhlenschwangerschaft (Abdominalgravidität, Abdominalschwangerschaft), Form der ↑Extrauterinschwangerschaft.

Bauchiplateau ['baʊtʃi:pla'to], bis 1 780 m hohes Bergland in Z-Nigeria, bedeutendstes Zinnerzbergbaugebiet Afrikas.

Bauchmark (Bauchganglienkette, Strickleiternervensystem), Zentralnervensystem der Ringelwürmer und Gliederfüßer.

Bauchnabel ↑Nabelschnur.

Bauchpilze (Gastromycetidae), Unterklasse der Ständerpilze; umfaßt zahlr. Arten mit knollenförmigem Fruchtkörper (wie Kartoffelbovist, Eierbovist) oder solche mit sternförmig aufreißender Hülle (z. B. beim Erdstern, Wetterstern).

Bauchreden, Sprechen ohne Mund- und Lippenbewegung mit veränderter Stimme, die scheinbar aus dem Bauchraum kommt. Der *Bauchredner* verstellt seine Stimme durch Verengung des (aus Gaumenbögen, Gaumensegel und Nasenraum bestehenden) Ansatzrohrs.

Bauchspeicheldrüse (Pankreas), Hauptverdauungsdrüse bei fast allen Wirbeltieren und beim Menschen, als Hormondrüse Bildungsort von Insulin und

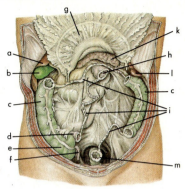

Bauchfell.
Einblick in die Bauchhöhle (nach teilweiser Entfernung einzelner Darmabschnitte):
a Leber; b Gallenblase; c Dickdarm; d Endteil des Dünndarms (terminales Ileum); e Blinddarm; f Wurmfortsatz; g großes Netz (hochgeklappt); h Zwölffingerdarm; i Schnittkanten des Gekröses; k Bauchspeicheldrüse (Pankreas); l Milz; m Mastdarm (Rectum)

Glucagon. – Die B. ist beim erwachsenen Menschen ein im Durchschnitt 15 cm langes und 70–110 g schweres Organ aus locker zusammengefügten Läppchen. Sie liegt hinter dem Magen quer vor der Wirbelsäule und mündet mit ihrem Ausführungsgang in den Zwölffingerdarm. Die B. produziert zahlr. Verdauungsenzyme und gibt diese mit dem Pankreassekret (beim Menschen normalerweise täglich etwa 1 l, bei Hunger nur $\frac{1}{5}$ l) in den Darmtrakt ab, wo durch den hohen Bicarbonatgehalt des Pankreassaftes die Magensäure neutralisiert wird. Die im Bauchspeichel enthaltenen Enzyme spalten Stärke (Amylasen) in Dextrin und Malzzucker und die vom Gallensaft zu Tröpfchen zerteilten Fette in Glyzerin und Fettsäuren (Lipasen). In das Drüsengewebe der B. sind sehr gut durchblutete Zellgruppen, die *Langerhans-Inseln*, eingelagert. In ihnen werden Insulin und Glucagon produziert. Diese dann in das Blut abgegebenen Hormone beeinflussen den Kohlenhydratstoffwechsel der verschiedenen Körperzellen.

Bauchspeicheldrüse (des Menschen). Schematische Darstellung (von vorn gesehen); Zwölffingerdarm und Drüse sind teilweise eröffnet, um das Ausführungssystem zu zeigen (etwa auf $\frac{1}{3}$ der natürlichen Größe verkleinert)

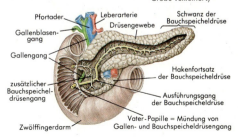

Pfortader
Leberarterie
Drüsengewebe
Schwanz der Bauchspeicheldrüse
Gallenblasengang
Gallengang
zusätzlicher Bauchspeicheldrüsengang
Hakenfortsatz der Bauchspeicheldrüse
Ausführungsgang der Bauchspeicheldrüse
Zwölffingerdarm
Vater-Papille = Mündung von Gallen- und Bauchspeicheldrüsengang

Bauchspiegelung

Bauchspiegelung (Laparoskopie), Untersuchung der Bauchhöhle (v. a. von Leber, Gallenblase und Magen) mit dem Laparoskop (↑Endoskope).

Bauchtanz, urspr. Fruchtbarkeitstanz; heute Schautanz von Tänzerinnen, v. a. im Orient und S-Asien.

Bauchwassersucht (Ascites, Aszites), krankhafte Ansammlung von Flüssigkeit in der freien Bauchhöhle; tritt als Begleitsymptom bei Nierenerkrankungen, Herzinsuffizienz und vermindertem Eiweißgehalt des Blutes (etwa im Verlauf einer chron. Leberentzündung) im Rahmen einer allg. Wassersucht (↑Ödem) auf. Die im Bauchraum angesammelte Flüssigkeit (u. U. 10–20 Liter) drängt die Bauch- und Brusteingeweide zusammen und verursacht oft starke Beschwerden mit Atembehinderung, Verstopfung, Harndrang und starkem Völlegefühl.

Baucis, Gestalt der phryg. Volkssage, Gattin des ↑Philemon.

Baud [baʊt, boːt, nach dem Ingenieur E. Baudot], Abk. **Bd,** in der *Datenverarbeitung* verwendete Einheit für die Datenübertragungsrate (1 Bd = 1 Bit/s).

Baude [tschech.], alleinstehendes Haus im Gebirge; heute meist Bez. für ein Berg-(Gasthaus).

Charles Baudelaire

Baudelaire, Charles [frz. boˈdlɛːr], * Paris 9. 4. 1821, † ebd. 31. 8. 1867, frz. Dichter. Vorläufer des Symbolismus, bes. mit seiner Gedichtsammlung »Die Blumen des Bösen« (1857), deswegen Prozeß wegen »Gefährdung der Sittlichkeit«; prägte für seine Dichtung den Begriff »Moderne« (Darstellung der Schönheit und Morbidität von Großstadt und Technik und der Dimensionen des Bösen, Häßlichen und Abnormen); auch bed. Kunstkritiker.

Baudissin, Wolf Graf von, * Trier 8. 5. 1907, † Hamburg 5. 6. 1993, dt. General. Prägte den Begriff »Staatsbürger in Uniform«; 1961–67 Funktionen in der NATO; 1971–84 Direktor des Instituts für Friedensforschung und Sicherheitspolitik an der Univ. Hamburg.

Wolf Graf von Baudissin

Baudouin I. [frz. boˈdwɛ̃] (niederl. Boudewijn), * Schloß Stuyvenberg bei Brüssel 7. 9. 1930, † Modril (Spanien) 31. 7. 1993, König der Belgier (seit 1951). Ältester Sohn König Leopolds III.; seit 1960 ∞ mit Doña Fabiola de Mora y Aragón.

Bauer, 1) Bruno, * Eisenberg (Thür.) 6. 9. 1809, † Berlin 15. 4. 1882, dt. ev. Theologe, Philosoph und polit. Schriftsteller. Bestritt die Historizität Jesu und führte die Entstehung des Christentums auf die Gedankenwelt Philos und Senecas zurück.
2) Georg, dt. Naturforscher ↑Agricola, Georgius.
3) Karl Heinrich, * Schwärzdorf bei Mitwitz (Oberfranken) 26. 9. 1890, † Heidelberg 7. 7. 1978, dt. Mediziner. Prof. in Heidelberg; Mitbegründer des Dt. Krebsforschungszentrums in Heidelberg.

Bauer [eigtl. »Dorfgenosse«], 1) urspr. Bez. für den Nachbarn, heute für den Eigentümer oder Pächter eines landwirtsch. Betriebs. – Landbebauung und Viehzucht war seit der »neolith. Revolution« (6./5. Jt. v. Chr.) entscheidend für die Deckung des Nahrungsbedarfs. In der Antike Entwicklung von kleinbäuerl. Wirtschaft zum Großgrundbesitz (↑Latifundien). Im Früh-MA bildete sich die ↑Grundherrschaft mit überwiegend unfreien oder halbfreien Bauern in W- und Mitteleuropa heraus. Bis ins 14. Jh. wuchs durch verbesserte Anbaumethoden und ausreichende Nahrungsmittelversorgung die Bevölkerung bei steigenden Getreidepreis. Im Spät-MA Landflucht und Verödung durch Hungersnöte, Seuchen (Pest) und Geldverfall; v. a. gegen soziale Deklassierung wehrten sich die B. (↑Bauernkrieg). Teils unberührt hiervon in O-Deutschland und im östl. Mitteleuropa seit dem 15. Jh. Entstehung der ↑Gutsherrschaft. Im modernen Fürstenstaat Lenkung der Landwirtschaft durch staatl. Förderung, Arbeitszwang und Zwangsumsiedlung. Im 18. Jh. waren umwälzende Neuerungen der Agrartechnik einige der Faktoren, die im 18. und 19. Jh. zur ↑Bauernbefreiung beitrugen. Mit der industriellen Revolution wanderten viele B. in die Städte, dadurch Auflösung der Gesindearbeitsverfassung und Zusammenbruch der großbäuerl. Lebensweise. Durch starke Produktionssteigerung infolge wiss.-techn. Neuerungen in der Landwirtschaft sind B. heute in den westl. Industrieländern eine Minderheit; ihr Lebensstil ist dem der Städter weitgehend angeglichen.

Bauernhaus.
Oberdeutsches Einheitshaus bei Au im Bregenzer Wald, Österreich

2) *Schachspiel:* Figur mit dem geringsten Wert.

Bauernbefreiung, Agrarreformen des 18. und 19. Jh. zur Beseitigung der bäuerl. ↑Leibeigenschaft, der Grundherrschaft, der Patrimonialgerichtsbarkeit und des Flurzwangs. In Frankreich wurde die B. im wesentlichen 1789 auf revolutionärem Wege durchgesetzt, sonst meist durch staatl. Reformen (z. B. preuß. B. ab 1807); die Ablösungspflicht der Bauern gegenüber den ehem. Grundherren führte zur Entstehung einer Schicht besitzloser Landarbeiter.

Bauerndichtung, dichter. Gestaltung der bäuerl. Welt, v. a. in Romanen. Erst mit der Aufklärung entstand die eigtl. B., die die bäuerl. Lebensformen realistisch darstellt. Bed. Vertreter der dt.sprachigen B.: J. H. Pestalozzi, K. L. Immermann, J. Gotthelf, P. Rosegger, L. Anzengruber, L. Thoma, H. Stehr und E. Strittmatter.

Bauernfängerei, plumper, leicht durchschaubarer Betrug.

Bauernhaus, die Haus- oder Hofanlage zum Wohnen und Wirtschaften des Bauern. Aus Stampflehm, luftgetrockneten Ziegeln, Bruchsteinen oder in Holzbauweise als Vollschichtung (Blockbau), Vollreihung (Palisaden- bzw. Stabbau) oder als Ständerhaus errichtet (↑auch Fachwerkbau). Für den mitteldeutschen Raum bis in das Oberrhein. Tiefland ist das gewöhnlich dreiseitig umbaute *Gehöft* kennzeichnend. Das Haupthaus kann Wohnräume und Speicher *(Wohnspeicherhaus)* oder Wohnräume und Stallung *(Wohnstallhaus)* unter einem Dach umfassen. Das *Einhaus* umfaßt Wohnung, Stallungen und Speicher (bzw. Keller). Im mediterranen Bereich ist das *gestelzte Einhaus* mit Steinuntergeschoß allg. üblich. Beim mitteleuropäischen *quergeteilten Einhaus* liegen unter einem First Wohnteil, Stallung und Scheune nebeneinander. *Längsgeteilte Einhäuser* gibt es u. a. in den Alpenländern und im niederdeutschen Bereich. Beim niederdeutschen dreischiffigen Hallenhaus liegen seitlich der Halle oder Deele die Kübbungen für das Vieh. Es ist *Durchgangshaus* oder *Durchfahrtshaus,* als *Flettdeelenhaus* ist am Ende der Deele als Herd- und Wohnteil das Flett ausgebildet; anstelle der Kübbungen hat es seitl. Nebenräume, die Luchten. Im 16. Jh. Erweiterung des Zweiständerbaus zum Vierständerbau (v. a. in Westfalen und im südöstl. Niedersachsen). Das großbäuerl. niederdeutsche *Gulfhaus* hat einen offenen Dachstuhl auf vier Ständern.

Bauernkrieg, gewaltsame Erhebung der Bauern und einiger Städte in S- und M-Deutschland 1524/25 bzw. in Tirol 1526 als Höhepunkt der Bauernaufstände seit dem 14. Jahrhundert. Die Bauern legten ihre Forderungen in den ↑Zwölf Artikeln der Bauernschaft in Schwaben nieder. Der Aufstand breitete sich von der Land-Gft. Stühlingen (südl. Schwarzwald) über Oberdeutschland (ausgenommen Bayern), vom Elsaß bis in die Steiermark und nach Tirol (M. Gaismair) aus, griff nach Franken

Karl Heinrich Bauer

Bauernlegen

(W. Hipler, F. Weigandt, F. Geyer, G. von Berlichingen), Thüringen (T. Müntzer) und ins sächs. Erzgebirge über. Die Landesherren schlugen die Aufstände überall blutig nieder. Luther hatte sich anfänglich um Vermittlung bemüht, erklärte sich aber 1524 gegen die Aufständischen.

Bauernlegen, Bez. für die Einziehung von Bauernstellen durch Auskaufen oder Vertreibung der Bauern seitens des Grund- oder Gutsherrn.

Bauernmöbel, Möbel der bäuerl. Stube. Bei Hartholzbearbeitung (Rheinland, Niederdeutschland) herrscht Schnitzdekor vor, beim Weichholz (Österreich, Bayern, Schwaben, Franken) bunte Bemalung. Die Blütezeit der Möbelmalerei liegt um 1770.

Bauernregeln, Merksprüche (vornehmlich gereimt) für die Landbevölkerung, bes. über das Wetter und dessen Auswirkung auf das Gedeihen der Feldfrüchte.

Bauernrose, svw. ↑Pfingstrose.

Baufreiheit, das Recht des Grundstückseigentümers auf Bebauung seines Grundstücks bzw. das Recht eines Bauherrn auf Erteilung der Baugenehmigung im Rahmen der gesetzl. Bestimmungen.

Baugenehmigung (Bauerlaubnis), die Erklärung der Bauaufsichtsbehörde, daß dem beabsichtigten Bauvorhaben Hindernisse aus dem geltenden öffentl. Recht nicht entgegenstehen.

Baugesetzbuch, Bundesgesetz vom 8. 12. 1986, in dem das mehrfach geänderte *Bundesbaugesetz* und das *Städtebauförderungsgesetz* zur einheitl. Regelung des Bauwesens zusammengefaßt wurden.

Baugewerbe, Gewerbezweig, zu dem Ind.- und Handwerksbetriebe des Bauhaupt- sowie des Ausbau- und Bauhilfsgewerbes zählen. Das *Bauhauptgewerbe* umfaßt u. a. Betriebe des Hoch-, Tief- und Straßenbaus, außerdem das Abbruch-, Spreng- und Enttrümmerungsgewerbe, das Stukkateurgewerbe sowie Zimmerei und Dachdeckerei. Das *Ausbau-* und *Bauhilfsgewerbe* umfaßt Installationsbetriebe, die Glaser-, Maler- und Lackierergewerbe, die Fußboden-, Fliesen- und Plattenlegerei, die Ofen- und Herdsetzerei sowie (als Bauhilfsgewerbe) Gerüstbau, Fassadenreinigung und Gebäudetrocknung.

Bauhaus (Staatl. B.), 1919 von W. Gropius in Weimar gegr. Hochschule für Gestaltung (Name seit 1925). Gropius berief als Mitarbeiter L. Feininger, G. Marcks, A. Meyer, G. Muche, P. Klee, O. Schlemmer, W. Kandinsky, L. Moholy-Nagy. 1925 wurde das B. nach Dessau verlegt. 1928 übernahm H. Meyer, 1930 L. Mies van der Rohe die Leitung. Nach der Verlegung nach Berlin 1932 wurde das B. 1933 aufgelöst. Die Auffassung des Bauhaus, daß Funktionalität und Materialgerechtigkeit Schönheit und Stil des Produkts bzw. des Bauwerks bedingen, setzte sich in den 1930er Jahren international durch.

Bauherrenmodell, Finanzierungsmodell von Wohn- oder Geschäftsbauten, bei dem durch die Trennung der reinen Baukosten (Anschaffungs- oder Herstellungskosten) von sofort absetzbaren Baunebenkosten (Werbungskosten) unter bestimmten Umständen Steuervorteile (z. B. eine Erstattung der Mehrwertsteuer) erreicht werden können.

Bauhaus.
Walter Gropius.
Bauhaus in Dessau
(1925/26)

Bauhin, Gaspard ['bauhi:n, frz. bo'ɛ̃], *Basel 17. 1. 1560, † ebd. 5. 12. 1624, schweizer. Anatom und Botaniker. Prof. in Basel; vereinheitlichte die Benennung der Muskeln (nach Ursprung und Ansatz), erstellte eine natürl. Ordnung des gesamten Pflanzenreichs fast ausschließlich auf Grund botan. Merkmale und führte die binäre Nomenklatur ein.

Bauhinia [nach G. Bauhin und seinem Bruder Jean, schweizer. Arzt und Botaniker, *1541, † 1613], Gatt. der Caesalpiniengewächse mit 250 trop. Arten; häufig Lianen mit zerklüfteten, geflügelten oder abgeflachten, bandartigen Stämmen.

Bauhin-Klappe [nach G. Bauhin], Schleimhautfalte am Übergang vom Dünndarm in den Dickdarm; verhindert ein Zurückgleiten des Darminhaltes.

Bauhütte, mit bes. Rechten und Pflichten ausgestatteter Werkstattverband der an den Sakralbauten des späteren MA tätigen Bauleute; letztere hüteten ihre Fachkenntnisse als B.geheimnisse.

Baukastensystem, Bez. für ein produktionstechn. wie auch organisator. Konzept, komplizierte und verschiedenartige techn. Anlagen oder Geräte aus wenigen, möglichst vielseitig verwendbaren Grund- und Bauelementen zusammenzusetzen.

Baukeramik, Arbeitsgebiet der Grobkeramik; auch Bez. für grobkeram. Erzeugnisse; insbes. am Innen- und am Außenbau als Schmuckelemente verwendete unglasierte und glasierte Ziegel, Fayence, Terrakotta, Steinzeug und Porzellan.

Baukostenzuschuß, Geld- oder Sachleistung, die der Mieter zugunsten des Vermieters zum Neubau, Wiederaufbau, Ausbau, zur Erweiterung, Wiederherstellung oder Instandsetzung von Räumen erbringt.

Baukunst (Architektur), Hochbau als Einzel- und Ensemblebau, i. w. S. Städtebau und -planung. Nach den Aufgabenbereichen unterscheidet man *Sakralbau* (Kirchen, Tempel) und *Profanbau* (öffentl. und private Bauten, Paläste, Burgen, Schlösser). Die Geschichte der griech. B. ist eine Geschichte des Tempelbaus. Die Römer waren im Abendland die ersten, die zeitweise dem Zweckbau (Aquädukte, Brücken, Thermen, Platz- und Stadtanlagen) den Vorrang vor der Sakral-B. gaben. Das MA ist durch ein Nebeneinander von Sakral- und Zweckbau (Wehr-, Wohn-, Verwaltungsbau) gekennzeichnet. Im Abendland wurden erstmals im Hellenismus Einzelbauten durch Achsen und Plätze im Sinn einer Stadtbaukunst geordnet; sie galt erneut in der Renaissance als höchstes gestalter. Ziel der Architekten. ↑moderne Architektur.

Bauland, Muschelkalklandschaft zw. Odenwald und Tauberland, Baden-Württemberg.

Baulandumlegung, im Geltungsbereich eines Bebauungsplanes zur Erschließung oder Neugestaltung bestimmter Gebiete vorgenommene Neuordnung bebauter und unbebauter Grundstücke, so daß zweckmäßig gestaltete Grundstücke entstehen.

Bauleitung, Teil der Architektenleistungen bei Ausführung eines Bauwerkes, umfaßt auch die örtl. *Bauaufsicht* (fortlaufende tägl. Überwachung der Bauausführung).

Baulinie (früher: Baufluchtlinie), im Bebauungsplan der Gemeinde festgesetzte Linie, auf der gebaut werden muß. Ist eine *Baugrenze* festgesetzt, so dürfen Gebäude und Gebäudeteile diese nicht überschreiten.

Vicki Baum

Baum, Vicki, *Wien 24. 1. 1888, † Los Angeles-Hollywood 29. 8. 1960, österr. Schriftstellerin. Schrieb Unterhaltungsromane (u. a. »Menschen im Hotel«, 1929).

Baum, 1) Holzgewächs mit ausgeprägtem Stamm und bevorzugtem Längenwachstum an den Spitzen des Sproßsystems. Nach der Wuchsform unterscheidet man *Kronen-* oder *Wipfelbäume* mit mehr oder weniger hohem, unterwärts meist astlos werdendem Stamm, der oberwärts die aus mehrfach verzweigten Ästen gebildete, belaubte Krone trägt. *Schopf-* oder *Rosettenbäume* haben einen meist unverzweigten Stamm, der an der Spitze einen dichtgedrängten Schopf von Blättern trägt. Nach der Dauer der Beblätterung unterscheidet man *laubwerfende* und *immergrüne Bäume.* – Der B. bildet in vielen Gebieten der Erde unter natürl. Bedingungen die beherrschende Vegetationsform. Im Verlauf der Erdgeschichte tra-

Kugelbaum

Schirmbaum

Schopfbaum

Pyramidenbäume

Hängebaum

Kopfholz

Baum 1)

ten Bäume erstmals in den »Steinkohlenwäldern« des Karbons auf. Grannenkiefern (Pinus aristata) in der Sierra Nevada mit etwa 4600 (7000?) Jahren und Mammutbäume im westl. Nordamerika mit etwa 4000 Jahren sind die ältesten lebenden Bäume.

Religion, Brauchtum: B.kult, die Verehrung göttl. Mächte in Gestalt von Bäumen (B.gottheiten), wurde bei allen indogerman. Völkern geübt. Bäume wurden mit dem Fruchtbarkeitskult in Verbindung gebracht (Maibaum) und als Orakel benutzt.

2) *seemänn.* Bez. für unterschiedlich starke Rundhölzer (Spieren) der Takelage, z. B. der am Mast befestigte Großbaum; auch Kurzbez. für den Ladebaum.

Baumann, Dieter, *Blaustein 9. 2. 1965, dt. Leichtathlet. Mehrfacher dt. Meister über 1500 m und 5000 m, 1989 Halleneuropameister über 3000 m, 1988 Olympiazweiter über 5000 m, 1992 Olympiasieger über 5000 m.

Baumaschinen, die Gesamtheit der auf Baustellen eingesetzten maschinellen Hilfsmittel; Maschinen u. a. zur Erdbewegung (Bagger, Schaufellader, Planierraupe, Straßenhobel, Grader, Seilschrapper), zum Erdtransport (Muldenkipper, Bandförderer), zur Bodenverdichtung (Stampfer, Rüttler, Walzen), zum Transport von Frischbeton (Betonmischer, Betonpumpen), zur Materialförderung (Kräne, Bauaufzüge, Förderbänder).

Baumasse, der nach den Außenmaßen ermittelte Rauminhalt eines Gebäudes, gemessen vom Fußboden des untersten bis zur Decke des obersten Vollgeschosses. Die *B.zahl (BMZ)* gibt an, wieviel m³ B. je m² Grundstücksfläche zulässig sind.

Baumberge, bis 186 m hohes Schichtstufenplateau im NW des Münsterlandes.

Baum der Erkenntnis, im AT verbotener Paradiesbaum, dem als Pendant der *Baum des Lebens* zugeordnet ist. Der Mensch, der vom B. d. E. ißt, empört sich sündhaft gegen Gott, während der Genuß der Früchte vom Baum des Lebens Unsterblichkeit bedeutet hätte.

Baumeister, Willi, *Stuttgart 22. 1. 1889, † ebd. 31. 8. 1955, dt. Maler. Vertreter der abstrakten Malerei; seit 1919

konstruktivist. »Mauerbilder«, seit 1930 freiere Wachstumsformen (»Ideogramme«, »Eidosbilder«).

Baumeister, bis zum 19.Jh. svw. Architekt; heute Unterteilung in Architekt, Bautechniker und Bauleiter.

Bäumer, Gertrud, *Hohenlimburg 12. 9. 1873, † Gadderbaum bei Bielefeld 25. 3. 1954, dt. Frauenrechtlerin und Schriftstellerin. 1919–33 MdR (DDP); schrieb histor. Romane und Biographien (»Im Licht der Erinnerung«; Autobiographie, 1953).

Baumfarne, zusammenfassende Bez. für trop. und subtrop. baumförmige Farne; bis 20 m hoch.

Baumfarne

Baumgrenze, klimabedingte äußerste Grenzzone, bis zu der normaler Baumwuchs noch möglich ist; in den Alpen etwa 100 m oberhalb der Waldgrenze.

Baumhaus, *Völkerkunde:* menschl. Behausung in den Kronen von Bäumen, heute noch auf den Philippinen (bei den Ilongot) und in Z-Neuguinea (Atbalmin u. a.).

Baumläufer (Certhiidae), Fam. der Singvögel mit an Bäumen kletternden fünf Arten in Europa, Asien, im westl. N-Afrika, N- und M-Amerika; einheimisch sind der *Garten-B.* (etwa 12 cm lang, graubraun-weißlich) und der sehr ähnl. *Wald-Baumläufer.*

Baumschläfer ↑Bilche.

Baumschule (Pflanzschule), garten- oder forstwirtschaftl. Anlage, in der Junggehölze und Sträucher (Obstbäume und Ziergehölze) aus Sämlingen, Ablegern und Stecklingen, auch für Veredelungszwecke gezogen werden.

Baumwollbaumgewächse, svw. ↑Wollbaumgewächse.

Baumwolle, die Samenhaare von [kultivierten] Arten der Baumwollpflanze; bedeutender Textilrohstoff. Bei der Reife (etwa 25–30 Tage nach der Bestäubung) platzen die nahezu walnußgroßen Kapselfrüchte auf, die weiße oder gelbl. bis bräunl. Samenwolle quillt heraus und bildet etwa faustgroße Bäusche. Neben den bis 5 cm langen, verspinnbaren Fasern (Langfasern, Lint) tragen die 5–10 dunkelbraunen, kaffeebohnengroßen Samen oft noch eine wenige mm lange, kurzfaserige, dicht anliegende Grundwolle (Filz, Virgofasern, Linters), die zu Zellstoff, Watte und Papier verarbeitet wird. Die Samen werden zu Öl verarbeitet. Zusammensetzung der B.: 84–91% Zellulose, Rest Wasser, Hemizellulosen, Pektine, Eiweiß, Wachs. – *Baumwollernte* (Rohbaumwolle) 1991: 60,1 Mio. t; Haupternteländer (1991, in Mio. t): VR China 17,0; USA 10,0; UdSSR 8,0; Pakistan 6,3; Indien 5,1; Brasilien 1,9; Türkei 1,5.

Geschichte: Die älteste Baumwollkultur wurde in Indien für das 3. Jt. v. Chr. nachgewiesen. Von Indien aus gelangte die B. nach China. Gleichzeitig wurde B. auch von den Inkas in M-Amerika angebaut. Im 8.–10. Jh. führten die Araber die Kultur der B. von Persien aus in N-Afrika, Sizilien und S-Spanien ein.

Baumwollpflanze (Gossypium), Gatt. der Malvengewächse mit mehreren Arten in den Tropen und Subtropen; bis 6 m hohe, meist strauchige, mitunter auch krautige oder fast baumförmige Pflanzen.

Baumwollsaat (Baumwollsamen), die früher nur als Saatgut, heute zur Ölgewinnung auch wirtschaftlich genutzten Samen der Baumwollpflanze; etwa erbsengroß, enthalten 20–30% fettes Öl, etwa 30% Eiweiß. B. ist nach der Sojabohne und neben der Erdnuß heute einer der wichtigsten Lieferanten natürl. Öle.

Baunutzungsverordnung, enthält v. a. Vorschriften über die Art und das Maß der baul. Nutzung eines Grundstücks und deren Berechnung.

Bauordnungsrecht, Gesamtheit der öffentlich-rechtl. Vorschriften, die die Errichtung, Änderung und den Abbruch baul. Anlagen regeln. Das der Gesetzgebungskompetenz der Länder unterliegende B. ist in den *Bauordnungen* der Länder geregelt.

Baupolizei ↑Bauaufsicht.

Baurecht, 1. die Gesamtheit der das Bauen betreffenden öffentl.-rechtl. Vorschriften; besteht v. a. aus dem Recht der städtebaul. *Planung* (Bauleitpläne), aus dem Recht der *Baulandumlegung,* des Bodenverkehrs und der *Erschließung* (Bund besitzt konkurrierende Gesetzgebungskompetenz) und aus dem *Bauordnungsrecht* (Zuständigkeit der Länder); 2. das subjektive Recht des Staatsbürgers zu bauen (Grundsatz der Baufreiheit).

Bausch, Pina, *Solingen 27. 7. 1940, dt. Tänzerin und Choreographin. Seit 1973 Leiterin des Tanztheaters Wuppertal; Vertreterin des New Dance; u. a. »Frühlingsopfer« (1975), »Bandoneon« (1980), »Victor« (1986), »Orpheus und Eurydike« (1975 und 1991).

Bausparkassen, bes. Kreditinstitute, deren Hauptgeschäftstätigkeit darin besteht, Bauspareinlagen von Bausparern entgegenzunehmen und aus den angesammelten Beträgen Bausparern für wohnungswirtschaftl. Maßnahme Bauspardarlehen zu gewähren. Rechtsgrundlage ist der *Bausparvertrag,* der über eine bestimmte Vertragssumme zw. Bausparer und B. geschlossen wird. Voraussetzung für die *Zuteilung* der Bausparsumme ist, daß der Bausparer einen bestimmten Prozentsatz an Mindestsparguthaben und eine »Leistungszahl« erreicht hat, die aus dem Bausparguthaben und dem zehnfachen Betrag der in ihm enthaltenen Zinsen errechnet wird. Der Bausparer kann entweder die Sparbeiträge von der Einkommensteuer als Sonderausgaben absetzen oder eine *Wohnungsbauprämie (Bausparprämie)* geltend machen. Das Bauspargeschäft als einzig zulässige Art des Zwecksparens überhaupt ist erlaubnispflichtig und darf nur von B. betrieben werden.

Bausperre ↑Veränderungssperre.

Baustahl, niedrig- oder unlegierter Stahl hoher Zugfestigkeit; Verwendung in Stahlbeton.

Baustoffe, Sammel-Bez. für alle im Bauwesen verwendeten Stoffe, unterteilt in natürl. B. (die verschiedenartigen Natursteine) und künstl. Baustoffe.

Bautzen (sorb. Budyšin), Kreisstadt an der Spree, Sachsen, 48400 E. Zentrum

Baumwolle. Oben: unreife Kapsel ◆ Unten: reife, geöffnete Kapsel

Willi Baumeister

Gertrud Bäumer

Bauwich

der Sorben mit Institut für sorb. Volksforschung, Museum für sorb. Geschichte und Kultur sowie Dt.-Sorb. Theater. Ortenburg (11.–17. Jh.), Teile der Stadtbefestigung, Dom Sankt Peter (13.–15. Jh.). – 1950–90 bestand in B. eine Haftanstalt des Staatssicherheitsdienstes der DDR für polit. Gefangene.

Bauwich [zu weichen], Abstand eines Gebäudes von der Nachbargrenze.

Bauxit [nach dem Fundort Les Baux-de-Provence], erdiges Sedimentgestein aus verunreinigten Aluminiumhydroxiden, wichtigster Rohstoff für die Aluminiumgewinnung.

Bavaria, lat. Name für Bayern, zugleich Personifikation Bayerns.

Bayer AG (bis 1972: Farbenfabriken Bayer AG), dt. Unternehmen der chem. Industrie, Sitz Leverkusen; gegr. 1863, 1925 Fusion zur IG-Farbenindustrie AG, Neugründung 1952.

Bayerische Motoren Werke AG, Abk. **BMW,** dt. Unternehmen der Automobil-Ind., Sitz München, gegr. 1916 als »Bayer. Flugzeugwerke AG«, seit 1922 heutige Firma.

Bayerischer Erbfolgekrieg, österr.-preuß. Krieg 1778/79, beendet durch den Frieden von Teschen. Preußen vereitelte den Versuch Kaiser Josephs II., größere Teile Bayerns durch Vertrag mit Kurfürst Karl Theodor von der Pfalz, dem nächsten Anwärter auf Bayern nach dem Aussterben der bayr. Wittelsbacher, zu erwerben.

Bayerischer Wald, von Donau, unterem Regen, der Cham-Further Senke sowie der Grenze gegen die Tschech. Rep. und Österreich umschlossenes dt. Mittelgebirge, durch den *Pfahl* getrennt in den nördl. *Hinteren Wald* (Großer Arber 1 457 m) und den südl. *Vorderen Wald* (Einödriegel 1 121 m). 130 km² des B. W. sind seit 1970 Nationalpark.

Bayerische Volkspartei, Abk. **BVP,** Nachfolge- bzw. in der Rheinpfalz Konkurrenzpartei des bayr. Zentrums (1918–33); schuf trotz Gegnerschaft gegen den völk. Nationalismus wesentl. Voraussetzungen für den Hitlerputsch 1923; im Dt. Reich 1922–32 Regierungspartei.

Bayerische Voralpen, Gebirgszone der Alpen zw. Lech und Salzach.

Bayern, Bundesland (Freistaat) im SO der BR Deutschland, 70 553 km², 11,5 Mio. E, Hauptstadt München. B. hat im S Anteil an den Nördl. Kalkalpen (Zugspitze 2 962 m ü. M.), den Voralpen und dem Alpenvorland. Im O liegen der Bayer. und der Oberpfälzer Wald, im NO das Fichtelgebirge. Die Münchberger Hochfläche leitet über zum Frankenwald. Außerdem hat B. Anteil am Spessart, an der Rhön und am südwestdeutschen Schichtstufenland. Die Bevölkerung setzte sich urspr. zus. aus Baiern, Franken und Schwaben. 70 % sind kath., 25 % ev.; B. verfügt über elf Universitäten. Die fränk. Gäulandschaften, der Dungau und das niederbayr. Tertiärhügelland erzeugen v. a. Getreide. Unter- und im westl. Oberfranken wird Braugerste erzeugt. Grünlandwirtschaft und Milchviehhaltung herrscht v. a. im Alpenvorland vor. Bed. Spezialkulturen sind u. a. Hopfen- (Hallertau) und Weinbau (unterfränk. Maintal, Tal der Fränk. Saale, westl. Steigerwald). An Bodenschätzen kommen Braunkohle, Eisenerz, Graphit, Steinsalz, Fluß- und Schwerspat, Erdöl und Erdgas vor. Die Herstellung von Textilien, Porzellan-, Glas- und Metallwaren erfolgt insbes. im oberfränk. Ind.revier. Die Elektro-Ind. hat ihre Schwerpunkte in München und Erlangen, der Maschinenbau in Augsburg, München, Nürnberg und Schweinfurt, die chem. Ind. im Chemiedreieck an den Flüssen Inn, Alz und Salzach, die Papier- und Zellstoff-Ind. in Aschaffenburg und Augsburg; Erdölraffineriezentrum ist Ingolstadt. Bed. ganzjähriger Fremdenverkehr.

Geschichte: Im 6. Jh. Landnahme der ↑Baiern unter den Agilolfingern, deren Stammes-Hzgt. mit der Absetzung Tassilos III. 788 durch Karl d. Gr. endete. Das jüngere Stammes-Hzgt. B. der Luitpoldinger (nach 900–947) wurde von den Ottonen dem Reich fest eingegliedert. 976 Abtrennung Kärntens. Unter den Welfenherzögen (1070–1180 mit Unterbrechungen) gewann B. wieder polit. Eigengewicht. Der welf.-stauf. Konflikt führte 1156 zur Abtrennung Österreichs, 1180 (Absetzung Hzg. Heinrichs des Löwen) zur Abtrennung der Steiermark und zur Vergabe von B. an die Wittelsbacher. 1255 Teilung in Nieder- und Ober-B. (mit der 1214 erworbenen Rheinpfalz), 1329 in die rhein. Pfalz (mit der Kurwürde) und die Oberpfalz und in das restl. B. (1349–1505 erneut geteilt). Im 16. Jh. wurde B. zur Vormacht der Gegenreformation in Deutschland. Hzg. Maximilian I. (⚭ 1597–1651), der einen frühabsolutist. Staat aufbaute, erwarb 1623 die Kurwürde und die Oberpfalz. Der moderne Staat B. wurde maßgeblich vom Min. Montgelas geschaffen. Im Bündnis mit Napoleon I. wurde B. 1806 Kgr. und verdoppelte 1803–15 fast sein Gebiet; 1818 Verfassung. Im Dt. Krieg 1866 auf österr. Seite, näherte sich B. danach Preußen und trat gegen die Zusicherung von Sonderrechten 1871 dem Dt. Reich bei. Im Nov. 1918 rief K. Eisner (USPD) die Republik aus. Die im April 1919 proklamierte Räterepublik wurde im Mai von Regierungstruppen beseitigt. In den 1920er Jahren war B. Zentrum rechter Opposition gegen die Weimarer Republik (Hitler-Putsch). Nach 1933 gleichgeschaltet, wurde B. 1945 unter amerikan. Besatzung als Land wiederhergestellt. Als einziges westdt. Parlament lehnte der bayr. Landtag 1949 das GG ab, akzeptierte jedoch die Gründung der BR Deutschland. Stärkste Partei ist die CSU, die fast stets den Min.-Präs. stellte: 1946–54 und 1960–62 H. Ehard, 1954–57 W. Hoegner (SPD), 1957–60 H. Seidel, 1962–78 A. Goppel, 1978–88 F. J. Strauß, 1988–93 M. Streibl, seit 1993 E. Stoiber.

Bayernpartei, Abk. **BP,** bayr. polit. Partei mit extrem föderalist. Zielsetzung, betrachtet sich als Verfechterin bayer. Interessen; 1946 gegr.; bis 1966 im bayer. Landtag vertreten (1949–53 im Dt. Bundestag).

Bayer-Verfahren [nach dem österr. Chemiker Karl Josef Bayer, *1847, †1904], wichtigstes Verfahren zur Gewinnung von Aluminiumoxid aus Bauxit; Bauxit wird im Autoklaven mit Natronlauge behandelt. Dabei entsteht lösl. Natriumaluminat, das aus der Lauge als Aluminiumhydroxid ausgefällt wird; dieses wird abfiltriert und durch Glühen in Drehrohröfen oder Wirbelschichtöfen bei 1200–1300 °C zu Al_2O_3 kalziniert.

Bayeux [frz. ba'jø], frz. Stadt in der Normandie, Dép. Calvados, 14 700 E. – Museum (*Teppich von Bayeux,* 11. Jh., mit der Darstellung des Feldzugs

Bayeux-Teppich. Teil des Wandteppichs (um 1077; Bayeux, Centre Culturel)

Wilhelms des Eroberers nach England). Kathedrale (11.–13. Jh.; normann. Gotik).

Bayle, Pierre [frz. bɛl], *Carlat-Bayle bei Aurillac 18. 11. 1647, †Rotterdam 28. 12. 1706, französischer Philosoph. Einer der einflußreichsten Wegbereiter der Aufklärung; bekämpfte jeden Dogmatismus und forderte unbedingte Toleranz.

Bayreuth, 1) Stadt am Roten Main, Bayern, 72 400 E. Verwaltungssitz des Reg.-Bez. Oberfranken und des Landkreises Bayreuth; Univ., Richard-Wagner-Gedenkstätte; Markgräfl. Oper, Festspielhaus für die jährl. Sommerfestspiele. Altes Schloß (16. bis 18. Jh.), Neues Schloß (18. Jh.), Eremitage (18. Jh.), Haus Wahnfried (1873). **2)** Ft., ↑Ansbach-Bayreuth.

Bayreuth
Stadtwappen

Bazillen [zu spätlat. bacillus »Stäbchen«], **1)** umgangssprachl. Bez. für ↑Bakterien.
2) (Bacillus) Bakteriengatt.; Endosporen bildende, grampositive, aerobe, meist bewegl. Stäbchen, hauptsächlich Bodenbewohner; Vertreter sind u. a. Milzbrandbazillus und Heubazillus. Einige Arten liefern Antibiotika.
Bazillenträger, svw. ↑Dauerausscheider.
BBC [engl. bi:bi:'si:], Abk. für ↑British Broadcasting Corporation.
BBK, Abk. für ↑Breitbandkommunikation.
BBU, Abk. für ↑Bundesverband Bürgerinitiativen Umweltschutz e. V.
B. C. [engl. bi:'si:], Abk. für engl. **b**efore **C**hrist (vor Christus).

Pierre Bayle

BCD-Code [...ko:t], Abk. für engl. Binary Coded Decimals (binär kodierte Dezimalzahlen), in der *Datenverarbeitung* ein Code, bei dem alle Ziffern einer Dezimalzahl durch eine vierstellige Binärzahl (Tetrade) dargestellt werden. Die Addition zweier verschlüsselter Dezimalzahlen erfolgt für jede Ziffer tetradenweise.

BCG, Abk. für französisch **b**acille **C**almette **G**uérin [nach den französischen Ärzten Albert Calmette, *1863, † 1933, und Camille Guérin, *1872, † 1961], Rindertuberkelbakterien, die auf Grund ihrer bedingt immunisierenden Eigenschaft zur vorbeugenden Tuberkuloseschutzimpfung beim Menschen, besonders bei Säuglingen und Kleinkindern, wenn bei diesen zwei Tuberkulinproben negativ sind, verwendet werden.

Bd, Abk. für ↑Baud.

BDA, 1) Abk. für ↑**B**undesvereinigung der **D**eutschen **A**rbeitgeberverbände e. V..

2) Bund **D**eutscher **A**rchitekten.

BDI, Abk. für ↑**B**undesverband der **D**eutschen **I**ndustrie e. V.

BDM, Abk. für **B**und **D**eutscher **M**ädel (↑Hitlerjugend).

BdV, Abk. für **B**und **d**er **V**ertriebenen, Vereinigte Landsmannschaften und Landesverbände.

Be, chem. Symbol für ↑Beryllium.

BE, Abk. für ↑Broteinheit.

Beach Boys, The [engl. ðǝ bi:tʃ bɔɪs »Die Strandjungen«], 1961 gegr. amerikan. Popmusik-Gruppe; u. a.: »Good vibrations«.

Beadle, George Wells [engl. bi:dl], *Wahoo (Nebr.) 22. 10. 1903, † Pomona (Calif.) 9. 6. 1989, amerikan. Biologe. In Zusammenarbeit mit E. L. Tatum entdeckte B., daß die Gene bestimmte chem. Prozesse beim Aufbau der Zelle steuern. Dafür erhielten beide Forscher (mit J. Lederberg) 1958 den Nobelpreis für Physiologie oder Medizin.

Beagle [engl. bi:gl], Rasse bis 40 cm schulterhoher engl. Niederlaufhunde; Jagdhund.

Beagle-Kanal, [engl. bi:gl-; nach dem britischen Schiff »Beagle«], Meeresstraße zw. der Insel Feuerland und den ihr südlich vorgelagerten Inseln, 5 bis 13 km breit.

George Wells Beadle

Beamte, diejenigen Angehörigen des öffentl. Dienstes, die in einem öffentl.-rechtl. Dienst- und Treueverhältnis stehen. In ein *B. verhältnis* kann nur berufen werden, wer Deutscher ist, die Gewähr dafür bietet, daß er jederzeit für die freiheitlich demokrat. Grundordnung im Sinne des Grundgesetzes eintritt, und eine entsprechende – im einzelnen geregelte – Vorbildung und Befähigung besitzt. Der Bund besitzt für die Rechtsverhältnisse seiner B. *(Beamtenrecht)* die ausschließl. und hinsichtl. Besoldung und Versorgung für die Landes-B. die konkurrierende Gesetzgebungszuständigkeit. In Wahrnehmung dieser Kompetenzen hat der Bund für seine B. u. a. das Bundesbeamtengesetz und das Bundesbesoldungsgesetz (das teilweise auch für die Landes-B. gilt) erlassen. Für die B. der Länder, Gemeinden und sonstigen landesunmittelbaren Körperschaften, Anstalten und Stiftungen des öffentl. Rechts gelten das Beamtenrechtsrahmengesetz des Bundes und die Landesbeamtengesetze. Die Pflichten und Rechte der B. werden wesentl. durch die »hergebrachten Grundsätze des Berufsbeamtentums« (Artikel 33 Abs. 5 GG) bestimmt. Ein Streikrecht zur Durchsetzung von Gehaltsansprüchen oder Standesinteressen steht dem B. nicht zu, bei polit. Betätigung hat er sich zurückzuhalten. Für die Rechtmäßigkeit seiner dienstl. Handlungen trägt er die volle persönl. Verantwortung. Den bes. Pflichten des B. stehen *bes. Rechte* gegenüber, dazu gehört insbes. Unkündbarkeit bei B. auf Lebenszeit. Das Recht der Personalvertretung entspricht in den Grundzügen dem Recht der Betriebsverfassung in den privaten Betrieben.

Im *staatsrechtl.* Sinn unterscheidet man *Bundes-, Landes-* und *Kommunal-B.* Ferner unterscheidet man zw. *Berufs-B.* und *Ehren-B.,* die ohne Besoldung und Versorgungsansprüche ein Amt im öffentl. Dienst neben ihrem eigtl. Beruf wahrnehmen. Neben den B. *auf Lebenszeit* gibt es B. auf Zeit *(Wahlbeamte),* auf Probe, auf Widerruf. *Polit. B.* nennt man diejenigen B., die ein Amt bekleiden, bei dessen Ausübung sie in fortwährender Übereinstimmung mit den grundsätzl. Ansichten und Zielen der Regierung stehen müssen, wie z. B.

Staatssekretäre, Ministerialdirektoren und Regierungspräsidenten. Sie können jederzeit in den einstweiligen Ruhestand versetzt werden. – Nach dem Dienstrang unterscheidet man B. des höheren, des gehobenen, des mittleren und des einfachen Dienstes.

Beardsley, Aubrey Vincent [engl. 'bɪədzlɪ], *Brighton 21. oder 24. 8. 1872, † Menton 16. 3. 1898, engl. Zeichner. Schattenlose, scharfkonturierte Darstellungen, Vertreter des »Fin de siècle« und des engl. Jugendstils; Buchillustrator.

Beat [bi:t; engl. »Schlag«], 1) im Jazz und in der Popmusik Bez. für den durchgehenden gleichmäßigen Grundschlag der Rhythmusgruppe. ↑Off-Beat.
2) brit. Rockmusik der 1960er Jahre.

Beat generation [engl. 'bi:t dʒenə'reɪʃən], eine Gruppe amerikan. Schriftsteller *(Beatniks),* die in den Jahren 1956–60 literar. Bedeutung gewann durch radikale Ablehnung aller Formen und aller Werte der amerikan. Gesellschaft. Vertreter waren u. a. A. Ginsberg, Lawrence Ferlinghetti (*1920) und v. a. J. Kerouac.

Beatles [engl. 'bi:tlz], erfolgreiche Beatgruppe aus Liverpool (seit Beginn der 1960er Jahre bis 1970): Paul McCartney (*1942), Baßgitarrist; Ringo Starr (*1940), Schlagzeuger; John Lennon (*1940, †1980), Rhythmusgitarrist; George Harrison (*1943), Melodiegitarrist. Sie schrieben, komponierten und arrangierten ihre Songs selbst und drehten Filme. Die B. beeinflußten die Entwicklung der Popmusik nachhaltig.

Beatnik [engl. 'bi:tnɪk] ↑Beat generation.

Beatrix, Name von Herrscherinnen:
Hl. Röm. Reich: **1) Beatrix von Burgund,** *um 1144, †15. 11. 1184, Kaiserin. Alleinerbin der Gft. Burgund; seit 1156 2. Gemahlin Kaiser Friedrichs I.; regierte in Burgund zeitweise selbständig.
Niederlande: **2) Beatrix,** *Schloß Soestdijk bei Baarn 31. 1. 1938, Königin (seit 1980). Älteste Tochter Königin Julianas und Prinz Bernhards; seit 1966 ∞ mit Claus von Amsberg.

Beatty, Warren [engl. 'bi:tɪ], *Richmond (Va.) 30. 3. 1938, amerikan. Film-

schauspieler und –regisseur. Bruder von Shirley MacLaine; spielte u. a. in »Bonnie und Clyde« (1967), »Der Himmel kann warten« (1978; auch Regie), »Dick Tracy« (1990; auch Regie), »Bugsy« (1991; auch Regie).

Beatus Rhenanus, eigtl. Beat Bild, *Schlettstadt 22. 8. 1485, † Straßburg 20. 7. 1547, dt. Humanist. Besorgte u. a. die erste Gesamtausgabe von Erasmus' Werken (1540/41; mit Biographie).

Beau [frz. bo:], abwertend für: eleganter, schöner Mann, Stutzer.

Beaufort-Skala [engl. 'bəʊfət; nach dem brit. Admiral und Hydrographen Sir Francis Beaufort, *1774, †1857], Skala zur Abschätzung der Windstärke nach beobachteten Wirkungen.

Beauharnais [frz. boar'nɛ], frz. Adelsgeschlecht.
1) Alexandre Vicomte de, *Fort-Royal (Martinique) 28. 3. 1760, † Paris 23. 7. 1794, frz. General. Schloß sich 1789 der Frz. Revolution an, war zweimal Präs. der Nationalversammlung. Hingerichtet, weil er angeblich die Übergabe von Mainz 1793 mitverschuldet hatte; Napoleon I. heiratete seine Witwe Joséphine.
2) Eugène de ↑Leuchtenberg, Eugène de Beauharnais, Herzog von.
3) Hortense de ↑Hortense, Königin von Holland.
4) Joséphine de ↑Joséphine, Kaiserin der Franzosen.

Beatrix,
Königin der Niederlande

Beaujolais [frz. boʒɔ'lɛ], historisches Gebiet in M-Frankreich zw. Saône und Loire.

Beaujolais, Monts du [frz. mõdyboʒɔ'lɛ], bis 1012 m hohes Bergmassiv am NO-Rand des frz. Zentralmassivs; Weinbau *(Beaujolais)*.

Beaumarchais, Pierre Augustin Caron de [frz. bomar'ʃɛ], *Paris 24. 1. 1732, †ebd. 18. 5. 1799, frz. Dramatiker. Seine Komödien »Der Barbier von Sevilla« (1775, u.a. von Rossini 1816 vertont) und »Der tolle Tag oder Figaros Hochzeit« (1785, von Mozart 1786 vertont) verkörpern den neuen Geist der Auflehnung, der zur Frz. Revolution führte.

Pierre de
Beaumarchais

Beaune [frz. bo:n], frz. Stadt ssw. von Dijon, Dép. Côte-d'Or, 21 000 E. Burgund. Weinmuseum. Kirche Notre-Dame (12.–15. Jh.), Hospital Hôtel-Dieu (1443–51), Rathaus (17. Jh.). – In röm. Zeit *Belna* oder *Belno Castrum;* 1203 Stadtrecht.

Beauvais [frz. bo'vɛ], frz. Stadt in der Picardie, 51 100 E. Verwaltungssitz des Dép. Oise; Teppich- und Deckenherstellung. Got. Kathedrale in beherrschender Lage (unvollendet), roman.-got. Kirche Saint-Étienne (12.–13. Jh.). – In röm. Zeit *Caesaromagus;* Anfang 12. Jh. Stadtrecht.

Beauvoir, Simone de [frz. bo'vwa:r], *Paris 9. 1. 1908, †ebd. 14. 4. 1986, frz. Schriftstellerin. Lebensgefährtin und Schülerin von J.-P. Sartre; engagierte Vertreterin der Frauenbewegung (»Das andere Geschlecht«, Essay, 1949); schrieb Romane (»Das Blut der anderen«, 1945) auf der Basis des materialistisch-atheist. Existentialismus, zu dessen literar. Verbreitung sie wesentlich beitrug. – *Weitere Werke:* Die Mandarins von Paris (R., 1954), Memoiren einer Tochter aus gutem Hause (Autobiographie, 1958), Die Zeremonie des Abschieds (Bericht, 1981).

Simone de Beauvoir

Bebauungsplan, die zeichner. und schriftl. Darstellung der Aufteilung in Straßen und der Bebauung eines Geländes oder der gesamten Gemarkung. Der B. setzt u. a. das Bauland fest und für das Bauland die Art und das Maß der baul. Nutzung, die Bauweise, die überbaubaren und die nicht überbaubaren Grundstücksflächen, Stellung und Höhenlage baul. Anlagen. Die Gemeinde beschließt den B. als Satzung. Mit der Bekanntmachung wird der B. rechtsverbindlich.

Bebel, August, *Deutz (heute zu Köln) 22. 2. 1840, †Passugg (Schweiz) 13. 8. 1913, dt. Politiker. Drechslermeister; seit 1867 (mit Unterbrechungen 1881–83) MdR; 1869 Mitgründer der Sozialdemokrat. Arbeiterpartei, bald deren Vors.; 1872 mit W. Liebknecht wegen Hochverrats, 1886 auch wegen Majestätsbeleidigung zu Festungshaft verurteilt. 1891 maßgeblich an der Ausarbeitung des Erfurter Programms beteiligt, stieg B. zur unbestrittenen Leitfigur der dt. Sozialdemokratie auf; unter seinem Vorsitz entwickelte sich die SPD zur stärksten polit. Partei.

Bebop ['bi:bɔp; amerikan.] (Bop), Anfang der 1940er Jahre ausgeprägter Jazzstil; gekennzeichnet durch hekt.-nervöse Rhythmik und sprunghafte Melodik (D. Gillespie, C. Parker u. a.).

Bebra, hess. Stadt an der Fulda, 15 500 E. Einer der wichtigsten dt. Bahnknotenpunkte. – 786 erstmals erwähnt.

Béchamelsoße [frz. beʃa'mɛl], weiße Rahmsoße (aus Butter, Mehl und Milch), ben. nach dem Marquis de Béchamel, dem Haushofmeister Ludwigs XIV.

Becher, 1) Johannes R[obert], *München 22. 5. 1891, †Berlin 11. 10. 1958, dt. Schriftsteller. 1919 Mgl. der KPD, emigrierte 1933; 1935–45 in Moskau; 1945 Rückkehr nach Berlin, ab 1954 Min. für Kultur der DDR. Der Doppelband mit Gedichten und Prosa »Verfall und Triumph« (1914) stellte ihn in die Reihe der führenden Expressionisten; schrieb später polit. Dichtung (Text der Nationalhymne der DDR, 1949).
2) Ulrich, *Berlin 2. 1. 1910, †Basel 15. 4. 1990, dt. Schriftsteller. 1938 Emigration (u. a. Spanien, Brasilien, New York); lebte ab 1948 in Österreich, ab 1959 in Basel. Bes. bekannt wurde die Posse über die Hitlerzeit »Der Bockerer« (1946). – *Weitere Werke:* Männer machen Fehler (En., 1932, 1959 u. d. T. »Geschichten der Windrose«), Murmeljagd (R., 1969), Vom Unzulänglichen der Wirklichkeit (En., 1983).

Becherflechten, fast über die ganze Erde verbreitete Flechten-Gatt. mit etwa 300 Arten, u. a. die *Rentierflechte* auf trockenen Heide- und Waldböden, in den Tundren Nahrung für Rens.

Becherkulturen, veraltete Sammel-Bez. für spätneolith.-kupferzeitl. europ. Kulturen (um 2000 v. Chr.) mit Bechern als Grabbeigabe.

Bechstein, 1) Carl, *Gotha 1. 6. 1826, † Berlin 6. 3. 1900, dt. Klavierfabrikant. Gründete 1853 eine berühmte Klavierfabrik in Berlin.
2) Ludwig, *Weimar 24. 11. 1801, † Meiningen 14. 5. 1860, dt. Schriftsteller. Bed. als Sammler und Hg. von Sagen und Märchen, u. a. »Dt. Märchenbuch« (1846).

Bechterew-Krankheit [nach dem russ. Psychiater und Neuropathologen Wladimir Michailowitsch Bechterew, *1857, †1927], chronisch-entzündl., rheumaähnl. Erkrankung der Wirbelsäule, die schließlich zu deren Versteifung führt; charakteristisch ist die weit nach vorn gebeugte Haltung der Kranken mit krummem Rücken und gleichzeitiger Überstreckung der Halswirbelsäule.

becircen [nach der sagenhaften griech. Zauberin Circe], bezaubern, verführen, für sich einnehmen.

Beck, 1) Kurt, *Bad Bergzabern 5. 2. 1949, dt. Politiker (SPD). Elektromechaniker; seit 1979 MdL in Rheinl.-Pf.; 1991–94 Vors. der SPD-Landtagsfraktion; seit 1994 Min.-Präs. von Rheinland-Pfalz.
2) Ludwig, *Biebrich (heute zu Wiesbaden) 29. 6. 1880, † Berlin 20. 7. 1944, dt. General. 1935 an die Spitze des Generalstabs des Heeres berufen, Rücktritt 1938; danach zentrale Figur der Widerstandsbewegung; an den Vorbereitungen zum 20. 7. 1944 maßgeblich beteiligt; nach gescheitertem Selbstmordversuch erschossen.

Becken, 1) *Anatomie:* (B.gürtel, Pelvis) Bez. für den der Aufhängung der hinteren bzw. unteren Extremitäten dienenden, ausschließlich aus Ersatzknochen hervorgegangenen Teil des Skeletts des Menschen und der Wirbeltiere (mit Ausnahme der Kieferlosen). Der B.gürtel des Menschen besteht aus drei paarigen, deutlich unterscheidbaren Teilen, dem *Schambein* (Os pubis), *Sitzbein* (Ischium) sowie dem *Darmbein* (Ilium), und bildet den unteren Abschluß des Rumpfes. Das *knöcherne B.* besteht aus dem *Kreuzbein* (Os sacrum) und den beiden Hüftbeinen (Ossa coxae), die zus. den *B.ring* bilden. Im *Hüftbein* sind Darmbein, Sitzbein und Schambein, die seitlich in der Gegend der Gelenkpfanne des Hüftgelenks zusammenstoßen, miteinander verschmolzen. Die beiden Hüftbeine werden vorn durch die *Scham[bein]fuge (Symphyse)* miteinander und hinten mit dem Kreuzbein durch die Kreuz-Hüftbein-Gelenke verbunden. Das knöcherne B. wird durch eine Grenzlinie in das oberhalb dieser Linie gelegene große B. und in das unterhalb gelegene kleine B. geteilt. Das *große B.* hilft die Baucheingeweide tragen. Im *kleinen B.* liegen die B.eingeweide, u. a.: Mastdarm und Harnblase, beim Mann die Prostata, bei der Frau die Eierstöcke, Eileiter, Gebärmutter und Scheide. Der B.boden verschließt den B.ausgang (Öffnungen für Darm, Harnröhre, Scheide).
2) *Musik:* Schlaginstrument, bestehend aus einem Paar tellerförmiger Metallscheiben, deren Ränder durch Gegeneinanderschlagen und Vorbeireißen oder durch Anschlag mit Schlegel oder Besen in Schwingung versetzt werden.
3) *Geomorphologie:* geschlossene, teilweise abflußlose Einmuldung.

August Bebel

Johannes R. Becher

Kurt Beck

Becken 1).
Schematische Darstellungen des weiblichen (links) und des wesentlich schmaleren männlichen Beckens (rechts)

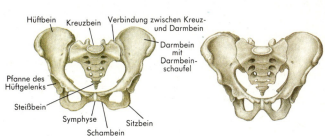

Hüftbein — Kreuzbein — Verbindung zwischen Kreuz- und Darmbein — Darmbein mit Darmbeinschaufel — Pfanne des Hüftgelenks — Steißbein — Symphyse — Schambein — Sitzbein

4) *Geologie:* größerer Sedimentationsraum mit meist schüsselförmig gelagerten Gesteinsschichten (z. B. Thüringer B.).

Beckenbauer, Franz, *München 11. 9. 1945, dt. Fußballspieler und -trainer. Als Libero und Mittelfeldspieler u. a. fünffacher dt. Meister (mit Bayern München und dem Hamburger SV); spielte 1965–77 103mal für die Nationalmannschaft der BR Deutschland (Europameister 1972, Weltmeister 1974; Ehrenspielführer); 1984–90 Teamchef der Nationalmannschaft (Weltmeister 1990); 1994 als Vereinstrainer mit Bayern München dt. Meister; seit 1994 Vereinspräs. von Bayern München.

Franz Beckenbauer

Beckenendlage, Lage des Kindes (in der Gebärmutter), bei der während der Geburt das Beckenende des Kindes vorangeht (3 % aller Geburten).

Becker, 1) Boris, *Leimen bei Heidelberg 22. 11. 1967, dt. Tennisspieler. Wimbledon-Sieger 1985, 1986 und 1989; Profiweltmeister 1992.
2) Gary Stanley, *Pottsville (Pa.) 2. 12. 1930, amerikan. Volkswirtschaftler. Erhielt 1992 für seine Verdienste um die Ausdehnung der mikroökonom. Theorie auf einen breiten Bereich menschl. Verhaltens den Nobelpreis für Wirtschaftswissenschaften.
3) Jurek, *Łódź 30. 9. 1937, dt. Schriftsteller. Lebte ab 1977 in Berlin (West); bes. bekannt sind seine Romane »Jakob der Lügner« (1969; verfilmt 1974 von H. Beyer) und »Bronsteins Kinder« (1986; verfilmt 1990); auch Drehbücher für Fernsehserien (u. a. »Liebling-Kreuzberg«, 1986–90; »Wir sind auch nur ein Volk«, 1994). – *Weitere Werke:* Irreführung der Behörden (R., 1974), Der Boxer (R., 1976).

Jurek Becker

4) Jürgen, *Köln 10. 7. 1932, dt. Schriftsteller. Prosawerke (u. a. »Ränder«, 1968); auch Gedichte (»Odenthals Küste«, 1986); Hörspiele, ein Drama.
Becket, Thomas ↑Thomas Becket.
Beckett, Samuel [engl. ˈbɛkɪt], *Dublin 13. 4. 1906, † Paris 22. 12. 1989, ir.-frz. Schriftsteller. Lebte ab 1937 meist in Paris, gehörte zum Kreis um J. Joyce; schrieb in engl. und frz. Sprache (mit wechselseitig eigenen Übersetzungen). Als Exponent des ↑absurden Theaters lenkte er in seinen Dramen (u. a. »War-

ten auf Godot«, 1953; »Endspiel«, 1956; »Das letzte Band«, 1959; »Glückl. Tage«, 1961; »Was Wo«, 1983) ebenso wie in seinen Romanen (u. a. »Murphy«, 1938; »Molloy«, 1951) den Blick v. a. auf die kom. Dimensionen des Absurden; auch Hör- und Fernsehspiele (u. a. »Quadrat I+II, 1981). 1969 Nobelpreis für Literatur.

Beckmann, Max, *Leipzig 12. 2. 1884, † New York 27. 12. 1950, dt. Maler und Graphiker. 1925–33 Prof. an der Städelschule in Frankfurt am Main; 1937 Emigration. Nach impressionist. Anfängen gelangte B. zu einem zeichnerisch scharfen und nüchternen Realismus, der in grotesken Figuren die Fragwürdigkeit des modernen Daseins zu versinnbildlichen sucht: Porträts, Selbstbildnisse, Stilleben und Landschaften, ein breites graph. Werk, Tagebücher, Briefe, Theaterstücke.

Max Beckmann
(Selbstporträt; 1922)

Beckmesser (Peckmesser, Bekmeserer), Sixtus, *um 1500, † vor 1539 (?), Nürnberger Meistersinger. Einer der zwölf älteren Meistersinger.
Beckmesserei [nach Sixtus Beckmesser aus Wagners Oper »Die Meistersinger von Nürnberg«], kleinl. Kritik.
Becquerel, Antoine Henri [frz. bɛˈkrɛl], *Paris 15. 12. 1852, † Le Croisic (bei Saint-Nazaire) 25. 8. 1908, frz. Physiker. Erhielt mit dem Ehepaar Marie und P. Curie für die Entdeckung der Radioaktivität 1903 den Nobelpreis für Physik.

Becquerel [frz. bɛˈkrɛl; nach A. H. Becquerel], Einheitenzeichen Bq, gesetzl. Einheit (SI-Einheit) der Aktivität ionisierender Strahlung. 1 Bq ist die Aktivität einer Strahlungsquelle, bei der pro Sekunde im Mittel ein Atomkern ei nes radioaktiven Nuklids zerfällt: $1\,Bq = 1\,s^{-1}$.

Beda (Baeda), gen. B. Venerabilis [lat. »der Ehrwürdige«], hl., *auf dem Territorium des späteren Klosters Wearmouth (Northumbria, beim heutigen Sunderland) 672/673, † Kloster Jarrow (an der Tynemündung) 26. 5. 735, angelsächs. Theologe und Geschichtsschreiber. Sein Hauptwerk ist die »Historia ecclesiastica gentis Anglorum«. Auf ihr basiert die mittelalterl. engl. Chronistik. B. wurde 1899 zum Kirchenlehrer erklärt. – Fest: 27. Mai.

Bede [niederdt.], in Geld zu entrichtende, direkte Vermögensteuer des MA; seit dem 16. Jh. vielfach als feste Steuer von den Landesherren gefordert.

Bedecktsamer (Magnoliophytina, Angiospermae), mit etwa 250 000 Arten weltweit verbreitete Unterabteilung der Samenpflanzen; Holzpflanzen oder krautige Gewächse; Samenanlagen (im Ggs. zu den Nacktsamern) im Fruchtknoten eingeschlossen, der ein aus einem oder mehreren Fruchtblättern gebildetes Gehäuse darstellt und sich zur Frucht umwandelt, während die Samen reifen. Man unterscheidet die zwei Klassen *Monokotyledonae* (Einkeimblättrige) und *Dikotyledonae* (Zweikeimblättrige).

Bedeutungswandel, in der *Sprach-Wiss.* Bez. für die (historisch bedingte) Veränderung der Bedeutung eines Wortes, z. B. *greis* »sehr alt, bejahrt« entwikkelt aus »grau; grauhaarig«.

Bedingung, 1) *allg.:* svw. Voraussetzung, ohne die etwas anderes nicht ist oder nicht gedacht werden kann. Dabei werden traditionell hinreichende B. *(conditio per quam)* und notwendige B. *(conditio sine qua non)* unterschieden.
2) *Recht:* Nebenbestimmungen eines Rechtsgeschäfts (auch eines Verwaltungsakts), durch die die Rechtswirkung des Geschäfts von einem zukünftigen ungewissen Ereignis abhängig gemacht werden kann.
3) *Datenverarbeitung:* in Programmiersprachen verwendete Bez. für einen Booleschen Ausdruck, welcher die Abarbeitungsreihenfolge in einem Programm direkt beeinflußt. Bei bedingten Anweisungen werden Bedingungen zur Auswahl der nächsten auszuführenden Anweisung verwendet; auch legen die B. in Schleifen fest, wie oft eine bestimmte Anweisung ausgef. werden soll.

bedingungslose Kapitulation ↑Kapitulation.

Bedingungssatz ↑Konditionalsatz.

Bednorz, Johannes Georg, *Neuenkirchen 16. 5. 1950, dt. Mineraloge. Arbeiten auf dem Gebiet der Supraleitung. Für die Entdeckung keramischer Hochtemperatursupraleiter erhielt B. mit K. A. Müller den Nobelpreis für Physik 1987.

Bedrohung, im *Strafrecht* das Inaussichtstellen eines Verbrechens; wird mit Freiheitsstrafe oder mit Geldstrafe bestraft.

Beduinen [arab.-frz.], Bez. für die in den Steppen und Wüsten Vorderasiens und N-Afrikas lebenden arab. Hirtennomaden.

Bedürfnis, 1) *Wirtschaftstheorie:* die Empfindung eines Mangels, verbunden mit dem Wunsch, ihn zu beheben.
2) *Psychologie:* das infolge von Bedarfs- und Mangelzuständen (z. B. Machtstreben, Hunger) auftretende psych. Spannungsgefälle *(B.spannung),* das die Aktivität des Individuums stimuliert und zu konkreten Zielvorstellungen führt, die auf die Beseitigung des zugrundeliegenden Mangels gerichtet sind.

Beecher-Stowe, Harriet [engl. ˈbiːtʃə-ˈstəʊ] ↑Stowe, Harriet [Elizabeth] Beecher.

Beef [engl. biːf], engl. Bez. für Rindfleisch.

Beefeaters [engl. ˈbiːfiːtəz »Rindfleischesser«], volkstüml. Bez. für die engl. königl. Leibwache, bes. für die Wachmannschaft des Londoner Towers.

Beefsteak [ˈbiːfsteːk; engl.], Scheibe Rindfleisch, meist vom Hinterrücken; *deutsches Beefsteak,* gebratener Kloß aus gehacktem Rindfleisch.

Bee Gees, The [engl. ðə biˈdʒiːs], Abk. für The **B**rothers **G**ibb (»Die Brüder Gibb«), 1967 von den Brüdern Barry (*1946), Maurice (*1949) und Robin Gibb (*1949) gegr. austral. Popgruppe; mit Soft Rock weltweit erfolgreich; 1969 aufgelöst, 1975 Comeback.

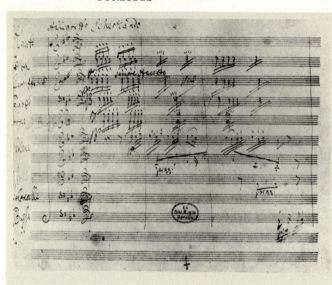

Ludwig van Beethoven.
8. Sinfonie F-Dur op. 93, Anfang des zweiten Satzes (1812)

Ludwig van Beethoven

Beelzebub [beˈɛltsə..., ˈbeːltsə...], im AT der Gott der phönik. Stadt Ekron, als »Götterfürst« (»Baal Zebul«) verehrt, als Baal Zebub (»Herr der Fliegen«) verspottet; im NT ein Name für den Teufel.

Beer, Johann, *Sankt Georgen im Attergau 28. 2. 1655, † Weißenfels 6. 8. 1700 (Jagdunfall), österr. Dichter und Komponist. »Die Teutschen Winter-Nächte« (1682) mit der Fortsetzung »Die kurtzweiligen Sommer-Täge« (1683).

Beerdigung ↑Bestattung.

Beere, Fruchtform (bei bedecktsamigen Pflanzen) mit fleischiger, saftiger, seltener austrocknender Fruchtwand und einem oder mehreren Samen.

Beerenauslese, Prädikatswein aus ausgelesenen, edelfaulen, voll- oder überreifen Beeren.

Beer-Hofmann, Richard, *Wien 11. 7. 1866, † New York 26. 9. 1945, österr. Schriftsteller. Entnahm seine Dramenstoffe v. a. der Bibel (»Jaákovs Traum«, 1918); auch Gedichte.

Beersches Gesetz [nach August Beer, *1825, † 1863], physikal. Gesetz, das die Schwächung von Licht beim Durchgang durch Flüssigkeiten beschreibt.

Beer Sheva, Stadt in Israel, 115 000 E. Univ.; chem., keram. Ind.; Zentrum des Negev.

Beethoven, Ludwig van [...hofən], ≈ Bonn 17. 12. 1770, † Wien 26. 3. 1827, dt. Komponist. Ab 1784 Mgl. der kurfürstl. Hofkapelle in Bonn, ging 1792 als Schüler von J. Haydn nach Wien, wo er sich als Pianist und Komponist schnell einen Namen machte. Ein sich ständig verschlimmerndes Gehörleiden führte 1802 zu einer Krise, die in dem »Heiligenstädter Testament« ihren Ausdruck fand. Sein universales Schaffen galt in erster Linie den instrumentalen Gattungen Sinfonie, Streichquartett und Sonate, wobei jedes einzelne Werk eine einmalige, unwiederholbare Physiognomie besitzt. Von den Zeitgenossen wurden schon die bed. Werke aus den ersten Wiener Jahren als kühn und neuartig empfunden. Der Anspruch an Originalität und Unverwechselbarkeit wurde für alle Komponisten nach Beethoven Maßstab und Herausforderung. **Werke:** *Instrumentalwerke:* neun Sinfonien: 1. C-Dur op. 21 (1800), 2. D-Dur op. 36 (1801/02), 3. Es-Dur op. 55, »Eroica« (1804), 4. B-Dur op. 60 (1806), 5. c-Moll op. 67 (1804–08), 6. F-Dur

op. 68, »Pastorale« (1807/08), 7. A-Dur
op. 92 (1811/12), 8. F-Dur op. 93
(1811/1812), 9. d-Moll op. 125 (mit
Schlußchor aus Schillers Ode »An die
Freude«, 1822–24); Ouvertüren, u. a.
»Coriolan« (1807), drei Leonorenouver-
türen (1805/06); Violinkonzert D-Dur
op. 61 (1806), fünf Klavierkonzerte; 16
Streichquartette, sechs Klaviertrios,
zehn Violinsonaten, fünf Cellosonaten;
32 Klaviersonaten, Bagatellen, 22 Va-
riationswerke, u. a. »Eroica-Variatio-
nen« (1802), »Diabelli-Variationen«
(1819–23). – *Vokalwerke:* zwei Messen,
C-Dur (1807), D-Dur »Missa solemnis«
(1819– 23); Oratorium »Christus am
Ölberge« (1803); Oper »Fidelio« (urspr.
»Leonore« [1804/05], 2. Fassung 1806,
3. Fassung 1814); Klavierlieder.

Befangenheit, Parteilichkeit eines Beamten oder Richters hinsichtlich einer
von ihm zu treffenden Entscheidung;
bei berechtigtem Mißtrauen gegen die
Unparteilichkeit eines Richters kann
dieser wegen *Besorgnis der Befangenheit*
abgelehnt werden.

Befehl, 1) *militärisch:* Anweisung zu einem bestimmten Verhalten, die ein militär. Vorgesetzter einem Untergebenen
mit Anspruch auf Gehorsam gibt.
2) bei *Rechenanlagen* Anweisung zur
Ausführung einer einzelnen, in der betreffenden Rechenanlage fest vorgese-
henen Operation; besteht aus Operati-
onsteilen und Adressen.

Befehlsform ↑Imperativ.

Befehlsformat, in der *Datenverarbeitung*
Anordnung der einzelnen Teile eines
Befehls (Adreßteil für die Operanden,
Operationsteil für die durchzuführende
Operation) in der Maschinensprache.
Man unterscheidet die Rechenanlagen
und deren Mikroprozessoren nach der
Anzahl der Adressen des Adreßteils und
spricht von Einadreß-, Zweiadreß- und
Dreiadreßmaschinen.

Befehlsnotstand ↑Notstand.

Befehls- und Kommandogewalt
↑Bundeswehr.

Befehlsverweigerung ↑Gehorsams-
pflicht.

Befehlsvorrat (Befehlssatz), in der *Datenverarbeitung* Gesamtmenge der unter-
schiedlichen Befehle einer Rechenanlage. Man unterscheidet folgende Be-
fehlsgruppen: Transportbefehle (z. B.
Kopierbefehle), arithmetische und lo-

Befruchtung.
a Eindringen des Spermiums in das Ei, der
Befruchtungshügel (B)
ist ausgebildet; **b** Kopf
und Zwischenstück
(aus dem sich der Zen-
tralkörper ZK bildet)
des Spermiums sind
eingedrungen, das Ei
hat eine Befruchtungs-
membran (Bm) ausge-
schieden zur Abwehr
weiterer Samenzellen
(mK, wK männlicher
und weiblicher Kern);
c eigentliche Befruchtung: die Verschmel-
zung der beiden Kerne;
d Anaphase der ersten
Teilung des befruchte-
ten Eies

gische Befehle, Sprungbefehle, Ein- und
Ausgabebefehle sowie Sonderbefehle
(z. B. zur Behandlung einer Unterbrechung).

Befeuerung, in der *Schiffahrt* Leuchtfeuer zur Kennzeichnung von Fahrwas-
ser, Hafeneinfahrten, Untiefen und
Hindernissen; in der *Flugführung* am
Boden installierte Sichthilfen zur Orientierung bei Start, Anflug und Landung.

Beffchen [niederdt.], Laschenkragen,
Teil der Amtstracht v. a. prot. Geistli-
cher.

Beförderungspflicht, Pflicht der öffentl. (Eisenbahn, Straßenbahn) und
privaten (Taxen) Verkehrsunterneh-
men, im Rahmen der entgeltl. und ge-
schäftsmäßigen Beförderung Personen
und Sachen zu befördern.

Beförderungsvorbehalt (früher Post-
zwang), die ausschließl. Befugnis des
Staates, die Einrichtungen der entgeltl.
Beförderungen von Nachrichtensen-
dungen von Person zu Person zu entrichten und zu betreiben.

Befreiungsbewegungen

Befreiungsbewegungen, Sammelbegriff für den organisierten Widerstand, der meist auf Ablösung einer Kolonialherrschaft zielt, sich gegen nat. diktator. Regime richtet oder die Loslösung eines Teilgebietes aus einem Gesamtstaat anstrebt.

Befreiungskriege (Freiheitskriege), die Kriege der Koalition europ. Mächte 1813–15 zur Beseitigung der Hegemonie und Fremdherrschaft Napoleons I. in Europa, entstanden aus der Katastrophe des frz. Rußlandfeldzuges (1812). Im *Frühjahrsfeldzug 1813* zwang Napoleon I. die Alliierten zum Rückzug nach Schlesien. Österreich erklärte am 12. 8. Frankreich den Krieg. Der *Herbstfeldzug 1813* vereinigte unter österr. Oberkommando österr., preuß., russ. und schwed. Verbände, doch scheiterten die Alliierten gegen die napoleon. Hauptarmee bei Dresden Ende August. Metternich konnte unterdessen Bayern für die Koalition gewinnen. – In der *Völkerschlacht bei Leipzig* (16.–19. 10.) siegte das Koalitionsheer; Napoleon entkam. Die napoleon. Herrschaft in Deutschland brach zusammen, in den Niederlanden wurde sie im November beseitigt. Anfang 1814 schloß Dänemark Frieden mit Großbrit., das Kgr. Neapel ging zur Koalition über. – Der *Feldzug 1814* begann mit dem weiteren Vormarsch der Alliierten nach Frankreich. Nach der Einnahme von Paris (31. 3.) mußte Napoleon kapitulieren und abdanken. Er wurde auf die Insel Elba verbannt. – *Feldzug 1815:* Die Rückkehr Napoleons nach Frankreich im März 1815 vereinigte die Siegermächte zu sofortiger Gegenaktion; am 18. 6. wurde er bei Waterloo von den beiden Koalitionsarmeen unter Wellington und Blücher besiegt und nach Sankt Helena verbannt.

Befreiungstheologie, theolog. Strömung in der kath. Kirche Lateinamerikas, die eine »Kirche der Armen« fordert, die sich für die gewaltlose Befreiung der Armen und politisch Unterdrückten einsetzen soll (L. Boff, G. Guitérrez).

befristetes Arbeitsverhältnis, ein Arbeitsverhältnis, das durch Zeitablauf (nicht durch Kündigung) endet.

Befruchtung, Verschmelzung zweier sexuell unterschiedl. Geschlechtszellen *(Gametogamie)* oder Zellkerne *(Karyogamie)*. Das Produkt dieser Verschmelzung ist eine diploide Zelle, die *Zygote* genannt wird. Die Bedeutung der B. liegt in einer Neuverteilung des elterl. Erbgutes in den Nachkommen. Dadurch wird eine große Variabilität erreicht, die die Anpassung der Art an die Umwelt erleichtert. Die Verschmelzung eines männl. Kerns mit einem weibl. würde in jeder Generation zur Verdoppelung der Chromosomenzahl führen. Deshalb muß vor jeder B. bei der Bildung der Gameten bzw. Geschlechtskerne der doppelte (diploide) Chromosomensatz auf einen einfachen (haploiden) reduziert werden. Dies geschieht während der Reduktionsteilung (↑Meiose). Am häufigsten erfolgt die B. durch Vereinigung spezieller bewegl. Geschlechtszellen (Gameten). Unterscheiden sich männl. und weibl. Geschlechtszellen in ihrer äußeren Form nicht, so spricht man von *Isogamie.* Ist ein Gamet wesentlich kleiner als der andere, spricht man von *Anisogamie.* Einen Sonderfall stellt die *Oogamie* dar, die bei allen höheren Pflanzen und Tieren vorkommt. Hier sind nicht mehr beide Gameten frei beweglich, sondern die weibl. Keimzelle (Eizelle) ist bewegungsunfähig geworden, und die männl. Keimzelle (Samenzelle, Spermium) muß aktiv zu ihr vordringen. Normalerweise finden B. vorgänge nur zw. verschiedenen Individuen statt *(Fremdbefruchtung, Allomixis).* Bei einigen zwittrigen Pflanzen und Tieren (nicht bei allen) kommt es jedoch regelmäßig zur Selbstbefruchtung *(Automixis),* indem entweder Gameten desselben Individuums kopulieren oder nur die Kerne paarweise verschmelzen. Bei den Säugetieren und dem Menschen verläuft die Befruchtung nach dem Muster der oben beschriebenen Oogamie. Sie wird durch das Eindringen des Spermiums in die Eizelle eingeleitet. Sobald das erste Spermium eingedrungen ist, beginnt die sog. Eiaktivierung. Während dieser Aktivierung wird dafür gesorgt, daß kein weiteres Spermium in die Eizelle gelangt. Außerdem hebt und verhärtet sich die Eimembran. Die Eioberfläche wölbt sich dem eingedrungenen Spermium entgegen *(Empfängnishügel)* und nimmt es auf. Der Schwanzfaden des Spermiums löst sich dabei ab.

Der Spermienkopf schwillt an und wird zum männl. Vorkern, der dann auf den aktiven weibl. Vorkern stößt, sich dort kappenartig anlegt und mit ihm zu einem diploiden Furchungskern verschmilzt.

Befruchtungsoptimum (Konzeptionsoptimum), der günstigste Zeitpunkt im monatl. Zyklus der Frau für eine Befruchtung; liegt unmittelbar um die Zeit des Eisprungs.

Beg ↑Bei.

Begabung, Begriff zur Kennzeichnung der Befähigung eines Individuums, eine Leistung bestimmten Grades zu erbringen; dabei wird von der Voraussetzung ausgegangen, daß das Niveau der Leistung von der angeborenen Anlage oder Disposition zu Leistungen *(Leistungsdisposition)* und von den Umwelteinflüssen, die die Entfaltung von Anlagen fördern oder auch hemmen können, bestimmt wird.

Begas, Reinhold, *Berlin 15. 7. 1831, † ebd. 3. 8. 1911, dt. Bildhauer. Schuf neubarocke Porträtbüsten und Denkmäler.

Begattung, beim Menschen ↑Geschlechtsverkehr, bei Tieren ↑Kopulation.

begeben, Wertpapiere (insbes. Aktien) erstmals ausgeben.

Begin, Menachem, *Brest-Litowsk 16. 8. 1913, † Tel Aviv 9. 3. 1992, israel. Politiker. Ab 1942 in Palästina Führer der terrorist. Untergrundorganisation Irgun Zwai Leumi; Mitbegründer und bis 1983 Vors. der Cherut-Partei; 1977–83 Premier-Min.; erhielt 1978 zus. mit M. A. as-Sadat den Friedensnobelpreis.

Beginen (Beguinae, begginae) [niederl.], Jungfrauen und Witwen, die sich zu klosterähnl. Gemeinschaften (in *B.höfen*) zusammengeschlossen haben. In den Niederlanden im MA entstanden, später auch in Frankreich und Deutschland.

Begleitschiff ↑Tender.

Begnadigung, gänzl. oder teilweiser Verzicht des Staates auf Vollstreckung eines rechtskräftigen Strafurteils im Einzelfall (Ggs. *Amnestie*).

Begonie [...i-ə; nach M. Bégon, dem Generalgouverneur von San Domingo, 17. Jh.], svw. ↑Schiefblatt.

Begräbnis ↑Bestattung.

Begriff, die von den Sprechern einer Sprache aus der Bedeutung herausgebildete Vorstellung von den Dingen, eine Abstraktion, die das Wesentliche enthält.

Begründung, 1) *Philosophie:* Begründet heißt eine theoretische Behauptung (Aussage) oder praktische (normative) Orientierung genau dann, wenn sie genüber allen vernünftig argumentierenden Gesprächspartnern verteidigt werden kann. Als *Beweis* wird v. a. die B. von Aussagen, insbesondere bei mathematischen Ausdrücken bezeichnet. Bei Normen und Zielen spricht man von *Rechtfertigung.*
2) *Recht:* notwendiger Bestandteil von: 1. gerichtl. Urteilen; 2. gerichtl. Beschlüssen, soweit sie entweder rechtsmittelfähig sind oder durch sie über ein Rechtsmittel entschieden oder ein Antrag abgelehnt wird. Die B. erfolgt schriftlich.

Begum ↑Bei.

Begünstigung, im Strafrecht die nach begangener rechtswidriger Tat erfolgende Unterstützung des Täters in der Absicht, diesem die Vorteile der Tat zu sichern; wird mit Geld- oder Freiheitsstrafe bestraft.

Martin Behaim. Der älteste erhaltene Erdglobus (1492, Gestell und Meridianring 1510; Nürnberg, Germanisches Nationalmuseum)

Behaim, Martin, *Nürnberg 6. 10. 1459, † Lissabon 29. 7. 1506 (1507?), dt. Reisender, Kaufmann und Kosmograph. Vollendete 1492 in Nürnberg den ältesten erhaltenen Erdglobus. – Abb. S. 359.

Behälterschiff (Barge Carrier), Schiff zum Transport von Schwimmbehältern *(Bargen, Leichter)* auf dem Seeweg; auf Binnenwasserstraßen erfolgt der Transport durch Schleppen.

Beham, 1) Barthel, *Nürnberg 1502, † in Italien 1540, dt. Maler und Kupferstecher. Bruder von Hans Sebald B., mit ihm 1525 als religiöser Sektierer aus Nürnberg verbannt; Porträts.

2) Hans Sebald, *Nürnberg 1500, † Frankfurt am Main 22. 11. 1550, dt. Buchillustrator. Schuf Holzschnitte und Kupferstiche in der Dürer-Nachfolge.

Behan, Brendan [engl. ˈbiːən], eigtl. Breandan O'Beachain, *Dublin 9. 2. 1923, † ebd. 20. 3. 1964, ir. Schriftsteller. Schrieb zeitkrit. Stücke, u. a. »Der Mann von morgen früh« (1956), »Die Geisel« (1959).

Behaviorismus [biheviəˈrɪsmʊs; zu engl. behavio(u)r »Verhalten«], eine von J. B. Watson 1913 begr. Forschungsrichtung der amerikan. Psychologie. Der B. fordert, daß sich die Psychologie als Wiss. nur dem objektiv beobachtbaren und meßbaren Verhalten (behavior) von Lebewesen (Tier und Mensch) unter wechselnden Umweltbedingungen, d. h. den Reaktionen des Organismus auf Reize zuzuwenden habe, wobei als Mittel der Beschreibung nur der naturwiss. Kategorienapparat erlaubt ist (nicht: Denken, Fühlen, Wollen usw.).

Beherrschungsvertrag, Unternehmensvertrag, durch den eine Aktiengesellschaft oder eine Kommanditgesellschaft auf Aktien die Leitung ihrer Gesellschaft einem anderen Unternehmen unterstellt. Durch einen B. entsteht ein Konzern.

Behinderte, Personen, die durch angeborene oder erworbene Schädigungen in unterschiedl. Schweregrad bleibend geistig, seelisch oder körperlich beeinträchtigt sind und deshalb der sonderpädagog. Hilfe und besonderer berufl. Ein- und Wiedereingliederungsmaßnahmen oder dauernder Betreuung bedürfen. ↑Schwerbehinderte.

Behindertensport (Versehrtensport, Invalidensport), sportl. Aktivitäten Körperbehinderter; Teil einer Therapie zur Rehabilitation von meist durch Geburt oder Unfall Behinderten; oberstes Organ in der BR Deutschland: »Dt. Behinderten-Sportverband« (gegr. 1951).

Behistan ↑Bisutun.

Behnisch, Günter, *Dresden 12. 6. 1922, dt. Architekt. Anlagen und Sportbauten für die Olymp. Sommerspiele 1972 in München (1967–72; Zeltdachkonstruktionen); Dt. Postmuseum in Frankfurt am Main (1986–90); Plenarsaal des Dt. Bundestages in Bonn (1992 fertiggestellt).

Behörde [urspr. »das Zugehörige«, dann »die Stelle, wohin etwas zuständigkeitshalber gehört«], Organ einer jurist. Person des öffentl. Rechts, das keine eigene Rechtsfähigkeit besitzt, aber befugt ist, seinen Rechtsträger in konkreten, gesetzlich abgegrenzten Fällen nach außen hin zu vertreten.

Peter Behrens. Empfangshalle im Verwaltungsgebäude der Farbwerke Hoechst (1920–24)